国家社科基金教育学重大招标项目"高校培育和践行社会主义核心价值观长效机制研究"（VEA150005）

学以成人

中华优秀传统文化之"成人"意蕴及其传扬

李申申◎著

科学出版社

北京

内 容 简 介

社会主义核心价值观是中国人民在迈向实现中华民族伟大复兴的中国梦、建设中国特色社会主义宏伟大业的道路上须臾不可或缺的核心价值理念。而中华优秀传统文化作为社会主义核心价值观的肥沃土壤和丰厚滋养，迫切需要在青少年"成人"的过程中根植于心。

本书紧紧围绕中华优秀传统文化助力青少年茁壮成长这一核心问题，以较厚重的文化功底，并佐以较翔实的历史文献资料，从精神层面、政治与制度层面、教育与学术层面，较系统阐释了中华优秀传统文化在"成人"中的巨大价值和意义；并以开阔的文化视野，对中外历史上有代表性的文明发展进行了分析，指出人类历史发展中的文明由各民族优秀文化共同组成；为提升文化自信，对当代中西方一些偏颇性的文化观点进行了较深刻的剖析；最后，从多个方面论述如何在高校青年中更有效地传承和弘扬中华优秀传统文化。

本书不仅适合高校师生、文化与教育理论研究者、决策层面的领导者参阅，也适合社会中广大文化爱好者阅读。

图书在版编目（CIP）数据

学以成人：中华优秀传统文化之"成人"意蕴及其传扬 / 李申申著. —北京：科学出版社，2023.6
ISBN 978-7-03-074209-4

Ⅰ.①学⋯　Ⅱ.①李⋯　Ⅲ.①中华文化-研究　Ⅳ.①K203

中国版本图书馆CIP数据核字（2022）第235818号

责任编辑：付　艳 / 责任校对：杨　然
责任印制：李　彤 / 封面设计：润一文化

科 学 出 版 社 出版
北京东黄城根北街 16 号
邮政编码：100717
http://www.sciencep.com
北京建宏印刷有限公司印刷
科学出版社发行　各地新华书店经销
*
2023年6月第　一　版　开本：720×1000　1/16
2025年1月第三次印刷　印张：27 3/4
字数：460 000
定价：138.00 元
（如有印装质量问题，我社负责调换）

◀ 前　言

本书为国家社科基金教育学重大招标项目"高校培育和践行社会主义核心价值观长效机制研究"（VEA150005）的研究成果之一。

我们深知，对于一个国家、一个民族而言，拥有全体国民共同认可并尊奉的伦理共识与核心价值理念是多么地重要、多么地须臾不可或缺。而作为凝结了中华优秀传统文化、当代世界优秀文化、近代以来中华民族抗击外来侵略与争取民族独立的革命文化以及社会主义先进文化内涵于一体的社会主义核心价值观，就成为中国人民在实现中华民族伟大复兴的中国梦的道路上、在建设具有中国特色社会主义宏伟大业的道路上须臾不可或缺的核心价值理念，它体现了 14 亿中国人价值观的最大公约数。诚如人们所说，价值观的力量，比生存的需要更崇高，比血浓于水的亲情更博大，有什么样的核心价值观，就有什么样的国家、社会和公民，就有什么样的取向、路径和行动。

中华优秀传统文化作为社会主义核心价值观的肥沃土壤和丰厚滋养，"是民族的血脉，是人民的精神家园"，也是"当代中国发展的突出优势，对延续和发展中华文明、促进人类文明进步，发挥着重要作用"。因此，"文化自信是更基本、更深层、更持久的力量"。[1]应当在我国青年一代的"成人"过程中，使中华优秀传统文化根植于他们的身心。对于中华优秀传统文化的精髓与内涵，他们不仅应当理解、熟知、深刻把握，而且应当达到"日用而不知"[2]的境界。因为，青年一代是民族的希望，是创造性转化和创新性发展民族优秀文化的生力军，是中国特色社会主义伟大事业的接班人和继往开来者。

要使中华优秀传统文化在青少年"成人"的过程中深深扎下根来，首先就必

---

[1]　中共中央办公厅　国务院办公厅印发《关于实施中华优秀传统文化传承发展工程的意见》，新华网 http://www.xinhuanet.com//politics/2017-01/25/c_1120383155.htm，2017-01-25.

[2]　《易·系辞上传》，黄寿祺、张善文撰：《周易译注》，上海古籍出版社 2004 年版，第 503 页。

须使他们深切认知、理解并谙熟中华文化的优秀部分——文化中之精华究竟何在。这看似简单、容易的问题，其实并非所想象的那么简单、容易。因为，一是5000多年的中华文化博大精深，其本身是一个系统而又复杂的完整体系，其中可以说是鱼龙混杂、泥沙俱下（当然，能支撑中华民族走到今天的熠熠闪光的内涵，占了文化相当大的部分），如何在沙里淘金，使文化的精华在当今发出更耀眼的光芒，照耀青少年的身心，是必不可缺的工作。二是应当承认，在对待自身传统文化的态度方面，我们是走过了曲折的弯路的。当我们通过政治运动如"文革"，将传统文化不加分析地、盲目地从外在形式到内在思想加以彻底摧毁、砸烂之后，留下的是一片"文化荒漠"，反而使文化中的负面因素恣意蔓延开来。由此，造成青少年一代对文化的认知是肤浅的、表层的，甚至是负面的。这种教训应当正视，并应当牢牢记取。因此，以严肃而负责的态度深刻挖掘中华传统文化中的精华之所在，成为当今文化理论研究者和传播者、教育理论研究者和实践工作者的一项义不容辞的任务。本书力图从精神层面、政治与制度层面、教育与学术层面探究中华传统文化在青少年"成人"的过程中，其精髓究竟何在。哪些内涵具有超越时空的价值与意蕴，一定要深植于青少年的身心。（关于物质层面的文化，以及非物质层面的戏曲、歌舞、绘画、书法、传统节日、传统工艺技术等方面的文化，也都有着很多优秀的形式和内容，但由于本书篇幅所限，这类文化暂不属于本书讨论的范围。只是在第五章"人类历史发展中的文明由各民族优秀文化共同组成"的内容中，谈及历史上其他各民族的文化时，对这些方面有所叙述。）

关于中华优秀传统文化精神层面的内涵，主要指人与人、人与自然交往中的价值追求和为人之道。这方面的内涵，已经超越了时空，超越了人们所在阶层，在历史的长河中始终闪耀着熠熠的光芒；在近当代以来，学者们乃至广大民众对此也多有共识，并不断加以阐释。那种以"己所不欲，勿施于人"为表征的做人准则、以"自强不息，厚德载物"为基座的修身理论、以"人无信不立，业无信不兴"为信条的诚信之道、以"不学礼，无以立"为立足社会依据的谦谦君子品格、以"有朋自远方来，不亦乐乎"为对外关系主旨的襟怀、以"为天地立志，为生民立道，为去圣继绝学，为万世开太平"为生命导向的忧国忧民情怀、凛然气节和爱国担当精神等，正在新一代知识分子和广大国民之中在理解和认知的基础上，渐渐传扬开来。另外，属于精神层面的思维特质——以"天人合一"与"道法自然"为追求的宇宙观与生存智慧、以"天道阴阳""和而不同""中庸之道"为中心的辩证思维方式及"生生不息"的发展观,在当今时代都产生了相当明显的正面效应。正所谓"尊德性而道问学,极高明而道中庸"。

一般认为,在中国传统文化的政治和制度层面上,具有较多的负面因素,应当予以摒弃。但即令如此,我们也不能否认中国传统政治文化和制度文化中所蕴含的有价值的可取之处,尤其是在一些治国理念和为官之道方面的穿越时空的价值和意义。例如,以"大道之行也,天下为公"为理念的政治诉求、以"民惟邦本,本固邦宁"为治国之本的民本思想、以严格的科举考试为依托的非世袭的官僚制度等,都有着极强的现实意义与价值。在这一体制之下,所采取的措施和所建立的制度一定程度上形成了一支较高素质的官员队伍,这是应当看到的历史史实。如以科举考试为基础的官员选任制度已经证明有利于形成高素质的文官官员、对官员的定期考核制度起到了较大激励作用、监察制度在官僚体制千年的发展中发挥了规范和约束官员的职能、回避制度是对官员权力膨胀和滥用的有效遏制、限任制的实行体现出进一步约束官员权力的显著特征、致仕制度是克服终身制与世袭制的重要措施等。也正是这样的文化熏染和制度构建,成为中国历史上清官廉吏产生的丰厚土壤。这些人所发出的"先天下之忧而忧,后天下之乐而乐""为天地立志,为生民立道,为去圣继绝学,为万世开太平""吏不畏吾严而畏吾廉,民不服吾能而服吾公。廉则吏不敢慢,公则民不敢欺。公生明,廉生威""杖策必因图雪耻,横戈原不为封侯""苟利国家生死以,岂因祸福避趋之"等,直至今天听来仍令人震撼、催人泪下。这些,在当今的政治体制改革中都是可以借鉴的。当然,在看到政治和制度层面有价值的、积极因素的同时,也要正视其负面因素(本书文中有所分析),应予以摒弃。要正视缺憾、扬长避短,走出一条中国式现代化制度文化创新之路。

关于教育和学术层面,与精神和政治与制度层面都有密切的关联。可以说,在中国教育发展史上,产生了熠熠闪光的大量宝藏和具有超越时空价值的教育内容与方法,也使当时及后代的人受用不尽。《学记》可以说是世界教育发展史上第一部论述教育问题的教育专著,其对教育思想发展和教育实践指导的价值与意义至今被人们所称颂。教育史上留下的有关教育教学的内容与方法、学术研究与交流的宝贵经验与资源,都值得今人汲取。那种以"有教无类"为宗旨的平等教育观,以"持志养气""居敬存诚""慎独内省"为主的修身方法,以"弟子不必不如师,师不必贤于弟子"为基本精神的教学相长理念,以"从血脉上感移"为根基的情感教育之特色,以"孔子教人各因其材"为特质的因材施教育人方法，以"圣学只一个功夫，知行不可分作两事"为基线的知行合一教育原则，以"以道相交"为根基的孔门私学和宋代书院中融洽的师生关系，以"无疑者须教有疑，有疑者确要无疑"为代表的理性主义教学传统，以"板凳要坐十年冷，文章不写半句空"为鞭策的学术敬畏精神，以春秋战国"百家争鸣"和南宋"鹅湖之会"为标志的平等学术研究与争鸣风气，以"即身而道在"为根基的中国"具身性"教育历史传统，等等，其超越时空的价值与意义是不言而喻的。

由上述可知，应当使青年人发自内心地意识到，中华优秀传统文化可以毫无悬念地与世界上的其他文化比肩并重，具有无可置疑的普适价值（我们不以西方自诩的"普世价值"强加于人）。而且，中华文化以其海纳百川的广阔胸怀在与世界各民族文化的共同平等交流与互鉴中创新性地发展至今天，同时也对其他文化产生了很大的影响。可以说，历史上各种文明的产生与发展都对人类作出了巨大贡献，如我们今人耳熟能详的作为现代西方文化源头的古希腊文化、影响世界既深且远的基督教文化、以东正教为核心融会东西方文化的拜占庭文化、以伊斯兰教为内核在东西方文化之间架起桥梁的阿拉伯文化、影响世界较广泛地域的佛教文化、作为东方四大文明古国之一的古埃及文化、作为古代东方璀璨明珠的古巴比伦文化……因此可以说，人类历史发展中的文明由各民族优秀文化共同组成。

文化的定力和自信是促使青年人坚定地进行民族文化创造性转化和创新性发展的根基，是青年人在继往开来中国特色社会主义的道路上坚定不移前行的柱石。因此，为坚定并提升青年人的文化定力与自信，本书辟专题对国内有关中华传统文化的一些消极观点进行了批判性反思，同时对国外有关以儒家文化为基础的东方文化的偏颇性认知（包括著名学者马克斯·韦伯、弗朗西斯·福山的相关论述）进行了较深刻剖析。实际上，西方人从中世纪末和近代早期对中国文化的称赞与追捧，到18世纪中叶尤其是19世纪以来对中国文化的贬斥与污名化，其评价发生了质的变化，这其中都与西方的利益追求有关。在中世纪末期，来到中国的旅行家或传教士们，对中国的评价往往是正面的。像13世纪末的意大利旅行家马可·波罗在其《马可·波罗游记》中，就盛赞了中国的繁盛昌明，使每一个读过这本书的人都无限神往。《马可·波罗游记》中所描述的当时富饶中国的景象，激起了欧洲人对东方的热烈向往，对以后新航路的开辟产生了巨大影响。它打开了欧洲的地理和心灵视野，掀起了一股东方热、中国流，激发了欧洲人此后几个世纪的东方情结。许多人开始涌向东方，学习东方，以致欧洲经历了翻天覆地的变革。及至 16—17 世纪，欧洲来华的传教士通过游记形式将中国的科举制度介绍到了欧洲，这一制度在欧洲受到广泛称赞。18 世纪的启蒙运动中，不少英、法思想家都推崇中国的这种公平和公正的制度。即使中国在鸦片战争中失败，欧美学者仍对科举制度称道不已。但从整体上看，自 18 世纪中叶，尤其是 19 世纪以来，西方对中国文化的认知与评价发生了质的转变，几乎来了个 180 度的转弯。法国华裔汉学家、作家程艾兰女士于 2015 年 3 月在复旦大学法国研究中心成立之际举行的"文明对话"国际研讨会上，以"欧洲的中国想象：从'哲学王国'到'东方专制国家'"为题目的主旨演讲中，对西方人由褒到贬地认知与评价中国文化的过程作了较明确的阐释。最后，她分析道，"这么做至少可以从英国的利益角度得到解释，他们在 18 世纪中叶起便开始殖民印度，而从那时起就需要为印度和中国树立两种截然不同的形象"，"我们可以清晰地看到中国是如何从一个理想化的模式突然变成了被毁损的陪衬，但一直都被赋予完全的'他者'这一角色，而且不过是一颗在现代欧洲地理棋盘上被任意放置的棋子罢了"。① 学者张维为、周宁等人对此也都有所分析。他们在分析了西方对中国由褒到贬态度的转变及其原因之后都指出，不应盲目地跟随在西方之后，而对自身文化失去应有的自信。张维为在一次演讲时明确指出："今天我与大家一起回望历史上这场声势浩大的'东学西渐'或者'中学西渐'运动，一方面是有感于今天西方人出于种种原因，很少主动提及欧洲启蒙运动中的中国作用；另一方面也有感于不少学者，包括中国学者、外国学者，还是陷在西方中心主义里难以自拔。"② 周宁指出："西方构筑的停滞专制的中华帝国形象，是西方帝国主义意识形态的一部分。塑造一个被否定的、邪恶的中国形象，不仅为鸦片战争与殖民统治掩盖了毒品贸易与战争的罪恶根源，而且为掠夺与入侵提供了所谓'正义的理由'；不仅赋予西方帝国主义者以某种历史与文明的'神圣权力'，而且无意识间竟可能让西方霸权秩序中的受害者感到某种'理所当然'。这种定型化或类型化的中国形象，与西方帝国主义在中国的殖民扩张同时出现，不仅说明现实权力结构在创造文本，文本构筑的他者形象也在创造现实，巩固这种秩序。"③ 因此，我们需要做的工作是，一方面应当让国人，尤其是青年一代认识到近代以来

---

① ［法］程艾兰：《欧洲的中国想象：从"哲学王国"到"东方专制国家"》，澎湃网 https://www.thepaper.cn/newsDetail_forward_1315350，2015-03-27.

② 张维为做客东方卫视政论节目《这就是中国》的演讲：《西方文明，东方专制？看看中国如何影响启蒙运动》，搜狐网 http://www.sohu.com/a/311791870_115479，2019-05-05.

③ 周宁：《西方的中国形象史：问题与领域》，载《东南学术》2005 年第 1 期，第 107 页。

中国的落后，认识到作为一个国家和民族"落后就要挨打"的沉痛教训，积极克服自身存在的一些问题和消极因素，奋起直追，使自己的国家和民族得到独立、发展与强大；另一方面，我们也要竭力使国人，尤其是青年一代清楚地认识到，西方列强在动用坚船利炮向中国进行大规模武装侵略的同时，又在文化方面诋毁、贬斥中国，甚至污名化、妖魔化中国，使其侵略行径在文化的外罩下涂上了一层所谓"合理化"的色彩。只有看清了近代以来西方列强的侵略本质和行径，方不会失去对自身文化应有的自信与定力。

在讨论了中华文化中的哪些方面是其优秀部分和所蕴含之精华的基础上，一个绕不过去的问题就是，怎样在当代青少年中，尤其是高校的青年人中更有效地将这些优秀文化加以传承和弘扬，并在青年一代中深深扎下根来。本书最后一章专题对此进行了讨论。这涉及教育领域的方法论问题。在该章中，笔者利用了我们课题组的实证问卷调研数据与访谈资料。课题组的宗旨是将深刻的理论研究与广泛的实证调研密切结合，以期推出高质量的研究成果。在实证调研方面，我们主要采用问卷调查法和实地访谈法，由此获得第一手的调研资料。同时，借助相关的理论研究成果和实证研究的技术方法，对获得的调研资料进行统计与分析，力图较系统、翔实地反映高校培育和践行社会主义核心价值观以及进行思想政治教育的基本情况。我们的系列调查问卷共分为两大类、六套问卷（另外还有一套试测版问卷）。两大类问卷分别是高校培育和践行社会主义核心价值观专题调查问卷和高校思想政治教育工作专题调查问卷。其中，高校培育和践行社会主义核心价值观专题调查问卷共包括五套分问卷，高校思想政治教育工作专题调查问卷为一套问卷。2017 年 8 月至 2018 年 3 月，共计发放该六套各类问卷 23 317 份。其中：回收问卷 21 252 份，回收率为 91.14%；在回收的问卷中，有效问卷 19 216 份，有效率为 90.42%。问卷调研涉及全国 65 所高校（其中河南省 26 所），涵盖文、史、哲、法、教育、理工、农、医、经、管、军事、体育、艺术等几乎全部学科门类的各种专业，以及有关专业的专业课任课教师和思想政治教育工作管理队伍。调研的 65 所高校中，从学校性质上看，含综合性大学 18 所、师范类大学 21 所、理工科类大学 10 所、财经政法类大学 5 所、农林牧类大学 3 所、职业技术类院校 8 所；从问卷发放的地域来看，基本上涵盖了华北、东北、西北、西南、华中、华东、华南等区域的高校。此外，为更好地获得第一手资料，我们选择了河南省 5 所高校的共计 16 位教师作为访谈对象，包括思政课教师和专业课任课教师，而以思政课教师和思政工作人员居多。

　　在上述实证调研的基础上，课题组对实证调研数据和访谈资料进行了统计与分析，较全面地获得和把握了高校培育和践行社会主义核心价值观（包括中华优秀传统文化的传承与弘扬）及思想政治教育工作的情况。以实证调研为基础，笔者从以下几个方面探讨了如何更有效地在高校青年中传承与弘扬中华优秀传统文化的问题：其一，高校文化育人重在"化"的功夫。其中论道，文化的力量是融入血脉、沁人肺腑的力量，无意识的文化认同是有意识陶冶和滋养的结果。其二，以"内化"为根，在"外铄"与"内化"之间寻找契合点。此方面从五个角度进行了探讨：以课堂为主渠道，使课堂具有生命的灵动；使优秀文化的外在形式传承、实践活动体验与理论认知同步进行；对传统文化的准确、高水平阐释是提升高校青年文化自信的根基；以优秀传统文化助推当代社会发展的事实增强青年文化自信；利用互联网和多媒体提升优秀传统文化传承与弘扬的有效性。其三，编写中华优秀传统文化的统编教材应提上日程。文中指明，提出这一举措的原因在于，有关中华优秀传统文化的调研问卷映射出情况并不乐观；人文社科类理论研究（含硕、博士研究生的研究，包括学位论文的撰写）存在不少仅以国外理论作为研究基础的现象。因此，编写统编教材是必须引起高度重视并应提上日程的大事情。其四，打造一支人数众多而又超凡脱俗的优秀教师队伍。这主要从宏观角度的两个方面加以考虑：高校需要更多"经师"与"人师"集于一身的超凡脱俗的教师；教师在自身修养中应将科学素养与人文素养综合提升。其五，以抗击新冠疫情为契机引导高校青年提升文化自信。在笔者刚刚完成本书初稿撰写的 2020 年初春，中国和整个世界都面临着一场史无前例的抗击疫情的斗争。这场斗争不仅是对各国抗疫能力的考验，更是对各国社会治理能力和各民族文化及其价值观的一种无声的比较。可以说，中国人民在这次抗疫斗争中，上下一心、同舟共济、共克时艰，以"壮士断腕"的意志和决心，在短短两个多月之内迅速抑制住了疫情进一步蔓延，为其他国家赢得了宝贵的时间，并又尽己之力支援其他国家抗疫，赢得了包括世界卫生组织在内的很多国家和组织的赞誉，也让世人见证了中华文化核心价值取向的巨大正向功能。因此，抗疫是一次绝好的教育机会，也是一本绝好的活教材，应当借机引导高校青年深刻理解民族文化精髓以提升文化自信。

　　培养青年人具有深厚的文化素养，使中华优秀传统文化的精髓在青年一代之中深深扎下根来，并非一朝一夕的事情，它是一项长期的战略性任务；也非轻而易举的事情，它需要全社会共同努力形成一种浓厚的氛围，使置身于其中的青年一代真正达到对中华优秀传统文化谙熟于心，并"日用而不知"地融入于血脉之中的地步。由此，我们所从事的中华民族伟大复兴的中国梦的实现、中国特色社会主义宏伟大业的阔步发展，才真正有了希望。在当代中国发展的过程中，我们绝不能输掉年轻一代，更不能输掉国家的未来。本书的写作，正是期望能在这一育人的伟大事业中添一块砖、加一片瓦，贡献绵薄之力。

本书在写作的过程中，除参考并引用了许多古典文献之外，还参考、借鉴、引述了不少现当代学者论著中的资料与观点，在此表示诚挚的感谢！同时，在本书付梓之际，还要诚恳感谢河南大学教育学部对本书出版在经费方面所给予的大力支持；诚恳感谢科学出版社教育与心理分社的编辑，正是她们的倾力支持和辛勤付出，才使本书得以顺利出版。另外，还要感谢我的博士研究生（2022 年 6 月毕业并获取博士学位）、河南大学马克思主义学院讲师李小妮，感谢中国教育科学研究院副教授刘巧利博士，感谢已毕业博士研究生、河南大学教育学部副教授李志刚以及已毕业硕士研究生（获硕士学位）、现工作于洛阳市图书馆的张凯，还有河南大学 2018 级教育史专业硕士研究生常顺利（已毕业，现为华中师范大学在读博士研究生），他们在本书的文献资料查阅方面都给予了很大的帮助和支持。

此外需说明的几点是，首先，本书对所引用文献（较多的是中国古典文献），前后文若引用同一句或同一段文字，则前者标出脚注，后者不再标脚注。其次，对于连续引用的几段直接引语，若文献来源相同（即同一文献中的同一页码），则将脚注统一标在最后的引文后。最后，为了忠实于原文献，对引文中的通假字、异体字等未予修改（但文献中的繁体字则改为了简体字）。

有关中华优秀传统文化的传承与弘扬的问题，有关青年一代"学以成人"的问题，涉及上下纵横宽广的领域，也涉及多门学科及方方面面的知识，这实在非本书作者一人之力所能完满解答。虽竭尽全力，但笔者深知，由于能力和水平所限，本书肯定会有诸多疏漏的地方，从内容到文字也难免有许多不当之处，恳请各位专家、学者不吝赐教，广大读者批评指正。

本书作者于河南大学

2022 年 11 月 26 日

◀ 目　　录

第一章
"学以成人"概述

一、何谓"学以成人"

"学以成人"这几个字言简意赅，包含了极其丰富的厚重的内涵，甚至可以说包含了面向"人"的教育事业的全部意蕴。2018 年 8 月在中国北京召开的第二十四届世界哲学大会即是将"学以成人"作为本届大会的主题，并确定了此次大会是以自我、社群、自然、精神和传统为指引的全体大会，可见"学以成人"已成为哲学研究的题中应有之义。哲学，是研究自然界、人类社会及人本身发展的最一般规律的学问，而这一切又与"人"有着不可分割的密切联系。尤其在当代，人与自然的关系、人与社会的关系、人与人的关系、国与国之间的关系、人之为人的基本问题等，都无以回避地进入了哲学的视界，成为哲学必须面对并深入思考的问题。因此，对教育问题的哲学思辨，又是离不开"学以成人"这一基础性的、原理性的问题的。

分析起来，"学以成人"包括两大方面的内涵，即"成人"和"学"。

众所周知，"成人"当然不是仅指成年人之意，而是指的成就人、形成人，使人成长、成熟而达至人之为人的境界。因此，"成人"的含义就有两种指向：一是指要达成的目标，把人培养、教育成为什么样的人。在中国传统文化的内涵中，此处的"人"也重在指"人性"，即通过教育和自我修炼，养成完美、理想的人格、性格、性情。这从儒家自孔子、孟子、荀子到朱熹、王阳明等思想家关于人性的论述中，即清晰可见；二是指培养、教育的过程，在过程中使人逐渐地、持之以恒地不断修炼、不断成长，从而形成理想的、完整的人格，较强的能力，以及乐于并善于践行的品质。诚如荀子所说："学不可以已。"[1]

至于"学"，更有不同的层次与内涵，即能否学或可否学、学什么、怎样学等问题。首先是能否学、可否学。在这一问题上，中西方的先哲先贤都论述了"学"的必要性和可能性。孔子说："我非生而知之者，好古，敏以求之者也。"[2]荀子说："故木受绳则直，金就砺则利，君子博学而日参省乎己，则知明而行无过矣。"[3]古希腊苏格拉底提出了德性可教，因为他有一句名言"美德即知识"，即智慧的人必定是一个有德行的人，而知识是可以教授的，因此德性可教。而且，"美德即知识"的命题与他的另一条命题"认识你自己"彼此呼

① 《荀子·劝学》，[清]王先谦撰，沈啸寰、王星贤点校：《荀子集解》，中华书局 1988 年版，第 1 页。

② 《论语·述而》，杨伯峻译注：《论语译注》，中华书局 2009 年版，第 70 页。

③ 《荀子·劝学》，[清]王先谦撰，沈啸寰、王星贤点校：《荀子集解》，中华书局 1988 年版，第 2 页。

应。一个人对他自己的认识，就是关于德性的知识，由此他就必然会在实践中行善。苏格拉底认为，知道善而不行善，这是不可能的，因为"无人有意作恶"。柏拉图以"灵魂回忆说"，论证学习的过程即回忆的过程，即回忆起原先已经认知但后来又被模糊了的理念世界的知识的过程。只是，中西方先哲先贤在都承认"学"的必要性与可能性的前提下，此方面的认知也有差异性。其差异性显现于两方面：一方面，是西方思想家往往把先天的理念或知识归之于神的安排，且理念与知识的获得与身体无关，只是灵魂的活动，因此后天的学习只是一种回忆或反省。而中国古代思想家往往把与生俱来的先天的禀赋作为后天可教的基础，从而把人与禽兽区别开来。先天的禀赋并非现成的知识，德性与知识是在先天禀赋的基础上，通过后天的学习与教育过程习得而来。另一方面，至少在理论的论证上，西方思想家往往把最终的智慧、高贵之人归于少数人。如柏拉图认为，能破除感官的障碍，使灵魂得到解放，从而回忆起理念世界的最高知识而达到哲学王国的人，只是少数人。而中国古代思想家则以"人皆可以为尧舜"①的基本观念，认为君子、士人只要下功夫修炼自身，达至"内圣"，就可以担起"齐家、治国、平天下"的"外王"之重任——济世而救斯民。这里的君子和士人，虽不是指社会中的所有人，但在春秋战国以后，君子和士人确实成为了人数愈益众多的群体，这就在精神上和思想上激励起了中国历代君子、士人乃至士大夫的强烈的社会责任感、使命感和担当精神。

关于"学什么"和"怎样学"，是本书以下要论述的重点，此处不再详述。

二、中华优秀传统文化的主旨即在于"学以成人"

笔者以为，中华优秀传统文化悠悠五千年，浩繁而源远流长，归结为一点，那就是其主旨即在于"学以成人"。这可从同源于《易经》，而向不同方向发展又交融互补的儒、道两家的基本内涵中清晰可见。

（一）儒家文化视域中的"学以成人"

众所周知，儒家文化作为一种积极入世的思想文化，其本质是一种伦理文化，其基本内容乃至全部内容可以说是围绕做人、做事的伦理道德及其传承与发扬而展开论述与阐释的。因此，"学以成人"贯穿于儒家文化的始终。钱穆先生

---

① 《孟子·告子下》，杨伯峻译注：《孟子译注》，中华书局2010年版，第255页。

说，"中国教育则在教人为人。天生人，乃一自然人。人类自有理想，乃教人求为一文化人、理想人"①，"在中国文化体系中，教育即负起了其他民族所有宗教的责任。儒家教义，主要在教人如何为人。亦可说儒教乃是一种人道教，或说是一种人文教，只要是一人，都该受此教"②。在天地人融为一体的儒家文化中，强调的是人在"成人"之中的"为己之学"。"此所谓'为己'，并不是在利益关系上追逐私利，而是以人格上的自我完成、自我充实、自我提升为指向。这一意义上的'学'，旨在提升自我、完成自我，可以视为成就人自身之学。"③而儒家的"为己之学"，可从三个层面加以理解：

其一，虽然人是整个天地自然的一部分，但人之为人与禽兽有着质的不同。孟子说，"人之有道也，鲍食、煖衣、逸居而无教，则近于禽兽"④，"无恻隐之心，非人也；无羞恶之心，非人也；无辞让之心，非人也；无是非之心，非人也。恻隐之心，仁之端也；羞恶之心，义之端也；辞让之心，礼之端也；是非之心，智之端也。人之有是四端也，犹其有四体也"⑤。荀子说："水火有气而无生，草木有生而无知，禽兽有知而无义，人有气、有生、有知，亦且有义，故最为天下贵也。力不若牛，走不若马，而牛马为用，何也？曰：人能群，彼不能群也。人何以能群？曰：分。分何以能行？曰：义。故义以分则和，和则一，一则多力，多力则彊，彊则胜物，故宫室可得而居也。故序四时，裁万物，兼利天下，无它故焉，得之分义也。"⑥这也就是说，人与禽兽之不同，在于人具有人之为人即"成人"的先天禀赋，通过后天的"学"，即"格物、致知、诚心、正意、修身"，进而达到理想的目标——"齐家、治国、平天下"。

其二，"为己之学"从人与禽兽之不同，自然引申出人在接受教育和自我修炼的基础上，如何建立人与自然、人与人之间的关系。中国文化对基本原理和原则的探讨是建立在"关系"的基础之上的，认为人的存在是一种关系性的存在，人的发展和完善脱离不了与周围人和物的关系。这就是中国文化尤其注重伦理道德特别是人伦道德的原因所在。诚如学者李文娟在解读安乐哲的"儒家互系性思维"时指出："简言之，人自家庭关系而来。从中西人伦关系来看，古希腊伦理观强调尊重个人利益，柏拉图《斐多》篇和亚里士多德《论灵魂》都提到'人性

① 钱穆：《现代中国学术论衡》，生活·读书·新知三联书店 2001 年版，第 172 页。
② 钱穆：《国史新论》，生活·读书·新知三联书店 2001 年版，第 193 页。
③ 《学以成人——杨国荣在华东师范大学的讲演》，载《文汇报》2014 年 8 月 18 日，第 12 版。
④ 《孟子·滕文公上》，杨伯峻译注：《孟子译注》，中华书局 2010 年版，第 114 页。
⑤ 《孟子·公孙丑上》，杨伯峻译注：《孟子译注》，中华书局 2010 年版，第 72-73 页。
⑥ 《荀子·王制》，[清] 王先谦撰，沈啸寰、王星贤点校：《荀子集解》，中华书局 1988 年版，第 164 页。

是被上帝给定的'，在实现这种个人本性时，一切以自我为中心，人与人之间是一种以宪法和法律为主要形式的'契约'关系。由于原始人伦关系被打破，所以海德格尔认为人出生就是'被抛'到这个世界，对于他所处时代、历史、国家、身世、家人和朋友等都无法选择，这种'被给定'会让人产生'烦'感，并且会伴随一生。儒家以'仁者爱人'为出发点，把社会理解为一种人伦关系的存在，礼是一种儒家式生活状态，是表达爱的一种方式。在儒家传统中，几乎体会不到海德格尔的被抛感，孩子一出生就拥有了身份，是儿子或女儿，是弟弟或妹妹，这些身份本身即是'被接纳'的存在。所以，安乐哲先生在其新书《儒家角色伦理学》中表明，儒家'互系性思维'源自因家庭角色而形成的关系性。在家庭关系中，人的仁义礼智信等道德元素不断生成。家庭是教育子女的第一课堂，是滋养道德情感的沃土……另外，西方思维惯于把自然从伦理中切割出去，而中国哲人却把一切个人行为都纳入自然界的循环反复中去理解，'仁者以天地万物为一体'（《二程集》），儒家将自我放置到一个只有宗教情感才能达到的无限宇宙场域，在互动关系中实现内在超越……人与自然之间是一个充满关系的场域，'天人合一''阴阳互补'是万物和谐相处的理想状态，儒家创造出一个道德的宇宙，既增加了人生意义，也增加了宇宙意义。成'仁'，是儒家的道德理想。'夫仁者，己欲立而立人，己欲达而达人。'（《论语·雍也》）安乐哲认为，'仁'字从人从二，首先具有关系性寓意，是自我与他人的圆成；其次，'仁'的获得必须通过共同群体下的人际交往；最后，'仁者'至善至德，拥有强大的'自我领域'（重要人际关系的总和），是社会群体中的权威代表。（安乐哲，罗思文：《〈论语〉的哲学诠释》）"[1]这里所说的"关系性"存在，是指人在天地万物之中、在社会之中绝不是唯我独尊、天马行空、无所顾忌的一种存在，而是与周围所有的人与事融为一体、互为主客的一种存在，因此必须学会与他者相处，修炼为人处世的智慧和能力。也因此，这里所说的"关系"与当代功利主义者所理解的一切要靠人情网络、拉关系、走后门，从而达到一己之利的"关系"，绝非一个层面的含义。孔子的"君君，臣臣，父父，子子"[2]，说的就是关系性存在，而且是一种两两对等的关系性存在，即：做君的要像君的样子，做臣的要像臣的样子；做父亲的要像父亲的样子，做儿子的要像儿子的样子。由此，君臣关系就应该像大禹和辅佐其治水、教民稼穑、树艺五谷的后稷

---

① 李文娟：《人是关系性的存在——安乐哲"儒家互系性思维"解读》，载《光明日报》2017 年 12 月 9 日，第 11 版。

② 《论语·颜渊》，杨伯峻译注：《论语译注》，中华书局 2009 年版，第 126 页。

（周朝的先祖）的关系那样。大禹"三过家门而不入"，为救民于水火之中而置自己的生命于不顾。《史记》记载，"禹为人敏给克勤；其德不违，其仁可亲，其言可信；声为律，身为度，称以出；亹亹穆穆，为纲为纪。禹乃遂与益、后稷奉帝命，命诸侯百姓兴人徒以傅土，行山表木，定高山大川。禹伤先人父鲧功之不成受诛，乃劳身焦思，居外十三年，过家门不敢入。薄衣食，致孝于鬼神。卑宫室，致费于沟淢。陆行乘车，水行乘船，泥行乘橇，山行乘檋。左准绳，右规矩，载四时，以开九州，通九道，陂九泽，度九山"。①辅佐大禹的后稷，则能吃苦在前，享受在后，严于律己，身先士卒。《史记》中也记载，大禹"命后稷予众庶难得之食。食少，调有余相给，以均诸侯"。②这就是孔子所说的"君使臣以礼，臣事君以忠"③。作为父亲的"父"，首先要孝敬自己的父母，并且学而不厌，为子女做出表率；同时爱护子女，关心子女冷暖并使其学以成人，但又不溺爱子女。作为子女的"子"，也要像个子女的样子，孝敬父母、心怀仁爱、为国分忧、自强不息等。在父子关系上，孔子主张父慈子孝，但他并不主张无条件地顺从，而主张孝子要对父母的不义行为进行劝谏。《孝经·谏诤章》说："曾子曰：'若夫慈爱、恭敬、安亲、扬名，则闻命矣。敢问子从父之令，可谓孝乎？'子曰：'是何言与？是何言与？昔者，天子有争臣七人，虽无道，不失其天下。诸侯有争臣五人，虽无道，不失其国。大夫有争臣三人，虽无道，不失其家。士有争友，则身不离于令名。父有争子，则身不陷于不义。故当不义，则子不可以不争于父，臣不可以不争于君。故当不义则争之。从父之令，又焉得为孝乎？'"④至于男女、夫妻之间，先秦汉初时期，对女性尚没有后来那么多的禁锢与束缚。孔子虽对男女、夫妻之间的关系论及甚少，但在他编订的《诗经》中，可见男女之间爱情观中的平等意识。例如，《诗经》中有些诗如《将仲子》表现了恋爱婚姻受种种的限制和破坏，但也有不少诗如《野有蔓草》《木瓜》《萚兮》等表现的是男女情投意合的爱情，还有一些诗如《静女》《溱洧》等则反映了青年男女自由自在地过着合理、幸福的生活。《诗经》中反映出的"死生契阔，与子成说。执子之手，与子偕老"⑤对爱情的追求，影响后世深远。孔子

---

① 《史记·夏本纪》，[汉]司马迁撰，韩兆琦主译：《史记·卷二》（第一册），中华书局 2008 年版，第23-24 页。
② 《史记·夏本纪》，[汉]司马迁撰，韩兆琦主译：《史记·卷二》（第一册），中华书局 2008 年版，第24 页。
③ 《论语·八佾》，杨伯峻译注：《论语译注》，中华书局 2009 年版，第 30 页。
④ 《孝经·谏诤章》，汪受宽撰：《孝经译注》，上海古籍出版社 2004 年版，第 72 页。
⑤ 《诗经·邶风·击鼓》，程俊英撰：《诗经译注》，上海古籍出版社 2004 年版，第 46 页。

对于编订后的《诗经》评论道："《诗》三百，一言以蔽之。曰：'思无邪。'"①可见他对《诗经》中表达出的包括爱情观在内的思想的肯定。相敬如宾、琴瑟和鸣、琴瑟甚笃、举案齐眉等，这些用于形容夫妻之间相互尊重、互敬互爱的成语，在先秦、两汉文献中时有表述。而且，每个成语背后可以说都有真实的故事作为支撑。例如，关于相敬如宾，《左传·僖公三十三年》中说："初，臼季（即司空季子、胥臣）使，过冀，见冀缺耨，其妻馌之。敬，相待如宾。"②《后汉书·庞公传》中说："庞公者，南郡襄阳人也。居岘山之南，未尝入城府。夫妻相敬如宾。"③关于琴瑟和鸣，《诗经·小雅·常棣》中说："妻子好合，如鼓琴瑟。"④关于举案齐眉，《后汉书·梁鸿传》中说："（鸿）为人赁舂。每归，妻为具食，不敢于鸿前仰视，举案齐眉。"⑤（梁鸿之妻极通梁鸿心意，甘愿与其山中隐居，每天梁鸿给人舂米，回来之后妻子齐眉奉食，此故事流传至今。）由上述可见，孔子"君君，臣臣，父父，子子"述说的是一种对等的关系性存在，在孔子那里，臣、子、妻应尽到自己的义务，但前提是君、父、夫要先履行应尽的义务，否则的话，其对应面就有理由不尽相应的义务，可见君臣、父子、夫妻之间的权利是对等的。由此，就衍生出了儒家提倡的君明臣忠、父慈子孝、兄友弟恭、朋诚友信、尊师爱生等一整套的伦理规范。孔子在《论语·先进》中所说的"所谓大臣者，以道事君，不可则止"⑥；孟子所说的"欲为君，尽君道；欲为臣，尽臣道"⑦，"父子有亲，君臣有义，夫妇有别，长幼有叙，朋友有信"⑧，"君之视臣如手足，则臣视君如腹心；君之视臣如犬马，则臣视君如国人；君之视臣如土芥，则臣视君如寇雠"⑨；荀子所说的"从道不从君，从义不从父，人之大行也"⑩，"请问为人君？曰：以礼分施，均徧而不偏。请问为人臣？曰：以礼待君，忠顺而不懈。请问为人父？曰：宽惠而

---

① 《论语·为政》，杨伯峻译注：《论语译注》，中华书局 2009 年版，第 11 页。

② 《左传·僖公三十三年》，李梦生撰：《左传译注·上》，上海古籍出版社 2004 年版，第 331 页。

③ 《后汉书·逸民列传·庞公传》，[南朝·宋]范晔撰：《后汉书》（卷八十三），中华书局 2007 年版，第 816 页。

④ 《诗经·小雅·常棣》，程俊英撰：《诗经译注》，上海古籍出版社 2004 年版，第 252 页。

⑤ 《后汉书·逸民列传·梁鸿传》，[南朝·宋]范晔撰：《后汉书》（卷八十三），中华书局 2007 年版，第 813 页。

⑥ 《论语·先进》，杨伯峻译注：《论语译注》，中华书局 2009 年版，第 116 页。

⑦ 《孟子·离娄上》，杨伯峻译注：《孟子译注》，中华书局 2010 年版，第 151 页。

⑧ 《孟子·滕文公上》，杨伯峻译注：《孟子译注》，中华书局 2010 年版，第 114 页。

⑨ 《孟子·离娄下》，杨伯峻译注：《孟子译注》，中华书局 2010 年版，第 171 页。

⑩ 《荀子·子道》，[清]王先谦撰，沈啸寰、王星贤点校：《荀子集解》，中华书局 1988 年版，第 529 页。

有理。请问为人子？曰：敬爱而致文。请问为人兄？曰：慈爱而见友。请问为人弟？曰：敬诎而不苟。请问为人夫？曰：致功而不流，致临而有辨。请问为人妻？曰：夫有礼，则柔从听侍；夫无礼，则恐惧而自竦也。此道也，偏立而乱，俱立而治，其足以稽矣"①，"君者，民之原也，原清则流清，原浊则流浊。故有社稷者而不能爱民，不能利民，而求民之亲爱己，不可得也。民不亲不爱，而求其为己用，为己死，不可得也。民不为己用，不为己死，而求兵之劲，城之固，不可得也。兵不劲，城不固，而求敌之不至，不可得也。敌至而求无危削，不灭亡，不可得也……故人主欲彊固安乐，则莫若反之民；欲附下一民，则莫若反之政；欲修正美国，则莫若求其人"②；《中庸》中所说的，君子"在上位，不陵下；在下位，不援上。正己而不求于人，则无怨。上不怨天，下不尤人"③，等等，恰好再次印证了这种对等性的关系。正是这种对等性的关系，体现了以孔子为代表的先秦儒家所提倡和尊崇的平等、和谐思想。因此，先秦思想家在当时社会现实关系的基础上所论证、追寻的人与人之间的对等性乃至平等性，其现实价值不言而喻。正是由此，才使得传统文化能够在当代进行创造性转化和创新性发展。那种简单化地、笼统地将几千年的中国历史，尤其是中国思想史归结为绝对专制型特性，并不符合历史史实。这是由对传统文化的肤浅的、急功近利的认识和理解所致（当然此处并非否认整体上看传统文化中所含有的糟粕性内容）。中国传统文化中的"关系"概念，促使人不断地修炼自身，并生发出一种"先天下之忧而忧，后天下之乐而乐"④"为天地立志，为生民立道，为去圣继绝学，为万世开太平"⑤"苟利国家生死以，岂因祸福避趋之"⑥的社会责任感、使命感和担当精神。而从功利主义的"关系"概念出发，则只能产生为一己之利不择手段、目光短浅的自私自利之人，从而给国家和民族带来极大危害。这里需指出的是，承认君臣、父子等关系的存在，并非与平等意识毫无关联，关键看对这种关系作何解释了。孔子等人正是在承认社会中现实存在的君臣、父子等关系的前提下，提出了一种两两对等性的关系，其中所彰显的平等意识是显而易见的。即令在当今社

---

① 《荀子·君道》，[清]王先谦撰，沈啸寰、王星贤点校：《荀子集解》，中华书局 1988 年版，第 232-233 页。

② 《荀子·君道》，[清]王先谦撰，沈啸寰、王星贤点校：《荀子集解》，中华书局 1988 年版，第 234-236 页。

③ 《中庸·第十四章》，王国轩、张燕婴、蓝旭、万丽华译：《四书》，中华书局 2007 年版，第 122 页。

④ [宋]范仲淹：《岳阳楼记》，人民文学出版社编辑部编：《古文观止详注》，人民文学出版社 2014 年版，第 548 页。

⑤ 《张子语录·中》，[宋]张载著，章锡琛点校：《张载集》，中华书局 1978 年版，第 320 页。

⑥ 《赴戍登程口占示家人》，林则徐全集编辑委员会编：《林则徐全集》（第六卷·诗词），海峡文艺出版社 2002 年版，第 209 页。

会，若要有序、妥善治理一个国家，人们之间也不可能没有身份、职务、角色等的任何差别，否则就无异于各行其是、一盘散沙的无政府主义了。而历史已经证明，无政府主义是贻害无穷的。问题在于，承认不同身份、职务和角色的存在，应当是在承认人格平等前提下的对社会关系的认知，这与那种以上压下、以下欺（骗）上的专制关系绝非一个层面的问题。

其三，儒家思想强调，在"成人"过程中，通过修身养性，"人皆可以为尧舜"。与《圣经》中"道成肉身"的耶稣不同，耶稣作为"道"的象征而化为肉身成为传道、赐福于民间的救世主，而一般民众只是被动的接受者。在中国古代哲学视域下，社会之中的每一个体都是自身成道的主体，都是在追求崇高价值的过程中从自在到自为的主体。因此，中国传统文化强调的是个体的自律和道德主体的有为精神，相信"人皆可以为尧舜"。它至少体现出以下两点自身独有的特征。首先，这种强调"我善养吾浩然之气"[1]的自觉自律精神，与康德的"善良意志"和"绝对命令"虽然有着相当大的共同点，都体现出道德主体的价值与意义，不让外在的力量牵着自己的鼻子走。但是，与康德犹重抽象的、普遍的道德概念不同，中国传统文化中个体的自觉与自律是一种生命的体验和体悟，对道德理论是一种身心合一的"体认"，而不仅仅是一种学理上的"认知"。其次，这种自觉与自律精神凸显出"反求诸己"的特征。诚如孟子所言："爱人不亲，反其仁；治人不治，反其智；礼人不答，反其敬——行有不得者皆反求诸己，其身正而天下归之。"[2]曾子亦曰："吾日三省吾身。"[3]这种反求诸己，不仅仅是对一般事理进行的"反思"，而且是对自身的一种拷问和责难。这是一种向内下功夫，是一种内在的超越。而这种内在的超越，不仅指内在精神的超越，同时也指具有哲学本体论意义的身体的超越。因此，在天地人、灵与肉、精神与身体互相关联的有机整体中，人是能否实现这种"和谐"的本体。人能发挥有为精神，"与天地合其德，与日月合其明，与四时合其序，与鬼神合其吉凶"[4]，这是一种以人格修养为中心而打通天人之际的身心合一的"完人"的修炼、"完人"的教育。这里应特别提出，中国教育历史传统中的主体性的彰显，正因为是以道德性诉求为主导的主体性，因此这种主体性不是在自然面前为所欲为的太上皇，也非在他人面前的自我中心主义者。这种主体性恰是以"厚德载物"和"仁者爱人"为基座的主体性，体现的是一种反求诸己的向内下功夫的内在超越，其超越时空

① 《孟子·公孙丑上》，杨伯峻译注：《孟子译注》，中华书局 2010 年版，第 56 页。
② 《孟子·离娄上》，杨伯峻译注：《孟子译注》，中华书局 2010 年版，第 152 页。
③ 《论语·学而》，杨伯峻译注：《论语译注》，中华书局 2009 年版，第 3 页。
④ 《易·上经·乾卦》，黄寿祺、张善文撰：《周易译注》，上海古籍出版社 2004 年版，第 19 页。

的魅力是不言而喻的。学者任国杰论道:"儒家的'上天'不同于西方的上帝。上帝无限、全知、全在、全能,我们的上天则需要'辅相'、'幽赞'。国人的圣端可以向上天讨价还价,可以参天地、赞化育。西方人依赖上帝,又往往把责任推给上帝,中国则不然。君子在时时'复观'的前提下,既济有为,敢于担当,善于自我损益。还有,原儒认为'继善成性',也就是天道、地道其性皆善。天、地、人皆善是'天人合一'的思想前提。基于这种天人关系,国人构筑了三才共治的理论基础。可见,'学以成人'既不是讲哲学家的社会责任,也不是讲个人的道德目的,它是中华几千年的生存智慧,是超越语境下我们应有的文化认同,只是'百姓日用而不知'罢了。"①

(二)道家文化视域中的"学以成人"

与儒家相对,道家从《易经》出发,走的是另外一条修炼养性的道路——无为而无不为的道路。如果说儒家走的是一条阳刚之路,那么道家走的就是一条阴柔之路,但两者之目的都是要人修炼至人之为人的真正境界,从而实现心目中的理想社会。道家也同样把天地宇宙、世间万物看作一个不可分割的整体,提出"道生一,一生二,二生三,三生万物。万物负阴而抱阳,冲气以为和"②,"有物混成,先天地生。寂兮廖兮,独立而不改,周行而不殆,可以为天下母。吾不知其名,强字之曰'道',强为之名曰'大'。大曰逝,逝曰远,远曰反。故'道'大,天大,地大,人亦大。域中有四大,而人居其一焉。人法地,地法天,天法'道','道'法自然"③,"天地与我并生,而万物与我为一"④等。"儒、道两家的'天人合一'思想,一重人伦道德,一重自然精神,虽然二者都有偏颇之处,并非完美无缺,但努力突破人类自我的局限性,以天地万物相通,并达到彼此的和谐统一却是他们共同的追求。而且,儒与道各有侧重也正可相互弥补其不足。二者同中有异,交融互补,共同撑起了中华民族'天人合一'的最高精神大厦。"⑤

道家的"学以成人"观,凸显出两大特点:

其一,强调修炼、"成人"过程中的清静无为、无欲无争。越是无欲无为,

---

① 任国杰:《"学以成人"如何可能?》,载《大连海事大学学报》(社会科学版)2018年第2期,第92页。

② 《老子·第四十二章》,陈鼓应:《老子注译及评介》(修订增补本),中华书局2009年版,第225页。

③ 《老子·第二十五章》,陈鼓应:《老子注译及评介》(修订增补本),中华书局2009年版,第159页。

④ 《庄子·内篇·齐物论》,陈鼓应注译:《庄子今注今译·上》(最新修订重排本),中华书局2009年版,第80页。

⑤ 李申申、陈洪澜、李荷蓉、王文礼:《传承的使命:中华优秀文化传统教育问题研究》,人民出版社2010年版,第217页。

就越是有为，这就是道家治学的辩证法。老子提出，"上善若水。水善利万物而不争，处众人之所恶，故几于道"①，"见素抱朴，少私寡欲"②。他强调"我无为，而民自化；我好静，而民自正；我无事，而民自富；我无欲，而民自朴"③，"五色令人目盲；五音令人耳聋；五味令人口爽；驰骋畋猎，令人心发狂；难得之货，令人行妨。是以圣人为腹不为目，故去彼取此"④。

其二，道家强调顺其自然，"道法自然"是宇宙万物的最高准则。因此，道家反对人为地雕琢和塑造。也就是说，道家对非自然的、不是世界万物所固有的规则、秩序常常抱有怀疑、批评的态度。比如，对于儒家的"仁义"等，道家提出了自己的看法："大道废，有仁义；六亲不和，有孝慈；国家昏乱，有忠臣。"⑤道家认为，仁义、孝慈、忠臣这些东西，是在国家、社会的自然秩序被破坏的情况下才出现并受到重视的，假如国家的自然秩序良好，也就根本用不着刻意提出这些内容让大家去学习和践行了，顺其自然就好。因此老子说："我有三宝，持而保之。一曰慈，二曰俭，三曰不敢为天下先。"⑥这里的"慈"和"俭"，其实与儒家文化多有相通之处。而"不敢为天下先"，则往往被人们认为是一种消极的态度，缺乏积极进取精神。实际上，这种理解有误。"不敢为天下先"意指不敢背离"道"而行天道不能为之事。这是做事的准则，即"道法自然"。也有学者指出："试想，在老子的思想中，有一种法水的精神，这种精神的主旨，就在于说明水具有一种水滴石穿的精神，有一种利万物而不争的精神，这种精神实际上也贯穿于老子思想的始终。这至少说明老子的思想并不是大家所认为的消极的、厌世的、不思进取的，因此把'不敢为天下先'的思想理解为消极是不正确的……老子以'不敢为天下先'作为自己的三个座右铭之一，然而其代表作《道德经》却开了敢为天下先的先河。从今天看来，很少能有一本书仅仅只有五千言，却涵盖了如此丰富的思想智慧，具有如此令人惊叹的大道哲理。从某种意义上说，正是老子不敢为天下先的精神，反而成就了能为天下先的本质。从这个意义上说，老子具备为天下先的能力，而提倡'不敢为天下先'的精神，其实质就在于告诉世人应具有谦卑的心态而已。然而不得不承认，有些东西他还是不主张敢为天下先的，比如那些不利当今也不利后世的做法，诸如敢于对大自

---

① 《老子·第八章》，陈鼓应：《老子注译及评介》（修订增补本），中华书局 2009 年版，第 86 页。

② 《老子·第十九章》，陈鼓应：《老子注译及评介》（修订增补本），中华书局 2009 年版，第 134 页。

③ 《老子·第五十七章》，陈鼓应：《老子注译及评介》（修订增补本），中华书局 2009 年版，第 275 页。

④ 《老子·第十二章》，陈鼓应：《老子注译及评介》（修订增补本），中华书局 2009 年版，第 104 页。

⑤ 《老子·第十八章》，陈鼓应：《老子注译及评介》（修订增补本），中华书局 2009 年版，第 132 页。

⑥ 《老子·第六十七章》，陈鼓应：《老子注译及评介》（修订增补本），中华书局 2009 年版，第 306 页。

然的破坏，或敢于对天德的不践行，等等，这自然不是老子所提倡的，实际上也是不敢为天下先的根本之所在……如果我们仔细分析老子的三宝思想，他的慈为万物慈，俭为万世俭，不敢为天下先，也有为天下谋太平的思想旨趣。比如说，只要人人都能够谦让卑下，从不逞强或争霸，人人、家家、国国和天下不就处于安泰之中了吗？如果都敢为天下先，且互不相让，世界不就处于争斗之中了吗？这实际上也是老子不敢为天下先的思想初衷。"①曾仕强教授也指出："不敢为天下先，我们常常把这句话理解为，无论做什么事，都不要跑到别人前面去，因为枪打出头鸟。所以有人认为，老子的思想是消极的，是现代社会不可取的。其实，如果我们对中国文字有了解的话，我们就会很轻松、很明白地知道：不敢为天下先就是敢为天下先。敢为天下先和不敢为天下先，并没有什么不同，只是说法不一样而已。为什么？因为当我们说不敢为天下先的时候，同时包含着另一层意思：如果合理的话，如果顺应自然的话，那为天下先也没关系；当我们说敢为天下先的时候，意思即是，当时机不恰当的时候是不敢为天下先的。中国人讲话，厉害就在这里，我们要会变通。是里面含有不是，不是里面含有是；善里面有恶，恶里面也有善；要会变成不要，不要也会变成要。这个需要我们花一点时间好好体会。这也是《易经》的思维，而且几乎百家的思想里面都含有这么一种变动性。因为整个是变的，你怎么可以固定呢？我们站在不要的立场来要，站在没有意见的立场来发表意见，站在不敢为天下先的立场，敢为天下先。"②

总之，"学以成人"是儒、道两家文化内涵的主旨，其对问题的论证亦是紧紧围绕这一主旨而展开。因此可以说，中华优秀传统文化在"成人"的过程中具有深厚的意蕴和无以替代的巨大价值，这是一笔不可忽视的宝贵的财富。尤其今天在全社会大力弘扬、培育和践行社会主义核心价值观的情势下，对中华优秀传统文化在"学以成人"中的价值及其实施的深入研究，将会对提升全体国民的素养、对实现中华民族伟大复兴的中国梦，具有更为积极的意义。

关于"学什么"和"怎样学"的问题，也是本书力图加以较详细阐述的重点问题，将在下面的章节中一一展开。

---

① 《〈道德经〉：吾有三宝：一曰慈，二曰俭，三曰不敢为天下先》，http://www.360doc.com/content/14/0513/16/1302411_377272330.shtml，2014-05-13.

② 中华易经文化研究会邀台湾师范大学曾仕强教授演讲：《曾仕强讲道德经：不敢为天下先，就是敢为天下先！》，https://baijiahao.baidu.com/s?id=1603415052170750026&wfr=spider&for=pc，2018-06-16.

第二章
中华优秀传统文化精神层面之内涵与意蕴

　　悠悠五千年中华文化，源远流长，血脉不断，直至当今时代仍熠熠闪光，不容也不能忽视，这正是由于对文化的传承与光大、"学以成人"的代代相续及诉求在其中起到了无可置疑的作用。在当代，中西文化不以人们意志为转移地处于更为频繁的交流与碰撞之中，对于中华优秀传统文化超越时空的价值与魅力，学者们已多有探讨与论述。而且，在中华民族伟大复兴的实践中，在对外开放的国际交流中，中华优秀传统文化的价值也已得到充分的证明。确实，在当代"全球化"的浪潮中，我们应该敞开胸襟，积极借鉴引进西方的文化，做到"洋为中用"。但是，"洋"只有根植于"中"的深厚土壤之中，亦即本民族强大的文化教育传统之中，才能融会贯通，生成新的、更具价值的"中"，进而展现并贡献于世界。也就是说，只有不断回望传统，从传统中汲取充沛的资源，才有可能做到"返本开新"。

　　学者刘东指出，真正的"全球化"，毋宁是一种相反相成的运动，"在无可回避的外来文化冲击下，我们只能是虽然并非全然被动地，却又是心怀警觉地，既是要去加入、又是要去抵抗，既在从本土中抽离、又在朝向它再嵌入，既是在领受其裨益、又是在疏离其损害，既接受了它的标准化、又启动了传统的再发明……既在跨越有限的国界、又要回归文化的本根……宽广而全面地看，正是这种带有杂音的双向发展，才较为理想和包容地构成了所谓'全球化'的全部特征"①。这就要求我们在交互文化的全球化进程中，"必须要分清哪些东西属于'文化之根'，哪些东西属于'文化之果'"，"真正能够提供给跨文化交流的，便只是从那些根底处长出来的、作为'文化之果'的东西。反之，那些隐秘而独特的便是'文化之根'"。对于本民族之外的"文化之根"，我们可以去了解，但绝对不可以生搬硬套地去学习，而对于这些"文化之根"滋养出来的"文化之果"，我们也只能远观其美好，而不能直接嫁接，因为"文化之树"之所以能枝繁叶茂，硕果累累，其营养和力量一定是来自其强健丰富、熠熠生辉的文化根基。也即是说，真正能够提供给全球"大空间"共享的"文化之果"，一定是由居于某个民族"小空间"的本土"文化之根"所供给的内生资源结出的"果"。②学者陈来指出，"一种具有普遍性的思想或实践体系产生在何种时代和社会，与它是否具有超越该时代和社会的价值意义、存在能力，是两个不同的问题"③，中国传统的文化精髓虽产生于古代，但这种根系发达、营养充沛的文化本根，对于中国目前的建设与发展而言，具有非常关键的、不可或缺的意义，就

---

① 刘东：《再造传统：带着警觉加入全球》，上海人民出版社 2014 年版，第 204 页。

② 刘东：《国学如何走向开放与自由》，载《光明日报》2015 年 7 月 13 日，第 16 版。

③ 陈来：《如何重建儒学和社会制度的联系》，干春松：《制度儒学》（增订版），中央编译出版社 2017 年版，"序"。

好比"佛教、基督教都产生在奴隶时代，但不仅在封建时代得到巨大发展，而且在工业革命和启蒙运动之后，经历发展和转化，直至今天仍然有强大的影响力、生命力"①。

关于中华优秀传统文化之精髓与内涵的探讨，即是对"学以成人"过程中"学什么"的探讨。中华传统博大精深的文化，大体可分为精神层面、制度层面、物质层面的文化。本书主要侧重于精神层面和制度层面的探讨，教育层面的问题与此两方面不可分割，因此也归入探讨的范围。而关于物质层面的文化，包括部分非物质层面的文化，如传统的工艺技术、建筑设计、歌舞绘画、节日民俗等，更具体到某种专业性的层面，由于篇幅所限，本书不再作详细探讨（只是在后面的第五章"人类历史发展中的文明由各民族优秀文化共同组成"的内容中，谈及历史上其他各民族的文化时，对这些方面有所叙述）。对于精神层面、制度层面及教育层面的探讨，由于儒家文化对于几千年中国社会的更为直接、更为强大的影响，因此本书论证的重点将放在对儒家文化内涵的剖析上面，同时也兼及道家等各家文化。

本章重点阐述精神层面的内涵。可以说，精神层面的文化是中华优秀传统文化，尤其是儒家文化的核心与精髓，内容丰富而意义悠远。同时，精神层面的文化也是"学以成人"过程中"学"的重中之重和坚实的根基。中国传统士人和君子，即中国传统知识分子，正是沐浴着以精神层面为主的优秀文化而成长、成熟起来的，最终成圣成贤。而中国历史上的大众百姓，也在日常生活中、在接受社会教化的过程中，深受精神层面优秀文化的浸染，具有较强的与人相处的"仁者爱人"的道德感，也是不争的事实。

一、以"天人合一"与"道法自然"为追求的宇宙观与生存智慧

（一）从"天人合一"的宇宙人生观到"和而不同"的处世智慧

1. "天人合一"的宇宙人生观

众所周知，"天人合一"的宇宙人生观是中国传统哲思的主流。这是中华民族先民在与自然、与茫茫众生相处、相生的过程中形成的独具特色的思维方式。

---

① 陈来：《如何重建儒学和社会制度的联系》，干春松：《制度儒学》（增订版），中央编译出版社 2017年版，"序"。

这一思维方式将天地人纳入一个大系统中，认为各个方面相互关联、相互影响、相互作用，且"一损俱损，一荣俱荣"。而所有的"存在"所共同遵循的是至尊的"道"，只不过是"理一而分殊"①，"在天则为天道，在地则为地道，在人则为人道"②。"天人合一"中的"天"，其含义有二：一为纯自然之天，一为天地宇宙中所包含之"理"，而以后者为重，主要指"天道""天理"之意。这一思维方式是由中国传统各家各派，尤其是由同源于《易经》，而向不同方向发展、交融互补的儒、道两家所共同秉持。《易经》明确说："夫大人者，与天地合其德，与日月合其明，与四时合其序，与鬼神合其吉凶。先天而天弗违，后天而奉天时。"③

儒家学派关于"天人合一"的阐述有着一以贯之的传统。孟子说，"万物皆备于我矣。反身而诚，乐莫大焉"④，"尽其心者，知其性也。知其性，则知天矣。存其心，养其性，所以事天也"⑤。《中庸》提出，"唯天下至诚，为能尽其性；能尽其性，则能尽人之性；能尽人之性，则能尽物之性；能尽物之性，则可以赞天地之化育；可以赞天地之化育，则可以与天地参矣"⑥，"思知人，不可不知天"⑦。至汉代，董仲舒提出了"天人感应论"，"天者群物之祖也……故圣人法天而立道"⑧，"道之大原出于天，天不变，道亦不变"⑨，"圣者法天，贤者法圣，此其大数也"⑩，"天人之际，合而为一"⑪，"天亦有喜怒之气、哀乐之心，与人相副，以类和之，天人一也"⑫。宋明时期，理学家集儒、释、道于一体，进一步发展了儒家的"天人合一"观，使其形成高度成熟的理论体系。张载明确提出"天人合一"的命题，"儒者则因明致诚，因诚致明，故天

①　《河南程氏文集卷第九·答杨时论西铭书》，[宋]程颢、程颐著，王孝鱼点校：《二程集》，中华书局1981年版，第609页。

②　《河南程氏遗书卷第二十二上·伊川先生语八上》，[宋]程颢、程颐著，王孝鱼点校：《二程集》，中华书局1981年版，第282页。

③　《易·上经·乾卦》，黄寿祺、张善文撰：《周易译注》，上海古籍出版社2004年版，第19页。

④　《孟子·尽心上》，杨伯峻译注：《孟子译注》，中华书局2010年版，第279页。

⑤　《孟子·尽心上》，杨伯峻译注：《孟子译注》，中华书局2010年版，第278页。

⑥　《中庸·第二十二章》，王国轩、张燕婴、蓝旭、万丽华译：《四书》，中华书局2007年版，第128页。

⑦　《中庸·第二十章》，王国轩、张燕婴、蓝旭、万丽华译：《四书》，中华书局2007年版，第124页。

⑧　《汉书·董仲舒传》，[东汉]班固撰：《汉书》（卷五十六），中华书局2007年版，第567页。

⑨　《汉书·董仲舒传》，[东汉]班固撰：《汉书》（卷五十六），中华书局2007年版，第568页。

⑩　《春秋繁露·楚庄王》，曾振宇、傅永聚注：《春秋繁露新注》，商务印书馆2010年版，第11页。

⑪　《春秋繁露·深察名号》，曾振宇、傅永聚注：《春秋繁露新注》，商务印书馆2010年版，第208页。

⑫　《春秋繁露·阴阳义》，曾振宇、傅永聚注：《春秋繁露新注》，商务印书馆2010年版，第249页。

人合一"①，"上天之载，有感必通；圣人之为，得为而为之也"②，"天道四时行，百物生，无非至教；圣人之动，无非至德，夫何言哉"③，"乾称父，坤称母，予兹藐焉，乃混然中处。故天地之塞，吾其体；天地之帅，吾其性。民吾同胞，物吾与也"④。周敦颐说，"圣人与天地合其德"⑤。二程也提出，"天人本无二，不必言合"⑥，"仁者，以天地万物为一体"⑦。陆九渊、王阳明则突出了"天人一心"。陆九渊说，"天之所以与我者，即此心也。人皆有是心，心皆具是理，心即理也"⑧，"心，一心也，理，一理也。至当归一，精义无二，此心此理，实不容有二"⑨。王阳明更明确指出，"人者，天地万物之心也；心者，天地万物之主也。心即天，言心则天地万物皆举之矣"⑩，"人心与天地一体，故'上下与天地同流'"⑪。明清之际王夫之继承张载，主张"天人一气"。他说，"唯天生人，天为功于人而人从天治也。人能存神尽性以保合太和，而使二气之得其理，人为功于天而气因志治也"⑫，"天人之蕴，气而已"⑬，"言心言性，言天言理，俱必在气上说，若无气处则俱无也"⑭。

道家学派对"天人合一"观亦有生动的描述。老子说，"有物混成，先天地

---

① 《正蒙·乾称》，[宋]张载著，章锡琛点校：《张载集》，中华书局 1978 年版，第 65 页。

② 《正蒙·天道》，[宋]张载著，章锡琛点校：《张载集》，中华书局 1978 年版，第 14 页。

③ 《正蒙·天道》，[宋]张载著，章锡琛点校：《张载集》，中华书局 1978 年版，第 13 页。

④ 《正蒙·乾称》，[宋]张载著，章锡琛点校：《张载集》，中华书局 1978 年版，第 62 页。

⑤ 《太极图·易说》，[宋]周敦颐撰，范逢恩校：《周元公集》（卷一），《钦定四库全书·集部》，第 5 页。

⑥ 《河南程氏遗书卷第六·二先生语六》[宋]程颢、程颐著，王笑鱼点校：《二程集》，中华书局 1981 年版，第 81 页。

⑦ 《河南程氏遗书卷第二上·二先生语二上》，[宋]程颢、程颐著，王笑鱼点校：《二程集》，中华书局 1981 年版，第 15 页。

⑧ 《象山先生全集·与李宰二》，[宋]陆九渊：《陆象山全集》（卷十一），中国书店 1992 年版，第 95 页。

⑨ 《象山先生全集·与曾宅之》，[宋]陆九渊：《陆象山全集》（卷一），中国书店 1992 年版，第 3 页。

⑩ 《答季德明书》，[明]王守仁撰，吴光等编校：《王阳明全集》（上），上海古籍出版社 1992 年版，第 214 页。

⑪ 《传习录·钱德洪录》，[明]王守仁撰，吴光等编校：《王阳明全集》（上），上海古籍出版社 1992 年版，第 106 页。

⑫ 《张子正蒙注卷一·太和篇》，[明末清初]王夫之著，船山全书编辑委员会编：《船山全书》（第 12 册），岳麓书社 2011 年版，第 44 页。

⑬ 《读四书大全说卷十·孟子·告子上篇》，[明末清初]王夫之著，船山全书编辑委员会编：《船山全书》（第 6 册），岳麓书社 2011 年版，第 1054 页。

⑭ 《读四书大全说卷十·孟子·尽心上篇》，[明末清初]王夫之著，船山全书编辑委员会编：《船山全书》（第 6 册），岳麓书社 2011 年版，第 1111 页。

生。寂兮廖兮，独立而不改，周行而不殆，可以为天下母。吾不知其名，强字之
曰道，强为之名曰大。大曰逝，逝曰远，远曰反。故道大，天大，地大，人亦
大。域中有四大，而人居其一焉。人法地，地法天，天法道，道法自然"，"道
生一，一生二，二生三，三生万物。万物负阴而抱阳，冲气以为和"。庄子进一
步发挥了老子的思想，他说，"天地与我并生，而万物与我为一"，"天地者，
万物之父母也，合则成体，散则成始"①。

钱穆先生说："中国文化过去最伟大的贡献，在于对'天''人'关系
的研究。"②他认为，西方文化似乎冲突性更大，而中国文化则调和力量更
强。中国文化的伟大之处，乃在最能调和，使冲突之各方兼容并包，共存共
处，相互调剂。他说，"西方人好分，是近他的性之所欲。中国人好合，亦
是近他的性之所欲。今天我们人的脑子里还是不喜分，喜欢合。大陆喜欢
合，台湾亦喜欢合，乃至……全世界的中国人，都喜欢合"③，"文化中发
生冲突，只是一时之变，要求调和，乃是万世之长"④。季羡林先生也说：
"天人合一思想是东方思想的特点和精华，只有东方的天人合一的思想才能
够拯救人类。"⑤

2. "和而不同"及"中庸之道"的处世智慧

由"天人合一"的宇宙人生观，自然使中国文化具有一种"合和文化"的特
性。"和而不同"的处世哲学、处世智慧，使"和而不同"既成为追求理想社会
的路径和手段，又成为达至理想社会的目标和愿景。

中国传统文化关于和谐社会的观点和主张，形成了系统的关于和谐社会的思
想文化体系，其蕴涵深厚丰富且具有深远历史意义和价值。《论语》中说，"礼
之用，和为贵。先王之道，斯为美"⑥。《中庸》云，"喜怒哀乐之未发，谓之
中；发而皆中节，谓之和。中也者，天下之大本也；和也者，天下之达道也。致
中和，天地位焉，万物育焉"⑦。《吕氏春秋》说，"天地合和，生之大经也"⑧。

---

① 《庄子·外篇·达生》，陈鼓应注译：《庄子今注今译·中》（最新修订重排本），中华书局 2009 年
版，第 500 页。
② 钱穆：《中国文化对人类未来可有的贡献》，载《中国文化》1991 年第 4 期，第 93 页。
③ 钱穆：《从中国历史来看中国国民性及中国文化》，香港中文大学出版社 1982 年版，第 27 页。
④ 钱穆：《中国文化精神》，三民书局 1971 年版，第 51 页。
⑤ 季羡林研究所编：《季羡林说和谐人生》，中国书店 2008 年版，第 169 页。
⑥ 《论语·学而》，杨伯峻译注：《论语译注》，中华书局 2009 年版，第 7 页。
⑦ 《中庸·第一章》，王国轩、张燕婴、蓝旭、万丽华译：《四书》，中华书局 2007 年版，第 118 页。
⑧ 《吕氏春秋·有始览》，[汉]高诱注，[清]毕沅校，徐小蛮标点：《吕氏春秋》，上海古籍出版社 2014
年版，第 244 页。

《淮南子·氾论训》说，"天地之气，莫大于和。和者，阴阳调，日夜分而生物"①。董仲舒说，"德莫大于和，而道莫正于中"②，"和者，天之正也，阴阳之平也，其气最良，物之所生也"③。张载强调，"有象斯有对，对必反其为；有反斯有仇，仇必和而解"④。王夫之论道，"太和，和之至也。道者，天地人物之通理，即所谓太极也。阴阳异撰，而其氤氲于太虚之中，合同而不相悖害，浑沦无间，和之至矣。未有形器之先，本无不和，既有形器之后，其和不失，故曰太和"⑤，"阴与阳和，气与神和，是谓太和"⑥。

在中国传统哲学与文化中，"和谐"是指事物的互补、和顺、秩序、适中，即事物存在着差异的诸方面不同要素的统一，亦即"协调与协和"的关系，这种关系是维护整体平衡与稳定的前提，同时也是和谐内容的本身。从"和谐"的语源——"和"的语义上看，和谐本身也包含着对不同要素的协调。"和"，原是声音相应的意思，如"其声以和柔"⑦，后来更衍生出和谐、中和、和睦等多重含义。中国传统文化在其漫长的发展历程中形成了诸多精神积淀，而其中对"和"的重视成为中国传统文化的核心。自古以来，中国传统文化的精神是重视"和"，即追求和谐的中和主义。"和谐"是中国文化普遍追求的一种状态或境界。可以说，"自强不息""厚德载物"与崇尚"和谐"的文化精神相互影响、彼此渗透，成为中国文化的三大支柱。同时，这三大支柱也被以儒、道为主的诸子百家继承并不断发展，在家庭维系、人际交往和社会发展过程中，一直发挥着强大的影响力和推动力，成为中华民族生生不息、绵延不绝的重要精神力量⑧。

但是，中国传统文化强调的"和"不是一团和气，也不是完全等同，而是"和而不同"，它是在承认"不同""对立"的前提下倡导的"和"。也就是说，它是在承认矛盾存在的前提下，寻求矛盾各方异中求同、共轭相生，是多

① 《淮南子·氾论训》，[汉]刘安著，[汉]许慎注，陈广忠校点：《淮南子》，上海古籍出版社 2016 年版，第 314 页。

② 《春秋繁露·循天之道》，曾振宇、傅永聚注：《春秋繁露新注》，商务印书馆 2010 年版，第 333 页。

③ 《春秋繁露·循天之道》，曾振宇、傅永聚注：《春秋繁露新注》，商务印书馆 2010 年版，第 336 页。

④ 《正蒙·太和》，[宋]张载著，章锡琛点校：《张载集》，中华书局 1978 年版，第 10 页。

⑤ 《张子正蒙注卷一·太和篇》，[明末清初]王夫之著，船山全书编辑委员会编：《船山全书》（第 12 册），岳麓书社 2011 年版，第 15 页。

⑥ 《张子正蒙注卷一·太和篇》，[明末清初]王夫之著，船山全书编辑委员会编：《船山全书》（第 12 册），岳麓书社 2011 年版，第 16 页。

⑦ 《礼记·乐记》，杨天宇撰：《礼记译注·下》，上海古籍出版社 2004 年版，第 468 页。

⑧ 参考李申申等：《跨文化视野：中国特色和谐社会的探索》，社会科学文献出版社 2012 年版，第 1、2、7、8、170 页。

样性的统一。"和而不同"强调对立面之间不仅相互排斥，还有相互依存、互动相生的关系，主张不同事物融会协调、适当配合，相互取长补短，产生最佳组合，从而促进新事物的产生与发展。从历史渊源看，"和而不同"最早出现于西周末期。周幽王八年，郑国的太史伯针对周幽王的"去和而取同"说法提出了"和实生物，同则不继"①的思想。到春秋末期，齐国的晏婴以"和羹""琴瑟"为例，进一步阐明了和与同的差异，认为只有承认不同，才能"相成""相济"，否则，"若以水济水，谁能食之？若琴瑟之专一，谁能听之？同之不可也如是"②。与晏婴同时代的孔子采纳了这种和同思想，将其作为区别君子和小人的一个标准，谓之"君子和而不同，小人同而不和"③。

总的来说，在中国传统文化的语境下，"和而不同"，意味着承认多样、差别和不同，也就意味着承认矛盾、冲突。2015年9月，笔者在参加以"和而不同：共建人类命运共同体"为主题的"嵩山论坛2015年会——华夏文明与世界文明对话"时，应邀就"和而不同"理念接受国内140余位记者采访时指出："从字义上来讲，'和而不同'可概括为：'君子善于协调不同的意见而不盲从附和。'这一概念不仅是中国哲学中的重要命题，而且体现了中华民族待人接物的大智慧，以及宽厚的包容精神和豁达的胸襟。'和而不同'一是用整体的眼光看问题，即在看问题时涉及各个方面，既涉及自然界，也涉及人本身；既涉及个体，也涉及他人；既涉及本民族，也涉及其他民族。以整体的眼光看问题，对问题的解决往往就比较正确。二是用平等的眼光看问题，即把自然、他人、其他民族都看成与自身是平等的。凡是在平等的基础上对话，就会产生和谐。比如，我这个民族要生存、要获得利益，同时也要尊重其他民族的生存、其他民族的利益。我们可以在保持各自不同的个性、信仰、特色的基础上和谐相处，共同追求。'和而不同'的思想在当今政治多极化、经济全球化、文化多元化的时代，具有不容忽视的现实意义和价值。"④

中国传统文化中的"和谐"体现在多个层面：其一，指人与自然的和谐。所谓天人合一的自然观，就是说自然与人事是相关相应的，甚至是水乳交融、

---

① 《国语·郑语》，徐元诰撰，王树民、沈长云点校：《国语集解·郑语第十六》，中华书局2002年版，第470页。

② 《左传·昭公二十年》，李梦生撰：《左传译注·下》，上海古籍出版社2004年版，第1105-1106页。

③ 《论语·子路》，杨伯峻译注：《论语译注》，中华书局2009年版，第140页。

④ 李申申：《和而不同的实践》，该文为《香港商报》2015年9月19日"重树大国文化自信"专栏刊登的几篇文章之一（记者香羽报道：2015年9月12—13日，嵩山论坛期间，本报记者就重树大国文化自信分别采访了香港中文大学新亚文商书院院长郭少棠教授、台湾大学哲学系杜保瑞教授、中国人民大学哲学院院长姚新中教授、河南大学博士生导师李申申教授）。

浑然一体的，或者说天人不二，天道与人道都是整体的大道中的部分，而万事万物都是一体而同根的，大道是无所不容的①。真正和谐的社会首先应该是天人和谐——"万物并育而不相害，道并行而不悖"②。中国传统文化中的"天人合一"思想，规范了人在自然界中的位置，使人找到了自己的天人关系的定位，从而使中国传统的社会活动中，更注重天人协调，而反对人为破坏自然的和谐③。其二，人与人、人与社会的和谐。在中国传统文化中，明"人伦"、讲"执中"、求"致和"的人际关系是核心问题，它作为一种调节社会矛盾使之达到中和状态的深刻哲理，为中华民族带来了稳定和祥和④。在人际关系上，儒家提倡"仁者爱人，有礼者敬人"⑤，"老吾老，以及人之老；幼吾幼，以及人之幼"，由此，"天下可运于掌"⑥。荀子则以性恶论为理论基础，主张以"隆礼重法"之道处理人际关系。道家也有矛盾对立面的本源统一观念和相生相克、相互转化的思想："有无相生，难易相成，长短相形，高下相盈，音声相和，前后相随。"⑦老子认为，社会的不和谐主要是由于人们为私欲而纷争，不知"道"之常，因此希望人们"见素抱朴，少私寡欲"，"致虚极，守静笃"⑧，同时也非常重视"慈""善"之德。在人与社会的关系上，道家尤其强调"以道相通、道法自然"（关于此问题，本章将在下一个标题中专门阐述）。其三，人自身的和谐。儒家的和谐观特别重视人的自我身心的和谐，强调"修身为本"，主张通过"修身"以达"内圣外王"之境界，具备君子的人格⑨。道家主张人应该以个人的修身养成圣人、真人、神人的理想人格，具备了这种理想人格的人会努力追求内在的自我而摒弃一切外在的束缚和限制，以保持内心的平静⑩。而在佛教思想中，追求自身和谐的人被看作是"佛"，具备"佛"这种理想人格的人有高度的自我牺牲精神、无穷的智慧，也是生死不染、来往自由、自觉觉他、功德无量的"完人"⑪。总之，人与自然的和谐、人与人及人与社会的和谐、人自身的和谐构

① 刘君灿：《关联与和谐——影响科技发展的思想因素》，姜义华等编：《港台及海外学者论中国文化》（下册），上海人民出版社1988年版，第515页。

② 《中庸·第三十章》，王国轩、张燕婴、蓝旭、万丽华译：《四书》，中华书局2007年版，第132页。

③ 刘经伟：《中国传统文化》，东北林业大学出版社2005年版，第44页。

④ 姜汝真主编：《中国传统文化的历史阐释与现代价值》，山西教育出版社1997年版，第27、37页。

⑤ 《孟子·离娄下》，杨伯峻译注：《孟子译注》，中华书局2010年版，第182页。

⑥ 《孟子·梁惠王上》，杨伯峻译注：《孟子译注》，中华书局2010年版，第15页。

⑦ 《老子·第二章》，陈鼓应：《老子注译及评介》（修订增补本），中华书局2009年版，第60页。

⑧ 《老子·第十六章》，陈鼓应：《老子注译及评介》（修订增补本），中华书局2009年版，第121页。

⑨ 黄宏主编：《社会主义和谐社会论纲》，广东人民出版社2006年版，第10页。

⑩ 黄宏主编：《社会主义和谐社会论纲》，广东人民出版社2006年版，第14页。

⑪ 黄宏主编：《社会主义和谐社会论纲》，广东人民出版社2006年版，第16页。

成了天、地、人宏观的统一体中整体的和谐，为当今时代社会主义和谐社会的构建提供了诸多有益的借鉴。

可以说，"天人合一"的宇宙观、"和而不同"的处世哲学观成为儒、道两家分别论证其思想体系的根基，两家在阐述其伦理观、成人成才观、对外交往观等的问题时，无不围绕这一根基加以展开。在"天人合一"宇宙观支配下，文学艺术上强调"情景合一"。如，"景中生情，情中含景，故曰景者情之景，情者景之情也"①，"情景一合，自得妙语"②。个人修养上强调"知行合一"，这是历代贤达志士做人做事奉行的基本原则之一及追求的理想之一。如，"知之真切笃实处即是行，行之明觉精察处即是知。知行功夫，本不可离"③，"知是行的主意，行是知的功夫，知是行之始，行是知之成"④，"明诚合一，则其知焉者即行焉，行焉者咸知矣"⑤。在中国历史上，亦有荀子等人提出的"天人相分"的见解，如"明于天人之分，则可谓至人矣"⑥，"大天而思之，孰与物畜而制之？从天而颂之，孰与制天命而用之"⑦，"天与人交相胜"⑧等，这一思想也有其价值，但在中国整体文化中并不占主流地位，而"天人合一"则成为文化中的一以贯之传统。

由"和而不同"的处世哲学和智慧，不能不提中国文化中的"中庸之道"。笔者曾在另文中分析⑨，中国古代教育所秉持的"中庸之道"，是中国古代哲学及教育中重要的思维概念和具体做人处事的重要原则，也是儒家道德的最高境界。正如《中庸》所言："致广大而尽精微，极高明而道中庸。"⑩也诚如学者

① 《唐诗评选卷四·岑参之〈首春渭西郊行呈蓝田张二主簿〉评语》，[明末清初]王夫之著，船山全书编辑委员会编：《船山全书》（第14册），岳麓书社2011年版，第1083页。

② 《明诗评选卷五·沈明臣七首之〈渡峡江〉评语》，[明末清初]王夫之著，船山全书编辑委员会编：《船山全书》（第14册），岳麓书社2011年版，第1434页。

③ 《传习录·答顾东桥书》，[明]王阳明撰，于自力、孔薇、杨骅骁注译：《传习录·中卷》，中州古籍出版社2008年版，第161页。

④ 《传习录·徐爱录》，[明]王阳明撰，于自力、孔薇、杨骅骁注译：《传习录·上卷》，中州古籍出版社2008年版，第30页。

⑤ 《读四书大全说卷四·论语·为政篇》，[明末清初]王夫之著，船山全书编辑委员会编：《船山全书》（第6册），岳麓书社2011年版，第600页。

⑥ 《荀子·天论》，[清]王先谦撰，沈啸寰、王星贤点校：《荀子集解》，中华书局1988年版，第308页。

⑦ 《荀子·天论》，[清]王先谦撰，沈啸寰、王星贤点校：《荀子集解》，中华书局1988年版，第317页。

⑧ 《天论上》，[唐]刘禹锡著，《刘禹锡集》整理组点校，卞孝萱校订：《刘禹锡集》（卷第五），中华书局1990年版，第68页。

⑨ 李申申、李志刚：《中国古代"即身而道在"教育的基本特征——一种具身性教育的永恒魅力》，载《河南大学学报》（社会科学版）2016年第4期，第113-114页。

⑩ 《中庸·第二十七章》，王国轩、张燕婴、蓝旭、万丽华译：《四书》，中华书局2007年版，第130页。

王泽民指出的，"中庸之道是中国文化的精髓，作为一种方法论，它已经深深渗透到了与中国文化有关的每一个元素和成分之中，成为构成普遍的文化心理和社会心理的核心要素之一"，"正确地认识中庸之道，并加以合理的应用，既是一种智慧，也是一种无可回避的文化责任"。[①]具体来讲，"中庸之道"是指行为的适度、不偏不倚、执中平和、无过无不及，也就是做事情、处理问题及各种关系时的高超的协调能力和智慧。《尚书》中就已指出："人心惟危，道心惟微，惟精唯一，允执厥中。"[②]孔子说："中庸之为德也，其至矣乎！民鲜久矣。"[③]孟子说："君子引而不发，跃如也。中道而立，能者从之。"[④]荀子说："道之所善，中则可从。"[⑤]《中庸》说："中也者，天下之大本也；和也者，天下之达道也。致中和，天地位焉，万物育焉"。朱熹对此解释说，"子程子曰：不偏之谓中，不易之谓庸。中者，天下之正道；庸者，天下之定理"[⑥]，"中庸者，不偏不倚、无过不及而平常之理，乃天命所当然，精微之极致也"[⑦]。对于如何达至"中庸之道"，孔子明确指出，"吾有知乎哉？无知也。有鄙夫问于我，空空如也。我叩其两端而竭焉"[⑧]，"执其两端，用其中于民"[⑨]。这里的"叩其两端"，是指摒弃两头极端的非此即彼的形而上学方法，而寻找中间最适宜的方法，这种方法能达到上下兼顾、左右融通、前后平衡。因此，如若把"中庸之道"理解成不讲原则的折中主义、平均主义，这是对中庸的曲解。中庸包含的折中调和思想，是一种积极的调和。中庸所秉持的"中"，并不仅仅是量的概念，不是两端等距离的点。在中国哲学家和思想家的思维和视域里，"中"更多体现为实践过程中处理、协调各种关系的一种原则、智慧和能力，它重在如何使事物内部各个部分以及各种事物之间达到彼此协调和平衡，使之各得其所。同时，这个"中"的标准随具体境遇的变化而改变。正如《中庸》所谓"君子之中庸也，君子而时中"[⑩]；朱熹所谓"中无定体，随时而在，是乃平常之理也"[⑪]。中国人的这种思维以及做事的智慧和能力，已经在当代我国面对风云变幻的世界大格局

① 王泽民：《论儒家中庸之道》，载《甘肃日报》2010年1月20日，第7版。
② 《尚书·虞夏书·大禹谟》，李民、王健撰：《尚书译注》，上海古籍出版社2004年版，第32页。
③ 《论语·雍也》，杨伯峻译注：《论语译注》，中华书局2009年版，第63页。
④ 《孟子·尽心上》，杨伯峻译注：《孟子译注》，中华书局2010年版，第297页。
⑤ 《荀子·天论》，[清]王先谦撰，沈啸寰、王星贤点校：《荀子集解》，中华书局1988版，第318页。
⑥ 《中庸章句序》，[宋]朱熹撰，金良年今译：《四书章句集注·上》，上海古籍出版社2006年版，第23页。
⑦ 《中庸章句》，[宋]朱熹撰，金良年今译：《四书章句集注·上》，上海古籍出版社2006年版，第25页。
⑧ 《论语·子罕》，杨伯峻译注：《论语译注》，中华书局2009年版，第88页。
⑨ 《中庸·第六章》，王国轩、张燕婴、蓝旭、万丽华译：《四书》，中华书局2007年版，第118页。
⑩ 《中庸·第二章》，王国轩、张燕婴、蓝旭、万丽华译：《四书》，中华书局2007年版，第118页。
⑪ 《中庸章句》，[宋]朱熹撰，金良年今译：《四书章句集注·上》，上海古籍出版社2006年版，第25页。

而提出的"一带一路""和而不同""合作共赢""构建人类命运共同体"等决策与举措中充分体现出来，而且已经显示出良好的前景，正所谓"万物并育而不相害，道并行而不相悖"。

受"中庸之道"思想的泽被与启迪，笔者近年来对教育领域的改革与发展秉持"寻找契合点"的基本理念，认为"在教育发展的过程中，常常会遇到这样的情况，即两种看似对立、矛盾，甚至南辕北辙、水火不容的理念、措施、方式或方法，都有其一定的合理性，也都有其缺失或局限，构成了两难问题，而我们则必须在两难中选择其一。当我们选择了其中之一时，应当清醒地意识到，这'其中之一'本身必定包含着某种负面的和否定自身的因素，假如将此推向极端，以非此即彼的思维方式处理问题，则负面的、否定自身的因素发展成不易消解的顽症，危害就大了。因此，以一种超前意识，考虑到我们选择的'其中之一'可能带来的负面影响，采取种种措施将其负面影响控制在最小范围内，这是高水平的思维方式。这种高水平思维方式的重要内容和特征，就在于以开阔的胸襟、积极的心态去吸纳、兼容未能被我们采纳的另一个'其中之一'的合理因素与成分，来弥补单一选择的不足与缺憾。这实际上就是在寻找契合点。应该说，这种问题在教育领域中俯拾即是，在课程改革中亦同样存在。就课程改革而言，从宏观上看，我们遇到的最常见的问题即是如何处理传统课程体系与新课程体系之间的关系，国外行之有效的课改经验与民族的、本国的课改实践之间的关系等；从微观上看，问题就更多，诸如分科课程与综合课程、经验课程、活动课程之间，人文社会科学课程与自然科学课程之间，语数外等所谓主科课程与体音美劳等所谓副科课程之间，'双基'教学与激发学生的思维和创造力之间，教师与学生之间，现代化信息技术手段的运用与传统的教学方法之间等等的关系，都不是用简单化的方式处理就能达到理想的效果的。寻找每对矛盾对立双方的契合点，以长补短、以优补缺，从而最大限度地获得理想的效果，使改革循着健康的道路发展，这应当成为新课改的正确的、基本的思维方式"。历史上是有过深刻的经验教训的，"进入 20 世纪以来，欧美诸国、苏联等在课程改革方面都走过了曲折的道路，留下了深刻的教训。因此，20 世纪 80 年代至今，各国都在寻找最佳的教育方法，寻找教育中矛盾对立双方的这种契合点（或平衡点），以求达到最佳的效果"。由此，在我国当前新一轮的课程改革中，应当恰当地寻找"契合点"："课改理念：在'新'与'旧'之间架起桥梁"，"学科内容：探寻分科课程与综合课程、活动课程的契合"，"师生关系：探寻教与学的契合"，等等。①

---

① 李申申：《寻找契合点：新课改不可忽视的思维方式》，载《教育研究与实验》2010 年第 4 期，第 46-51 页。

（二）从"道法自然"的宇宙观到"无为而无不为"的生存智慧

1. "道法自然"的宇宙观

从"天人合一"出发，道家又将这种宇宙观进一步引申为"道法自然"。"道法自然"是道家伦理视域中的最高境界，也是中华文化的宝贵财富。老子的"绝智弃辩"[①]"以辅万物之自然而不敢为"[②]，强调的是"不以人助天"[③]"无以人灭天"[④]"处物不伤物"[⑤]的价值追求。这里的"道"和"自然"实为同一种存在，它无形无状，产生于天地万物之先，又生成了天地万物。诚如老子所说，"有物混成，先天地生。寂兮廖兮，独立而不改，周行而不殆"。它不停地运转、变幻，无处不在、无远不至，穿行于古往今来、八荒六合，到达极远处又返回事物的根本。何为"道"？先哲的解说具有多重性，因此后人的理解也不尽相同。有谓"道"是天地万物的本源，有谓"道"是天地万物的普遍性本质，还有谓"道"是精神性实体或宇宙存在的最初混沌状态，另有人说"道"是法则、规律、最高原理、终极真理等。根据先哲论点的解说，"道"的"本源"意义，或者"法则、规律"意义十分明显，而且二者可并行不悖。因此，把"道"理解为含有法则、规律意义的本源以及本源法则、本源规律，或者理解为宇宙人生的最高原理、终极真理，更为贴切。"道"虽生长万物，即"道生之，德畜之；长之育之；亭之毒之；养之覆之"，但它却"生而不有，为而不恃，长而不宰"[⑥]，即生长万物却不把万物据为己有，使万物形成却不夸耀自己的功劳，长养万物却不以自己为万物的主宰，而是听任万物自然而然发展着，或者说引导万物使之遵循自然规律。老子也说："大道氾兮，其可左右。万物恃之以生而不辞，功成而不有。衣养万物而不为主，可名于小；万物归焉而不为主，可名为大。以其终不自为大，故能成其大。"[⑦]可见，"道"既有本体论含义，又有生成论含义。人应当遵循地的规律特性，因为地的原则是服从于天，天又以道作为运行的依据，

① 《老子·第十九章》，陈鼓应：《老子注译及评介》（修订增补本），中华书局 2009 年版，第 134 页。

② 《老子·第六十四章》，陈鼓应：《老子注译及评介》（修订增补本），中华书局 2009 年版，第 296 页。

③ 《庄子·内篇·大宗师》，陈鼓应注译：《庄子今注今译·上》（最新修订重排本），中华书局 2009 年版，第 186 页。

④ 《庄子·外篇·秋水》，陈鼓应注译：《庄子今注今译·中》（最新修订重排本），中华书局 2009 年版，第 461 页。

⑤ 《庄子·外篇·知北游》，陈鼓应注译：《庄子今注今译·中》（最新修订重排本），中华书局 2009 年版，第 628 页。

⑥ 《老子·第五十一章》，陈鼓应：《老子注译及评介》（修订增补本），中华书局 2009 年版，第 254 页。

⑦ 《老子·第三十四章》，陈鼓应：《老子注译及评介》（修订增补本），中华书局 2009 年版，第 194 页。

而道就是自然而然,不加造作,这就是"人法地,地法天,天法道,道法自然"。因此,道法自然即道效法或遵循自然,也就是说万事万物的运行法则都是遵守自然规律的。这其中就蕴含了中华民族先民看待世界的基本的认识论和方法论,蕴含了博大的智慧。由此也可见,道家思想反对人为雕琢、人为干预的发展与治理的理念特质。

从"道法自然"的含义中可知,中华先贤已将自然万物的生成视为"有"与"无"互动相生、辩证发展的产物。"无"生"有","有"归"无",这是万事万物的起点和终点以及运动变化的最后依据。"无"与"有"双方是对立统一关系,并且在一定条件下可以互相转化。二者是一体的两极,二者之间向对方的运动,或称双向运动或反运动,就是自然。这一思想,与近代黑格尔的"绝对精神"在逻辑阶段的产生和辩证发展的观念极为相似。黑格尔从"无""有"的基本概念出发,运用"逻辑三一式"的推导,生成出了"绝对精神"这一客观精神性的本体,由此"绝对精神"就处于不断发展之中,由逻辑阶段到自然阶段,再到精神阶段。然而,中华先哲对"无"与"有"及其辩证发展的认知与西方有着显著的不同,其根本的一点差异即在于,"无"与"有"是一种纯逻辑性的概念,还是一种初始状态的、混沌的物质性的东西。中国哲学正是把"无"和"有"及其辩证发展看成一种混沌的物质性的东西的相互作用和运动,才会包含了生命的灵动和精神性在其中,包含了万物发展与变化的生态伦理在其中。而在黑格尔那里,当逻辑阶段生成的"绝对精神"进入自然阶段时,它是以自身外化、异化的形式,即以自身对立面的形式与自然界相遇。诚如黑格尔所说:"自然界是自我异化的精神。"[①]学者赵敦华指出:"'异化'(alienation)是辩证法的一个重要概念,它的意思不仅指背弃自身,转变为异己的东西;更重要的是指必然地在与自身不同的领域发展;发展的必然性也是异化的应有之义。"黑格尔"使用绝对唯心论的思辨语言为自然现象下定义,结果不但是主观臆造,而且是荒谬可笑的"。[②]由此可见,黑格尔的主体"绝对精神"与外部自然界是主客二分的,对自然的阐释完全由主观意识来进行,这与西方一以贯之的传统——将自然界视为对象化的存在是一脉相承的。

2. "无为而无不为"的生存智慧

"无为"是与"道法自然"紧密相连的。"无为"之要义,就在"道法自

---

① 北京大学哲学系外国哲学史教研室编译:《西方哲学原著选读》(下卷),商务印书馆 1982 年版,第431 页。

② 赵敦华:《西方哲学简史》,北京大学出版社 2001 年版,第 310 页。

然"，即遵循事物发展的自然规律行事，不因一己之私欲而任意妄为。《老子·第二十九章·注》说，"万物以自然为性，故可因而不可为，可通而不可执也"①，"圣人达自然之性，畅万物之情，故因而不为，顺而不施"②。这表明，"道"与"万物"的关系，在老子那里确实是"道无为"与"万物自然"的关系，即顺应自然规律，不要因私欲而任意妄为。所以老子说，"为者败之，执者失之。是以圣人无为，故无败；无执，故无失"，"是以圣人欲不欲，不贵难得之货；学不学，复众人之所过，以辅万物之自然而不敢为"③。这里，"圣人"遵循"道"的"无为"而推行"无为政治"，是为了辅助和配合"万物之自然"。老子还说："道之尊，德之贵，夫莫之命而常自然。"④"道"和"德"之所以受到万物的尊重和珍惜，是因为它们不对万物施加命令和干涉，而是因任万物的"自然"。诚如蒋锡昌先生所说："道之所以尊，德之所以贵，即在于不命令或干涉万物而任其自化自成也。"⑤庄子也说："遊心于淡，合气于漠，顺其自然而无容私焉，而天下治矣。"⑥

老子将"道"的本性称之为"无为"，并非说"道"没有任何作为，而只是说"道"不控制、不干预万物，而是让万物自行活动、自行其是。老子说："道常无为而无不为。"⑦从这句话可以看出，"道"是"无为"的，但由于遵循万物之规律而不妄为，使万物自己成就了自己，因此它又是"无不为"的。老子的弟子文子在《文子·自然》中，用老子的话对"无为"作了注解："老子曰：'所谓无为者，非谓其引之不来，推之不去，迫而不应，感而不动，坚滞而不流，卷握而不散。谓其私志不入公道，嗜欲不枉正术，循理而举事，因资而立功，推自然之势，曲故不得容，事成而身不伐，功立而名不有。若夫水用舟，沙用鸠，泥用輴，山用樏，夏渎冬陂，因高为山，因下为池，非吾所为也。圣人不耻身之贱，恶道之不行也；不忧命之短，忧百姓之穷也。故常虚而无为，抱素见朴，不与物杂。'"⑧老子的"上善若水"，也最能说明"无为无不为"的道理。即是，

---

① 《老子·第二十九章·注》，陈鼓应：《老子注译及评介》（修订增补本），中华书局 2009 年版，第179 页。

② 《老子·第二十九章·注》，陈鼓应：《老子注译及评介》（修订增补本），中华书局 2009 年版，第180 页。

③ 《老子·第六十四章》，陈鼓应：《老子注译及评介》（修订增补本），中华书局 2009 年版，第 296 页。

④ 《老子·第五十一章》，陈鼓应：《老子注译及评介》（修订增补本），中华书局 2009 年版，第 254 页。

⑤ 蒋锡昌：《老子校诂》，《民国丛书》（第五编·五），上海书店 1996 年版，第 317 页。

⑥ 《庄子·内篇·应帝王》，陈鼓应注译：《庄子今注今译·上》（最新修订重排本），中华书局 2009 年版，第 235 页。

⑦ 《老子·第三十七章》，陈鼓应：《老子注译及评介》（修订增补本），中华书局 2009 年版，第 203 页。

⑧ 《文子·自然》，王利器撰：《文子疏义》（卷第八），中华书局 2000 年版，第 368-369 页。

"水善利万物而不争，处众人之所恶，故几于道"，"江海之所以能为百谷王者，以其善下之，故能为百谷王。是以圣人欲上民，必以言下之；欲先民，必以身后之。是以圣人处上而民不重，处前而民不害。是以天下乐推而不厌。以其不争，故天下莫能与之争"①。水无欲无求，顺天地自然之势运行，地势有容、万物有需则入，满盈则出，此即辅万物自然之需，"无为而无不为"。治理国家道理也一样，治国者少私寡欲，"见素抱朴"，守虚静而执中，顺自然而辅万物，方能使民安乐、社会和谐。正如老子所说，"天之道，利而不害；圣人之道，为而不争"②，"以正治国，以奇用兵，以无事取天下。吾何以知其然哉？以此：天下多忌讳，而民弥贫；民多利器，国家滋昏；人多伎巧，奇物滋起；法令滋彰，盗贼多有。故圣人云：'我无为，而民自化；我好静，而民自正；我无事，而民自富；我无欲，而民自朴'"③，"致虚极，守静笃。万物并作，吾以观复。夫物芸芸，各复归其根。归根曰静，静曰复命。复命曰常，知常曰明。不知常，妄作凶。知常容，容乃公，公乃全，全乃天，天乃道，道乃久，没身不殆"④。空虚则有容，心静则笃定，有容而笃定才可体察自然之规律。"天地之间，其犹橐籥乎！虚而不屈，动而愈出。多言数穷，不如守中。"⑤"守中"就是持守中虚，清静无为。能虚静守中，体察自然规律而不任意妄为，也才能使万事万物自然和谐。在强调不争、虚静、守中时，老子深刻思考了强弱与生死的辩证关系，指出："人之生也柔弱，其死也坚强。草木之生也柔脆，其死也枯槁。故坚强者死之徒，柔弱者生之徒。是以兵强则灭，木强则折。强大处下，柔弱处上。"⑥又说："天下莫柔弱于水，而攻坚强者莫之能胜，以其无以易之。弱之胜强，柔之胜刚，天下莫不知，莫能行。"⑦滴水柔弱，但水滴石穿，万涓成河，再汇成江海，其威力更是无可匹敌。因此，虚静守中，以柔弱胜刚强，才是从根本上化解矛盾冲突的恰当选择，使社会归于理想的和谐状态。此处，老子还提出了"天道均平"的思想，最近于"道"的水有一个重要特点，就是可以体现出自然的"均平"。水泽万物，但绝不会因人而异，厚此薄彼。老子说："道常无名、朴。虽小，天下莫能臣。侯王若能守之，万物将自宾。天地相合，以降甘露，民莫之令而自均。"⑧而且，天道的自然均

① 《老子·第六十六章》，陈鼓应：《老子注译及评介》（修订增补本），中华书局 2009 年版，第 303 页。
② 《老子·第八十一章》，陈鼓应：《老子注译及评介》（修订增补本），中华书局 2009 年版，第 348 页。
③ 《老子·第五十七章》，陈鼓应：《老子注译及评介》（修订增补本），中华书局 2009 年版，第 275 页。
④ 《老子·第十六章》，陈鼓应：《老子注译及评价》（修订增补本），中华书局 2009 年版，第 121 页。
⑤ 《老子·第五章》，陈鼓应：《老子注译及评价》（修订增补本），中华书局 2009 年版，第 74 页。
⑥ 《老子·第七十六章》，陈鼓应：《老子注译及评价》（修订增补本），中华书局 2009 年版，第 330 页。
⑦ 《老子·第七十八章》，陈鼓应：《老子注译及评价》（修订增补本），中华书局 2009 年版，第 337 页。
⑧ 《老子·第三十二章》，陈鼓应：《老子注译及评价》（修订增补本），中华书局 2009 年版，第 188 页。

平，也像雨水甘露一样对不同地区原有的差异会进行长期自然调控，人也应当效法，使社会财富和名位趋向均平，由此才能消除许多人为的争端。老子说："天之道，其犹张弓与？高者抑之，下者举之；有余者损之，不足者补之。天之道，损有余而补不足。人之道，则不然，损不足以奉有余。孰能有余以奉天下，唯有道者。是以圣人为而不恃，功成而不处，其不欲见贤。"①

老子"道法自然""无为而无不为"的思想，与"德"紧密联系了起来。"行道"的根本原则，即是如水一样无私无欲的上善之德。"'无欲'则无私，无私则大公，大公无私即为上善之德。""具有这种慈善之德，才能如水、气一般'道法自然'，'无为而无不为'，才能效法天道之均平，'善利万物而不争'，也才能虚静守中，以柔弱胜刚强。'善'是使天地万物及人类社会复归于'和谐'的根本性道德。在《老子》五千言中，'善'出现了50多次，仅次于'道'字。虽然由于各种版本的错漏和古书标点的不同，人们对'善'字的理解和其他词句一样存在多种歧义，但老子向'善'之心十分明显。对他而言，'善'绝不是一个可有可无的概念。'善'的基础是'慈'。心慈者必有善念与善行，因此，'慈'与'善'作为人的自然天性中相伴共生的一面常被人们相连并举……可以说，无欲无私的'慈善'思想是老子道德观念的核心，也是其'和谐'之道的根本原则。人虽不能真正做到'无欲'，也应效法自然之道，'少私寡欲'，多行慈善，社会才能和谐。"②

有学者提出，道家古老朴素的生态伦理思想属于一种深层生态学，而非一种浅层的环境论。因为，它建立在中国传统"天人合一"的整体之学的基础之上，坚持人属自然、人性自然，人应遵循、服从自然规律的思想。确实，这一博大精深的生态伦理思想，不仅涉及宇宙中"道"与"万物"的关系，也涉及人类社会中"圣王"与"百姓"的关系，同时也涉及人自身的身与心之间的关系，其智慧所及悠悠深远，对于当代人们认知人与自然的关系、汲取社会治理的聪敏智慧、理解生命存在与发展的本质，都有着巨大的启迪意义。

二、以"己所不欲，勿施于人"为表征的做人准则

"己欲立而立人，己欲达而达人"③"己所不欲，勿施于人"④，是孔子以

---

① 《老子·第七十七章》，陈鼓应：《老子注译及评价》（修订增补本），中华书局2009年版，第334页。
② 李申申等：《跨文化视野：中国特色和谐社会的探索》，社会科学文献出版社2012年版，第202-203页。
③ 《论语·雍也》，杨伯峻译注：《论语译注》，中华书局2009年版，第64页。
④ 《论语·颜渊》，杨伯峻译注：《论语译注》，中华书局2009年版，第121页。

"仁"为核心的思想体系的基本准则，是儒家思想的精华，也成为中华民族根深蒂固的信条。这一基本准则体现的是"仁"之中的"忠恕之道"，正如《论语》中说："曾子曰：'夫子之道，忠恕而已矣。'"①"忠"指的是"己欲立而立人，己欲达而达人"，是从积极方面体现"仁"；"恕"指的是"己所不欲，勿施于人"，是从消极方面体现"仁"。"忠恕之道"反映出中华文化的旷达胸怀、宽恕的美德，以一己之心推度他人之心，成己之善，成人之美，决不把自己所厌恶的、所不愿承受的事情强加于别人。这就是说，要能站在别人的立场上设身处地地思考问题，以理解、宽容的心态对待别人，由此所得到的肯定也会是别人的仁爱与宽容。这是尊重他人、平等待人的体现。人生在世，除了关注自身的存在以外，还得关注他人的存在。这也是"爱人"的一种表现形式，正是这种表现形式，更利于和谐社会的构建。

西汉刘向的《新序·杂事四》讲到《梁亭夜灌瓜》（《楚瓜梁灌》）的故事，这也是一个关于"己所不欲，勿施于人"的经典故事。文中说：

梁大夫有宋就者，尝为边县令，与楚邻界。梁之边亭，与楚之边亭，皆种瓜，各有数。梁之边亭人，劬力数灌其瓜，瓜美。楚人窳而稀灌其瓜，瓜恶。楚令因以梁瓜之美，怒其亭瓜之恶也。楚亭人心恶梁亭之贤己，因往夜窃搔梁亭之瓜，皆有死焦者矣。梁亭觉之，因请其尉，亦欲窃往报搔楚亭之瓜，尉以请宋就。就曰："恶是何可构怨祸之道也，人恶亦恶，何偏之甚也。若我教子必每暮令人往窃为楚亭夜善灌其瓜，勿令知也。"于是梁亭乃每暮夜窃灌楚亭之瓜，楚亭旦而行瓜，则又皆以灌矣，瓜日以美，楚亭怪而察之，则乃梁亭之为也。楚令闻之大悦，因具以闻楚王，楚王闻之，怃然愧以意自闵也，告吏曰："微搔瓜者，得无有他罪乎？此梁之阴让也。"乃谢以重币，而请交于梁王，楚王时则称说，梁王以为信，故梁楚之欢，由宋就始。语曰："转败而为功，因祸而为福。"老子曰："报怨以德。"此之谓也。夫人既不善，胡足效哉。②

这段话说的是，战国时期，梁国大夫宋就，曾担任过与楚国毗邻的边县令。两国在边境上各设界亭，亭卒们在各自的地界内都种了西瓜。梁国的亭卒非常勤恳，尽力浇灌他们的瓜，瓜秧长势很好；而楚国的亭卒非常懒惰，不常去浇灌他们的瓜，结果瓜秧又细又弱。楚国的县令因梁国的瓜长得好，而生气他们楚国自己的瓜长得差。楚亭的人出于嫉妒，趁夜越过边界去扯断梁国的瓜秧，所以瓜每

① 《论语·里仁》，杨伯峻译注：《论语译注》，中华书局2009年版，第38页。
② ［汉］刘向：《新序·杂事四》，卢元骏注译：《新序今注今译》，天津古籍出版社1987年版，第128-129页。

天都有枯死的。此事被梁国人发现之后，就向县尉请示，也想偷偷地去破坏楚亭的瓜予以报复。县尉向宋就请示，宋就说："彼此相怨恶怎么可以呢？这是结怨的根源啊。别人不对，我们再跟着这样做，那就是心胸太狭隘了。如果你肯接受我的教导，那就每晚派人在夜里偷偷地灌溉楚亭的瓜，不要让他们知道。"于是，梁亭的人每晚夜里偷偷地去灌溉楚亭的瓜。楚亭的人早上去浇瓜，看到瓜都已经被灌溉了，而且瓜长得一天比一天好。他们对此感到奇怪，就仔细观察，原来灌溉瓜的是梁亭的人。楚国的县令听说以后，非常高兴，把这件事报告给楚王。楚王听说以后，显出忧愁的样子，内心觉得惭愧，独自哀怜，并告诉使者说："那私自去拔楚亭瓜秧的人，难道没有罪过吗？这是梁国暗中礼让啊。"于是，便用重币来答谢宋就，并请求与梁王结交，楚王非常称道梁王能守诚信，所以梁国和楚国的友好关系从宋就开始。俗语说："转败而立功，因祸而得福。"老子也说："我以仁德来回报别人的怨恨。"说的就是这个意思。别人做了坏事，你为什么要效仿呢。这一经典故事至今仍有很强的现实意义。

在世界范围内的国与国之间，目前更需要这种"己所不欲，勿施于人"的交往心态、交往标准。大国不可把自己的意志强加于小国，强国也不可把自己的意志强加于弱国。如果这些真能做到，就会减少多少战争的硝烟，就会避免死伤多少无辜的平民百姓。圣经新约《路加福音》第六章第 31 节的原文"你们愿意人怎样待你们，你们也要怎样待人"，这句话的英文版为"Do to others as you would have them do to you"，这与孔子的"己所不欲，勿施于人"意思是完全一致的。只不过，《路加福音》是从正面论述推己及人的道理，而孔子的"己所不欲，勿施于人"则从反面加以论述。可见，这一思想已成为当代世界各国各民族的共同诉求、全人类的共识和共同的价值观。

三、以"自强不息，厚德载物"为基座的修身理论

（一）天行健，君子以自强不息

"自强不息"与"厚德载物"包含了两方面的含义：前者是对自身而言，后者是对与自身有关联的外界的人与物而言。这两个词出自《易经》的"天行健，君子以自强不息"[①]和"地势坤，君子以厚德载物"[②]。此处需说明的是，"厚德

---

① 《易·上经·乾卦》，黄寿祺、张善文撰：《周易译注》，上海古籍出版社 2004 年版，第 7 页。
② 《易·上经·坤卦》，黄寿祺、张善文撰：《周易译注》，上海古籍出版社 2004 年版，第 24 页。

载物"与上个标题的"己所不欲，勿施于人"在人际关系的范围内，讲的是同一个问题，两者在内涵上有所交融，只是考虑到"厚德载物"不仅涉及人，也涉及物，其范围要比"己所不欲，勿施于人"更为宽泛广阔，因此将两者均单列标题加以论述。

《易经》将人的"自强不息"，建立在"天"的健行周流、永不衰竭的基础之上，意在使君子效法《乾》卦"健行"之象，立身、行事始终奋发不止。既然天的运行如此刚强劲健，永不衰竭，那么君子的自我奋发图强、刚毅坚卓就应该永无停息。在这里，"自强不息"向人们投射出了两条信息：一是，人是天地宇宙整体的有机组成部分，因此要顺从自然界总的运行规律。由此可见，儒、道两家共同的渊源，即"道法自然"。二是，人在不断前行、奋发图强的过程中，是以自强而非以他强为主的。这里又体现了儒家强调的人作为能动主体的自律、自觉、自强精神，以及积极进取的刚健精神。诚如孔子所说："君子遵道而行，半途而废，吾弗能已矣。"[①]实际上，《易经》在源头之处，即已奠定了儒、道两家既有同又有异的发展道路的根基。

"自强不息"的修身理念，几千年来激励了一代又一代的莘莘学子发奋努力，无怨无悔，成就了中华民族在人类历史上的一次又一次辉煌。历史上的匡衡凿壁借光、车胤囊萤、孙康映雪、孙敬头悬梁、苏秦锥刺股、宋濂借书抄写、陈平忍辱苦读、文王拘而演周易、仲尼厄而作春秋、屈原放逐赋《离骚》、左丘失明撰《国语》、孙膑双脚受刑修《兵法》、司马迁遭宫刑写出"究天人之际，通古今之变，成一家之言"的历史巨著——《史记》、谈迁历尽艰辛著成资料翔实的明史《国榷》等，成为人们耳熟能详的经典事例。此外，若从读书再延伸到政治领域，"自强不息"的精神同样光照后人，如苏武留居匈奴十九年持节不变、大文豪苏轼虽多次遭贬但又多次筑堤以惠百姓、林则徐虽遭革职充军新疆仍率众开荒和兴修水利，如此等等。近代以来直至今天，也同样有许许多多"自强不息"的感人事例。天道酬勤，在中华民族迈向民族复兴的大道上，"自强不息"精神理当继续发扬光大，成为国民的内在天性。

（二）地势坤，君子以厚德载物

《易经》将人的"厚德载物"建立在"地"的厚实和顺之基础上，意在使君子效法《坤》卦"厚顺"之象，增厚其美德，以容载万物。这里的"万物"，既

---

① 《中庸·第十一章》，王国轩、张燕婴、蓝旭、万丽华译：《四书》，中华书局 2007 年版，第 120 页。

指天地宇宙日月星辰，又指天地之间生出的万物——包括无生命和有生命的万事万物，当然更指万物中之一物的人。中国文化与西方文化最大的不同在于，西方将人自身与万物割裂开来，万物对于人而言是一种对象性的存在，是一种征服与索取的对象，在这种主、客二分的基础上，人的主观理性至高无上，无所不能、无所不为，虽则取得了无可否认的科技成就，但也带来了一系列问题需要应对与解决。如前所述，中国文化奉行"天人合一"的人生宇宙观，这一思维方式将天地人纳入一个大系统中，认为各个方面相互关联、相互影响、相互作用，且"一损俱损，一荣俱荣"。而所有的"存在"所共同遵循的是至尊的"道"，只不过是"理一而分殊"，"在天则为天道，在地则为地道，在人则为人道"。由此，中国文化在面对人与自然、人与人、人与社会的关系并处理相关问题时，往往蕴涵着、凸显着一个"情"字，具有浓郁的、东方人所特有的情感色彩。无论对自然、对人本身，都倾注着饱满的情感，以艺术的眼光去体悟浩瀚的自然界和纷繁的人生。这种东方人所特有的"人情味"，正是当代西方处于科技高度发达、物质生活极大富裕的状况下人们所致力于追求的。

自《易经》开"厚德载物"思想先河之后，儒家学者继此多有论述。孔子提出，"泛爱众，而亲仁"[①]，"四海之内，皆兄弟也"[②]；孟子说，"亲亲而仁民，仁民而爱物"[③]；《礼记》说到，"以天下为一家，以中国为一人"[④]，"人不独亲其亲，不独子其子，使老有所终，壮有所用，幼有所长，矜寡孤独废疾者，皆有所养"[⑤]；韩愈则提出了"博爱之谓仁"[⑥]。到了北宋张载，更是提出了"民胞物与"的主张："乾称父，坤称母；予兹藐焉，乃混然中处。故天地之塞，吾其体；天地之帅，吾其性。民吾同胞，物吾与也。""张载提出'民胞物与'，已从宇宙论和价值论相统一的层面，在'万物一体''天人合一'的意义上讲一体同类，从而把人间大爱传递和扩展到广泛的人际和物类。传统儒家那种建立在血缘基础上的仁爱，也就被深化为以禀气而成性为基础的博爱，儒家的仁爱思想被向前大大地推进了一步。二程也说'仁者浑然与天地万物同体'，王阳明讲'仁者以天地万物为一体'等，其所包含的博爱思想，都与张载所说'民胞物与'相通。"[⑦]

---

① 《论语·学而》，杨伯峻译注：《论语译注》，中华书局 2009 年版，第 4 页。
② 《论语·颜渊》，杨伯峻译注：《论语译注》，中华书局 2009 年版，第 123 页。
③ 《孟子·尽心上》，杨伯峻译注：《孟子译注》，中华书局 2010 年版，第 298 页。
④ 《礼记·礼运》，杨天宇撰：《礼记译注·上》，上海古籍出版社 2004 年版，第 275 页。
⑤ 《礼记·礼运》，杨天宇撰：《礼记译注·上》，上海古籍出版社 2004 年版，第 265 页。
⑥ 《原道》，[唐]韩愈撰，马其昶校注：《韩昌黎文集校注》，上海古籍出版社 1986 年版，第 13 页。
⑦ 刘学智：《民胞物与》，载《光明日报》2018 年 1 月 11 日，第 2 版。

在当今世界，就人与自然的关系来看，生态伦理已经面临着极大的危机。人们感叹：我们只有一个地球，我们不能透支子孙后代的福祉！而中国"天人合一"的宇宙观、"厚德载物"的伦理观在当代应发挥出其积极的作用。这种宇宙观和伦理观追求的是一种至纯至善、至大至刚，以人的道德修养为基础的天人、主客、物我浑然一体的境界。在这一境界中，天与人你中有我，我中有你，形成一个和谐、大一统的整体。人与自然本来就是一种水乳交融的不可分离的关系，在这一关系中，人能以平等友善的、与自然相和谐的态度去支配自己在自然界和社会中的行为，以"一损俱损，一荣俱荣"的内心体验控制自己对自然界的无限制的开发，从而有效地调节人类与自然的关系，使整个地球上的生物有秩序地、富有活力地生存下去。地球是我们的生命之源，也是我们精神升华之本，倘若不爱护地球、保护地球，那么人本身也将会受到相应的惩罚。

由自然界到人，"天人合一""厚德载物"理念透射出的是"仁者爱人"的价值诉求。儒家以"仁"为核心的思想体系，其要义即是"爱人"[1]。这里的"仁"扎根于但又不局限于宗法血缘关系，相反，它是主张要超越这种"亲亲"之爱的。可以说，孔子的仁爱思想突破了"殷道亲亲""周道尊尊"的藩篱。正因为如此，"孝悌"原则才由有血缘关系的人而推及没有血缘关系的人，由宗法血缘关系扩大为一般社会关系。也就是说，以"孝悌"为基础，之后有伦有序地逐步扩大这种爱，最后达至社会，乃至整个人类。如若将儒家的"爱"仅理解为在血缘关系的范围之内，那么关于其"天人合一""厚德载物""民胞物与""四海之内，皆兄弟也"的理念就不好解释了。在注重情与爱的基础上，中国传统教育强调敦亲、睦邻、敬长、尊师、父慈、子孝、兄友、弟恭、朋信，这对于协调人际关系，形成相互尊重、相互理解、敬老爱幼等良好的社会风气，以及对外交往，有着相当大的规范作用。

与此同时，儒家将"仁"运用于社会政治领域，强调"为政以德"。孔子主张，为政者对百姓要"道之以德"[2]。"为政以德，譬如北辰居其所而众星共之"[3]，因为"民之于仁也，甚于水火。水火，吾见蹈而死者矣，未见蹈仁而死者也"。他还强调："知及之，仁不能守之；虽得之，必失之。知及之，仁能守之。不庄以涖之，则民不敬。知及之，仁能守之，庄以涖之，动之不以礼，未善也。"[4]这些都在讲仁政礼治的重要性。"仁者爱人"是孔子仁政思想的内核，

① 《论语·颜渊》，杨伯峻译注：《论语译注》，中华书局 2009 年版，第 129 页。
② 《论语·为政》，杨伯峻译注：《论语译注》，中华书局 2009 年版，第 11-12 页。
③ 《论语·为政》，杨伯峻译注：《论语译注》，中华书局 2009 年版，第 11 页。
④ 《论语·卫灵公》，杨伯峻译注：《论语译注》，中华书局 2009 年版，第 167 页。

它是要求为政者体察民情，反对苛政以实现"爱人"。孟子通过发展"仁政"思想，进一步强调了"仁德"对于为政者治国理政的重要性。他提出"亲亲而仁民，仁民而爱物"，就是要为政者由亲爱自己的亲人进而仁爱百姓，由仁爱百姓进而爱惜万物。孟子还说："三代之得天下也以仁，其失天下也以不仁。国之所以废兴存亡者亦然。天子不仁，不保四海；诸侯不仁，不保社稷；卿大夫不仁，不保宗庙；士庶人不仁，不保四体。"①因此，孟子极力主张"施仁政于民"②，并进行"德教"。

可见，孔子所建立的发乎情、入于理、情理交融的"仁学"思想，以其内在的富于理性的人文关怀，而放射出道德生命的光辉。

四、以"人无信不立，业无信不兴"为信条的诚信之道

"诚信"也是千百年来中华民族国民恪守的做人、经商、处世的根本原则。信，从造字上讲，就是人说话，开言为信。古人认为说话是个大事情，当言不言，不当言时乱说，都不是什么好事。"信"与"仁、义、礼、智"并称为儒家"五常"。对于诚信，历史上多位思想家都有明确、精到的论述。《论语》中多次论及诚信问题，如"人而无信，不知其可也"③，"自古皆有死，民无信不立"，"君子一言，驷马难追"（出自《论语·颜渊》"夫子之说君子也！驷不及舌"）④，"曾子曰：'吾日三省吾身——为人谋而不忠乎？与朋友交而不信乎？传不习乎？'"⑤，等等。关于"自古皆有死，民无信不立"，《论语》中有一段子贡与孔子的对话："子贡问政。子曰：'足食，足兵，民信之矣。'子贡曰：'必不得已而去，于斯三者何先？'曰：'去兵。'子贡曰：'必不得已而去，于斯二者何先？'曰：'去食。自古皆有死，民无信不立。'"⑥可见，孔子将政府有信用、人民对政府有信心强调到多么高的程度。《易经》说："天之所助者，顺也；人之所助者，信也。履信思乎顺，又以尚贤也，是以'自天佑之，吉无不利'也。"⑦《大学》的"八条目"中，"诚意"是其重要内涵，

① 《孟子·离娄上》，杨伯峻译注：《孟子译注》，中华书局 2010 年版，第 152 页。
② 《孟子·梁惠王上》，杨伯峻译注：《孟子译注》，中华书局 2010 年版，第 9 页。
③ 《论语·为政》，杨伯峻译注：《论语译注》，中华书局 2009 年版，第 21 页。
④ 《论语·颜渊》，杨伯峻译注：《论语译注》，中华书局 2009 年版，第 124 页。
⑤ 《论语·学而》，杨伯峻译注：《论语译注》，中华书局 2009 年版，第 3 页。
⑥ 《论语·颜渊》，杨伯峻译注：《论语译注》，中华书局 2009 年版，第 124 页。
⑦ 《易·系辞上传》，黄寿祺、张善文撰：《周易译注》，上海古籍出版社 2004 年版，第 526 页。

"古之欲明明德于天下者，先治其国；欲治其国者，先齐其家；欲齐其家者，先修其身；欲修其身者，先正其心；欲正其心者，先诚其意；欲诚其意者，先致其知；致知在格物。物格而后知至，知至而后意诚，意诚而后心正，心正而后身修，身修而后家齐，家齐而后国治，国治而后天下平"①，"是故君子有大道：必忠信以得之，骄泰以失之"②。《中庸》说："诚者，天之道也；诚之者，人之道也。诚者，不勉而中，不思而得，从容中道，圣人也。诚之者，择善而固执之者也。"③老子说："轻诺必寡信，多易必多难。"④孟子说，"诚者，天之道也；思诚者，人之道也。至诚而不动者，未之有也；不诚，未有能动者也"⑤，"有天爵者，有人爵者。仁义忠信，乐善不倦，此天爵也"⑥，"万物皆备于我。反身而诚，乐莫大焉"。荀子说，"君子养心莫善于诚，致诚则无它事矣"，"诚心守仁则形，形则神，神则能化矣；诚心行义则理，理则明，明则能变矣。变化代兴，谓之天德。天不言而人推高焉，地不言而人推厚焉，四时不言而百姓期焉。夫此有常，以至其诚者也"⑦，"天地为大矣，不诚则不能化万物；圣人为知矣，不诚则不能化万民；父子为亲矣，不诚则疏；君上为尊矣，不诚则卑。夫诚者，君子之所守也，而政事之本也"⑧，"言无常信，行无常贞，惟利所在，无所不倾，若是，则可谓小人矣"⑨。墨子说，"志不彊者，智不达。言不信者，行不果"⑩。春秋战国时期诸子百家中的重要一派——法家，其理论和实践中都凸显出力主讲信用的特点。商鞅变法"立木为信"，移者赐百金的事例，可谓法家讲信用之典范。对此，王安石在《咏商鞅》一诗中写道："自古驱民在信诚，一言为重百金轻。今人未可非商鞅，商鞅能令政必行。"法家强调信赏必罚。如韩非说，"赏莫如厚而信，使民利之；罚莫如重而必，使民畏之；法莫如一而固，使民知之。故主施赏不迁，行诛无赦，誉辅其赏，毁随其罚，则贤、不肖俱尽其力矣"⑪，"赏厚，则所欲之得也疾；罚重，则所恶之禁也急……是故

① 《大学·第一章》，王国轩、张燕婴、蓝旭、万丽华译：《四书》，中华书局 2007 年版，第 106 页。
② 《大学·第十一章》，王国轩、张燕婴、蓝旭、万丽华译：《四书》，中华书局 2007 年版，第 114 页。
③ 《中庸·第二十章》，王国轩、张燕婴、蓝旭、万丽华译：《四书》，中华书局 2007 年版，第 128 页。
④ 《老子·第六十三章》，陈鼓应：《老子注译及评介》（修订增补本），中华书局 2009 年版，第 293 页。
⑤ 《孟子·离娄上》，杨伯峻译注：《孟子译注》，中华书局 2010 年版，第 158 页。
⑥ 《孟子·告子上》，杨伯峻译注：《孟子译注》，中华书局 2010 年版，第 250 页。
⑦ 《荀子·不苟》，[清]王先谦撰，沈啸寰、王星贤点校：《荀子集解》，中华书局 1988 年版，第 46 页。
⑧ 《荀子·不苟》，[清]王先谦撰，沈啸寰、王星贤点校：《荀子集解》，中华书局 1988 年版，第 48 页。
⑨ 《荀子·不苟》，[清]王先谦撰，沈啸寰、王星贤点校：《荀子集解》，中华书局 1988 年版，第 51 页。
⑩ 《墨子·修身》，吴毓江撰，孙启智点校：《墨子校注·上》，中华书局 2006 年版，第 11 页。
⑪ 《韩非子·五蠹》，高华平、王齐洲、张三夕译注：《韩非子》，中华书局 2010 年版，第 707 页。

欲治甚者，其赏必厚矣；其恶乱甚者，其罚必重矣"①。法家还特别强调，以信行法之关键在于去私。如管仲说："私情行而公法毁。"②商鞅说："世之为治者多释法而任私议，此国之所以乱也。"③还有，东汉王符说，"忠信谨慎，此德义之基也。虚无谲诡，此乱道之根也"④；朱熹也说，"信犹五行之土，无定位，无成名，而水金木无不待是以生者"⑤；如此等等。可见，诚信在中华文化中之重要地位，各家各派对此都极为重视，认为此是人之为人须臾不可离开的品质。

"一诺千金"是中国历史上讲诚信的著名典故。"一诺千金"的成语源于《史记·季布栾布列传》："得黄金百，不如得季布一诺。"⑥秦朝末年，在楚地有一个叫季布的人，性情耿直，为人侠义好助。只要是他答应过的事情，无论有多大困难，都设法办到，受到人们的赞扬。楚汉相争时，季布是项羽的部下，曾几次献策，使刘邦的军队吃了败仗。刘邦当了皇帝后，想起这事就气恨不已，下令通缉季布。这时敬慕季布为人的人，都在暗中帮助他。不久，季布经过化装，到山东一家姓朱的人家当佣工。朱家明知他是季布，仍收留了他。后来，朱家又到洛阳去找刘邦的老朋友汝阴侯夏侯婴说情。刘邦在夏侯婴的劝说下撤销了对季布的通缉令，还封季布做了郎中，不久又改做河东守。

因此，诚实守信的美德自古以来就在中国国民中一代代传承，其感人的故事不胜枚举。不论是古代的张良以诚待老者、魏文侯诚信待人、查道吃枣留钱、郭汲不失信于孩子、韩信千金报饭恩、商鞅立木为信、曾参杀猪、崔枢还珠等，还是近代以来中国商人的诚信经营，如同仁堂的"修合无人见，存心有天知""但愿世间人无病，哪怕架上药生尘"，瑞蚨祥的"至诚至上，货真价实，言不二价，童叟无欺""以礼待客，才能以名得利；以德盛金，方能雄踞天下"，乃至在当代诚信美德愈益光大：以积极主动的姿态克服常人难以想象的困难兄债弟还、夫债妻还、子债母还等，使中华大地遍开诚信之花，这些都无以辩驳地证明，诚信自古至今是中华民族一以贯之的优良传统，而且这一传统应当并正在继

---

① 《韩非子·六反》，高华平、王齐洲、张三夕译注：《韩非子》，中华书局2010年版，第660页。

② 《管子·八观》，黎翔凤撰，梁运华整理：《管子校注·上》，中华书局2004年版，第272页。

③ 《商君书·修权》，蒋礼鸿撰：《商君书锥指》，中华书局1986年版，第83页。

④ 《潜夫论·务本》，[东汉]王符撰，[清]汪继培笺：《潜夫论》（第一卷），上海古籍出版社1978年版，第18页。

⑤ 转引自冯友兰：《贞元六书·上·新理学》，邵汉明编：《冯友兰文集》（第5卷），长春出版社2017年版，第91页。

⑥ 《史记·季布栾布列传》，[汉]司马迁撰，韩兆琦主译：《史纪·卷一百》（第四册），中华书局2008年版，第1954页。

续传承下去。

当然，考察当代中国社会，缺失诚信的例子也相当之多。例如，从"三聚氰胺"事件，到"瘦肉精"事件，再到"地沟油"事件、电信诈骗事件等，这些昧心事件的发生都是以人民群众的生命安全为代价，来换取企业发展和经济增长的最大利润。而有些企业原本还属于品牌企业，往往有着数以万计的青睐者、信任者，但它们正是利用庞大的消费群体的信任而欺骗顾客的感情，把用低廉价格做成的劣质产品销售给群众，换取巨额盈利，由此将人与人之间的诚信降到了最低点，将人之为人的基本人格降到了最低点。这些事件的发生，不仅给人民群众的健康带来了巨大的危害，同时也摧残了社会的道德和诚信，引发了道德的大地震，破坏了整个社会的和谐、安定与秩序。社会中这些良心泯灭、道德沦丧、羞耻是非之心缺失的人，也影响到中国人在国际上的形象，使并不了解中国的外国人往往以负面的评价去品评整体的中国人，从而对中国人的认知造成了歪曲和误解。这些自"文革"以来在道德领域产生的严重问题，是需要道德和法律双管齐下，进行长期、严肃治理的。

五、以"不学礼，无以立"为立足社会依据的谦谦君子品格

中国素以"礼仪之邦""文明古国"著称于世。可以说，几千年来的中国社会是以"礼"为纽带而不断向前发展的。诚如国学大师钱穆先生所说，中国文化说到底是一个字，就是"礼"。礼是中国人一切行为的准则。而中国的"礼"，形成的是一种"礼文化"，它既涉及礼治精神、"礼"的思想观念，也涉及一整套关于礼的制度层面的礼制，同时也涉及人与人的交往准则。考虑到礼治精神、"礼"的思想观念层面是制度和交往准则的基础和精神引领，故将对"礼"的阐述归入中华优秀传统文化精神层面的精髓与内涵之中，而未归入制度层面。

（一）"礼"所蕴涵之礼治精神、人文精神

"礼"所涉及的礼治精神、人文精神和相应的思想观念，自古以来即弥漫于社会各个层面，穿透于历史的长河之中。上自黄帝、尧、舜、禹时代，就开始形成了尊礼、尚礼的风气。孔子曾以热烈的言语称赞尧及其礼仪制度："大哉尧之为君也！巍巍乎！唯天为大，唯尧则之。荡荡乎，民无能名焉。巍巍乎，其有成

功也。涣乎其有文章！"①周公制礼作乐之后，"礼"就更成为后世人们崇礼、隆礼、尚礼的根基，成为维系社会稳定和谐的纽带。由此，诸多思想家对"礼"在社会中、在人生中的重要性和不可或缺性都进行了阐述。孔子强调，"不学礼，无以立"②，"兴于诗，立于礼，成于乐"③，"移风易俗，莫善于乐；安上治民，莫善于礼"④。治理国家的人若能依礼行事，则达到国泰民安的目的也就为之不远了。他说，"上好礼，则民易使也"⑤，"上好礼，则民莫敢不敬"⑥，"道之以政，齐之以刑，民免而无耻；道之以德，齐之以礼，有耻且格"⑦。对于君子来说，礼同样不可或缺，而应当与其相伴相行。孔子说，"恭而无礼则劳，慎而无礼则葸，勇而无礼则乱，直而无礼则绞。君子笃于亲，则民兴于仁；故旧不遗，则民不偷"⑧，"信近于义，言可复也。恭近于礼，远耻辱也。因不失其亲，亦可宗也"⑨，"君子义以为质，礼以行之，孙以出之，信以成之。君子哉"⑩！面对春秋时期礼崩乐坏、纲纪紊乱的"周室微而礼乐废"⑪的大动荡局面，孔子极力主张恢复周礼，并提出了以"仁"为核心的礼治思想，以救治当时动荡不安的社会。孔子认为，"复礼"是建立一个有序和谐社会的必由之路，也是让人们自觉追求道德完善的前提条件。所以他特别强调，"克己复礼为仁。一日克己复礼，天下归仁焉。为仁由己，而由人乎哉"，"非礼勿视，非礼勿听，非礼勿言，非礼勿动"。⑫荀子说："国无礼则不正。礼之所以正国也，譬之犹衡之于轻重也，犹绳墨之于曲直也，犹规矩之于方圆也，既错之而人莫之能诬也。"⑬《礼记》中说，"道德仁义，非礼不成；教训正俗，非礼不备；分争辨讼，非礼不决；君臣、上下、父子、兄弟，非礼不定；宦学事师，非礼不亲；班朝治军，莅官行法，非礼威严不行；祷祠祭祀，供给鬼神，非礼不诚不庄。

---

① 《论语·泰伯》，杨伯峻译注：《论语译注》，中华书局 2009 年版，第 82 页。
② 《论语·季氏》，杨伯峻译注：《论语译注》，中华书局 2009 年版，第 176 页。
③ 《论语·泰伯》，杨伯峻译注：《论语译注》，中华书局 2009 年版，第 80 页。
④ 《孝经·广要道》，汪受宽撰：《孝经译注》，上海古籍出版社 2004 年版，第 61 页。
⑤ 《论语·宪问》，杨伯峻译注：《论语译注》，中华书局 2009 年版，第 156 页。
⑥ 《论语·子路》，杨伯峻译注：《论语译注》，中华书局 2009 年版，第 133 页。
⑦ 《论语·为政》，杨伯峻译注：《论语译注》，中华书局 2009 年版，第 11-12 页。
⑧ 《论语·泰伯》，杨伯峻译注：《论语译注》，中华书局 2009 年版，第 77 页。
⑨ 《论语·学而》，杨伯峻译注：《论语译注》，中华书局 2009 年版，第 8 页。
⑩ 《论语·卫灵公》，杨伯峻译注：《论语译注》，中华书局 2009 年版，第 164 页。
⑪ 《史记·孔子世家》，[汉]司马迁撰，韩兆琦主译：《史记·卷四十七》（第二册），中华书局 2008 年版，第 1098 页。
⑫ 《论语·颜渊》，杨伯峻译注：《论语译注》，中华书局 2009 年版，第 121 页。
⑬ 《荀子·王霸》，[清]王先谦撰，沈啸寰、王星贤点校：《荀子集解》，中华书局 1988 年版，第 209-210 页。

是以君子恭敬、撙节、退让以明礼。鹦鹉能言，不离飞鸟；猩猩能言，不离禽兽。今人而无礼，虽能言，不亦禽兽之心乎？夫唯禽兽无礼，故父子聚麀。是故圣人作，为礼以教人，使人以有礼，知自别于禽兽"①，"凡治人之道，莫急于礼"②。《左传》也说："礼，经国家，定社稷，序民人，利后嗣者也。"③孔颖达《春秋左传正义》疏云："国家非礼不治，社稷得礼乃安，故礼所以经理国家，安定社稷。以礼教民则亲戚和睦，以礼守位则泽及子孙，故礼所以次序民人，利益后嗣。"④

上述思想家在论述"礼"的重要性的过程中，已经清晰地指出了"礼"之所以重要，之所以不可或缺，不仅仅在于它的外在仪式，而更在于通过仪式、通过种种礼仪仪节，使"礼"中所含有的人文精神融入于人的身心之中，使青少年学子在"学以成人"的过程中成为真正的君子，塑造出其完美的人格，并担负起"内圣外王"的社会重任。在儒家文化中，"仁"与"礼"是两个不可分割的概念。孔子强调以"仁"入"礼"，"仁"是"礼"的内核，"礼"是"仁"的外在体现，二者相辅相成。可以说，"仁"所包含的全部思想内容，诸如"仁者爱人""厚德载物""诚实有信""忧国忧民""弘毅担当""爱国奉献""自谦敬人""中庸适度""合众修身"等，都通过礼、通过行为举止而展现出来。正如孔子所说："人而不仁，如礼何？"⑤大概从这个角度来理解，钱穆先生才说，中国文化说到底是一个字，就是礼。

从文献中的表述来看，中国文化中的"礼"就其本意来说涉及社会的各个阶层，对所有的人都是一视同仁的，体现着其中的公平性。《礼记·曲礼上》说："夫礼者，自卑而尊人，虽负贩者，必有尊也，而况富贵乎？富贵而知好礼，则不骄不淫；贫贱而知好礼，则志不慑。"⑥这句话已清楚地表明，礼是博施于所有人的。但这句话似乎同《礼记·曲礼上》中的另一句话存在着矛盾，那就是"礼不下庶人，刑不上大夫"⑦。此句一般被解释为：庶人没有资格受礼遇，大夫拥有特权不受刑。但有学者认为，这里的理解有误，即把"下"作"下到"，"上"作"上到"解，这违背了原话的本来意义。从先秦人的字句上看，"上"

① 《礼记·曲礼上》，杨天宇撰：《礼记译注·上》，上海古籍出版社 2004 年版，第 2-3 页。

② 《礼记·祭统》，杨天宇撰：《礼记译注·下》，上海古籍出版社 2004 年版，第 631 页。

③ 《左传卷一·隐公十一年·传》，李梦生撰：《左传译注·上》，上海古籍出版社 2004 年版，第 43 页。

④ 《春秋左传正义卷四·隐公六年至十一年》，[晋]杜预注、[唐]孔颖达正义：《春秋左传正义》，李学勤主编：《十三经注疏》（标点本），北京大学出版社 1999 年版，第 127 页。

⑤ 《论语·八佾》，杨伯峻译注：《论语译注》，中华书局 2009 年版，第 24 页。

⑥ 《礼记·曲礼上》，杨天宇撰：《礼记译注·上》，上海古籍出版社 2004 年版，第 3 页。

⑦ 《礼记·曲礼上》，杨天宇撰：《礼记译注·上》，上海古籍出版社 2004 年版，第 27 页。

"下"二字，意作重视、鄙视。如"以高下下，以男下女"，其高下之间的"下"与男女之间的"下"，均为卑贱意。《礼记》的"礼不下庶人，刑不上大夫"，其"上""下"二字取义，与上列句式相同，意为尊卑之意。其次，从血缘宗亲社会的刑礼观上看，远古时代，社会的所有成员，为了本血缘宗亲的兴旺发达，子孙繁衍，都要严守人所共循的礼制刑法，谁也不能特殊。尧舜之时，洪水为害，尧在四岳的推荐下命鲧（大禹之父）去治理水患，鲧没有治好，就受到了死刑处分。舜让位于禹后，禹对于执法刑父的皋陶不但重用，而且友情胜旧。当时刑礼保持公正与威严，即便是首领也不例外。所以，这句话应为"礼不卑庶人，刑不尊大夫"，意思是不会因为大夫之尊，就可以免除刑罚，也不会因为是平民，就将他们排除于文明社会之外。还有学者认为，对古语的正确翻译应该是"礼仪不把庶民置于下，不把士大夫置于上"。由此可见，这句话是与后世的"王子犯法与庶民同罪""法律面前，人人平等"是一脉相承的。当然应当正视，在漫长的封建专制体制下，这句话往往演变成了因人而论罪，礼成了尊上而卑下，刑变为宥贵而残贫的封建特权阶层的私器，但是这不能与先秦文献中的原意混为一谈（《礼记》虽为西汉礼学家戴圣所编，但书中内容主要写先秦的礼制，体现了先秦儒家的哲学思想、教育思想、政治思想、美学思想等，是研究先秦社会的重要资料）。因此，先秦文献的礼论所体现出的公平、公正思想，应当成为当代重视礼法的思想依据。

（二）礼制及人际关系准则的确立

1. 中国传统社会的礼乐制度

以礼治精神、人文精神为其内在核心的"礼"，在中国社会的长期发展中形成了一套完整的礼制，即典章制度、道德规范和生活准则，这是规范人们行为、使人"成人"、即人之为人的有效措施和路径。正由于人是一种关系性的存在，那么作为人之行为准则的制度和规范，就有着君臣、父子、兄弟、夫妻、朋友等的身份之别，因此其生活方式、举止行为就要符合其身份地位。也就是说，"礼"的特征就是"别异""辨异"。这里，以孔子为代表的先秦思想家主要的意图即在于让人辨明自己的身份，各守其位、各司其职，就如同前文所分析的"君君，臣臣，父父，子子"的关系是一样的。如荀子说，"人道莫不有辨。辨莫大于分，分莫大于礼"[①]，"故先王案为之制礼仪以分之，使有贵贱之等，长

---

① 《荀子·非相》，[清]王先谦撰，沈啸寰、王星贤点校：《荀子集解》，中华书局1988年版，第79页。

幼之差，知愚、能不能之分，皆使人载其事而各得其宜"①。《礼记》说，"夫礼者，所以定亲疏、决嫌疑、别同异、明是非也"②，"亲亲之杀，尊贤之等，礼所生也"③。韩非说："礼者……君臣父子之交也，贵贱贤不肖之所以别也。"④此处的贵贱、贤不肖、知愚等，恐怕不能理解为身份等级的尊卑之别，而是指从道德的角度、从身份所应承担的职责的角度来加以区分的。而到了后世，才愈益凸显人的上下、尊卑等这些具有等级性的含义。例如，在董仲舒那里，才能看到等级性差别的含义。他说："礼者，继天地、体阴阳，而慎主客、序尊卑、贵贱、大小之位，而差外内、远近、新故之级者也。"⑤

中国的礼仪制度，源自上古时期宗教祭祀中的仪式。之后的夏、商、周三代皆有礼制，即夏礼、殷礼、周礼。孔子说："殷因于夏礼，所损益，可知也；周因于殷礼，所损益，可知也。其或继周者，虽百世，可知也。"⑥周公时代的周礼，已经比较完备、系统、详密，发展到了"郁郁乎文哉"的程度，使孔子赞叹不已，宣称"吾从周"⑦。可以说，中国古代的各种活动都离不开礼，诸如出行有礼、坐卧有礼、宴饮有礼、婚丧有礼、寿诞有礼、祭祀有礼、征战有礼等，就是在学校或书院中也有师生见面之礼、教师开讲礼、师生祭祀先师先圣礼等。《礼记》中说："夫礼始于冠，本于昏，重于丧、祭，尊于朝、聘，和以射、乡。此礼之大体也。"⑧学界所称的"三礼"（即《仪礼》《周礼》《礼记》）中的《仪礼》，就是记的冠、婚、丧、祭、饮、射、燕、聘、觐的具体仪式。通过这些有形的仪式，从而可产生无形的精神价值、人文价值。"朝觐之礼，所以明君臣之义也；聘问之礼，所以使诸侯相尊敬也；丧祭之礼，所以明臣子之恩也；乡饮酒之礼，所以明长幼之序也；昏姻之礼，所以明男女之别也。"⑨在重大活动中，使人有一种仪式感非常重要，它能激起人的庄严感、敬畏感和严肃认真的态度，从而受到陶冶。

在礼制中，"礼"和"乐"又是融为一体的，二者密不可分，相辅相成。因此，中国文化也往往被称为"礼乐文化"。在古典文献中，对"礼""乐"相成

① 《荀子·荣辱》，[清]王先谦撰，沈啸寰、王星贤点校：《荀子集解》，中华书局1988年版，第70页。
② 《礼记·曲礼上》，杨天宇撰：《礼记译注·上》，上海古籍出版社2004年版，第2页。
③ 《礼记·中庸》，杨天宇撰：《礼记译注·下》，上海古籍出版社2004年版，第700页。
④ 《韩非子·解老》，高华平、王齐洲、张三夕译注：《韩非子》，中华书局2010年版，第188页。
⑤ 《春秋繁露·奉本》，曾振宇、傅永聚注：《春秋繁露新注》，商务印书馆2010年版，第201页。
⑥ 《论语·为政》，杨伯峻译注：《论语译注》，中华书局2009年版，第21页。
⑦ 《论语·八佾》，杨伯峻译注：《论语译注》，中华书局2009年版，第28页。
⑧ 《礼记·昏义》，杨天宇撰：《礼记译注·下》，上海古籍出版社2004年版，第817页。
⑨ 《礼记·经解》，杨天宇撰：《礼记译注·下》，上海古籍出版社2004年版，第652页。

的论述比比皆是。无论是《周礼》《礼记》《史记》，还是《荀子》《论语》等，都有专章、专节对"乐"的价值和意义进行论述。《礼记》说："凡三王教世子，必以礼乐。乐所以修内也，礼所以修外也。礼乐交错于中，发形于外，是故其成也怿，恭敬而温文。"①荀子说："夫声乐之入人也深，其化人也速，故先王谨为之文。"②这话向人们说明了"乐"在激发情感、陶冶性情中的巨大作用，与"礼"相互配合，内外兼修，才能使人成为身心和谐发展之人。同时，以礼乐相配合，举行相应的活动和仪式，也在于营造秩序井然、和谐融洽的良好社会氛围，以使国家繁荣、社会稳定、人民安居乐业，达至太平盛世。《礼记》多次论道，"知乐，则几于礼矣。礼乐皆得，谓之有德。德者，得也……是故先王之制礼乐也，非以极口腹耳目之欲也，将以教民平好恶，而反人道之正也"③，"乐由中出，礼自外作。乐由中出故静，礼自外作故文。大乐必易，大礼必简。乐至则无怨，礼至则不争。揖让而治天下者，礼乐之谓也。暴民不作，诸侯宾服，兵革不试，五刑不用，百姓无患，天子不怒，如此则乐达矣。合父子之亲，明长幼之序，以敬四海之内，天子如此，则礼行矣"，"大乐与天地同和，大礼与天地同节。和故百物不失，节故祀天祭地，明则有礼乐，幽则有鬼神，如此则四海之内合敬同爱矣"④，"乐者，天地之和也；礼者，天地之序也。和，故百物皆化；序，故群物皆别"⑤，"乐极和，礼极顺，内和而外顺，则民瞻其颜色而弗与争也，望其容貌而民不生易慢焉。故德辉动于内，而民莫不承听；理发诸外，而民莫不承顺。故曰致礼乐之道，举而错之天下，无难矣"⑥，荀子也论道，"故乐在宗庙之中，君臣上下同听之，则莫不和敬；闺门之内，父子兄弟同听之，则莫不和亲；乡里族长之中，长少同听之，则莫不和顺。故乐者，审一以定和者也，比物以饰节者也，合奏以成文者也，足以率一道，足以治万变物"，"故乐者，出所以征诛也，入所以揖让也。征诛揖让，其义一也"，"故乐者，天下之大齐也，中和之纪也，人情之所必不免也"，"故乐行而志清，礼修而行成，耳目聪明，血气和平，移风易俗，天下皆宁，美善相乐"，"且乐也者，和之不可变者也；礼也者，理之不可易者也。乐合同，礼别异。礼乐之统，管乎人

① 《礼记·文王世子》，杨天宇撰：《礼记译注·上》，上海古籍出版社 2004 年版，第 252 页。
② 《荀子·乐论》，[清]王先谦撰，沈啸寰、王星贤点校：《荀子集解》，中华书局 1988 年版，第 380 页。
③ 《礼记·乐记》，杨天宇撰：《礼记译注·下》，上海古籍出版社 2004 年版，第 470 页。
④ 《礼记·乐记》，杨天宇撰：《礼记译注·下》，上海古籍出版社 2004 年版，第 474 页。
⑤ 《礼记·乐记》，杨天宇撰：《礼记译注·下》，上海古籍出版社 2004 年版，第 476 页。
⑥ 《礼记·乐记》，杨天宇撰：《礼记译注·下》，上海古籍出版社 2004 年版，第 503 页。

心矣。穷本极变，乐之情也；著诚去伪，礼之经也"。①《史记·乐书》中说："夫上古明王举乐者，非以娱心自乐，快意恣欲，将欲为治也。正教者皆始于音。音正而行正。故音乐者，所以动荡血脉，通流精神而和正心也。故宫动脾而和正圣，商动肺而和正义，角动肝而和正仁，徵动心而和正礼，羽动肾而和正智。故乐所以内辅正心而外异贵贱也；上以事宗庙，下以变化黎庶也……故闻宫音，使人温舒而广大；闻商音，使人方正而好义；闻角音，使人恻隐而爱人；闻徵音，使人乐善而好施；闻羽音，使人整齐而好礼。夫礼由外入，乐自内出。故君子不可须臾离礼，须臾离礼则暴慢之行穷外；不可须臾离乐，须臾离乐则奸邪之行穷内。故乐音者，君子之所养义也。"②在论证礼乐配合及其巨大作用的基础上，先哲们还强调了礼乐的实施要适度、要中正庄重，产生积极、正向的精神作用，而摒弃负面的、消极的因素。礼，是用来"定亲疏、决嫌疑、别同异、明是非"的，实施应适度，不能超越界限，不能使行为带有侵犯侮慢、轻佻戏弄的性质。修养身心、实践诺言、行事正道，这是礼的本质。乐，是调和性情不可或缺的。音乐中正平稳，则人民和谐而不放纵；音乐严肃庄重，则人民齐心而不作乱；人民和谐齐心，则兵强城固，敌国不敢来犯。正如荀子所说："夫乐者，乐也，人情之所必不免也，故人不能无乐。乐则必发于声音，形于动静，而人之道，声音、动静、性术之变尽是矣。故人不能不乐，乐则不能无形，行而不为道，则不能无乱。先王恶其乱也，故制雅、颂之声以道之，使其声足以乐而不流，使其文足以辨而不諰，使其曲直、繁省、廉肉、节奏足以感动人之善心，使夫邪汙之气无由得接焉。"③也如《史记·乐书》中说："过制则乱，过作则暴。明于天地，然后兴礼乐也。论伦无患，乐之情也；欣喜欢爱，乐之官也。中正无邪，礼之质也；庄敬恭顺，礼之制也。"④《尚书》中也说："八音克谐，无相夺伦，神人以和。"⑤总之，"礼"为外在的律令——"以宾礼亲邦国""以军礼同邦国""以嘉礼亲万民"⑥，维护外部社会秩序，促人的言行举止建立在自谦敬人、诚信友善的基础之上；"乐"深入人心，浸润血脉，陶冶性情，使

　　①　《荀子·乐论》，[清]王先谦撰，沈啸寰、王星贤点校：《荀子集解》，中华书局1988年版，第379-382页。

　　②　《史记·乐书》，[汉]司马迁撰，韩兆琦主译：《史记·卷二十四》（第一册），中华书局2008年版，第470页。

　　③　《荀子·乐论》，[清]王先谦撰，沈啸寰、王星贤点校：《荀子集解》，中华书局1988年版，第379页。

　　④　《史记·乐书》，[汉]司马迁撰，韩兆琦主译：《史记·卷二十四》（第一册），中华书局2008年版，第444页。

　　⑤　《尚书·虞夏书·舜典》，李民、王健撰：《尚书译注》，上海古籍出版社2004年版，第19页。

　　⑥　《周礼·春官·大宗伯》，杨天宇撰：《周礼译注》，上海古籍出版社2004年版，第277、278、279页。

外部准则转化为内在自觉的价值认同，促社会形成"和敬""和亲""和顺"的良好风尚。二者相辅相成，融为一体，构成了具有中国特色的"礼乐文化"。

2. 在日常生活中形成人与人的交往准则

在中国传统社会，礼无所不在，成为中国人待人处世的行为习惯，而非只有在举行重大活动时，或者在举行某种仪式时才会见到礼的存在。透过许多名言警句、成语典故，可以见到中国人不言而喻甚至家喻户晓的修身做人、交往处世的原理、准则。在这些原理、准则中，强烈的人文精神蕴含其中。例如：

"谦谦君子，卑以自牧也"①"文质彬彬，然后君子"②"与人不求备，检身若不及"③"有则改之，无则加勉"④"宽则得众"⑤"夫君子之修身也，内正其心，外正其容而已"⑥"闻过则喜，知过不讳，改过不惮"⑦等，说的是为人在世要谦虚自律、尊敬他人，严以律己、宽以待人。

"行己有耻"⑧"无羞恶之心，非人也""人必自侮，然后人侮之"⑨"人不可以无耻，无耻之耻，无耻矣"⑩"知耻近乎勇"⑪"人必其自爱也，而后人爱诸；人必其自敬也，而后人敬诸"⑫"人有耻，则能有所不为"⑬"士皆知有耻，则国家永无耻矣"⑭等，说的是人要有羞耻、荣辱之心，"知耻"是人之为人的底座，也是人区别于禽兽的重要标志。中国的"耻"文化在促人"成人"的过程中，起到了极其重要的作用。

"乐民之乐者，民亦乐其乐；忧民之忧者，民亦忧其忧"⑮"君子莫大乎与人

① 《易·上经·谦卦》，黄寿祺、张善文撰：《周易译注》，上海古籍出版社 2004 年版，第 129 页。
② 《论语·雍也》，杨伯峻译注：《论语译注》，中华书局 2009 年版，第 60 页。
③ 《尚书·商书·伊训》，李民、王健撰：《尚书译注》，上海古籍出版社 2004 年版，第 123 页。
④ 《论语集注·学而第一》，[宋]朱熹撰，金良年今译：《四书章句集注·上》，上海古籍出版社 2006 年版，第 60 页。
⑤ 《论语·阳货》，杨伯峻译注：《论语译注》，中华书局 2009 年版，第 181 页。
⑥ [宋]欧阳修撰：《辨左氏》，[宋]欧阳修著，李逸安点校：《欧阳修全集》（卷六十一），中华书局 2001 年版，第 882 页。
⑦ 《象山先生全集·与傅全美二》，[宋]陆九渊：《陆象山全集》（卷六），中国书店 1992 年版，第 48 页。
⑧ 《论语·子路》，杨伯峻译注：《论语译注》，中华书局 2009 年版，第 138 页。
⑨ 《孟子·离娄上》，杨伯峻译注：《孟子译注》，中华书局 2010 年版，第 155 页。
⑩ 《孟子·尽心上》，杨伯峻译注：《孟子译注》，中华书局 2010 年版，第 279 页。
⑪ 《礼记·中庸》，杨天宇撰：《礼记译注·下》，上海古籍出版社 2004 年版，第 702 页。
⑫ [汉]扬雄：《法言·君子》，汪荣宝撰，陈仲夫点校：《法言义疏》，中华书局 1987 年版，第 515 页。
⑬ 《朱子语类·卷十三》，[宋]黎靖德编，王星贤点校：《朱子语类》（第一册），中华书局 1986 年版，第 241 页。
⑭ 《明良论二》，[清]龚自珍著，康沛竹选注：《尊隐——龚自珍集》，辽宁人民出版社 1994 年版，第 7 页。
⑮ 《孟子·梁惠王下》，杨伯峻译注：《孟子译注》，中华书局 2010 年版，第 30 页。

为善"① "民吾同胞，物吾与也" "以爱己之心爱人则尽仁"② "老吾老，以及人之老；幼吾幼，以及人之幼"③ "仁者寿"④ "仁者爱人" "君子成人之美，不成人之恶"⑤ "与人善言，煖于布帛；伤人之言，深于矛戟"⑥ "亲仁善邻，国之宝也"⑦ "唯仁者能好人，能恶人"⑧ "见义不为，无勇也"⑨ "穷则独善其身，达则兼善天下"⑩ "勿以恶小而为之，勿以善小而不为"⑪等，说的是仁爱之心应当成为做人的出发点，慈善之心、善言善行应当成为人的秉性。

"诚于中，形于外"⑫ "言忠信，行笃敬"⑬ "言必信，行必果"⑭ "一言既出，驷马难追" "言不信者行不果" "民无信不立" "真者，精诚之至也，不精不诚，不能动人"⑮ "君子坦荡荡，小人长戚戚"⑯等，说的是人要讲诚信，诚信也是做人的基本品质，诚信、坦诚之人才能取得别人的信任，达到追求的目标，成就自己的事业。

"二人同心，其利断金"⑰ "千人同心，则得千人力；万人异心，则无一人之用"⑱ "君子和而不同，小人同而不和" "礼之用，和为贵"等，说的是要与人和谐相处，同心同德、团结一致办事情、干事业，由此方能取得成功。

"大丈夫宁可玉碎，不能瓦全"⑲ "富贵不能淫，贫贱不能移，威武不能

① 《孟子·公孙丑上》，杨伯峻译注：《孟子译注》，中华书局 2010 年版，第 75 页。
② 《正蒙·中正》，[宋]张载著，章锡琛点校：《张载集》，中华书局 1978 年版，第 32 页。
③ 《孟子·梁惠王上》，杨伯峻译注：《孟子译注》，中华书局 2010 年版，第 15 页。
④ 《论语·雍也》，杨伯峻译注：《论语译注》，中华书局 2009 年版，第 61 页。
⑤ 《论语·颜渊》，杨伯峻译注：《论语译注》，中华书局 2009 年版，第 127 页。
⑥ 《荀子·荣辱》，[清]王先谦撰，沈啸寰、王星贤点校：《荀子集解》，中华书局 1988 年版，第 53 页。
⑦ 《左传·隐公六年》，李梦生撰：《左传译注·上》，上海古籍出版社 2004 年版，第 27 页。
⑧ 《论语·里仁》，杨伯峻译注：《论语译注》，中华书局 2009 年版，第 34 页。
⑨ 《论语·为政》，杨伯峻译注：《论语译注》，中华书局 2009 年版，第 21-22 页。
⑩ 《孟子·尽心上》，杨伯峻译注：《孟子译注》，中华书局 2010 年版，第 281 页。
⑪ 《三国志·蜀书·先主传》，[晋]陈寿撰，[南朝·宋]裴松之注：《三国志》（卷三十二），中华书局 1999 年版，第 663 页。
⑫ 《礼记·大学》，杨天宇撰：《礼记译注·下》，上海古籍出版社 2004 年版，第 801 页。
⑬ 《论语·卫灵公》，杨伯峻译注：《论语译注》，中华书局 2009 年版，第 160 页。
⑭ 《论语·子路》，杨伯峻译注：《论语译注》，中华书局 2009 年版，第 138 页。
⑮ 《庄子·杂篇·渔父》，陈鼓应注译：《庄子今注今译·下》（最新修订重排本），中华书局 2009 年版，第 874 页。
⑯ 《论语·述而》，杨伯峻译注：《论语译注》，中华书局 2009 年版，第 76 页。
⑰ 《易·系辞上传》，黄寿祺、张善文撰：《周易译注》，上海古籍出版社 2004 年版，第 508 页。
⑱ 《淮南子·兵略训》，[汉]刘安著，[汉]许慎注，陈广忠校点：《淮南子》，上海古籍出版社 2016 年版，第 370 页。
⑲ 《元景安列传》，许嘉璐主编：《二十四史全译·北齐书》（全一册），汉语大辞典出版社 2004 年版，第 419 页。

屈"①"君子固穷，小人穷斯滥矣"②"君子以致命遂志"③"三军可夺帅也，匹夫不可夺志也"④"岁寒，然后知松柏之后凋也"⑤"志士仁人，无求生以害仁，有杀身以成仁"⑥"人固有一死，死有重于泰山，或轻于鸿毛"⑦等，说的是做人要有气节、骨气和一以贯之的做人原则。

"君子忧道不忧贫"⑧"朝闻道，夕死可矣"⑨"得道者多助，失道者寡助"⑩"士不可以不弘毅，任重而道远"⑪等，说的是对于"道"即真理、规律的追求，是士君子、圣贤之人的至高追求，无论在任何情况下，都不能动摇其求"道"、弘"道"之决心。

"海内存知己，天涯若比邻"⑫"四海之内，皆兄弟也""有朋自远方来，不亦乐乎"⑬等，说的是中国人要有容纳百川的宽阔心胸，接纳四海之宾朋。此方面是"仁者爱人""厚德载物"思想的延伸。

"谁言寸草心，报得三春晖"⑭"孝弟也者，其为人之本与"⑮"事其亲者，不择地而安之，孝之至也"⑯"自天子至于庶人，孝无终始"⑰"孝子之事亲也，居则致其敬，养则致其乐，病则致其忧，丧则致其哀，祭则致其严"⑱"大孝终身慕父母"⑲"夫孝，百行之冠，众善之始也"⑳"孝子之至，莫大乎

① 《孟子·滕文公下》，杨伯峻译注：《孟子译注》，中华书局 2010 年版，第 128 页。

② 《论语·卫灵公》，杨伯峻译注：《论语译注》，中华书局 2009 年版，第 159 页。

③ 《易·下经·困卦》，黄寿祺、张善文撰：《周易译注》，上海古籍出版社 2004 年版，第 361 页。

④ 《论语·子罕》，杨伯峻译注：《论语译注》，中华书局 2009 年版，第 93 页。

⑤ 《论语·子罕》，杨伯峻译注：《论语译注》，中华书局 2009 年版，第 94 页。

⑥ 《论语·卫灵公》，杨伯峻译注：《论语译注》，中华书局 2009 年版，第 161 页。

⑦ [汉]司马迁：《报任安书》，[东汉]班固撰：《汉书》（卷六十二·司马迁传），中华书局 2007 年版，第 621 页。

⑧ 《论语·卫灵公》，杨伯峻译注：《论语译注》，中华书局 2009 年版，第 166 页。

⑨ 《论语·里仁》，杨伯峻译注：《论语译注》，中华书局 2009 年版，第 36 页。

⑩ 《孟子·公孙丑下》，杨伯峻译注：《孟子译注》，中华书局 2010 年版，第 78 页。

⑪ 《论语·泰伯》，杨伯峻译注：《论语译注》，中华书局 2009 年版，第 79 页。

⑫ [唐]王勃：《送杜少府之任蜀州》，《全唐诗》（卷五十六），中华书局 1960 年版，第 675 页。

⑬ 《论语·学而》，杨伯峻译注：《论语译注》，中华书局 2009 年版，第 1 页。

⑭ [唐]孟郊：《游子吟》，《全唐诗》（卷二十五），中华书局 1960 年版，第 675 页。

⑮ 《论语·学而》，杨伯峻译注：《论语译注》，中华书局 2009 年版，第 2 页。

⑯ 《庄子·内篇·人间世》，陈鼓应注译：《庄子今注今译·上》（最新修订重排本），中华书局 2009 年版，第 135 页。

⑰ 《孝经·庶人章》，汪受宽撰：《孝经译注》，上海古籍出版社 2004 年版，第 26 页。

⑱ 《孝经·纪孝行章》，汪受宽撰：《孝经译注》，上海古籍出版社 2004 年版，第 53 页。

⑲ 《孟子·万章上》，杨伯峻译注：《孟子译注》，中华书局 2010 年版，第 191 页。

⑳ 《后汉书·江革传》，[南朝·宋]范晔撰：《后汉书》（卷三十九），中华书局 2007 年版，第 387 页。

尊亲"[①] "仁之实，事亲是也；义之实，从兄是也"[②] "天地之性，人为贵。人之行，莫大于孝"[③] "羊有跪乳之恩，鸦有反哺之义"[④] "孝在实质，不在于饰貌"[⑤]等，说的是恪守孝道，回报父母的养育之恩是做人的起点，无论何时何地都要挂在心上。

"以家为家，以乡为乡，以国为国，以天下为天下"[⑥] "临患不忘国，忠也"[⑦] "苟利国家，不求富贵"[⑧] "捐躯赴国难，视死忽如归"[⑨] "位卑未敢忘忧国"[⑩] "人生自古谁无死，留取丹心照汗青"[⑪]等，说的是要以民族大义为上，为民族、为国家牺牲自身利益而在所不辞。

"大直若屈，大巧若拙，大辩若讷"[⑫] "兼听则明，偏信则暗"[⑬] "凡事预则立，不预则废"[⑭] "傲不可长，欲不可纵，志不可满，乐不可极"[⑮]等，说的是做人要有大智慧，做事要有充分的准备。对自己的行为要有所控制，适可而止；对情况要有全面的了解，不能只根据只言片语就妄下判断。这也是待人接物所不可缺少的。

如此等等，可见"礼"文化已渗透到中国传统社会的方方面面，对中国人的思想观念和行为举止产生了无形的深远影响。这就是传统社会中许多人，尤其是庶民百姓，并没有学过多少文化、读过多少书，但待人接物也能爱心满满、彬彬有礼、尊老敬长的原因之所在，文化融进了血脉之中，其力量是无形而巨大的。

① 《孟子·万章上》，杨伯峻译注：《孟子译注》，中华书局 2010 年版，第 199 页。
② 《孟子·离娄上》，杨伯峻译注：《孟子译注》，中华书局 2010 年版，第 167 页。
③ 《孝经·圣治章》，汪受宽撰：《孝经译注》，上海古籍出版社 2004 年版，第 42 页。
④ 李正堂：《〈增广贤文〉解读》，天津古籍出版社 2011 年版，第 8 页。
⑤ [汉]桓宽撰：《盐铁论·孝养》，王利器校注：《盐铁论校注》，中华书局 1992 年版，第 309-310 页。
⑥ 《管子·牧民》，黎翔凤撰，梁运华整理：《管子校注·上》，中华书局 2004 年版，第 16 页。
⑦ 《左传·昭公元年》，李梦生撰：《左传译注·上》，上海古籍出版社 2004 年版，第 910 页。
⑧ 《礼记·儒行》，杨天宇撰：《礼记译注·下》，上海古籍出版社 2004 年版，第 796 页。
⑨ 《白马篇》，[魏]曹植著，赵幼文校注：《曹植集校注》，人民文学出版社 1984 年版，第 412 页。
⑩ [宋]陆游：《病起书怀》，中华书局编：《四部备要·剑南诗稿卷七》（第七九册），中华书局 1989 年影印版，第 80 页。
⑪ 《过零丁洋》，邓碧清译注：《文天祥诗文选译》，巴蜀书社 1990 年版，第 99 页。
⑫ 《老子·第四十五章》，陈鼓应：《老子注译及评介》（修订增补本），中华书局 2009 年版，第 236 页。
⑬ 《资治通鉴·唐纪·太宗贞观二年》，[宋]司马光编著，[元]胡三省音注，"标点资治通鉴小组"校点：《资治通鉴》（卷一百九十二），中华书局 1956 年版，第 6047 页。
⑭ 《礼记·中庸》，杨天宇撰：《礼记译注·下》，上海古籍出版社 2004 年版，第 702 页。
⑮ 《礼记·曲礼上》，杨天宇撰：《礼记译注·上》，上海古籍出版社 2004 年版，第 1 页。

3. 中国传统是礼、法合一的社会

由于礼是维护社会、政治秩序、调整人与人之间的各种社会关系及权利义务的规范与准则，其中既有鼓励人向善的意蕴，又有约束人以防行恶的诉求，所以学者指出，礼既是中国古代法律的渊源之一，也是古代法律的重要组成部分。可以说，中国传统社会是礼、法合一的社会，要求人们遵礼守法，强调违礼即违法。《礼记》说："夫礼，禁乱之所由生……故礼之教化也微，其止邪也于未行，使人日徙善远罪而不自知也，是以先王隆之也。"①隆礼重法是荀子治国理政思想的重要内容。他说，"人生而有欲，欲而不得，则不能无求；求而无度量分界，则不能不争；争则乱，乱则穷。先王恶其乱也，故制礼义以分之，以养人之欲，给人之求"②，"法者，治之端也"③。

作为礼、法合一的社会，就很自然地使中国的法治思想、法治理论同"礼"、同"仁"、同"情"结合起来，在考虑问题时并非是一种冷冰冰的心态，而是力求于情于理、于法于仁都能兼顾。这大概就是中国特色的法治理论吧。这一特色可追溯到远古时期中国的"司法鼻祖"皋陶。他是远古神话中铁面无私的公正法官，传说是我国第一部《狱典》的制定者。皋陶是我国父系氏族社会晚期著名的政治家、思想家、教育家，历任职于尧舜禹三代。他的文化的核心是"法治"与"德治"相结合的治国安邦之道，其内容包括兴"五教"、定"五礼"、设"五服"、创"五刑"、立"九德"、亲"九族"等。从历史文献中，可见皋陶推重道德、勇于担当、公正无私、以人为本、谦抑、不怒自威的理性法官的形象。他主张施行德政以提高人的品德修养，强调君主、群臣的修身应自上而下、由己及人。他提出为官者要具备三、六、九德：以三德要求于卿大夫，以六德要求于诸侯，以九德要求于天子。他认为，以道德处理政务，大臣们就会同心同德，就能使功成业就、谋略实现；只有"知人善任"，举用德才兼备、勤政廉政的人，才能治理好国家，才能施恩惠于民。民心之安，取决于君、臣之德。由于皋陶致力于推行德政，身体力行，使得天下太平，百姓安生，从而开创了"天下明德皆自虞舜始"的大好形势。皋陶的思想后来被孔子所发扬和光大，形成了影响深远的儒家思想体系。关于荀子隆礼并崇尚君子法治的思想，学者江露露论道："值得注意的是，荀子认为，法的作用发挥需要以君子为条件。'法者，治之端也；君子者，法之原也。'他提出，君子和法制的结合是良法善治的

---

① 《礼记·经解》，杨天宇撰：《礼记译注·下》，上海古籍出版社 2004 年版，第 652-653 页。
② 《荀子·礼论》，[清]王先谦撰，沈啸寰、王星贤点校：《荀子集解》，中华书局 1988 年版，第 346 页。
③ 《荀子·君道》，[清]王先谦撰，沈啸寰、王星贤点校：《荀子集解》，中华书局 1988 年版，第 230 页。

保障。所以《荀子·君道》里说：'故有君子，则法虽省，足以遍矣；无君子，则法虽具，失先后之施，不能应事之变，足以乱矣。'荀子隆礼并崇尚君子法治，有其独特的实践价值。"①学者马小红在《"法中求仁"的中国古代法》一文中说："中国古代断案讲究天理国法人情的统一，'法中求仁'，即以立法体现仁义的精神自不待言，即使在执法中遇到情法难以两全、仁慈之情与法律条文矛盾的状况，'法官'也常常会以变通来体现仁义，做到情法兼顾，两不相失。这确实与我们日常从电视剧、教科书及某些专著中得到的印象大不相同：与现代法相比，中国古代法并非只有残酷的一面需要摒弃，而且也有充满人文关怀的一面需要借鉴传承……基于以法及裁判体现仁义的要求，古代的一些官吏总结出许多充满智慧的听讼断狱的经验。比如，认为狱不可淹滞，为民父母的地方官吏应该体会到'一夫在囚，举室不安，囹圄之苦，度日如岁'（一个人被囚，一家为之不安，人在监狱中，度日如年）的苦楚。又认为'亲族相讼，宜徐而不宜急；宜宽而不宜孟。'……《汉书·刑法志》在解释这种天子、官吏为民父母的情怀时，用了一个典故，即'满堂而饮酒，有一人乡（向）寓而悲泣，则一堂皆为之不乐'。即在天下欢庆的时候，即使有一人受到了不公的对待，那么所有的人都会因为他的悲哀而悲哀。无论是大禹下车泣罪，还是孔子救免相讼的父子，还是后世历代循吏裁断狱讼时总结的经验，表现的都是中国古代法的至高境界，即'法中求仁'。"②中国法制史研究资深专家张晋藩教授曾说："中国法制的历史是一座宏大的'智库'，蕴藏着丰富的文化遗产。由于古今的国情仍有相似之点，中华民族的精神和心态也有一脉相承之处，因此其中的许多宝贵遗产都带有跨越时空的合理的因子，需要我们深入地挖掘、探索，这对于建设社会主义法治国家具有重要镜鉴意义……诸如人本主义的立法原则、法致中平的价值取向、天人合一的和谐诉求、德礼为本的道德支撑、援法断罪的司法责任、法为治具的治世方略等，这些都是具有宝贵价值的传世遗产。"③张教授还说，"在中华民族五千多年的发展历程中，中华法文化虽遇百折而不挠，勇克时艰，代有兴革，形成了内涵丰富、特点鲜明、影响深广的中华法文化体系，并因其连续性、特殊性、包容性，成为世界法文化史上最为绚丽的一章。中华法文化在形成与发展的漫长岁月中，表现出深厚的物质基础、强大的动力资源、坚韧的韧性性格，所有这些可归结为一个基因，那就是中华民族的民族精神。中华法文化的一切特质，

---

① 江露露：《隆礼重法 仕者必为学》，载《光明日报》2017年12月15日，第10版。

② 马小红：《"法中求仁"的中国古代法》，载《法制日报》2018年6月20日，第10版。

③ 《张晋藩：留住中国法制史的根》，全国哲学社会科学工作办公室 http://www.nopss.gov.cn/n1/2019/0611/c219551-31129101.html 2019-06-11。

都凝聚着中华民族的精神，体现着中华法文化与中华民族精神之间的内在关联"。他将中华法文化所体现的中华民族精神归结为以下几点，即"法律发展不受宗教干预，体现理性务实的民族精神""法文化传承创新的历程，体现坚韧进取的民族精神""重惩不孝不忠等犯罪，体现孝亲爱国的民族精神""法以诚信为本，体现敦诚守信的民族精神"。由此，张晋藩教授指出："传承中华民族的优秀民族精神，激发中华民族的自信心、自豪感和内在的潜能，使优秀的民族精神与当代社会发展实际和时代精神密切融合，从而赋予固有的优秀民族精神以新的内涵，使之历久而弥新，对于我们建设具有中国特色的社会主义法治国家、实现中华民族伟大复兴的中国梦具有重要意义。"①总之，法、仁、礼的结合是中国传统礼制和法制的鲜明特色，在当代理应得到进一步传承和发扬。

在当代重建社会秩序和道德行为规范的过程中，需要大力提倡礼治精神，提倡注重礼仪、礼节的文明礼貌行为，在全社会形成文明、和谐的风尚，这是应当引起重视的问题。中国传统礼治精神、礼乐制度可以为我们提供丰富的养料，需要我们认真汲取，并落实于行动之中。事实上，中国"礼乐文化"中的积极因素在当代社会中已经显得相当薄弱，确实应当给予足够的重视并加以大力弘扬。当然，完全复制式地继承是不可取的。首先，应当凸显的是"礼"所体现的礼治精神、人文精神，而不仅仅是外在的形式。这样说并不是一概拒斥外在形式，前已述及，外在的形式也有其积极价值和意义，它所产生的庄严感也会发挥很大的教育作用。通过某种外在的形式，由外而内地将精神性的东西润物无声地浸润、渗透进青少年学生的内心，也是不可忽视的。问题在于，不能过分地形式化，只注重形式而丢掉了精神内涵，或者一味恪守某些已经过时的形式。其次，对传统礼制中所含有的一些消极因素，如尊贵卑贱等级、男尊女卑等，也应认真加以识别并剔除之，在当代人人平等的基础上，将"礼乐文化"中的精华和优秀传统弘扬起来。

六、以"有朋自远方来，不亦乐乎"为对外关系主旨的襟怀

前已述及，"海内存知己，天涯若比邻""四海之内，皆兄弟也""有朋自远方来，不亦乐乎"等，说的是中国人要有容纳百川的宽阔心胸，接纳四海之宾

---

① 张晋藩：《中华法文化与中华民族精神》，载《光明日报》2020 年 10 月 26 日，第 15 版。

朋。这个方面，是"仁者爱人""厚德载物"思想的延伸。正因为中国文化强调"合和""礼之用，和为贵"，而且这一思想强调的不是某一方面、某一地区的"和"，它将天地人纳入一个不可分割的大系统中进行通盘考察，那么在对外关系上，自然就会心胸开阔，海纳百川，笑迎四海之宾朋。

在历史上，中国以陆路和海上"丝绸之路"为标志性对外联系的纽带，展开了与海外多民族、多国家在经济、政治、文化等多个方面的交流与沟通，并在交流与沟通中相互借鉴、相互影响、相互促进，都得到了长足的发展。因此，东学西渐也好，西学东渐也罢，历史上古已有之。而且，历史上中华民族与其他民族的交往，都是在友好平等的基础上进行的。中华民族是爱好和平的民族，是以"礼仪之邦"著称的民族，在历史上从未有通过对外侵略来攫取领土及其他利益的诉求。

这里应特别提及，当今中国在谋求与世界各国、各民族共同发展的思路下所采取的"一带一路""合作共赢""协和万邦""构建人类命运共同体"的发展理念。这些发展理念提出并实施几年来，已得到世界多数国家的认可、欢迎与高度评价，"构建人类命运共同体"的理念多次被写进了联合国的决议之中。2017年2月10日，联合国社会发展委员会第五十五届会议协商一致通过"非洲发展新伙伴关系的社会层面"决议，呼吁国际社会本着合作共赢和构建人类命运共同体的精神，加强对非洲经济社会发展的支持。这是联合国决议首次写入"构建人类命运共同体"理念。[①]2017年3月17日，联合国安理会以15票赞成，一致通过关于阿富汗问题第2344号决议，决议首次载入"构建人类命运共同体"的重要理念，同时提出通过"一带一路"建设等加强区域经济合作，敦促各方为"一带一路"建设提供安全保障环境、加强发展政策战略对接、推进互联互通务实合作。[②]2017年11月1日，"构建人类命运共同体"理念又被写进了第七十二届联大负责裁军和国际安全事务第一委员会（联大一委）通过的"防止外空军备竞赛进一步切实措施"和"不首先在外空放置武器"两份安全决议中。该理念被写进联大一委的决议，是联大一委历史上的首次，填补了联合国国际安全领域决议的空白，这体现了国际社会对中国理念的广泛支持，也体现了中国的大国担当。[③]在2018年3月23日举行的联合国人权理事会第37届会议上，中国提出的"在

---

① 《联合国决议首次写入"构建人类命运共同体"理念》，人民网 http://world.people.com.cn/n1/2017/0211/c1002-29074217.html，2017-02-11.

② 《安理会决议呼吁各国构建人类命运共同体》，新华网 http://www.xinhuanet.com/world/2017-03/18/c_1120651440.htm，2017-03-18.

③ 《"构建人类命运共同体"理念再次写入联合国决议》，载《人民日报》2017年11月3日，第21版。

人权领域促进合作共赢"决议获得通过。决议提出，构建相互尊重、公平正义、合作共赢的新型国际关系，构建人类命运共同体，强调各国要坚持多边主义，加强人权领域对话与合作，实现合作共赢。①由此可见，我们与世界各民族共谋经济的发展与政治上的和平共处，已受到国际社会的广泛认同；我们的国际声望和国际地位在不断提升。这些，一方面充分体现出了中国作为一个诉求和平崛起的大国及其大国领导人的气魄与担当，另一方面也充分体现了中华民族从自身优秀传统文化中寻找当代国际关系和国际治理的智慧。

很显然，中国崛起走的是一条与西方国家崛起不尽相同的道路。其最大的一点不同，就是中国力图并坚定不移地走和平发展的道路，而西方的发展总摆脱不了"修昔底德陷阱"（Thucydides's trap）②，因此"修昔底德陷阱"几乎已经被视为国际关系的"铁律"。中国在多种场合都呼吁，在当今时代，国与国之间的关系应避免陷入"修昔底德陷阱"。"2014 年 1 月，美国《赫芬顿邮报》旗下《世界邮报》创刊号刊登了对习近平主席的专访。针对一些人对中国迅速崛起后必将与美国发生冲突的担忧，习近平主席指出，我们都应该努力避免陷入'修昔底德陷阱'，强国只能追求霸权的主张不适用于中国，中国没有实施这种行动的基因。"③习近平主席的话，既昭示了中国梦的光明前景，也指出了西方大国应抛弃二元对立观，避免在世界制造冲突、隔阂与对抗，导致两败俱伤，而要走和平共荣的道路。美国华人精英组织"百人会"与美国历史最悠久的公共论坛"联邦俱乐部"于 2015 年 10 月 22 日在旧金山举行了首期大国关系论坛，邀请复旦大学特聘教授、上海社科院中国学所所长、春秋研究院研究员张维为与美国退役海军上将、斯坦福大学胡佛研究所研究员拉夫黑德就"美中如何避免冲突"这一议题进行了对话。对话中，张维为就避免"修昔底德陷阱"讲了如下这段话："美国对中国的一些误读，我想利用几分钟时间就这些误读发表一些个人的看法。误读之一，即所谓的修昔底德陷阱：一个崛起的大国和一个守成的大国之间

---

① 《联合国人权理事会通过决议呼吁构建新型国际关系、构建人类命运共同体》，中国政府网 http://www.gov.cn/xinwen/2018-03/24/content_5277005.htm，2018-03-24。

② "修昔底德陷阱"说法源自古希腊著名历史学家修昔底德的观点。这位历史学家认为，当一个崛起的大国与既有的统治霸主竞争时，双方面临的危险——正如公元前 5 世纪希腊人面临的情况一样，这种挑战多数以战争告终。公元前 5 世纪，雅典的成就使其急剧、迅速崛起，震惊了老牌陆权霸主斯巴达。恐惧迫使斯巴达人做出反应，双方之间的威胁和反威胁引发竞争，接着是对抗，终于酿成了长达 30 年的伯罗奔尼撒战争。战争结束后，两国均遭毁灭。因此，修昔底德总结说：使得战争无可避免的原因是雅典日益壮大的力量，还有这种力量在斯巴达造成的恐惧。"修昔底德陷阱"翻译成当代语言就是：一个新崛起的大国必然要挑战现存大国，而现存大国也必然来回应这种威胁，这样战争变得不可避免。自1500 年以来的西方国与国之间关系的事实，也充分印证了这一观点。

③ 《正确认识"修昔底德陷阱"》，人民网 http://world.people.com.cn/n1/2016/0417/c1002-28281403.html，2016-04-17。

必然爆发冲突。这种必然冲突的逻辑源于欧洲的历史经验，与中国的历史经验迥然不同。中国历史经验有自己的独特性，例如，中国毕竟是建造了万里长城进行防御的国家，在中国多数朝代里，中国的国防形态几乎都是防御性的，而非进攻性的。此外，中国文化推崇儒家的'和而不同'理念，这也就是我们今天讲的双赢和多赢理念。这与西方历史上长期青睐的'零和'理念形成了鲜明对比。从中国和西方的历史比较来看，这种'和而不同'的中国理念，使中国避免了欧洲历史上长达上千年的宗教战争，中国历史上鲜有宗教战争，儒释道之间可以互相借鉴与包容，中华文明绵延数千年而没有中断，离不开这种伟大的历史传承。我甚至可以这样说，双赢多赢的文化溶于中国人的血液之中。从中国人的角度来看，中美之间会有矛盾和分歧，但通过双方的努力，总体上实现双赢是可能的。"[①]

笔者以为，中华优秀传统文化有一种后发优势，即在当今世界寻求各民族共同发展的道路之时，中华优秀文化愈益显现出其魅力与光彩。这种后发优势，不仅在国内的社会主义经济建设中得以显现，更在国际事务的发展中熠熠闪光。因此，当我们今天吟诵孔子的"有朋自远方来，不亦乐乎"时，心中升腾起的文化自信比任何时代都更为强烈。

七、以"为万世开太平"为生命导向的忧国忧民情怀、凛然气节和爱国担当精神

这里主要论及的是，中国传统士人、君子（包括一些获取了功名利禄的士大夫），即中国传统知识分子身上所具有的独特的气质与品格。这种气质与品格，甚至具有撼人心魄的魅力。

（一）忧国忧民、传道济世之情怀

中国传统士人、君子忧国忧民、传道济世之情怀，以范仲淹的"先天下之忧而忧，后天下之乐而乐"为众所周知、耳熟能详的代表。这成为士人君子即身随行的品格。也如清代郑板桥所说："衙斋卧听萧萧竹，疑是民间疾苦声。些小吾

---

① 《"英国先走了一步，美国能否跟上？"——张维为对话美国退役海军上将拉夫黑德》，观察者网 https://www.guancha.cn/politics/2015_10_30_339401.shtml，2015-10-30。

曹州县吏，一枝一叶总关情。"①而这一品格，正来自中国传统文化的熏陶和浸染。儒家以修身为本的文化诉求，其目的就是要达到"内圣外王"，即要把"修身"获得的品质、知识、能力更好地用在"齐家、治国、平天下"上，用在"传道而济斯民"上。这一点，成为为学的士人君子所固有的追求。汉代太学在建立之初，即将养贤士以行社会教化作为兴学之本："夫不素养士而欲求贤，譬犹不琢玉而求文采也。故养士之大者，莫大虖太学；太学者，贤士之所关也，教化之本原也。"②在中国教育史上影响甚巨的宋代书院，尤其是南宋书院的建立，正是为克服科举的弊端，培养经明行修的醇儒，以达传道济民之目的。诚如张栻在谈到重建岳麓书院的目的时所说："是举也，岂特使子群居佚谈，但为决科利禄计乎？亦岂使子习为言语文辞之而已乎？盖欲成就人才，以传道而济斯民也。"③也如顾炎武所言："君子之为学，以明道也，以救世也。"④尽管在某些时段，科举选士成为一些学生寻求功名利禄的重要途径，八股取士也戕害了学生身心，但仍不可否认的是：从历史发展的总过程看，通过读书、科举进而做官来实现"治国、平天下"的抱负，发挥有为精神以泽黎民百姓的意识依然成为士人学子的占主流地位的内在品性与意识形态。这正是起因于传统文化的熏染和大学精神的潜移默化。否则的话，我们这个命运多舛的华夏民族，走过几千年的风风雨雨，历尽沧桑，饱受磨难，在当今时代仍然昂首挺立于世界民族之林，并继续传承且不断创新自己的文化，那是不可想象的事情。因此，著名学者许美德说："中国的制度文化是：大学（高等教育）是为国家服务的，学者一定要关注国家大事，为社会服务，知识不能完全中立。西方大学更倾向于不考虑道德，只考虑问题、知识，把道德与事实分开，学术为事实服务，也不负责道德政治方面的问题。但是中国的传统不将其分开，也就是说，纯粹理论与运用的知识也是不能分开……中国大学在未来不应该单单是追求一流大学的地位，也可以把自己的制度文化在国际舞台上展示。"⑤

实际上，这种忧国忧民、传道济世之情怀与儒家文化中的重要价值理念"学而优则仕"有密切关系。可以说，"学而优则仕"为忧国忧民、传道济世之情怀奠定了根基。这一理念的提出，一方面打破了自西周以来的按宗法血缘关系构建

---

① 《潍县署中画竹呈年伯包大中丞括》，中华书局上海编辑社编：《郑板桥集》，中华书局 1962 年版，第 163 页。

② 《汉书·董仲舒传》，[东汉]班固撰：《汉书》（卷五十六），中华书局 2007 年版，第 566 页。

③ [宋]张栻撰：《南轩集》（卷十《潭州重修岳麓书院记》），《钦定四库全书本》（影印版），第 372 页。

④ 《亭林文集卷之四·与人书二十五》，[明末清初]顾炎武著，华忱之点校：《顾亭林诗文集》，中华书局 1983 年版，第 98 页。

⑤ [加]许美德：《展示中国大学的制度文化》，载《中国高等教育》 2009 年第 9 期，第 62 页。

起的世卿世禄的世袭制，由此就为选拔大批才俊之士议政参政创造了有利的舆论氛围和社会政治环境。可以说，孔子在"亲亲"这个宗庙系统价值原则之外，新建立了"尊贤"这样一个社稷系统价值原则。另一方面，各学派为彰显其学说以达到救治社会的目的，大都强调"学而优则仕"，寄望于自己的弟子实现其政治抱负。因为，在当时看来，通过"学而优则仕"将自己的政治抱负和社会理想诉诸现实似乎是唯一有效的途径。这种通过"学而优"而"出仕"的士人身上所体现的社会责任感、担当意识及弘道济世精神，是显而易见的。

（二）"宁为玉碎，不能瓦全"之傲骨与气节

中国传统士人、君子在"修身""求道"的过程中，为追求真理、为维护人格尊严而形成了一种铮铮傲骨、不屈之气节，这也是传统知识分子身上所特有的宝贵品质。前已述及的"大丈夫宁可玉碎，不能瓦全""富贵不能淫，贫贱不能移，威武不能屈""君子固穷，小人穷斯滥矣""君子以致命遂志""三军可夺帅也，匹夫不可夺志也""岁寒，然后知松柏之后凋也""志士仁人，无求生以害仁，有杀身以成仁""人固有一死，或重于泰山，或轻于鸿毛"等，都是这一品格的显现。还有，孟子曰，"天下有道，以道殉身；天下无道，以身殉道。未闻以道殉乎人者也"[1]，"生亦我所欲也；义亦我所欲也；二者不可兼得，舍生而取义者也"[2]；《礼记》中说，"儒有可亲而不可劫也，可近而不可迫也，可杀而不可辱也"[3]；屈原的《离骚》说，"伏清白以死直兮，固前圣之所厚"[4]；《中庸》说："国有道，不变塞焉，强哉矫！国无道，至死不变，强哉矫！"[5]也都很好地诠释了这一品格。

这里所说的傲骨和气节，与傲慢完全是两回事，不可混淆。"傲慢"是指自高自大、目空一切、轻慢别人的一种不正常心态。自己不一定做得好到哪里，却不把别人放眼里，不知道要尊重别人。它表面上看起来气焰嚣张，但其实很虚弱。傲慢的人恰恰表现出一种无知和没水平，也遭到别人反感。诚如古希腊哲学家苏格拉底所说"骄傲是无知的产物"，也如法国作家巴尔扎克所说"傲慢是一种得不到支持的尊严"。而"傲骨"则指的是一种刚强不屈、百折不挠的性格。它或者是面对外界环境的胁迫，或者是在寻"道"的过程中面对艰难

---

① 《孟子·尽心上》，杨伯峻译注：《孟子译注》，中华书局 2010 年版，第 297 页。
② 《孟子·告子上》，杨伯峻译注：《孟子译注》，中华书局 2010 年版，第 245 页。
③ 《礼记·儒行》，杨天宇撰：《礼记译注·下》，上海古籍出版社 2004 年版，第 794 页。
④ [战国·楚]屈原：《离骚》，林家骊译注：《楚辞》，中华书局 2009 年版，第 10 页。
⑤ 《中庸·第十章》，王国轩、张燕婴、蓝旭、万丽华译：《四书》，中华书局 2007 年版，第 120 页。

困苦的压力而显现出的一种品格。正由于此，它透射出的是正义凛然大气，有着更为宽广的指向，即指向国家、民众、自身的清白等。也因此，它是一种从里到外的恪守、坚持原则的秉性，这种秉性具有撼人心魄的力量，受到了人们由衷的尊敬。艺术大师徐悲鸿曾说"人不可有傲气，但不可无傲骨"，道出了一个深刻的人生哲理。

还有，中国传统士人、君子的"以身殉道"精神，是中国古代士人达到高度境界的自觉和自决精神，而非外力所强求。因此，"以身殉道"绝非殉道者对身体的漠视，而是对至高追求的献身精神，是个体生命价值的最高体现。实际上，在平时的日常生活中，中国人奉行"养生有道"，正是对身体的乐观主义态度的体现；而在需要的时候，能以牺牲肉体来实现"道"，即视血肉之躯在守"道"的过程中得到了永生，实现了其生命价值。在此，"以身殉道"与"养生有道"就成为两个看似矛盾但又并行不悖的概念①。

（三）舍我其谁的爱国担当精神

在上述"傲骨与气节"一段中，就已经包括有民族气节、家国情怀与爱国奉献精神的表述，只是为更强调中国传统士人、君子的舍我其谁的爱国奉献精神、社会责任感、历史使命感和担当精神，特设一个专题加以阐释。北宋张载的"横渠四句"（"为天地立志，为生民立道，为去圣继绝学，为万世开太平"），既表达了历来中国知识阶层的忧国忧民的品性、开阔的胸襟和博大的情怀，也投射出一种强烈的爱国奉献精神和舍我其谁的担当精神。在中国历史上，这种爱国奉献和担当精神的表达与抒发，俯拾即是，不绝于书。《左传》中说，"临患不忘国，忠也"；《礼记》中说，"苟利国家，不求富贵"；三国曹植说，"捐躯赴国难，视死忽如归"；陆游说，"死去元知万事空，但悲不见九州同。王师北定中原日，家祭无忘告乃翁"②；文天祥说，"人生自古谁无死，留取丹心照汗青"；岳飞作诗，"靖康耻，犹未雪；臣子恨，何时灭？驾长车，踏破贺兰山缺！壮志饥餐胡虏肉，笑谈渴饮匈奴血。待从头，收拾旧山河，朝天阙"③；明代袁崇焕写道，"杖策必因图雪耻，横戈原不为封侯"④；清代林则徐示家人

①　李申申、李志刚：《中国古代"即身而道在"教育的基本特征——一种具身性教育的永恒魅力》，载《河南大学学报》（社会科学版）2016年第4期，第109-110页。

②　[宋]陆游：《示儿》，朱东润主编：《中国历代文学作品选》，上海古籍出版社1980年版，第197页。

③　《满江红·写怀》，李汉魁编：《岳武穆年谱·上》，商务印书馆1947年版，第90页。

④　《边中送别》，[明]袁崇焕著，东莞市文化广电新闻出版局编，杨宝霖辑校：《袁崇焕集》，上海世纪出版股份有限公司、上海古籍出版社2014年版，第294页。

说，"苟利国家生死以，岂因祸福避趋之"，等等，说的就是要以民族大义为上，为民族、为国家牺牲自身利益而在所不辞。更为令人感动和难能可贵的是，像文天祥、岳飞、袁崇焕、林则徐等人不仅发出了流传后世的豪言壮语，而且这些豪言壮语都是他们在面临着流放、充军，甚至面临着生死存亡的危难时刻而发出的。此外，还有历史上家喻户晓的苏武北海牧羊的民族气节、昭君出塞的义举、戚继光率军驰骋疆场令倭寇闻风丧胆的雄风、杨家将为保大宋江山几代人血拼抗辽沙场的一门忠烈等，都从实践的层面有力证明了中华民族国民强烈的爱国主义精神、凝重深沉的民族认同感和忧患意识。而且，这种精神和情操潜移默化地影响了一代又一代人，每代人从出生起就受到这一品质的浸润和洗礼，成为国民的一种稳固的内在品格。正由于此，中华民族无论处于什么境况，甚至是最危难的时刻，也不会被征服、被灭亡，使得中华民族在重重磨难中屡次劫后重生，而最终仍能昂首挺立于世界之东方。

当然，强烈的爱国主义精神、深沉的民族认同感和忧患意识，以及舍我其谁的担当情怀，并不限于中国士人、君子，由上可见，这种精神也传播、存在于广大的国民中间。但士人、君子（包括士大夫）往往由于读书明理、文化陶冶熏染的缘故，成为先知先觉者，成为"以身殉道""以身殉国"的真诚践行者，以及唤醒民众的执着传道者，亦即成为自觉的"铁肩担道义"之人。因此，这种精神和品格成为中国传统士人、君子（包括士大夫），即传统知识分子身上凸显的优秀品格。而且，发出这种震撼人心的豪言壮语的人，其中的大部分如张载、文天祥、袁崇焕、林则徐，以及发出"先天下之忧而忧，后天下之乐而乐"心声的范仲淹等，都是在科举考场上中了进士又担任了高官的人（陆游为赐进士出身）。由此，今人对这些当年的高层次人才，不禁又升起肃然起敬之情。所以，这里且把此种高尚的品格与精神归入对中国传统士人、君子，即传统知识分子的论述之列。

八、以"天道阴阳"对立统一为中心的辩证思维方式

中华民族关于做人的道理及其智慧，是与其在长期的特定环境中的生活与生产劳动过程密不可分的。辩证思维成为中国古代哲学中占主导地位的思维方式。在这一思维方式中，充盈着丰富的辩证智慧，构建起中国博大精深的哲学体系。

（一）中国辩证思维方式的基本特征

1. "天道阴阳"的对立统一是辩证思维的中心

中国辩证思维的中心是"天道阴阳"的对立统一辩证法，而以对立面的统一、和谐、互相依存和转化为主导和最后的归宿。中国古老典籍《易经》就以乾、坤为对立统一、发展变化的根基，在此基础上衍生出一系列的对偶概念相互连接、相互依存，如吉凶、祸福、大小、上下、远近、内外、出入、进退、往来、得丧、存亡、生死、泰否、谦豫、损益、天地、明晦、平陂、东西、西南、东北等。《易传》叙述宇宙的形成过程为，"易有太极，是生两仪，两仪生四象，四象生八卦"[①]，"八卦成列，象在其中矣；因而重之，爻在其中矣"[②]，"爻也者，效天下之动者也"[③]。先秦哲学家受《易经》的影响，孔子论"人"，老子论"道"，孙子论"兵"，韩非子论"政"，乃至战国秦汉之际的《黄帝内经》中的论"医"等，无不运用对立统一的思维方式考察与分析事物。战国至秦汉时期的《易传》综合前代，以"阴阳之道"论述对立统一规律，如"一阴一阳之谓道"[④]，"分阴分阳，迭用柔刚"[⑤]，"观变于阴阳而立卦；发挥于刚柔而生爻；和顺于道德而理于义；穷理尽性以至于命"[⑥]，"刚柔相推而生变化"[⑦]，"刚柔相摩，八卦相荡。鼓之以雷霆，润之以风雨；日月运行，一寒一暑。乾道成男，坤道成女"[⑧]。战国末期的《吕氏春秋》亦论道，"太一出两仪，两仪出阴阳。阴阳变化，一上一下，合而成章。混混沌沌，离则复合，合则复离，是谓天常。天地车轮，终则复始，极则复反，莫不咸当。日月星辰，或疾或徐，日月不同，以尽其行。四时代兴，或暑或寒，或短或长，或柔或刚。万物所出，造于太一，化于阴阳"[⑨]，"凡人物者，阴阳之化也。阴阳者，造乎天而成者也"[⑩]。至汉代，董仲舒对"阴阳之道"多有论述，如"天地之气，合而为

---

① 《易·系辞上传》，黄寿祺、张善文撰：《周易译注》，上海古籍出版社 2004 年版，第 519 页。
② 《易·系辞下传》，黄寿祺、张善文撰：《周易译注》，上海古籍出版社 2004 年版，第 530 页。
③ 《易·系辞下传》，黄寿祺、张善文撰：《周易译注》，上海古籍出版社 2004 年版，第 539 页。
④ 《易·系辞上传》，黄寿祺、张善文撰：《周易译注》，上海古籍出版社 2004 年版，第 503 页。
⑤ 《易·说卦传》，黄寿祺、张善文撰：《周易译注》，上海古籍出版社 2004 年版，第 571 页。
⑥ 《易·说卦传》，黄寿祺、张善文撰：《周易译注》，上海古籍出版社 2004 年版，第 569 页。
⑦ 《易·系辞上传》，黄寿祺、张善文撰：《周易译注》，上海古籍出版社 2004 年版，第 496 页。
⑧ 《易·系辞上传》，黄寿祺、张善文撰：《周易译注》，上海古籍出版社 2004 年版，第 493 页。
⑨ 《吕氏春秋·仲夏纪·大乐》，[战国]吕不韦编著，王启才注译：《吕氏春秋》，中州古籍出版社 2010 年版，第 65 页。
⑩ 《吕氏春秋·恃君览·知分》，[战国]吕不韦编著，王启才注译：《吕氏春秋》，中州古籍出版社 2010 年版，第 324 页。

一，分为阴阳，判为四时，列为五行"①，"天道大数，相反之物也，不得俱出，阴阳是也"②，"推天地之精，运阴阳之类，以别顺逆之理，安所加以不在？在上下，在大小，在强弱，在贤不肖，在善恶。恶之属尽为阴，善之属尽为阳"③。北宋以后，儒学复兴，以阴阳为基础之经学得到进一步发展，并与气、理结合在一起。张载在《正蒙》中论道，"两不立则一不可见，一不可见则两之用息。两体者，虚实也，动静也，聚散也，清浊也，其究一而已"，"其阴阳两端循环不已者，立天地大义"④，"若阴阳之气，则循环迭至，聚散相荡，升降相求，氤氲相揉，盖相兼相制，欲一之而不能，此其所以屈伸无方，运行不息，莫或使之"⑤，"物无孤立之理，非同异、屈伸、终始以发明之，则虽物非物也；事有始卒乃成，非同异、有无相感，则不见其成"⑥。程颢、程颐继之论道，"天地万物之理，无独必有对，皆自然而然，非有安排也"⑦，"万物莫不有对，一阴一阳，一善一恶"⑧，"道无无对，有阴则有阳，有善则有恶，有是则有非"⑨，"天地之化，既是二物，必动已不齐。譬之两扇磨行，便其齿齐，不得齿齐。既动，则物之出者，何可得齐？转则齿更不复得齐。从此参差万变，巧历不能穷也"⑩。到朱熹，则对张载和二程的阴阳天道观作了进一步地总结和发挥。他说，"东之与西，上之与下，以至于寒暑昼夜生死，皆是相反而相对也。天地间物未尝无相对者"⑪，"如天之生物，不能独阴，必有阳；不能独

---

① 《春秋繁露·五行相生》，曾振宇、傅永聚注：《春秋繁露新注》，商务印书馆 2010 年版，第 272 页。

② 《春秋繁露·阴阳出入上下》，曾振宇、傅永聚注：《春秋繁露新注》，商务印书馆 2010 年版，第 251 页。

③ 《春秋繁露·阳尊阴卑》，曾振宇、傅永聚注：《春秋繁露新注》，商务印书馆 2010 年版，第 233 页。

④ 《正蒙·太和》，[宋]张载著，章锡琛点校：《张载集》，中华书局 1985 年版，第 9 页。

⑤ 《正蒙·参两》，[宋]张载著，章锡琛点校：《张载集》，中华书局 1985 年版，第 12 页。

⑥ 《正蒙·动物》，[宋]张载著，章锡琛点校：《张载集》，中华书局 1985 年版，第 19 页。

⑦ 《河南程氏遗书卷第十一·明道先生语一》，[宋]程颢、程颐著，王笑鱼点校：《二程集》，中华书局 1981 年版，第 121 页。

⑧ 《河南程氏遗书卷第十一·明道先生语一》，[宋]程颢、程颐著，王笑鱼点校：《二程集》，中华书局 1981 年版，第 123 页。

⑨ 《河南程氏遗书卷第十五·伊川先生语一》，[宋]程颢、程颐著，王笑鱼点校：《二程集》，中华书局 1981 年版，第 153 页。

⑩ 《河南程氏遗书卷第二上·二先生语二上》，[宋]程颢、程颐著，王笑鱼点校：《二程集》，中华书局 1981 年版，第 31 页。

⑪ 《朱子语类·卷六十二》，[宋]黎靖德编，王星贤点校：《朱子语类》（第六册），中华书局 1986 年版，第 1481 页。

阳，必有阴；皆是对"①，"盖所谓对者，或以左右，或以上下，或以前后，或以多寡，或以类而对，或以反而对。反复推之，天地之间，真无一物兀然无对而孤立者"②，"太极便与阴阳相对。此是'形而上者谓之道，形而下者谓之器'，便对过"③，"'天下之理，无独必有对。'有动必有静，有阴必有阳，以至屈伸消长盛衰之类，莫不皆然"，"虽说'无独必有对'，然独中又自有对"④，"凡天下之事，一不能化，惟两而后能化。且如一阴一阳，始能化生万物"⑤，"天下之物未尝无对，有阴便有阳，有仁便有义，有善便有恶，有语便有默，有动便有静，然又却只是一个道理"⑥，"'阴阳'虽是两个字，然却是一气之消息，一进一退，一消一长。进处便是阳，退处便是阴；长处便是阳，消处便是阴"⑦。

2. "生生不息"发展观具有多层含义

中国哲学"天道阴阳"的对立统一观，其中蕴涵并体现出"生生不息"的发展观、"天人合一"的整体观、"和而不同"善于协调事物的思维智慧，以及注重现实人生的宇宙人生观等特征。

中国哲学凸显"生生不息"的发展观。这一发展观包含有几层含义：

一是万物的存在是永不停息的发展变化的存在。"在天成象，在地成形，变化见矣。是故刚柔相摩，八卦相荡。鼓之以雷霆，润之以风雨；日月运行，一寒一暑。乾道成男，坤道成女。乾知大始，坤作成物"⑧，"天行健；君子以自强不息"，"有物混成，先天地生。寂兮寥兮，独立不改，周行而不殆，可以为天

---

① 《朱子语类·卷九十五》，[宋]黎靖德编，王星贤点校：《朱子语类》（第六册），中华书局 1986 年版，第 2434 页。

② 《书答胡广仲》，朱熹著，郭齐、尹波点校：《朱熹集》（卷四十二），四川教育出版社 1996 年版，第 1957 页。

③ 《朱子语类·卷九十五》，[宋]黎靖德编，王星贤点校：《朱子语类》（第六册），中华书局 1986 年版，第 2434 页。

④ 《朱子语类·卷九十五》，[宋]黎靖德编，王星贤点校：《朱子语类》（第六册），中华书局 1986 年版，第 2435 页。

⑤ 《朱子语类·卷九十八》，[宋]黎靖德编，王星贤点校：《朱子语类》（第七册），中华书局 1986 年版，第 2512 页。

⑥ 《朱子语类·卷九十五》，[宋]黎靖德编，王星贤点校：《朱子语类》（第六册），中华书局 1986 年版，第 2435 页。

⑦ 《朱子语类·卷七十四》，[宋]黎靖德编，王星贤点校：《朱子语类》（第五册），中华书局 1986 年版，第 1879 页。

⑧ 《易·系辞上传》，黄寿祺、张善文撰：《周易译注》，上海古籍出版社 2004 年版，第 493 页。

下母"，"天地之道，恒久而不已也"①，"天何言哉？四时行焉，百物生焉，天何言哉"②，"二气交感，化生万物。万物生生，而变化无穷焉"③。而且，前已述及，中国哲学中强调的发展变化是以"阴阳"的对立统一、相互作用乃至相互转化为根基的，事物的存在及其发展，无不处于阴阳矛盾与变化之中。"一阴一阳之谓道"，即是中国哲学的基本命题。因此，"祸兮福之所倚，福兮祸之所伏"④，"无平不陂，无往不复"⑤，"日中则昃，月盈则食；天地盈虚，与时消息，而况于人乎？况于鬼神乎"⑥，"时过于期，否终则泰"⑦。

二是这种发展变化是生机勃勃、蕴涵生命灵动在其中的发展变化，而非无生命物体的一种机械运动。"天地之大德曰生"⑧，"富有之谓大业，日新之谓盛德。生生之谓易"⑨，"大抵言'天地之心'者，天地之大德曰生，则以生物为本者，乃天地之心也"⑩，"万物之生意最可观，此'元者善之长也'，斯所谓仁也"⑪，天地"别无所作为，只是生物而已。亘古亘今，生生不穷"⑫。譬如谷种、桃仁、杏仁之类，之所以称为仁，盖因其中蕴涵生命洋溢，"种着便生，不是死物，所以名之曰'仁'，见得都是生意"⑬。在这一天地万物生生不已的过程中，人能自觉体认生生不息之天理流行，发挥有为精神，故人能弘道，能"为天地立志，为生民立道，为去圣继绝学，为万世开太平"。

三是这种发展变化是讲事物由低级向高级的不断发展变化，而非始和终都在一个点上的简单循环。这在《易经》中就已鲜明地体现出来。《易经》中构成"六画挂"的六爻，其位置由下而上，它的顺序是由低级向高级排列的，反映了

---

① 《易·下经·恒卦》，黄寿祺、张善文撰：《周易译注》，上海古籍出版社 2004 年版，第 246 页。

② 《论语·阳货》，杨伯峻译注：《论语译注》，中华书局 2009 年版，第 185 页。

③ 《太极图说》，周敦颐著，陈克明点校：《周敦颐集》（卷一），中华书局 1990 年版，第 4-5 页。

④ 《老子·第五十八章》，陈鼓应：《老子注译及评介》（修订增补本），中华书局 2009 年版，第 279 页。

⑤ 《易·上经·泰卦》，黄寿祺、张善文撰：《周易译注》，上海古籍出版社 2004 年版，第 101 页。

⑥ 《易·下经·丰卦》，黄寿祺、张善文撰：《周易译注》，上海古籍出版社 2004 年版，第 424 页。

⑦ 《吴越春秋·勾践入臣外传》，［汉］赵晔撰，［元］徐天祜音注，苗麓校点：《吴越春秋》，江苏古籍出版社 1999 年版，第 108 页。

⑧ 《易·系辞下传》，黄寿祺、张善文撰：《周易译注》，上海古籍出版社 2004 年版，第 530 页。

⑨ 《易·系辞上传》，黄寿祺、张善文撰：《周易译注》，上海古籍出版社 2004 年版，第 503 页。

⑩ 《横渠易说·上经·复》，［宋］张载著，章锡琛点校：《张载集》，中华书局 1978 年版，第 113 页。

⑪ 《朱子语类·卷九十五》，［宋］黎靖德编，王星贤点校：《朱子语类》（第六册），中华书局 1986 年版，第 2434 页。

⑫ 《朱子语类·卷五十三》，［宋］黎靖德编，王星贤点校：《朱子语类》（第四册），中华书局 1986 年版，第 1280 页。

⑬ 《朱子语类·卷六》，［宋］黎靖德编，王星贤点校：《朱子语类》（第一册），中华书局 1986 年版，第 113 页。

事物由低级向高级发展的规律。《乾凿度》说"易气从下生"①，意即指此。

中国"天道阴阳"的对立统一观，也蕴涵并凸显出"天人合一"的整体观、"和而不同"善于协调事物的思维智慧。关于这两方面特征，前面的相关章节中已有较为详细的阐释，此处不再赘述。

3. 辩证思维中蕴含的人本主义精神

关于中国"天道阴阳"的对立统一观中所蕴含的人本主义精神、对现实人生的关注，从前两点特征中即可自然得出来。在"天人合一"的整体观中，人是这一有机整体的关键，万事万物能否达至平衡，社会能否得到有效治理，就在于人的正心、诚意、修身，进而方能谈齐家、治国、平天下。这就是说，在天地人共存的整体中，唯人能体验"天道""天理"，发挥有为精神，通过自身能动地自省、修养，升华到极致的理想境界，与天合一。所以，孔子说"人能弘道，非道弘人"②。孟子说："尽其心者，知其性也。知其性，则知天矣。存其心，养其性，所以事天也。"王阳明论道："人者，天地万物之心也；心者，天地万物之主也。心即是天，言心则天地万物皆举之矣。"王夫之亦论道："唯天生人，天为功于人而人从天治也。人能存神尽性以保合太和，而使二气之得其理，人为功于天而气因志治也。"③由此，既体现出人是一种主体性存在，同时又强调了人所负有的道德责任。这种以人的修养为中心而打通天人之际的价值观念，强调人的行为应"义以为上"④，应"厚德载物"，应"仁者爱人""己欲立而立人，己欲达而达人""己所不欲，勿施于人"，如此等等。学者指出："《周易》作为中国传统文化的主要代表经典，在天人观上，它以著名的'三才之道'表明，人是一种与天、地鼎立而三并居天地万物之中心地位。反映出了《周易》的一种人文取向，即是人不仅客观上就是大自然中上顶天、下立地的一种存在，而且人事实上就是天地间的一种有自我意识和独立意识的主体性存在。而这种'三才之道'所蕴含的极为可贵的人文主义思想，这种充分肯定人的中心地位和至上价值的思潮，一直是中国文化的强劲主流。"⑤因此，中国哲学思维不是纯概念的逻辑推理，其思维与日常生活、与现实人生、与人伦道德密切相关，即令是用抽象

---

① 《乾凿度》（卷上），[东汉]郑玄注，常秉义编：《易纬》，新疆人民出版社 2000 年版，第 8 页。

② 《论语·卫灵公》，杨伯峻译注：《论语译注》，中华书局 2009 年版，第 166 页。

③ 《张子正蒙注卷一·太和篇》，[明末清初]王夫之著，船山全书编辑委员会编：《船山全书》（第 12 册），岳麓书社 2011 年版，第 44 页。

④ 《论语·阳货》，杨伯峻译注：《论语译注》，中华书局 2009 年版，第 188 页。

⑤ 朱力：《〈周易〉中的客观的唯物辩证思想》，http://www.360doc.com/content/14/1103/01/2474000_4220 59915.shtml，2014-11-03.

符号表达思想的《易经》，其所意指的对象也都是人生、生命、具象化的事物。阴阳对立统一、生生变化的辩证思维，基本都是以具体人生、具体生活、具体的道德修炼为对象的。不论是《易传》的"观变于阴阳而立卦，发挥于刚柔而生爻，和顺于道德而理于义，穷理尽性以至于命""昔者圣人之作《易》也，将以顺性命之理"①"乾，阳物也；坤，阴物也。阴阳合德而刚柔有体，以体天地之撰，以通神明之德"②，董仲舒的"推天地之精，运阴阳之类，以别顺逆之理，安所加以不在？在上下，在大小，在强弱，在贤不肖，在善恶。恶之属尽为阴，善之属尽为阳"，还是张载的"其阴阳两端循环不已者，立天地之大义"，二程的"道无无对，有阴则有阳，有善则有恶，有是则有非"等，都是中国哲学思维重现实人生、重德性修养的彰显。可见，中国传统哲学思维，八卦思维也好，太极阴阳思维也罢，以及儒、道等各家各派，无不把人事放在思考的中心，以人事趋合天道，以天道规范人事，其中包含着强烈的人本主义精神。

这里需说明的是，诚然，中国哲学思维是一种以人为本的整体性思维，无论是从周代构建起的八卦思维，还是老庄哲学关于"道"的混沌思维，以及由《易经》创始，《易传》集成，儒、道、释各家加以发展与丰富的太极思维，都是以对事物整体性的认识为基准，从日常的生活经验出发凭直观感觉方法去思考问题。这样，借助于非逻辑证明的直觉和体悟，跃进性地实现意境的升华，从而完成主客体之间融而为一。《易传》中的"子曰：'书不尽言，言不尽意'。然则圣人之意，其不可见乎？子曰：'圣人立象以尽意'"③，即指此意。中国的哲学思维，看起来逻辑理性、分析理性并不占主导地位（不是完全没有，阙疑求证精神也渗透于其中），而以直觉与体悟为主。但是，中国哲学思维并非完全的经验主义，完全以零散的、不成系统的具象代替理性思维，而是将精神与身体、理性与具象始终融为一体，不可分离。《周易》象数思维兼用"象"与"数"，这是《周易》象数思维的基本工具，"观象""取象"和"极数""运数"都是《周易》象数思维的基本形式。同时，八卦思维、混沌思维、太极思维实际上都是对具体事物的抽象与升华。

（二）中国辩证思维智慧与西方哲学思维具有互补性

可以说，中西方哲学都含有值得重视的精华，但也都有无可否认的局限与缺

① 《易·说卦传》，黄寿祺、张善文撰：《周易译注》，上海古籍出版社 2004 年版，第 571 页。
② 《易·系辞下传》，黄寿祺、张善文撰：《周易译注》，上海古籍出版社 2004 年版，第 548 页。
③ 《易·系辞上传》，黄寿祺、张善文撰：《周易译注》，上海古籍出版社 2004 年版，第 526 页。

憾。西方哲学在其发展的历史过程中，有些特征及其所带来的相关问题，不断引起西方当代学者的反思。而中国辩证思维中所蕴含的中华民族思考问题、待人接物的大智慧，可与西方哲学思维相互补。

1. 以"生生不息"的发展观与实证科学的发展观相互补

在发展观方面，首先，西方哲学史上长期存在着"变"与"不变"的思维方式之争，而且在某个相当长的历史阶段，那种静止、孤立、片面看问题的思维方式还占有主导地位，不能不对当时和后世社会的发展带来深远的影响。从古希腊早期哲学开始，就有了赫拉克利特的"人不能两次踏入同一条河流"与巴门尼德的"只有存在是存在的，而非存在则不存在"、芝诺的"飞箭不动"进行的激烈论争。到了近代，一方面是自然科学的飞速发展，一门门精密自然科学得以建立。正如恩格斯对于西方近代哲学要求把研究的注意力放在说明构成自然现象总画面的各个细节上所指出，"这是最近 400 年来在认识自然界方面获得巨大进展的基本条件"。但另一方面，这种方法也造成了自然科学研究中将研究对象与其横向、纵向联系割裂开来的形而上学研究方法，并使这种思维方式成为十七、十八世纪西方哲学中占主导地位的思维方式。因此，恩格斯又说："这种做法也给我们留下了一种习惯：把自然界的事物和过程孤立起来，撇开广泛的总的联系去进行考察，因此就不是把它们看做运动的东西，而是看做静止的东西；不是看做本质上变化着的东西，而是看做永恒不变的东西；不是看做活的东西，而是看作死的东西。这种考察事物的做法被培根和洛克从自然科学中移到哲学中以后，就造成了最近几个世纪所特有的局限性，即形而上学的思维方式。"[①]康德、黑格尔为代表的德国古典哲学家批判了这种形而上学思维方式，论证了辩证法之思想。但是，由于黑格尔系统论证的辩证法是建立在唯心主义基础上的，同时也由于西方现当代哲学中长期的科学主义与人本主义的分离，使得辩证法思想，尤其是唯物辩证法并未能在西方现当代哲学中占据应有地位。虽然随着科学技术的发展和社会生活的日益复杂化，辩证法的观点对学界的影响日益扩大，但往往被人们所曲解。

其次，长期以来，西方哲学史上所谈及的运动，往往与机械运动、与能以数量关系所表达的运动密切联系在一起。这种运动观往往把有机界的运动，尤其是生命运动，简单化地归结为机械运动，这就不能不造成人们在解释自然现象和生

---

① [德]恩格斯：《反杜林论》，中共中央马克思恩格斯列宁斯大林著作编译局译：《马克思恩格斯全集》（第 20 卷），人民出版社 1971 年版，第 24 页。

命现象时的偏差与谬误。

而如前所述，中国哲学思维不仅认为事物是永无止境地向前发展的，而且这种发展是生机勃勃、蕴涵生命灵动在其中的发展。因此，中国哲学思维在面对当代生态伦理问题上，在解决人与人、国与国关系的问题上，都能够与西方哲学思维相互补。

2. 以"即身而道在"的整体思维克服心物分离的二元思维

天人、物我、灵魂与肉体、精神与物质相分离的二元思维方式在西方成为一以贯之的传统。"西方精神中始终贯穿着一种形而上的冲动，即企图超越生命的暂时性而达于不朽，超越生命的动物性而达于神性。"[①]毕达哥拉斯的"肉体是灵魂的坟墓"、柏拉图的"肉体是灵魂的监狱"、中世纪在浓郁基督教氛围下的神与人二分、近代笛卡儿的"心物平行论"、康德将"现象界"与"物自体界"之间划出一条不可逾越的鸿沟等，都是这种二分思维的表现。如果说，古希腊哲学中，如柏拉图的哲学在"理念"的统领、统摄下，"理念世界"与"物质世界"、灵魂与肉体还有一定的交际——"物质世界"是"理念世界"虚幻而微弱的阴影、灵魂统摄身体的话，那么，近代笛卡儿的"心物平行论"，则将"精神实体"（即"心灵实体"）和"物质实体"看作是彼此完全独立的、互不发生作用的两个实体。这种轻视肉体、轻视具象而架空理性的思维方式，特别是笛卡儿的"心物平行论"，可以说是现当代西方科学主义与人本主义相分离而产生诸多问题的源头和基础。受此影响，西方的辩证思维也是以概念运动与变化为本，苏格拉底"美德即知识"的辩证术、黑格尔杰出的"绝对精神"的"绝对发展"的辩证思维，皆以概念为中心，而与外部世界相脱离。这些，已经引起西方当代学者深深地反思，促使具身性哲学正成为西方当代哲学探讨的重要命题。

中国辩证思维的智慧在此方面恰能与西方哲学思维相互补，在当代发挥出其应有的价值与魅力。早在 20 世纪 90 年代，西方有识之士已经在西方科学文化面临潜伏危机之际，发出"西学东进"的口号。英国天文学家沙里斯就已指出，关于新科学要问世，"我的信念是，前进的唯一道路是转过身来重新面向东方，带着对它的兴趣及其意义深远的理解离开污秽的西方，朝着神圣的东方前进"[②]。美国学者雷斯蒂沃在《李约瑟和中国与近代科学的比较社会学》一文中提出所谓"雷斯蒂沃困惑"："当我们为了子孙后代而审视现在之时，我们不能忽视意欲

---

① 周国平：《尼采与现代人的精神危机》，周国平：《守望的距离》，北岳文艺出版社 2004 年版，第 210 页。

② 转引自董光璧：《易学与科技》，沈阳出版社 1997 年版，第 249 页。

综合利用其三法（洋法、土法和新法）的中国，有可能给未来的科学史家带来一个令人困惑的问题：从 21 世纪才开始认识的新科学何以出现在中国，而不是美国或其他地方。"①当然，西方学者的溢美之词更凸显出他们对自身的忧患意识，不能成为我们盲目自大的理由。西方对理性的推崇，成就了西方人善独立思考的理性主义精神，推动了西方科技的迅猛发展和近代启蒙运动的发生，则是我们应当重视的；而至今我们所欠缺的促使科技思维发展的逻辑理性，以及我们正在倾力发展的现代科学技术，也是应当向西方学习和借鉴的。只是在学习和借鉴的同时，不能丢掉我们自身重人文主义精神的优良传统。我国学者张今、罗翊重曾指出，"东方辩证法完全可以通过与西方辩证法的互补和互动，来为世界科学文化和人文社会科学的发展提供更好的世界观和方法论基础"，"展望未来，我们认为，东方辩证法可以在世界未来进程中发挥四方面的作用。1. 为解决世人的精神问题提供理论依据；2. 为解决各种环球难题提供一剂催人清醒的良药；3. 为新型的数学奠定逻辑基础，为新型的科学提供起飞的双翼——质变逻辑，为各种科学理论提供鉴别标准；4. 通过东西方辩证法的互补与互动，为世界科学文化和人文社会科学的发展，提供更好的世界观和方法论基础。这四方面的作用可以概括为两个字：东化。'东化'一词是著名中国学者季羡林先生首先提出的。他认为，西方科学文化极需'东化'。所谓'东化'指的应该就是这些内容"。②

（三）中国辩证智慧与马克思主义唯物辩证法具有相通性

马克思主义唯物辩证法是科学的世界观和方法论，是我们观察和处理问题的指导思想。它是在批判地继承西方哲学的历史传统，主要是德国古典哲学，尤其是费尔巴哈和黑格尔哲学基础上创造性地生成的哲学体系。中国辩证智慧是在中国的土壤中生成的看待和处理问题的智慧之学、智慧之法。既然是智慧之学、智慧之法，它与科学的世界观和方法论马克思主义唯物辩证法在诸多方面就具有相通之处。诚如国学大家庞朴先生所说："中外好多学者分析过马克思主义能在中国安家的根源……其根源和原因，仍在中国的文化传统身上，是中国传统的思维方法、行为规范、价值观念和马克思列宁主义有相通相融之处，是中国有把政和

---

① 转引自董光璧：《易学与科技》，沈阳出版社 1997 年版，第 248 页。
② 张今、罗翊重：《东方辩证法：它的过去、现在和未来》，河南大学出版社 2002 年版，第 372、363 页。

道、真和善捆在一起的传统，因而才有马克思主义中国化。"①

笔者认为，中国辩证智慧与马克思主义唯物辩证法至少有以下几个方面的相通之处。

1. 自然界和人类社会是永不停息地从低级向高级的发展过程

马克思主义唯物辩证法与黑格尔辩证法的重要区别之一，即是否承认自然界和人类社会的发展变化是永恒的。黑格尔的"绝对精神"的"绝对发展"，到了黑格尔哲学体系达到了"圆满"，发展变成了不发展；到了普鲁士国家达到了人类历史发展的"顶峰"，发展变成了不发展。马克思明确指出："一切存在物，一切生活在地上和水中的东西，只是由于某种运动才得以存在、生活。"②恩格斯指出，在辩证哲学面前，"不存在任何最终的、绝对的、神圣的东西；它指出所有一切事物的暂时性；在它面前，除了发生和消灭、无止境地由低级上升到高级的不断的过程，什么都不存在。它本身也不过是这一过程在思维着的头脑中的反映而已"③。

如前所述，在中国辩证思维中，强调的是"万物生生而变化无穷"的天地人及其"道"的永恒、生生、由低级向高级的发展。

2. 矛盾是发展的内在动力和源泉

众所周知，矛盾是发展的内在动力和源泉的思想是马克思主义哲学的基本原理。马克思主义的矛盾法则即是对立统一规律，这一规律是唯物辩证法的实质与核心，它揭示了事物普遍联系的实在内容和发展的内在动力。同一性和斗争性是矛盾的两种相反相成的、互为前提的基本属性，是矛盾双方相互联系的两个方面，二者不可分离。矛盾对立的双方既相互排斥、相互斗争，又相互依存、相互渗透、相互贯通，并且在一定条件下相互转化。作为普遍联系的实在内容和发展的内在动力，矛盾无处不在，无时不有。恩格斯指出："既然简单的机械的位移本身已经包含着矛盾，那末物质的更高级的运动形式，特别是有机生命及其发展，就更加包含着矛盾……生物在每一瞬间是它自身，同时又是别的东西。所以，生命也是存在于物体和过程本身中的不断地自行产生并自行解决的矛盾；矛

---

① 庞朴：《文化传统与传统文化》，载《新华文摘》2003 年第 9 期，第 8 页。

② ［德］马克思：《哲学的贫困》，中共中央马克思恩格斯列宁斯大林著作编译局译：《马克思恩格斯全集》（第 4 卷），人民出版社 1958 年版，第 141 页。

③ ［德］恩格斯：《路德维希·费尔巴哈和德国古典哲学的终结》，中共中央马克思恩格斯列宁斯大林著作编译局译：《马克思恩格斯全集》（第 21 卷），人民出版社 1965 年版，第 308 页。

盾一停止，生命也就停止，死亡就到来。同样，我们已经看到，在思维的领域中我们也不能避免矛盾，例如，人的内部无限的认识能力和这种认识能力仅仅在外部被局限的而且认识上也被局限的个别人身上的实际存在二者之间的矛盾，是在至少对我们来说实际上是无穷无尽的、连绵不断的世代中解决的，是在无穷无尽的前进运动中解决的。"[①]

如前所述，中国辩证思维则是以阴、阳两者的对立统一解释事物的生灭变化，认为阴、阳之间的相互作用是事物发展的根本动力。自《易经》开始，历朝历代的思想家、哲学家对此都有较系统、详尽的阐释。

3. 事物的内在联系和相互转化

马克思主义认为，客观事物之间及事物内部各要素之间存在着相互作用、相互影响、相互制约、相互转化的必然的、普遍的联系。而且，事物的联系是多种多样的，包括内部与外部、本质与非本质、必然与偶然、主要与次要、直接与间接等联系。在考察和分析问题时，应该把握事物之间的联系，克服考察和分析问题时的孤立与片面性。恩格斯说，"相互作用是事物的真正的终极原因。我们不能追溯到比对这个相互作用的认识更远的地方，因为正是在它背后没有什么要认识的了"[②]，"当我们深思熟虑地考察自然界或人类历史或我们自己的精神活动的时候，首先呈现在我们眼前的，是一幅由种种联系和相互作用无穷无尽地交织起来的画面，其中没有任何东西是不动的和不变的，而是一切都在运动、变化、产生和消失"[③]。

中国"天人合一"的世界观和人生观，正是讲的天地人构成一个不可分割、不能孤立的大一统的整体，各部分之间是"一损俱损，一荣俱荣"之共生关系。天地人都尊奉共同的、最高的规律，即"道"。因此如前所述，"天人合一"的世界观是以人的道德修养为中心而打通天人之际，把天地宇宙间的所有事物都纳入相互关联、相互作用、相互依存的大系统中，进行通盘考察。

4. 事物的质量互变

质量互变思想是马克思主义唯物辩证法的又一条基本原理。"量"和"质"

---

① ［德］恩格斯：《反杜林论》，中共中央马克思恩格斯列宁斯大林著作编译局译：《马克思恩格斯全集》（第20卷），人民出版社1971年版，第133页。

② ［德］恩格斯：《自然辩证法》，中共中央马克思恩格斯列宁斯大林著作编译局译：《马克思恩格斯全集》（第20卷），人民出版社1971年版，第574页。

③ ［德］恩格斯：《反杜林论》，中共中央马克思恩格斯列宁斯大林著作编译局译：《马克思恩格斯全集》（第20卷），人民出版社1971年版，第23页。

是事物的两种不同的规定性，二者既相互区别又相互联系。事物的变化表现为事物自身质的规定性和量的规定性的变化。量变是质变的必要准备，质变是量变的必然结果。从量变到质变并不是事物发展的结束，而是在新质的基础上开始了新的量变。质量互变的相互依存和相互转化，促使事物不断由低级向高级发展。质量互变规律体现了事物发展的渐进性和飞跃性的统一。恩格斯指出，"在自然界中，质的变化——以对于每一个别场合都是严格地确定的方式进行——只有通过物质或运动（所谓能）的量的增加或减少才能发生"，"自然界中一切质的差别，或者基于不同的化学成分，或者基于运动（能）的不同的量或不同的形式，或是——差不多总是这样——同时基于这两者。所以，没有物质或运动的增加或减少，即没有有关的物体的量的变化，是不可能改变这个物体的质的"①，"量和质的转化——两极对立的相互渗透和它们达到极端时的相互转化"②。

中国辩证思维中的"物极必反"观也渗透着质量互变的思想。《周易》中比较系统地阐释了"生生之谓易""日新之谓盛德""极数知来"③"积善之家，必有余庆；积不善之家，必有余殃"④等的量变和质变思想。后世思想家劝人要防微杜渐的"千丈之堤，以蝼蚁之穴溃；百尺之室，以突隙之烟焚"⑤"泰山之霤穿石，单极之绠断干。水非石之钻，索非木之锯，渐靡使之然也"⑥和劝人励志的"不积跬步，无以至千里；不积小流，无以成江海""锲而舍之，朽木不折；锲而不舍，金石可镂"⑦等名言警句，也都渗透着质量互变的思想。

5. 理性与经验事实、思想与实践并举

在此方面，中国辩证智慧与马克思主义唯物辩证法具有显著的相通之处。这可以从两个方面来看。

一是，两者对问题的论证都将理性和经验现象密切相连，否定了走极端的做法。马克思主义唯物辩证法一方面既批判了一味推崇表层化的、狭隘的经验主义而否定抽象概念的做法，另一方面也批判了脱离现实经验事物的纯粹抽象概念的

---

① ［德］恩格斯：《自然辩证法》，中共中央马克思恩格斯列宁斯大林著作编译局译：《马克思恩格斯全集》（第20卷），人民出版社1971年版，第402页。

② ［德］恩格斯：《自然辩证法》，中共中央马克思恩格斯列宁斯大林著作编译局译：《马克思恩格斯全集》（第20卷），人民出版社1971年版，第357页。

③ 《易·系辞上传》，黄寿祺、张善文撰：《周易译注》，上海古籍出版社2004年版，第503页。

④ 《易·上经·坤卦》，黄寿祺、张善文撰：《周易译注》，上海古籍出版社2004年版，第31页。

⑤ 《韩非子·喻老》，高华平、王齐洲、张三夕注译：《韩非子》，中华书局2010年版，第229页。

⑥ 《汉书·贾邹枚路传·枚乘传》，［东汉］班固撰：《汉书》（卷五十一），中华书局2007年版，第522页。

⑦ 《荀子·劝学》，［清］王先谦撰，沈啸寰、王星贤点校：《荀子集解》，中华书局1988年版，第8页。

推理与组合。学者刘森林指出，马克思认为，"应该在扬弃简单抽象的基础上一步步地走向思维具体，要通过一种复杂的、辩证的方法在理论体系中展现一种思维具体。在这种思维具体中，一种依赖于更大关涉面、更大范围才能呈现出来的本质现实才会逐渐呈现"，"对于谋求思维具体的辩证法来说，仅仅拘泥于虽感性具体但往往狭小的经验现实，至多是获得一个起点而已。辩证法更应该不断地追求更大、更难把握、往往与某种总体性视野连在一起的本质现实。在《资本论》及其手稿中，马克思理解的辩证法更与这种'本质现实'（可进一步区分为'抽象的本质现实'与'具体的本质现实'）直接相关了。辩证法由此就是一种立足于感性现实去把握层次不断提高的本质现实的方法。感性实存与具体的本质现实构成辩证法的起点与终点。感性实存意义上的'现实'是辩证法立足之本，思维具体意义上的'本质现实'则是辩证法的最高追求"。[1]中国辩证法是建立在具身性哲学基础上的身心合一、灵肉合一、理性与经验现象合一的思维方法。正如有学者对《易经》的评价，"它所包罗的世事百态与种种解决法则，它所揭示的深刻体验和精邃行文，都告诉人们，非遍历人世艰难与坎坷的伟大圣哲所不能写。它似乎确实是'经验'之谈。最重要的'经验'就是告知：几乎在任何情况下都是'利君子贞'，都要居中守正，思过修德。'永贞吉'（'贲'）、'利于不息之贞'（'升'），便可概括种种境况下的恒常法则。德，在这儿确实是'经验'的，和利益攸关的，而不像康德所认为的，道德律不能干预幸福的存亡，甚至恰恰与之背反。但是它又不同于建立在感觉主义之上的经验论幸福主义的道德观。这种道德观把幸福看作道德的经验前提，是肤浅的；而在《易经》中，恰恰是'利'成为守德的自然结果，似乎是'天意'对于守德者的一种嘉许。似乎作者正是在无数次的经验事实中认识到了这一客观规律"，"在《易经》出现数十个世纪以后，马克思对人类未来的憧憬与我们的祖先对人类童年时代的朦胧感悟是如此惊人相似和不谋而合"。[2]

二是，中国辩证法与马克思主义唯物辩证法都将思维方法付诸行动之中，具有强烈的实践性。马克思主义哲学区别于以往西方哲学的重要特征，就是它的实践性。作为无产阶级改造旧世界、建设新世界的科学方法论，马克思主义唯物辩证法在批判西方传统哲学注重纯思维领域的活动而与实践相脱离缺陷的同时，将哲学导向了人们的生产实践和革命实践，使其对社会实践起到指导作用。马克思

---

① 刘森林：《辩证法的现实性与开放性》，载《光明日报》2016 年 3 月 30 日，第 14 版。

② 张今、罗翊重：《东方辩证法：它的过去、现在和未来》，河南大学出版社 2002 年版，第 481-482 页、485 页。

指出："理论的对立本身的解决，只有通过实践方式，只有借助于人的实践力量，才是可能的；因此，这种对立的解决绝不只是认识的任务，而是一个现实生活的任务，而哲学未能解决这个任务，正因为哲学把这仅仅看作理论的任务。"①他还指出："人的思维是否具有客观的真理性，这并不是一个理论的问题，而是一个实践的问题。人应该在实践中证明自己思维的真理性，即自己思维的现实性和力量，亦即自己思维的此岸性。"②马克思恩格斯始终旗帜鲜明地宣称："我们的任务是要揭露旧世界，并为建立一个新世界而积极工作。"③中国辩证法由于是身心合一、物我两忘的辩证法，因此特别推崇"知行合一"的原则，它将"道"的实现与主体自身的日常生活与活动融为一体。对此，中国历史上的哲学家、思想家都多有论述。中国古老典籍《尚书》中就说，"天之历数在汝躬"④。孔子、墨子、荀子、二程等人也都提出了明确的观点。王阳明的"知行合一说"是具有代表性的论述："知者行之始，行者知之成。圣学只一个功夫，知行不可分作两事。"⑤中国辩证智慧在实践形式的表述上可能与马克思主义唯物辩证法不完全等同，马克思主义更强调人的社会实践，但二者哲学思维都具有强烈的实践性，则是显而易见的。

6. 人本主义精神的彰显

马克思主义唯物辩证法在思考问题时，总是以强烈的人本主义精神，探讨如何使人从被异化、物化的现实环境中解脱出来，成为掌握自身命运的人，成为自由地发挥自身的创造力和能量而创造新世界的人。马克思指出，"共产主义是私有财产即人的自我异化的积极的扬弃，因而是通过人并且为了人而对人的本质的真正占有；因此，它是人向自身、向社会的（即人的）人的复归"，"这种共产主义，作为完成了的自然主义，等于人道主义"。⑥马克思在 1843 年致卢格的信

① ［德］马克思：《1844 年经济学哲学手稿》，中共中央马克思恩格斯列宁斯大林著作编译局译：《马克思恩格斯全集》（第 42 卷），人民出版社 1979 年版，第 127 页。

② ［德］马克思：《关于费尔巴哈的提纲》，中共中央马克思恩格斯列宁斯大林著作编译局译：《马克思恩格斯全集》（第 3 卷），人民出版社 1960 年版，第 3 页。

③ ［德］马克思：《M 致 R（马克思致卢格——编者注）》，中共中央马克思恩格斯列宁斯大林著作编译局译：《马克思恩格斯全集》（第 1 卷），人民出版社 1956 年版，第 414 页。

④ 《尚书·虞夏书·大禹谟》，李民、王健撰：《尚书译注》，上海古籍出版社 2004 年版，第 32 页。

⑤ 《传习录·陆澄录》，［明］王阳明撰，于自力、孔薇、杨骅骁注译：《传习录·上卷》，中州古籍出版社 2008 年版，第 62 页。

⑥ ［德］马克思：《1844 年经济学哲学手稿》，中共中央马克思恩格斯列宁斯大林著作编译局译：《马克思恩格斯全集》（第 42 卷），人民出版社 1979 年版，第 120 页。

中说，"君主政体的原则总的来说就是轻视人，蔑视人，使人不成其为人"，"这种制度的原则就是使世界不成其为人的世界"，世界于是成为"庸人的世界""政治动物的世界"。①

中国哲学竭力高扬人的主体性的命题，前已有所论证。这在古老典籍《周易》中已经充分体现出来。《周易》作为一部以占筮为主要目的之书，乃是使人类能够趋吉避凶或逢凶化吉，从而使有限的生命能够在无限的时空中闪现出更加耀眼的光彩。中国哲学的人本主义精神，强调人的主体性和有为精神的发挥，强调社会之中的每一个体都是在追求崇高价值的过程中从自在到自为的主体，相信"人皆可以为尧舜"。扬雄的"天地之所贵曰生，物之所尊曰人"②，朱熹的"惟人之生乃得其气之正且通者，而其性为最贵"③，以及前已述及的多位思想家的论证，都是"以人为本"的人文主义精神的彰显。而中国的人文主义精神并不以人为宇宙万物的太上皇所自居，向自然毫无顾忌地任意索取，它是以人的修养为中心而打通天人之际，具有整体性眼光，有一种向内下功夫、具有内在超越性的"与天地合其德""厚德载物"的精神境界。这种人文主义正是当今发展生态文明所需求的，也与马克思主义的生态文明观相符合。当然，中国在恪守自身浓郁的人文主义传统而走向大国发展之路的同时，应当并且也正在将发展科学技术放在重要的位置，力求以科学发达和人文彰显的同时并举走出一条符合国情的崛起之路。在此方面，马克思主义唯物辩证法历来强调科学主义和人文主义的结合与统一，对我们应当有指导性意义。

正是中国文化中的辩证智慧与马克思主义唯物辩证法有诸多相通之处，中华文化才具有使马克思主义中国化的深厚土壤，才能与马克思主义相交融而使自身实现当代的创造性转化，从而发挥出极大的正向功能。

总之，中国辩证智慧是一座富矿、一块闪闪发亮的宝石，因此在 21 世纪的今天，不仅不应被漠视、被抛弃，反而应该被愈加珍视，使其成为我们处理当今复杂的、具有风险性的国内外事务的智慧和高明艺术。而且，事实已经证明，随着世界政治的风云变幻，随着不可预测事情的日益增加，中国辩证智慧已经放射出其熠熠的光彩。在当今政治多极化、经济全球化、文化多元化、科学技术信息

---

① ［德］马克思：《M 致 R（马克思致卢格——编者注）》，中共中央马克思恩格斯列宁斯大林著作编译局译：《马克思恩格斯全集》（第 1 卷），人民出版社 1956 年版，第 410、411 页。

② 《太玄集注·卷第九·玄文》，［汉］扬雄撰，［宋］司马光集注，刘韶军点校：《太玄集注》，中华书局1998 年版，第 208 页。

③ 《大学或问》，［宋］朱熹撰，朱杰人等主编：《朱子全书》（第六册），上海古籍出版社、安徽教育出版社 2002 年版，第 507 页。

化和网络化、社会生活日益复杂化的时代，对中国辩证智慧的深刻领悟和认知是提升中国特色社会主义道路自信、理论自信、制度自信的基石。学者指出："如果能够化古人之经验教训为自己之智慧，在一定意义上，即延伸了个人生命的长度，扩展了个人生存的空间。"①

九、以"知、仁、勇""三达德"为有机组成的完满人格

此部分可视为是本章总结性的概括。由上述论证可知，中国传统文化视域中的培养目标或者说修身目标，是一种身与心、理性与感性、精神与肉体彼此融合发展的"完人"。这里，且借用孔子的"知、仁、勇""三达德"加以表述。孔子说"知者不惑，仁者不忧，勇者不惧"②，即有智慧的人不会迷惑，有仁德的人不会忧愁，勇敢的人不会畏惧。可以说，"三达德"比较恰切地映射出了儒家关于完满人格修养的含义。

（一）知者不惑

笔者以为，孔子所说的"知"，首先包含有学习知识的含义，因为有了较为广博的知识作为基础，才能形成更为丰富的智慧。诚如孔子所言："学而不思则罔，思而不学则殆。"③当然，就所学知识范围来看，孔子所说的"学"主要着眼于伦理道德的范畴，特别是孔子编订六经以后，就更是如此。但是应当看到，孔子就伦理道德这个范畴所涉及的知识还是比较广泛的，六经涉及中国古代文化中的主要经典及人文社科范围。因此有学者认为，中国古代的知识学习是在人文主义这一大框架下所实施的通识教育。当代新儒学的著名代表唐君毅先生就说："《诗》属文学艺术；《礼》属道德伦理、社会风俗、制度；《书》属政治、法律、经济；《易》属哲学宗教；《春秋》即孔子以其文化理想所以裁判当世，垂教当世之教育法律也。""而孔子则统六艺之文化于人心之仁。以后中国儒家论文化之一贯精神，即以一切文化皆本于人之心性，统于人之人格，亦为人之人格之完成而有。"④在拥有知识的基础上，孔子的"知"更强调的是做人的智慧，

---

① 熊月之：《读史何以使人明智》，载《文汇报》2016年8月25日，第5版。
② 《论语·子罕》，杨伯峻译注：《论语译注》，中华书局2009年版，第94页。
③ 《论语·为政》，杨伯峻译注：《论语译注》，中华书局2009年版，第17页。
④ 唐君毅：《文化意识与道德理性》，中国社会科学出版社2005年版，"自序二"。

即"知人"。所以，樊迟问"知"，孔子答曰："知人。"①孔子还说："不患人之不己知，患不知人也。"②知人是一门高深的学问，能知人就达到了很高的境界。而如何知人？孔子提出"视""观""察"的途径。孔子认为，在知人的同时，还有一个"自知"的问题。真正地了解自己，不断地反省自己，也才能真正地、准确地知人。《论语》中说，"曾子曰：吾日三省吾身"。《中庸》说："子曰：'射有似乎君子，失诸正鹄，反求诸其身。'"③孟子也论道："爱人不亲，反其仁；治人不治反其智；礼人不答，反其敬——行有不得者皆反求诸己，其身正而天下归之。"对于"知人"和"自知"，道家的老子也说："知人者智，自知者明。"④可见，"知人"和"自知"是使人更智慧、更聪敏的必备条件，也是儒、道两家学派的共识。

（二）仁者不忧

可以说，"仁者不忧"涵盖了孔子思想中关于"仁义礼智信"的全部内容。一个从内而外都充满了仁爱、道义、诚信、礼节、智慧的人，怎么可能会有什么忧虑呢？即使有，也是一种摆脱了个人安危、利害、贫富的忧国忧民之情怀。诚如孔子所说"君子忧道不忧贫"，也如孟子所说："是故君子有终身之忧，无一朝之患也。乃若所忧则有之：舜，人也；我，亦人也。舜为法于天下，可传于后世，我由未免为乡人也，是则可忧也。忧之如何？如舜而已矣。若夫君子所患则亡矣。非仁无为也，非礼无行也。如有一朝之患，则君子不患矣。"⑤还如范仲淹所说"先天下之忧而忧，后天下之乐而乐"。因为，这种人是"以家为家，以乡为乡，以国为国，以天下为天下"的。这种人心中是有大爱的人，不会因一己之私欲而终日郁郁寡欢、忧心忡忡，总能保持一种乐观主义精神。这种人行事有三大特点：一是，无论面对自然，还是面对社会、国家以及与之有关联的人，往往能站在对方的角度、站在更广大的立场上去考虑问题，并寻找解决问题的路径与方法。因此，面对任何艰难困苦，这种人都不会失去积极进取的精神和匡扶正义的凛然品质，不管最终奋斗的结果是否如理想中之所愿。二是，这种人往往有一种内在超越之品质，"上不怨天，下不尤人"，且"我善养吾浩然之气"。这

① 《论语·颜渊》，杨伯峻译注：《论语译注》，中华书局 2009 年版，第 129 页。
② 《论语·学而》，杨伯峻译注：《论语译注》，中华书局 2009 年版，第 10 页。
③ 《中庸·第十四章》，王国轩、张燕婴、蓝旭、万丽华译：《四书》，中华书局 2007 年版，第 122 页。
④ 《老子·第三十三章》，陈鼓应：《老子注译及评介》（修订增补本），中华书局 2009 年版，第 192 页。
⑤ 《孟子·离娄下》，杨伯峻译注：《孟子译注》，中华书局 2010 年版，第 182 页。

种人也如《论语》中所说"曾子曰：士不可以不弘毅，任重而道远"，如《中庸》所说"道也者，不可须臾离也，可离非道也。是故君子戒慎乎其所不睹，恐惧乎其所不闻。莫见乎隐，莫显乎微，故君子慎其独也"①，还如朱熹所说"涵养、穷索，二者不可废一，如车两轮，如鸟两翼"②，等等。可以说，这种向内下功夫，寻求内在的升华，已经成为中国士人君子身上所固有的自觉的品格。三是，这种人都不是空想家，而是将所提出的思想、所进行的理论论证、所追求的理想人格或政治制度力图付诸实践、躬行于实践，达到知行合一，这就是"力行近乎仁"③。

（三）勇者不惧

在这里，"勇"的含义包括两个方面。首先，是见义勇为的"勇"，即通常意义上的勇敢的"勇"。孔子说："见义不为，无勇也。"可见，孔子所强调的勇敢，绝不是缺乏道德内涵的鲁莽行为，它是与"仁""义""道"的伦理内涵融而为一的"勇"。为了这种高尚的追求，君子可"以致命遂志"，可"杀身以成仁"，可"舍生而取义"。其次，孔子还说："知耻近乎勇。"这里的"耻"，即指耻辱、羞耻。只有懂得了耻辱和羞耻，而后才能改过迁善，英勇进取；也只有懂得了耻辱和羞耻，在艰难困苦的逆境面前，才能毫不气馁，绝不后退，绝不自暴自弃，而能迎难而上。笔者以为，这里的"知耻"有两个层面：一是就个人而言，指的是知错知耻而后改过。这种勇于承认错误而改过自新的精神，是一种宝贵的品质。如王阳明说："智者不以无过为喜，人之大德在于改过，作一新人。"④二是知道并体验到国家蒙受了苦难和羞耻，痛切、悲愤而不能容忍，从而为维护国家尊严而能卧薪尝胆，而能奋勇杀敌。这是一种大勇和大德。历史上的此类事实是不绝于书的。此两个方面可以说是互为因果，相辅相成。由此也可见，"知耻而后勇"，是千百年来中华美德之结晶，"耻"文化在中国整体的传统文化中所占有的举足轻重的分量。

总之，孔子认为，"知、仁、勇三者，天下之达德也，所以行之者一也"，

---

① 《中庸·第一章》，王国轩、张燕婴、蓝旭、万丽华译：《四书》，中华书局2007年版，第118页。

② 《朱子语类·卷九》，[宋]黎靖德编，王星贤点校：《朱子语类》（第一册），中华书局1986年版，第150页。

③ 《中庸·第二十章》，王国轩、张燕婴、蓝旭、万丽华译：《四书》，中华书局2007年版，第126页。

④ 转引自王键：《孙中山海权思想与福建船政精神》，孙中山与华侨华人学术研讨会论文集编委会编：《孙中山与华侨华人学术研讨会论文集》，九州出版社2017年版，第99页。

"好学近乎知，力行近乎仁，知耻近乎勇"。① 可见，知、仁、勇三者在孔子那里融而为一，构成了君子整体的道德品格。这是一种以人格修养为中心而打通天人之际的"人的教育"，就其将精神升华与身体修炼相融合、理性与感性相统一的角度来看，它不啻可称之为是一种"完人教育"。尽管这种"完人教育"与现代的德智体美劳全面发展的完人教育并不在一个层面，其自身也还具有一定的局限性，但如若真正实现了这样的教育，那就不乏会培养出脱离了低级趣味的、具有忧国忧民情怀的高尚之人。中华民族历史上生成的众多先圣先贤、民族英雄、仁人志士，就是最好的证明。

最后，借用《中庸》的一段话来作为本章的结语："大哉圣人之道！洋洋乎！发育万物，峻极于天。优优大哉！礼仪三百，威仪三千，待其人而后行。故曰苟不至德，至道不凝焉。故君子尊德性而道问学，致广大而尽精微，极高明而道中庸。温故而知新，敦厚以崇礼。是故居上不骄，为下不倍。国有道其言足以兴，国无道其默足以容。"②

---

① 《中庸·第二十章》，王国轩、张燕婴、蓝旭、万丽华译：《四书》，中华书局 2007 年版，第 126 页。

② 《中庸·第二十七章》，王国轩、张燕婴、蓝旭、万丽华译：《四书》，中华书局 2007 年版，第 130 页。

第三章
中华优秀传统文化政治和
制度层面之内涵与意蕴

一般认为，在中国文化的政治和制度层面上，具有较多的负面因素。应当承认，中国传统的政治体制是建立在以血缘为纽带的家族制度和以"亲亲、尊尊"为准则的体制之上的，它的显著特点是以天子为中心的专制统治，其中充斥着各种政治权位争夺、宫廷阴谋残杀和奴性应世之道。这是需要下大力气加以摒弃的东西。但即令如此，我们也不能否认中国传统政治文化和制度文化中所蕴含的有价值的可取之处，尤其是在一些治国理念和为官之道方面的穿越时空的价值和意义。

一、以"大道之行也，天下为公"为理念的政治诉求

寻求一种"天下为公"的人们之间相亲相爱、公正、公平、和谐、自由的理想社会，是千百年来中华民族的先贤先哲、志士仁人所不懈努力的追求。在这一道路上，为了实现其理想，从理论上论证者，不绝于书；而在实践中，数以千万计的人，甚至"以致命遂志"。

"大道之行也，天下为公"的最为典型的表述，可谓《礼记》中运用孔子的话所述："大道之行也，天下为公，选贤与能，讲信修睦。故人不独亲其亲，不独子其子，使老有所终，壮有所用，幼有所长，矜寡孤独废疾者，皆有所养；男有分，女有归；货恶其弃于地也，不必藏于己；力恶其不出于身也，不必为己。是故谋闭而不兴，盗窃乱贼而不作，故户外而不闭，是谓大同。"①在历代经典著述中，"天下为公"成为一以贯之的思想，也成为中国人的一以贯之的不懈理想与追求。《老子》中说："天地所以能长且久者，以其不自生，故能长生。"②《尚书》中说："以公灭私，民其允怀。"③《吕氏春秋》说："夫私视使目盲，私听使耳聋，私虑使心狂。三者皆私设精则智无由公。智不公，则福日衰，灾日隆。"④《孟子》中强调，"得志，泽加于民；不得志，修身见于世"⑤，"与民偕乐，故能乐也"⑥。《左传》中说，"进思尽忠，退思补

---

① 《礼记·礼运》，杨天宇撰：《礼记译注·上》，上海古籍出版社 2004 年版，第 265 页。

② 《老子·第七章》，陈鼓应：《老子注译及评介》（修订增补本），中华书局 2009 年版，第 83 页。

③ 《尚书·周书·周官》，李民、王健撰：《尚书译注》，上海古籍出版社 2004 年版，第 361 页。

④ 《吕氏春秋·序意》，[战国]吕不韦编著，王启才注译：《吕氏春秋》，中州古籍出版社 2010 年版，第 159 页。

⑤ 《孟子·尽心上》，杨伯峻译注：《孟子译注》，中华书局 2010 年版，第 281 页。

⑥ 《孟子·梁惠王上》，杨伯峻译注：《孟子译注》，中华书局 2010 年版，第 3 页。

过，社稷之卫也"①，"公家之利，知无不为，忠也"②。《管子》中说："一言得而天下服，一言定而天下听，公之谓也。"③《史记》中说："以先国家之急而后私仇也。"④汉代刘向《说苑》中说："治官事则不营私家，在公门则不言货利。"⑤《淮南子》中说："公正无私，一言而万民齐。"⑥《后汉书》说："大丈夫处世，当埽除天下，安事一室乎！"⑦《傅子》中说："政在去私，私不去则公道亡。"⑧《魏书·古弼传》说："苟使国家有利，吾何避死乎。"⑨《牧民忠告》中说："宁公而贫，不私而富；宁让而损己，不竞而损人。"⑩与经典著述相辅相成，在诗人名家的诗词及警句格言中，彰显"天下为公"情怀的也比比皆是。例如，白居易的"百姓多寒无可救，一身独暖亦何情"⑪"安得万里裘，盖裹周四垠。稳暖皆如我，天下无寒人"⑫"争得大裘长万丈，与君都盖洛阳城"⑬，杜甫的"安得广厦千万间，大庇天下寒士俱欢颜，风雨不动安如山。呜呼，何时眼前突兀见此屋，吾庐独破受冻死亦足"⑭，孟郊的"大贤秉高鉴，公烛无私光"⑮，陈子昂的"圣人不利己，忧济在元元"⑯，范仲淹的"居庙堂之高则忧其民，处江湖之远则忧其君"⑰，林逋的"费千金为一瞬之乐，孰若散而活

---

① 《左传·宣公十二年》，李梦生撰：《左传译注·上》，上海古籍出版社2004年版，第476页。

② 《左传·僖公九年》，李梦生撰：《左传译注·上》，上海古籍出版社2004年版，第217页。

③ 《管子·内业》，黎翔凤撰，梁运华整理：《管子校注·中》，中华书局2004年版，第937页。

④ 《史记·廉颇蔺相如列传》，[汉]司马迁撰，韩兆琦主译：《史记·卷八十一》（第三册），中华书局2008年版，第1640页。

⑤ [汉]刘向：《说苑·至公》，卢元骏注译：《说苑今注今译》（卷第十四），台湾商务印书馆1977年版，第465页。

⑥ 《淮南子·修务训》，[汉]刘安著，[汉]许慎注，陈广忠校点：《淮南子》，上海古籍出版社2016年版，第487页。

⑦ 《后汉书·列传第五十六·陈蕃传》，[南朝·宋]范晔撰：《后汉书》（卷六十六），中华书局2007年版，第630页。

⑧ 《傅子·问政》，[晋]傅玄：《傅子》，上海古籍出版社1990年版，第12页。

⑨ 《魏书·古弼传》，[北齐]魏收撰，仲伟民等标点：《魏书》（卷二八），吉林人民出版社1995年版，第424页。

⑩ 《牧民忠告·不竞》，[元]张养浩：《三事忠告·牧民忠告卷下》，中华书局1985年版，第24页。

⑪ [唐]白居易：《新制绫袄成感而有咏》，《全唐诗》（卷四百五十一），中华书局1960年版，第5103页。

⑫ [唐]白居易：《新制布裘》，《全唐诗》（卷四百二十四），中华书局1960年版，第4669页。

⑬ [唐]白居易：《新制绫袄成感而有咏》，《全唐诗》（卷四百五十一），中华书局1960年版，第5103页。

⑭ [唐]杜甫：《茅屋为秋风所破歌》，《全唐诗》（卷二百一十九），中华书局1960年版，第2310页。

⑮ [唐]孟郊：《上达奚舍人》，《全唐诗》（卷三百七十七），中华书局1960年版，第4233页。

⑯ [唐]陈子昂：《感遇》，《全唐诗》（卷八十三），中华书局1960年版，第892页。

⑰ [宋]范仲淹：《岳阳楼记》，人民文学出版社编辑部编：《古文观止详注》，人民文学出版社2014年版，第548页。

冻馁几千百人"①，李纲的"但得众生皆得饱，不辞羸病卧残阳"②，文天祥的"但愿天下人，家家足稻粱。我命浑小事，我死庸何伤"③，陆游的"万钟一品不足论，时来出手苏元元"④，杨继盛的"男儿欲画凌烟阁，第一功名不爱钱"⑤，于谦的"但愿苍生俱保暖，不辞辛苦出山林"⑥，魏源的"不忧一家寒，所忧四海饥"⑦，《格言联璧·从政》中的"利在一身勿谋也，利在天下者谋之；利在一时勿谋也，利在万世者谋之"⑧，等等。近代以来，则有顾炎武的"天下兴亡，匹夫有责"的呼声，更有中国革命的先行者孙中山先生关于"天下为公"的至高理想，以及中国共产党人为中华民族之独立与伟大复兴、为天下劳苦大众的解放与福祉，而率领民众所进行的艰苦卓绝的革命斗争与社会主义建设，这些都一再彰显出中国传统的"大道之行也，天下为公"之理想与追求的超越时空的生命力与永恒价值，同时也彰显出中华文化"以天下为天下"的容纳百川的内在魅力。

学者林存光指出："天下之为天下，乃是指包含所有人在内的人类整体。自先秦以来，天下便是中国思想家和政治家政治思考和关切的对象，治国平天下或重建天下秩序是他们追求实现的终极政治目标。因此，天下的观念实际上寄托了中国思想家和政治家最崇高而博大的政治理想、道德情怀和价值信仰。那么，如何才能治国平天下或重建天下秩序呢？中国先秦儒、墨、道、法等各家的思想家一致认为，天地之道是最博厚广大、公平无私的。正是基于这一认识，他们才要在政治上汲汲于辨析天下为公还是天下为私的问题，并一致主张，统治者只有遵循、效法天地之道，才能真正引领整个天下走向太平大治，也就是说，唯有天下

① ［宋］林遹：《崇训》，［明］何良俊撰，李剑雄校点：《四友斋丛说》，上海古籍出版社 2012 年版，第206 页。

② ［宋］李纲：《病牛》，田晓娜编：《四库全书精编·集部·诗选》，国际文化出版公司 1996 年版，第502 页。

③ ［宋］文天祥：《五月十七夜大雨歌》，北京大学古文献研究所编：《全宋诗》（第六八册），北京大学出版社 1998 年版，第 43054 页。

④ ［宋］陆游：《五更读书示子》，中华书局编：《四部备要·剑南诗稿卷二十三》（第七九册），中华书局 1989 年影印版，第 267 页。

⑤ ［明］杨继盛：《言志诗》，［清］袁枚著，王英志校点：《随园诗话》（第 3 集），江苏古籍出版社 1993 年版，第 692-693 页。

⑥ 《咏煤炭》，［明］于谦著，魏得良点校：《于谦集》，浙江古籍出版社 2016 年版，第 511 页。

⑦ 《偶然吟》，魏源全集编辑委员会编校：《魏源全集》（第十二册·古微堂内外集·古微堂诗集补录），岳麓书社 2004 年版，第 498 页。

⑧ 《格言联璧·从政》，［清］金缨辑：《格言联璧》，弘化社 1933 年版，第 138 页。

为公，才能平治天下，反之，'私者，乱天下者也'。《礼运》篇所谓'大道之行也，天下为公'，其根本含义即在于此。天下为公、大同世界的理想，向世人展现了一幅最崇高而远大的关于人类美好社会超越性的理想和愿景。但中国的思想家们从不架空虚设一种高远孤悬的天下主义理想，也不认为可以跨越时代的可能性而一下子实现大同社会的终极理想。正如《大学》所说：'物有本末，事有终始。知所先后，则近道矣。'因此，儒家视域中的修齐治平或家国天下问题所期望达到的，乃是一种不断扩展的'同心圆'秩序或循本末终始之序而层层推进的'差序格局'……当然，另一方面，我们切勿忘记，追求实现天下为公、大同世界的终极社会理想始终是我们为之不断努力奋斗的远大而崇高的目标。因为我们中国人是向来没有狭隘的国家观念的，正如历史学家吕思勉先生所说：'中国人总愿意与天下之人，同进于大道，同臻于乐利。有什么办法，可以使天下的人，同进于大道，同臻于乐利，中国人总欣然接受'，而'压服他人，朘削他人，甚而至于消灭他人的思想，中国人是迄今没有的'……中国人希望能够循序渐进，而使天下的人都能够同进于大道，共臻于大同。反之，中国人追求天下为公、大同世界的终极理想和崇高目标，并不简单地排斥和否定家国、民族、地域、宗教等种种差异性和特殊性对于世人身份认同和寄托其归属感所具有的重要意义。但在终极理想的意义上，又总是期望能够化天下为一家、四海为兄弟，而使整个天下成为一个人类休戚与共的命运共同体。"[1]

二、以"民惟邦本，本固邦宁"为治国之本的民本思想

与"天下为公"的思想密切相连，民本思想亦是古已有之。这一思想的明确提出，可追溯到《尚书》。《尚书·虞夏书·五子之歌》中说："民可近，不可下。民惟邦之本，本固邦宁。"[2]除此之外，《尚书》中还多次提及以民为本的思想，如"重我民，无尽刘"[3]，"古我前后，罔不惟民之承保。后胥戚鲜，以不浮于天时"[4]，"知小人之依，能保惠于庶民，不敢侮鳏寡"[5]，"徽柔懿恭，怀保小

① 林存光：《大道之行也，天下为公》，载《光明日报》2016年11月23日，第6版。
② 《尚书·虞夏书·五子之歌》，李民、王健撰：《尚书译注》，上海古籍出版社2004年版，第93页。
③ 《尚书·商书·盘庚上》，李民、王健撰：《尚书译注》，上海古籍出版社2004年版，第148页。
④ 《尚书·商书·盘庚中》，李民、王健撰：《尚书译注》，上海古籍出版社2004年版，第157页。
⑤ 《尚书·周书·无逸》，李民、王健撰：《尚书译注》，上海古籍出版社2004年版，第314页。

民，惠鲜鳏寡"①，"天矜于民，民之所欲，天必从之"②，"天视自我民视，天听自我民听"③等。孔子把民放在重要地位，他说："所重：民、食、丧、祭。"④孟子是先秦"民本"思想的集大成者。"民为贵，社稷次之，君为轻"⑤是他最具代表性的"民本"宣言。孟子还说："桀纣之失天下也，失其民也；失其民者，失其心也。得天下有道：得其民，斯得天下矣；得其民有道：得其心，斯得民矣；得其心有道：所欲与之聚之，所恶勿施，尔也。"⑥荀子也强调民众的重要作用。他说："用国者，得百姓之力者富，得百姓之死者强，得百姓之誉者荣。三得者具而天下归之，三得者亡而天下去之；天下归之之谓王，天下去之之谓亡。"⑦管子说，"凡治国之道，必先富民。民富则易治也，民贫则难治也"⑧，"先王者，善为民除害兴利，故天下之民归之"⑨，"夫霸王之所始也，以人为本。本理则国固，本乱则国危"⑩。《吕氏春秋》中说："民欲不达，此国之郁也。国郁处久，则百恶并起而万灾丛至矣。"⑪此后，汉代贾谊继承了"民本"思想，他说，"夫民者，万古之本，不可欺。凡居于上位者，简士苦民者是谓愚，敬士爱民者是谓智"⑫。董仲舒的学说虽然主要功用在于提高君主的权威和儒家的地位，但是他也认为，在天、君主、民众相互影响和制约的循环模式中，民众是最基本的因素，天褒奖和惩戒君主的标准是来自民意。唐代统治者总结隋亡的历史教训，真正认识到了民众的力量。贞观六年，唐太宗对侍臣说道："《书》云'可爱非君，可畏非民'。天子者，有道则人推而为主，无道则人弃而不用，诚可畏也。"⑬至于魏徵的"水可载舟，亦可覆舟"的著名比喻，更是民本思想的形象阐释。贞观十四年，魏徵上疏唐太宗说："孙卿子曰：'君，舟也。人，水也。水所以载舟，亦以覆舟。'孔子曰：'鱼失水则

---

① 《尚书·周书·无逸》，李民、王健撰：《尚书译注》，上海古籍出版社 2004 年版，第 315 页。

② 《尚书·周书·泰誓上》，李民、王健撰：《尚书译注》，上海古籍出版社 2004 年版，第 195 页。

③ 《尚书·周书·泰誓中》，李民、王健撰：《尚书译注》，上海古籍出版社 2004 年版，第 199 页。

④ 《论语·尧曰》，杨伯峻译注：《论语译注》，中华书局 2009 年版，第 207 页。

⑤ 《孟子·尽心下》，杨伯峻译注：《孟子译注》，中华书局 2010 年版，第 304 页。

⑥ 《孟子·离娄上》，杨伯峻译注：《孟子译注》，中华书局 2010 年版，第 156 页。

⑦ 《荀子·王霸》，[清]王先谦撰，沈啸寰、王星贤点校：《荀子集解》，中华书局 1988 年版，第 224 页。

⑧ 《管子·治国》，黎翔凤撰，梁运华整理：《管子校注·中》，中华书局 2004 年版，第 924 页。

⑨ 《管子·治国》，黎翔凤撰，梁运华整理：《管子校注·中》，中华书局 2004 年版，第 926 页。

⑩ 《管子·霸言》，黎翔凤撰，梁运华整理：《管子校注·上》，中华书局 2004 年版，第 472 页。

⑪ 《吕氏春秋·恃君览·达郁》，[战国]吕不韦编著，[汉]高诱注，[清]毕沅校，徐小蛮标点：《吕氏春秋》，上海古籍出版社 2014 年版，第 492 页。

⑫ [汉]贾谊著，阎振益、钟夏点校：《新书校注》，中华书局 2000 年版，第 341 页。

⑬ 《贞观政要·政体》，[唐]吴兢著，谢保成解读：《贞观政要》（卷一），国家图书馆出版社 2019 年版，第 55 页。

死，水失鱼犹为水也。'"①在唐代，由于"民本"思想被统治者采纳、运用，因此出现了"贞观之治"与"开元盛世"，其国富民强、鼎盛恢宏的气象至今为人所称道。后来，明朝宰相张居正进一步提出"天下立君以为民"②，认为治国安邦最根本的就是安民。他所推行的"万历新政"正是以此为理论基础的。明清之际，社会的动荡再次使民生问题受到关注，唐甄曾提出为政之根本在于养民，养民的关键是富民的主张。他认为，"众为邦本，土为邦基，财用为生民之命"③，所以"立国之道无他，惟在于富"④。至近现代，西方的"民权"理论和"民主""自由"学说传播到中国，被植入传统文化"民本"思想的土壤之中，由此产生了孙中山的"三民主义"，即"民族""民权""民生"。"五四"新文化运动时期，西方"民主"思想的倡导、传播和传统文化中"民本"思想的发掘、坚守并行不悖，二者在现代中国进一步交汇融合。中国共产党从成立之日起就深知以民为本的重要性，这也是其迅速崛起、壮大并不断发展的根本原因。

民众是社会的主要构成部分，是国家的基础和根本之所在。因此，国家的稳定、社会的和谐与否，关键是在于民众的安危、冷暖、饥饱、疾苦等基本的生活状况如何。因此可以说，"民本"思想是儒家学说中熠熠闪光，具有超越时空价值的思想，也是中国传统文化的精华所在。它与儒家的"仁爱""仁政"等思想一脉贯通，互为依托，构成了儒家文化中最具魅力的精神内涵。同时，这一"民本"思想也有与西方的"主权在民"思想相互吸纳与借鉴的基础和因素，能够创新生成当代所需求的新的"民本""民主"思想。学者康俊亚指出："中国古代社会，封建专制制度得到最充分的发展，其系统极大惯性作用，使政治文化中一直缺乏民主传统，这是中国传统政治文化的缺陷之一。但是在缺乏民主的文化传统中却始终有以民为本的政治理念。在不同的历史时期它有不同的形式和内容，统治者都普遍把民本作为社稷的根本和施政的基础，承认和重视民众在社会政治、经济和道德生活中的地位和作用。民本思想作为中国古代历史上形成的一种治国理念和长期奉行的治国准则，不仅经过数千年历史的涤荡、锤炼、丰富和发展，早已积淀为博大精深、系统完整的政治文化传统和珍贵的思想体系，而且经过历代'明君'、'贤臣'的治国实践和不断扬弃，也已成为凝聚人类智慧、体

---

① 《贞观政要·论君臣鉴戒》，[唐]吴兢著，谢保成解读：《贞观政要》（卷三），国家图书馆出版社2019年版，第134页。

② [明]张居正：《张太岳集》，上海古籍出版社1984年版，第178页。

③ [清]唐甄：《潜书·卿牧》，《潜书》注释组注：《潜书注》，四川人民出版社1984年版，第370页。

④ [清]唐甄：《潜书·存言》，《潜书》注释组注：《潜书注》，四川人民出版社1984年版，第332页。

现人文精神的治国安邦的宝贵财富……民本应是民主的基础，只有真正认识到人民的重要地位和作用，真正认识到'民为邦本'的阶段，才能实行真正的广泛的、为普通民众所享有的民主。因为现代民主不是从天上掉下来的，它是古代政治文明、民本主义逻辑发展的必然结果，传统的民本主义中已经包含着民主主义的萌芽和因素。可以这样讲，民主是民本的升华，'民本'思想的无限发展，自然会趋向民主、自由与权利的要求。今天把人民作为社会的主人，创造历史的真正动力，它的来源固然是马克思主义，但先秦儒家民本思想显然是接受这些历史唯物主义观点的'民族土壤'。这些说明，民本思想不会成为历史前进中的一种惰力，而是有利于社会发展的一种积极的、有生命力的思想。"[1]

三、以严格的科举考试为依托的非世袭的官僚制度

（一）千年科举考试概说

自隋朝建立的科举考试制度，在中国延续了1300余年，至清末的1905年废止。它的产生，有其历史的必然选择。对它的利弊优缺、功过是非的评价，也是千百年来人们不断探讨和争论的话题。笔者作为千年科举考试终结地——今河南大学（河南贡院旧址）的一名对中华文化深感兴趣并竭尽努力进行研究的教师和学者，对此也有颇多感慨、颇多思考。

应该说，中国历朝历代都非常重视官员的选拔，为的是"政治之隆替，邦国之治乱"。历代统治者在官员选拔的过程中，都在不断地进行探索和改革。春秋战国时期，以军功爵制取代了夏商周"亲亲尊尊"的世卿世禄制，许多列国实行"见功而与赏，因能而授官"[2]的措施，以秦国推行得最为彻底，军功爵制也在秦统一六国的过程中起到了至关重要的作用，其他列国也都收到了富国强兵的效果。这就打破了爵位和官职的世袭，所谓"宰相必起于州部，猛将必发于卒伍"[3]，此为历史的一大进步。除军功爵制之外，春秋战国时期还有游说上书、养士储贤、选荐贤能等选任官吏的新途径，也都是对世卿世禄制的冲击。但是，军功爵制一味追求杀敌建功，有时会造成杀良冒功、抢夺首级、军纪败坏的

① 康俊亚：《试论民本思想及其对当今社会的影响》，载《世界华商经济年鉴·科学教育家》2008年第8期（下），第133-134页。

② 《韩非子·外储说左上》，高华平、王齐洲、张三夕译注：《韩非子》，中华书局2010年版，第427页。

③ 《韩非子·显学》，高华平、王齐洲、张三夕译注：《韩非子》，中华书局2010年版，第731页。

情况出现。随着军功爵制的泛滥甚至鬻爵现象的产生，也随着秦汉统一之后战事的减少，使军功爵制无法提供促进社会继续流动的力量，而不可避免地走向了衰败，就使统治者以文治之制——察举制取而代之（西汉后期的军功爵制虽然依然存在，但是作为仅仅显示社会身份的制度，而完全失去了其原有的政治意义）。以察举制取代军功爵制，使中国从爵本位走向官本位，意味着中国进一步摆脱血缘身份的影响，社会流动性大大增强，社会的活力达到了前所未有的境界。可以说，汉代的察举制与征辟制、魏晋南北朝的九品中正制，都是为更有效地选拔官吏而创建起来的官吏选任制度，但是在实际执行的过程中却暴露出种种不能再继续下去的弊端。而科举制的产生，则是在力克察举制与征辟制及九品中正制弊端的需求基础上，应运而生的。

1. 察举制与征辟制、九品中正制概略

（1）察举制与征辟制概略

就察举制来看，它是汉代实行的一整套自下而上选拔官吏的制度。察举又叫"荐举"。汉高祖刘邦首下求贤诏，要求郡国推荐具有治国才能的贤士大夫，开"察举制"之先河。惠帝、吕后诏举"孝弟力田"，察举开始有了科目。但严格地说，察举制是始自文帝诏求"举贤良方正能直言极谏者"，并且定下了"对策"（考试）和等第。至汉武帝时，"察举制"已达完备。察举制的主要特征，是由地方长官在辖区内随时考察、选取人才并推荐给上级或中央，经过考试和试用考核再任命官职。考试是察举制的重要环节，被举者经考试后，由政府量才录用。这对隋唐时期科举制度的形成产生了重要的影响。察举制不同于世卿世禄的"世官制"，它是以远古"尚贤"思想为基础，在对先秦诸子百家"尚贤"理论进行继承发展并进一步深化的基础上创立的。它的选拔与考试相结合，为被举者提供了公平竞争的舞台，使真正优秀的人才有脱颖而出的机会。因此在察举制下，个人的社会背景、家庭出身不再是选士任官的唯一依据。地方士人只要有真才实学，有一定的社会威望，或有值得称颂的道德品质，就有可能成为察举对象，从而登上仕途。许多出身卑微的人才如主父偃、东方朔、司马相如在汉武帝时得到重用。《汉书》中说："上方欲用文武，求之如弗及，始以蒲轮迎枚生，见主父而叹息。群士慕向，异人并出。卜式拔于刍牧，弘羊擢于贾竖，卫青奋于奴仆，日磾出于降虏，斯亦曩时版筑饭牛之朋已。汉之得人，于兹为盛，儒雅则公孙弘、董仲舒、儿宽，笃行则石建、石庆，质直则汲黯、卜式，推贤则韩安国、郑当时，定令则赵禹、张汤，文章则司马迁、相如，滑稽则东方朔、枚皋，应对则严助、朱买臣，历数则唐都、洛下闳，协律则李延年，运筹则桑弘羊，奉

使则张骞、苏武，将率则卫青、霍去病，受遗则霍光、金日磾，其余不可胜纪。是以兴造功业，制度遗文，后世莫及。"①察举制在实行之初，一般能保证被察举者的质量：被察举者有一年任期，胜任者才能转为正式官员，若不胜任就要被撤换，而且推荐者也会因此受罚，这使得察举人不敢乱推荐士人。再加上用策问形式直接考察士人，严格地把关选拔贤才，为统治者选拔出了不少真正的德才兼备的优秀人才，因此呈现出了"群士慕向，异人并出"的勃勃生机。察举制以察孝廉为主（此外有举茂才、贤良方正、文学、明经、明法、尤异等，所有的科目都以"德行"为先），在众多的科目中"孝廉"占据主流，也是官吏入仕的正当途径。孝与廉相并行，孝是成为廉吏的基本前提，由此使民间孝的观念得到了普及，从而保证了社会的稳定。两汉统治能长达四百年之久，成为历史上著名的兴盛王朝，与察举制的推行有很大关系。但是，察举制也不可能保证把所有的贤才都推荐出来，仍有许多不为人知的贤才被埋没在乡村野氓之中，终身未得任用，造成了人才的流失和浪费。由于察举制基本上是推荐、保送制，选才之权集中在皇帝及中央和地方官员之手，荐举者权力极大，人为因素对选才有着决定性的影响，所以其腐败也就势所难免。被选举者往往四分之三是现任官吏，造成平民儒士中不少优秀人才被拒之门外。两汉由察举而成为官吏的士人只占总官吏人数的极少部分，而且有许多小人利用察举机会，或贿赂或靠关系千方百计使自己成为被察举对象。还有，被察举者因察举人而走上仕途，必对察举者感恩戴德，并为之效命，这样极易产生宗派行为，形成地方集团。察举制的广泛推行，地方乡间因之有了评议之风，"清议"名士好品评臧否人物，不重实际，空发议论。这种恶劣风气还遗留给了后世，在魏晋时期尤为明显。"清议"名士中有许多是"刻情修容，依倚道艺，以就其声价"②者，清议成了这些伪君子攫取名利、捞取政治好处的资本。尤其是在察举制的后期，弊端日益严重。到东汉中后期，地方选举权被少数公卿大臣、名门望族所控制，他们选士任官往往推荐名门望族家庭的子弟而不管其学问品质如何，使得察举的范围越来越窄，被察举者也大都名不符实，出现了"举秀才，不知书；察孝廉，父别居；寒素清白浊如泥，高第良将怯如鸡"③的现象。社会上产生了"四世五公""累世公卿"的官僚门阀集团。此时的察举制已蜕变为变相的世袭制，成为公卿大族维护自己势力、维持特权的工具了。魏晋时期产生的腐朽的门阀士族，便是两汉时期察举制度的弊端所致。

---

① 《汉书·公孙弘卜式兒宽传》，[东汉]班固撰：《汉书》（卷五十八），中华书局 2007 年版，第 592 页。

② 《后汉书·方术列传上》，[南朝·宋]范晔撰：《后汉书》（卷八十二上），中华书局 2007 年版，第 799 页。

③ 《报朴子·外篇第五卷·审举》，[晋]葛洪撰：《抱朴子》，上海古籍出版社 1990 年版，第 205 页。

汉代选官制度中，征辟制作为一种自上而下选任官吏的制度，地位仅次于察举，作为对察举制的补充，它和察举一起构成了汉代选官制度的总体。所谓"征辟"，就是征召德高望重、名望显赫的宿儒、名士出来做官。皇帝征召称"征"，即皇帝征聘社会知名人士到朝廷充任要职，由皇帝下诏指名征聘，也称为特诏或特征。如《汉书·武帝纪》中记载，汉武帝即位之初，特征《诗经》专家鲁申公，"遣使者安车蒲轮，束帛加璧，征鲁申公"①。《后汉书·张衡列传》记载，"张衡字平子，南阳西鄂人也……永元中，举孝廉不行，连辟公府不就"，"安帝雅闻衡善术学，公车特征拜郎中，再迁为太史令"。②官府征召称"辟"，也称为辟召、辟除。此又分两种情况，一种是中央官署高级官僚（主要是指三公以及太傅、大将军府等，而其中以丞相之权为最大）的征召。中央官署即公府辟除后，经过试用，对有才能者或举荐或察举，使之出补中央官职或外长州郡。如《汉书·孙宝传》记载："孙宝字子严，颍川鄢陵人也。以明经为郡吏。御史大夫张忠辟宝为属。"③另一种是地方政府的官吏（地方州牧、郡守等官员）任用幕僚属吏。辟召制在东汉尤为盛行，公卿以能招致贤才为高，而俊才名士也以有所依凭为重。不论是公府辟除，还是州郡辟除，一般来说，对被辟除者的资历都不加限制，只看才学，为官为民者皆有，而且去留自便，是当时比较自由的仕宦途径。《后汉书·儒林列传下·蔡玄传》中说："蔡玄字叔陵，汝南南顿人也。学通五经，门徒常千人，其著录者万六千人。征辟并不就。顺帝特诏征拜议郎，讲论五经异同，甚合帝意。迁侍中，出为弘农太守，卒官。"④征辟制是封建统治者为搜罗人才、以加强统治而采取的特别措施，尽管由此入仕者的数量不多，但它通过皇帝征聘和高官辟除的方式给予应征者以特殊礼遇，可以使得一些本不愿为官的硕学名儒之士加入到封建统治阶层中来，有利于破格擢用人才。但征辟制也有其弊端，它往往使公卿牧守为了发展个人势力，皆争相以此笼络士人，从而促使官僚利用辟召以徇私，尤其东汉时由于政治腐败，更加剧了这一状况；又因被辟召者对辟主的感戴，易形成两者间的隶属、主从依附关系，助长了官僚中私人权势的增长。西汉时被辟除者犹为国家官吏，到东汉时则实际上成了主官的私属。于是，与这一人才选拔制度密切相连，朝廷集权力量遭到分割，地方割据势力得到发展，到东汉末年呈现四分五裂的局面。魏晋南北朝主要以九品中正制

---

① 《汉书·武帝纪》，[东汉]班固撰：《汉书》（卷六），中华书局 2007 年版，第 39 页。

② 《后汉书·张衡列传》，[南朝·宋]范晔撰：《后汉书》（卷五十九），中华书局 2007 年版，第 559 页。

③ 《汉书·孙宝传》，[东汉]班固撰：《汉书》（卷七十七），中华书局 2007 年版，第 778 页。

④ 《后汉书·儒林列传下·蔡玄传》，[南朝·宋]范晔撰：《后汉书》（卷七十九下），中华书局 2007 年版，第 761 页。

取士，但征辟制并未废止，仍是士人特别是士族名士入仕的重要途径。皇帝征聘制不属常制，但辟召制却有进一步发展之势。在长期分裂动荡的形势下，辟召制对统治集团内各政治派系和地方割据势力的形成，起了促进作用。东汉后期，选拔官吏中钻营请托、结党营私和弄虚作假之风盛行，察举、征辟制渐趋败坏。

　　汉代太学的学生，也是后备官吏的重要来源。汉代统治者设立太学的目的就是为了改革选士制度，提高官吏素质，为国家培养"经明行修"的官吏，从而巩固其统治。由此，汉代太学实行了养士与选才相结合的管理措施。董仲舒对于建立太学的初衷说得非常明确："夫不素养士而欲求贤，譬犹不琢玉而求文采也。故养士之大者，莫大虖太学；太学者，贤士之所关也，教化之本原也。"与此同时，又改革了文官补官与晋级的规定，将太学生的考试成绩直接与仕途挂钩。太学生的来源可以由太常补送、郡国荐举，也可以经过考试选拔，还可由"父任"而升入太学，但主要来源有二：一是由太常在京师和地方直接挑选，二是由郡国道邑等地方举送。其中，由太常选送的太学生为正式生享有俸禄，由其他途径入学的太学生则费用自理。家境贫寒无力支付学费的太学生可以半工半读。无论是正式生，还是非正式生，均享受免除赋税、免徭役的待遇。经过太学的学习和严格的考试，多数人成为国家官吏，且大多身居要职，而有的则授徒讲学为师，有的则是在做官的同时教授生徒，也有终身不仕的。当然，太学生入仕为官除了考试之外，还通过察举与征辟等途径。

　　此外，汉代进入仕途的途径还有"任子""纳赀"、军功等。"任子"是二千石以上官吏任期满三年后，可保举子弟一人为郎（但保举一人以上乃至多人者也有不少）。例如，张安世"少以父任为郎"①；萧育"以父任为太子庶子"②；韦玄成"以父任为郎"③；苏武"少以父任，兄弟并为郎"④；汲黯"以父任，孝景时为太子洗马"，后历迁升为东海太守、主爵都尉、右内史、淮阳太守等职，"居淮阳十岁而卒。卒后，上以黯故，官其弟仁至九卿，子偃至诸侯相。黯姊子司马安亦少与黯为太子洗马。安文深巧善宦，四至九卿，以河南太守卒。昆弟以安故，同时至二千石十人"⑤；万石君石奋"为诸侯相。奋长子建，次甲，次乙，次庆，皆以驯行孝谨，官至二千石"，其少子石庆曾迁任御史大夫、丞相等

① 《汉书·张汤传》，[东汉]班固撰：《汉书》（卷五十九），中华书局2007年版，第595页。
② 《汉书·萧望之传》，[东汉]班固撰：《汉书》（卷七十八），中华书局2007年版，第787页。
③ 《汉书·韦贤传》，[东汉]班固撰：《汉书》（卷七十三），中华书局2007年版，第730页。
④ 《汉书·李广苏建传》，[东汉]班固撰：《汉书》（卷五十四），中华书局2007年版，第550页。
⑤ 《汉书·张冯汲郑传·汲黯传》，[东汉]班固撰：《汉书》（卷五十），中华书局2007年版，第510-513页。

职，"庆方为丞相时，诸子孙为小吏至二千石者十三人"①；史丹"以父高任为中庶子"，后擢为"长乐卫尉，迁右将军……后徙左将军、光禄大夫"，他去世后，其子"九男皆以丹任并为侍中诸曹"②；东汉官员冯鲂去世后，"子柱嗣……少为侍中，以恭肃谦约称，位至将作大匠。柱卒，子定嗣，官至玉林中郎将"，"定弟石……亦为侍中，稍迁卫尉……为安帝所宠……拜子世为黄门侍郎，世弟二人皆为郎中"③，等等。"纳赀"又称"赀选"，即入财为官，后来发展为卖官鬻爵，弊病甚大。

（2）九品中正制概略

九品中正制是继察举制之后的魏晋南北朝时期的选官制度。汉末大乱造成人口流徙，户籍紊乱，给乡闾评议带来困难，用人不可能一一核之乡闾；同时，东汉后期大族名士主持乡闾评议及控制选举过程产生的流弊，都促使魏晋南北朝时期的选官制度改为"九品中正制"。此种选官制度实际上是两汉时期察举制度的另一种表现形式。"九品中正制"又称"九品官人法"（一种观点认为，"九品中正制"为"九品官人法"的重要构成部分，是选贤、考评官吏的手段，其评品结果成为吏部任职、考评的依据）。此制度由魏文帝曹丕时的吏部尚书陈群所创议，被曹丕于黄初元年（220年）采纳而产生。其实早在曹操当政时，为纠正汉末乡闾评议中的弊端，就提倡"唯才是举"，以反对虚伪道德和名不符实；同时压制朋党浮华和私人操纵选举，力图将选举之权控制在政府手中。因此可以说，九品中正制的许多特点在曹操当政时期已有萌芽，曹丕、陈群则进一步加以制度化。《宋书·恩倖》中说，曹魏建立九品中正制，"盖以论人才优劣，非为世族高卑"④。九品中正制一方面体现了中央集权对地方大族势力的强有力控制，但另一方面也体现出曹魏中央政权对地方大族势力的某种妥协。政府一方面要控制人事权，但另一方面又要尊重乡举里选的传统和士人品评人物的风气。因为曹魏政权的主要依靠对象就是东汉以来的地方大族，所以不得不尊重他们的既得利益。再者，由于当时的知识传播多集中在世家大族手里，平民百姓的受教育程度

---

① 《汉书·万石卫直周张传·万石君石奋传》，[东汉]班固撰：《汉书》（卷四十六），中华书局2007年版，第476-478页。

② 《汉书·王商史丹傅喜传·史丹传》，[东汉]班固撰：《汉书》（卷八十二），中华书局2007年版，第815-816页。

③ 《后汉书·列传第二十三·冯鲂传》，[南朝·宋]范晔撰：《后汉书》（卷三十三），中华书局2007年版，第341页。

④ 《宋书·恩倖》，[南朝·梁]沈约撰：《宋书》（卷九十四），中华书局1974年版，第2301页。

不高，后备官僚的选择也不得不来自这些大族。由此，尽管创立九品中正制的初衷在于将选举权收归中央，但却无法逆转门阀专政的历史倾向。

　　九品中正制的主要内容是：选择贤有识见、有名望、善识别人才的中央官吏兼任原籍地的州、郡大小"中正官"（州设大中正官，掌管州中数郡人物之品评；各郡则另设小中正官。中正官最初由各郡长官推举产生，晋以后改由朝廷三公中的司徒选授。其中，郡的小中正官可由州的大中正官推举，但仍需经司徒任命），由中正官查访评定州郡人士，将他们分成上上、上中、上下、中上、中中、中下、下上、下中、下下九等，但类别只有上品、中品、下品三类，作为吏部授官的依据。品评的主要内容包括三个方面：家世，即家庭出身和背景；行状，即个人才能、品性的总评；定品，即确定品级。九品中正制上承两汉察举制度，下启隋唐科举制，在中国古代政治制度史上占有十分重要的地位，其间约存在了四百年之久。九品中正制在建立之初，是为了弥补两汉察举制的弊端和抑制东汉地方豪强，确实起到了选拔人才的作用，其选拔标准为家世、品德、才能并重，而原则上依据的是行状，家世只作参考；在具体执行过程中形成的中正品评和吏部授官的体系，两者各自独立，相互制衡，能够防止任人唯亲等腐败现象的发生；九品中正制与察举制的显著不同在于，荐举官员之责不再统属于中央和地方行政长官，改由专任的中正官负责，且规定担任中正官的必须是现任的朝廷高官。因此，九品中正制的推行，在初期实行时剥夺了州郡长官自辟僚属的权力，将官吏的任免权收归中央，有利于加强中央的权力，由此曾使"儒雅并进"，即不仅使一些豪强地主、士人名流成为曹魏政权的干将，也使一些地位微贱的中小地主出身的士人得以任用。然而随着时间的推移，选拔标准开始发生变化，仅仅重视门第出身，这就使得九品中正制失去了选拔人才的意义。新权贵的崛起，使对人才的选拔又回至以士族家世为主的轨道。因为，魏晋时充当中正者的一般是二品官吏，二品又有参与中正推举之权，而获得二品者又几乎全部是门阀士族，由此门阀士族就完全把持了官吏选拔之权。于是，在中正品第过程中，才德标准逐渐被忽视，家世则越来越重要，甚至成为唯一的标准，被选拔的人才也多出自二品以上的大族。汉代选官中的推荐、考察、试用等好的传统也被抛弃。久而久之，官吏的选拔权就被世家大族所垄断，中正品第唯以血统为准，到西晋时终于形成了"上品无寒门，下品无势族"[①]"公门有公，卿门有卿"[②]的局面，九品中

　　① 《晋书卷四十五·刘毅传》，[唐]房玄龄等撰：《晋书》（二），中华书局 2000 年版，第 839 页。
　　② 《晋书卷九十二·王沈传》，[唐]房玄龄等撰：《晋书》（二），中华书局 2000 年版，第 1589-1590 页。

正制不仅成为维护和巩固门阀统治的重要工具，而且本身就构成了门阀制度的重要组成部分。由此，就形成了当时人们对九品中正制的一些看法，如"虽名为中正，其实不中不正""爱憎决于心，情伪由于己""天下凶凶，但争品位，不闻推让""贵贱士庶，划分清楚"等。到了隋代，随着门阀制度的衰落，九品中正制终被废除。但是，士族门阀制度甚至影响到晚唐的"牛李党争"。

2. 千年科举制度概说之一——科举制终被废止的原因探析

隋统一中国后，开始了实施科举制度的选官时代，历经唐、五代十国、宋、元、明、清多个朝代，计 1300 多年兴盛不衰，直至清末的 1905 年被废止。可以说，科举制渊源于汉朝，创始于隋朝，确立于唐朝，完备于宋朝，兴盛于明清两朝。这一选官制度不仅对中国封建社会中后期的政治、经济、文化等诸方面产生了深远的影响，而且在世界上也产生了不可忽视的影响，被人们称之为中国历史上的第五大发明。

隋朝建立之初，曾一度实行九品中正制，但此时世家大族已经日趋没落，而庶族地主的势力则日益上升，开始与世族地主在政治上并驾齐驱，并逐渐占据了优势，九品中正制已无法适应新形势的要求。同时，隋及其以后的统一局面也为科举制的产生与发展提供了可能的政治环境。其间，虽有王朝的更替和社会的动荡，但每一干朝都有较长、较稳定的统治时期，再加上政治机构不断扩充且分工越来越细、赋税制度逐渐整齐划一、各项必要的政治制度相继建立等，构成了相对完整的封建统治体系，这些都有利于科举制度的产生、确立与发展。隋文帝开皇三年（583 年）诏举贤良，开创科举。到隋炀帝即位，明确"置明经、进士两科"，以"策试"取士，从而使科举考试制度化。虽然短暂的隋朝并未使科举制真正兴起，但对唐朝科举制度的兴起奠定了坚实的基础。到了唐代，科举制才进入了正常的发展轨道。唐高宗时期，对科举考试的科目内容、评取标准、录取程序等进行了大量的改革，使科举制度走向了真正的定期化、程式化之路，由此中国科举制度的雏形基本形成。

纵观 1300 多年的科举制度，在 1905 年终被废止，其弊端和消极之处，学者们也多有分析和论述。

（1）往往成为人们为追求功名利禄而苦熬一生的诱导

科举考试虽具有不可否认的公开性和权威性，但它又往往成为人们为追求功名利禄而苦熬一生的诱导，成为"读书做官论"风气愈益强盛的制度性原因。它促使了一代又一代的读书人将科举看成了读书的唯一目的，看成了实现自身价值的唯一所在，少小开卷，皓首穷经，不断在考场上搏杀，耗尽了全部心血和精力，丧失了自身的独立意识和人格，这就使读书带上了非常强的功利性。春秋时期的"学而优则仕"体现的是儒家"内圣外王"的政治理想，然而后世却把它异化为了读书做官论。尤其隋唐科举制度的实行，使"仕途"的飞黄腾达成为"学优"的目标①。"学而优则仕"之"学"，在很大程度上不再是学做人，不再是立身，而是为了"仕"，为了功名利禄，"其学其问，以之取名致官而已"②。"久旱逢甘雨，他乡遇故知，洞房花烛夜，金榜题名时"，已成为世人对科举制的一种普遍心态。"在这样的演变过程中，儒家思想体系里的'内圣外王'之学，已经成为在科举制度下士人登入仕途的门径，致使原本以社会价值为本位的'学而优则仕'畸变为庸俗的官职崇拜的'读书做官'论。"③清乾隆说道："科名声利之习，深入人心，积习难返，士之所为汲汲皇皇者，惟是之求，而未尝有志于圣贤之道。"④正因为科举功名对士人的巨大诱惑，明朝灭亡后，清朝政权为笼络那些隐逸山林、自称遗民而效法伯夷、叔齐不食"周粟"的"边民"们，连年开科取士，诱使这些人纷纷下山，参加科考。当时有人作诗对此加以讽刺："圣朝特旨试贤良，一队夷齐下首阳。家里安排新雀帽，腹中打点旧文章。当年深自惭周粟，今日幡思吃国粮。非是一朝忽改节，西山薇蕨已精光。"⑤八国联军攻入北京后，其统帅瓦德西为收买人心，仿科举考试在金台书院悬榜设考场，出八股文题以"不教民战"（讽刺清政府以不经教练的义和团民众攻打使馆教堂），出试帖诗对"飞旆入秦中"（讽刺西太后和光绪皇帝逃往西安），而考试日竟然"人数溢额"，"考得奖金者，咸忻忻有喜色"。⑥这确实是令人感到遗憾的事情。

（2）科举考试亦非绝对的公平

科举考试也非绝对的公平，不少真正的人才由于不合规范程式而被排斥，未被录取。不可否认，唐宋八大家除苏洵（苏洵曾应考落第，其文采受欧阳修赏识并推荐，被派任官吏）外均出身于进士。但唐宋时，特别是宋朝时，许多汉族知识分子因为科举场上无门进士，而投身到少数民族政权中去挣出身。他们一旦在

---

①　刘尧：《"学而优则仕，仕而优则学"异化之觞》，载《教育与考试》2010年第3期，第59页。

②　[唐]韩愈撰，马其昶校注：《韩昌黎文集校注·文外集上卷（上考功崔虞部书）》，上海古籍出版社1986年版，第663页。

③　李申申、李小妮：《"学而优则仕"再解读》，载《中州学刊》2018年第8期，第115页。

④　《国子监志》卷二《圣谕二·训示》，[清]文庆等纂修，郭亚南等点校：《钦定国子监志》，北京古籍出版社1998年版，第20-21页。

⑤　[清]褚人获辑撰，李梦生校点：《坚瓠集》，上海古籍出版社2012年版，第379页。

⑥　[清]王无生撰：《述庵秘录》，胡寄尘编：《清季野史》，岳麓书社1985年版，第134页。

辽、金、西夏政权中谋到了高位，攻击起宋朝政权是毫不手软的。少数民族政权在宋朝科举的弊端中得到了许多好处。当然无可否认，大批汉族知识分子进入少数民族政权中供职，客观上为融汇中国各民族及其在传播汉族文化方面起到了积极作用，但是他们的这种举动同时也是中国各族长期内战的根源之一，并不可取。

到明清两朝，无论在文学创作或各式技能方面有杰出成就的名家，却多数都失意于科场。像《聊斋志异》的作者蒲松龄应科举，一直考到 70 岁，还未考中举人。可以想见，科举制度在为政府发掘人才的同时，却也埋没了民间在其他各方面的杰出人物。

（3）受限于政治体制难以从根本上解决任人唯贤或唯亲的矛盾

科举制仅仅是单纯的任职资格考试，它并不包括官员任职的全部过程，因此在实施过程中就会受到与之配套的官吏的教育、监督、铨选制度的影响和制约。而这些制度作为一个系统，又要受到封建国家政治体系的总的要求，因此科举制度并没有从根本上解决行政发展的要求，即解决任人唯贤和任人唯亲的矛盾。考试的标准和方法由君主来确定，并不客观公正。即便在科举考试方法多样的唐代，批评科举考试方法的也是连篇累牍。在科举考试有限的名额下，形成了"座主"（考官）和门生（中举者）之间的特殊关系，造成了行政体系内部的"党争"和派系争斗的潜在诱因。科举中秀才以上的考试，都有拜师门的习惯，即考取了功名的人都要拜本次的主考官为自己的恩师，同学之间也要互相拜同年，这样就在中国造成了严重的师门裙带关系现象，这些师门关系在官场中和学术中往往造成互相拉帮结派的情况，这对于国家建设一个公开、公平、公正的社会良好制度是不利的。这就是说，中国历史上的科举存在着很严重的社会悖论情况，科举的公平目的往往由于科举中的某些习惯而与之相互矛盾，从而给社会带来了许多副作用。

（4）考试内容有一定局限性

科举制度所考的内容主要局限于儒家经典，而使人们往往并不重视儒学之外的经世致用的实学（当然，儒学本身也并非不主张经世致用）。且科举制的形成与发展，使士、农、工、商几种人的地位发生了变化：士、农的地位上升，尤其是读书人的地位上升，而工商从业人员的地位则下降了，得不到应有的社会尊重，这使得科技赖以生存的工商及贸易流通业受到了相当的遏制，造成了中国科学技术长期停滞不前。这种状况也是造成近代中国落后于西方世界的一个重要原因。（当然应明确，中国以人文主义为主的传统文化及其教育所涉猎的面是相当广泛的，孔子所编订的六经涉及中国古代文化中的主要经典及人文社科范围。因此有学者认为，中国古代的知识学习是在人文主义这一大框架下所实施的通识教育。再者，中国历史上强大的人文主义传统虽遮蔽了对自然科学或专门技术性知识的学习，使其成为知识传承方面的薄弱环节，但中国的传统文化和知识体系绝没有反对自然科学知识的基因，因此一旦意识到自身的薄弱环节，并激发起学习者对科学知识和科学思维的热情，那么定会产生出令世所瞩目的成就。当代的事实已有力证明了这一点。况且，中国古代在科学技术方面所取得的成就也是世所皆知的，已经载入了史册。）明清之后，解释儒家经典要以朱熹的《四书集注》为标准，这就束缚了人们的思想；而且，明清实行的八股取士，更使考试内容趋于僵化、程式化，越来越不利于经世致用人才的选拔。八股文不注重实用价值，远离现实，随着时代的发展，只能引导士人皓首穷经，只注重文词字句、八股戒律，无自由发挥的余地，这就大大缩小了士人的眼界，妨碍了他们发挥独立思考能力和创造能力，带来了相当大的危害。

所以有学者认为，科举制度的废除，使各种各样的新学校如雨后春笋般涌现，产生了一批新的知识分子群体和现代中国的第一批科技精英。新的知识分子群体逐渐摆脱封建官僚政治的束缚，不断推动中国社会走向现代化。

3. 千年科举制度概说之二——科举制度的历史功绩论辨

但是，一项制度能实行 1300 余年而不衰，自有它无可置疑的价值和积极意义，这是不可否认的。

（1）平等竞争对公平选拔官吏起到了极重要作用

科举制度所坚持的是"自由报名，统一考试，平等竞争，择优录取，公开张榜"的原则，打破了血缘世袭关系和世家大族对政治的垄断，给庶族地主阶级和普通百姓通过科举入仕提供了一个公平竞争的平台，使大批地位低下和出身寒微的优秀人才脱颖而出，因此它至少在公平选拔官吏方面起到了极其重要的作用，打破了"上品无寒门，下品无势族"的门第身份限制，使寒门庶士有了通过考试而改变命运的机会，也使有抱负的士人君子有了发挥才干以治国济民传道的机会。由此，就给封建政权注入了生机与活力，也有益于扩大和巩固封建统治的政治基础。例如，在科举制度日益完善的宋朝，历代皇帝几乎都以奖掖孤寒、抑制世家自诩，采取特别举措限制"贵家"子弟，客观上给了平民子弟更容易崭露头角的机会。宋朝不但出现了"平民"状元的现象，而且很多普通百姓子弟通过科举改变了自身及其家庭的命运。不少日本学者也因此把中国的宋朝称为"平民社会"。明清两朝的进士之中，接近一半是祖上没有读书、或有读书但未做官的

"寒门"出身。因此，科举制度虽然产生于等级性森严的封建社会，但其"公开竞争，平等择优"的精神却具有超越封建时代的特性，是中国封建社会难得的较为公平的制度。选拔官吏以文化知识水平作为客观依据，有利于形成高素质的文官队伍。他们中的许多人能以传统文化中的修身原则约束自己，敢于抵制官场腐败现象，这在客观上促进了吏治状况的改善；同时，他们身上所具有的较高的文化素养也为行政效率的提高创造了条件。"朝为田舍郎，暮登天子堂""满朝朱紫贵，尽是读书人"，这种将相本无种、茅屋出公卿的官员选任办法促进了社会的阶层流动，且考试选才的公平客观性又可以排除人情关系对官员任用的困扰。通过科举，统治者也确实选拔出了许多优秀的人才为其所用。难怪唐太宗李世民私下视察御史府时，看到许多新考取的进士鱼贯而出，不禁得意地说："天下英雄尽入吾彀中矣。"①中国这样一种选拔人才的文官体制，乃是中世纪的欧洲所望尘莫及的。

实际上，如前所述，科举制产生以前选拔官吏的察举制与征辟制、九品中正制，在一定程度上为选拔德才兼备的官吏也作出了贡献，只是由于其存在着弊端，最后由科举制度取而代之。关于科举制度所产生的不可否认的巨大正向历史作用，钱穆先生曾说："当知中国政府虽无国会，而中国传统政府中之官员，则完全来自民间。既经公开之考试，又分配其员额于全国各地。又考试按照一定年月，使不断有新分子参加。不啻中国政府早已全部由民众组织，则政府之意见，不啻即民间之意见。"②胡适曾说："这种制度确实十分客观、十分公正……经过这种制度的长期训练，中国人心中已形成了一个根深蒂固的观念：政府应掌握在最能胜任管治工作的人的手中；政府官员并非天生就属于某一特殊阶级，而应通过某种向所有志愿参加考试的人敞开的竞争性的考试制度来选任。"③

还有学者们指出，以科举为"正途"而又以儒家学说为科举考试内容的做法，把政权的世俗性与意识形态的灌输自然地融合为一体，是我国传统政治的一大创造，它使中国封建社会大一统的观念更加深入人心，增强了维护国家统一的向心力和凝聚力。1300余年间，科举产生的进士接近十万，举人、秀才数以百万，虽说其中并非全是有识之士，但是通过科举制产生出一大批善于治国安邦的名臣、名相和雄才大略的政治家，以及众多有杰出贡献的思想家、文学家、艺术

---

① 《唐摭言·述进士上篇》，[五代]王定保撰：《唐摭言》（卷一），上海古籍出版社1978年版，第3页。
② 钱穆：《文化与教育》，广西师范大学出版社2004年版，第82页。
③ 胡适著，欧阳哲生、刘红中编：《中国的文艺复兴》（英汉对照），外语教学与研究出版社2001年版，第323页。

家、教育家、外交家等中华民族的英才，这是无可置疑的历史事实。在这些人才中，大多都意气风发，抱有"齐家治国平天下"的伟大抱负。

（2）考试内容使中华传统崇高道德理念和价值追求深植士人心中

以"四书""五经"为基础的考试内容，虽然有其狭隘性和局限性，但是它使中华传统文化中，尤其是儒家经典中的厚德载物、诚信友善、自强不息、救世济民、经世致用、匡扶正义、民族气节等优秀内涵深深植根于士子考生的心中，在他们大多数人身上充盈着较强烈的道德感，心中有一条明晰的道德底线和做人的底线。因此有人这样认为，凡是深谙中华优秀传统文化的人，大抵不会是一个坏人。

而且，随着时代的发展、社会环境的变迁，考试内容也在不断地发生变化。科举考试的最后一次会试，即光绪三十年（1904年）甲辰恩科（这一年是会试的正科年，又是慈禧太后七十万寿庆典的恩科年，两科合并称为恩科）会试在河南贡院举行，中国科举的最后会试在河南贡院落下了帷幕。这次会试和光绪二十九年（1903年）癸卯会试一样，采用了科举改革后的方案，体现了废除八股文、改用策论、设新科等新变化。归结起来，主要是在考试的形式和内容两大方面的变化，而这两方面又是相互渗透、相辅相成的。

就考试形式而言，最后两次会试最重要的变化即是废除八股文。当然，对于八股取士，也应当有一个历史性的评判。八股文是我国考试命题技术的一大创造，它"是一种标准化的论述题型，优点是阅卷标准易于统一。所以，考官们称赞好评分，好复查"[1]。八股文往往格式严整、思维缜密，其在促成明清士人注意逻辑思维上起了不小的作用。同时，八股文因其有固定的程式，使以自学为主的平民子弟也比较容易掌握这一文体。另外，士人从研习八股文中受到儒家伦理道德的熏陶，把书中所讲道理根植于自身的言行举止之中，为信仰而至死不渝。明清时期的诸多举子，他们的铮铮风骨，他们的民族气节，他们的忧国忧民之情，都很好地诠释了八股取士对知识分子曾经发挥的正面导向作用。但是，在其后的发展中，八股文日益僵化，越来越不利于经世致用人才的选拔，其负面影响越来越明显。顾炎武指出："愚以为八股之害，等於焚书，而败坏人材，有甚於咸阳之郊所坑者但四百六十余人也。"[2]废八股对科举考试发生了重大变化，

① 漆书青：《现代测量理论在考试中的应用》，华中师范大学出版社2003年版，第25页。
② 《日知录卷十六·拟题》，［明］顾炎武著，［清］黄汝成集释，乐保群校注：《日知录集释》（校注本·第三册），浙江古籍出版社2013年版，第958页。（此处原书写"［明］"，笔者在其他处标为"［明末清初］"）

"未废八股时，乡、会试第三场之策，是条对性质，举经史政事以为问题，随问而条答之，不写题目，只写第一二问等，此改为各国政治艺学策，须照写策题，而策文对答宽泛，略类于论体矣"①。八股文的废止是时代的发展所使然，也是一代代士人学者努力呼吁和锲而不舍倡导的结果。

在改革科举试士的内容方面，清康熙年间在常科之外就开设了一种制科（为皇帝所特诏举行）——博学鸿词科，以考诗赋为主（科举考试中将诗、赋作为重要考试内容始自唐代，后曾中断了数百年），注重文学修养，而与常科中以八股文考查考生的方式截然不同。1898 年的维新变法中，光绪帝颁布谕旨设经济特科，主要吸纳以下几类人才："一曰内政，凡考求方舆险要、郡国利病、民情风俗者隶之。二曰外交，凡考求各国政事、条约、公法、律例、章程者隶之。三曰理财，凡考求税则矿产农工商务者隶之。四曰经武，凡考求行军布阵、管驾测量者隶之。五曰格物，凡考求中西算学、声光化电者隶之。六曰考工，凡考求名物象数、制造工程者隶之。"②但这次经济特科的设置也因之后的戊戌政变而停止。慈禧颁旨："经济特科易滋流弊，并著即行停罢。"③而迫于局势，1901 年慈禧又颁旨："值时局阽危，尤应破格求才，以资治理，允宜敬遵成宪，照博学鸿词科，开经济特科，于本届会试前举行。"④至光绪二十九年（1903 年），终于举办了经济特科。关于常科考试内容改为策论，也经过了大致相同的曲折。1898 年光绪颁布诏书："著自下科为始，乡会试及生童岁科各试，向用'四书'文者，一律改试策论。"⑤但戊戌新政的改革举措尚未来得及实施就发生了戊戌政变，维新变法的几乎所有改革立即被终止。慈禧谕令："嗣后乡试、会试及岁考、科考等，悉照旧制，仍以四书文、试帖、经文、策问等项，分别考试。"⑥1901 年，清政府又颁布改革上谕："著自明年为始，嗣后乡、会试，头场试中国政治、史事论五篇；二场试各国政治、艺学策五道；三场试'四书'义两篇、'五经'义一篇。"⑦1904 年的最后一次会试，各场考试都体现了 1901 年颁布的谕令。

科举考试内容的变化，究其种种原因，最关键之处即在于中国被西方列强用

---

① 商衍鎏著，商志霭校注：《清代科举考试述录及有关著作》，百花文艺出版社 2004 年版，第 279 页。
② 丘复著，丘其宪、丘允明校注：《愿丰楼杂记》，黑龙江人民出版社 2009 年版，第 235 页。
③ 张耀南、陆丽云、孙宇阳：《戊戌百日志》，北京燕山出版社 1998 年版，第 626 页。
④ [清]朱寿朋编：《光绪朝东华录》（四），中华书局 1958 年版，第 4668-4669 页。
⑤ 舒新城编：《中国近代教育史资料》（上），人民出版社 1981 年版，第 44 页。
⑥ 张耀南、陆丽云、孙宇阳：《戊戌百日志》，北京燕山出版社 1998 年版，第 626 页。
⑦ 朱有瓛主编：《中国近代学制史料》（第一辑·下），华东师范大学出版社 1986 年版，第 79 页。

坚船利炮打开了国门后，广大忧国忧民的有识之士在受到强大震撼的同时也幡然警醒：狭窄的、缺乏实用之学的科举考试内容和八股取士使考取功名的人都成了没有实用之才的人。诚如梁启超所说："近代官人，皆由科举，公卿百执，皆自此出，是神器所由寄，百姓所由托，其政至重也。邑聚千数百童生，擢十数人为生员；省聚万数千生员，而拔百数人为举人；天下聚数千举人，而拔百数人为进士；复以百数进士，而拔数十人入翰林，此其选至精也。然内政外交，治兵理财，无一能举者，则以科举之试以诗文楷法取士，学非所用，用非所学故也。"①因此，不少士人学者，乃至洋务派的宫廷要员都积极呼吁和倡导科举考试必须引进西方的实用之学、经世致用之学，设立经济特科，选拔出实用之才；必须由原来八股取士只重"四书""五经"改为与现实密切结合的策论，才能挽救科举于窘境之中。经过艰难曲折的改革历程，终于在 1903 年、1904年的最后两次会试将改革的措施落实于实践之中。可见，科举考试内容已经逐渐与时代接轨。

试想，假如我们对科举制度全盘否定，那么，我们怎么理解进士及第的范仲淹发出的"先天下之忧而忧，后天下之乐而乐"的忧国忧民的呼声，考取进士第一名的文天祥能发出"人生自古谁无死，留取丹心照汗青"的壮烈的慨叹，进士及第的张载所具有的"为天地立志，为生民立道，为去圣继绝学，为万世开太平"的舍我其谁的担当情怀，进士出身的袁崇焕"杖策必因图雪耻，横戈原不为封侯"的豪言壮语，乡试举人王夫之"六经责我开生面，七尺从天乞活埋"的传承、创新文化的强烈责任感和无畏的民族精神？这不是一个人发出的心声，而是一个群体发出的心声。当然，也有那些没有获取功名的士人所发出的同样使人感怀的关心民间疾苦的心声，如杜甫的"安得广厦千万间，大庇天下寒士俱欢颜""致君尧舜上，再使风俗淳"，谭嗣同的"我自横刀向天笑，去留肝胆两昆仑"等。假如我们对科举制全盘否定，那么也就不好理解宋、明两代以及清朝汉人的明臣能相、国家栋梁之中，进士出身的占了绝大多数。

（3）科举制的兴盛促进了历代文教事业及士人学子的多方发展

与上述一点密切相连，科举制的兴盛促进了历代文教事业的发展，也在一定程度上促使了士人学子德智体的多方发展（尽管这种发展与当今所说的德智体美劳全面发展并不在一个层面）。

科举制的实行，促进了中国古代学校教育的发展，使中央官学、州县学、书

---

① 舒新城编：《中国近代史教育史资料》（上），人民出版社 1981 年版，第 40 页。

院和各种乡村私塾得到了空前发展。隋唐以后，随着时势的不断发展，科举制度与教育制度越来越紧密地结合在一起。

对于士人学子而言，科举对考生的德智体都有要求：对德的要求不言而喻，如唐宪宗时规定"跡涉疏狂，兼亏礼教……不得申送"①，宋代初年规定"凡命士应举，谓之锁厅试。所属先以名闻，得旨而后解。既集，什伍相保，不许有大逆人缌麻以上亲，及诸不孝、不悌、隐匿工商异类、僧道归俗之徒"②。到了太宗时期，"如工商杂类人内有奇才异行、卓然不群者，亦许解送"③，此时商人已可参加科举考试，可以做官。文化考试则要经过层层选拔、淘汰，极为严格。考试注重考生的写作能力，也注意考查其分析问题和解决问题的能力。历代对考生健康也有要求，如唐代考中后，要由吏部组织再"试身"，即考察外貌和健康状况；宋代规定"有笃废疾者不得贡"④；元代规定"患废疾"者不得应试。

（4）科举制促使全国范围内形成了读书尤其是自主学习的热潮

正由于科举制度所体现的公开、公平、公正性，从而一定程度上在全国范围内形成了读书的热潮，尤其是自主学习的热潮，这是一种进步的社会现象。在当时公办学校即官学较少、容纳不了太多学生尤其是下层出身的学生情况下，独立自学应考成为一条重要的渠道。不论通过何种渠道应考，只要考试得中，即可上升到官员阶层。这就大大扩充了社会中普遍学习和读书的范围，促使社会中努力读书求学风气以及尊师重教、尊重知识、尊重人才风气的盛行。由此，选拔人才的范围扩大到全国，包括边远省区，像云南、贵州等人口少、文化不发达地区也分配有一定名额。通过定期考试，使后备人才不断补充到中央，这就增加了中央政府的向心力和凝聚力。

而且，科举制度对于中华文化的传承与发展起着不容轻视的作用，它使中华文化的精华绵延不绝地加以传承。甚至有学者指出，如果没有科举制度，也就没有中国古代灿烂的文化。在科举考试的终结地——河南大学（河南贡院旧址）持续举办的"中国科举书院文化展"，对科举制度作了评价，认为"近古以来（隋唐以降至鸦片战争时期）中华文化风貌的形成，很大意义上要归功于科举制的铸造"，"科举制度的创造性在于，它打造了一个引导全民族追求知识、热爱学习

---

① 《唐会要·贡举中·进士》，[宋]王溥撰：《唐会要·下》（卷七十六），中华书局 1955 年版，第 1380 页。
② 《宋史·志·选举一·科目上》，[元]脱脱等撰：《宋史·卷一百五十五》（第十一册），中华书局 1977 年版，第 3605 页。
③ 《宋会要辑稿·选举》，[清]徐松辑：《宋会要辑稿》（第一百十三册），中华书局 1957 年版，第 4490 页。
④ 《宋史·志·选举一·科目上》，[元]脱脱等撰：《宋史·卷一百五十五》（第十一册），中华书局 1977 年版，第 3605 页。

的框架，打造了一个能够使全民族获得整体提升的阶梯，因而对隋唐以来的社会结构、政治制度、教育、人文思想等，都产生了深远的影响，为形成和催生更高级的文明形态奠定了坚实的制度文化基础"，"千百年来，不少古今中外的有识之士指出，科举制度可能不能尽善尽美地完成对全部人才的选拔，但它能够有效防止最坏情况的出现，现在看来还没有比它更科学有效的全民选拔制度"。这一评价应该是比较中肯的。

（5）严格的科举考试制度和规则为当今考试提供借鉴

科举考试制度是相当严密的，进入考场有严格的检查，试卷有严格的保密程序，考官若受贿舞弊就要判重罪。为防止卷子糊名后考官在阅卷时通过笔迹或暗记辨认举子，又设誊录制，即以书手誊录试卷以送考官评阅，而将举子的亲笔真卷密封归档。考后文章是要"闱墨"即公布出来的，且要刊刻印书。而且，朝廷对科场作弊都用重典，被处以极刑的也屡见不鲜。因此，除偶尔有人铤而走险之外，大都不敢以身试法，考试作弊的现象实不多见。一些论者把晚清科场作弊如挟带、替考、贿赂考官、通关节等的盛行看作是科举制度的弊端及其黑暗，实际上从宋代以后基本定型的科场条规来看，作弊是人的问题，而不是制度本身的问题。

科举考试和当今的高考制度都体现了组织和发展教育事业的国家职能。就考试的程序、方法和措施来看，科举制中曾施行的锁院、验照、糊名法、复考和双重定等第法、别试等也正在被当今的高考制度所沿用。从考题的类型上看，当今高考中的填空题、默写题、问答题及作文等可追溯到科举中的帖经、墨义、经义、诗赋等。严格的考试纪律，也是两者共同的特点。就连当前高考制度中开始试行的"中学校长实名推荐制"，也可从科举制中找到渊源。科举制实行的有信誉名人的推荐制，在当时确实推荐了一大批有真才实学的士人，如有"诗王"之称的唐代大诗人白居易、唐宋八大家之一的苏洵等。

（6）科举制度在世界上产生了深远而积极的影响

作为中国古代人文活动的首要内容，科举制度在世界上产生了深远的影响。中国是考试制度的发源地，是最早通过考试方法选拔人才的国家。而在中国考试史上，最重要的就是科举考试。历史上，日本曾在公元 8—10 世纪一度仿行过科举，韩国、越南也曾长期实行过科举制度。而且，越南科举制的废除还要在中国之后。科举制对西方的影响主要是英、法、德、美等国曾借鉴科举建立了文官考试制度。中世纪欧洲各国政府实行赐官制，文职官员的录用不进行任何考试，这就必然导致吏治腐败，"朝有南郭，野有遗贤"的现象十分普遍。16—17 世纪，欧洲来华的传教士通过游记形式将中国的科举制度介绍到了欧洲。16 世纪的门多萨认为，中国是世界各国中治理得最好的一个，科举制度通过竞争开放一切官职，从而利用了所有中国人的聪明才智。明朝万历年间来华的耶稣会传教士利玛窦向西方介绍当时南昌举行乡试的情形时说："标志着与西方一大差别而值得注意的另一重大事实是，他们全国都是由知识阶层，即一般叫作哲学家的人来治理的，井然有序地管理整个国家的责任完全交付给他们来掌握。"①18 世纪的启蒙运动中，不少英、法思想家都推崇中国的这种公平和公正的制度。法国启蒙思想家伏尔泰曾赞叹说："人类思想，肯定想象不出比这样做的政府更好的政府，在这个政府里，重要的衙门彼此统属，任何事情都在那里决定，而其成员，都是先经过几场严格的考试的。"②英国牛津大学教授纽曼说，中国行政制度是迄今为止存在于东方的无与伦比的优秀制度。欧洲人赞赏中国科举制度选拔人才的机会均等、公平竞争、择优录取等原则，认为这是一种出类拔萃的制度，值得效仿。即使中国在鸦片战争中失败，欧美学者仍对科举制度称道不已。如美国基督新教传教士兼外交官、在华活动四十年的卫廉士（卫三畏）在《中国总论》中专辟一章写中国的《教育和科举考试》，并总结说，"中国政府实行的文武考试制度……在古往今来的大国都是无与伦比的"③。他还说道："科举考试制度以经典及其注解所教导的政治权利义务作为绝对的力量，使中国免于再次分裂成许多王国。这一制度将一切人置于平等的基础之上，据我们所知，人类本质还没有这样的平等。"④在中国科举制度的影响下，欧洲开始废弃腐朽的赐官制，确立从竞争性考试中选拔文职官员的制度。早在 1776 年，英国著名经济学家亚当·斯密就提议，每个人"被获准在任何机构自由从事某一职业前，必须经过考试或试用"⑤。他提出的选拔人才的原则被欧洲各国普遍接受，这一主张是受法国百科全书派的影响，而后者又是受中国政治哲学的影响。法国在 1791 年进行了文职人员的考试，德国大约是在 1800 年。英国在 19 世纪中至末期建立了公务员聘用方法。1854 年，英国国会议员诺斯科特和杜维廉根据广泛的调查，参照中国古代科举制度提出了一项改革文官制度的方案，即著名的"诺斯科特-杜维廉报告"，规定政府文官通过定期的考试招取，奠定了英国现代文职官员（公务员）

① [意]利玛窦、[法]金尼阁著，何高济、王遵仲、李申译，何兆武校：《利玛窦中国札记》（第一卷·第六章），中华书局 1983 年版，第 59 页。
② 转引自村夫：《村夫散文选》，甘肃人民出版社 2011 年版，第 230 页。
③ [美]卫三畏著，陈俱译：《中国总论》，上海古籍出版社 2014 年版，第 389 页。
④ [美]卫三畏著，陈俱译：《中国总论》，上海古籍出版社 2014 年版，第 390 页。
⑤ 转引自杨移贻：《学术是大学的逻辑起点》，中国经济出版社 2015 年版，第 234 页。

制度体系的基础，并渐渐形成后来为欧美各国仿效的文官制度。孙中山先生在考察欧美各国考试制度后指出："现在各国的考试制度，差不多都是学英国的。穷流溯源，英国的考试制度，原来还是从我们中国学过去的。所以中国的考试制度，就是世界中最古最好的制度。"[①]胡适也曾说，"我在国外的时候，时常感觉到，中国文化对于世界的一个伟大贡献，就是公开的客观的文官考试制度。没有一个国家的考试制度，能够像我们这样久远、严密与公开"，"反观西洋国家实行文官考试制度，至多不上二、三百年，而且都是受了中国的影响的"。[②]当代美国汉学家艾恺在谈到中国的科举制度时说："这个在世界史意义上的独特制度培养并创造了优异阶级，该阶级在世界史上是独一无二的。世界上其他任何一个社会，包括美国独立革命与法国大革命，都是由一个世袭的武士阶级所统治，并常常由传教士或神职阶级辅助。但中国则非常不同，他们是非世袭，依靠学识，而非军事和武力获取权力的群体。"[③]毋庸置疑，科举制度西传欧美并影响世界，是中国对世界文明进程的一大贡献。

4. 对废除科举制度的一些思考

废除科举制度是中国历史上的一件大事，它对中国的影响是深远的、全方位的，如严复所言："不佞尝谓此事乃吾国数千年中莫大之举动，言其重要，直无异古之废封建、开阡陌。"[④]此事不仅对中国国内产生巨大的震撼，在世界上的反响也相当强烈。美国学者罗兹曼在其《中国的现代化》一书中写道：1905 年废除科举使这一年成为新旧中国的分水岭，其划时代的重要性甚至超过辛亥革命，其意义大致相当于 1861 年沙俄废奴和 1868 年日本明治维新后不久的废藩[⑤]。但学者田澍指出，清末"其仓促废除科举而无相应的替代制度，对准备科举者的出路没有做出妥善的安排，导致人心的极速流失、政局的更加混乱和政权顷刻间的土崩瓦解"[⑥]。"科举废除是二十世纪中国历史的头等大事，从此上下两层社会

①　孙中山著，三民书店编辑部编辑：《三民主义简讲·五权宪法解释合刊》，三民书店 1927 年（民国十六年）版，第 91 页。

②　胡适：《容忍与自由》，中国言实出版社 2014 年版，第 145 页。

③　王传军：《中华文明震撼了我——访美国著名汉学家、芝加哥大学终身教授艾恺》，载《光明日报》2013 年 9 月 1 日，第 8 版。

④　张枬、王忍之编：《辛亥革命前十年间时论选集》（第二卷上册），生活·读书·新知三联书店 1963 年版，第 367 页。

⑤　转引自刘建民：《科举考试的终结地——河南贡院》，载《中国教育报》2005 年 11 月 26 日，第 4 版。

⑥　田澍：《科举的利弊及清朝废除科举的教训》，载《西北师大学报》（社会科学版）2005 年第 1 期，第 74 页。

被打成两截，无法得到有效的沟通。"①面对科举废止后的混乱政局，梁启超曾说："科举非恶制也，所恶乎畴昔之科举者，徒以其所试不足致用耳……此法之造于我国也大矣，吾故悍然曰复科举便。"②钱穆先生说："直到晚清，西方人还知采用此制度来弥缝他们政党选举之偏陷，而我们却对以往考试制度在历史上有过千年根底的，一口气吐弃了不再重视，抑且不再留丝毫顾惜之余地。那真是一件可诧怪的事。"③历经千年的科举制度，在社会人员的流动和社会凝聚力方面已形成良好的循环机制，在历史上承负着整合传统社会生活，以及维护社会内部中的文化生态平衡的功能，它对传统中国的政治、文化、教育、思想、经济及社会生活的运作均起着枢纽与调节的作用。可以说，科举制度贸然废除后，没能适时地出现替代性的制度，在相当长的时间内没有建立起公开、刚性和持续化的选官制度，导致选人无标准、用人无尺度、做官无限制，从而使原本长期以来相对平衡的文化生态，尤其是农村的文化生态遭到了前所未有的破坏，阻断了社会上下层之间通过科举而产生的流动。由此，也就导致了官场腐败的加剧、社会关系的长期对立与无序。

笔者曾鉴于对科举制的探析，在《千年科举考试终结地的考察与沉思》一文中表达了这样的看法："作为河南大学学人，置身于科举考试的终结地，在对千年科举制度尤其是最后两次在河南贡院举行的科举考试进行考察、研究与思索之后，我们认为……如果科举制度不是贸然废除，而是通过改革使其更加适应变化的中国和变化的世界，或许对中国文化的传承与弘扬具有更大的意义……科举制的废除有其形势所迫的偶然性，主要原因在于外强入侵和以慈禧太后为代表的清政府的腐败无能。在清政府控制不了混乱的局面时，就草草废除科举以自保。当然，科举制度有其弊端与缺憾，时人对此不断发难，要求废科举的声音时有出现。但冷静思考，一种成功地在中国实行了 1000 多年的人才选拔制度，不可能不具有超越时空的价值和意义，不可能到了不废除就只有阻碍社会进一步发展的地步。事实上，如前举例说明，束缚思维的八股取士已在最后两次会试中被废除，取而代之的是与国内外形势密切结合的策论等考题。可以说，最后两次会试已经真正开始放眼世界，关注社会发展的方方面面。在各省举行的最后一次乡试（1903）中也可看到这种变化。如光绪二十九年（1903）河南乡试改为以策论为

---

① 夏双刃编：《非常道：1840—2004 的中国话语》（第二辑），北京出版社 2006 年版，第 200 页。
② 梁启超：《饮冰室合集》（影印本），中华书局 1989 年版，第 68 页。
③ 钱穆：《国史新论》，生活·读书·新知三联书店 2001 年版，第 89 页。

主，'中州形势论'是当时的考题之一，这与当前中国的'中原崛起'战略有英雄所论略同之意。可以想见，随着时代的发展，科举制度在改革中必定会不断完善……以严格的科举考试为依托的非世袭的官僚制度，是中国制度文化的重要特色。科举制通过严格的考试选才，一定程度上打破了'上品无寒门，下品无势族'的传统，使寒门庶士通过刻苦读书也有改变命运的机会，这与当今高考制度提出的'分数面前人人平等'，何其相似乃尔。正因为科举制度下的官是考出来的，而非世袭，因此绝大多数都有做官的底线。他们一定要读书明理，要寒窗刻苦，那么书中的道理对这些官员不可能没有任何影响。事实也证明了这一点……当然，历史没有假设，但是察古知今，有关科举制度的考察与研究，对于当前中国社会的发展，尤其是对于教育的选拔性考试——当今的高考和公务员的招聘不无借鉴意义。"[1]因此，在我们大胆引进、吸收和效仿西方人事管理思想、制度和技术的同时，有必要回过头来重新审视曾经影响我国政治、经济、文化一千多年并对世界作出贡献的人才选拔制度——科举制度。

（二）中国古代非世袭官僚制度简析

正是由于科举制度的产生与绵延，才造就了中国历史上影响深远的、较为成熟的文官选拔制度。这种制度最为显著的特点，就是官吏的非世袭制。不可否认，在中国封建社会，帝王之位是世袭的，皇权至上是传统社会人们头脑中根深蒂固的观念，"家天下"是中国社会的基本结构。但是，自春秋战国以来，尤其是科举制产生以来，辅佐皇权进行治国理政的历代官僚体系却又恰恰是非世袭的。如前所述，这些经过奋斗考出来的官员，不是接受前辈的门荫承袭而来，其职位和官品也不传给后代（当然，也不排除历代皆有少数门荫、恩荫的情况）。因此，这种非世袭的官僚制度是以与科举制度密切相连的下述多种具体的制度构架而成，它秉承了思想家提出的"明主治吏不治民"[2]的观念，维护着大一统的统治。

1. 对官员的定期考核制度起到了较大激励作用

考核在中国古代也称为考绩、考课、考校或考功，是指在特定的时间由专门的人员和机构对在职官吏的政绩、功过和德行进行考核。在中国文官体制中，对

---

① 李申申、黄思记：《千年科举考试终结地的考察与沉思》，载《社会科学战线》2014 年第 6 期，第 95-96 页。

② 《韩非子·外储说右下》，高华平、王齐洲、张三夕译注：《韩非子》，中华书局 2010 年版，第 516 页。

官员的定期考核制由来已久。据史籍记载，在中国古代原始社会，黄帝时即设置了百官，尧、舜时就有了考课制度。据《尚书》记载，舜提出了"三载考绩，三考，黜陟幽明，庶绩咸熙"①的考核制度。商代中期已经形成了一套完整的官制。商代职官的考绩三年进行一次，对在任职官的从政能力、行政水平进行鉴定，并在考绩的过程中发现人才，破格录用。对在任官员的违法犯罪行为，设立了刑狱官，制定官刑给予惩戒。西周以"八法""六计"考课百官，即以"八法治官府"和"六计课群吏"。"八法"指对组织机构的考核，"六计"是对政府官员的考察。春秋时期，晋、齐等国的官职逐渐由贵族世袭制过渡到君主任命制，考核官吏功过的职务也随之设置：晋设司功，齐则有司过、五横、史啬夫等不同称呼。战国后期，以秦为代表的考课制度才开始以法律形式出现，国君根据"见功而与赏，因能而授官"（韩非引申不害与韩昭侯对话语）的原则，建立了考核官吏的"上计制度"、俸禄制度、"法官法吏制度"等，还制定了《为吏之道》。"上计制度"主要是以赋税收入的多少作为考核官吏政绩的标准。秦朝建立后，继承了秦国的上计制度，构成了中央到地方的县上计于郡、郡上计于中央的系统。汉承秦制，两汉时的官吏考核制度，主要是课计制即考课和上计。汉代对官吏已建立了自上而下的考核制度，上计制度进一步完善并成为一项经常性的制度，有一整套主管机构和官员，并且有律令专条规定。西汉末至东汉，基本上每年一小考，三年一大考。隋唐时期，对官吏的考核归吏部主持。隋制，九品以上的地方官由吏部每年考核一次，地方官每年年终要到中央报告工作，谓"朝集"。唐代的考核制度更加严密，采用积分的方法分为三等九级，以定黜陟。唐制规定，官吏不论职位高低、出身门第都要经过考核，每年一小考仅评定被考核者的等级，三至五年一大考综合考评几年的政绩以决定升降与奖惩。官吏考核由专门的机构，即下属于尚书省的吏部考功司负责，这是历史上首次出现专门的考核管理机构。年终集中考核的时候，另从京官中选派威望高者二人，分别为京官考和外官考。根据品德和才能两方面以"四善""二十七最"为标准评定等第。"四善"为德义有闻、清慎明著、公平可称、恪勤匪懈。"二十七最"包括献可替否，拾遗补阙，为近侍之最；诠衡人物，擢升贤良，为选司之最；扬清激浊，褒贬必当，为考校之最；礼制仪式，动合经典，为礼官之最；音律克谐，不失节奏，为乐官之最；决断不滞，予夺合理，为判官之最，等等。各州县部门长官将所属成员按全年的功过表现，根据善最的多少定为三等九级。考核结果当众宣读公开，议其优劣，最后汇总于尚书省。唐代流外官（即流内九品以外的职官）考

---

① 《尚书·虞夏书·舜典》，李民、王健撰：《尚书译注》，上海古籍出版社 2004 年版，第 19 页。

第的评定，同样是以"善""最"原则为标准，但其考第为四等：清谨勤公、勘当明审为上；居官不怠、执事无私为中；不勤其职、数有愆犯为下；背公向私、贪浊有状为下下。可以说，唐代专门考核机构的确立、考核标准相对精确化、考核方式的程序化及统治集团对考核黜陟的自如运用和灵活掌握，使唐朝官吏系统考评体制的完善性，为古代中国之首。宋代以后的历代均重视对官吏的考核，都设有考核机构。宋代对官吏的考核由审官院（主考核京朝官）和考课院（主考核幕职及地方官）负责，一岁一考。宋代不仅继续保留每年一小考、三年一大考的做法，而且对不同类别的官吏采用了不同的考核指标体系，还规定文官三年一任，武官五年一任。宋代的考课标准沿袭了唐代的"四善"，但将"二十七最"精简为"三最"：狱讼无冤、催科不扰为治事之最，农桑垦殖、水利兴修为劝课之最，屏除奸盗、人获安处、赈恤困穷、不致流移为抚养之最。相比于唐代，宋代的考核制度即磨勘制（由朝廷指定特别官员或官署考核百官，并对考核进行复核、复验，谓之"磨勘"）以年资为重要依据，多了论资排辈的意味。明代对官吏的考核分为考满和考察两种：考满是对所有官吏的全面考核。内外官任职满三年一考，六年再考，九年通考，即所谓"三考黜陟"。每一阶段考绩完成称作"考满"。对官吏的考绩分上中下三等，曰称职、平常、不称职。考察主要是对贪、酷等需要加以行政处理的官吏的审查。考察的标准是"八目"：贪、酷、浮躁、不及、老、病、疲、不谨。考察又分为"京察"和"外察"："京察"是每隔六年对中央官员进行考察以决定去留；"外察"是考察地方官员的制度，从州县到府道司，三年一次，层层考察属官，再汇总至督抚复核，造册上报吏部。只是，明代中后期政治腐败，致使严格的官吏考核制度逐渐成为虚文。清代的考课制度，京官谓之"京察"，外官谓之"大计"，其具体制度与标准大体延续明制，但一概改为三年举行一次。由于清代官场上的腐败形势已积重难返，纵使考核制度如何严密，也未能挽救大清王朝衰败的命运。

考核的目的在于通过惩恶扬善以澄清吏治，因此历代王朝在考核的基础上都建立起奖惩制度，考核结果与奖惩直接挂钩。考课之后，根据考绩进行赏罚。成绩优异者，有口头和行文褒奖、迁官、增秩、赐金、封爵等奖励，可以单独使用，也可以多项奖励共同使用；成绩差的则有被责问、申诫、鞭杖、罚金、降职（左迁）、贬秩、判刑、抄家、免官甚至处死等处罚，有时是数罪并罚。唐以考核的等级作为加禄进阶或减禄降阶甚至免官的依据。清通过考核，"视其称职与否，即分别去留，以示劝惩"。利马窦在中国传教时观察并记录下来明代考核外官的情形："我自己亲眼看到，即使皇上也不敢更改这次公开调查的审查官们所作的决定。受到惩罚的人绝不是少数或低级官员。在 1607 年举行的那次普查之后，我们看到对四千名官员作出了判决；我说'看到'，是因为所涉及的人的名单刊为单行本发行全国。"①

中国古代的考核，在正规的考核程序之外，并不排斥民间的声音。有些职位较低的官吏，由于民众的高度评价而得以快速晋升。如汉代循吏朱邑，"少时为舒桐乡啬夫，廉平不苟，以爱利为行，未尝笞辱人，存问耆老孤寡，遇之有恩，所部吏民爱敬焉。迁补太守卒史，举贤良为大司农丞，迁北海太守，以治行第一人为大司农"②。也有一些官吏，因民众意见大而遭致降职或丢官。例如，北魏撰写《水经注》的名家郦道元，任东荆州刺史时，"威猛为治"，民众向朝廷指责其施政苛刻严酷，致其被就地免职。对于一些即将离任的清官，百姓不舍其离去，会向上级官员甚至朝廷请求留任，有些就获得允许。例如，明朝著名清官况钟，刚正廉洁，孜孜爱民，深得百姓爱戴。文献记载，"钟尝丁母忧，郡民诣阙乞留。诏起复。正统六年，秩满当迁，部民二万余人，走诉巡按御史张文昌，乞再任。诏进正三品俸，仍视府事。明年十二月卒于官。吏民聚哭，为立祠"，"钟刚正廉洁，孜孜爱民，前后守苏者莫能及"。③此外，乡绅百姓往往会采用立功德碑、赠万民伞等形式表达对即将离任清官的挽留和颂扬之情。而历代官员也非常在意民间声誉，所谓"政声人去后，百姓闲谈中"。

在整个中国古代官吏考核史上，历代王朝都十分注重将德与绩两者结合起来综合考察，考察内容既注意全面性，又突出重点；既考察显性的经济和社会指标，又注重对官吏道德才能的评判。古代的考核实践始终建立在德绩结合的基础之上，将德才兼备内化为制度用人的价值取向。而且，考核制度作为职官管理制度中的一项制度，与相关制度如监察制度、奖惩制度、致仕制度等相互配合，形成一个协调一致的人事机制。还有，按照职务分工——各级行政主管和担任专门业务官吏分别制定具有针对性的考核条例，之后按照名实一致、权责一致的原则进行考核，有利于区分不同职权下所应担负的具体职责；对考核对象的分类——京官与外官、文官与武官、高级官与中低级官，使考核更具有可操作性。为使考核制度更具权威性，地方考核要先从高级官吏开始，然后再让经过考核筛选出来的贤能官吏考核下属，所谓正人先正己，使考核更具公信力。

因此，纵观中国历朝历代对官吏的考核制度，由于时代和环境的局限，确有

---

① ［意］利玛窦、［法］金尼阁著，何高济、王遵仲、李申译，何兆武校：《利玛窦中国札记》（第一卷·第六章），中华书局 1983 年版，第 60-61 页。

② 《汉书·循吏传·朱邑传》，［汉］班固撰：《汉书》（第八十九卷），中华书局 2007 年版，第 888 页。

③ 《明史·况钟传》，［清］张廷玉等撰：《明史·卷一百六十一》（第四册），中华书局 2000 年版，第 2912 页。

许多不尽如人意之处。但不可否认的是，在两千多年的实践中逐渐形成了一套完整严密且运作有效的考核机制，这种官员考核制度在不同的历史时期都起到了奖勤罚懒、惩恶扬善的积极作用，这种制度与整体的文官制度一起为国家政治的清明和社会的发展作出了应有的贡献。《明史》在论考察的成效时指出："京察之岁，大臣自陈。去留既定，而居官有遗行者，给事、御史纠劾，谓之拾遗。拾遗所攻击，无获免者。弘、正、嘉、隆间，士大夫廉耻自重，以挂察典为终身之玷。"①法国人魁奈曾这样评述清朝的考核制度："被称作'考吏肃'（K'ao liszu）的官员们一丝不苟地进行调查研究，甚至面对皇帝和皇亲贵戚也无所畏惧……这些官员的权力相当大，而且与他们的权力相适应，他们有着不屈不挠的顽强精神。连皇帝本人在他的行为触犯了国家法律和规定时，也不能免于受到他们的批评……如果法庭或审判机构对于他们在控告中所提出的正当理由，企图采取回避的态度，他们就会再次提出这个控告，没有什么能够使他们转变思想，放弃控告。"②

2. 监察制度在官僚体制千年发展中发挥了规范和约束官员的职能

实际上，早在夏商周三代的国家事务中，就已经有了监察的因素和活动。之后，随着朝代的更替和时代的发展，中国封建官僚体制中的监察制度得以形成并日益完善，而且形成了中央监察与地方监察相结合的监察制度。秦朝的御史大夫府、魏晋南北朝和隋唐宋元时期的御史台、明清时期的都察院，都是中国历史上中央一级的监察机关。在御史监察系统之外，还有谏官言谏系统。"御史职在纠察官邪，肃正朝纲，运用弹劾手段进行监察；谏官则是谏诤封驳，审核诏令章奏。御史对下纠察百官言行违失，谏官对上纠正皇帝决策失误，二者构成了封建社会完整的监察体制。"③唐代在监察制度臻于完备的同时，谏官系统亦已趋于完备，形成了台谏并立的格局。宋元明清时期，御史监察系统与谏官系统进一步完善，并逐步发展至两大系统的合一。

从历史上来看，中国古代的监察机构由最初的监察、行政不分而逐步走向独立——独立行使职权，不受地方势力干涉，被顾炎武誉之为"千古不易之良法"。由于监察机构的监察对象是掌握着国家权力的国家机关和官吏，因此中国古代监察机构在国家机构中始终居于较高的地位，面向皇帝直接负责。"秦朝

---

① 《明史·选举三》，[清]张廷玉等撰：《明史·卷七十一》（第二册），中华书局 2000 年版，第 1151-1152 页。
② [法]魁奈著，谈敏译：《中华帝国的专制制度》，商务印书馆 2018 年版，第 85-86 页。
③ 张国安：《论中国古代监察制度及其现代借鉴》，载《法学评论》2009 年第 2 期，第 149 页。

时，中央监察机构长官御史大夫的地位就相当于副丞相。元朝的御史台与最高行政机关中书省、最高军事机关枢密院并列为三大府。明清时期，中央监察机构都察院与六部地位相当，被称为'部院并重'。"①当然，从监察官员的品级来看，往往品级并不是很高，却授以重任，"以小驭大"，"秩卑权重"。例如，汉代御史秩六百石，隋唐御史在六品至八品之间，明御史为七品，清御史为五品，品级虽不高，但都可监察、弹劾品级更高的官员。像汉代六百石俸禄的刺史可以监察二千石郡守，唐代八品监察御史韦仁约可以劾奏身为宰相的中书令褚遂良，等等，这就使监察官较少有执行监察的顾虑，进一步激发起了其强烈的责任感。

其次，中国历代将监察官视为"治官之官""百司之率"，在其选任及管理上非常严格，对其品德、学识及从政经历与能力上的要求和标准要严于一般官吏。"宋代就明确规定未经两任县令者不得充任御史，明代则在此基础上进一步规定御史必得科举出身，否则不选。"②汉魏时期选用御史一般通过察举考试的方式，而隋唐明清的监察官员大都选自进士出身。士族子弟、大臣之族不得任监察官，朝廷辅臣所荐不除台谏。

再次，中国古代监察制度的发展与完善是建立在法规律令等法律制度的基础之上的，如秦初的察史律令、汉初的《御史九条》、汉武帝制定的《刺史六条》、唐代的《监察六条》、宋朝的《诸路监司互察法》、元朝的《设立宪台格例》、清朝的《钦定台规》等。在常驻和例行的巡察之外，还有不定期地派员如巡按、钦差大臣出巡，作为整饬吏治的一种补充手段。隋唐以后，监察对象扩大到一切地方官吏，监察内容也扩大到官员各方面的政绩。如唐代建立一台（御史台）三院（台院、殿院、察院）制，监督范围几乎涉及所有国家机关和部门。御史台对行政、司法、财经、治安、礼仪、军队等拥有广泛的监察权。"在君权至上的封建社会里，尽管法律往往首先被皇帝本人所破坏，但随着监察法规的增多和严密，监察活动日益法律化、规范化，这有助于监察机构正确地行使职权，做到纠而有据，劾而有理，以保证监察工作稳定而有秩序地开展；同时，对监察官员亦起了一定程度的约束作用，以保证监察队伍的廉洁奉公。"③另外，为了制约监察权力，有效地防止失监现象发生，大多数朝代还采取措施健全和完善反监互察机制。反监机制主要是指监察系统以外的官员对监察机构和监察官员的纠举

---

① 张洁、王敏：《古代监察制度及其对现实的启示》，载《法制与社会》2006年第9期，第70页。
② 张洁、王敏：《古代监察制度及其对现实的启示》，载《法制与社会》2006年第9期，第70页。
③ 张国安：《论中国古代监察制度及其现代借鉴》，载《法学评论》2009年第2期，第153页。

弹劾，互察机制则主要是监察系统内部各监察机构和监察人员之间的相互检举纠劾。这种反监互察机制，使各级监察机构和监察官员既是监察的主体，又是被监察的对象，使包括监察官在内的各级行政官员无不处在监察网络之中。正如学者张国安所指出的，中国古代监察制度"不仅在监督法律法令的实施、维护其统一，纠举不法官员、保持官员的廉洁性，维护统治秩序、保护国家机器的正常运转等方面，发挥了重要的积极作用，而且也为后世积累了丰富的文化遗产和可资借鉴的宝贵经验"[①]。

3. 回避制度是对官员权力膨胀和滥用的有效遏制

我国是最早实行任官回避制度的国家，回避原则可以说是我国传统官制的一大特色。回避制度确立于两汉，成熟于唐宋，完备于明清。这一制度是中国古代对官吏制约的制度，其目的在于防止裙带关系滋生，抑制盘根错节的地方势力，保证官员任职期间免受人际关系的干扰，公正地履行职务。其内容有：亲属回避、籍贯回避、职务回避及科举回避。

中国古代的任官回避制度，是随着对以血缘关系为基本准则的人事制度的否定逐步产生的，也是加强中央集权的需要。西汉初年的吴楚七国之乱被平息之后，促使统治者建立官员回避制度，规定有亲属关系的不得在同一地区或同一部门任职，官员不得在本籍供职。汉武帝时期，采取了刺史不用本州人、郡国守相不用本郡人、县令不用本县人的措施；皇帝的亲属不得在京城做官，皇后的兄弟不宜做九卿，宗室成员不能担任河东、河北及河南的地方长官，违者治罪。东汉桓帝时期出台了中国第一个关于任官回避的成文法规《三互法》，明确规定"婚姻之家"和"两州之士"不得"对相监临"，即地方官员不得在姻亲之家所在地任职，或两个地方的长官虽无姻亲关系，也要回避籍贯上的对应关系（如甲州刺史是乙州人，则乙州刺史就不能用甲州人），以防其用相互包庇对方亲属的办法搞权权交易。魏晋南北朝时，回避制度由汉代的姻亲回避扩大到一般的亲属回避，即有任何一丁点儿沾亲挂故关系的都不能在同一部门任职，不能同朝为官。北魏时明确规定，士族子弟不得任监察官。回避制度在隋唐以后得到丰富和发展。唐代的亲属回避主要限定在"大功"（即五服中的孝服之一）以上的近亲，皇族不能在京师任职但可到外地做官。在司法审判过程中，唐开始有亲仇回避的原则，凡审判官与当事人有亲属或师生或仇嫌关系的要回避，这一制度一直延续到清代。唐代地方回避规定，地方州县长官一律不得在本籍及邻近州县任职；而

职务回避则规定，宰相大臣子弟不得任监察官，以避免父有过，子不便弹劾。隋末唐初，形成了科举取士的任官选拔制度，为防止考官与应试者勾通作弊，保证科举的公正性，唐政府制定出了科考中的各种回避规定，科举回避制度随之出现。唐开元时代起，凡与考官沾亲带故的考生，都必须回避，在他地另行考试。唐中后期任主考官的礼部长官，必须将自己的亲属移送吏部考试，称为"别头试"。宋代的回避制度进一步严格和扩大：宋仁宗时出台的《服纪亲疏在官回避条例》，将避亲范围扩大到"缌麻"以上，即同一高祖父母名下的旁系和各种姻亲。宋代的皇族人员在任何地方都不能担任公职，而一般官员无论近亲远亲还是朋友，只要有统摄和相好关系的都得回避。宋仁宗时，把回避范围扩大到旁系亲属的三代以上。宋英宗时，武官任职前必须呈报亲属关系，武官与武官之间不得通婚。宋代规定，凡宰相所推荐为官的人，以及宰相的亲戚、子弟、属官，都不得充任监察官，地方官要回避本州和本府；宋代的科举回避，也沿用了唐代的"别头试"。还有，"钟鼎之家"的子弟在科举考试后，必须再加试一场，以示公允。明清时期，亲属回避的范围大致上包括直系、旁系血亲和姻亲。明朝政府明令规定，官员任职前必须申报个人财产，卸任时由有关部门审查。皇室成员不能做官，不得参加科举考试，只封爵供养。官员与皇室成员结亲，官即改调外任。有女嫁给皇族的，不能在京城任职。凡内外官员俱以亲属回避。洪武皇帝又把亲属回避推进了一步：父兄叔伯或弟男子侄在一地做官的只能留一人任职，其余的一律改调；在同一个衙门的官吏，有亲属关系的下级人员必须回避。明清时期的地区（籍贯）回避更加严格。明朝规定，"南人官北，北人官南"，要想做官，就只能穿越半个中国。清政府关于籍贯回避规定：总督、巡抚至州县的官吏都不能在本省及距家 500 里内任职，称为"避籍"，教官和中下级武官可以不回避本省，但须隔府任职。此外，清代还有寄籍（即在本籍之外官员或其父辈长期生活居住的地方）、商籍（指官员从事商业活动的地区）的回避规定。因为在这些地区内，官员都有可能形成盘根错节的关系网，有必要加以限制。关于职务回避，明代在唐宋的基础上进一步规定"大臣之族不得任科道"（明清六科给事中与都察院各道监察御史的合称），并令巡回监察官回避原籍、曾任官之地、寓居之地等，以防亲朋故旧干扰监察。在监察过程中，如主管监察官与案件牵涉仇嫌，亦应提出回避，否则因此而致案件枉违者，加重处罚。清代《大清会典》规定：凡祖孙、父子、叔伯、兄弟、外祖公、翁婿、外孙等，在同一部门任职者，不论辈分，官小者回避；在同一部门任同等官，后任者回避。其余无论品级与任官先后，均令子孙回避尊长。凡是管理钱粮的官员，不分远近，只要同族，官小者回避。府一级的官员，在衙门有同族的必须离开本府，到其他地方做官。清代规定，现任京官三品以上及外省督抚子弟不得考选科道，本籍和亲属也是监察官领受使命时必须回避者。另外，一些关系到国家经济命脉的财政、税收等事，明清时期也有相应的职务回避要求。明代规定，负责国家财政收入的户部官吏不得由江苏、浙江、江西人出任，因上述地区的税赋是国家主要的财政来源，以原籍之人担任恐其与当地势力勾结，侵吞国库。清时规定，曾任盐商，或祖孙、父子、叔伯、兄弟之近亲中有从事盐商者，都不得任管理盐政的户部职务，以防其以权谋私。关于科举回避，清廷规定，凡乡试、会试，主考、总裁和其他考官的子弟均不得入场。清政府还把亲属回避扩大到师生故朋回避，科举考试中形成师生关系的，于任职中要回避，上级官员不能任命和自己有师生关系的人为本衙门属员。

历代的统治者，在制定回避制度的同时也有相应的配套政策。为了保证回避制度的贯彻实施，颁布了一系列的法令法规。例如，对隐瞒籍贯、不回避亲属关系的官员，降一级使用；对假报亲属关系、籍贯或师生关系，借回避之名挑选官职的，予以革职；科举考试时，考官的亲属应考不申报者，即要受到严厉的处分。

不可否认，"家族和集团的利益使官吏抵制和破坏回避制度的花样翻新，层出不穷，因此，尽管回避制度越来越细密，仍难以切实贯彻。复杂的社会关系网利用同籍、亲属关系请托说情，乃至送礼行贿，挟制威逼，形成以情干政、以私废公、以言废法的巨大压力，造就地方保护主义的森严壁垒。独断独行的家长制会置一切法律制度于不顾，同避亲避籍的回避制度唱对台戏，安排个人势力、家族势力、地方势力、小集团势力进入要害部门，使行政关系衍化为家族统治与地方集团关系，直接破坏国家的统治基础"[1]。在以皇权为中心的封建社会，官员往往是只对上负责，致使回避制度难以真正、彻底地贯彻执行。但是，不可否认的是，在重视宗族血缘之情的中国古代社会，回避制度作为一种预防性措施，用于防止同宗、同乡徇私，用于防止官员权力的膨胀和滥用而陷入宗族性、地区性利益不能自拔的一种重要措施，在一定程度上减少了封建社会官场腐败现象，使吏治得到相对的澄清。同时，也为后世对官场的治理、对官员行为的约束提供了宝贵的、可资借鉴的历史经验。"从本质上说，回避制度是抑制宗法社会政治负效应的行政管理机制。它的出现是历史的产物，是历史过程辩证运动的成果。"[2]

---

[1] 刘修明、夏禹龙：《中国古代文官体制的现代启示》，载《齐鲁学刊》1999 年第 6 期，第 10 页。
[2] 刘修明、夏禹龙：《中国古代文官体制的现代启示》，载《齐鲁学刊》1999 年第 6 期，第 9 页。

4. 限任制的实行体现出进一步约束官员权力的显著特征

限任制亦称任期制、限期任职制。该制度是指法律法令规定对某种职位有一定任期时间限制和任期届数限制的一种制度。中国古代的官吏，在历史上很早就有任职期限的规定。前述《尚书·尧典》有"三载考绩，三考，黜陟幽明，庶绩咸熙"之语，成为后世推定当时存在固定任期制的依据。夏、商两代的王族和巫史、两周大夫以上的贵族，一旦入官大多不变且可世袭，但却规定要成年才能入官，到七十岁退休。西汉时并无固定任期制，"为吏者长子孙"，甚至"居官者以为姓号"。①与西汉官员久居其任相比，东汉官员有时更易频繁。汉光武帝"下其议，群臣多同于浮，自是牧守易代颇简"②。汉顺帝时，左雄主张"惠和有显效"的官员，"可就增秩，勿使移徙，非父母丧不得去官"，"而宦竖擅权，终不能用。自是选代交互，令长月易，迎新送旧，劳扰无已"。③汉顺帝还曾规定，年四十岁以上才能察举孝廉入仕。西晋开始，地方长官任期一律为六年，期满代换。南朝宋文帝"元嘉中，限年三十而仕，郡县以六周而代，刺史或十余年。及孝武即位，仕者不复拘老幼，守宰以三周为满"④。可见，至此地方官任期由 6 年改为了 3 年。北魏孝文帝也曾下诏说："三载一考，考即黜陟，欲令愚滞无妨于贤者，才能不壅于下位。"⑤隋朝规定"刺史、县令，三年一迁，佐官四年一迁"⑥的制度。唐承隋制，唐代官员的任期，根据不同的官职，一般约 3—5 年。但也有任期极短的情况，唐中宗时，官员"在任多者一二年，少者三五月，遽即迁除，不论课最"⑦。唐德宗贞元九年七月十九日颁布敕令，官员任期为 4—5 年，"诸州县令既以四考为限，如无替者，宜至五考后停"⑧。至唐穆宗时，任期已改为三年。此后，三年一任便相对固定下来。宋代地方官三年一换。但实际的任期往往达不到，地方官员与京官经常调整任期，基本遵守一年一考核、三年一升迁的官员考核任期制度。明代前期，鉴于任期过短造成的弊端，也

---

① 《史记·平准书》，[汉]司马迁撰，韩兆琦主译：《史记·卷三十》（第一册），中华书局 2008 年版，第 626 页。

② 《后汉书·列传第二十三·朱浮传》，[南朝·宋]范晔撰：《后汉书》（卷三十三），中华书局 2007 年版，第 339 页。

③ 《后汉书·列传第五十一·左雄传》，[南朝·宋]范晔撰：《后汉书》（卷六十一），中华书局 2007 年版，第 584 页。

④ 《通典·选举二》，[唐]杜佑撰，王文锦等点校：《通典》（卷第十四），中华书局1988 年版，第 333 页。

⑤ 《魏书·高祖纪下》，[北齐]魏收撰，仲伟民等标点：《魏书》（卷七·下），吉林人民出版社 1995 年版，第 117 页。

⑥ 《隋书·志·百官下》，[唐]魏征等撰：《隋书》（卷二十八），中华书局1973 年版，第 792 页。

⑦ 《旧唐书·卢怀慎传》，[后晋]刘昫等撰：《旧唐书》（卷九十八），中华书局 1975 年版，第 3065 页。

⑧ 《唐会要·丞簿尉》，[宋]王溥撰：《唐会要·下》（卷六十九），中华书局 1955 年版，第 1223 页。

曾经实施过"内外官满三年为一考，六年再考，九年通考黜陟"的 9 年任期制度，不过后来不断缩短。到明代的嘉靖与万历年间，部分县令的平均任期已经缩短到 3 年。"外省官三年一考察，每次考察，黜退老疾、罢软、贪酷、不谨等项"。①清代虽没有明确的官员任期制度，但原则上继承明代的地方官员三年一考核的制度，即"凡天下文官三载考绩，以定黜陟"②，如主持地方科举考试的学政，三年一任。而就实际情况来看，由于出现了忧、弹劾、别派他用等情况，官员任期远远达不到法律规定的时限。据相关史料统计，康熙时期州县官平均任期为四五年，乾隆时期平均任期为三年，而到了嘉庆、道光以后，平均任期只有一年多一点。

　　当然，从历史的发展来看，官员的久任制和短任制各有利弊，二者是对立统一的矛盾体。因此，对于官吏短任制，自西汉至清代，都有颇多非议。历史上西汉哀帝时丞相王嘉、东汉光武帝大臣朱浮、东汉顺帝时尚书令左雄、北宋名相王安石、司马光、明代宰相张居正等，都根据现实情况，反对短任制，而力主久任制。短任制的流弊在于，官员职务变动过于频繁，致使长官无法熟悉地方情况；下属因其长官任期短，不肯服从指挥和尽力工作；因任期短暂，也无法真正甄别官吏贤愚；而且，变动过于频繁，送往迎来，不仅加重了百姓的负担，也使官员难免只考虑眼前利益、近期政绩，就不可能有长远打算，致使苟且营私者居多，甚至出现编造政绩、骗取声誉以求升迁的问题，造成了吏风的恶化。有鉴于此，历史上许多时期统治者往往采用久任制，也产生了良好的效果，如汉宣帝时期实行的久任制。然而从另一方面看，官吏久任制如处理不当也容易产生弊端。例如，在职务职权不变的前提之下，如何使政绩优异者的努力和贡献得到彰显，对其本人有激励、有回报，对其他人有刺激、有呼唤；在维持官僚体系稳定的前提之下，如何有效避免官场惰习的形成，使得优异者有机会脱颖而出，避免"论资排辈"思维取得合法性。更要紧的是，如处理不当，各个层级、各个领域的官员普遍实行久任制，可能在上下级之间结成官僚利益共同体，在"熟人"关系网前监察、考绩制度可能流于形式而失效。而且，高级地方长官利用久任制的漏洞，可能结成地域性官僚集团；高级军事长官利用久任制的漏洞，可能变国家军队为私属性武装力量。这样形成的与中央政府相抗衡的潜在威胁，一旦失控就会出现地方割据的局面。这在历史上也是有着深刻教训的。由此，地

　　① 《图书编·皇明百官述》，[明]章潢撰，[清]孙衡详校：《图书编》（卷 83），台湾商务印书馆影印文渊阁四库全书版，第 454 页。

　　② 《钦定大清会典·考察》，《钦定大清会典》（卷 6），吉林出版集团有限责任公司 2005 年版，第 77 页。

方官甚至朝官的任期长短，就成为中国古代统治者及政治家极为关注并不断探索的重要课题。

5. 致仕制度是克服终身制与世袭制的重要措施

致仕制度即退休制度。其本意是还禄于君主，亦即告老休息的意思，又称"休致"。我国古代的致仕制度由来已久。《春秋公羊传·宣公元年》记载，"退而致仕"①。商周春秋为致仕制度萌芽时期。此期所形成的以血缘分封为基础的世卿世禄制度逐渐衰落，而代之以选贤任能为标准的官吏任命制度，由此官吏致仕制度伴随而来。早在殷商时代，就有辞官、告归事例，此为官吏致仕制度的萌芽形态。"大夫七十而致仕"②，说的是周代官吏退休的规定。战国至秦汉时期，官吏的致仕明确而具体，致仕要有两个条件，即年龄条件和身体条件，二者并列。如汉代规定，官吏到了七十岁，因耳目不灵，腿脚不便，精力不支，故得致仕："年七十……耳目不聪明，跛蹇之属，是以退老。"③魏晋南北朝时期，官员的致仕无定制：有的年龄虽已七十，政府不令退休，但本人要求退休；年龄未到七十者，但以老病退休；也有身体健壮，国家仍需要，虽年过七十仍任官者。隋唐至宋代的致仕制度进入了完善阶段。此一时期的致仕大致有四种情况：一是，官吏一般七十致仕。隋大业五年（609 年）诏曰："年七十以上，疾患沉滞，不堪居职，即给赐帛，送还本郡；其官至七品已上者，量给廪，以终厥身。"④《通典·职官十五·致仕官》记载："大唐令，诸执事官，七十听致仕。"⑤宋代官吏的退休制度相当严密，一般文官满七十岁，武官年达八十岁。宋初，"朝廷之制，七十致仕"⑥。北宋初期，由于局势不稳，官员较少，七十致仕并未严格执行，很多是超过七十岁的。真宗时，"文武官年七十以上求退者，许致仕"⑦。宋中期以后，由于冗官问题日益严重，致仕制度开始逐渐严格

---

① 《春秋公羊传·宣公元年》，王维堤、唐书文撰：《春秋公羊传译注》，上海古籍出版社 2004 年版，第303 页。

② 《礼记·曲礼上》，杨天宇撰：《礼记译注·上》，上海古籍出版社 2004 年版，第 4 页。

③ ［东汉］班固：《白虎通义卷六·致仕》，［清］陈立撰，吴则虞点校：《白虎通疏证》，中华书局 1994 年版，第 251 页。

④ 《隋书·帝纪·炀帝上》，［唐］魏征等撰：《隋书》（卷三），中华书局 1973 年版，第 74 页。

⑤ 《通典·职官十五·致仕官》，［唐］杜佑撰，王文锦等点校：《通典》（卷第三十三），中华书局 1988 年版，第 925 页。

⑥ 《宋会要辑稿·职官七七》，［清］徐松辑：《宋会要辑稿》（第一百五册），中华书局 1957 年版，第4147 页。

⑦ 《宋会要辑稿·职官七七》，［清］徐松辑：《宋会要辑稿》（第一百五册），中华书局 1957 年版，第4148 页。

起来，并发展为强令致仕。《宋史》中说："文武官年七十以上不自请致仕者，许御史台纠劾以闻。"①但是也有例外情况，个别武官可延长到八十致仕。少数元老、勋贤等可以留任，有的致仕官在朝廷需要时还可以复出任职，称为"落致仕"。二是，父母丧亡可以辞职服丧。唐武德二年（619 年），"初令文官遭父母丧者听去职"②。三是，因病或其他理由，亦听致仕。隋文帝征公卿（杜台卿）入朝，"台卿患聋，不堪吏职……（开皇）十四年，上表请致仕，敕以本官还第"③。唐朝规定："其五品以上，籍年虽少，形容衰老者，亦听致仕。"④宋朝曾规定，"虽未及七十，但昏老不胜其任，亦奏请之"⑤。四是，因吏职需要，年过七十而致仕者。唐文宗时，赵宗儒拜检校司空兼太子太傅，"寻拜疏请老。（太和）六年，诏以司空致仕。是岁九月卒，年八十七"⑥。宋真宗时，个别武官可延长到八十岁致仕："文臣致仕以年七十为断，而武臣年七十者犹与近地监当，至八十乃致仕。愿许其致仕之年如文臣法而给俸。"⑦北宋前期，高级官吏致仕，必须"落职"，即解除所任职务。宋神宗时，开始允许职事官带原职致仕。可见，此时期官吏致仕条件仍是年龄和身体，但二者不是并列的：年七十的官吏一般法律明文规定必须致仕，但若国家需要可过七十致仕，而年虽少、身体不好的也听致仕。元明清时，致仕制度已较完善，且致仕年龄有下降趋势。官吏六十致仕大概最早见于金朝。《金史·章宗本纪一》载："有官职俱至三品，年六十以上致仕。"⑧明朝，"文武官六十以上者，皆听致仕"⑨。老疾不能任事者以及软弱无能的官吏，则随时勒令致仕。清代官吏致仕条件基本延续明代，唯武官根据其年龄和品秩高低而有不同规定：自副将以下，年满六十概予罢斥，参将五十四岁为限，游击五十一岁为限，都司、守备四十八岁为限，千总、把总四

---

① 《宋史·志·职官十·致仕》，[元]脱脱等撰：《宋史·卷一百七十》（第十二册），中华书局 1977 年版，第 4089 页。

② 《旧唐书·高祖本纪·李渊》，[后晋]刘昫等撰：《旧唐书》（卷一），中华书局 1975 年版，第 8 页。

③ 《隋书·杜台卿传》，[唐]魏征等撰：《隋书》（卷五十八），中华书局 1973 年版，第 1421 页。

④ 《通典·职官十五·致仕官》，[唐]杜佑撰，王文锦等点校：《通典》（卷第三十三），中华书局 1988 年版，第 925 页。

⑤ 《朝野类要·引年致仕》，[宋]赵升编，王瑞来点校：《朝野类要》（卷第五），中华书局 2007 年版，第 102 页。

⑥ 《旧唐书·赵宗儒传》，[后晋]刘昫等撰：《旧唐书》（卷一百六十七），中华书局 1975 年版，第 4363 页。

⑦ 《宋会要辑稿·职官七七》，[清]徐松辑：《宋会要辑稿》（第一百五册），中华书局 1957 年版，第 4161 页。

⑧ 《金史·章宗本纪一》，[元]脱脱等撰：《金史》（卷九），中华书局 1975 年版，第 214 页。

⑨ 《大明会典·致仕》，[明]李东阳等撰，[明]申时行等重修：《大明会典》（卷十三），广陵书社 2007 年影印版，第 244 页。

十五岁为限。之所以如此规定，是因"军营最重朝气，最忌暮气"①之缘。

关于官员致仕之后的待遇，历朝历代都有相应的规定，以"使辞朝之叟，不恨归于闾巷矣"②。纵观中国历史，官员致仕待遇主要有几种类型：俸禄待遇，是指凡达到法定退休年龄都能得到部分或全部原官职俸禄；赐金待遇，是指官吏年老致仕而获得赐金；赐物待遇，是指官吏年老致仕而获得实物；升级待遇，是指中国封建社会中后期官吏致仕而升级的待遇，如宋代的中高级官吏在致仕时，不仅可以升转官阶，还可享受到一定的"荫补"（加恩于其子孙）与"恩例"（致仕官吏自行提出受恩申请）优待；特殊礼遇，是指把致仕作为一种荣耀的风气加以提倡。每逢大典及讨论国家大事，要么"朝请"，要么"访之"。为表彰、酬谢老臣在职时为国所做的贡献并示敬重长者，高官致仕时皇帝亲自为其举行规格很高的欢送仪式。另外，还许致仕官以"公乘还乡"（唐）、赐"驰驿还乡"（明清）。朝廷还经常遣地方官吏"存问"致仕官员。以此，使致仕不仅"崇德尚齿"，"抑亦励俗劝人"③，即起到树立榜样、教育后人、影响社会风气的作用。总之，以优厚待遇让官员回乡安度晚年，体现的是皇帝的恩赐，也体现的是官员不愿尸位素餐、愿全身而退的道义。"君以恩御臣，臣以义事君，贪以是息，而让以是作"④，这种和谐融洽的君臣关系对巩固统治基础非常重要。当然在某些时期，也存在着致仕官员待遇优厚，从而造成官民之间经济上贫富悬殊的过大差距和尖锐对立的情况。

从上述官员致仕制度的发展历史看，其随着朝代的更迭、时间的推移而日益规范、完善：首先，官吏致仕的范围由窄到宽。春秋以前，致仕仅限于大夫，两汉及其以后扩大到除皇帝以外的所有百官。其次，致仕官吏的级别由小到大。春秋以前主要限于大夫级，不包括诸侯，而两汉以后丞相、三公致仕屡见不鲜。再次，致仕官吏的年龄由大到小。官吏的致仕年龄由前期的七十岁，到金、明清时降至六十岁。还有，对致仕官吏身体状况的要求越来越严。从起初并无具体规定，到两汉时把年龄与身体并列，再到唐朝时致仕官吏的身体条件重于年龄条件，可见对身体条件的要求越来越严。不可否认，中国古代致仕制度有着不可避免的缺憾，如在封建社会君主专制政体下，官员进退均听命于君主，法制不可能

① 肖永清主编：《中国法制史简编》（上册），山西人民出版社1981年版，第398页。
② 《魏书·肃宗纪》，[北齐]魏收撰，仲伟民等标点：《魏书》（卷九），吉林人民出版社1995年版，第154页。
③ 《唐诗纪事·贺知章》，[宋]计有功撰：《唐诗纪事》（卷十七），上海古籍出版社1955年版，第246页。
④ [宋]刘敞：《致仕义》，[宋]吕祖谦编：《宋文鉴》（卷第一百一·义），吉林人民出版社1998年版，第891页。

彻底地实行；致仕制度主要适用于高级官吏，隋唐以后虽扩及一般官吏，但也只是限于流内官。流外官特别是下级官吏，告退后即还家，历代都无特别恩宠优待，易造成其对民众巧取豪夺、聚敛财富，从而加剧吏治的败坏；恩宠子孙的特殊待遇，又变相造成了一种官位的世袭等。但是，致仕制度的实施，改变了"躁竞求进者多，知止求退者少"①的局面，有利于新老官员的新陈代谢，很大程度上保持了官僚队伍的活力。对于广大中下级官吏和士子而言，致仕制度的推行，为他们开启了仕途迁进的大门，由此有效地缓解了统治阶级的内部矛盾，有利于竞相为国效力的良好政风形成。而且，此制度的推行使官与民的比例趋于合理，既减少了国家的财政支出，也减轻了百姓的负担，有利于阶级矛盾的缓和。此外，在具体实施过程中，根据身体状况，使身患疾病无法进行正常政务活动的官员提前致仕，而对于具体文化技术部门的专业技术人员则推迟致仕，延长其任职年限，这些灵活务实的特殊措施，也有着较强的历史和现实意义。

综上所述，中国古代非世袭的官僚制度是以对官吏的选任、考核、监察、回避、任期和致仕等制度作为其运行之基础的，且这些具体的制度并非孤立存在，而是相辅相成、相互配合，形成了中国历史上卓有成效的官员管理机制和运行机制。例如，历代都将考核制度与监察制度密切结合，规定考核制度中应有监察部门人员参加，以对考核公正与否、考核机构与人员是否枉法考核进行监督。对于考核不公事件或被监察人员指控的官员，职位高者由皇帝直接派人予以核实，如果发现枉法考核，考核的部门和人员要受到严厉处分。唐代设给事中、中书舍人，分别监督京官、外官的考核，被称为"监中外官考使"；宋代对考核的官吏还要进行磨勘，即检查复核，以防止申报不实或奖惩升降不妥；明清在考核的过程中有六科及十三道御史参与官吏考核，且在考核完之后还有科道官进行"拾遗"，即对应当考核黜陟的官员而没有黜陟的进行弹劾。任何官员只要在监察过程中被纠察出来，必然会受到处分，皇帝也不能干涉。又如，考核制度与致仕制度也结合了起来。由此，一方面拓宽了退出的渠道，加速了新老官员的新陈代谢。因为，在职官员可以通过种种途径获得实惠，在职与退休的待遇相差甚远，官员即使年老体衰也很少主动提出退休；而患病不能任职的官员自己不申报，吏部也很难知晓，致使许多官员恋职不退，造成庸官冗员满朝堂的机构臃肿和低效。而在退出机制中加入了刚性的制度规定——考核退休，即强令老、病等不适合继续供职的官员退休，无疑加速了新老官员的新陈代谢。另一方面，退休前的考核将官员的政绩优劣与退休待遇密切联系在一起，对于那些就

①　[南宋]李焘：《续资治通鉴长编》（卷四十三），中华书局1985年版，第908页。

兢业业、恪尽职守的官员在退休后给予较高的待遇，也是一种有效的激励。明代规定，对于九年考满无过者，退休时给予升两级退休的待遇。而且，考核制度与退休制度相结合，在官员退出官僚系统时增加一层防线，在一定程度上限制了官员退休前的腐败。

可以说，具有两千多年发展历程的中国古代文官制度，形成了功能完备、制度翔实、又自成系统的一整套制度体系，有效维护了国家机器的正常运转和国家职能的全面实现，保持了若干长时期政治关系的和谐、社会生活与生产环境的稳定，促进了中国古代物质文明的发展和文化的繁荣，进而推动了中华民族共同体的形成和中国的统一。其中一些具体制度的实施，对西方国家文官制度的建立与发展产生了不小的影响，同时也为当前我国建立现代化的官员管理体制提供了宝贵的政治历史资源。学者戴小明曾指出："欧美国家一些行政学者公认：资本主义国家现行文官制度中差不多所有方面，都能够在中国封建国家人事制度中找到它的原本或雏形。如法国出版的《国校生统治——资产阶级社会中的举人和进士》一书的理论来源，就是中国古代的科举制度。"①著名法律史专家张晋藩教授也曾撰文说："早在唐代，日本便向中国派遣唐使，学习唐代的文化，其中便包括文官制度与法制。日本明治维新以后，文官分为亲任、敕任、奏任、判任四等，追溯其渊源就是从唐代文官制度中的制授、敕授、旨授和判补四等而来的……13世纪末叶以来远涉重洋到中国游历和传教的西方人士，例如马可·波罗、利玛窦等人，在他们的著作言论中，介绍了中国的政治文化，其中也包括文官制度，这对于开阔西方人的视野，传播东方的古代文明起了良好的作用。又如，葡萄牙传教士克鲁兹在1569年出版的《中国游记》一书中，也曾称颂过中国古代的文官制度。葡萄牙另一位修道士冈萨雷斯，在1583年出版的《伟大的中国》一书中，设专章介绍中国的文官考试制度。此书很快被译为英文。在1570—1870年间，以英文撰写或译成英文的有关中国文官考试制度的论文及书籍达70余种。当时仰慕中国政治文化的英国学者，不仅从文化的角度欣赏中国的文官制度，而且还在一些著名的刊物如《绅士杂志》、《伦敦杂志》和《雾杂志》上撰文主张仿效中国的文官考试制度，以建立英国的文官制度。1868年5月建议美国政府实行文官考试制度的甄克斯，在向国会提出的报告中也有专章论述中国的文官制度。1868年10月，曾任北京同文馆馆长的美国人马丁以'中国的竞争考试'为题，在波士顿东方学会上进行讲演，向美国人介绍中国的科举制

---

① 戴小明：《论中国古代文官制度》，载《学习与探索》1992年第2期，第39页。

度。法国的启蒙学者伏尔泰和孟德斯鸠也对中国的文官制度进行过评价。"①该文还指出："在 1983 年联合国在我国举办的文官制度讲习班上，当时的美国人事管理总署署长艾伦·坎贝尔教授表示：'当我接受联合国的邀请来中国向诸位讲文官制度的时候，我是感到非常惊讶的。因为在我们西方所有的政治学教科书中，当谈到文官制度的时候，都把文官制度的创始者归于中国。'"②也正是由于中国古代形成的一整套较为翔实、完备的官员管理体制，再加上已经深入人心的古代礼乐制度，以及由此所产生的社会效果，才会使以批判态度确认包括中国在内的亚洲各国政体是以"恐惧"为原则的"东方专制主义"的十八世纪法国思想家孟德斯鸠不得不说："中国是一种混合政体，从君主的巨大权力来说，它属于专制政体；而就其监察制度与建立在慈爱和对父亲的孝敬基础上的某些美德而言，他多少属于共和政体；从它具有固定法律和有效管理的法庭，以及与坚贞和犯险直言相关的荣誉来看，它又属于君主政体。这三种政体都有所缓和，而与气候的自然变化有关的条件是这种状况持续存在的原因；而如果说庞大的帝国导致中国成为一个专制国家，那么，它也许是最好的专制国家。"③

四、以"吏不畏吾严而畏吾廉，民不服吾能而服吾公"为"官箴"的做官行为底线

（一）文化熏染和制度构建成为清官廉吏产生的丰厚土壤

正是由于中国古代的官吏自有考试制度以来，特别是科举考试制度以来，都是在以仁爱诚信、传道济世、爱国奉献、廉洁自律为诉求的儒家文化内容中考出来的，因此，这些内容，这些诉求，已深深植根于士子的心中，甚至融入于他们的血液之中。他们发出的豪言壮语，他们中多数人"为官一任，造福一方"的实践追求，他们所奉行的"修身、齐家、治国、平天下"的人生坐标，就并非只是做做表面文章、说说漂亮话而已，而是一种由内而外的责任感和使命感的自然迸发；同时，上述吏治方面所建立的各种具体制度对官员的规范和约束，也有效促使了官员廉洁自律、勤政爱民的为官意识和为官品德的形成。由此，"吏不畏吾严而畏吾廉，民不服吾能而服吾公。廉则吏不敢慢，公则民不敢欺。公生明，

---

①　张晋藩：《中国古代文官制度综论》，载《中国社会科学》1989 年第 2 期，第 207-208 页。
②　张晋藩：《中国古代文官制度综论》，载《中国社会科学》1989 年第 2 期，第 208 页。
③　[法]孟德斯鸠著，许明龙译：《论法的精神》，商务印书馆 2009 年版，第 785-786 页。

廉生威"①和"当官之法，唯有三事：曰清、曰慎、曰勤"②，就成为对官员进行警示的重要官箴，也成为为官之道的行为底线。可以说，中国古代能出现相当多数量关心民间疾苦、廉洁自律、勤政爱民的官员，有其产生的深刻的背景和历史条件。伦理陶冶和制度构建的双重作用，形成了中国古代官吏治理的重要特征。

学者赵瑞军分析了中国古代的文官制度在廉洁吏治方面所起到的重要作用，提出："首先，中国古代文官制度下，通过考试选拔出的官员，除了要从小接受儒家的廉洁教育外，往往还要接受一定的法律教育，对封建的典章、制度、法令比较熟悉，因此他们在接受廉政教育的基础方面是比较好的。其次，中国古代通过考试为官，特别是通过科举入仕难度比较大，士子们往往要通过十几年甚至几十年的寒窗之苦，才能偶尔得中，因此这些通过考试选拔出的官员，对自己的官位都极为珍惜，他们往往厌恶官场的腐败贪婪，多以清正廉洁自居，这对古代廉洁吏治有一定的促进作用。再次，中国古代通过考试入仕为官，特别是通过科举为官，往往是不分门第、士庶的，这就为家庭贫寒者入仕创造了条件。而这些贫寒者一旦入仕，由于'来自田间，多由寒畯，其见识迂陋'，从政后，不但不肯对上司曲意逢迎，而且自命清高，不肯随波逐流，这也对维护国家法纪、澄清吏治，起到了一定作用。对此清朝嘉庆皇帝曾有中肯评价：'各省鹰民牧者，多读书人，于吏治民生实有裨益'。最后，扶植清廉，严惩贪贿，也是中国古代文官制度的重要功能。例如，汉文帝时有'吏坐赃者，皆禁锢，不得为吏'的规定；唐太宗认为：'为主贪，必害其国；为臣贪，必亡其身。'因而'深恶官人贪浊，有枉法受财者，必无赦免。在京流外有犯赃者，皆遣执奏，随其所犯，置以重法'。通过运用监察制度重典惩贪，对整饬吏治不无效果。"③

（二）历代廉吏的奉仕肺腑忠言及其自觉践行来自士大夫群体而非个别人

由上可知，在中国几千年来的封建社会中，历朝历代都不乏清正廉洁、以天下百姓福祉为己任的大大小小的官员。他们发出的豪言壮语、肺腑忠言，他们践行誓言的自觉行为，来自士大夫群体，而非个别的人。这是中国历史上的独特景象，也值得今人进行深深的思考。

---

① 此为明代无极县令郭允礼于嘉靖三年冬十月朔所制官箴碑碑文，对后世官员影响极深。

② [宋]吕本中：《官箴》，中华书局1985年版，第1页。

③ 赵瑞军：《中国古代文官制度的统治功能及其对当今的启示》，载《江西社会科学》2011年第10期，第125页。

1. 历代考中进士的高层次人才发出的为官心声（例举）

此处，列举出三十余位进士出身（或进士及第）的士大夫的忧国忧民、忘我奉仕之为官心声，即可见其一斑。例如，柳宗元的"公之蠲浊而流清，岂不欲废贪而立廉"①；刘禹锡的"以清俭自律，以恩信待人"②"洁己是心豪"③；陆贽的"伤风害礼，莫甚于私。暴物残人，莫大于赂"④；王翰的"醉卧沙场君莫笑，古来征战几人回"⑤；王昌龄的"但使龙城飞将在，不教胡马度阴山"⑥；陈子昂的"从官重恭慎，立身贵廉明"⑦；范仲淹的"先天下之忧而忧，后天下之乐而乐""居庙堂之高，则忧其民"；苏舜钦的"清泉绝无一尘染，长松自是拔俗姿"⑧；陈襄的"节用养廉"⑨；苏轼的"功废于贪，行成于廉"⑩"苟非吾之所有，虽一毫而莫取"⑪；文天祥的"人生自古谁无死，留取丹心照汗青"；包拯的"清心为治本，直道是身谋"⑫"廉者，民之表也；贪者，民之贼也"⑬；欧阳修的"忧劳可以兴国，逸豫可以亡身"⑭"善恶之殊，如火与水，不能相容"⑮"礼义，治人之大法；廉耻，立人之大节。盖不廉，则无所不取；不

① ［唐］柳宗元：《永州韦使君新堂记》，［清］董诰等编：《全唐文》（卷五八〇），中华书局1983年版，第5864页。

② 《唐故相国赠司空令狐公集记》，［唐］刘禹锡撰，《刘禹锡集》整理组点校，卞孝萱校订：《刘禹锡集》（卷第十九），中华书局1990年版，第231页。

③ 《浙西李大夫示述梦四十韵并浙东元相公酬和斐然继声》，［唐］刘禹锡撰，《刘禹锡集》整理组点校，卞孝萱校订：《刘禹锡集》（卷第三十七），中华书局1990年版，第545页。

④ ［唐］陆贽：《谢密旨因论所宜事状》，［清］董诰等编：《全唐文》（卷四七三），中华书局1983年版，第4828页。

⑤ ［唐］王翰：《凉州词二首·其一》，《全唐诗》（卷一百五十六），中华书局1960年版，第1605页。

⑥ ［唐］王昌龄：《出塞二首·其一》，《全唐诗》（卷十八），中华书局1960年版，第184页。

⑦ ［唐］陈子昂：《座右铭》，［清］董诰等编：《全唐文》（卷二一四），中华书局1983年版，第2167页。

⑧ ［宋］苏舜钦：《无锡惠山寺》，北京大学古文献研究所编：《全宋诗》（第六册），北京大学出版社1992年版，第3940页。

⑨ ［宋］陈襄：《州县提纲·卷一》，［宋］陈襄撰：《州县提纲》，中华书局1985年版，第2页。

⑩ ［宋］苏轼：《六事廉为本赋》，逸凡点校：《唐宋八大家全集》（第八卷·苏轼文集卷一），新世纪出版社1997年版，第18页。

⑪ ［宋］苏轼：《赤壁赋》，逸凡点校：《唐宋八大家全集》（第八卷·苏轼文集卷一），新世纪出版社1997年版，第5页。

⑫ ［宋］包拯：《书端州郡斋壁》，北京大学古文献研究所编：《全宋诗》（第四册），北京大学出版社1995年版，第2641页。

⑬ ［宋］包拯：《乞不用脏吏书》，［宋］张田编：《包拯集》（卷3），中华书局1963年版，第40页。

⑭ 《新五代史·伶官传序》，［宋］欧阳修撰，［宋］徐无党注：《新五代史》（卷三十七），中华书局1974年版，第397页。

⑮ ［宋］欧阳修：《祭丁学士文》，［宋］欧阳修著，张春林编：《欧阳修全集》（卷五十），中国文史出版社1999年版，第884页。

耻，则无所不为。人而如此，则祸败乱亡，亦无所不至，况为大臣而无所不取不为，则天下其有不乱，国家其有不亡者乎"①；司马光的"众人皆以奢靡为荣，吾心独以简素为美"②"政以得贤为本，治以去秽为务"③"有功必赏，有罪必罚，则为善者日进，为恶者日止"④；陆游（赐进士出身）的"但得官清吏不横，即是村中歌舞时"⑤；杨万里的"不求不争于民，而民知逊；不求不贪于民，而民知廉"⑥；张载的"为天地立志，为生民立道，为去圣继绝学，为万世开太平"；真德秀的"廉仁公勤四者，及为政之本领""廉者士之美节，污者士之丑行……不廉之士，纵有他美，何足道哉"⑦；朱熹的"居官人清，而不自以为清，始为真清"⑧；袁崇焕的"杖策必因图雪耻，横戈原不为封侯"；于谦的"粉身碎骨浑不怕，要留清白在人间"⑨"清风两袖朝天去，免得闾阎语短长"⑩"但愿苍生俱饱暖，不辞辛苦出山林"；胡守安的"一官来此几经春，不愧苍天不负民。神道有灵应识我，去时还似来时贫"⑪；薛瑄的"夜深风雪响侵门，绣被熏来睡正温；忽念中林有樵者，独惭余暖未能分"⑫"正以处心，廉以律己，忠以事君，恭以事长，信以接物，宽以待下，敬以处事：居官之七要也"⑬"一念之欲不能制，而祸流于滔天"⑭；钱琦的"居官者廉不言贫，勤不言劳，爱民不言惠，锄强不言威，事上尽礼不言屈己，钦贤下士不言忘

① 《新五代史·杂传序》，[宋]欧阳修撰，[宋]徐无党注：《新五代史》（卷五十四），中华书局 1974 年版，第 611 页。

② [宋]司马光：《训简示康》，陶守章编：《北新活叶文选》，淮师 1946 年（民国三十五年）印发，第 1 页。

③ 《资治通鉴·汉纪》，[宋]司马光编著，[元]胡三省音注，"标点资治通鉴小组"校点：《资治通鉴》（卷五十），中华书局 1956 年版，第 1614 页。

④ 《资治通鉴·陈纪》，[宋]司马光编著，[元]胡三省音注，"标点资治通鉴小组"校点：《资治通鉴》（卷一百六十九），中华书局 1956 年版，第 5232 页。

⑤ [宋]陆游：《春日杂兴》，中华书局编：《四部备要·剑南诗稿卷八十一》（第七九册），中华书局 1989 年影印版，第 774 页。

⑥ [宋]杨万里：《见执政书》，王琦珍整理：《杨万里诗文集》，江西人民出版社 2006 年版，第 1019 页。

⑦ [宋]真德秀撰：《西山政训》，中华书局 1985 年版，第 11、4 页。

⑧ [清]赵慎畛撰，徐怀宝点校：《榆巢杂识》，中华书局 2001 年版，第 11 页。

⑨ 《石灰吟》，[明]于谦著，魏得良点校：《于谦集》，浙江古籍出版社 2016 年版，第 649 页。

⑩ 《七绝·入京》，[明]于谦著，魏得良点校：《于谦集》，浙江古籍出版社 2016 年版，第 649 页。

⑪ [明]胡守安：《任满谒城隍》，韩寿山、徐文艳编著：《修身齐家治国平天下诗文绝唱镜鉴》，东方出版社 2017 年版，第 210 页。

⑫ [明]薛瑄：《泸溪冬夜五首之四》，《敬轩文集》（卷四），（乾隆）钦定四库全书版，第 28 页。

⑬ [明]薛瑄：《薛文清公要语》，[清]陈弘谋辑：《从政遗规》（卷上），国民出版社 1940 年版，第 26 页。

⑭ [明]薛瑄撰：《读书录》（卷七），明嘉靖三十四年沈维藩刻本，第 23 页。

势。庶乎官箴无忝"①；徐祯稷的"身不正，不足以服；言不诚，不足以动"②；汪辉祖的"官之得民，要在清、勤、慈、惠，故苛细者与阘冗交讥；幕之自爱，要在廉、慎、公、勤，故依回者与刚愎同病"③；郑板桥的"衙斋卧听萧萧竹，疑是民间疾苦声。些小吾曹州县吏，一枝一叶总关情"④ "乌纱掷去不为官，囊橐萧萧两袖寒"⑤；姚步瀛的"百里才疏勤补拙，一官俸薄俭能廉"⑥；魏象枢的"清正简约，是居官之良法"⑦；陈廷敬的"贪廉者，治理之大关；奢俭者，贪廉之根柢。欲教以廉，先使之俭"⑧；林则徐的"苟利国家生死以，岂因祸福避趋之"；蔡信芳的"罢郡轻舟回江南，不带关中一点棉。回看群黎终有愧，长亭一别心黯然"⑨；张伯行的"一丝一粒，我之名节；一厘一毫，民之脂膏。宽一分，民受赐不止一分；取一文，我为人不值一文"⑩；王命岳的"致理必在惩贪，惩贪莫先旌廉"⑪；曾国藩的"'勤、廉'二字看似平浅，实则获上在此，信友在此，服民亦在此。舍此二字，上司即偶然青盼，亦不能久；欲求寅僚之敬佩，百姓之爱戴，即袭取于偶然，亦不可得矣"⑫，等等，都是直至当代仍为人们尊崇并传送的为官警言佳句。

2. 历代未中进士或未参加科举的清官廉吏的为官情怀（例举）

除上述考中进士的清官廉吏之外，还有许多虽未能获得进士身份，有些甚至

① 《钱公良测语•治本》，[明]钱琦撰：《钱公良测语》，中华书局 1985 年版，第 33 页。

② [明]徐祯稷纂，吴敏霞注译：《耻言》，三秦出版社（西安）2006 年版，第 139 页。

③ [清]汪辉祖纂：《佐治药言》，中华书局 1985 年版，第 16 页。

④ 《潍县署中画竹呈年伯包大中丞括》，中华书局上海编辑社编：《郑板桥集》，中华书局 1962 年版，第 163 页。

⑤ 《予告归里画竹别潍县绅士民》，中华书局上海编辑社编：《郑板桥集》，中华书局 1962 年版，第 164 页。

⑥ [清]姚步瀛撰联，[清]吴恭亨撰，喻岳衡点校：《对联话》，岳麓书社 1984 年版，第 4 页。

⑦ [清]魏象枢撰：《魏环溪寒松堂集》，[清]陈宏谋辑：《从政遗规》（卷下），国民出版社 1940 年版，第 148 页。

⑧ 蔡冠洛编著：《清代七百名人传》（上册），中国书店 1984 年版，第 41 页。

⑨ [清]蔡信芳：《罢郡》，张耕主编：《廉史鉴》，中国检察出版社 2014 年版，第 432 页。

⑩ [清]张伯行：《张清恪禁止馈送檄》，[清]陈康祺著，晋石点校：《郎潜纪闻初笔二笔三笔》（全二册），中华书局 1984 年版，第 336-337 页。

⑪ [清]王命岳：《惩贪议》，[清]邵之棠编：《皇朝经世文统编》（卷三十四《举劾》页三），上海宝善斋光绪二十六年石印版。

⑫ 《批阜宁县张令禀到任后地方情形由》，[清]曾国藩：《曾国藩全集》（批牍），岳麓书社 1994 年版，第 465 页。

连举人都未能获得，或者就未能参加科举考试者，同样为官一任、心系天下百姓，并发出了感人至深的为官心声（虽然有的人官位不高，且任职时间较短）。例如，杜甫的"安得广厦千万间，大庇天下寒士俱欢颜""致君尧舜上，再使风俗淳"①；姚崇的"慎则祸之不及，贪则灾之所起""辞金者，取其廉慎也。昔子罕辞玉，以不贪为宝；杨震辞金，以四知为慎。列前古之清洁，为将来之龟镜""尔以金玉为宝，吾以廉慎为师。尔以夜昏可纳，吾将暗室不欺"②；岳飞的"壮志饥餐胡虏肉，笑谈渴饮匈奴血"；辛弃疾的"了却君王天下事，赢得生前身后名"③"自古天下离合之势常系乎民心"④；张方平的"惟廉而后能平，平则公矣。不廉必有所私，私则法废，民无所措手足矣"⑤；张养浩的"宁公而贫，不私而富"⑥"自律不严，何以服众"⑦；况钟的"清风两袖朝天去，不带江南一寸棉"⑧；乡试举人海瑞的"丈夫所志在经国，期使四海皆衽席"⑨；吴纳的"若有赃私并土物，任他沉在碧波间"⑩；方孝孺的"非吾义，锱铢勿视。义之得，千驷无愧"⑪；朱祖文的"为清官死，死有余荣"⑫；乡试举人王夫之的（观生居旧题壁云）"六经责我开生面，七尺从天乞活埋"⑬；顾

① [唐]杜甫：《奉赠韦左丞丈二十二韵》，《全唐诗》（卷二百十六），中华书局1960年版，第2252页。

② [唐]姚崇：《辞金诫》，[清]董诰等编：《全唐文》（卷二百六），中华书局1983年版，第2085页。

③ 《破阵子·为陈同甫赋壮词以寄之》，[宋]辛弃疾著，崔铭导读：《辛弃疾词集》，上海古籍出版社2010年版，第142页。

④ 《美芹十论·观衅》，[宋]辛弃疾著，胡亚魁、杨静译注：《美芹十论》，中山大学出版社2012年版，第58页。

⑤ [宋]张方平：《刑法论·吏为奸赃》，曾枣庄、刘琳主编：《全宋文·卷八一一》（第38册），上海辞书出版社、安徽教育出版社2006年版，第92页。

⑥ 《牧民忠告·不竞》，[元]张养浩：《三事忠告·牧民忠告卷下》，中华书局1985年版，第24页。

⑦ 《风宪忠告·自律》，[元]张养浩：《三事忠告·风宪忠告》，中华书局1985年版，第34页。

⑧ 《"口占"四首之二·拒礼诗》，[明]况钟：《况太守集》，江苏人民出版社1983年版，第163页。

⑨ 《樵溪行走郑一鹏给谏》，[明]海瑞：《海忠介公全集》，海忠介公全集辑印委员会1973年印行，第493页。

⑩ [明]吴纳：《吴文肃公却金诗·题贿金》，[明]王锜撰，张德信点校：《寓圃杂记》，中华书局1984年版，第15页。

⑪ 《幼仪杂箴·取》，[明]方孝孺著，徐光大校点：《逊志斋集》（卷之一·杂著），宁波出版社2000年版，第4页。

⑫ [明]朱祖文撰：《北行日谱》，商务印书馆1937年版，第28页。

⑬ 《薑斋词集·鼓棹初集·鹧鸪天》，[明末清初]王夫之著，船山全书编辑委员会编：《船山全书》（第15册），岳麓书社2011年版，第717页。

炎武（曾于南明朝廷任兵部司务）的"天地存肝胆，江山阅鬓华"①"生无一锥土，常有四海心"②"民得其利则财源通，而有益于官；官专其利则利源塞，而必损于民"③；谭嗣同（官江苏候补知府、军机章京）的"我自横刀向天笑，去留肝胆两昆仑"④，等等。这些极具文学价值的诗词警言，又恰恰真实地反映了中国古代的清官廉吏们政治上的为官追求、道德上的人格自律，以及价值观层面的信念与定力。

3. 科举考试之前的廉洁自律官箴文化由来已久并影响深远

事实上，当官为民、廉洁自律的价值理念与信仰在中华民族的历史上由来已久，无论是在经典的警示中，还是科举制产生前为官者的自律格言中，都一以贯之地彰显出来，渗透于人的内心。而正是这些理念与信仰，深深影响了科举考试的士子。中国最古老、有文字记载、垂训千古的官箴，大概要算产生于公元前一千年左右的《虞人之箴》了。《虞人之箴》的内容虽只有七十余字，但却讲出了为官的基准，也道出了百姓的心声，其中的微言大义，今人听来仍感振聋发聩，"茫茫禹迹，画为九州，经启九道。民有寝庙，兽有茂草，各有攸处，德用不扰。在帝夷羿，冒于原兽，忘其国恤，而思其麀牡。武不可重，用不恢于夏家。兽臣司原，敢告仆夫"⑤。《尚书》中说，"天视自我民视，天听自我民听"⑥，"克勤于邦，克俭于家"。⑦老子曾说，"圣人无常心，以百姓心为心"⑧。孔子说，"其身正，不令而行；其身不正，虽令不从"⑨，"修己以安百姓"⑩，"见小利，则大事不成"⑪。文子说，"圣人因民之所喜

①　《亭林诗集卷之二·酬王处士九日见怀之作》，[明末清初]顾炎武著，华忱之点校：《顾亭林诗文集》，中华书局 1983 年版，第 323 页。

②　《亭林诗集卷之三·秋雨》，[明末清初]顾炎武著，华忱之点校：《顾亭林诗文集》，中华书局 1983 年版，第 344 页。

③　《日知录卷十二·言利之臣》，[明末清初]顾炎武：《日知录》（上），商务印书馆 1934 年版，第 9-10 页。

④　[清]谭嗣同：《狱中题壁》，《谭嗣同全集》（卷四），生活·读书·新知三联书店 1951 年版，第 496 页。

⑤　[西周]辛甲：《虞人之箴》，李梦生撰：《左传译注上·襄公四年》，上海古籍出版社 2004 年版，第 648 页。

⑥　《尚书·周书·泰誓中》，李民、王健撰：《尚书译注》，上海古籍出版社 2004 年版，第 199 页。

⑦　《尚书·虞夏书·大禹谟》，李民、王健撰：《尚书译注》，上海古籍出版社 2004 年版，第 32 页。

⑧　《老子·第四十九章》，陈鼓应：《老子注译及评介》（修订增补本），中华书局 2009 年版，第 246 页。

⑨　《论语·子路》，杨伯峻译注：《论语译注》，中华书局 2009 年版，第 134 页。

⑩　《论语·宪问》，杨伯峻译注：《论语译注》，中华书局 2009 年版，第 157 页。

⑪　《论语·子路》，杨伯峻译注：《论语译注》，中华书局 2009 年版，第 137 页。

以劝善，因民之所憎以禁奸"①。《左传》中说，"公家之利，知无不为，忠也"。孟子说，"富贵不能淫，贫贱不能移，威武不能屈，此之谓大丈夫"②。荀子说，"公生明，偏生暗，端悫生通，诈伪生塞"③。韩非子说，"所谓廉者，必生死之命也，轻恬资财也"④，"明主之治国也，适其时事以致财物，论其税赋以均贫富，厚其爵禄已尽贤能，重其刑法以禁奸邪，使民以力得富，以事致贵，以过受罪，以功致赏，而不念慈惠之赐，此帝王之政也"⑤。《吕氏春秋》中说，"以私胜公，衰国之政也"⑥。《礼记》中说，"政者，正也。君为正，则百姓从政矣"⑦。《史记》中说，"恃德者昌，恃力者亡"⑧。《春秋繁露》中说，"兵不苟克，取不苟得，义而后行，至廉而威，质直刚毅，子胥是也"⑨，"至清廉平，赂遗不受，请谒不听，据法听讼，无有所阿，孔子是也"⑩，"气之清者为精，人之清者为贤。治身者以积精为宝，治国者以积贤为道"⑪。桓宽的《盐铁论》中说，"欲影正者端其表，欲下廉者先之身"⑫，"鉏一害而众苗成，刑一恶而万民悦"⑬。刘向说，"善为国者遇民，如父母之爱子，兄之爱弟，闻其饥寒为之哀，见其劳苦为之悲"⑭，"良君将赏善而除民患，爱民如子，盖之如天，容之若地"⑮，"位已高而意益下，官益大而心益小，禄已厚而慎不敢取"⑯，"上清而无欲，则下正而民

---

① 《文子·上义》，王利器撰：《文子疏义》（卷第十一），中华书局2000年版，第479页。

② 《孟子·滕文公下》，杨伯峻译注：《孟子译注》，中华书局2010年版，第128页。

③ 《荀子·不苟》，[清]王先谦撰，沈啸寰、王星贤点校：《荀子集解》，中华书局1988年版，第51页。

④ 《韩非子·解老》，高华平、王齐洲、张三夕译注：《韩非子》，中华书局2010年版，第196页。

⑤ 《韩非子·六反》，高华平、王齐洲、张三夕译注：《韩非子》，中华书局2010年版，第663页。

⑥ 《吕氏春秋·举难》，[战国]吕不韦编著，王启才注译：《吕氏春秋》，中州古籍出版社2010年版，第320页。

⑦ 《礼记·哀公问》，杨天宇撰：《礼记译注·下》，上海古籍出版社2004年版，第657页。

⑧ 《史记·商君列传》，[汉]司马迁撰，韩兆琦主译：《史记·卷六十八》（第三册），中华书局2008年版，第1406页。

⑨ 《春秋繁露·五行相生》，[汉]董仲舒撰：《春秋繁露》，曾振宇、傅永聚注：《春秋繁露新注》，商务印书馆2010年版，第274页。

⑩ 《春秋繁露·五行相生》，[汉]董仲舒撰：《春秋繁露》，曾振宇、傅永聚注：《春秋繁露新注》，商务印书馆2010年版，第275页。

⑪ 《春秋繁露·通国身》，[汉]董仲舒撰：《春秋繁露》，曾振宇、傅永聚注：《春秋繁露新注》，商务印书馆2010年版，第132页。

⑫ [汉]桓宽：《盐铁论·疾贪》，王利器校注：《盐铁论校注》，中华书局1992年版，第415页。

⑬ [汉]桓宽：《盐铁论·后刑》，王利器校注：《盐铁论校注》，中华书局1992年版，第419页。

⑭ [汉]刘向：《说苑·政理》，卢元骏注译：《说苑今注今译》（卷第七），台湾商务印书馆1977年版，第201页。

⑮ [汉]刘向：《新序·杂事一》，卢元骏注译：《新序今注今译》，天津古籍出版社1987年版，第16页。

⑯ [汉]刘向：《说苑·敬慎》，卢元骏注译：《说苑今注今译》（卷第十），台湾商务印书馆1977年版，第330-331页。

朴"①。王符说，"修身慎行，敦方正直，清廉洁白，恬淡无为，化之本也；忧君哀民，独睹乱原，好善妒恶，赏罚分明，治之材也"②。贾谊说，"为人臣者，以富民为功，以贫苦民为罪"③。《淮南子》中说，"治国有常，而利民为本；政教有经，而令行为上。苟利于民，不必法古；苟周于事，不必循旧"④，"圣人之道，宽而栗，严而温，柔而直，猛而仁"⑤，"正身而直行，众邪自息"⑥，"位高者事不可以烦，民众者教不可以苟。夫事碎难治也，法烦难行也"⑦。《后汉书》中说，"诛恶及本，本诛则恶消；振裘持领，领正则毛理"⑧，"身处膏脂，不能以自润"⑨。东汉马融说，"在官惟明，莅事惟平，立身惟清"⑩。东汉仲长统说，"廉隅贞洁者，德之令也；流逸奔随者，行之污也"⑪。《三国志》中说，"为官长当清，当慎，当勤，修此三者，何患不治乎？"⑫，"与民共其乐者，人必忧其忧；与民同其安者，人必拯其危"⑬，"勿以恶小而为之，勿以善小而不为。惟贤惟德，能服于人"⑭。诸葛亮说，

① ［汉］刘向：《说苑·谈丛》，卢元骏注译：《说苑今注今译》（卷第十六），台湾商务印书馆 1977 年版，第 545 页。

② 《潜夫论·实贡》，［东汉］王符撰，［清］汪继培笺：《潜夫论》（第三卷），上海古籍出版社 1978 年版，第 183 页。

③ 《新书·大政上》，［汉］贾谊撰：《新书》（卷九），乾隆钦定四库全书版，第 3 页。

④ 《淮南子·氾论训》，［汉］刘安著，［汉］许慎注，陈广忠校点：《淮南子》，上海古籍出版社 2016 年版，第 309 页。

⑤ 《淮南子·氾论训》，［汉］刘安著，［汉］许慎注，陈广忠校点：《淮南子》，上海古籍出版社 2016 年版，第 314 页。

⑥ 《淮南子·缪称训》，［汉］刘安著，［汉］许慎注，陈广忠校点：《淮南子》，上海古籍出版社 2016 年版，第 254 页。

⑦ 《淮南子·泰族训》，［汉］刘安著，［汉］许慎注，陈广忠校点：《淮南子》，上海古籍出版社 2016 年版，第 512 页。

⑧ 《后汉书·儒林列传上·杨伦传》，［南朝·宋］范晔撰：《后汉书》（卷七十九上），中华书局 2007 年版，第 753 页。

⑨ 《后汉书·列传第二十一·孔奋传》，［南朝·宋］范晔撰：《后汉书》（卷三十一），中华书局 2007 年版，第 323 页。

⑩ 《忠经·守宰章》，［东汉］马融撰，［东汉］郑玄注：《忠经》，中华书局1985年版，第 4 页。

⑪ ［东汉］仲长统：《昌言》，［唐］魏徵等撰，沈锡麟整理：《群书治要》（卷四十五），中华书局 2014 年版，第 550 页。

⑫ 《三国志·魏书·二李臧文吕许典二庞阎传·李通传》注引，［晋］陈寿撰，［南朝·宋］裴松之注：《三国志》（卷十八），中华书局 1999 年版，第 401 页。

⑬ 《三国志·魏书·武文世王公传》，［晋］陈寿撰，［南朝·宋］裴松之注：《三国志》（卷二十），中华书局 1999 年版，第 442 页。

⑭ 《三国志·蜀书·先主传》，［晋］陈寿撰，［南朝·宋］裴松之注：《三国志》（卷三十二），中华书局 1999 年版，第 663 页。

"见利不贪，见美不淫"①。《抱朴子》中说，"小善虽无大益，而不可忘也；细恶虽无近祸，而不可不去"②。南朝（刘宋）的何承天说，"上邪下难正，众枉不可矫"③。《魏书》中说，"清正俭素，门无私谒"④。《周书》中说，"清者莅职之本，俭者持身之基"⑤，"官省则事省，事省则民清；官烦则事烦，事烦则民浊"⑥。隋朝王通的"廉者常乐无求，贪者常忧不足"⑦。至今尚保存完好的始建于元大德八年（1304 年）、经明清两代多次修缮的河南省内乡县县衙东账房悬有的一副楹联"廉不言贫，勤不言苦；尊其所闻，行其所知"。如此等等。这种古已有之的警世名言、为官之道，千百年来已经深深刻进读书士子的心中，刻进入仕为官者的心中，也刻进广大百姓的心中。

（三）中国古代清官廉吏之典范——包拯

之所以把包拯作为清官廉吏之典型个案单独提出来稍加剖析，一来是因为包拯是中国老百姓家喻户晓、人尽皆知、耳熟能详，且近乎完美的清官代表，甚至是广大百姓心目中对官德的理想化的祈求，成为黎民百姓呼唤清官与盼望治世的精神寄托。历史上的包拯，既是百姓深为爱戴和敬仰的，也是贪官最为忌惮的。时至今日，包拯依然是民间最具号召力的代表公平与正义的化身，他的影响力遍及海内外的华人世界。二来也是因为笔者本人就生活和工作在包拯曾经任官的北宋都城——东京开封，对包拯的人格魅力和高尚官德有着更为深切的体会。本人每每从坐落在市内的包公祠旁路过（已曾数次进祠内观瞻），心中就会油然升起对包公的敬仰之情。这不禁使笔者想起河南大学宋史研究专家周宝珠教授曾向有关部门提出的建议：应当考虑在包公祠门口立一块巨石，上书"官魂"二字，以示对包公精神和官德的颂扬并警示后人。可遗憾的是，这一建议由于种种原因未能被采纳。但是无论如何，包拯的亲民爱民、不附权贵、秉公决断、铁面无

---

① [三国·蜀]诸葛亮著，韦建黎解译：《将苑·将志》，广西人民出版社 2007 年版，第 26 页。

② 《抱朴子·外篇第五卷·君道》，[晋]葛洪撰：《抱朴子》，上海古籍出版社 1990 年版，第 186 页。

③ [南朝·宋]何承天：《上邪篇》，[南朝·梁]沈约撰：《宋书》（卷二十二 ·乐志四），中华书局1974 年版，第 665 页。

④ 《魏书·彭城王传》，[北齐]魏收撰，仲伟民等标点：《魏书》（卷二一·下），吉林人民出版社 1995年版，第 358 页。

⑤ 《周书·裴侠传》，[唐]令孤德棻等撰：《周书》（卷三十五），中华书局 1971 年版，第 619 页。

⑥ 《周书·苏绰传》，[唐]令孤德棻等撰：《周书》（卷二十三），中华书局 1971 年版，第 388 页。

⑦ 《中说·王道篇》，[隋]王通著，[宋]阮逸注，秦躍宇点校：《文中子中说》（卷一），凤凰出版社2017 年版，第 6 页。

私、刚正不阿的品质和形象，在中国百姓的心中永远不会磨灭，并会代代加以传颂。

在有关讲述和颂扬包拯生平事迹的影视、戏剧和文学作品中，出于对包拯的崇敬，可能有些情节会有一些理想化或虚构的成分，但是其所反映出的包拯的为人处世、为官秉断的基本品格和作风，却是以事实为依据的。百姓将包拯尊誉为"包青天""包公"，奉之为"奎星转世"。当时的京师开封流传着"关节不到，有阎罗包老"[1]的话语，应当是基于事实的称誉。通过历史文献资料考察包拯的生平，值得一写的是他做事、为官的以下几方面特征。

1. 恪守孝道

这是儒家做人的基础，也是包拯凸显的品质。包拯在宋仁宗天圣五年（1027年）考中进士后，被授任为大理评事，出任建昌县（今江西永修）知县。但因父母年迈，包拯请求在家乡合肥附近就职，遂改授和州（今安徽和县）监税。而父母又不想让他离开，他干脆辞去官职，回家赡养父母。几年后其父母相继去世，他又在双亲的墓旁筑起草庐，直到守丧期满，还是徘徊犹豫，不忍离去，同乡父老多次前来劝慰勉励。直至景祐四年（1037年），包拯才赴京听选，获授天长（今属安徽）知县。由此可见包拯的一片孝心。当然，宋朝对孝道非常重视，将其上升到个人品德及社会名声的高度，如果谁贪恋官位而置双亲于不顾，是要被世人唾弃的。因此，包拯辞官在家陪父母十年，并在父母去世后守孝三年而未从事其他任何事情的行为，符合当时的社会伦理道德观。

2. 廉洁自律

包拯曾在多处任官，但始终保持着廉洁自律的品格。当年，39 岁的包拯在进京听命的途中，写下了自己出仕的座右铭："清心为治本，直道是身谋。秀干终成栋，精钢不作钩。仓充鼠雀喜，草尽兔狐愁。史册有遗训，毋贻来者羞。"[2]庆历元年（1041 年），包拯调任端州（今广东肇庆）知府。端州出产的著名砚台——端砚，是此前的知府在进贡朝廷的贡品数目之外，又加征数十倍而中饱私囊和贿赂当朝权贵的珍稀之物。这些知府的行为加重了老百姓的负担。包拯到任后，命令制作的砚台仅满足贡品数即可，而他在任满三年后没拿一方砚台

---

① 《宋史·传·包拯传》，[元]脱脱等撰：《宋史·卷三百一十六》（第三十册），中华书局 1977 年版，第 10317 页。

② [宋]包拯：《书端州郡斋壁》，北京大学古文献研究所编：《全宋诗》（第四册），北京大学出版社1995 年版，第 2641 页。

回家。1973 年清理合肥包拯墓时，在包拯及其子孙墓中仅发现一方普通砚台而无端砚，足以证明史载之正确。皇祐五年（1053 年），包拯任高阳关路（今河北高阳东）安抚使；同年七月，调知瀛洲。其间，包拯得知各州用官府的钱做买卖，年累计亏负十多万，都上奏加以除去。23 岁时，包拯受到知庐州的刘筠嘉许，声名大盛，家乡有一富豪之家曾邀请他赴宴叙谈，一位李姓同学欣然欲往，而包拯却严肃地说："彼富人也，吾徒异日或守乡郡，今妄与之交，岂不为他日累乎。"①可见，他为官之前即确立了从政不徇私情的志向。包拯虽然地位高贵，但他的穿衣、用物、饮食跟做官前当百姓时一样。他对后代子孙也要求严格，曾著有家训，其中说到："后世子孙仕官，有犯赃滥者，不得放归本家；亡殁之后，不得葬于大茔之中。不从吾志，非吾子孙。仰工刊石，竖于堂屋东壁，以诏后世。"②

3. 体恤百姓

庆历八年（1048 年）五月包拯调任河北路（治今河北大名）转运使，六月入朝任三司户部副使一职。当时秦陇斜谷务所的造船木材，一概向百姓征收索取，有七个州交纳河桥竹索的赋税，一般有几十万，包拯都奏请加以废除。辽朝在邻近边塞地区集结军队，边境州郡渐加戒备，包拯被授命去河北调发军粮。包拯说："漳河沃壤，人不得耕，邢、洺、赵三州民田万五千顷，率用牧马，请悉以赋民。"③他的意见被接纳。另外，解州的盐法规定使百姓困竭，包拯前去经营管理，请求一概与商贩流通交换。任京东转运使时，包拯曾巡察各地访问贫困冶铁户，并据实情申报转运司，豁免了这些户所欠的官铁，同时又鼓励有能力者开炉冶铁，发展生产。权知开封府时，包拯疏浚惠民河，使之直达淮河。后为水运之便，又自新郑引闵水汇入，使之流量大增。时惠民河常涨水为患，包拯查知了河水泛滥的原因为"中官势族筑园榭，侵惠民河，以故河塞不通"④，遂毅然下令将所有跨河修建的楼台、花园、水榭全部拆毁，使河水得以畅通。另外，有些权贵持伪增步数的地券与包拯相争，包拯皆通过实地测量、验证，揭示其伪，并上朝劾奏，要求严惩。任三司使期间，包拯改变了过去凡是各种封藏于仓库供皇

---

① 《朱子语类·卷一百二十九》，[宋]黎靖德编，王星贤点校，《朱子语类》（第八册），中华书局 1986 年版，第 3093 页。

② [宋]张田编：《包拯集》（补遗·家训），中华书局 1963 年版，第 136 页。

③ 《宋史·传·包拯传》，[元]脱脱等撰：《宋史·卷三百一十六》（第三十册），中华书局 1977 年版，第 10316 页。

④ 《宋史·传·包拯传》，[元]脱脱等撰：《宋史·卷三百一十六》（第三十册），中华书局 1977 年版，第 10317 页。

帝用的物品都从各地科派从而造成百姓困难的做法，特设立市场，实行公平买卖，此后百姓不再受到侵扰。

4. 上疏建言

由于包拯体恤百姓、忧国忧民，因此在为官过程中不断地上疏建言，积极申述自己富民、惩贪、强国的主张。首先，包拯曾建议，国家每年向契丹交纳财物（岁币），不是抵御戎人的计策，应该操练军队、挑选将领，致力于充实边境守备。庆历五年（1045 年）八月，包拯担任契丹正旦使，出使辽朝，完成使命回朝后，包拯根据自己在辽朝的观察，上疏建议朝廷挑选"素习边事"的将领守边，并重视代州（今山西忻州代县）的将领选择，以应对边境突发的情况。皇祐四年（1052 年）十月，包拯除任龙图阁直学士、河北都转运使，曾经提议太平无事时把军队调到内地，未得答复。至此时，请求：解除河北驻守军队，把他们分布在黄河以南的兖、郓、齐、濮、曹、济各郡，如果有紧急情况，没有误时的忧虑。如果说驻守军队不能立刻削减，请求训练民兵，稍加供给干粮，每年的费用，不到驻守军队一个月的开支、一个州的赋税，那么供给的人数就多了。他向仁宗建议，"不必分文武之异，限高卑之差，在其人如何耳。必当考以应敌制胜之略，询以安边御众之宜"，然后"擢而用之"。[①]仍未有答复。包拯也曾上疏，反对朝廷以进贡求和西夏。其次，他请求重视门下封还驳正的制度，以及废黜贪官污吏不得做官，选择郡守县宰，推行考核试用补任恩荫子弟的方法。他主张严格选拔官员，裁汰冗杂，对年满七十岁者应强令致仕，以解决冗官问题。当时各道转运加按察使，他们上奏弹劾官吏大多指摘细小过失，并以注重苛刻严察而相互标榜，官吏自觉不安。包拯因此请求免去按察使，否则按察使权力过大，缺乏监督，会造成新的腐败。皇祐二年（1050 年），包拯被任命为天章阁待制，知谏院，多次论述斥责权贵得宠大臣，请求免去一切由内廷施予的曲意恩赐。他向仁宗条陈《七事》，建言应当"明听纳，辨朋党，惜人才，不主先入之说"，又奏请"去刻薄，抑侥倖，正刑明禁，戒兴作，禁妖妄"。[②]因其所言恳切，且合情合理，切中时弊，故多为朝廷所采纳。包拯还特意奏上《进魏郑公三疏札子》，希望仁宗能以唐太宗善纳魏徵之谏的故事为龟鉴。嘉祐三年（1058 年）六月，包

---

① ［宋］张田编：《包拯集》（卷九·论边将一），中华书局 1963 年版，第 116 页。

② 《宋史·传·包拯传》，［元］脱脱等撰：《宋史·卷三百一十六》（第三十册），中华书局 1977 年版，第 10316 页。

拯升为右谏议大夫、权任御史中丞，上奏请求裁减内侍，减少不必要的费用，按条文督促各路监司尽忠职守，御史府可以自己举荐所属官员，减少官吏一年的休假日期，这些建议都得以施行。还有，包拯曾上奏仁宗革除时弊，减免赋税造福民间。

5. 不媚权贵

包拯在担任监察御史时，宋仁宗宠爱的张贵妃（即后来的温成皇后）多次请求仁宗让其伯父张尧佐担任三司使（宋朝主管财政的官员，号称"计相"）。张尧佐此人在地方治理时曾有政绩，但得权势后开始放纵骄横，德不配位，且是外戚，包拯上书反对。仁宗改任张尧佐为淮康军（治今河南汝南）节度使、群牧制置使、宣徽南院使、景灵宫使，包拯与谏官陈升之、吴奎、张择行、唐介等人轮番进谏，并指斥张尧佐是"清朝之秽污，白昼之魑魅"，抨击仁宗"失道败德"[1]，认为应追夺对张尧佐的任命，或者选择宣徽、节度中的一个授予。最终，张尧佐辞去了宣徽使、景灵宫使之职。过了一段时间，宋仁宗拗不过张贵妃的哭闹，又再把张尧佐任命为宣徽使，但出京，判河阳（今河南孟州），后徙镇太平军。这个安排实际上是听从了包拯的选择宣徽、节度中的一个授予张尧佐，并让其出守河阳，不准回京供职的奏议。据载，包拯和宋仁宗就弹劾张尧佐一事当面激烈争辩，甚至口水都溅到宋仁宗脸上了。回宫后，张贵妃跑过来问情况，仁宗发火道："你就知道天天说什么宣徽使，你不知道朝中还有个包御史吗？"包拯任监察御史及知谏院时，不畏权贵，多次惩处、弹劾贪官脏吏：弹劾贩卖私盐以牟取暴利的淮南转运按察使张可久、役使兵士为自己织造一千六百余匹驼毛缎子的汾州（今山西汾阳）知州任弁、监守自盗的仁宗亲信太监阎士良，弹劾过宰相宋庠、舒王赵元祐的女婿郭承祐，以及曾数任转运使，巧立名目盘剥百姓钱物，激起民变后又派兵捕捉、滥用酷刑，惨遭其杀害者不计其数，因而民愤极大的王逵。王逵与宰相陈执中、贾昌朝关系密切，又得宋仁宗青睐，故有恃无恐。包拯连续七次上章弹劾，最后一次更直接指责仁宗说："今乃不恤人言，固用酷吏，于一王逵则幸矣，如一路不幸何！"[2]其言朝野震动，议论汹汹，使朝廷终于罢免了王逵。任御史中丞时，包拯又先后弹劾贱买富民邸舍的张方平和"在蜀燕饮过度"的宋祁，使朝廷罢免了二人的三司使之职。由于包拯敢于弹劾权贵，当时社会上出现了"包弹"的流行语。然而，对于有才干有功绩者，包拯

---

① ［宋］张田编：《包拯集》（补遗·弹张尧佐），中华书局1963年版，第136页。
② ［宋］张田编：《包拯集》（卷六·弹王逵七），中华书局1963年版，第76页。

却能秉公力荐。像在任内能严惩贪赃枉法官吏，却被守旧派权臣忌恶而被贬的杨邠、王鼎、王绰三人，包拯虽由守旧派人物王拱辰荐为御史，但他不为政派所围，极力主张复用三人，终得实现。既能任人唯贤，又是嫉恶如仇，这种性格较完美地统一在了包拯身上。

6. 秉公断案

包拯最具代表性的特点即是其铁面无私、刚正不阿、秉公断案。这是他深得百姓爱戴和敬仰的重要原因之一。戏剧《秦香莲》（《铡美案》）就是老百姓代代口耳相传的对包拯这一为官品质的理想化的升华和颂扬。这一升华和颂扬是有其事实基础的。包拯一生办理过大大小小的各种案件，不管是百姓的家务小事还是达官贵人的案子，包拯都一视同仁地公正处理。庐州是包拯的家乡。包拯知庐州时，他的亲朋故旧多以为可以得其庇护，干了不少仗势欺人，甚至扰乱官府的不法之事。包拯决心大义灭亲，以示警诫。此时，恰有他的一位从舅①犯法，包拯不以近亲为忌，在公堂上依法将其责挞一顿，自此以后，亲朋故旧皆屏息收敛，再不敢胡作非为。权知开封府时，包拯整顿吏风，改革诉讼制度。开封府以往的旧制是，前来告状者，必须先把状纸交给守门的府吏，再由府吏转呈。状子是否审理、何时审理，则由府吏通知。由于诉讼者不能面见长官，府吏往往借此敲诈勒索，营私舞弊，而有冤屈者常因送不起钱财而告状无门。包拯革除此弊，大开正门，让人在衙门前放置一个鼓，想打官司者击鼓就可以了，从而使告状者可直接至公堂见官纳状，自陈冤屈，于是审案也更能公平合理。"拯开正门，使得至前陈曲直，吏不敢欺。"②东京多皇亲国戚、达官显贵，素以难以治理著称。而包拯"立朝刚毅"，凡以私人关系请托者，一概拒绝，因而将东京治理得"令行禁止"。也正因他执法严峻，不徇私情，故"威名震动都下"。在"徙江宁府，召权知开封府，迁右司郎中"时，"拯立朝刚毅，贵戚宦官为之敛手，闻者皆惮之。人以包拯笑比黄河清，童稚妇女，皆知其名，呼曰'包待制'"。③京城里的人因此说"关节不到，有阎罗包

---

① 从舅，指母亲的叔伯兄弟。《尔雅·释亲》中称："母之晜弟为舅，母之从父晜弟为从舅。"（胡奇光、方环海撰：《尔雅译注》，上海古籍出版社 2004 年版，第 197 页。）中国古代，外祖父的亲兄弟之男称为从父舅父，可简称从舅。即母亲的从父兄弟（与叔伯兄弟同义）。

② 《宋史·传·包拯传》，[元]脱脱等撰：《宋史·卷三百一十六》（第三十册），中华书局 1977 年版，第 10317 页。

③ 《宋史·传·包拯传》，[元]脱脱等撰：《宋史·卷三百一十六》（第三十册），中华书局 1977 年版，第 10317 页。

老"，即暗中行贿疏不通关系的人，有阎罗王和包老头。历史记载，宋朝八贤王弟弟的儿子赵青，很受仁宗皇帝和皇太后的宠爱，由此他就更加放肆飞扬地任意作为，人们也都不敢惹他。有一次，赵青抢了一个良家闺女，还把人家闺女的父亲折磨至死。最后没办法，这闺女的母亲只得来找包拯，求其帮忙，包拯听说了后，就答应了。可是，赵青搬出了仁宗皇帝这个大靠山，在压力之下，包拯就问这个母亲能不能通过赔偿和解，母亲不同意，而且一气之下就撞向柱子死了。包拯看了后，很是震惊，当时就决定哪怕是人头落地也要为这一家人讨回公道，最后终于让无恶不作的赵青人头落地。民间相传，包拯衙堂上有北宋天子御批的三口铡，即"降龙""伏虎""斩犬"（俗称"龙头铡""虎头铡""狗头铡"）的"青天三铡刀"。龙头铡可铡皇亲国戚、凤子龙孙，虎头铡可铡贪官污吏、祸国奸臣，狗头铡可铡土豪劣绅、恶霸无赖。由此可见，百姓对包拯能不避权贵为民申冤、不惧恶势惩贪除害之品行和胆魄的称颂与钦敬。

7. 不结朋党

宋朝文人结朋党的现象是较为普遍的，从范仲淹发起的庆历新政开始，文人就结朋党，如改革派和保守派、洛党和蜀党、熙宁党人和元祐党人，由此就形成了"党争"。而包拯就不结朋党，不搞小圈子，不参与"党争"。庆历新政开始的时候，改革派和保守派进行着殊死搏斗。范仲淹的吏治改革集中在改变官员冗滥作风，斥退冗员、举贤用能方面，自然要触及一些既得利益者，因此引起了激烈的"党争"，守旧派与革新派闹得不可开交。按理说，包拯该站在守旧派阵营，因为把他从地方推荐到中央任职的是守旧派大臣王拱辰，但他却并不急于发声表态，也不参与其中的纷争。同时，守旧派也没把这个无名小卒放在眼里。然而，包拯却突然上了一个抨击范仲淹新政关于人事制度改革的奏折，质疑其派出的监督地方官员的按察使权力过大。此奏一出，两派就新政是否加重官员腐败争论不休。保守派欢欣鼓舞，认为包拯在支持他们。不久，变法失败，新政被废。不料包拯又突然上奏，反对取消"精贡举"的新政，认为这项制度对于选拔天下有用之才非常有用。他公正无私，只相信自己的眼光和判断。这正体现出包拯峭直的秉性，一生不结派系、不参与党争。《宋史》中对包拯有这样几句评价："拯性峭直，恶吏苛刻，务敦厚，虽甚嫉恶，而未尝不推以忠恕也。与人不苟合，不伪辞色悦人，平居无私书，故人、亲党皆绝之。虽贵，衣服、器用、饮食如布衣时。"①

正因为包拯是百姓心目中的"包青天"，深受百姓敬仰与爱戴，因此包拯去世的噩耗传出时，朝野震惊，全城尽悼，"京师吏民，莫不感伤；叹息之声，闻于衢路"②。现藏于开封博物馆的北宋《开封府题名记》碑，上刻一百八十三位开封知府的姓名和上任年月，而包拯的名字却已磨去，据说这是因为人们在观赏碑记时，由于敬仰包拯而经常用手抚摸指点其名，天长日久，竟将碑字磨去。

五、正视缺憾，扬长避短，走中国特色现代化制度文化创新之路

中国几千年来博大精深的文化体系是一个完整、系统且其内容又相当复杂的体系。其中，包含着直至今天都熠熠闪光的精华，成为中华民族共同的精神家园和精神寄托，一如上述本书所梳理和论及的内容。这些应当成为我们当代中国人持守文化自信，并在新的时代传承创新、发扬光大的坚实根基。但与此同时，我们也要清醒地意识到，几千年的文化体系尤其是政治文化体系中，也存在着消极因素甚至糟粕，需要我们在新的时代深入分析与探讨，扬长避短，走出一条中国式现代化制度文化创新之路。

（一）"三纲"使体制不可避免蒙上专制色彩

1. 从"君君，臣臣，父父，子子"向"三纲"的演变

如果说，前述第一章中笔者所论及的以孔子"君君，臣臣，父父，子子"为代表的思想中，其主要体现的是一种关系性的存在，而且强调的是关系的相互性和对等性，那么，作为维护汉代大一统君主权力的政治代表人物董仲舒提出的"纲常论"，就使君臣、父子、夫妇之间的关系演变为"相兼关系"，这种关系已经具有了主辅、贵贱、依附的性质。董仲舒按照其大道"贵阳而贱阴"的阳尊阴卑理论，对孟子的"五伦"观念作了进一步的发挥，提出了三纲原理和五常之

---

① 《宋史·传·包拯传》，[元]脱脱等撰：《宋史·卷三百一十六》（第三十册），中华书局 1977 年版，第 10318 页。

② 吴奎：《包公墓志铭》，陈振主编：《中国通史》（第七卷·下），上海人民出版社 2004 年版，第 1466 页。

道。他说，"阳兼于阴，阴兼于阳，夫兼于妻，妻兼于夫，父兼于子，子兼于父，君兼于臣，臣兼于君，君臣、父子、夫妇之义，皆取诸阴阳之道。君为阳，臣为阴，父为阳，子为阴，夫为阳，妻为阴……王道之三纲，可求于天"①，"阳气暖而阴气寒，阳气予而阴气夺，阳气仁而阴气戾，阳气宽而阴气急，阳气爱而阴气恶，阳气生而阴气杀。是故阳常居实位而行于盛，阴常居空位而行于末"②，"不当阳者，臣子是也；当阳者，君父是也。故人主南面，以阳为位也。阳贵而阴贱，天之制也"③，"臣死君，而众人死父。亲有尊卑，位有上下，各死其事，事不逾矩，执权而伐"④。这也就是说，在人伦关系中，君臣、父子、夫妻三种关系是最主要的，而这三种关系存在着天定的、永恒不变的主从关系：君为主、臣为从；父为主，子为从；夫为主，妻为从。"三纲"皆取于阴阳之道：君、父、夫体现了天的"阳"面，臣、子、妻体现了天的"阴"面；阳永远处于主宰、尊贵的地位，阴永远处于服从、卑贱的地位。董仲舒以"天人感应"的阴阳之道，确立了君权、父权、夫权的统治地位，把封建等级制度、政治秩序神圣化为宇宙的根本法则。但此时，董仲舒的论述还没有达到"君要臣死，臣不得不死；父要子亡，子不得不亡"的地步，他论述的这些关系虽已不平等，但尚不具有强制性。甚至在他的某些篇章论述中，也在一定程度上显现出了君臣父子相互关系中以"仁""贤"为基础的对等性。如他说，"《书》曰：'阙辟去阙祗。'事亲亦然，皆忠孝之极也。非至贤安能如是？父不父则子不子，君不君则臣不臣耳"⑤，"君人者，国之本也。夫为国，其化莫大于崇本，崇本则君化若神，不崇本则君无以兼人。无以兼人，虽峻刑重诛，而民不从，是所谓驱国而弃之者也，患孰甚焉！何谓本？曰：天地人，万物之本也。天生之，地养之，人成之。天生之以孝悌，地养之以衣食，人成之以礼乐，三者相为手足，合以成体，不可一无也……三者皆奉，则民如子弟，不敢自专，邦如父母，不待恩而

---

① 《春秋繁露·基义》，[汉]董仲舒撰：《春秋繁露》，曾振宇、傅永聚注：《春秋繁露新注》，商务印书馆 2010 年版，第 260-261 页。

② 《春秋繁露·阳尊阴卑》，[汉]董仲舒撰：《春秋繁露》，曾振宇、傅永聚注：《春秋繁露新注》，商务印书馆 2010 年版，第 233 页。

③ 《春秋繁露·天辨在人》，[汉]董仲舒撰：《春秋繁露》，曾振宇、傅永聚注：《春秋繁露新注》，商务印书馆 2010 年版，第 244 页。

④ 《春秋繁露·五行相生》，[汉]董仲舒撰：《春秋繁露》，曾振宇、傅永聚注：《春秋繁露新注》，商务印书馆 2010 年版，第 274 页。

⑤ 《春秋繁露·玉杯》，[汉]董仲舒撰：《春秋繁露》，曾振宇、傅永聚注：《春秋繁露新注》，商务印书馆 2010 年版，第 23 页。

爱，不须严而使，虽野居露宿，厚于宫室。如是者，其君安枕而卧，莫之助而自强，莫之绥而自安，是谓自然之赏。自然之赏至，虽退让委国而去，百姓襁负其子随而君之，君亦不得离也。故以德为国者，甘于饴蜜，固于胶漆，是以圣贤勉而崇本而不散失也……故居倡之位而不行倡之势，不居和之职而以和为德，常尽其下，故能为之上也"①，"君明，臣蒙其功，若心之神，体得以全；臣贤，君蒙其恩，若形体之静，而心得以安；上乱，下被其患，若耳目不聪明，而手足为伤也；臣不忠，而君灭亡，若形体妄动，而心为之丧。是故君臣之礼，若心之与体；心不可以不坚，君不可以不贤；体不可以不顺，臣不可以不忠。心所以全者，体之力也；君所以安者，臣之功也"②。

汉代的两次由皇帝主持并裁决的对儒学不同学派进行讨论的会议，尤其是东汉的白虎观会议，其最后所形成的作为官方钦定经典的《白虎通义》，则进一步以阴阳五行、谶纬神学为依据，明确提出："三纲者，何谓也？谓君臣、父子、夫妇也。六纪者，谓诸父、兄弟、族人、诸舅、师长、朋友也。故《含文嘉》曰：'君为臣纲，父为子纲，夫为妻纲。'又曰：'敬诸父兄，六纪道行，诸舅有义，族人有序，昆弟有亲，师长有尊，朋友有旧。'何为纲纪？纲者，张也。纪者，理也。大者为纲，小者为纪。所以张理上下，整齐人道也。"③这里的"三纲六纪"说，就使君臣、父子、夫妇之间的关系演变为强制性的依附、主从的不平等关系了。《白虎通义》中所说的"朝廷之礼，贵不让贱，所以明尊卑也。乡党之礼，长不让幼，所以明有年也。宗庙之礼，亲不让疏，所以明有亲也。此三者行，然后王道得，王道得，然后万物成，天下乐之"④，也再次印证了君臣、父子、夫妇之间的关系，到此时已演变为制度化（礼制）的、强制性的依附、主从关系。由此，原本具有超越时空价值的"五常"之道，被覆盖于"三纲"原理的框架之下，也就不可避免地成为统治者用来维护其封建等级制的伦理基础了。而且，历朝统治者为了维护和强化自己的统治，都愈益重视和强化这一伦理基础。

---

① 《春秋繁露·立元神》，[汉]董仲舒撰：《春秋繁露》，曾振宇、傅永聚注：《春秋繁露新注》，商务印书馆 2010 年版，第 118-119 页。

② 《春秋繁露·天地之行》，[汉]董仲舒撰：《春秋繁露》，曾振宇、傅永聚注：《春秋繁露新注》，商务印书馆 2010 年版，第 348 页。

③ [东汉]班固：《白虎通义卷八·三纲六纪》，[清]陈立撰，吴则虞点校：《白虎通疏证》，中华书局 1994 年版，第 373-374 页。

④ [东汉]班固：《白虎通义卷三·礼乐》，[清]陈立撰，吴则虞点校：《白虎通疏证》，中华书局 1994 年版，第 126 页。

可以说，秦汉时期建立的中央集权制的政治体制，是具有专制性质的体制，所谓"天下之事无小大皆决于上"①。董仲舒的论证则从理论上将其合法化乃至神圣化。到了《白虎通义》中形成的"三纲"，更使这种依附性的、主从的、不平等的关系确立为一种强制性的制度，对后世产生了极大的影响，致使中国两千多年来的政治体制不可避免地蒙上了专制色彩，产生了相当大的负面作用。正如学者周玉萍、赵聪锐所指出的，"孔子立足于维护社会秩序，所以君臣父子各有其独立性，而董仲舒立足于维护君主权力，所以君臣父子'相兼'，有主有次，虽然带有御用学术的意味，但并没有强制性。东汉白虎通会议之后的'三纲'，则彻底将孔子的君臣父子关系变成了带有强制性的附属关系"②。这种负面因素曾长期影响了我国政治制度的发展，是需要我们清醒认知并加以辨析的。

2. 以"三纲"为基座的传统政治体制的负面内涵

大体说来，中国传统政治体制中以"三纲"为基座的负面内涵可从以下几方面来加以解析。

（1）"三纲"使帝王"总揽威权，柄不借下"③，具有绝对的权威和生杀予夺的最终决定权

由此，前述多种行之有效的文官政体的具体制度，如官吏的选任制度、考核制度、监察制度、回避制度等，往往不可能得到彻底实施。即令是监察制度中的谏言制，也会受到相当程度的限制，甚至可能会流于形式。一项制度实行得好与坏，往往最终取决于当朝君王（即皇帝）个人的性格与品质。如果君王是清正廉明且有所作为的，那么就会出现国泰民安、吏公风正的盛世局面；如果某代皇帝昏庸无为，沉溺于声色犬马之中，则很可能由小人、奸臣当道，贪官污吏横行，百姓则遭受磨难。受这种体制的局限，即使是太平盛世，也很难保证不出现贪赃枉法的污吏。而且，在这种体制下，贪官污吏往往可能会官运亨通，飞扬跋扈，而廉洁清明的官吏则有可能遭诬陷而落得个被贬或坐牢的下场。这种君王至尊、层层统属、高度中央集权的金字塔式的行政管理体制，促使下级官员往往只对

---

① 《史记·秦始皇本纪》，[汉] 司马迁撰，韩兆琦主译：《史记·卷六》（第一册），中华书局 2008 年版，第 164 页。

② 周玉萍、赵聪锐：《从"君臣父子"到"三纲"看古代学术思想的流变》，载《中北大学学报》（社会科学版）2010 年第 6 期，第 65 页。

③ [宋] 李昉等撰：《太平御览》，中华书局 1960 年版，第 412 页。

上级官员负责，整个文官群体只服从于皇帝个人，使"主独制于天下而无所制也"①，这就造成一些官吏轻视同事和下属，由此形成畏上、媚上、欺（骗）上等不良品质。历史史实也已经证明，这种体制下产生了许多本来可以避免的悲剧。例如，史学大家司马迁因为李陵辩解而遭受宫刑，一代抗金名将岳飞因受皇帝猜忌、小人诬陷以"莫须有"的罪名被处死，抗英禁烟英雄林则徐遭投降派诬陷被革职而"从重发往新疆伊犁"，如此等等。因此，学者刘修明、夏禹龙曾论及中国封建社会政治制度史上"体"与"制"之间存在的矛盾，"中国封建社会前后延续达2000多年，其间，文官体制所起的维系作用是不可低估的。但文官体制的操纵者是专制权力的代表皇帝，皇帝利用文官体制来制约整个官僚机器，但他自己却不受任何力量的约束。最高立法权、司法权和行政权似乎分离，但最后都集中于皇帝一身。皇帝行使立法权、司法权和行政权时，带有很大的主观性、随意性、独断性。对皇帝唯一的制衡力量——谏官，作用非常有限。他可以听，也可以不听，一旦龙颜大怒，还可以杀谏官。中国古代以家族宗法制为基础的封建帝国统治的实质，是以人治为主、法治为辅的'人主'（即皇帝、大家长）统治。即使文官体制结构十分严密，封建法律条文十分具体，君主也可以带头破坏法律的统一性。一言可以立法，一言可以坏法。君言即法，'言法'是封建'法制'的特征。由此必然导致制度的不稳定性，并造成'人存政举，人亡政息'的后果，出现一切以'人'（帝王）的变化而转移的破坏、重建、再破坏、再建的循环怪圈"，"这是'体'与'制'无法化解的矛盾。封建专制主义政体的'体'，在中国古代社会的运行中处于主导的决定地位。文官制度严密而有序也有效的'制'的编组与运行方式，只能从属于'体'的主干。中国历史上的'体'与'制'成两极发展的趋势：作为中央集权主义的政治体制，自秦汉建立到明清时代，以帝王为代表的极权主义性质越演越烈。秦汉朝廷还有'廷议'，大臣可发表不同意见；到明代就可以用'廷杖'的方式把敢于冒犯皇帝的大臣当场打死在朝廷上。作为王权附属工具的文官制度日趋细密，功能完备，不愧为世界政治制度史上的创造，却与王权的绝对化组成为统一体。这种政治制度上的两极现象，是东方社会政治体制的特点。'体'决定了'制'的运行，'制'的完备只能服从专制主义的皇权统治"，"这种'体'与'制'的矛盾的对立统

---

① 《史记·李斯列传》，[汉]司马迁撰，韩兆琦主译：《史记·卷八十七》（第三册），中华书局2008年版，第1748页。

一，在中国文官制度的演进与操作中，有重大影响。成文制度的高度理性化，可以由于'体'的原因而很难进入制度的正常运行轨道中去。这就是众多的法规往往成为一纸空文的原因。'制'的本身不可能根本解决官僚的反腐倡廉问题，只有伴随'体'的改革，'制'的良性功能才能得到充分发挥……中国古代文官制度，只有当其某些合理内核和形式经过改造后能适用于有中国特色的社会主义民主政治制度，并服务于这种民主政治制度的改进和完善时，才会体现出它的价值"。①学者戴小明指出："中国古代文官制度的主宰和灵魂是皇帝。在中国长达两千多年的封建统治形态中，高度的中央集权一直是其政治统治的主要特征。皇帝是封建社会和官僚统治机器的主宰。贯穿中国古代文官制度历史中的基本线索，是以皇帝和官为本，实行人治、官治，而不是法治。故中国古代文官制度无论怎样变化，都没有超越'以官选官'的模式，这就使得制度的作用常为人的素质所左右。各种制度不管它多么悠久、多么美好，对当代君主都只有参考价值，因而可以随时遭到破坏。即以科举为例，虽早已成为天经地义，但官场中真正科举出身的人据统计往往不过百分之五六十，其他多为权贵与杂途。而当君主昏庸、奸佞当道时，则更是公然卖官鬻爵。"②张晋藩教授说，"中国古代的文官制度初创于战国时期，当时列国的行政管理体制是以国王为首的，诸卿分职授政的专制主义政体。这时的国王与夏商周三代的王不同，它是封建皇帝的前身。文官制度就是适应专制主义的统治而产生的。秦始皇统一六国后，建立了以皇帝为国家元首的专制主义政治制度。皇帝以下组成以丞相为文官之长，包括朝内各类职官的朝廷，作为管理封建国家行政的中央政府。在此后的两千多年间，中央行政管理体制虽然经过了三公制、三省制、二府制、一省制、内阁制的演变，但基本的框架辗转相承，沿袭未变。演变的轨迹则始终是向着强化君权的目标"③，"唐以后，宋明清各朝专制主义不断强化，皇权膨胀到无以复加的地步。封建的中枢机关既失去了对皇权的约束，也淡化了相互间的制衡关系。而且，无论中央还是地方长官，其行使职权都受到幕吏的牵制，以致出现了'官无封建，吏有封建'的现象，这正是极端专制主义制度下所不可避免的。因此，虽有以明清会典为代表的规范详尽的文官立法，却不能阻止文官制度的腐败与衰

---

① 刘修明、夏禹龙：《中国古代文官体制的现代启示》，载《齐鲁学刊》1999 年第 6 期，第 10-11 页。

② 戴小明：《论中国古代文官制度》，载《学习与探索》1992 年第 2 期，第 45 页。

③ 张晋藩：《中国古代文官制度综论》，载《中国社会科学》1989 年第 2 期，第 198 页。

落"①。当然也不可否认，如学者谢俊春、朱英淑所说，"虽然中国古代始终存在着专制主义之'体'与进步之'制'的矛盾，但完整而科学的制度性政治文明在一定程度上抑制了专制主义的危害和弊端，从而在相当长的时期内保证了政治关系的和谐与社会稳定"②。

（2）帝王世袭制衍生出诸多负面因素乃至历史悲剧

中国古代官僚体制是非世袭的，可是历代帝王却是世袭的，由此衍生出诸多负面因素，乃至历史悲剧。首先，为争夺继承权，历史上皇族内部就上演了无数次的父子相残、兄弟相杀的悲惨事件，就连创建了著称于史的"贞观之治"的一代明君唐太宗李世民，也未能跳出这种悲惨事件的窠臼。南北朝时期，老百姓见刘宋皇族内肆意的、惨绝人寰的杀戮，曾流传着这样的民谣："遥望建康城，小江逆流萦，前见子杀父，后见弟杀兄。"这一民谣恰好印证了中国历史上由体制的原因所造成的这种无可避免的悲剧。其次，这种权力无限的帝王世袭制，也使其后宫成群的嫔妃之间为争宠，或为达到"母以子贵"之目的，而工于心计地钩心斗角，不择手段地实施阴谋诡计踩压别人，俨然使后宫变成了一个没有硝烟的战场，由此也造成了不少悲剧。它使其中的一些人受到不应有的伤害，而更严重的是使处于这种体制下的人心灵遭到了扭曲，也导致人伦道德的丧失。再次，帝王具有至高权力的体制，也往往会导致外戚或宦官的干政与专权。这在中国封建社会发展史上是屡有发生的事情，而且往往对社会的发展有害而无益。因为，外戚或宦官集团都有着自身的利益，一旦在皇帝面前得宠，就会为利益驱使而飞扬跋扈、专断霸行，置正常的体制程序和朝纲于不顾，甚至对本应行使正常职权的文官横加阻挠，乃至迫害。外戚集团的干政，尤其是宦官集团的干政，成为中国封建社会历史上的独有特征。与此同时，官场中层层严密的等级隶属关系，以及相应的权力、地位和物质待遇的显著差别，又促使了官场中尔虞我诈、钩心斗角、互相倾轧恶劣之风的蔓延。这也成为士子文人竭尽努力通过科举考试而获取利禄功名的重要诱因之一。这种体制，也造成了中国传统社会"官本位"现象的产生，遂使一些不能自律的官员飞扬跋扈、为所欲为，失去了道德的底线，从而形成权力的滥用和腐败现象的屡禁不止。中国古代监察机关的不断扩大、监察制度的日渐完备与监察活动的经常化，往往受制于帝王的意志，其作用的发挥也受到很大的限制。"在中

---

① 张晋藩：《中国古代文官制度综论》，载《中国社会科学》1989年第2期，第197页。
② 谢俊春、朱英淑：《论中国古代制度性政治文明及其现代价值》，载《世纪桥》2008年第1期，第37页。

国，进入阶级社会起，国家统治的本质特征就是'人治'，是国王与皇帝的意志推动着国家机器的运转。作为'天子耳目风纪之司'的监察官，之所以品低而权重，俸薄而赏厚，就在于他们是附着于皇权的。由此也决定了监察官对文官的纠弹，必然越来越受到圣意的左右。"①而对于长期处于这种体制下的国民来说，其内在的理性思维受到限制和压抑，形成了一种臣民意识和较为内向的性格，具有超强度的忍受压抑和痛苦的承受能力，个体的能动作用不能充分发挥出来。他们企盼多出几个铁面无私、为民请命和造福的包公式的"父母官"，但他们对这一愿望的实现无能为力，只能听由命运的安排。鉴于此种情况，有学者曾分析说，中国老百姓是最能忍受的，但凡碗里有口饭吃就不会起来造反，一旦农民起义发生了，人民起来造反了，那就肯定是忍无可忍，实在是活不下去了。总之，由帝王世袭制和官场中层层严密的等级隶属关系所衍生出来的宫廷阴谋政变、宫闱残酷争斗、官场腐败蔓延及国民中的奴性应世之道，恰恰反映出中国传统体制中的负面后果及其危害。

（3）"父为子纲"使家庭中关系的天平倾斜

前已述及，"父为子纲"与孔子的"君君，臣臣，父父，子子"，以及孟子的"父子有亲，君臣有义，夫妇有别，长幼有叙，朋友有信"所讲的性质已经完全不同了。在孔孟那里，两两都是相对等的关系，父慈子孝、兄友弟恭是构成家庭和谐的基础。而"父为子纲"则是具有强烈依附性的不平等关系了。这种不平等，一是表现为子女作为父母的私有财产，可以被父母任意责罚、打骂，甚至被买卖、杀掉，而子女没有任何发言的权利，否则就是对父母的不敬或不孝。例如，《汉书》中说："孝莫大于严父，故父之所尊子不敢不承，父之所异子不敢同。"②《白虎通义》中说："父子者何谓也？父者，矩也，以法度教子也。子者，孳也，孳孳无已也。"③《江苏京江王氏宗谱》中说："子孙受长上诃责，不论是非，但当俯首默受，毋亟自辩理。"④《大清律例》规定："父母控子，即照所控办理，不必审讯。"⑤另据《汉书》记载，汉武帝时的重臣金日䃅，因其

---

① 张晋藩：《中国古代文官制度综论》，载《中国社会科学》1989 年第 2 期，第 205 页。

② 《汉书·韦贤传》，[东汉]班固撰：《汉书》（卷七十三），中华书局 2007 年版，第 735 页。

③ [东汉]班固：《白虎通义卷八·三纲六纪》，[清]陈立撰，吴则虞点校：《白虎通疏证》，中华书局 1994 年版，第 376 页。

④ 《江苏京江王氏宗谱》，申士垚、傅美琳编著：《中国风俗大辞典》（八·世情），中国和平出版社 1991 年版，第 582 页。

⑤ 《大清律例》，齐豫生、夏于全主编：《中国全史》（第四卷·大清律），吉林摄影出版社 2002 年版，第 1837 页。

子行为不轨便将其杀之，因为"父者子之天也"①。这就使父权发挥到了极致，而子的义务也承担到了极致，背离了"子孝"原本的含义而走向了愚孝，扭曲了人性。当然，中国封建社会子对父的依附性关系中，父本身并非不做任何修为，为使家风传承，父有其自觉和自律性，凡事必身先、必正己，但是在教养和教育过程中不容子女有任何分辨的余地，从而压抑了子女的个性和思维品质。二是子女的婚姻完全根据父母的意愿，由父母包办，即所谓"父母之命，媒妁之言"。也就是说，子女的婚姻掌控在父母手中，自身没有主动权，此为天经地义，否则的话便是大逆不道（在某些朝代，妇女在婚姻中尚具有一定的、有限的权利。见下文）。关于此方面，孟子曾说过："不待父母之命，媒妁之言，钻穴隙相窥，踰墙相从，则父母国人皆贱之。"②即令由父母包办的婚姻，若父母对女子（媳妇）有成见，也会有拆散婚姻的可能。乐府诗歌《孔雀东南飞》中的焦仲卿和刘兰芝的悲剧，正是当时时代父母干预子女婚姻的悲剧。还有，宋代著名爱国诗人陆游与第一任妻子唐婉的婚姻悲剧，也是一个典型的例证。《礼记·内则》中的"子甚宜其妻，父母不说（音 yuè），出。子不宜其妻，父母曰'是善事我'。子行夫妇之礼焉，没身不衰"③，讲的就是这一情况。

　　而与此同时，在家、国为一的中国传统社会，家法与国法相通，父权成为皇权的根基。在这种"家天下"的背景下，无论皇帝还是各级官吏，都借助父权来强化其统治权。实际上，中国古代的皇帝就是最大的家长，其至高无上的地位从某种角度来讲，是由其大家长的身份给予的。移孝于忠，这在《孝经》中已有明确论述，"君子之事亲孝，故忠可移于君"④，"夫孝，始于事亲，中于事君，终于立身"⑤。《白虎通义》中说："王者父天母地，为天之子也。"⑥《汉书》说："陛下上为皇天子，下为黎庶父母。"⑦《唐律疏议》中说："王者居宸极之至尊，奉上天之宝命，同二仪之覆载，作兆庶之父母，为子为臣，惟忠惟孝。"⑧可以说，族权与家法成为封建制时代政权与国法的重要补充形式。皇帝

①　《仪礼·丧服》，杨天宇撰：《仪礼译注》，上海古籍出版社 2004 年版，第 308 页。

②　《孟子·滕文公下》，杨伯峻译注：《孟子译注》，中华书局 2010 年版，第 130 页。

③　《礼记·内则》，杨天宇撰：《礼记译注·上》，上海古籍出版社 2004 年版，第 337 页。

④　《孝经·广扬名》，汪受宽撰：《孝经译注》，上海古籍出版社 2004 年版，第 68 页。

⑤　《孝经·开宗明义》，汪受宽撰：《孝经译注》，上海古籍出版社 2004 年版，第 2 页。

⑥　[东汉]班固：《白虎通义卷一·爵》，[清]陈立撰，吴则虞点校：《白虎通疏证》，中华书局 1994 年版，第 2 页。

⑦　《汉书·王贡两龚鲍传·鲍宣传》，[东汉]班固撰：《汉书》（卷七十二），中华书局 2007 年版，第 726 页。

⑧　《唐律疏议·名例篇·十恶》，岳纯之点校：《唐律疏议》（卷第一），上海古籍出版社 2013 年版，第 7 页。

和行政官员借重父权来强化其统治权，更增加了父权的神圣与威严。因此学者张亲霞论道，"君权和父权在中国古代的思想文化中是两种紧密联系、相互作用、相互影响的权利。政治上强调君权，在家庭伦理上必然强调父权"①。

（4）在"夫为妻纲"、男尊女卑的传统思想统领下，妇女在家庭和社会中的地位卑微

中国古代社会是一种父权社会、男权社会，男尊女卑观念由来已久。早在《周易》中就提出了"天尊地卑，乾坤定矣。卑高以陈，贵贱位矣……乾道成男，坤道成女"②的命题，男女之间的差别有如天地之间的差别。《周易》还说"恒其德，贞；妇人吉，夫子凶"，此在事实上已经是针对女人坚守贞操的自觉要求了。《象传》将其进一步解释为"妇人贞吉，从一而终也"③，这可能是最早提出"从一而终"这一观点的文献了。董仲舒提出："丈夫虽贱皆为阳，妇人虽贵皆为阴。"④东汉班昭的《女诫》强调"夫有再娶之义，妇无二适之文"⑤，首开女人现身说法训诫守贞的先例。而"三纲"的提出，更成为强化男尊女卑的一个理论依据。然纵观历史发展的实践，由于历朝历代的具体环境不尽相同，妇女所处地位和状况也并不完全一样，在某些时期，妇女可能会拥有一定的权益和地位。但从总体上看，男尊女卑的社会观及"三从四德"的妇道观、贞节观呈现出不断发展和强化的趋势。

由上述可见，对女子坚守贞操的要求在西周初年即已开始。但先秦至汉代，对女性尚没有那么多的禁锢与束缚，前文所述"相敬如宾""琴瑟和鸣""举案齐眉"等语汇及其相关事例，在涉及该时期男女社会生活的文献中，时有出现。孔子所编订的《诗经》中，可见男女之间爱情观中的平等意识。《周易》中虽有褒扬贞操的言辞，但对寡妇改嫁却没有严格的限制。少女婚前还享受一定程度的性自由。汉宣帝神爵四年（公元前 58 年）二月，中国历史上虽第一次出现了赐"贞妇顺女帛"的诏令⑥。东汉安帝元初六年（119 年）二月，诏赐"贞妇有节义

① 张亲霞：《从父慈子孝到父为子纲》，载《晋阳学刊》2003 年第 2 期，第 61 页。

② 《易·系辞上传》，黄寿祺、张善文撰：《周易译注》，上海古籍出版社 2004 年版，第 493 页。

③ 《易·下经·恒卦》，黄寿祺、张善文撰：《周易译注》，上海古籍出版社 2004 年版，第 250 页。

④ 《春秋繁露·阳尊阴卑》，[汉]董仲舒撰：《春秋繁露》，曾振宇、傅永聚注：《春秋繁露新注》，商务印书馆 2010 年版，第 231 页。

⑤ [东汉]班昭：《女戒·专心第五》，[东汉]班昭等著，中华文化讲堂注译：《女四书》，团结出版社2016 年版，第 28 页。

⑥ 《汉书·宣帝纪》，[东汉]班固撰：《汉书》（卷八），中华书局 2007 年版，第 65 页。

十斛，甄表门闾，旌显厥行"①，但尽管如此，相较先秦，汉代寡居妇女改嫁之风依然盛行。汉代的妇女，无论是皇族贵戚，还是平民百姓，皆能自由改嫁。寡妇改嫁是合乎人情、法理的平常事，文人士大夫也不会刻意表扬守节寡妇，寡妇再嫁也不会招来恶评。秦汉两代的统治者都提倡惩淫和防淫。后来，汉代的儒士在整理、编撰先秦的礼制和思想而形成《礼记》的过程中，将"男女有别"提到显要位置，并将其肯定为万世"不可得与民变革"②的"人道之大者也"③，并提出，女子"壹与之齐，终身不改，故夫死不嫁"④。与此同时，汉代儒士们还规定了两性之间的种种隔离、防范制度。

唐代实行儒佛道三教并重，以及民族之间的融合等，使其成为相对包容开放的朝代，妇女在参与各种社会活动（包括政治活动）、接受教育、财产继承、婚姻状况等方面，具有一定的权利和地位，虽然与男子相比仍相差很远。就婚姻状况而言，唐中期以前，妇女再嫁是不受限制的，贵妇也不以再嫁为耻。唐代史籍与墓志中记载的再嫁妇人不在少数，仅唐代公主的改嫁风气就非常盛行，民间此种情况亦有不少。唐代大文学家韩愈之女，先嫁给了其父门人李汉，离婚后又嫁樊仲懿。《唐律·户婚律》对男女离婚的三条规定中，除了"七出"离婚和"义绝"强制离婚之外，还有"和离"，即协商离婚："若夫妻不相安谐而和离者，不坐。"⑤而且，"七出"离婚中还有"三不去"的定则，"三不去者，谓一经持舅姑之丧，二娶时贱后贵，三有所受无所归"，此三种情况不得去妻，若"出之者，杖一百。并追还合"。⑥这在一程度上体现了对妇女权益的一种尊重。《唐律·户婚律》还规定："诸卑幼在外，尊长后为定婚，而卑幼自娶妻：已成婚，婚如法；未成者，从尊长。"⑦这就是说，年轻男子身在外，未征得家长同意，自己已经娶妻成婚的，法律予以认可；未成婚者，听从尊长的意愿。此规定也说明，唐代男女自主选择配偶在一定程度上也被允许。对于离婚改嫁和夫死再嫁，法律也没有约束和限制，同时也不干涉妇女恪守贞节的自由。当然，据学者们研究，即令在这样的情势下，仍有多数人恪守贞节操行，寡妇坚持不再嫁者仍

① 《后汉书·孝安帝纪》，[南朝·宋]范晔撰：《后汉书》（卷五），中华书局 2007 年版，第 64 页。

② 《礼记·大传》，杨天宇撰：《礼记译注·下》，上海古籍出版社 2004 年版，第 428 页。

③ 《礼记·丧服小记》，杨天宇撰：《礼记译注·上》，上海古籍出版社 2004 年版，第 406 页。

④ 《礼记·郊特牲》，杨天宇撰：《礼记译注·上》，上海古籍出版社 2004 年版，第 322 页。

⑤ 《唐律·户婚律》，钱大群译注：《唐律译注》，江苏古籍出版社 1988 年版，第 162-163 页。

⑥ 《唐律疏议·户婚篇·妻无七出（问答一）》，岳纯之点校：《唐律疏议》（卷第十四），上海古籍出版社 2013 年版，第 224 页。

⑦ 《唐律·户婚》，钱大群译注：《唐律译注》，江苏古籍出版社 1988 年版，第 161 页。

大有人在。实际上，魏晋南北朝以来的开放意识和儒家的礼法文化、佛教中的"众生平等"观念和"五戒"观念、"一切皆空、皆苦"观念以及道教的观念等多种观念，都在同时影响着唐代的妇女。至唐代中后期，一方面由于帝王对妇女改嫁态度的转变，另一方面对女性贞节教育的加强，如《郑氏女孝经》《宋尚公女论语》等女教书的传播，虽不明令禁止妇女再嫁，但对于妇女再嫁的限制已经逐渐占了上风。学者柴松霞指出："唐代一向以繁荣富强、社会风气开放闻名，法律甚至出现协议离婚的规定，但妇女的离婚与再嫁仍然受道德的约束、受贞节观念的制约和支配。一方面由于人们贞节观念的改变及其法律上的规定，促使终唐一代无论是上层妇女还是下层妇女，都存在离婚、再嫁的现象。另一方面儒家思想传播并达到独尊地位后，片面要求女子不改嫁或不失身的贞节观念使女性离婚和再嫁成为难事。且这两个群体在离婚和改嫁的具体实践中存在着明显的差异性，唐代公主改嫁不乏其人，但妇女守寡十几年乃至数十年者也大有人在。这反映了唐代妇女再嫁的道德与法律冲突。"①

宋代是前所未有的变化的时代，是漫长中国历史的一个转折点，表现在妇女身上，则一方面是缠足的普遍化、节妇烈女被大力表彰，另一方面妇女却有了较大的财产权，且婚姻中的择偶也与前代有较大不同。宋代婚姻制度的一个显著特点就是门第观念的淡薄，社会上流行着自唐末五代以来日益兴盛的"取士不问家世，婚姻不问阀阅"②的风气。司马光曾要求家人在婚姻上"勿苟慕其富贵"。他说："凡议婚姻，当先察其婿与妇之性行及家法如何，勿苟慕其富贵。婿苟贤矣，今虽贫贱，安知异时不富贵乎？苟为不肖，今虽富盛，安知异时不贫贱乎？"③朱熹赞成其观点，还将此写进了《朱子家礼》。袁采在《袁氏世范》中也说："男女议亲，不可贪其阀阅之高，资产之厚。苟人物不相当，则子女终身抱恨，况又不和而生他事者乎！"④与第一个特点密切相连，其婚姻制度的又一个特点是"榜下择婿"或"榜下捉婿"。宋人以子为进士而女嫁士大夫为荣，求婿"必欲得高第者"⑤，这种不重家世重个人才华的社会风气，反映了"婚姻重才""万般皆下品，唯有读书高"的时代特点。由此，就使宋代厚嫁风俗尤为突

---

① 柴松霞：《论唐代妇女再嫁的道德与法律冲突》，载《妇女研究论丛》2013 年第 1 期，第 59 页。

② 《通志·氏族略·氏族序》，[宋]郑樵撰，王树民点校：《通志二十略》，中华书局 1995 年版，第 1 页。

③ 《司马氏书仪·婚仪上》，[宋]司马光：《司马氏书仪》（卷三），中华书局 1985 年版，第 29 页。

④ 《袁氏世范·睦亲·议亲贵人物相当》，[宋]袁采著，刘云军校注：《袁氏世范》，商务印书馆 2017 年版，第 50 页。

⑤ 《河南程氏文集卷第十二·伊川先生文八·家世旧事》，[宋]程颢、程颐著，王孝鱼点校：《二程集》，中华书局 1981 年版，第 659 页。

出。然而，这一择婿特点也形成了人们极力攀附科举高中者即有望成为当朝士大夫者的社会风气。宋代妇女的离婚自主权得到扩大，在立法上增加了为女性设立的离婚法令。而且在宋代，女子仍不乏有改嫁者。例如，北宋著名政治家、文学家王安石让儿媳改嫁了宋英宗赵曙的次子赵颢，此为《东轩笔录》所述"京师有谚语曰：'王太祝生前嫁妇，侯工部死后休妻'"①中的"王太祝（王雱）生前嫁妇"一事；宋代著名女词人李清照在丈夫赵明诚去世后，再嫁张汝舟，后离婚（后世学者对李清照是否再嫁有争议）；南宋著名爱国诗人陆游的前妻唐婉，在迫于压力与陆游离婚后，嫁给了皇族赵士程等。此外还如，范仲淹、贾逵的母亲，岳飞的第一任妻子，程颢、张俊的儿媳，魏了翁的女儿，张大成的妹妹等，都曾改嫁。宋代的不少女性皇室成员也曾有改嫁的经历。《名公书判清明集》以及南宋著名文学家洪迈等所著作品中，都记有不少妇女再婚、改嫁的案例。但在宋代，受保守的社会风气影响，女性更多的是关注自己的家庭生活。宋代婚姻的主要意义在于传宗接代，其次是侍奉长辈、结交权贵等。宋代盛行一夫一妻多妾制，妇从于夫是宋代婚姻制度的一个主要特点，女性以为夫守节为荣，社会上还出现了表彰妇女守节的"贞节坊"。随着宋代社会对寡妇从一而终的愈益褒扬，将男尊女卑列入了国家的指导思想中，并开始片面强调处女的贞节、一女不事二夫，但男子可以一夫一妻多妾、丈夫可以休掉妻子等，这种双重道德标准开始形成。而恪守贞节的操行也得到了文人士大夫的极力支持。司马光在《家范》中说道："妻者，齐也。一与之齐，终身不改。故忠臣不事二主，贞女不事二夫。"②程颐说："'或有孤孀贫穷无托者，可再嫁否？'曰：'只是后世怕寒饿死，故有是说。然饿死事极小，失节事极大。'"③可见，男尊女卑的社会观与严格的贞操观愈益强盛。

---

① 《东轩笔录·卷之七》，[宋]魏泰撰，李裕民点校：《东轩笔录》，中华书局1983年版，第77页。

② 《家范卷八·妻上》，[宋]司马光撰：《家范》（影印本），中国书店2018年版，第207页。

③ 《河南程氏遗书卷第二十二下·伊川先生语八下》，[宋]程颢、程颐撰，王孝鱼点校：《二程集》，中华书局1981年版，第301页。关于程颐的"饿死事极小，失节事极大"一句的含义，不少学者有着另一种解析，认为这句话的提出有其特定的上下文语境，它主要针对的是大丈夫、正人君子及地位身份较高的士大夫阶层，要求他们要恪守气节，"善养吾浩然之气"，这是儒家的基本要求和准则。况且，程颐对其父亲程珦鼓励外甥女改嫁的做法，也持认可的态度。如学者康德衡即持这种观点。在《再析朱子"饿死事小失节事大"》一文中，他列举了程颐和朱熹的多段论述，引用了当代学者陈来和朱杰人的观点，以及多部作品中描写宋代妇女改嫁为生活中的正常现象（乃至明代妇女也有不少改嫁）的事实，较系统地论证了这一观点，指出"此语应该是对气节高度重视的儒家的普遍道德原则，适用于男子的忠贞不渝，也适用于有身份的女人"（详见康德衡：《再析朱子"饿死事小失节事大"》，载《四川文理学院学报》2022年第4期，第34-39页）。这一观点应当予以重视。然而，将"饿死事极小，失节事极大"这句话理解为反对妇女再嫁的观点，对后世中国社会影响甚是久远。

到了元代（尤其中后期），贞节观念渐渐成为一种社会风气，夫死守节，几乎成为妇女应尽的义务。元代有"丈夫死国，妇人死夫，义也"①的说法。到了明清二代，尤其是清代，虽也有少数妇女改嫁，但在国家、社会、家庭的要求之下，妇女不得不遵从节烈，牺牲自己成全家国。明清妇女节烈与任何时代相比都已经登峰造极，不但数量多、种类繁、程度惨烈、情节离奇，而且妇女更认同于节烈道德。许多寡居妇女为保全名节，忍辱负重，几乎都付出了极大的代价，正如当时人常把妇女守节说成是"苦节"，或者用"历尽艰辛""劳瘁难怠""心力交瘁"等言词加以描述。中国对贞节烈妇的褒扬，在唐宋以前还属于宣传教育阶段，守节贞烈更好，不守之妇社会压力也不大。宋以后，尤其元明清各代，各级国家权力系统逐渐全面卷入制造"贞节烈妇"的运动中去，使这类载入"史册"的女性的数量大增。

可以说，从远古到近代，男尊女卑日益完善，并具有了政治法律思想上的依据，成为了中国古代社会中不可忽略的一大文化现象，也成为压在妇女头上的愈益沉重的巨石，衍生出多少人间悲剧。鲁迅笔下的祥林嫂，就是一个被封建礼教所吞噬的典型的悲剧人物。因此，在漫长的封建社会，特别是宋代以后的封建社会中后期，整体而言，女子被压抑在社会的最底层，受到政权、族权、夫权、神权四大绳索的捆绑。女子必须恪守"三从四德"的行为规范，即"未嫁从父，既嫁从夫，夫死从子"②"妇德、妇言、妇容、妇功"③。可见，女子一生都要依附于男子，这就牢牢拴住了妇女的手脚，使其没有任何独立人格可言。男子可以妻妾成群，而女子却被劝为"饿死事极小，失节事极大"。而且，"外言不入于捆，内言不出于捆"④，女子不能参加任何社会活动（唐代妇女在参与各种社会活动包括政治活动、接受教育等方面，尚具有一定的权利），既不能参加科举考试，也不能授职理事。除此之外，中国古代妇女的缠足也体现了其地位的低下及男子对妇女的控制。笔者以为，缠足成为中国历史上特有的、令人心痛的一种文化现象。就这种体制下包括妇女在内的国民的人性受到压抑乃至摧残、缺乏独立意识和主动性的情况而言，鲁迅的《狂人日记》揭露中国几千年来的旧礼教和"仁义道德"掩盖着的封建专制主义统治，只是一部"吃人"的历史；戴震则发

---

① 《元史·忠义传四·柏帖穆尔》，[明]宋濂等撰：《元史》（卷一百九十六），中华书局1976年版，第4433页。

② 《仪礼·丧服传》，杨天宇撰：《仪礼译注》，上海古籍出版社2004年版，第308页。

③ 《周礼·天官·九嫔》，杨天宇撰：《周礼译注》，上海古籍出版社2004年版，第116页。

④ 《礼记·曲礼上》，杨天宇撰：《礼记译注·上》，上海古籍出版社2004年版，第14页。

出了理学"以理杀人"的呼喊，是有其理论和实践上的依据的。（关于宋代理学，应当给予全面、客观的评价。不可否认的是，宋代理学在对抗佛、道的冲击，以"为往圣继绝学"的舍我其谁的无畏精神，并以开阔、包容的心态援佛入儒、援道入儒，使儒学具有了明显的思辨性，上升为哲学本体论的高度，从而以新儒学的面目得以继续发展这一方面，确实功不可没。而且，理学家们的本意是在于强调道德的自觉和自律，强调不应以人欲凌驾于天理之上，从而重整自唐末五代以来颓废的道德和已经弱化的伦理纲常。这一意图在现实社会中也得以实现。但是，可能令理学家们也始料未及的是，在借鉴佛学的思辨性而弥补原典儒学之欠缺的同时，也在无形中将佛教中的禁欲主义成分引入到儒学之中，使"存天理，灭人欲"具有了压抑人性的内涵。尤其到了宋理宗表彰理学之后，使理学走向官方化，就使理学中压抑人性的成分更为凸显，这就成为理学"以理杀人"的原因之所在了。）

（二）血缘家族制的利弊优缺兼而有之

中国古代在崇敬祖先的理念之下，对原始社会末期的血缘家族体制，基本上承续下来。夏商周三代，尤其是周代，以"家天下"的原理建立起了一整套宗法制的政治体制和以血缘为纽带的家族制度。周代的此种体系最为详密和系统。"周因于殷礼。"它承袭殷商的嫡庶制和分封制，以分封诸侯的形式，按大宗小宗之关系，建立起了层层递属的天子—诸侯—卿大夫—士—庶人的宗法制的政治体制，而且确立了"溥天之下，莫非王土；率土之滨，莫非王臣"[①]"天无二日，土无二王，家无二主，尊无二上"[②]的天子绝对统治地位。周实行同姓百世不通婚制度，这样各诸侯国之间同姓即是兄弟，异姓多是甥舅，彼此都有血统关系。上起天子，下至庶民，在以血缘为纽带的宗法与婚姻的基础上，建立起周王朝的统治。与此同时，周又总结了商纣灭亡的教训，提出了"以德配天""敬德保民"的重伦理、重人事的政治伦理思想，取代殷商的绝对天命论。在此基础上，周公制礼作乐，建立起一套详尽、系统、具有严密规定的周礼，以配合西周政治、道德、宗教、经济及日常生活的规矩习俗在内的文化和国家制度的实施。此后，这种宗法制的政治体制以及与此相连的以家长为核心、以血缘关系为纽带的宗亲制在中国延续了数千年，其影响渗透入社会生活和政治生活的方方面面。

① 《诗经·小雅·北山篇》，程俊英撰：《诗经译注》，上海古籍出版社 2004 年版，第 349 页。
② 《礼记·坊记篇》，杨天宇撰：《礼记译注·下》，上海古籍出版社 2004 年版，第 676 页。

虽然秦汉以后中国以郡县制代替了西周的诸侯分封制，但是血缘家族制的延续及其影响却根深蒂固，绵延不断。

1. 以"乡贤文化"（亦称乡绅文化）为代表的血缘家族制的正向功能

这种血缘家族制有其正向功能，对当时和后世都有其积极的正向影响。最显著的，就是它以血缘为基础，使人们相互之间在形成浓厚情感方面产生了较大作用。在西周时期，这一体制相对于商王朝的用人殉葬制和用人做祭品制，有着相当大的进步作用，它对于联络各阶层民众的情感，发展社会生产力，确实起到了不少的作用，因而出现了周初的"太平世"。孟子也曾论及这种以血缘情感为纽带的社会，形成了"死徙无出乡，乡田同井，出入相友，守望相助，疾病相扶持，则百姓亲睦"①的社会民俗和风尚。家族制度在中国历史上，对于组织劳动和生活方面，也曾起到过不容忽视的积极作用。众所周知的推动了中国文化发展的乡贤文化（亦称乡绅文化），就是在这种血缘家族制基础上产生出来的。中国几千年的社会文化，基本以乡村文化为主体，乡村文化基本以乡贤文化即乡绅文化为先进文化的代表。因此，中国几千年能够顺利延续，其中以乡贤文化即乡绅文化为根基是其重要原因。山西大学刘毓庆教授说："所谓'乡绅'，就是乡间的绅士，即士大夫居乡者。这主要由两部分人组成，一部分是有官职而退居在乡者，此即所谓的'绅'或'大夫'；一部分是未曾出仕的读书人，此即所谓的'士'。其中，以'绅'即退居官员为核心。由乡间士大夫组成的'乡绅'群体，他们有高于普通民众的文化知识和精神素养，有着为官的阅历和广阔的视野……对下层民众生活有深刻的了解。他们既可以将下情上达于官府甚至朝廷，也可以将官方的意旨贯彻于民间。因而，'身为一乡之望，而为百姓所宜矜式，所赖保护者'（《绅衿论》，同治壬申五月一日《申报》）。他们在乡间承担着传承文化、教化民众的责任，同时参与地方教育和地方管理，引领着一方社会的发展。他们可以说是乡村的灵魂，代表着一方的风气和文化。"②。乡绅还对乡村社会长期存在的族权、神权拥有某种控制力。在漫长的中国历史进程中，乡绅或乡贤始终是乡村社会建设、风习教化、乡里公共事务的主导力量。"惟地方之事，官不得绅协助，则劝诫徒劳，绅不得官提倡，则愚迷弗信。"③"绅士居乡者，必当维持风化，其耆老望重者，亦当感劝闾阎，果能家喻户晓，礼让风行，

---

① 《孟子·滕文公上》，杨伯峻译注：《孟子译注》，中华书局 2010 年版，第 108 页。

② 刘毓庆：《乡绅消失后的乡村命运》，载《中国乡村发现》2016 年第 2 期，第 115-116 页。

③ 《樊山政书·批延川县岁贡张清泉禀词》，樊增祥撰：《樊山政书》（卷十五），文海出版社 1973 年版，第 1275 页。

自然百事吉祥，年丰人寿矣。"①乡绅们"敦孝弟以重人伦，笃宗族以昭雍睦，和乡党以息争讼，重农桑以足衣食，尚节俭以惜财用，隆学校以端士习，黜异端以崇正学，讲法律以儆愚顽，明礼让以厚风俗，务本业以定民志，训子弟以禁非为，息诬告以全良善，诫窝逃以免株连，完钱粮以省催科，联保甲以弭盗贼，解仇忿以重身命"②。他们拥有文化，拥有知识，成为农耕时代一个文明得以延续发展、社会秩序得以稳定的重要角色。可以说，中国传统乡村社会一直有着浓厚的重贤、尚贤的良好风尚，并由此构成了独具中国特色的乡贤文化。分布在大江南北的一批批乡贤借助自己的威望、品行、才学，主动履行起了凝聚族群、尊祖继统的职责，他们不仅是乡村社会优良道德和淳美家风的示范者和引导者，而且还是规范族人和乡民行为的监督者和执行者。他们在打理好本族事务的同时，也在很大程度上承担了慈善、教化、纠纷解决等社会功能，很好地参与了乡村社会的共同治理。自古以来，人与人之间和平相处，共同为乡间社会营造出良好环境、彰显友善行为的最重要因素是有乡贤的领导。无论怎么战乱，以乡绅为主体的那部分当时的精英，他们始终勉力维持着各自所在地区的生态。从《二十五史》到各地方志，以及通俗小说中，我们都可以看到大量官僚告老还乡后，与当地"士"一同教授乡里，行化一方的故事。刘毓庆说道："这些乡绅，他们怀着四方之志，在青壮年时期通过科举、铨选，离开家乡，为国家效力。晚年归乡，则带着一身的荣耀相见于乡亲父老。他们的成就、德望为一乡民众所瞻仰，他们的学问知识为一乡学子所钦慕，他们作为成功的榜样，激励着后辈学子奋发向上。这样，一批又一批的官员回归故里，换来的是一批又一批的才俊走出乡土。如此而形成了一个生生不息的人才大循环，使中国乡土变成了人才生长的沃壤。"③而中国乡村作为血缘家族社会，其是伦理秩序，而非规则秩序，道德重于法律，乡绅虽是官政和乡村的桥板，其代表乡村连接政府；作为自治社会，他们类似长老，在乡村有领导作用，但限于宗族和伦理范围之内，而非政权。所以，乡绅更重要的意义是代表儒家伦理秩序和文化，使之落到乡村，这也就是他们的教化功能。近世以来，江南地区流行的"谈笑有鸿儒，往来无白丁"（唐·刘禹锡《陋室铭》），从一个侧面说明了乡绅自掏财力致力于捐学、兴学、办学的积极效果。学者刘毓庆曾指出："我们从晋南村落幸存的老宅门楣上残留的'耕读传家''地接芳邻''稼穑为宝''职思其居''居易俟命''君

---

① ［清］张集馨撰，杜春和、张秀清点校：《道咸宦海见闻录》，中华书局1981年版，第27页。

② 《圣谕十六条》，陈淑均、李祺生编修：《噶玛兰厅志》（卷三下·风教·宣讲圣谕），台湾大通书局1984年版，第120页。

③ 刘毓庆：《乡绅消失后的乡村命运》，载《中国乡村发现》2016年第2期，第117页。

子攸宁'之类的题字，感受到了村落中曾经飘荡着的诗雅风韵和背后深藏着的意蕴。这里没有豪言壮语，充溢着的是内在的道德修束。回头看看'新农村'随处可见的用现代化手段制作出的'福星高照''鹏程万里''家兴财源旺''家和万事兴'之类的精美匾额，虽说是传统的延续，而却没有了传统的风雅。"①我们也看到，乡贤文化（乡绅文化）是凝聚中国海内外人士的文化纽带。它是一个地域的精神文化标记，是连接故土、维系乡情的精神纽带，是探寻文化血脉、张扬固有文化传统的精神原动力。近些年来，越来越多的海外人士回国、回乡寻根祭祖，拜谒先圣先贤，以寄托情思，正说明了乡贤文化的巨大魅力。

因此，2015 年以来，中共中央每年有关"三农"问题的一号文件，都将"新乡贤文化"的建设列入农村思想道德建设中。例如，2015 年的中央一号文件指出，"创新乡贤文化，弘扬善行义举，以乡情乡愁为纽带吸引和凝聚各方人士支持家乡建设，传承乡村文明"②；2016 年的中央一号文件指出，"深入开展中国特色社会主义和中国梦宣传教育，加强农村思想道德建设，大力培育和弘扬社会主义核心价值观，增强农民的国家意识、法治意识、社会责任意识，加强诚信教育，倡导契约精神、科学精神，提高农民文明素质和农村社会文明程度。深入开展文明村镇、'星级文明户'、'五好文明家庭'创建，培育文明乡风、优良家风、新乡贤文化。广泛宣传优秀基层干部、道德模范、身边好人等先进事迹。弘扬优秀传统文化，抓好移风易俗，树立健康文明新风尚"③；2017 年的中央一号文件提出，"培育与社会主义核心价值观相契合、与社会主义新农村建设相适应的优良家风、文明乡风和新乡贤文化。提升农民思想道德和科学文化素质，加强农村移风易俗工作，引导群众抵制婚丧嫁娶大操大办、人情债等陈规陋习"④；2018 年的中央一号文件对乡村振兴明确提出，要"切实保护好优秀农耕文化遗产，推动优秀农耕文化遗产合理适度利用。深入挖掘农耕文化蕴含的优秀思想观念、人文精神、道德规范，充分发挥其在凝聚人心、教化群众、淳化民风中的重要作用……开展移风易俗行动。广泛开展文明村镇、星级文明户、文明家庭等群众性精神文明创建活动。遏制大操大办、厚葬薄养、人情攀比等陈规陋习。加强无神论宣传教育，丰富农民群众精神文化生活，抵制封建迷信活动……提升乡村

---

① 刘毓庆：《乡绅消失后的乡村命运》，载《中国乡村发现》2016 年第 2 期，第 115 页。

② 《中共中央国务院关于加大改革创新力度加快农业现代化建设的若干意见》，中国政府网 http://www.gov.cn/zhengce/2015-02/01/content_2813034.htm，2015-02-01.

③ 《中共中央 国务院关于落实发展新理念加快农业现代化 实现全面小康目标的若干意见》，中国政府网 http://www.gov.cn/gongbao/2016-02/29/content_5045927.htm，2016-01-27.

④ 《中共中央 国务院关于深入推进农业供给侧结构性改革 加快培育农业农村发展新动能的若干意见》，中国政府网 http://www.gov.cn/zhengce/2017-02/05/content_5165626.htm，2017-02-05.

德治水平。深入挖掘乡村熟人社会蕴含的道德规范，结合时代要求进行创新，强化道德教化作用，引导农民向上向善、孝老爱亲、重义守信、勤俭持家"，与此同时要"积极发挥新乡贤作用"①；2019 年的中央一号文件指出，"深化拓展群众性精神文明创建活动，推出一批农村精神文明建设示范县、文明村镇、最美家庭，挖掘和树立道德榜样典型，发挥示范引领作用。支持建设文化礼堂、文化广场等设施，培育特色文化村镇、村寨。持续推进农村移风易俗工作，引导和鼓励农村基层群众性自治组织采取约束性强的措施，对婚丧陋习、天价彩礼、孝道式微、老无所养等不良社会风气进行治理"②；2020 年的中央一号文件指出，"动员群众参与乡村治理，增强主人翁意识，维护农村和谐稳定；教育引导群众革除陈规陋习，弘扬公序良俗，培育文明乡风……行政村是基本治理单元，要强化自我管理、自我服务、自我教育、自我监督，健全基层民主制度，完善村规民约，推进村民自治制度化、规范化、程序化。扎实开展自治、法治、德治相结合的乡村治理体系建设试点示范，推广乡村治理创新性典型案例经验。注重发挥家庭家教家风在乡村治理中的重要作用"③；2021 年的中央一号文件也指出，"加强新时代农村精神文明建设。弘扬和践行社会主义核心价值观，以农民群众喜闻乐见的方式，深入开展习近平新时代中国特色社会主义思想主题教育。拓展新时代文明实践中心建设，深化群众性精神文明创建活动。建强用好县级融媒体中心。在乡村深入开展'听党话、感党恩、跟党走'宣讲活动。深入挖掘、继承创新优秀传统乡土文化，把保护传承和开发利用结合起来，赋予中华农耕文明新的时代内涵。持续推进农村移风易俗，推广积分制、道德评议会、红白理事会等做法，加大高价彩礼、人情攀比、厚葬薄养、铺张浪费、封建迷信等不良风气治理，推动形成文明乡风、良好家风、淳朴民风"④。2016 年 3 月，中央公布的《中华人民共和国国民经济和社会发展第十三个五年规划纲要》要求"加强农村文化建设，深入开展'星级文明户'、'五好文明家庭'等创建活动，培育文明乡风、优良家风、新乡贤文化……传承乡村文明，建设田园牧歌、秀山丽水、和谐幸福的美

①　《中共中央 国务院关于实施乡村振兴战略的意见》，中国政府网 https://www.gov.cn/zhengce/2018-02/04/content_5263807.htm，2018-02-04।

②　《中共中央 国务院关于坚持农业农村优先发展做好"三农"工作的若干意见》，中国政府网 http://www.gov.cn/zhengce/2019-02/19/content_5366917.htm?trs=1，2019-02-19।

③　《中共中央 国务院关于抓好"三农"领域重点工作确保如期实现全面小康的意见》，中国政府网 http://www.gov.cn/zhengce/2020-02/05/content_5474884.htm，2020-02-05।

④　《中共中央 国务院关于全面推进乡村振兴加快农业农村现代化的意见》，中国政府网 http://www.gov.cn/zhengce/2021-02/21/content_5588098.htm，2021-02-21।

丽宜居乡村"①。2017年，农业部部长韩长赋就如何实施乡村振兴战略接受人民日报记者专访时指出，"乡村振兴不仅是经济的振兴，也是生态的振兴、社会的振兴，文化、教育、科技的振兴，以及农民素质的提升"②。学者楚风指出："乡贤文化是乡村的根、乡村的魂，是我们大家挥之不去的'乡愁'。激活乡贤文化，就是激发乡村活力，提振乡村精神，就是留住'乡愁'，为打赢脱贫攻坚战、推动乡村振兴凝聚强大的精神力量。"③可见，建设"新乡贤文化"在当代创新性传承优秀传统文化、在乡村扎实而稳健振兴、在建设社会主义新农村，进而实现中华民族伟大复兴中的巨大价值与意义。

在"新乡贤文化"的建设中，特别要注意的是，"乡贤文化"的重点或关键点在"贤"字上。"乡贤"是当地有德行、有才能、有声望，深受民众尊崇的古今贤人，乡贤文化在农村生根落地，使见贤思齐、诚信友善的优秀文化基因和爱国爱乡、敬业精业、崇德向善的道德力量发扬光大开来，从而形成社会主义新农村的新风貌。因此，绝不可将"乡贤"简单化地与农村中的宗族势力相提并论，更不可将其与黑恶势力同日而语。农村中的宗族恶势力、黑恶势力恰恰是需要加大力度进行打击的对象，它是阻碍社会主义新农村健康发展的毒瘤。2018年的中央一号文件指出，要"深入开展扫黑除恶专项斗争，严厉打击农村黑恶势力、宗族恶势力"④；2019年的中央一号文件指出，要"深入推进扫黑除恶专项斗争，严厉打击农村黑恶势力，杜绝'村霸'等黑恶势力对基层政权的侵蚀"。"对村'两委'换届进行一次'回头看'，坚决把受过刑事处罚、存在'村霸'和涉黑涉恶等问题的村'两委'班子成员清理出去。实施村党组织带头人整体优化提升行动，配齐配强班子"⑤；2020年的中央一号文件进一步指出，要"深入推进平安乡村建设。推动扫黑除恶专项斗争向纵深推进，严厉打击非法侵占农村集体资产、扶贫惠农资金和侵犯农村妇女儿童人身权利等违法犯罪行为，推进反腐败斗争和基层'拍蝇'，建立防范和整治'村霸'长效机制"⑥；2021年的中央一号

① 《中华人民共和国国民经济和社会发展第十三个五年规划纲要》，中国政府网 https://www.gov.cn/xinwen/2016-03/17/content_5054992.htm，2016-03-17.

② 高云才：《乡村振兴：决胜全面小康的重大部署——专访农业部部长韩长赋》，载《人民日报》2017年11月16日，要闻2版.

③ 楚风：《用乡贤文化凝聚乡村振兴合力》，四会文明网 https://sh.wenming.gd.cn/ycpl/2019-05-23/15669.html，2019-05-23.

④ 《中共中央 国务院关于实施乡村振兴战略的意见》，中国政府网 https://www.gov.cn/zhengce/2018-02/04/content_5263807.htm，2018-02-04.

⑤ 《中共中央 国务院关于坚持农业农村优先发展做好"三农"工作的若干意见》，中国政府网 http://www.gov.cn/zhengce/2019-02/19/content_5366917.htm?trs=1，2019-02-19.

⑥ 《中共中央 国务院关于抓好"三农"领域重点工作确保如期实现全面小康的意见》，中国政府网 http://www.gov.cn/zhengce/2020-02/05/content_5474884.htm，2020-02-05.

文件也同样指出，要"深入推进平安乡村建设。建立健全农村地区扫黑除恶常态化机制"①。实际上，打击农村黑恶势力与着力建设"新乡贤文化"，是新农村建设一体两端的事情，应当同时并举，一起来抓。可见"乡贤文化"在当代创新性传承的巨大意义。

除此之外，中国近现代以来发展起来的家族企业，尤其是已经形成品牌的家族企业，多数都能继承中国传统的优秀文化，走的是一条与西方经济发展不尽相同的道路，它们特别是将情感因素、诚信因素渗入其中，才使得企业长盛不衰。这可以说是与乡贤文化（乡绅文化）有着密切关联的。前已提到的新加坡和中国香港、台湾地区成功企业发展的道路，就凸显了这一特色。这就是对中国"儒商"精神——"以儒术饬商事"传统的继承和发展。不仅在中国，这种"儒商"精神也影响至日、韩等国的一些企业家。例如，被称为"日本近代企业之父"的涩泽荣一即是把中国的儒家精神运用到工商业发展活动中的日本商人。他使用"算盘加《论语》"的经营方法，在日本建立起了新的商业理念，在实践中取得了巨大成功。他撰写的《论语与算盘》一书，曾在日本社会上广为流传。二战之后崛起的日本四家大公司（松下幸之助的松下公司、盛田昭夫的索尼公司、本田宗一郎的本田公司和稻盛和夫的京瓷集团），其经营也都与中国古代的圣贤文化影响有些关系。例如，松下幸之助推崇孔子的"仁"，其主张的"造物之前先造人"的人本管理思想即来源于"仁者爱人"；京瓷文化的创始人稻盛和夫的经营哲学是"敬天爱人"，也是从中国古典文化中汲取了思想精髓。"韩国国立釜山大学朴日根教授在《东方儒学思想与韩国现代化》一文中指出：儒家文化，在诸多方面，都给韩国以深刻影响。他在谈到儒家重视教育时说：如果说儒家文化'促进了韩国的经济发展，并成为值得讴歌的韩国经济高速成长的原动力的话，那么这种原动力的产生首先归功于儒家的"好学爱智"的重视学术科技的教育思想'。"②

2. 血缘家族制的缺陷与弊端

但是，血缘家族制也有其不可避免的弊端。而且，随着历史的发展，这种以"亲亲""尊尊"为根基的亲族团体至上的伦理精神，又造成了诸多消极后果。

首先，以血缘家族为基本单位的中国传统社会，往往在对人才的选拔和任用

---

① 《中共中央　国务院关于全面推进乡村振兴加快农业农村现代化的意见》，中国政府网 http://www.gov.cn/zhengce/2021-02/21/content_5588098.htm，2021-02-21.

② 李保林、丁素：《中国传统文化与当代中国实际》，载《光明日报》2000 年 3 月 31 日，第 B3 版（理论与实践版）。

上受到血统和宗亲关系的极大束缚和影响。汉代的察举制和魏晋南北朝的九品中正制之所以被科举制所取代，就是因为地方或家族势力（尤其是豪门贵族势力）的严重干预和操弄，最后形成了"上品无寒门，下品无势族""公门有公，卿门有卿"的局面，而不得不改用新的制度。科举制的产生，如前所述，以其公开、公平、公正和考试面前人人平等的原则，进一步打破了血缘家族的操弄，使寒门庶士有了进入仕途，改变命运的机会，同时也促进了社会阶层的流动，进一步推动了社会的和谐与平衡。然而，即令在科举制度下，选官任官仍有恩荫（任子、门荫）、纳赀等措施的推行，其中虽有人品和能力皆优良者，但也致使许多无能之辈进入官场。例如，古代官员的数量是有定额的，但宋代一官竟可荫数十人。无怪乎宋高宗时的中书舍人赵思诚感叹道："孤寒之士，名在选部，皆待数年之阙，大率十年不得一任。今亲祠之岁，任子约四千人，是十年之后，增万二千员，科举取士不与焉。将见寒士有三十年不得调者矣。"[①]通过任子得官者无功受禄，国家在他们身上支出大量经费却起不到优贤奖功的作用。因此司马光曾说："国家爵禄，本待天下贤才及有功效之人，今使此等无故受官，诚为太滥。"[②]清代学者赵翼也尖锐指出，任子制"乃至如此猥滥，非惟开倖进之门，亦徒耗无穷之经费。竭民力以养冗员，岂国家长计哉"[③]？因此，这种"不以德选"，仅凭出身选官的方法就使"任人唯亲"得以张扬泛滥，而使"任人唯贤""任人唯能"得不到真正的贯彻落实。这种不良之风直至今天仍有着相当大的影响，是需要下大气力克服的。当前，在以习近平同志为核心的党中央领导下，党和国家已经取得了反腐败斗争的显著成就。而取得反腐败斗争的压倒性胜利，是党和国家的重要目标，需要进一步付出更大的努力，这也是广大百姓所殷切期盼的。

其次，建基于血缘家族制之上的族权，在对人性的发展方面，某种程度上也起到了压抑的负面作用。族权是和政权、父权、夫权紧密地联系在一起的，而且由于是族群的力量，可能发挥负面作用的力度会更为强大。这种对人性的压抑，主要体现为以制度性的力量对传统文化中糟粕性弊端的张扬。例如，对年轻人婚恋的限制与束缚、由对男尊女卑思想的崇信所采取的措施而造成的恶果、对认为

---

① 《宋史·志·选举五·铨法下》，[元]脱脱等撰：《宋史·卷一百五十九》（第十一册），中华书局1977年版，第3733页。

② 《续资治通鉴·宋纪·宋仁宗纪》，[清]毕沅编著：《续资治通鉴》（卷六十一），上海古籍出版社1987年版，第306页。

③ 《廿二史劄记·宋恩荫之滥》，[清]赵翼撰，曹光甫校点：《廿二史劄记·上》，上海古籍出版社2011年版，第476页。

是违反族规族制的言行实施的超乎正常范围的惩治甚至迫害等。因此，族权和前文所提到的乡贤文化（乡绅文化）虽有着割不断的联系，但并不能等同。乡贤文化（乡绅文化）起到的主要是传播和宣扬传统文化中优秀部分的作用，促使乡民、村民尚文化、有道德、睦邻里、讲诚信，组织劳动如修田、筑路、建团练以保卫安全等。而此处所讲的族权对人性的压抑，主要是指将传统文化中的糟粕性东西如封建礼教等加以张扬并在实践中予以实施。这在历史上也是有着诸多悲剧性事件发生的。巴金先生的小说《家》，就写出了一个封建大家族在封建礼教的桎梏下所产生的种种悲剧，控诉了封建社会对生命的摧残，以及青年人向往、追求自由、平等的新生活的勇气和斗争精神。通过小说中的人物与故事，作家批判的锋芒不仅指向旧礼教，更指向作为封建统治核心的专制主义。巴金说，这部小说"所要展开给读者看的乃是过去十多年生活的一幅图画。自然这里只有生活的一小部分，但我们已经可以看见那一股由爱与恨、欢乐与受苦所构成的生活的激流是如何地在动荡了"①。

再次，中国人伦道德所体现的"情"，除了具有直至今天都不可忽视的积极意义之外，由于其与传统的上下尊卑的宗法制度和以血缘为纽带的家族制度有着紧密的联系，因此有其局限性。由此出发，"人情"一词的含义是比较复杂的，具有多重性。除了一般所理解的对人、对事、对物饱含深厚的情感（主要指同情心、理解心、仁爱心、设身处地的情感体验）外，还有两层含义：一是"情"往往是以远近亲疏关系作区分，带有很大程度的血缘宗亲色彩；二是"人情"也体现为人与人交往的一种"中介"，甚至成为一种交易。这后两种含义的"情"，就成为社会不正之风的重要根源，其影响直至当代。这些已对我们的社会产生了相当大的危害，严重地阻碍了我国现代化进程的步伐。当前的反腐败斗争已经对此种现象有了相当力度的扭转与克服，但历史的遗留深远而强大，还需要下更大的气力加以扭转。

还有，在这种血缘家族体制下，为维护本族群的利益，往往是由于水利、种植或商贸等产权的冲突，家族与家族之间、族群与族群之间发生群体性的械斗事件，造成了本不应发生的相互之间的伤害乃至付出生命的代价。宗族械斗一旦爆发，便往往旷日持久，惨烈异常。在皇权时代，宗族械斗曾广泛流行于我国东南沿海的广东、福建、广西、江西、湖南、浙江等省。例如，清代潮汕各县都发生过庄寨械斗，以至发展到"会乡"械斗（所谓"会乡"，就是由两个敌对的庄寨各行串联其他庄寨，形成了两个敌对的庄寨联盟）。这种会乡械斗，规模更大，

---

① 巴金：《家》，人民文学出版社1981年版，"《激流》总序"第2页。

时间更长，互相殴斗残杀，弄得田园各业荒废，有的也因而散乡；有的敌对村庄也因而成为世仇，族规禁止通婚。关于福建漳、泉地区的械斗，清代学者赵翼说"闽中漳、泉风俗好名尚气"，"民多聚族而居。两姓或以事相争，往往纠众械斗，必毙数命。当其斗时，虽翁婿、甥舅不相顾也"。①清人张岳崧也说："闽之漳、泉，粤之潮、嘉，其俗尚气好斗。往往睚眦小忿，恃其族众，聚党之千百人，执铤刃火器，订期而斗，死伤相属。或寻报复，世为仇雠。"②当代学者罗庆泗指出："漳泉之民对于宗族或者乡族的认同感相当的强烈，即使迁居异地多年，此习仍不改变，他们中的一些人移居台湾之后，仍'以府为气类，漳人党漳，泉人党泉'，延续着昔日的械斗风气。"③福建沿海宗族械斗的规模，小者邻族邻村相斗，大者联乡甚至跨县械斗。有的同族联合，有的较弱族姓则干脆团结起来与某些势力强大的家族械斗。宗族之斗又映射出血缘宗族体制下人们心胸的狭窄、目光的短浅，构成了中国农村长期以来的恶风陋习，其恶果是十分显著的。罗庆泗又指出，"宗族械斗是封建社会宗法思想和宗族观念顽固的附生物，也是农村宗族组织中族权泛滥的最高表现形式"，它"具有宗族组织性、群众参与的盲目性及破坏性等共同特点"。④这种宗族之间的械斗，影响久远，以致影响之当今的农村社会，促使政府不得不下大力气进行解决，并考虑如何加以克服之策。

另外，在这种血缘家族体制下，尤其是在权重富有的家族之中，易造成上辈对子女的娇纵溺爱，最终不但不能指望这些子女如人们期望的那样可以"成龙成凤""荣宗耀祖"，反而会成为为数不少的纨绔子弟，只会依仗着祖辈、父辈的地位和财富花天酒地、荒淫度日，而其他则一事无成。历史上的这类例子是数不胜数。中国有句话叫"富不过三代"，刚好就印证了这一事实。这也是在家族制度下，把子女看成是家庭的私有财产所致。在当今的富有家庭中，仍存在着诸多类似的问题，须要予以正视。当然也不可否认，历史上的历朝历代也有许许多多殷实富有的书香门第之家，其家风淳厚，其子女能读书明理，秉承优良家风代代相传。

---

① 《簷曝杂记·闽俗好勇》，[清]赵翼撰，李解民点校：《簷曝杂记》（卷四），中华书局 1982 年版，第78 页。

② 《筠心堂集·闽粤风俗论》，[清]张岳崧著，郭祥文点校：《筠心堂集》（卷四），海南出版社 2006 年版，第 181-182 页。

③ 罗庆泗：《明清福建沿海的宗族械斗》，载《福建师范大学学报》（哲学社会科学版）2000 年第 1 期，第 105 页。

④ 罗庆泗：《明清福建沿海的宗族械斗》，载《福建师范大学学报》（哲学社会科学版）2000 年第 1 期，第 106-108 页。

（三）扬长避短，走中国特色现代化制度文化创新之路

由上述分析可知，我们对中国两千多年来所提出过的政治理想和所建立过的政治制度要在准确判断的基础上，对其积极的、正向的内容应当像对精神层面的优秀内容一样，将其视为整体的优秀传统文化的有机组成部分，在当代加以创造性转化、传承与弘扬。这些方面，都是我们赖以产生对传统政治思想与政治文化自信的土壤和地基。在政治体制方面，我们建立的许多具体制度，对历史上的东、西方不少国家都产生了深远的影响，那么我们自身就没有理由对自己的制度性文化失去自信，将其像丢垃圾一样地彻底抛弃。"我们只有正确地认识过去的文化，理解过去的文化，才能从已知的地方出发去创造新的文化，才能发展和繁荣适宜于自己真正需要的文化，而不会信口雌黄，妄自菲薄。"①"弘扬优秀文化传统既是当代优秀的中华民族儿女们责无旁贷的义务，也是当今社会建设新文化的需要。而要弘扬优秀文化传统，就必须了解自己的文化，理解并能巧妙地运用这些文化。因为这些都是经过历史反复检验、被社会发展反复证明其优秀性的文化。在这些文化中蕴藏着一个民族原生文明的强大力量，蕴藏着百试百灵，行之有效的处世智慧和做人准则。只有我们理解了，能够恰当地运用其中的原理来创造我们的新生活，我们才不至于像南怀瑾先生所讥笑的那些人一样，'端着金饭碗去讨饭'。"②

当然，与此同时，我们一定要正视传统政治体制中负面的东西，对此进行深刻的反思，并坚决摒弃之。我们不妨将视野放得更加开阔些，像我们的先圣先哲先贤一样，善于吸纳、借鉴、融合多元文化中的积极因素，将其与我们自身的优秀文化融为一体，从而生成既凸显自身特色，又符合时代需求的新的制度文化。由此，使笔者想起了印象深刻的两件事情，从而颇受启发。

一件事是，多年前因两部《末代皇帝》引发的争论和思考。20 世纪 80 年代，我国拍摄的电视连续剧《末代皇帝》曾热播于全国，该剧演员阵容是一流的，表演技巧无可挑剔。与此同时，国外也拍了一部同名电影，讲的也是中国最后一位皇帝溥仪的人生过程。当时大家议论比较多的话题是：没有必要花那么多的人力、物力和财力来重复拍摄中国的"末代皇帝"。没过多长时间，笔者偶然从报纸上看到一篇评论这两部《末代皇帝》的文章。这篇文章与众不同的理性思

① 李申申、陈洪澜、李荷蓉、王文礼：《传承的使命：中华优秀文化传统教育问题研究》，人民出版社2010 年版，第 79 页。

② 李申申、陈洪澜、李荷蓉、王文礼：《传承的使命：中华优秀文化传统教育问题研究》，人民出版社2010 年版，第 148 页。

考问题的角度，使笔者深受启发，甚至还受到了不小的震撼。该文说，两部《末代皇帝》从形式上看，是有重复，但是从内容和眼界来看，是有差异的：电影版的《末代皇帝》是用一种平视的眼光来看皇帝，把他首先看成是一个"人"。这样，皇帝不仅有他的身份和尊严，更有像常人一样的喜怒哀乐，甚至还有常人所没有的诸多限制和烦恼。电视剧版的《末代皇帝》则是以一种仰视的眼光来看皇帝，皇帝就是皇帝，身份与众不同，虽有其喜怒哀乐，但这些都是围绕着皇帝的身份而展现的。百姓与皇帝之间的等级性的差异是显而易见的。由此可见，不同文化背景的人看问题有着显著的不同。文化的交流和比较，有利于深层次地反观和认知自身的传统文化，突破传统的框架和既有的思维定势，开阔视野。

另一件事是，在央视播出的深受广大观众喜爱的《百家讲坛》栏目中，不少主讲人渊博的学识、理性的思辨、精辟的见解、独到的心得以及华美的语言令人钦佩。而从中我们也觉察到，不同的学者在讲学上有所区别。例如，观察事物视角的差异。作为有责任感的学者，应当以高屋建瓴的讲学睿智，使讲座发挥更好的思想启蒙作用，启迪民智，摆脱劣根，使听众面对历史文化的长河而不至于迷失自己的价值判断和道德标准。

因此，以开阔的视野进行文化的比较与交流十分有必要。在比较中，不仅能展现出中华优秀传统文化的积极的、优秀的因素，从而对自身文化充满理解和自信；同时，在比较中也能明察自身文化的负面东西，从而加以克服和摒弃之。当代新儒家的重要代表刘述先说："如何彻底用现代的方式来改造我所宗奉的传统儒家理想：在那些方面必须把传统的智慧加以保留、发扬，在那些地方却要彻底把传统的弊害加以铲除，框框加以突破，才能够真正复兴儒家的精神，开拓未来的新境界。这样的新视野绝不是习于抱残守缺、空呼口号之流所可以梦见的。"[①]扬长避短，走出一条中国特色的现代化制度文化创新之路，是当代有良知的中国人所应担负起的神圣的历史使命。

---

① 刘述先著，景海峰编：《儒家思想与现代化——刘述先新儒学论著辑要》，中国广播电视出版社1992年版，"编序"第10页。

第四章
中华优秀传统文化教育和
学术层面之内涵与意蕴

中华五千年文化悠远绵长，而教育是文化不可分割的组成部分。因此，在中国教育发展史上，产生了熠熠闪光的大量宝藏，也使当时及后代的人受用不尽。《学记》可以说是世界教育发展史上第一部论述教育问题的教育专著，其对教育思想发展和教育实践指导的价值与意义至今被人们所称颂。这里，笔者仅就宏观方面以点带面地撷取几点中国传统教育中的闪光之处加以阐释。

一、以"有教无类"为宗旨的平等教育观

"有教无类"思想由先师孔子最早提出。《论语·卫灵公》："子曰：有教无类。"①可以说，"有教无类"思想是孔子整个教育思想体系的总纲。孔子作为春秋时期私学的开山鼻祖，提出的"有教无类"思想一开始就显示出了其巨大的生命力，具有划时代的意义。这一思想及其实践打破了西周时期"学在官府""官守学业"为特色的贵族教育传统，使由"贵胄子弟独占"的学校变为"庶鄙之人私学之门"，使文化教育得以"博施于民而能济众"②，对当时和后世均产生了重大的影响。

春秋战国时期，是礼崩乐坏的社会大动荡时期。这一时期出现了"天子失官，学在四夷"的学术和教育下移的现象。各诸侯国为了培养本国的人才，以便在竞争和争霸中取胜，纷纷建立自己的官学，称为"庠宫"，其教育对象不再局限于贵族，一些有能力的平民也被吸收培养。而以孔子为代表的各家各派所创立的私学，在招收对象上，就更加宽松开放。孔子本人非常认同扩大教育对象范围的做法，认为只有这样才能培养更多的"贤才"和有能力修齐治平的官吏，以实现其政治思想。同时，他还提出教育是教化民众，增强国家实力，维护统治稳定的重要手段，因此教育甚至不能仅仅局限在有潜力有培养价值的人，而应推广至所有国民。他的"有教无类"便是主张打破少数奴隶主贵族对教育的垄断，扩大受教育的对象，使那些愿意学习而且在学力、经济条件和时间上又允许的人，不论贫富、贵贱以及"国别"，都可以有受教育的权利和机会。他说，"自行束脩以上，吾未尝无诲焉"③，"人洁己以进，与其洁也，不保其往也"④，只要诚心求教，潜心问学，不管他们过去的经历和表现，孔子都热心教诲，一视同仁。由

① 《论语·卫灵公》，杨伯峻译注：《论语译注》，中华书局 2009 年版，第 168 页。
② 《论语·雍也》，杨伯峻译注：《论语译注》，中华书局 2009 年版，第 63 页。
③ 《论语·述而》，杨伯峻译注：《论语译注》，中华书局 2009 年版，第 66 页。
④ 《论语·述而》，杨伯峻译注：《论语译注》，中华书局 2009 年版，第 73 页。

此，"夫子之门，何其杂也"①。孔子弟子三千来自鲁、齐、晋、宋、陈、蔡、秦、楚等不同国度，这不仅打破了当时的国界，也打破了当时的夷夏之分。孔子吸收了被中原人视为"蛮夷之邦"的楚国人公孙龙和秦商入学，还欲居"九夷"施教，充分体现了孔子的教育主张。孔子招收的弟子年龄也不受限制，有的比孔子小几岁，也有比孔子年长几十岁的。从出身来看，孔子弟子中有来自贵族阶层的，如南宫敬叔、司马牛、孟懿子、孟武伯；也有很多是来自平民家庭，如颜回、曾参、闵子骞、仲弓、子路、子张、子夏、公冶长、子贡等。不论出身如何，孔子皆愿意收其为弟子，且一视同仁，平等相待。孔子的著名弟子公冶长，自幼家贫，但是聪颖好学，博学多才，通晓书礼，终生谨遵孔子的教诲，教书育人，治学严谨，终身不仕禄，深得孔子赏识。相传公冶长通晓鸟语，并因此无辜获罪②。孔子因爱徒无辜遭遇牢狱之灾，身陷囹圄，感到非常痛惜，他许诺：公冶长，"'可妻也。虽在缧绁之中，非其罪也。'以其子妻之"③。从中可见，孔子对弟子的爱护和信任，不因出身而厚此薄彼。试想，倘若没有孔子的这般信任和鼓励，公冶长在极其艰难的时期，能否坚定信念，最终成为一代圣贤，也未可知了。荀子也曾提出与孔子相类似的主张，"虽庶人之子孙也，积文学，正身行，能属于礼义，则归之卿相士大夫"④，"途之人可以为禹"⑤。孟子提出，"圣人，与我同类者"⑥，"尧舜与人同耳"⑦，"人皆可以为尧舜"。

　　孔子"有教无类"思想的产生，除了有其所处时代背景的原因之外，还建基于其"性相近也，习相远也"⑧的人性平等观之上。"性相近"的人性平等观从认知层面论证人人接受教育的平等，有力冲击了奴隶主贵族阶层天赋比平民高贵、优越的传统思想，为人人可受教育、人人应受教育的公平理论提供了依据和前提，奠定了孔子的私学教育不拘于门第、身份和地域的基本原则。"习相远"

①　《荀子·法行》，[清]王先谦撰，沈啸寰、王星贤点校：《荀子集解》，中华书局 1988 年版，第 536 页。

②　关于公冶长因通晓鸟语而无辜获罪一事，不同的历史文献中对具体情节的描述有所不同。而现代学者蒋伯潜所撰《十三经概论·第九章孔门弟子（下）》（上海古籍出版社 1983 年版，第 606 页）中认为，这类说法为谬说。其原话为："子谓：'公冶长，可妻也。虽在缧绁之中，非其罪也。'以其子妻之。俗传长通鸟语，有虎负羊于山中。长闻鸟语，往取之。失羊者以为窃羊，讼之吏，遂陷缧绁中。此齐东野人之语也。或取以释论语，谬矣！"

③　《论语·公冶长》，杨伯峻译注：《论语译注》，中华书局 2009 年版，第 41 页。

④　《荀子·王制》，[清]王先谦撰，沈啸寰、王星贤点校：《荀子集解》，中华书局 1988 年版，第 148-149 页。

⑤　《荀子·性恶》，[清]王先谦撰，沈啸寰、王星贤点校：《荀子集解》，中华书局 1988 年版，第 442 页。

⑥　《孟子·告子上》，杨伯峻译注：《孟子译注》，中华书局 2010 年版，第 241 页。

⑦　《孟子·离娄下》，杨伯峻译注：《孟子译注》，中华书局 2010 年版，第 187 页。

⑧　《论语·阳货》，杨伯峻译注：《论语译注》，中华书局 2009 年版，第 179 页。

则在"性相近"之基础上，强调后天习染的作用，承认教育改造人性的重要作用。因此，"性相近也，习相远也"的人性平等观有力地支撑了"有教无类"的命题。

"有教无类"的思想也很好地体现于宋代理学大师们创办的书院与精舍的教育之中。宋代书院崇尚孔子"有教无类"的优良传统，学生可以自由择师入学，奉行"门户开放"的办学方针。举凡一切愿学之士，无所谓等级贵贱、地域差别、年龄长少，均可投奔书院，择师而学。而书院大师往往虚怀若谷，来者不拒，并以此倡学一方，努力开创自己的学派特色。无论是二程、朱熹，还是张栻、陆九渊，其主办书院的属下弟子都非拘于一隅，而是四方深思好学之俊杰。

时光已跨越了两千多年。诚然，"有教无类"思想在孔子所处的时代以及其后封建社会发展的漫长历史中，虽产生了相当大的影响但并不可能完全地、理想地实现，但是在21世纪的今天，当包括中国在内的各国都在大力提倡、研究并竭尽努力实现教育公平问题的时候，回眸孔子的"有教无类"，从内心深处感到孔子在两千多年前提出这一思想的难能可贵及其超越时空价值与意义的深邃悠远。从而，对孔子的高大人格更增添了一份由衷的敬仰。

二、以"居敬存诚""持志养气""慎独内省"为主的修身方法

中国古代教育主张教师"传道、授业、解惑"的同时，更强调学子在教师指点下的"悟"道，强调个体致力于"格物、致知、诚意、正心"，致力于自我修身，从而达至"齐家、治国、平天下"。因此，居敬存诚、持志养气、慎独内省是中国古代教育培育人的重要方法。居敬存诚，即要求人时时处于恭敬、敬畏、专注、警觉、警醒的状态，以诚恳之心修炼自己的道德功夫，"如居烧屋之下，如坐漏船之中"①。"敬"又通"静"，心静自然诚。持志养气，即要坚定志向，涵养浩然正气。慎独内省，即是说在任何时间和空间，即令是自己独处的时候，也要谨慎，也要通过个人的自我反省恪守做人的本分。这些方法体现出个体无论何时何地都是"道"的虔诚的、恭敬的追寻者、遵从者和自我修炼者，而这种向内下功夫的修炼行为并不由外力所赐予和推动。所以，人通过修身养性，向

---

① 《朱子语类·卷八》，[宋]黎靖德编，王星贤点校：《朱子语类》（第一册），中华书局1986年版，第137页。

内下功夫，从而达到理想的道德境界，实现精神境界的升华，悟出"道"之所在。这是一种内在的超越，此与西方哲学和宗教体现出的外在超越性有着质的不同。

中国古代教育史上，众多思想家和教育家都在自己的教育思想中对此有明确的表述，并在自己的做人及教育实践中体现出来。孔子的"见贤思齐焉，见不贤而内自省也"①，"居敬而行简"②，"士不可以不弘毅，任重而道远"（曾子语）等，都深深影响了后世的教育家。孟子特别强调"持志养气"，"夫志，气之帅也；气，体之充也。夫志至焉，气次焉。故曰：持其志，无暴其气"，"志一则动气，气一则动志"。③这里的"气"就是孟子所说的"浩然之气"，即正气、勇气、壮气。把持志与养气结合起来，即是强调道德修养中理智与情感的统一。扬雄强调"慎微"："君子慎微厥德，悔吝不至，何元憝之有？"④程颢、程颐犹强调立志和主敬存诚。他们指出，"志，气之帅"⑤，"志立则有本"，"根本既立，然后可立趋向；趋向既立矣，而所造有深浅不同者，勉与不勉故也"⑥，而立志就要立高大之志，"言学便以道为志，言人便以圣为志"⑦，"夫学者必志于大道，以圣人自期"⑧。关于主敬存诚，二程非常重视"敬"的功夫和"诚"的境界。敬、诚是学圣入道的突破口，是为学的基本态度。敬和诚都是向内下功夫，做到正心诚意，涵养心性，闭眉合眼，默识心通。若人人都能这样要求自己，则"天地自位，万物自育，气无不和，四灵何所不至"⑨？作为宋代理学之集大成者的朱熹，进一步发展了二程的主敬存诚说，指出："持敬之说，不必多言。但熟味'整齐严肃'，'严威俨恪'，'动容貌，整思虑'，'正衣

---

① 《论语·里仁》，杨伯峻译注：《论语译注》，中华书局 2009 年版，第 38 页。
② 《论语·雍也》，杨伯峻译注：《论语译注》，中华书局 2009 年版，第 53 页。
③ 《孟子·公孙丑上》，杨伯峻译注：《孟子译注》，中华书局 2010 年版，第 56 页。
④ [汉]扬雄：《法言·修身》，汪荣宝撰，陈仲夫点校：《法言义疏》，中华书局 1987 年版，第 107 页。
⑤ 《河南程氏遗书卷第十五·伊川先生语一》，[宋]程颢、程颐著，王孝鱼点校：《二程集》，中华书局 1981 年版，第 162 页。
⑥ 《河南程氏粹言卷第一·论学篇》，[宋]程颢、程颐著，王孝鱼点校：《二程集》，中华书局 1981 年版，第 1186、1189 页。
⑦ 《河南程氏遗书卷第十八·伊川先生语四》，[宋]程颢、程颐著，王孝鱼点校：《二程集》，中华书局 1981 年版，第 189 页。
⑧ 《河南程氏粹言卷第一·论学篇》，[宋]程颢、程颐著，王孝鱼点校：《二程集》，中华书局 1981 年版，第 1190 页。
⑨ 《河南程氏粹言卷第二·人物篇》，[宋]程颢、程颐著，王孝鱼点校：《二程集》，中华书局 1981 年版，第 1271 页。

冠，尊瞻视’此等数语，而实加功焉，则所谓直内，所谓主一，自然不费安排，而身心肃然，表里如一矣。"①他论证了"居敬"和"穷理"之间的关系，"学者工夫，唯在居敬、穷理二事。此二事互相发。能穷理，则居敬工夫日益进；能居敬，则穷理功夫日益密"②，"穷理涵养，要当并进。盖非稍有所知，无以致涵养之功；非源有所存，无以尽义理之奥。正当交相为用而各致其功耳"③。因此，"涵养、穷索，二者不可废一，如车两轮，如鸟两翼"，"主敬、穷理虽二端，其实一本"。④在此基础上，朱熹还具体论证了"内外夹持""动静交养""持之以恒""从容自然""读书穷理"等多种"居敬"的方法。元代思想家和教育家许衡也推崇"持敬"的修养方法，他说："凡事一一省察，不要逐物去了。虽在千万人中，常知有己。此持敬大略也。"⑤而要做到"持敬"，当临事应物时，要"身心收敛，气不粗暴""常念天地、神鬼临之，不敢少忽"⑥，"心里常存敬畏""恐惧而不敢慢"⑦。元代与许衡齐名、当时被人称之为"南吴北许"的思想家和教育家吴澄，也论证了"主敬主静""研精慎独""日省自新"等教育方法。关于"主敬主静"，他论道，"欲下功夫，惟'敬'之一字为要法"，"主于敬，则心常虚，虚则物不入也。主于敬，则心常实，实则我不出也"。⑧"主敬"与"主静"同义，主静是达到主敬的关键所在。关于"研精慎独"，他指出："物之格在研精，意之诚在慎独，苟能是，始可为真儒，可以范俗，可以垂世，百代之师也。"⑨关于"日省自新"，他明确说："如欲自新乎？每日省之，事之可以告天、可以语人者为是，其不可告天、

① 《朱子语类・卷十二》，[宋]黎靖德编，王星贤点校：《朱子语类》（第一册），中华书局 1986 年版，第 211 页。

② 《朱子语类・卷九》，[宋]黎靖德编，王星贤点校：《朱子语类》（第一册），中华书局 1986 年版，第 150 页。

③ 《续近思录卷之四・存养》，[清]张伯行撰：《续近思录》（影印版），上海古籍出版社 1994 年版，第 162 页。

④ 《朱子语类・卷九》，[宋]黎靖德编，王星贤点校：《朱子语类》（第一册），中华书局 1986 年版，第 150 页。

⑤ 《宋元学案卷九十・鲁斋学案》，[明末清初]黄宗羲撰，沈善洪主编、吴光执行主编：《黄宗羲全集》（第六册），浙江古籍出版社 2005 年版，第 527 页。

⑥ [元]许衡：《论明明德》，淮建利、陈朝云点校：《许衡集》，中州古籍出版社 2009 年版，第 66 页。

⑦ [元]许衡：《〈中庸〉直解》，淮建利、陈朝云点校：《许衡集》，中州古籍出版社 2009 年版，第 104 页。

⑧ 《宋元学案卷九十二・草庐学案》，[明末清初]黄宗羲撰，沈善洪主编、吴光执行主编：《黄宗羲全集》（第六册），浙江古籍出版社 2005 年版，第 576、578 页。

⑨ 《宋元学案卷九十二・草庐学案》，[明末初清]黄宗羲撰，沈善洪主编、吴光执行主编：《黄宗羲全集》（第六册），浙江古籍出版社 2005 年版，第 583 页。

不可语人者为非。非则速改，昨日之非，今日不复为也。日日而省之，日日而改之，是之谓'日日新，又日新'。"①在《大学》和《中庸》儒学原典中，对君子慎独的修身方法就已经论述得相当深刻。《大学》指出："所谓诚其意者：毋自欺也。如恶恶臭，如好好色，此之谓自谦。故君子必慎其独也！小人闲居为不善，无所不至，见君子而后厌然，掩其不善，而著其善。人之视己，如见其肺肝然，则何益矣。此谓诚于中，形于外，故君子必慎其独也。"②再如《中庸》所言："道也者，不可须臾离也，可离非道也。是故君子戒慎乎其所不睹，恐惧乎其所不闻。莫见乎隐，莫显乎微，故君子慎其独也。"

由上可见，中国古代教育中教导学习者向内下功夫的居敬存诚、持志养气、慎独内省的修养方法，并非个别现象，而是一以贯之的教育传统，已经融入于思想家和教育家的内心深处和日常生活之中。正如董仲舒所言："义之法在正我，不在正人；我不自正，虽能正人，弗予为义。"③这方面，体现出了中国传统教育的独有特征。

与此密切相关，儒家关于"修身"的路径有着"诚明"和"明诚"的分殊与联系。关于"诚"与"明"的意涵，《中庸》说："自诚明，谓之性；自明诚，谓之教。"④程颐说："自其外者学之，而得于内者，谓之明。自其内者得之，而兼于外者，谓之诚。诚与明一也。"⑤张载认为，"'自明诚'，由穷理而尽性也；'自诚明'，由尽性而穷理也"⑥。孟子一脉几乎是沿着"自诚明"的路径前进的，荀子一脉则几乎是沿着"自明诚"的路径前进的。因为孟子认为，"良心"就是先天足具的道德，通过内省、尽心就可加以完善。而以荀子这支以外求为向度的儒家学者则认为，人性本恶，必须通过闻见、正名、解弊、救偏等方式达到"化性起伪"的修养功夫。当然，由于孔子"仁""礼"思想中本身存在一定的张力，所以，无论强调"诚明"还是"明诚"的修身路径，都主张要内外兼修。正如《中庸》所说："诚则明矣，明则诚矣。"⑦宋明理学家们追求

---

① 《宋元学案卷九十二·草庐学案》，[明末清初]黄宗羲撰，沈善洪主编，吴光执行主编：《黄宗羲全集》（第六册），浙江古籍出版社 2005 年版，第 581 页。

② 《大学·第七章》，王国轩、张燕婴、蓝旭、万丽华译：《四书》，中华书局 2007 年版，第 108 页。

③ 《春秋繁露·仁义法》，[汉]董仲舒撰：《春秋繁露》，曾振宇、傅永聚注：《春秋繁露新注》，商务印书馆 2010 年版，第 176 页。

④ 《中庸·第二十一章》，王国轩、张燕婴、蓝旭、万丽华译：《四书》，中华书局 2007 年版，第 128 页。

⑤ 《河南程氏遗书卷第二十五·伊川先生语十一》，[宋]程颢、程颐著，王孝鱼点校：《二程集》，中华书局 1981 年版，第 317 页。

⑥ 《正蒙·诚明》，[宋]张载著，章锡琛点校：《张载集》，中华书局 1978 年版，第 21 页。

⑦ 《中庸·第二十一章》，王国轩、张燕婴、蓝旭、万丽华译：《四书》，中华书局 2007 年版，第 128 页。

"身心合一""内外兼修"的修身方法，如张载的"因明致诚，因诚致明，故天人合一"的修身主张，程颐的"'持其志，无暴其气'，内外交相养也"①的修身方法，朱熹强调内外并行、礼义并重，最终达到"内无妄思，外无妄动"②的道德境界。总之，儒家"修身"强调"身心合一""内外兼修"，追求的是将外部的"礼"内化为内心的"仁"。而无论"诚明"还是"明诚"，都与"居敬存诚""持志养气""慎独内省"的修身方法有着割不断的关系。

三、以"弟子不必不如师，师不必贤于弟子"为基本精神的教学相长理念

在中国教育史上，许多思想家都注重"交以为师"③，强调"三人行，必有我师焉"④，"弟子不必不如师，师不必贤于弟子"⑤。这种教学相长理念和虚心治学态度，同样体现了中国教育发展史上的优良传统。它可以涵盖教育教学过程之内、外两个方面，即教育教学过程之内的以"弟子不必不如师，师不必贤于弟子"为基本精神的教学相长理念和平等的师生观，以及包含教育教学过程之内与外（当然，正规的教育教学过程以外的学习，也是一种学习）两个方面的以"三人行，必有我师焉"为求学诚意的虚心治学态度。

（一）孔子的"三人行，必有我师焉"

这种求学诚意和虚心的治学态度，首见于孔子所说的"三人行，必有我师焉：择其善者而从之，其不善者而改之"⑥。这句话有两层意思应被我们所理解：

一是孔子认为处处有学问，人皆可为师（这里的"师"字可作对"善者"以效法和对"不善者"引以为戒来理解）。凡所到之处、凡所见之人，都有可引起

---

① 《河南程氏遗书卷第十八·伊川先生语四》，[宋]程颢、程颐著，王孝鱼点校：《二程集》，中华书局1981年版，第206页。

② 《朱子语类·卷十二》，[宋]黎靖德编，王星贤点校：《朱子语类》（第一册），中华书局1986年版，第211页。

③ 《答严厚舆秀才论为师道书》，[唐]柳宗元：《柳河东集》（卷三十四），上海人民出版社1974年版，第547页。

④ 《论语·述而》，杨伯峻译注：《论语译注》，中华书局2009年版，第71页。

⑤ 《师说》，[唐]韩愈著，马其昶校注，马茂元整理：《韩昌黎文集校注》（上），上海古籍出版社2021年版，第62页。

⑥ 《论语·述而》，杨伯峻译注：《论语译注》，中华书局2009年版，第71页。

我效法或者使我警戒从而改之的人和事。这里的人是不分年龄、身份、地位等限制的人。《三字经》中就有"昔仲尼，师项橐，古圣贤，尚勤学"①的语句。此故事讲述的是孔子向年仅七岁的聪慧儿童项橐拜师的事情。民间传说孔子与项橐之间有"车让城"与"城让车"之辨、"落锄数目"与"落蹄数目"之辨、"星辰五谷数目"与"人之眉毛数目"之辨、"沉浮"之辨等，这些传说一方面说明了项橐人小却十分聪慧，另一方面更体现了孔子谦虚为怀的君子品格。

二是孔子所"师"的对象不仅有正面的善者，即善的品格与行为，以此作为自己效法的榜样，也有反面的"不善者"，即有缺点的、不良的品格与行为，以"不善者"的行为对照自身，有则改之，无则加勉。这不但是一种人生态度，同样也是人与人之间相处的一个重要原则。《论语》中多处记载了孔子善于利用一切机会学习的事情。有一段记载这样说，一次卫国公孙朝问子贡，孔子的学问是从哪里学的。子贡曰："文武之道，未坠于地，在人。贤者识其大者，不贤者识其小者。莫不有文武之道焉。夫子焉不学？而亦何常师之有？"②这就是说，古代圣人讲的道，就留在人们中间，贤人认识了它的大处，不贤的人认识它的小处，他们身上都有古代圣人之道。因此，夫子随时随地向一切人学习，谁都可以是他的老师，所以"何常师之有"。此外，孔子入太庙，"每事问"③。孔子说，"默而识之，学而不厌，诲人不倦，何有于我哉"④，"加我数年，五十以学易，可以无大过矣"，"我非生而知之者，好古，敏以求之者也"，"盖有不知而作之者，我无是也。多闻，择其善者而从之；多见而识之；知之次也"⑤，"后生可畏，焉知来者之不如今也"⑥，"当仁，不让于师"⑦等，都体现了这种勤而好学、不耻下问的精神。孔子作为一位伟大的教育家和思想家、一位知识渊博的学者，仍能以其宽阔的胸怀、诚恳虚心的求学态度孜孜以求，这就为后人树立了学习的典范、效法的榜样。

古代最早的教育专著《礼记·学记》中，也明确提出了教学相长的思想："学然后知不足，教然后知困。知不足，然后能自反也。知困，然后能自强也。

---

① 《三字经》，王永宽注解：《三字经》（插图本中国文化启蒙丛书），中州古籍出版社 2004 年版，第115 页。
② 《论语·子张》，杨伯峻译注：《论语译注》，中华书局 2009 年版，第 201 页。
③ 《论语·八佾》，杨伯峻译注：《论语译注》，中华书局 2009 年版，第 28 页。
④ 《论语·述而》，杨伯峻译注：《论语译注》，中华书局 2009 年版，第 65 页。
⑤ 《论语·述而》，杨伯峻译注：《论语译注》，中华书局 2009 年版，第 72 页。
⑥ 《论语·子罕》，杨伯峻译注：《论语译注》，中华书局 2009 年版，第 93 页。
⑦ 《论语·卫灵公》，杨伯峻译注：《论语译注》，中华书局 2009 年版，第 167 页。

故曰教学相长也。《兑命》曰：'学学半。'其此之谓乎。"①

（二）韩愈的"弟子不必不如师，师不必贤于弟子"

继孔子之后，被称为唐宋八大家之首的韩愈提出了"弟子不必不如师，师不必贤于弟子"的思想，可谓对后世亦影响深远。韩愈作为唐代著名文学家和儒家"道统"的自觉传承者，著有《师说》，其中说道，"古之学者必有师。师者，所以传道受业解惑也。人非生而知之者，孰能无惑？惑而不从师，其为惑也终不解矣。生乎吾前，其闻道也固先乎吾，吾从而师之；生乎吾后，其闻道也亦先乎吾，吾从而师之：吾师道也，夫庸知其年之先后生于吾乎？是故无贵无贱、无长无少，道之所存，师之所存也"，"圣人无常师。孔子师郯子、苌弘、师襄、老聃。郯子之徒，其贤不及孔子。孔子曰：'三人行，则必有我师。'是故弟子不必不如师，师不必贤于弟子，闻道有先后，术业有专攻，如是而已"。②韩愈写此文时为国子监四门博士，他是针对当时的社会上在门第观念影响下"耻学于师"的坏风气而写此文。

门第观念源于魏晋南北朝时期门阀士族的兴盛及九品中正制的选官制度，其重门第之分，严士庶之别，使尊师重道之风日衰。士族子弟凭高贵的门第可以做官，他们不需要学习，也看不起老师，他们尊"家法"而鄙从师。到唐代，九品中正制被废除，改以官爵的高下为区分门第的标准，这对择师也有很大的影响。在当时士大夫阶层中，就普遍存在着既不愿求师，又"羞于为师"的观念，存在着从师"位卑则足羞，官盛则近谀"的心理。而当时的科场黑暗，朝政腐败，吏治弊端重重，致使不少学子对科举入仕失去信心，因而放松了学业。这种种状况，直接影响到国子监的教学和管理。有鉴于此，韩愈提出以"道"为师，"道在即师在"的鲜明立场与观点。他认为，师与生的关系，是以"道"与"业"来衡量的，"闻道有先后，术业有专攻"，谁先得"道"谁就可当教师，谁有专"业"学问谁就可当教师，而不应受年龄、地位、资格等的限制。因此，师与生之间的关系是一种相对关系，不具有绝对性。韩愈的观念和作为，遭到了当世只论门第而鄙从师之人的责骂与反对。柳宗元在《答韦中立论师道书》中说，"今

---

① 《礼记·学记》，杨天宇撰：《礼记译注·下》，上海古籍出版社 2004 年版，第 457 页。

② 《师说》，[唐]韩愈著，马其昶校注，马茂元整理：《韩昌黎文集校注》（上），上海古籍出版社 2021 年版，第 60、62 页。

之世不闻有师，有辄哗笑之，以为狂人。独韩愈奋不顾流俗，犯笑侮，收召后学，作《师说》，因抗颜而为师。世果群怪聚骂，指目牵引，而增与为言辞。愈以是得狂名。居长安炊不暇熟，又挈挈而东，如是者数矣"①，"今之世，为人师者众笑之。举世不师，故道益离；为人友者，不以道而利，举世无友，故道益弃"②。这两段话揭示出了韩愈在《师说》中表达的思想遭到当世人们的非难，而自身处境艰难的境况。可以说，韩愈以顶着社会压力的无畏的勇气，论述了从师的重要性，并以先师孔子为榜样，指出是否尊师重道，是圣、愚分野的关键之所在，从而抨击了当时社会中的恶风陋习。这一观点，也影响后世至今。

（三）柳宗元的"交以为师"

与韩愈同时代，同为唐宋八大家之一的柳宗元，也是唐代著名的文学家、思想家、散文家，与韩愈并称"韩柳"。他与韩愈一样，也是复兴儒学的积极倡导者。在教育方面，他与韩愈有所不同的是，韩愈"奋不顾流俗，犯笑侮，收召后学，作《师说》，因抗颜而为师"；而他是鉴于当时的社会状况，加上自身对"师"的理解，表现为"慎为人师"，不强调师弟子之虚名，而强调师弟子之实质。正由于此，才有了他提出的"交以为师"的重要观点。他在《答严厚舆秀才论师道书》中明确地说："仆之所拒，拒为师弟子名，而不敢当其礼者也。若言道讲古穷文辞，有来问我者，我岂尝瞑目闭口耶？……苟去其名全其实，以其余易其不足，亦可交以为师矣，如此无世俗累而有益乎己，古今未有好道而避是者。"③

可见，柳宗元所拒绝的仅是师弟子之间的名分，不敢接受尊师之礼，而对师者"传道、授业、解惑"的任务却不敢怠慢。他认为，若免去师弟子的虚名，而保有师弟子之间取长补短、相互为师的真正关系，那就可以避免世俗的麻烦而又彼此得到教益，这是古今追求"道"的人所不避讳的。"交以为师"的主张，与韩愈的"弟子不必不如师，师不必贤于弟子"是有着相通之处的，那就是：师与弟子之间的关系具有相对性，不是绝对的，只要掌握了"道"和"术"，不论年龄、身份、地位，皆可为师。而柳宗元的观点似乎又进了一步——师生相互为友，去掉为师之名，具有为师之实，取长补短，交互为师，互相学习。因此有学者指出，这种师生关系，不再是单纯的教导与被教导关系，也不是简单的主体与

---

① 《答韦中立论师道书》，[唐]柳宗元：《柳河东集》（卷三十四），上海人民出版社1974年版，第541页。
② 《师友箴并序》，[唐]柳宗元：《柳河东集》（卷十九），上海人民出版社1974年版，第341页。
③ 《答严厚舆秀才论为师道书》，[唐]柳宗元：《柳河东集》（卷三十四），上海人民出版社1974年版，第546-547页。

客体的关系，而是基于学习研讨的平台，构建平等的师生关系，互教互学，共同促进。即使是在今天看来，这种亦师亦友之关系，视教与学是平等的对话双方、互助的学习伙伴，在很大程度上体现了教育教学民主的思想原则。

四、以"从血脉上感移"为根基的情感教育之特色

注重情感因素是中国所特有的道德教育的优良传统，并体现在道德教育思想和实践的各个方面。东方人重情感、东方人特有的人情味，已成为东方人尤其是中华民族著称于世的道德教育特征。这种注重情感的道德教育过程，体现在以下三个方面。

（一）与中国文化基调相吻合，培养学生"仁爱之心"的内在情感

诚如前文所已经论到的，孔子的"唯仁者能好人，能恶人"，"己欲立而立人，己欲达而达人"，"己所不欲，勿施于人"；孟子的"君子所以异于人者，以其存心也。君子以仁存心，以礼存心。仁者爱人，有礼者敬人。爱人者，人恒爱之；敬人者，人恒敬之"[①]，"老吾老，以及人之老；幼吾幼，以及人之幼"，"恻隐之心，人皆有之；羞恶之心，人皆有之；恭敬之心，人皆有之；是非之心，人皆有之。恻隐之心，仁也；羞恶之心，义也；恭敬之心，礼也；是非之心，智也。仁义礼智，非由外铄我也，我固有之也，弗思耳矣。故曰'求则得之，舍则失之'"[②]；《孝经》中的"子曰：'爱亲者，不敢恶于人；敬亲者，不敢慢于人'"[③]；张载的"以爱己之心爱人则尽仁""民吾同胞，物吾与也"等，都是中国传统教育的核心内容。

（二）教育过程中注重"以情感人"，从血脉上感化人

《郭店楚墓竹简》中就有"道始于情"[④]的说法。陆九渊明确表述了从"血脉上感移"的思想。他认为，后生随身规矩不可失，"规矩严整，为助不少"[⑤]，但应以理明心通为前提，所以他说："吾与人言，多就血脉上感移他，故人之听

① 《孟子·离娄下》，杨伯峻译注：《孟子译注》，中华书局 2010 年版，第 182 页。
② 《孟子·告子上》，杨伯峻译注：《孟子译注》，中华书局 2010 年版，第 239 页。
③ 《孝经·天子章》，汪受宽撰：《孝经译注》，上海古籍出版社 2004 年版，第 9 页。
④ 李零：《郭店楚简校读记》（增订本），北京大学出版社 2002 年版，第 105 页。
⑤ 《象山先生全集·语录》，[宋]陆九渊：《陆象山全集》（卷三十五），中国书店 1992 年版，第 314 页。

之者易，非若法令者之为也。”①提倡“致良知”说的王阳明则论证教育应顺从儿童本性，“动荡其血脉”，从而“默化其粗顽”，使其向善成长。他说：“大抵童子之情，乐嬉游而惮拘检，如草木之始萌芽，舒畅之则条达，摧挠之则衰萎。今教童子，必使其趋向鼓舞，中心喜悦，则其进自不能已。譬之时雨春风，沾被卉木，莫不萌动发越，自然日长月化。若冰霜剥落，则生意萧索，日就枯槁矣。故凡诱之歌诗者，非但发其志意而已，亦所以泄其跳号呼啸于咏歌，宣其幽抑结滞于音节也。导之习礼者，非但肃其威仪而已，亦所以周旋揖让而动荡其血脉，拜起屈伸而固束其筋骸也。讽之读书者，非但开其知觉而已，亦所以沉潜反复而存其心，抑扬讽诵以宣其志也。凡此皆所以顺导其志意，调理其性情，潜消其鄙吝，默化其粗顽，日使之渐于礼义而不苦其难，入于中和而不知其故。是盖先王立教之微意也。”②

（三）注重音乐和诗歌在陶冶学生情感中的作用

这与中国传统文化中礼乐相配合的思想是一致的。孔子说，“诗，可以兴，可以观，可以群，可以怨”③，“兴于诗，立于礼，成于乐”。荀子十分重视音乐的教育作用，认为“声乐之入人也深，其化人也速”，好的音乐能使人情志清明，内心和悦，即“乐行而志清”，同时还能“感动人之善心”，“使夫邪汙之气无由得接焉”。④王充认为，青少年“在化不在性”。他说：“情性者，人治之本，礼乐所由生也。故原情性之极，礼为之防，乐为之节。性有卑谦辞让，故制礼以适其宜；情有好恶喜怒哀乐，故作乐以通其敬。礼所以制，乐所以为作者，情与性也。”⑤吕祖谦说：“五帝、三王之政，无不由乐始。盖陶冶之功，入人最深，动荡鼓舞，优游浃洽，使自得之。”⑥王夫之指出，“圣人以《诗》教以荡涤其浊心，震其暮气，纳之于豪杰而后期之以圣贤，此救人道于乱世之大

---

① 《象山先生全集·语录》，[宋]陆九渊：《陆象山全集》（卷三十四），中国书店1992年版，第256页。

② 《传习录·训蒙大意示教读刘伯颂等》，[明]王阳明撰，于自力、孔薇、杨骅骁注译：《传习录·中卷》，中州古籍出版社2008年版，第280页。

③ 《论语·阳货》，杨伯峻译注：《论语译注》，中华书局2009年版，第183页。

④ 《荀子·乐论》，[清]王先谦撰，沈啸寰、王星贤点校：《荀子集解》，中华书局1988年版，第379-382页。

⑤ [东汉]王充：《论衡·本性篇》，袁华忠、方家常译注：《论衡全译》，贵州人民出版社1993年版，第190页。

⑥ 《宋元学案卷五十一·东莱学案》，[明末清初]黄宗羲撰，沈善洪主编、吴光执行主编：《黄宗羲全集》（第五册），浙江古籍出版社2005年版，第11页。

权也"①，"乐之用大矣，以之格神人，易风俗，宣天地之气而养人心之和"②。这些，都是对以诗歌和音乐陶冶学生情感的经典论述。

在中国教育发展史上，师生以"情"为纽带相联结是一以贯之的传统。尤其在孔门私学为代表的高等私学和宋代书院教育（宋代理学大师们所办书院可视为高等私学）中，师生之间在寻"道"即探寻真理的过程中，形成了以"情"为纽带的相互关系，这种"情"是双向的，既有教师对学生的关爱，又有学生对教师的尊重、信任和敬爱。有了这种以"情"为根基、以"道"为旨归的师生关系为基调，即便教师在某个时段显示出严厉的态度，也仍然不失为对学生负责的体现，甚至让其受用终身。

"可以肯定的是，'以情感人'，师生之间以'情'的交融为根基的教育传统是中国的优良传统，体现出中国教育的特色。"③"时代的发展已进入 21 世纪，教育在新的世纪也理应吐故纳新。然而，那些在当代仍能熠熠闪光的、饱含着其本真的内在价值的'故'，应当成为我们的宝贵财富而融入当代人的本性之中，这一点恐怕是毋庸置疑的。即使在信息化时代的今天，缺少情感的教育也难以碰撞出学生心灵的火花，难以使课堂焕发出生命的活力，这已由事实所证明。"④

五、以"孔子教人各因其材"为特质的因材施教育人方法

与"以血脉感化人、以情感教育人的方法密切相连的，是以人为本、注重学生个体差异和因材施教的中国古代教育家的执教信条，这一信条的形成源于对受教者个体的成长背景、个性特征、对'道'领悟程度等方面的重视，体现出对个体的尊重"⑤。"因材施教"实际上就是在坚守"性相近也，习相远也"的人性论基础上，采取行之有效的教学方法，让每个学生都得到最佳的教育与发展。

---

① 《俟解》，[明末清初]王夫之著，船山全书编辑委员会编：《船山全书》（第 12 册），岳麓书社 2011 年版，第 479 页。

② 《四书训义（上）卷七·论语·八佾》，　[明末清初]王夫之著，船山全书编辑委员会编：《船山全书》（第 7 册），岳麓书社 2011 年版，第 350 页。

③ 李申申：《基础教育的中国特色：建构以"情"为根基的主体发展观》，载《河南大学学报》（社会科学版）2005 年第 2 期，第 143 页。

④ 李申申：《基础教育的中国特色：建构以"情"为根基的主体发展观》，载《河南大学学报》（社会科学版）2005 年第 2 期，第 144 页。

⑤ 李申申、李志刚：《中国古代"即身而道在"教育的基本特征——一种具身性教育的永恒魅力》，载《河南大学学报》（社会科学版）2016 年第 4 期，第 109 页。

在教学上，孔子可谓教师的先祖。在孔子的众多弟子中，性格迥异有别，孔子善于发现每个学生的特点和长处，并擅长引导学生发现自己的优点，但又不因学生的这些优点而忽视对他们其他方面的教导。《论语》记载，孔子的几个弟子问"仁"于孔子，他分别做了不同回答。"颜渊问仁。子曰：'克己复礼为仁。……'颜渊曰：'请问其目。'子曰：'非礼勿视，非礼勿听，非礼勿言，非礼勿动。'"①对颜渊问仁的回答，是孔子对"仁"的最权威、最经典的解释。朱熹评论《论语》中孔子的这一回答"乃传授心法切要之言。非至明不能察其几，非至健不能致其决，故惟颜子得闻之"②。孔子数称"贤哉回也"，表现出对颜回的充分信任和嘉许。"仲弓问仁。子曰：'出门如见大宾，使民如承大祭。己所不欲，勿施于人。'"③仲弓出身贫贱，不善口才，但品德高尚，很受孔子看重，认为其可大用。后来仲弓作季氏宰，其政治主张得到孔子首肯。孔子答仲弓问仁是从执政者之仁的角度说的，希望仲弓在季氏宰任上能做到敬、恕、无怨，持守官德。"司马牛问仁。子曰：'仁者，其言也讱。'"④"讱"为迟钝之意。孔子的回答是，有仁德的人说话谨慎、迟钝。因为司马牛多言而浮躁，所以孔子是通过对"仁"的解释规劝他改正缺点。"子贡曰：'如有博施于民而能济众，何如？可谓仁乎？'子曰：'何事于仁，必也圣乎！尧舜其犹病诸！夫仁者，己欲立而立人，己欲达而达人。能近取譬，可谓仁之方也已。'"⑤子贡利口巧辩，善做生意，家境富裕。他有志于仁，想要博施济众，但徒事高远，眼高手低，不知从何做起。孔子教他应从自身做起，此谓"仁之方"。朱熹在《四书集注》中引用吕祖谦的话说："吕氏曰：'子贡有志于仁，徒事高远，未知其方。孔子教以于己取之，庶近而可入。是乃为仁之方，虽博施济众，亦由此进。'"⑥樊迟曾三次问仁，孔子的回答分别是"爱人""仁者先难而后获，可谓仁矣"⑦"居处恭，执事敬，与人忠。虽之夷狄，不可弃也"⑧。这大概是因为樊迟天资不够，因此孔子往往用较为浅显、直白的话给他讲最基本的道理，教他

---

① 《论语·颜渊》，杨伯峻译注：《论语译注》，中华书局 2009 年版，第 121 页。

② 《论语集注·颜渊第十二》，[宋]朱熹撰，金良年今译：《四书章句集注·上》，上海古籍出版社 2006 年版，第 171 页。

③ 《论语·颜渊》，杨伯峻译注：《论语译注》，中华书局 2009 年版，第 121 页。

④ 《论语·颜渊》，杨伯峻译注：《论语译注》，中华书局 2009 年版，第 122 页。

⑤ 《论语·雍也》，杨伯峻译注：《论语译注》，中华书局 2009 年版，第 63-64 页。

⑥ 《论语集注·雍也第六》，[宋]朱熹撰，金良年今译：《四书章句集注·上》，上海古籍出版社 2006 年版，第 117 页。

⑦ 《论语·雍也》，杨伯峻译注：《论语译注》，中华书局 2009 年版，第 61 页。

⑧ 《论语·子路》，杨伯峻译注：《论语译注》，中华书局 2009 年版，第 138 页。

"仁"的最基本概念如"爱人"，但这并非与孔子的循循善诱、有教无类的思想和做法有矛盾，而恰恰说明了孔子所恪守的因材施教的教育理念。《论语》中还记载有这么一件事：子路和冉有同问："闻斯行诸？"（听到一个道理就要行动吗？）对此，孔子针对二人的不同性格作了不同的回答。原文是："子路问：'闻斯行诸？'子曰：'有父兄在，如之何其闻斯行之？'冉有问：'闻斯行诸？'子曰：'闻斯行之。'公西华曰：'由也问闻斯行诸，子曰有父兄在；求也问闻斯行诸，子曰闻斯行之。赤也惑，敢问。'子曰：'求也退，故进之；由也兼人，故退之。'"①这是一个孔子因材施教的典型范例。由此，就使孔子的学生各有特色、各有所长，并发挥出不同的作用。正如《论语》中所说："德行：颜渊，闵子骞，冉伯牛，仲弓。言语：宰我，子贡。政事：冉有，季路。文学：子游，子夏。"②也因此，朱熹评价孔子说，"孔子教人各因其材"③。也正如《礼记·学记》中所说："君子知至学之难易，而知其美恶，然后能博喻。"④

无独有偶，我国南宋时期的书院中，大师们在育人过程中也同样遵循"因材施教"的原则，注重学生个性特点、差异，制定不同的方案进行教化。陆九渊"深知学者心术之微，言中其情，或至汗下。有怀于中，而不能自晓者，为之条析其故，悉如其心"⑤。在教育学生的过程中，他更多地根据学生的不同性情，动之以情，晓之以理，以达到教育的最佳效果。相较于陆九渊，朱熹则擅长洞悉学生的内心，他所给予学生的指导正如对症之药一样，直至痛处，药到病除。他的学生陈淳曾说："先生寝疾，某每入卧内听教，谆谆警策，无非直指病痛所在。"⑥

六、以"圣学只一个功夫，知行不可分作两事"为基线的教育原则

"知行合一"作为中国古代教育须臾不可缺失的重要教育原则，已是众所周

---

①　《论语·先进》，杨伯峻译注：《论语译注》，中华书局 2009 年版，第 115-116 页。

②　《论语·先进》，杨伯峻译注：《论语译注》，中华书局 2009 年版，第 109 页。

③　《论语集注·先进第十一》，[宋]朱熹撰，金良年今译：《四书章句集注·上》，上海古籍出版社 2006 年版，第 160 页。

④　《礼记·学记》，杨天宇撰：《礼记译注·下》，上海古籍出版社 2004 年版，第 462 页。

⑤　《象山先生全集·年谱》，[宋]陆九渊：《陆象山全集》（卷三十六），中国书店 1992 年版，第 321 页。

⑥　《宋元学案卷四十九·晦翁学案下》，[明末清初]黄宗羲撰，沈善洪主编、吴光执行主编：《黄宗羲全集》（第四册），浙江古籍出版社 2005 年版，第 920 页。

知的事实。可以说，这一教育原则的凸显，是将精神与身体合二而一、强调"体用不二"的中国传统教育的逻辑的、必然的推演结果，它将"道"的实现与主体自身的日常生活与活动融为一体。

（一）"知行合一"原则贯穿于历代思想家和教育家的论述

正因为"知行合一"是中国古代教育的重要原则，因此中国古代思想家和教育家有关此方面的论述贯穿于历朝历代。中国古老典籍《尚书》中就说，"天之历数在汝躬"，此话一方面由舜告诉禹，上天赐命的君主大位即将落于你身；另一方面紧接着也由舜告诫禹，要谨慎地对待自己所拥有的君位，精研专一，诚信地遵守中道，恭敬地施行民众所希望的美善之事。孔子说，"始吾于人也，听其言而信其行；今吾于人也，听其言而观其行"①，"君子耻其言而过其行"②，"不怨天，不尤人，下学而上达"③。墨子说："士虽有学，而行为本焉。"④荀子说，"不闻不若闻之，闻之不若见之，见之不若知之，知之不若行之，学至于行之而止矣。行之，明也"，"故闻之而不见，虽博必谬；见之而不知，虽识必妄；知之而不行，虽敦必困"⑤，"道虽迩，不行不至；事虽小，不为不成"⑥。荀子曾以知、行结合的程度为标准，判断、评价人才的质量："口能言之，身能行之，国宝也。口不能言，身能行之，国器也。口能言之，身不能行，国用也。口言善，身行恶，国妖也。治国者敬其宝，爱其器，任其用，除其妖。"⑦程颢、程颐强调道德教育必须以知为本、以行为终，做到知行统一。他们论道，"学者言入乎耳，必须著乎心，见乎行事"⑧，"力学而得之，必充广而行之"⑨，"学者有所得，不必在谈经论道间，当于行事动容周旋中礼得之"⑩，"知而不能行，只是知得浅"，"笃行

---

① 《论语·公冶长》，杨伯峻译注：《论语译注》，中华书局 2009 年版，第 44 页。

② 《论语·宪问》，杨伯峻译注：《论语译注》，中华书局 2009 年版，第 153 页。

③ 《论语·宪问》，杨伯峻译注：《论语译注》，中华书局 2009 年版，第 154 页。

④ 《墨子·修身》，吴毓江撰，孙启治点校：《墨子校注·上》，中华书局 2006 年版，第 10 页。

⑤ 《荀子·儒效》，[清]王先谦撰，沈啸寰、王星贤点校：《荀子集解》，中华书局 1988 年版，第 142 页。

⑥ 《荀子·修身》，[清]王先谦撰，沈啸寰、王星贤点校：《荀子集解》，中华书局 1988 年版，第 32 页。

⑦ 《荀子·大略》，[清]王先谦撰，沈啸寰、王星贤点校：《荀子集解》，中华书局 1988 年版，第 498 页。

⑧ 《河南程氏遗书卷第十八·伊川先生语四》，[宋]程颢、程颐著，王孝鱼点校：《二程集》，中华书局 1981 年版，第 189 页。

⑨ 《河南程氏粹言卷第一·论学篇》，[宋]程颢、程颐著，王孝鱼点校：《二程集》，中华书局 1981 年版，第 1189 页。

⑩ 《河南程氏外书卷第十·大全集拾遗》，[宋]程颢、程颐著，王孝鱼点校：《二程集》，中华书局 1981 年版，第 404 页。

便是终之"①。陆游在《冬夜读书示子聿》一诗中写道："古人学问无遗力，少壮工夫老始成。纸上得来终觉浅，绝知此事要躬行。"②朱熹说，"知、行常相须，如目无足不行，足无目不见。论先后，知为先；论轻重，行为重"③，这就是朱熹的"知行相须，知先行重"的思想，知行是不可分离的。王阳明的知行合一论早已广为人所熟知，即"知是行的主意，行是知的功夫；知是行之始，行是知之成。若会得时，只说一个知，已自有行在；只说一个行，已自有知在"④，"知者行之始，行者知之成。圣学只一个功夫，知行不可分作两事"，此话已成为知行合一论的代表性观点。

（二）以孔门私学和宋代书院为代表的传统教育"知行合一"实践

此处，以孔门私学和宋代书院为代表的中国传统高等教育为例，揭示出其将道德的熏陶、礼仪的训练融入于日常生活和教育教学之中的具体实践。

可以说，孔子以"仁"为核心的儒家学说就是一种如何做人的伦理学体系。而孔子在日常的教育教学中，则以循循善诱、润物无声的方式使道德和礼仪教育予以落实。例如，孔子鼓励学生"各言其志"，敢于发表不同意见和见解，但是在进行学术切磋的过程中，并没有超越师生彼此应遵循的礼节。师生之间不但非常注重表达的委婉，使用语言的得体，避免发生直接的冲突，更是从心底里尊重彼此，看重彼此和谐共处的师生关系。孔子的"自行束脩以上，吾未尝无诲焉"，恐怕不能理解为孔子对财的喜爱。因为从孔子一以贯之的有教无类思想来看，他对学生送礼的轻重是根本不在意的。我们理解他的意思是要学生懂得尊重师长这样基本的礼节，主动地向老师行见面之礼。可见，孔子更加看重"行礼"这个举动所蕴含的道德意义，那就是学生对老师的敬重之心，是学生恪守礼节的基本教养。这种内外兼修的"知礼"正是孔子重视道德教育的表现，更影响到中华道德礼仪风尚的形成。"儒家的这种思想在社会上造成了崇德尚义的气氛，这种精神追求，通过古代的文明规范体系'礼'，形成了中华'礼仪之邦'

① 《河南程氏遗书卷第十五·伊川先生语一》，[宋]程颢、程颐著，王孝鱼点校：《二程集》，中华书局1981年版，第164页。

② 《冬夜读书示子聿之三》，[宋]陆游：《陆游集》（第三册），中华书局1976年版，第1065页。

③ 《朱子语类·卷九》，[宋]黎靖德编，王星贤点校：《朱子语类》（第一册），中华书局1986年版，第148页。

④ 《传习录·徐爱录》，[明]王阳明撰，于自力、孔薇、杨骅骁注译：《传习录·上卷》，中州古籍出版社2008年版，第30页。

的社会风尚。"①

受儒学思想的影响，南宋书院的教学目的，也不单单是讲授知识，而特别重视学生的道德养成。实际上，宋代理学家们之所以发挥有为精神，在儒释道合流的基础上创了新儒学——理学，目的非常明确，就是为了扶植纲常，力倡已经颓败的伦理道德，并重振儒家的圣贤之学。所以，他们创办书院或精舍的目的与官学不同，并非培养学生直接应对科举考试，而首先是培养"经明行修"的"醇儒"。因此，书院中的道德和礼仪教育被提到了育人的首位。朱熹是南宋书院的代表人物，他的教育思想在中国传统高等教育史上具有重要影响，而朱熹教育思想的核心正是道德教育。他认为，书院教育的目的就是培养"儒生"，所谓儒生，不仅仅是通晓儒家经典的书生，更是要知晓伦理道德，并身体力行，最终形成良好的道德品格的人。关于"儒生"需要知晓哪些伦理道德，朱熹尤其强调孟子提出的"五伦"，认为对学生进行道德教育的最终目的就是要"明五伦"，即"父子有亲、君臣有义、夫妇有别、长幼有序、朋友有信"，"此人之大伦也"。他认为，在人们的日常生活及与人交往的过程中，这些伦理法则是时刻存在的："人之有是生也，天固与之以仁义礼智之性，而叙其君臣父子之伦，制其事物当然之则矣。"②因此，在《白鹿洞书院揭示》中，他明确将此五伦列为五教之目。张栻的《南轩集》中曾记载了他关于生徒道德教育的主张。他认为，一个人如果在幼年之时没有被教导敬爱其父母，等到其长大之时便不知道敬重他的兄长，这即是"天理不明"的表现。如果这样的行为不被彻底教化，便会出现"伤恩害义"之人。因此，道德礼仪教育必须先行，这样方能杜绝不良行为的发生。可以说，将教学与道德完善、品性修养有机结合，是南宋书院教育的重要特色。朱熹把对学生进行严格的"五伦"教育称为"穷理"；而在具体的教学过程中，他还依据《中庸》规定了"穷理"过程的先后顺序，即"博学之，审问之，慎思之，明辨之，笃行之"③，并作注解说："此'诚之'之目也。学、问、思、辨，所以择善而为知，学而知也。笃行，所以固执而为仁，利而行也。程子曰：'五者废其一，非学也。'"④这也是他对书院的学子们作出的穷理过程的指导。他认为，最重要的就是行动，此是穷理的终极环节。为了实现"五伦"教育目的，朱熹还特别重视给学生们树立道德楷模，注重榜样的引领作用。为此，

① 陈来：《浅谈儒家文化的人文精神》，载《人民日报》2009年5月19日，第7版。

② 《行宫便殿奏札二》，[宋]朱熹撰，朱杰人等主编：《朱子全书》（第二十册），上海古籍出版社、安徽教育出版社2002年版，第668页。

③ 《中庸章句》，[宋]朱熹撰，金良年今译：《四书章句集注·上》，上海古籍出版社2006年版，第37页。

④ 《中庸章句》，[宋]朱熹撰，金良年今译：《四书章句集注·上》，上海古籍出版社2006年版，第40页。

南宋书院特别重视先贤祭祀活动，在祭祀先祖先师的仪式中，学生们追忆大师们的圣贤之举，深刻体会圣贤们高尚的道德品行，审思自己的言行举止，笃定自己日后所努力的方向。这种祭祀活动起到了对学生道德教育的作用，不失为书院道德教育实践的重要环节。

可以说，中国传统教育，直至当今教育，历来奉行知行合一、体用不二的原则，强调对"道"的追求和高深理论的修习要体现于日常生活之中，体现于生命活动之中，与生活世界不可分离。因此，面对当代西方因过度崇拜科技理性、因道德教育领域强大的认知主义传统而使教育与生活世界相脱离的状况提出来的教育，尤其是道德教育回归生活世界的理论和主张，我们不应不假思索地完全照搬，以图解决中国社会当前道德缺失和衰落的弊端。我们自身的问题有其产生的历史根源和具体背景，对此我们不可忽视（当然，在当代世界的大背景下，也需承认与西方有着一些共性的问题）。笔者在另文中对此曾有所论及："'教育回归生活世界'，尤其是'道德教育回归生活世界'的观点和呼声，可以说已成为当今教育理论界的一边倒的观点和呼声。这一观点本身并没有错，它是非常积极的，教育尤其是道德教育本来就是直面人生、直面生活的。这一观点也引自于西方，首先是来自胡塞尔等现象学大师们。问题在于，我们应该深究胡塞尔等大师们提出这种话语并加以论证的现实语境及特殊的价值诉求，深究中国传统与现实的道德教育背景，并深究提升中国道德教育的最佳手段与路径究竟何在……而在中国，其道德教育的传统与西方有所不同。在先秦诸子的丰富而系统的道德教育理论体系中，就为形成'下学而上达'的知行合一和'原天地之美而达万物之理'[1]的以感性体悟为主的道德教育传统打下基础。历代强大的社会教化系统，则把道德的普及根植于一般民众之中，成为一种潜移默化的甚至融入其血脉之中的无意识的文化认同。因此，中国的道德教育理论体系直至近现代也没有形成像西方那样纯认知的道德教育理论，国家在各个时期都在不断颁布有关实施道德教育的政策、法规和法令。因此，对当前社会中尤其对青少年中出现的道德滑坡、人性扭曲、信仰迷失甚至犯罪等现象，仅仅简单化地引入西方'道德教育回归生活'的词句，并不一定能解决中国出现的问题。依笔者之见，目前中国的问题并不在于道德教育没有回归生活、纯思辨的理论脱离生活实践，而在于理论和道德教育在现实生活面前软弱无力，倒是生活本身需要净化，需要

---

[1]　《庄子·外篇·知北游》，陈鼓应注译：《庄子今注今译·中》（最新修订重排本），中华书局 2009 年版，第 601 页。

升华，需要综合治理。"①

七、以"以道相交"为根基的孔门私学和宋代书院融洽的师生关系

在中国历史上，"教师"一词中的"教"字最初的含义为手执教鞭，对学生进行教诲。古人云：本立而道生。立本错乱，兴道必偏。无论什么样的大学，皆为教书育人的机构。与基础教育不同的是，大学还兼有一定的政治、经济和文化等诸多的社会功能，虽然其功能形式多样，但其基本的教书育人的职能是不可或缺的。育人为天，教学为大，任何一所大学都必须以育人为天职，以培养人才为核心任务。在这一点上，中国传统高等教育机构有值得我们今天的大学借鉴的宝贵资源。以孔门私学为代表的中国传统高等私学和以宋代书院为代表的中国传统书院，都属于我国传统高等教育形式，其以"情"为根基、"以道相交"的融洽师生关系，相较于官学来说，甚至相较于当今我国的高等教育机构来说，都显得更为突出，都有过之而无不及。可以说，在中国教育发展史上，私学盎然兴起的春秋战国百家争鸣时期和书院发展达于极盛的南宋时期所形成的师生关系及教风与学风，留下了辉煌的篇章。

就师生关系而言，这两个时期有一些共同的特征。

（一）学生可择师入学，奉行"门户开放""有教无类"原则

这一点，前述"有教无类"一节中已有所论及。无论是春秋私学还是南宋书院，大师们对于学生的选择，既不论等级高低，也不考虑年龄大小，更不关心地域家乡的不同，唯一的标准就是学生的求学愿望与学习能力。学校一般都允许学生根据自己喜好自由选择老师，只要学生虚心求教，慕名而来，大师们也愿意接纳学生，并倾尽所知对其进行教诲。荀子曾在其《法行》篇中，以南郭惠子与子贡的对话，述说了孔门弟子"何其杂也"以及来去自由的招生实际状况："南郭惠子问于子贡曰：'夫子之门，何其杂也？'子贡曰：'君子正身以俟，欲来者不距，欲去者不止。且夫良医之门多病人，檃栝之侧多枉木，是以杂也。'"②

---

① 李申申、吕旭峰：《当前教育学学科理论研究中方法论层面的反思》，载《河南大学学报》（社会科学版）2010年第4期，第131-132页。

② 《荀子·法行》，[清]王先谦撰，沈啸寰、王星贤点校：《荀子集解》，中华书局1988年版，第536-537页。

孔子弟子三千，遍布于社会各个阶层，不论其出身如何，他皆愿意收为弟子，且一视同仁，平等相待。宋代的精舍和书院，作为古代私学发展的高级形式，在中国传统高等教育史上占有极其重要的位置。两宋书院虽功能不尽相同，各有特色，但是在师生关系上都是崇尚师生友好相处、平等相待。在宋代，尤其是南宋理学大师们创办的精舍和书院，是传扬光大理学思想的重要基地，这些精舍和书院多创建于山水秀丽的名胜之地，学生是慕名前来求学，而大师们则倾其学问以诚相传。因此，其师生关系在历史上也是为人所称颂的。

（二）师生之间"以道相交"，关系融洽

春秋私学和宋代书院的办学时期，师生之间都是"以道相交"，即以追求真理、真知作为交往的根基，因之师生关系融洽。大师们以"人师"自律，严于正其身；而学生则以"醇儒""君子"而自策，乐于"亲其师而信其道"。此两个时期的教育，大师们都鼓励学生"各言其志"，敢于发表不同观点。《论语》记载，孔子和其弟子们，皆以学术真理和道德准则为追求，并奉其为师生共处的标准和纽带。师生们共同探讨疑惑，可以对同一问题提出不同意见，弟子们甚至可以对孔子的言论提出质疑，并进行反驳，即便如此，师生之间也丝毫不会有隔阂。孔子甚至反对学生迷信老师的权威，也从不以自己的博学给学生施加压力。如此融洽的师生关系，正是得益于孔子谦虚包容、追求至理的治学风格。因此，在孔子的教学中，师生共同切磋学问、砥砺品行，"教学相长"的思想贯穿其中。《论语》中不仅多次记载孔子批评学生的材料，而且也有不少学生批评孔子的章句。鲁哀公六年，孔子讲学途经叶公家，叶公向孔子讲述了家乡一个孝子的故事："吾党有直躬者，其父攘羊，而子证之。"进而向孔子请教有关孝道的问题，请孔子帮忙解答疑惑。孔子听完这个故事，就孝道的问题提出自己的见解。他说："吾党之直者异于是：父为子隐，子为父隐。直在其中矣。"[①]孔子此番言论立即遭到一旁随行的子路的质疑，他直截了当地指出孔子的错误：关于人类美德的言语有很多，如"大义灭亲"，倘若在这个问题上父子之间可以相互隐瞒过错，那还谈什么道德标准，这些形容美德的词语又该置于何处呢？子路的这番言论直问得孔子也顿时语塞，他仔细思考推敲后，不但承认了自己言语的过失与不严谨，还对子路这种敢说敢言的行为给予了高度评价。孔子的高足弟子颜渊对于老师的言论"无所不说（同'悦'，读音 yuè）"，孔子认为这反而并不可

---

① 《论语·子路》，杨伯峻译注：《论语译注》，中华书局 2009 年版，第 137 页。

取，发出了"回也，非助我也"①的感叹。孔子认为，在这种平等共处、师生交流的过程中，不仅仅是学生得到了帮助，更是自己身为老师受益的过程。他非常重视学生对于自己的帮助，善于倾听学生的建议，他认为这个过程就是实现教学相长的过程。由此，才真正形成了孔门师生深厚的感情和融洽的关系。在这种平等共处、师生交流的过程中，老师的师道尊严不但没有被折损，反而使学生对老师更加由衷地敬重和钦佩，更加坚定了追随孔子的决心，即使在孔子一生中最困顿的时期，他的学生依然悉数追随。

这样和谐的师生关系，也同样是宋代书院的特色。在教学过程中，大师们不但学识过人、品德高尚，更是尽最大所能与学生平等相处，共同探讨学问，鼓励学生发表不同观点，相互砥砺，共同进步。即便是朱熹这样声名远播的学问大家，在育人之中依然身体力行，与学生亦师亦友。文献记载，朱熹"讲义理有未通处，与朋友共讲。十人十样说，自家平心看那个不是……有时是这处理会得，有时是那处理会得，少间便都理会得"②。师生之间正是在这样互相切磋的过程中形成了深厚的师生情谊、挚友之情，即使后来有学生走出书院，功成名就之后仍然不忘书院大师的相知相待之恩。还有，明末的东林书院，师生共同讲论学术，激励气节，讽议朝政，裁量人物，感情笃深。师生以"风声雨声读书声，声声入耳；家事国事天下事，事事关心"的楹联，作为共同的做事追求和行为的依据，在这种寻"道"的过程中形成了荣辱与共的师生关系。这也成为了师生关系融洽的又一个典范。

（三）"诲人不倦""率先垂范"的师德师风使融洽的师生关系锦上添花

中国私学的开山大师孔子诲人不倦的精神，"爱之，能勿劳乎？忠焉，能勿诲乎？"③以及前已述及的教学相长的民主学风、因材施教等的高超艺术，正是中国教育史上具有超越时空价值的熠熠闪光的精华。这也正如其弟子颜渊叹曰："仰之弥高，钻之弥坚。瞻之在前，忽焉在后。夫子循循然善诱人，博我以文，约我以礼，欲罢不能。即竭吾才，如有所立卓尔。虽欲从之，末由也已。"④由

---

① 《论语·先进》，杨伯峻译注：《论语译注》，中华书局 2009 年版，第 109 页。

② 《朱子语类·卷一百二十》，[宋]黎靖德编，王星贤点校：《朱子语类》（第七册），中华书局 1986 年版，第 2886-2887 页。

③ 《论语·宪问》，杨伯峻译注：《论语译注》，中华书局 2009 年版，第 145 页。

④ 《论语·子罕》，杨伯峻译注：《论语译注》，中华书局 2009 年版，第 89 页。

此，孔门师生之间建立了深厚的感情，形成了密切融洽的相互关系。孔子活着时，在学生中享有崇高的威望。当他去世时，其弟子总想把失去的良师找回来。因之，"孔子既没，弟子思慕，有若状似孔子，弟子相与共立为师，师之如夫子时也"①。而且，孔子去世后，其弟子以父母之丧礼之，"皆服三年。三年心丧毕，相诀而去，则哭，各复尽哀；或复留。唯子赣庐于冢上，凡六年，然后去。弟子及鲁人往从冢而家者百有余室，因命曰孔里"②。

北宋初期的著名教育家胡瑗在创立具有划时代意义的"苏湖教法"的过程中，与学生形成了良好的师生关系。他恪守的基本信条是：教师对学生要以严率众、以至诚感人，而他自己更是以身作则，率先垂范。他为苏湖二州教授时，"倡明正学，以身先之。虽盛暑，必公服坐堂上，严师弟子之礼"③。北宋著名理学家程颐，青年时曾在太学师从胡瑗，师生建立了深厚的感情。师生之间"知契独深。伊川之敬礼先生亦至，于濂溪，虽尝从学，往往字之曰'茂叔'，于先生，非'安定先生'不称也"④。胡瑗以严率众、以至诚感人、以身先之的言与行赢得了学生的爱戴和尊重。"他晚年离职去养病时，弟子成群结队前往送别，道路相续百里不绝。"⑤朱熹的学生黄勉斋编撰的《朱子行状》，在概述了朱熹一生治学、为道、著书、授徒之后，盛赞其诲人不倦的精神："从游之士迭诵所习，以质所疑。意犹未谕，则委曲告之，而未尝倦。问有未切，则反复戒之，而未尝隐。务学笃则喜见于言，进道难则忧形于色。讲论经典，商略古今，率至夜半。虽疾病支离，至诸生问辨，则脱然沈疴之去体。一日不讲学，则惕然常以为忧。"⑥

梅贻琦先生在"大学一解"中写道："学子从师受业，谓之从游。孟子曰：'游于圣人之门者难为言'，间尝思之，游之时义大矣哉。学校犹水也，师生犹鱼也，其行动犹游泳也，大鱼前导，小鱼尾随，是从游也，从游既久，其濡染观摩之效，自不求而至，不为而成。"⑦这是对传统高等教育中师生融洽关系的生

①　《史记·仲尼弟子列传》，[汉]司马迁撰，韩兆琦主译：《史记·卷六十七》（第三册），中华书局2008年版，第1386页。

②　《史记·孔子世家》，[汉]司马迁撰，韩兆琦主译：《史记·卷四十七》（第二册），中华书局2008年版，第1106页。

③　《宋元学案卷一·安定学案》，[明末清初]黄宗羲撰，沈善洪主编、吴光执行主编：《黄宗羲全集》（第三册），浙江古籍出版社2005年版，第56页。

④　《宋元学案卷一·安定学案》，[明末清初]黄宗羲撰，沈善洪主编、吴光执行主编：《黄宗羲全集》（第三册），浙江古籍出版社2005年版，第57页。

⑤　毛礼锐、沈灌群主编：《中国教育通史》（第三卷），山东教育出版社1987年版，第111页。

⑥　《宋元学案卷四十九·晦翁学案下》，[明末清初]黄宗羲撰，沈善洪主编、吴光执行主编：《黄宗羲全集》（第四册），浙江古籍出版社2005年版，第918页。

⑦　梅贻琦：《中国的大学》，北京理工大学出版社2012年版，第27页。

动写照，也是对今天"双一流"建设中和谐师生关系形成的有益启示。

八、以"无疑者须教有疑，有疑者确要无疑"为代表的理性主义教学传统

若对中国传统高等教育进行深入探讨和了解，就不会将"死记硬背""盲目灌输""缺少独立思考的理性主义精神"等大帽子简单化地扣在中国传统高等教育的头上。从以孔子为代表的先秦儒家的办学和宋代书院尤其是南宋理学大师们创办并主持的书院中，我们对中国传统高等教育的教学理论与实践的自信就会油然而生。

（一）以孔子为代表的先秦及汉唐儒家启发学生独立思考之教学主张

实际上，从以孔子为代表的先秦儒家的教学中，已经为鼓励学生独立思考，鼓励学生具有理性的怀疑精神，奠定了坚实的基础。前述孔子鼓励学生各抒己见、各言其志，并对颜渊对老师的话"无所不说"，发出了"回也，非助我也"感叹的事实，就已经有力地证明了这一点。在《论语》中，多次提到孔子鼓励学生积极思考的语句。如，"学而不思则罔，思而不学则殆"，"不愤不启，不悱不发。举一隅不以三隅反，则不复也"①，"知者不惑，仁者不忧，勇者不惧"。孟子说，"心之官则思，思则得之，不思则不得也"②，"尽信书，则不如无书"③，"君子深造之以道，欲其自得之也。自得之，则居之安；居之安，则资之深；资之深，则取之左右逢其原，故君子欲其自得之也"④。荀子说："君子知夫不全不粹之不足以为美也，故诵数以贯之，思索以通之，为其人以处之，除其害者以持养之，使目非是无欲见也，使耳非是无欲闻也，使口非是无欲言也，使心非是无欲虑也。"⑤《礼记·学记》中论道，"君子既知教之所由兴，又知教之所由废，然后可以为人师也。故君子之教喻也，道而弗牵，强而弗抑，开而弗达。道而弗牵则和，强而弗抑则易，开而弗达则思。和、易以思，可

---

① 《论语·述而》，杨伯峻译注：《论语译注》，中华书局 2009 年版，第 67 页。
② 《孟子·告子上》，杨伯峻译注：《孟子译注》，中华书局 2010 年版，第 249 页。
③ 《孟子·尽心下》，杨伯峻译注：《孟子译注》，中华书局 2010 年版，第 301 页。
④ 《孟子·离娄下》，杨伯峻译注：《孟子译注》，中华书局 2010 年版，第 174 页。
⑤ 《荀子·劝学》，[清]王先谦撰，沈啸寰、王星贤点校：《荀子集解》，中华书局 1988 年版，第 18-19 页。

谓善喻矣"①，"时观而弗语，存其心也"②。《中庸》说："博学之，审问之，慎思之，明辨之，笃行之。有弗学，学之弗能弗措也；有弗问，问之弗知弗措也；有弗思，思之弗得弗措也；有弗辨，辨之弗明弗措也；有弗行，行之弗笃弗措也。"③汉代刘向说："讯问者智之本；思虑者智之道也。"④唐代的韩愈说："业精于勤荒于嬉；行成于思毁于随。"⑤

（二）宋代书院鼓励学生读书须有疑的教学主旨

宋代书院的大师们，面对佛、道对儒学的冲击，以"为往圣继绝学"的崇高使命感和社会责任感，在教学中更是激发学生的质疑精神、以理性求"道"精神，将先秦儒家等提倡的独立思考品质推向了一个新的高峰。宋代书院吸取佛教的禅林制度，多设于远离城市和权力中心的山水名胜之地，具有相对的独立性和自治性。这一特性深深地影响了书院的教学。书院教学不仅包括教师的升堂讲说，还包括自学和独立研究，以及相互论辩，后者所占比重甚至超过前者。宋以后流行的各家语录，即是师弟子之间问答的记录。教学注重讲明义理，躬行实践，多采用问难论辩式，注意启发学生思维，培养学生的学习兴趣与学习能力。北宋大学问家程颐就认为："为学之道，必本于思，思则得之，不思则不得也。故《书》曰：'思曰睿，睿作圣。'思所以睿，睿所以圣也。"⑥朱熹指出，除集体讲演外，书院教师的主要职责就是指导学生自修读书。教师在书院中所扮演的角色即是"作得个引路的人，作得个证明的人，有疑难处同商量而已"⑦。朱熹尤其反对死读书，提倡独立思考，强调读书须有疑，有疑而又深思未得者即当主动请教书院大师，这叫"质疑问难"。朱熹教导书院的学生："为学勿责无人为自家剖析出来，须是自家去

---

① 《礼记·学记》，杨天宇撰：《礼记译注·下》，上海古籍出版社 2004 年版，第 461 页。

② 《礼记·学记》，杨天宇撰：《礼记译注·下》，上海古籍出版社 2004 年版，第 458 页。

③ 《中庸·第二十章》，王国轩、张燕婴、蓝旭、方丽华译：《四书》，中华书局 2007 年版，第 128 页。

④ [汉]刘向：《说苑·建本》，卢元骏注译：《说苑今注今译》（卷第三），台湾商务印书馆 1977 年版，第 84 页。

⑤ 《进学解》，[唐]韩愈撰，马其昶校注：《韩昌黎文集校注》，上海古籍出版社 1986 年版，第 45 页。

⑥ 《河南程氏遗书卷第二十五·伊川先生语十一》，[宋]程颢、程颐著，王笑鱼点校：《二程集》，中华书局 1981 年版，第 324 页。

⑦ 《朱子语类·卷十三》，[宋]黎靖德编，王星贤点校：《朱子语类》（第一册），中华书局 1986 年版，第 223 页。

里面讲究做工夫，要自见得。"①他明确指出："读书无疑者，须教有疑；有疑者，却要无疑，到这里方是长进。"②另一位理学大家吕祖谦说："小疑必小进，大疑必大进，盖疑者不安于故而进于新者也。"③以提倡心学而著名的陆九渊也说："为学患无疑，疑则有进。"④由此可见，从个人读书致疑，到师生质疑问难，再到书院大师的辩疑会讲，注重学术怀疑的理性精神已成为中国书院代代相传的优良传统。就连极力提倡西学的胡适，也特别推崇书院的自由研究精神，并举宋代四大书院为例加以说明，"书院大半在山水优秀的地方，院内广藏书籍，使学生自修的时候，不致无参考书。此藏书之多，正所以引起学生自由研究的兴趣。此四大书院，不独藏书很多，并且请有学者在院内负指导之责任。来兹学者，如有困难疑惑之处，即可向指导者请教；犹如今日道尔顿的研究室"，"真正的学问研究所，却在书院。求道问学，非书院不可"。⑤在这样一个良性循环的过程中，宋代书院形成了鲜明的教学之风，促进了学术的繁荣昌盛，为中国传统高等教育图景添加了浓郁的一笔。

在进入 21 世纪的今天，当我们欣喜于从国外引进的先进教学方式方法及其重要作用时，如习明纳尔（一种师生共同探讨问题的讨论法）等，请不要忘记中国高等教育历史上也有注重怀疑和论辩的教学思想；有鼓励学生自修读书、质疑问难、师生"教学相长"的良好教学方法；有不循章蹈矩和照本宣科，而注重讲明义理，结合文化传统和社会人生等实际问题阐述自己的学术见解，从而大受学生欢迎的教学实践。当然，受历史的局限，中国传统高等教育从内容到方式方法都存在诸多缺憾，但是那种符合人的内在本性需求、注重怀疑和论辩的教学思想，显然应当成为新时代大学教学方式方法创新的内生资源。在此基础上，借鉴并融入先进的教学理论与方法，方能使大学教学在扩充知识、启迪思维乃至完善人格等方面发挥其应有的正向功能，并彰显其自身特色。

---

① 《朱子语类·卷八》，[宋]黎靖德编，王星贤点校，《朱子语类》（第一册），中华书局 1986 年版，第 136 页。

② 《朱子语类·卷十一》，[宋]黎靖德编，王星贤点校：《朱子语类》（第一册），中华书局 1986 年版，第 186 页。

③ [清]张伯行撰：《广近思录·卷二》（影印版），商务印书馆 1936 年版，第 27 页。

④ 《象山先生全集·语录》，[宋]陆九渊：《陆象山全集》（卷三十五），中国书店 1992 年版，第 309 页。

⑤ 胡适：《书院制史略》，《胡适作品集》，远流出版公司 1986 年版，第 6 页。

九、以"板凳要坐十年冷，文章不写半句空"为鞭策的学术敬畏精神

（一）王国维"三重境界"之启示

"板凳要坐十年冷，文章不写半句空"，这句话是我国著名历史学家、蒙古史学家韩儒林教授根据现代著名历史学家、教育家范文澜先生的"坐冷板凳，吃冷猪肉"的"二冷"讲话精神，为其学生所写的一副勉励学生耐得住寂寞、专心致志地扎实做学问的励志对联。

在多门学科领域都卓有建树的现代著名学者、国学大师和教育家王国维用古诗词中的三句话，在《人间词话》中，精辟地概括了人生治学的"三重境界"，从而也形象、深刻地说明了耐得住寂寞、专心致志扎实做学问的道理：第一重境界是"昨夜西风凋碧树。独上高楼，望尽天涯路"（出自北宋晏殊的《蝶恋花·槛菊愁烟兰泣露》）。此一境界，乃对人生的迷茫、孤独而不知前路几何的登高观望与探寻。所以人们说，这第一境界是立志、是下决心。第二重境界是"衣带渐宽终不悔，为伊消得人憔悴"（出自北宋柳永《蝶恋花·伫倚危楼风细细》）。此一境界，将词的原意投影至人生及治学，乃有了目标，在追逐的道路上，求之不得之后形容消瘦而却继续追逐，无怨无悔，耐得住清冷的寂寞。人们称这第二境界是"守"，概括了一种锲而不舍的坚毅性格和执着态度。第三重境界是"众里寻他千百度。蓦然回首，那人却在，灯火阑珊处"（出自南宋辛弃疾《青玉案·元夕》）。此一境界，表明立志追逐的，在足够的积累后，量变成为质变，不经意间已追逐到了。在经过多次周折，经过多次的磨炼之后，逐渐成熟起来，别人看不到的东西他也能明察秋毫，别人不理解的事物他也会突然豁然领悟贯通。这时他在事业上就会有创造性的独特的贡献。这是功到事成，这是用血汗浇灌出来的鲜花，是用毕生精力铸造的大厦。人们称这第三境界是"得"。这真是生动地、恰到好处地比喻了人生治学的艰苦道路。

可以说，在中国历史上以此种精神治学成为一种优良的传统，不乏其人其言其事，凸显出先贤先哲求真理、做真学问的对学术的真诚和敬畏精神。

（二）古代有关甘耐寂寞、顽强坚韧做学问的警言名句

历代此类警言名句不胜枚举。孔子说："发愤忘食，乐以忘忧，不知老之将

至。"①孟子说："无或乎王之不智也。虽有天下易生之物也，一日暴之，十日寒之，未有能生者也。吾见亦罕矣，吾退而寒之者至矣，吾如有萌焉何哉？今夫弈之为数，小数也；不专心致志，则不得也。弈秋，通国之善弈者也。使弈秋诲二人弈，其一人专心致志，惟弈秋之为听。一人虽听之，一心以为有鸿鹄将至，思援弓缴而射之，虽与之俱学，弗若之矣。为是其智弗若与？曰：非然也。"②荀子说："骐骥一跃，不能十步；驽马十驾，功在不舍。锲而舍之，朽木不折；锲而不舍，金石可镂。"③诸葛亮在《诫子书》中写道："夫君子之行，静以修身，俭以养德，非淡泊无以明志，非宁静无以致远。夫学须静也，才须学也，非学无以广才，非志无以成学。淫慢则不能励精，险躁则不能治性。年与时驰，意与日去，遂成枯落，多不接世，悲守穷庐，将复何及！"④唐代"诗圣"杜甫有诗句"丹青不知老将至，富贵于我如浮云"⑤。唐代"诗仙"李白留诗句："古来圣贤皆寂寞。"⑥唐代著名诗人贾岛在《剑客》一诗中有"十年磨一剑"⑦的诗句。北宋著名哲学家张载曾说："人若志趣不远，心不在焉，虽学不成。"⑧北宋"词圣"苏轼说："古之立大事者，不唯有超世之才，亦必有坚忍不拔之志。"⑨如此等等。

（三）历史上耐寂寞、专心治学而终取传世之功业事迹三例

中国古代历史上，以顽强意志耐得住寂寞，专心致志向学或学术研究，最后终于取得传世之功业，确实不乏其人。此处仅举三人为例。

1. 董仲舒"三年不窥园"

汉代大儒董仲舒，出身于书香门第之家。他自幼勤学，学习起来废寝忘食。尤其是在遇到学术上的难题时，一定要攻克难题之后才会走出自己的房门。其父

① 《论语·述而》，杨伯峻译注：《论语译注》，中华书局 2009 年版，第 70 页。

② 《孟子·告子上》，杨伯峻译注：《孟子译注》，中华书局 2010 年版，第 244-245 页。

③ 《荀子·劝学》，[清]王先谦撰，沈啸寰、王星贤点校：《荀子集解》，中华书局 1988 年版，第 8 页。

④ 《诫子书》，[三国]诸葛亮著，段熙仲、闻旭初编校：《诸葛亮集》，中华书局香港分局 1972 年版，第 28 页。

⑤ [唐]杜甫：《丹青引赠曹将军霸》，《全唐诗》（卷二百十九），中华书局 1960 年版，第 2322 页。

⑥ [唐]李白：《将进酒》，《全唐诗》（卷十七），中华书局 1960 年版，第 170 页。

⑦ [唐]贾岛：《剑客》，《全唐诗》（卷五百七十一），中华书局 1960 年版，第 6618 页。

⑧ 《经学理窟·义理篇》，[宋]张载著，章锡琛点校：《张载集》，中华书局 1985 年版，第 273 页。

⑨ [宋]苏轼：《晁错论》，逸凡点校：《唐宋八大家全集》（第八卷·苏轼文集卷四），新世纪出版社 1997 年版，第 79 页。

很是担心儿子的身体，用各种办法分散儿子的注意力，但都无济于事。后来，在别人的建议之下，在董仲舒的书房旁边为他建造起一座漂亮的花园，里面种了花草，造起了假山、喷泉等。花园吸引了姐姐来游玩，姐姐邀他一起玩而被他拒绝；父亲又邀来小伙伴和他一起玩，也被拒绝。据说，在这些小伙伴来花园游玩的那一日，董仲舒还是把自己关在书房里，根本不理睬他们，一门心思都扑在研究儒学上。中秋节的夜晚，父亲邀全家人到花园赏月、吃月饼，但唯独董仲舒未去，当晚还在书房里和他的老师研究学问。据说，在这座花园建好之后，董仲舒三年从来没有踏进过花园一步，更没有去看过。《汉书·董仲舒传》说："盖三年不窥园，其精如此。"①随着年龄的增长，董仲舒的求知欲愈发强烈，遍读了儒家、道家、阴阳家、法家等各家书籍。由于这种超乎常人的耐得住寂寞的学习精神，使董仲舒终成一代大儒。他向汉武帝"对贤良策"，提出"罢黜百家，表彰六经"，这一"独尊儒术"的对策被武帝采纳，从此儒学开始成为官方哲学，并延续至今。其"兴太学以养天下士"的教育思想和"大一统""天人感应"的理论，对后世影响深远。

2. 胡瑗苦读十年不与家联

北宋著名学者、理学先驱和教育家胡瑗，与孙复、石介并称宋初三先生。其家族世代显赫（但其父胡讷任宁海军节度推官后，因其职当时属下等官吏，俸禄较少，竟步入"家贫无以自给"的境地）。胡瑗自幼聪颖好学，7 岁善属文，13 岁通五经，被左右乡邻视为奇才。胡瑗读书勤奋，好学上进，且志向远大，常以圣贤自任，但因家境衰微，早年并未受过良好教育。直至 20 多年后才得以与孙复、石介等人到山东泰山栖真观求学深造。此间心志远大，10 年不归，潜心研习圣贤经典。他为了不让心志受到干扰，每当拆开家书，见有"平安"二字即投入山涧不再展读。在此期间，他"食不甘味，宿不安席"，刻苦钻研学问，为以后从事教育事业打下了坚实基础。

他虽多次科举应考不中，但他提出的"明体达用"思想，他在教育方面的卓越贡献，却使他名垂后世。他认为，儒家的纲常名教是万世不变的"体"，而儒家的诗书典籍是垂法后世的"文"；把体、文付诸实际，可以"润泽斯民，归于皇极"，达到民安国治的目的，这是"用"。他的"明体达用之学"，开了宋代理学之先河。教育上，他确立了培养"致天下之治"人才的教育理念，主张以培养通经致用的人才作为教育的根本目的；纠正了朝廷取仕时的弊病，要求德、智、体、乐

---

① 《汉书·董仲舒传》，[东汉]班固撰：《汉书》（卷五十六），中华书局 2007 年版，第 561 页。

全面观察；实施分斋（分科）教学；推广普及教育；严格校规，言传身教；注重学生的社会实践及创立了太学寄宿制度。他在苏州和湖州任教时创立的"苏湖教法"，即"分斋教学法"（分经义斋和治事斋，相当于今天所说的"分科教学法"），后又在太学中采用，"庆历中，天子诏下苏、湖，取其法，著为令于太学"[①]。他的"分斋教学法"在中国教育史上具有首创精神，对后世产生了很大的影响。可以说，胡瑗的"分斋教学法"，要比17世纪捷克著名教育家夸美纽斯的分科教学法早六百余年。

　　胡瑗64岁晋升太子中舍暨天章阁侍讲，成了当朝太子的导师，同时兼在太学协助博士的考教训导与执掌学规之时，虽身为命官，却始终与在苏、湖教学时一样，保持师生平等的关系，常与学生切磋交流，在校园里形成了一种"沈潜、笃实、醇厚、和易"的学风。当时的受教者包括皇室多位储君、众多知名学者及礼部中的近半官员，故胡瑗深得学生与朝中上下的敬重，被视为一代宗师，神宗称他为"真先生"。宋代的许多名贤如范仲淹、欧阳修、苏轼、蔡襄、米芾、司马光、王安石、朱熹、文天祥等，或为之作像赞，或为之写墓志、墓表，称颂他为"苏湖领袖""东南模范""三吴木铎之鼻祖""百代帝师之功臣"。王安石的《书赠胡翼之》更说"孔孟去世远矣，信其圣且贤者，质诸书焉耳。翼之先生与予并世，非若孔孟之远也"[②]，把胡瑗与孔孟置于同等的地位。明代学士程敏政断言："自秦、汉以来，师道之立，未有过瑗者。"[③]至明嘉靖九年（1530年），明世宗下诏，尊胡瑗为"先儒胡子"，"从祀孔庙"，至今山东曲阜孔庙内，"先儒胡子瑗之位"的牌子，仍与韩愈、朱熹等先儒牌位排列在一起。清初学者黄宗羲直接继承了胡瑗"明体达用"的衣钵，开创学贵践履的经世致用新学风，其实质就是胡瑗倡导的"实学论"。胡瑗的教育理论与实践，不仅示范于当时，而且也垂法于后世，在中国教育史上树起了一座丰碑。可以说，胡瑗是"白衣而为天下师"之典范。

3. 谈迁历尽磨难著《国榷》

　　明末清初的史学家谈迁，自幼刻苦好学，家贫，靠缮写、代笔或作记室（秘书）、幕僚为生。他博览群书，善诸子百家，精研历史，尤重明朝典故，但他终生不仕。他从小就立志写一本翔实可信的明朝编年史，但由于家境贫寒，没有钱

　　① 《宋元学案卷一·安定学案》，[明末清初]黄宗羲著，沈善洪主编、吴光执行主编：《黄宗羲全集》（第三册），浙江古籍出版社2005年版，第56页。

　　② 《寄赠胡先生〈并序〉》，[宋]王安石：《王临川全集》（卷十三），世界书局（上海）1935年（民国二十四年）版，第69页。

　　③ [清]谷应泰撰：《明史纪事本末》（卷五十一·更定祀典），中华书局1977年版，第773页。

买书，只得四处借书抄写。有一次，为了抄一点史料，竟带着干粮走了一百多里路。从明朝天启元年（1621 年）开始，历时 20 余年，前后"六易其稿，汇至百卷"，完成一部编年体明史，共 400 万字，取名《国榷》。但是，就在他经过了二十多年的努力，六次修改，终于在五十多岁时完成了《国榷》，即将付印时，《国榷》原稿却被偷走了，时为顺治四年（1647 年）。一天夜里，小偷溜进他家，见家徒四壁，无物可偷，以为锁在竹箱里的《国榷》原稿是值钱的财物，就把整个竹箱偷走了。从此，这部珍贵的书稿就下落不明。20 多年的心血转眼之间化为乌有，这对任何人来说都是致命的打击，更何况此时的谈迁已经是体弱多病的老人了。但厄运并没有打垮谈迁，他很快从痛苦中挣脱出来，又回到了书桌旁，下决心从头撰写这部史书。经过四年的努力，他完成了新书的初稿。顺治十年（1653 年），谈迁应弘文院编修朱之锡聘而赴京。为了使新的书稿更加完备、准确，59 岁的谈迁携带着书稿到了都城北京，在京历时约两年半。其间，除了替朱之锡做好记室（秘书）的文字工作外，他四处寻访，广泛搜集前朝的逸闻，亲自到郊外去考察历史的遗迹，并探求公私著述，尤重邸报和公文等政府档案材料，以对书稿加以补充、修订。面对孤灯，他不顾年老体弱，奋笔疾书。离京回家后，他又经过了几年的奋斗，一部新的《国榷》诞生了。新写的《国榷》共104 卷（后人整理校订为 108 卷），428 万多字，内容比原先的那部更加翔实、精彩，是一部不可多得的明史巨著。书成后，署名"江左遗民"，以寄托亡国之痛。《国榷》以《明实录》为本，参阅诸家史书，考证订补，取材广博，选择谨严，为研究明史的重要著作，谈迁也因此名垂青史。人们评论道，谈迁自学成才，然后私人写史，不计报酬，不慕虚名，贫寒一生，是活得很有骨气、很有使命感和责任感的史家。

纵观中国教育和治学的历史，像这样自觉刻苦、勤奋向学的事例还有许许多多，如大家都比较熟悉的匡衡"凿壁借光"、车胤"囊萤"、孙康"映雪"、孙敬"头悬梁"、苏秦"锥刺股"、王献之"依缸习字"、范仲淹"断齑画粥"、司马光"警枕励志"等，此处不再一一赘述。

在历史已发展至 21 世纪的今天，在科技已进入高度信息化、网络化的现时代，究竟是否还需要这种耐得住寂寞、专心致志、求真求实的对学术的真诚和敬畏精神？答案应当是肯定的。那种浮躁、虚飘的作风，在任何时代都不可能使人在学术上有所建树，取得成功。正如马克思的名言："在科学上没有平坦的大道，只有不畏劳苦沿着陡峭山路攀登的人，才有希望达到光辉的顶点。"[①]

---

① ［德］马克思：《资本论》（第 1 卷），中共中央马克思恩格斯列宁斯大林著作编译局译：《马克思恩格斯全集》（第 23 卷），人民出版社 1972 年版，"法文版序言"第 26 页。

十、以"百家争鸣"和"鹅湖之会"为标志的平等学术交流与争鸣风气

学术研究是大学和大学中的学者日常工作的重要组成部分，因此，相应的学术交流乃至学术上的争鸣，就成为自然而然的事。应当说，这种学术交流与争鸣是促进学术繁荣和发展的关键。现代大学及其成员，就置身于这种频繁的校际乃至国际的学术交流和学术争鸣的氛围之中。但只有相互之间平等自由的学术交流才能真正推动学术的繁荣和发展。在这一方面，春秋战国时期的"百家争鸣"和南宋时期的"朱张会讲""鹅湖之会"等，为我们树立了自由、平等的学术争鸣的标杆。

（一）春秋战国时期"百家争鸣"中各学派之自由、平等地位

春秋战国时期百家争鸣的繁荣景象，千百年来始终备受称道。春秋战国是中国社会制度变迁的过渡时代，是"礼崩乐坏"的大动荡的时代，是各诸侯国之间的战争连绵不断的时代，也是学者和学术拥有前所未有的自由的时代。正是自由的氛围，成就了此一时期原创性学术思想百家争鸣的繁荣。包括儒家、道家、墨家、法家、阴阳家、纵横家、农家、名家等各家各派的士人、学者都在纷纷寻找救治社会的良方，以图实现各自的理想与主张。由于为救治社会而提出的主张不同，彼此之间不免发生论争，甚至是激烈的交锋。然而，在这一论争过程中有一个不容忽略的事实是，各家各派的观点都阐述得较为充分、系统，为后人留下了一笔宝贵的精神财富。即便是以孔子为代表的儒家学派，在当时也只是众多派别中的一派显学而已，在先秦诸子中并没有特别的地位，孔子在当时也并不得志，周游列国但其主张并不被人采纳。儒家学派被抬至独尊的地位，是在汉武帝"罢黜百家，独尊儒术"之后。

（二）学术交流与争鸣之典范—宋代"朱张会讲"与"鹅湖之会"

在宋代，理学大师们也都有自成体系的哲学理论，除了通过讲学传授其思想外，还十分注重不同学术观点的论辩交流，称为"学术会讲"。宋代书院恪守独立的学术研究精神和讲学之风，促成了纷繁多彩的学术派别的形成。众多的学术派别、各不相同的学术观点，彼此常常争鸣辩论，形成了中国学术与高等教育史上又一个百家争鸣的高峰。

　　宋孝宗乾道三年（1167 年），朱熹与弟子范崇伯、林泽之一起专程从福建崇安赴湖南岳麓书院拜会张栻，就中和、太极和察识持养等问题展开学术讨论，史称"朱张会讲"。学者肖永明评论道："从广义上来说，此次会讲除对朱张二人具有深刻的影响之外，在整个中国学术思想史上也具有非凡的意义。'朱张会讲'开中国书院史上不同学派自由交流对话、相互质疑论辩的先河，远近四方士人的参与，更使会讲活动成为学术交流传播的最好平台……此后，会讲形式被宋代理学家广泛采用，朱熹和陆九渊兄弟的鹅湖之会（1175）、朱熹和陆九渊的白鹿洞书院会讲（1181），都是中国思想史上的重大事件。其影响之所以如此巨大，无不得益于'朱张会讲'所开创的这种形式……可以说，会讲促进了形而上的哲理观念化、制度化与世俗化的进程。朱张所开创的这种会讲的形式，成为不同学派交流对话、求同存异的典范，对于南宋学术的繁荣、理学的发展和传播产生了巨大的促进和推动作用。到明代，'会讲'又进一步发展成为'讲会'形式，对阳明心学的发展传播推动很大。很多学者立书院、联讲会，参加人数动辄上千，促进了学术的平民化。自宋代以后，尤其是明代，出现了明显的学术下移的趋势，这与会讲、讲会形式的盛行有着很大关系。"①

　　"朱张会讲"之后的朱熹、陆九渊、陆九龄、吕祖谦等理学大师于江西铅山鹅湖寺就为学教人之方展开激烈学术争鸣的"鹅湖之会"，以及朱熹与陈亮通过书信往来进行长时间的"王霸义利之辨"（1184 年起）等，对于后世的学术研究和思想的发展均产生了深刻的影响。各家大师在争辩中完全是平等的身份，并没有一个高高在上的绝对权威。而且，争辩归争辩，那是为了求个真"理"，并无个人恩怨，也不为壮大自己学派的声势使之超然凌驾于其他学派之上。学者们相互之间对人格的尊重是令人称道的。朱熹与陆九渊曾就"太极""无极"问题进行过辩论，而且在"鹅湖之会"时两人也辩论激烈，言辞犀利，以"理学"和"心学"就"为学教人之方"——"道问学"还是"尊德性"，各执一端，终不欢而散，但是并不影响相互间的友情。鹅湖之会后，彼此仍书信往来，探讨学问。后来，朱熹知南康军复修白鹿洞书院，特邀陆九渊前来升堂主讲《"君子喻于义小人喻于利"章》，并对其所讲"义利之辨"大加赞扬。他说："熹当与诸生共守，以无忘陆先生之训。"②朱熹还请陆九渊把他的讲词写了下来，这就是著名的《白鹿洞书院讲义》，并亲自作跋。"在中国哲学的编年史上，朱熹和陆

---

① 肖永明：《悠然一长啸 妙绝两无伦——"朱张会讲"850 周年祭》，载《光明日报》2018 年 1 月 6 日，第 11 版。

② 《象山先生全集·年谱》，[宋]陆九渊：《陆象山全集》（卷三十六），中国书店 1992 年版，第 324 页。

九渊都是当时的儒学巨擘。他们一方面坚持自己的学术主见，学养深厚；另一方面，前辈并不以位分之尊强迫年轻人改弦更张，而是充分尊重其学术自由，兼有提携之意；更可贵的是，尽管互为'学敌'，却彼此欣赏，私交甚笃，演绎了坦坦荡荡的君子之度和儒者风范……我们今天之所以不忘鹅湖之会，更在于朱陆的风范和实践，在稷下学宫之后，又一次开启我国民间思想的共和景象：理学心学，中国思想史上空，双虹辉映，余脉千年。"[1]

陈亮通过书信往来与朱熹进行长时间的激烈论辩。他小朱熹 13 岁，一方面在论辩中措辞严厉，尖锐批评朱熹的理学是空谈义理、妄言心性的"遇阔之学"，结果导致"尽废天下之实"。他主张"义利双行""王霸并用"，培养"才德双行，智勇仁义交出"，能够"推倒一世""开拓万古"的智勇之士；另一方面，陈亮对朱熹的人格非常尊重，每逢过年都要给朱熹送重礼（自然不是贿赂之礼），颇有亚里士多德的"吾爱吾师，但吾更爱真理"之意味。

学术交流与争鸣构成了大学学术研究不可或缺的组成部分，因此学术交流与争鸣的平等就成为大学学术的宝贵精神。为追求真理而各持己见，甚至产生相当激烈的论争。同时，通过论争能以别人的观点启发自己的思路，并无条件地尊重别人的人格，甚至能同自己的反对者仍保持真诚的朋友关系，这就是研读中国古代学术争辩史所悟到的学术研究与交流的真谛。当我们的交流与争鸣超越了交流与争鸣者的地位、权势，以及其他相关背景和因素的限制，使弱小者同样能以平等的身份充分抒发自己的见解时，这样的学术交流与争鸣才能体现出其本真的价值所在。

十一、以"养士""传道"为目的发挥了巨大育人作用的历代官学系统

中国历来是重视教育、重行教化的国度，数千年的官学系统受到历代统治者的高度重视，运行持久而悠远，其影响是深刻而巨大的。关于教育和教化的巨大作用，孟子说："后稷教民稼穑，树艺五谷，五谷熟而民人育。人之有道也，鲍食、煖衣、逸居而无教，则近于禽兽。圣人有忧之，使契为司徒，教以人伦：父子有亲，君臣有义，夫妇有别，长幼有叙，朋友有信。"[2]董仲舒向汉武帝对贤

---

① 蒋肖斌：《鹅湖之会：我不同意你，但和你做一辈子朋友》，载《中国青年报》2018 年 8 月 9 日，第 4 版。
② 《孟子·滕文公上》，杨伯峻译注：《孟子译注》，中华书局 2010 年版，第 114 页。

良策时，论到建立太学的初衷："夫不素养士而欲求贤，譬犹不琢玉而求文采也。故养士之大者，莫大虖太学；太学者，贤士之所关也，教化之本原也。"可见，统治者重视教育和教化，由来已久，并非偶然。

（一）历代中央官学及专门学校人才培养概述

传说尧舜以前的五帝时代已有大学，名为"成均"。以后，成均就泛指官设的最高学府。如《周礼·春官·大司乐》中说："大司乐掌成均之法，以治建国之学政，而合国之子弟焉。"①《礼记·文王世子》中说："凡语于郊者，必取贤敛才焉：或以德进，或以事举，或以言扬。曲艺皆誓之，以待又语。三而一有焉，乃进其等，以其序，谓之'郊人'，远之。于成均，以及取爵于上尊也。"②虞舜时代有上庠、下庠、米廪等学校，兼做养老、藏米之所。《礼记·王制》载："有虞氏养国老于上庠，养庶老于下庠。"③《礼记·明堂位》载："米廪，有虞氏之庠也。"④根据先秦文献，夏代可能有庠、序、校三种学校的雏形。庠是从虞舜时代继承下来的，序和校是新增加的。《孟子·滕文公上》说："设为庠序学校以教之。庠者，养也；校者，教也；序者，射也。夏曰校，殷曰序，周曰庠；学则三代共之，皆所以明人伦也。"⑤（而《汉书·儒林传》说："夏曰校，殷曰庠，周曰序。"⑥）商代的学校有序、庠、学、瞽宗（瞽宗原是商代人祭祀乐祖的宗庙，后发展成为商代贵族子弟学习唱歌、跳舞的场所，即所谓"以乐造士"）。商代甲骨文的出土，证实了文献中对商代学校的记载。

在宗法制和分封制的政治体制下，西周形成"学在官府""官守学业"的教育体制，实行政教一体、官师合一。学校分为国学和乡学。国学设在都城，分为小学和大学：小学设在王宫内；大学设在都城近郊。天子所设的大学称辟雍，诸侯所设的大学称泮宫。乡学设在都城以外的乡遂，其中设于闾的叫"塾"，设于党的叫"庠"，设于州的叫"序"，设于乡的叫"校"。可以说，"学在官府"完成了从原始教育向专门学校教育的过渡。西周的学校以"明人伦"为教育宗旨，以培养治术人才为目的，所谓"崇四术，立四教，顺先王诗书礼乐

① 《周礼·春官·大司乐》，杨天宇撰：《周礼译注》，上海古籍出版社2004年版，第325-326页。
② 《礼记·文王世子》，杨天宇撰：《礼记译注·上》，上海古籍出版社2004年版，第251页。
③ 《礼记·王制》，杨天宇撰：《礼记译注·上》，上海古籍出版社2004年版，第165页。
④ 《礼记·明堂位》，杨天宇撰：《礼记译注·上》，上海古籍出版社2004年版，第397页。
⑤ 《孟子·滕文公上》，杨伯峻译注：《孟子译注》，中华书局2010年版，第108页。
⑥ 《汉书·儒林传》，[东汉]班固撰：《汉书》（卷八十八），中华书局2007年版，第875页。

以造士"①。"六艺"，即礼、乐、射、御、书、数为教育的基本内容，这一内容体现了文武兼备、诸育兼顾的特点，反映了中华文明发展早期的辉煌。同时还应提及的是，西周的学校教育往往与社会教化合为一体。在一定程度上，教化即教育的别称。以"化民成俗"为旨圭的西周社会教化制度代代相袭，堪称中国古代教化之源，对中国几千年的封建教育产生了深远的影响。

春秋战国时期，随着"学术文化下移"和"天子失官，学在四夷"②潮流的兴起，除了私学的兴盛之外，还出现了新兴官学的萌芽——齐国的稷下学宫。这是一所教学、研究与咨议相结合的学府，其学术自由和待遇优厚的特点吸引了四方学者。稷下学宫是春秋战国时期养士之风的产物。它由齐国君主出资兴办，但讲学活动都由众私家学者主持，战国不少私学大师都曾在其中讲学，因此有学者将稷下学宫称之为战国私学形成的缩影、中国历史上第一所大规模的高等学府。秦代普设的郡县官学——学室，实行以法为教、以吏为师，无形之中取消了学校教育的功能。当然，社会教化并未泯灭。

西汉董仲舒向汉武帝对贤良策，提出"更化"建议，所提三大文教政策为：独尊儒术，罢黜百家；"兴教化""正万民"；建立太学，改革选士制度。至此，以传授知识、研究学术为宗旨的严格意义上的最高学府自汉武帝开创太学始。与此同时，儒家经学遂成为培养和选拔人才的主要内容。汉代官学——太学的建立，标志着我国封建官学制度的确立。太学呈现出如下特点：一是，为国家培养"经明行修"的官吏。二是，御定统一的教材。孔子删订的儒家经典——"五经"，成为太学法定的教育课程。三是，传经必须遵守"师法"和"家法"。四是，建立了定期考试制度。太学首创一岁一试制度，"设科射策"（即抽签考试），按成绩等第，分授不同的官职。《汉书·儒林传》说，"自武帝立五经博士，开弟子员，设科射策，劝以官禄，讫于元始，百有余年"③。对于学习不努力或不能通晓一经的太学生，则开除出校。除太学外，东汉灵帝光和元年（178 年）建立的鸿都门学（因校址在洛阳的鸿都门而得名），是中国古代最早的一所传授书法绘画艺术的专科学校。该校由三公推荐入学，是宦官集团培植私人势力的场所，但从中国教育发展史尤其是专科教育史来看，该校的设置具有重要意义。此外，还有宫邸学（亦名四姓小侯学，是东汉明帝时期由外戚集团创办的贵族学校）、邸第学（东汉邓太后开设的一种贵族学校）等。

---

① 《礼记·王制》，杨天宇撰：《礼记译注·上》，上海古籍出版社 2004 年版，第 158 页。

② 《左传·昭公十七年》，李梦生撰：《左传译注·下》，上海古籍出版社 2004 年版，第 1080 页。

③ 《汉书·儒林传》，[东汉] 班固撰：《汉书》（卷八十八），中华书局 2007 年版，第 884 页。

西晋咸宁二年（276 年），增设了国子学，与太学并立。北魏孝文帝年间，又设立四门小学，四门学始置于此。北齐改称国子学为国子寺，并改置四门小学为四门学，隶国子寺。隋文帝时期，以国子寺管辖国子学、太学、四门学。隋炀帝时，改称国子寺为国子监。国子监既是中国古代独立的管理中央官学的行政机构，同时又是一个教育机构。

唐代的儒学教育仍分立为"三学"，即国子学、太学、四门学（唐代四门学属大学性质，教学内容与国子学、太学同，均为儒家经典，唯学生家庭出身品级较低），统由国子监管辖，其教育目的都是培养"经明行修"的官吏。"三学"与汉代太学的不同点在于：一是，强化了学校的等级性。不同品级的官员子弟分别入国子学、太学、四门学。二是，制定了较完备的教学计划。"三学"将各种儒家经典分为大经、中经、小经三类，分别规定了学习年限。三是，增加了考试类别。除岁试以外，还有旬试、毕业试。四是，建立了休假制度。即旬假（10 天一放，放假前进行旬试）、田假（每年 5 月）、授衣假（每年 9 月）。五是，出仕要经过科举考试。"三学"中的学生通过国子监的考试合格者，除有门荫的高级官吏子弟以外，一般不能直接授官，须再经过科举考试，方能取得出身。此外，唐代专科学校种类较多。例如，律学（传授法律）、算学（传授算术）、书学（传授书法），隶属于国子监；崇玄学（传授道家道教知识），隶属于尚书省的祠部；医学（传授中医学知识与医技），附设于太医署；兽医学（传授兽医知识与技能），附设于太仆寺；天文学（传授天文、历法等知识），附设于司天台；音乐学（传授音乐、舞蹈知识与乐器技能），附设于太乐署；工艺学（传授工艺技术），附设于少府监。由于专科学校附属于官署，由官署的行政长官直接领导、监督，这类学校将行政职能、科学研究和培养人才三者紧密地结合起来，最突出之点是师生均不脱离具体的业务实践，有利于理论和实践的联系。同时，这类学校能迅速地反映本官署对专业人才的需求，能及时培养、输送人才。但这类学校的水平和成效，随该官署行政长官的文化素质、科技水平而变化，所以兴废无常。

两宋在国子监之下设置了国子学、太学、四门学、广文馆、辟雍、武学（习诸家兵法、步骑射）、律学、小学等；为皇族宗室子孙而设的贵胄学校有宗学、诸王宫学及内小学等；直属中央各局的有算学（属太史局）、画学（习佛道、人物、山水、鸟兽、花竹、木屋等绘画，属图画局）、书学（属书艺局）、医学（属太医局）等。此外，还有与唐代崇玄学类似的"道学"。宋代的入学资格已有所放宽。有宋一代，加强了教育改革，先后兴起了三次著名的"兴学"活动，重视发挥太学的地位和作用，并对科举进行改革。第一次"庆历兴学"，时为宋仁宗庆历年间。主持人范仲淹积极提倡改革政治、兴学育才。其兴学的内容主要有二：一是，州县立学，并改进太学及国子学，规定应科举者须受相当时间的学校教育。一批名师硕儒受聘至太学教学，如石介、孙复、胡瑗等都先后任教，对提高太学的质量和声誉起了重要作用。为整顿太学，派人去湖州总结著名教育家胡瑗的"苏湖教法"，设"经义""治事"两斋，实行分斋教学。这种经义与实践并重、因材施教与学友互相切磋相结合的方法，大大提高了太学的教育质量。同时，地方兴学的积极性也大为高涨。二是，改革科举，规定科举考试先策、次论、次诗赋，罢帖经、墨义，士通经术愿对大义者，试十道。但不久，由于统治集团内部斗争加剧，兴学之举遂告失败。然而，兴学的成果还是很有影响的。第二次"熙宁兴学"，时为宋神宗熙宁、元丰年间。主持人王安石兴学的主要内容有四：一是，改革学校制度。为改革太学，创立"三舍法"，即在太学分立外舍、内舍、上舍三个等级，制定系统的"三舍升补法"。"升补法"的基本原则是德行与经义并重，私试成绩与公试、舍试成绩并重，有利于调动学生学习积极性，提高太学的教学质量和太学的地位。二是，改革科举制度，罢明经诸科，专以进士取人；罢诗赋、帖经、墨义，专尚经义。三是，颁订《三经新义》，统一学校和科举内容。四是，整顿和发展专科学校。王安石兴学的基本思想是切中时弊的，对太学的改革、整顿和发展也是有贡献的。但在具体实施中，采取了排斥异己、重用亲信、专任己意等错误的做法；当矛盾激化时，又采取残酷镇压的措施，因此这也是导致第二次兴学变法最终失败的重要原因之一。此次兴学变法虽在元丰八年宋神宗去世后最终失败，全部新法陆续被否定，但王安石的兴学之举，毕竟符合当时的要求，因此在元丰年间得到进一步肯定和落实。以太学三舍法为基础，制定了太学新学令，对太学进行了整顿，使太学出现了一些新气象。同时，也推动了地方学校的发展。第三次"崇宁兴学"，时为宋徽宗崇宁年间。主持人蔡京极力主张太学、州学、县学三级均推行"三舍法"；崇宁三年（1104年），蔡京请罢科举行八科取士，对科举制度进行了重大改革。此次兴学，其声势、规模远远超过前两次，实际效果也较前两次更大，地方学校空前兴盛，太学也得到改善和扩充。总之，"三次兴学运动前后反复进行，延续达七八十年间之久，对北宋学校教育的发展仍然产生了重要的影响。宋代的官学教育及整个教育制度的发展和完善都与三次兴学有密切关系。即使兴学运动被否定时，兴学的某些成果仍以不同形式保留下来，成为宋代官学教育制度的有机组成部分"①。

与宋同时代的辽，在国子监之下设五京国子学（上京、中京、东京、西京、南

---

① 毛礼锐、沈灌群主编：《中国教育通史》（第三卷），山东教育出版社1987年版，第25页。

京）。金和元代除在国子监下设国子学外，还建立了用本民族语言教学的学校，如女真国子学、蒙古国子学、回回国子学（教授波斯文）等。元仁宗时期，其国子学在宋代"三舍法"的基础上，发展成为六斋教学。六斋分上、中、下三个等级，每个等级又各立两斋，东西相向，并实行积分法，积满八分以上者升充高等生员。

明至清中叶，中央最高官学仅国子监一种形式（明代在北京、南京并设）。除国子监外，明代还设有四译馆（教授西域及缅甸、暹罗等地语言文字）。明代国子学招生对象更为扩大，不再规定几品以上的出身，用钱也可捐买国子监生的资格或身份，如例监。清代还设立了八旗官学、宗学、觉罗学，另有俄罗斯学堂（教授俄文）等。

由上可见，宋代以来至元明清，教育世俗化进程加快，教育对象不断扩大，入学资格逐渐放宽，学校类型多样化（唐代的学校类型已有多样），教学内容不断扩充。除"四书"外，"五经"则增至为"十三经"。为了提高吏治水平，官学还增加了史学、文学和经世致用之学（如舆地、天文、历算、赋役、律令等），其深度、广度和使用方面都在不断增强。但也应看到，宋代至元明清，对学生的思想控制不断加强。宋代中央官学戒规繁多。到了明代，更出现了《监规》《卧碑》，清代颁行《卧碑文》《圣谕》《训饬士子文》《圣谕广训》等，严格控制学生的思想、言论、结社的自由。明代国子监设"绳愆厅"，学生如有违者，严加治罪，甚至法外用刑。明清还大兴"文字狱"，以巩固其封建专制统治。

（二）历代地方官学人才培养概略

地方官学的兴办肇始于西汉蜀郡太守文翁。汉代行政建制以郡国为单位，郡直属朝廷，郡下所辖为县、道、邑、乡，国是分封给各王族的管辖区。因此，汉代的地方官学称为郡国学。文翁治蜀郡，首先在成都市中设立郡学，招收郡属各县官吏子弟入学，免除徭役，学成后派任郡县属吏或外荐临郡使用，从而改变了蜀郡的风尚。汉景帝曾嘉奖文翁兴学，汉武帝时下诏"令天下郡国皆立学校官"。《汉书·文翁传》记载：

文翁，庐江舒人也。少好学，通《春秋》，以郡县吏察举。景帝末，为蜀郡守，仁爱好教化。见蜀地辟陋有蛮夷风，文翁欲诱进之，乃选郡县小吏开敏有材者张叔等十余人亲自饬厉，遣诣京师，受业博士，或学律令。减省少府用度，买刀布蜀物，赍计吏以遗博士。数岁，蜀生皆成就还归，文翁以为右职，用次察举，官有至郡守刺史者。

又修起学官于成都市中，招下县子弟以为学官弟子，为除更繇，高者以补郡县吏，次为孝弟力田。常选学官僮子，使在便坐受事。每出行县，益从学官诸生明经饬行者与俱，使传教令，出入闺阁。县邑吏民见而荣之，数年，争欲为学官弟子，富人至出钱以求之。繇是大化，蜀地学于京师者比齐鲁焉。至武帝时，乃令天下郡国皆立学校官，自文翁为之始云。

文翁终于蜀，吏民为立祠堂，岁时祭祀不绝。至今巴蜀好文雅，文翁之化也。①

魏晋时期，地方官学——郡国学废置无常。至北魏逐渐发展，魏文帝于天安元年（466 年）下令建立郡国学制，分别规定大郡、次郡、中郡、下郡学校的博士、助教及学生数目，郡国立学开始走上制度化。

唐代地方行政建制分道、府州、县三级，地方官学称为府学、州学和县学。地方官学的种类有儒学、医学及玄学。儒学建于府州及县，医学、玄学建于府州一级。据《唐六典》记载，各府、州、县按人口多寡再分上、中、下的等级，分别规定儒学、医学、玄学的博士、助教及学生数，堪称整齐划一。

宋代地方行政划分为"路"，路下辖府、州及相当于府、州一级的军、监，府、州又下辖县及相当于县一级的军、监。府以下设学，分别称为府学、州学、军学、监学、县学。宋神宗熙宁年间，设置番学。以后，又在贵州、湖南等少数民族聚集区设学。宋首设地方教育行政官署。宋代以前，地方官学由地方长官兼管。宋神宗熙宁四年（1071 年）首设诸路学官。宋徽宗崇宁二年（1103 年）创设诸路提举学事司，掌管监督地方官学，此为中国古代教育史上设立地方教育行政官署之始。对于地方官学的教师，也加强了管理：从宋初开始，地方官学的教师即要通过经义、诗赋考试后简派或升迁、降级。此时，地方官学的经费比较固定。宋以后地方官学被赐有学田，以充经费。

元代亦是路、府、州、县，各令立学，各学还附设小学。元代路一级还设有医学、蒙古字学、阴阳学等。元代还首创社学，各县村庄一般 50 家为一社，每社立学校一所，择通晓经书者为师，利用农闲空隙时间，使子弟入学。在经费方面，元承宋制，经费固定，所设学田，荒年还可减租。

明代地方行政分省、府、州、县四级，边疆置边、卫（所）二级。府以下设府学、州学、县学、卫学等。明承元制，农村也普设社学。另外，还在贵州、云南、广西、四川等边疆地区设学。明代分别设立提学御史和提学通，为管理地方官学的最高行政官员。明代地方教师有 9 年任满的规定，任满以后进行业务考核和升学率考核（即学生科举考试成绩和升学人数）。地方官对在校生员还有"月考"和"岁考"，如学生定期内无长进，则向教师施以"罚米""罚俸""训

---

① 《汉书·循吏传·文翁传》，[东汉]班固撰：《汉书》（卷八十九），中华书局 2007 年版，第 885-886 页。

导""罢黜"等处分。清代地方官学大体承袭明代的制度。各省设提督学政，督查本省学政事务。此外，清代还设有苗学，招收苗、瑶等少数民族儿童入学。在台湾所设各学亦有一定发展。

由上可见，宋代至元明清的地方官学加强了地方教育的管理，建立了专门的教育行政机构；加强了对教师的管理；学校经费比较固定；学校分布地区更加广远，开始重视边疆及少数民族地区的教育。但学校逐渐沦为科举的附庸。明清地方官学和科举制度合二而一，科举制度的第一级考试，也就是地方官学的入学考试，整个官学教育成了应试教育。

总体上看，官学系统（无论中央官学还是地方官学）在几千年的发展中，历来受到各级政府的高度重视，因而有着深厚的育人传统。当然，相较于私学尤其是春秋战国时期孔子等人所办私学和宋代的书院，官学具有较强的等级性，接受官学教育往往成为贵族子弟的特权（宋代以后的入学资格逐渐放宽）。同时，官学也存在着教学改革相对迟缓、教学方式方法的运用较为单一等问题。另外，宋以后至元明清的官学，对学生的思想控制不断加强，而且学校逐渐沦为科举的附庸。但是，也应看到，通过历代官学系统，培养出了一批批经明行修、具有忧国忧民、传道济世情怀的士人君子乃至士大夫，也是不争的事实。而且，如前所述，除了学习儒学经典的主流官学之外，各朝代都建有一些培育实际技能的专科学校，有人甚至将其视为近现代职业技术教育的渊源。再有，西周以"化民成俗"为旨圭的社会教化活动，对后世产生了深远的影响，从而使学校教育和社会教化相辅相成、相互结合成为中国传统教育的一大特色。这种社会教化活动，使民众在文化的熏染与浸润中形成了无意识的文化认同，甚而达到了"日用而不知"的程度，其中官学所起的作用是不可忽视的。

十二、以"即身而道在"为根基的中国"具身性"教育历史传统

当代西方哲学界、认知心理学界、教育界提倡和推崇"具身性"，已成为一种反思并纠偏其自身由来已久的身心二元对立传统的时代思潮。这一思潮的传播，对我国学界产生了不小的影响。但是，追寻我国的哲学与教育学传统，恰恰是身心合一、"即身而道在"的，此方面构成了我国传统哲学、教育学研究及其实践的鲜明特色和优势，在当今时代仍闪烁着熠熠的光彩。因此，当我们今天面对西方哲学界、认知心理学界及教育理论界热议的"具身性"哲学和教育学、追

求教育中身体的"在场"、强调意识与身体的相交相融时，不应完全追随在西方之后亦步亦趋，应该回眸并阐释中国哲学和教育历史传统中的"具身性"对人才造就与培养所作出的巨大贡献，以及其发挥出的无可置疑的正向功能，从而使其在当代可被有效地传承与弘扬，并与当代西方学界提倡的"具身性"思潮相互补。

所谓"具身性"教育，即主张在认知、思维，乃至在整个"成人"的过程中，身体与理性相互之间的不可割裂，身体的不可缺席。它强调教育中不应仅仅注重意识和理性（意识和理性当然很重要），甚至将意识和理性高高悬浮于空中，成为抽象的、与身体相脱离的理性，而使身体处于缺席的地位。"具身性"教育是以"具身性"哲学思维作为其根基的。

（一）当代西方学界推崇"具身性"是对其身心二元对立传统的反思与纠偏

具身性思维及其概念的提出，首先来自西方。在西方哲学界、认知心理学界、教育学界，此话题近年来已成为热门话题。最近几届的世界教育史大会，身体教育都成为无以回避的主题。这一热潮影响至我国学界，在各领域也都掀起了具身性研究、探讨的热潮。

当代西方哲学界率先提出并阐释了具身性这一概念，而尤以法国哲学家莫里斯·梅洛-庞蒂为其著名代表。梅洛-庞蒂在其以身体现象学、知觉现象学为基调的著作中，对具身性进行了较系统的阐述。在梅洛-庞蒂那里，"身体性"是其哲学的主调，他对知觉的身体性以及身体的意向性进行了揭示。他认为，知觉是主动的，是向真实世界，即胡塞尔所谓"生活世界"的原初开启。对知觉的分析中必须将意识同身体的内在关系纳入考虑。身体不只是一件物质性的东西、一个科学研究的对象，它同时也是经验的永恒前提。梅洛-庞蒂指出，世界的问题，可以从身体开始。"身体的突出是对于纯粹意识的克服，是为了让意识摆脱超然状态……于是主体不再是笛卡儿意义上的自然之光，它受制于自然倾向，受制于身体、世界、他人的关系。"[1] "思想不是依据自身，而是依据身体进行思考……身体对心灵而言是其诞生的空间，是所有其他现存空间的基质。"[2] "灵魂和身体的结合不是由两种外在的东西——一个是客体，另一个是主体——之间的一种随意决定来保证的。灵魂和身体的结合每时每刻在存在的运

---

[1] 杨大春：《语言·身体·他者——当代法国哲学的三大主题》，生活·读书·新知三联书店2007年版，第151页。

[2] [法]莫里斯·梅洛-庞蒂著，杨大春译：《眼与心》，商务印书馆2007年版，第63页。

动中实现。"①西方具身性哲学思潮的兴起，直接指向近代以笛卡儿为代表的"心物平行论"哲学的去身性以及由此所带来的困境。实际上，西方自古希腊始，推崇理性的至高地位及身体祛魅的传统由来已久。毕达哥拉斯的"肉体是灵魂的坟墓"、柏拉图的"肉体是灵魂的监狱"、欧洲中世纪在浓厚的基督教氛围下为拯救灵魂而对肉体的惩罚等，都是灵与肉、心与身、主体与客体、普遍概念与物质实体相脱离的二元论。总之，以冷峻的、二元对立的理性眼光看待和分析问题，以及身体的缺席，成为西方主流的认知方式，由此也带来了相应的问题与缺憾。

紧随哲学界，当代西方心理学界也兴起了具身认知（embodied cognition）的思潮。20 世纪 60 年代以来，作为西方心理学的主流，认知心理学的以计算机模拟为基础的符号加工模式和以神经的网状结构与并行加工原理为基础的联结主义模式都把心理学家注意的中心转向内部心理过程，着力探求调节行为的认知机制，因此被称"认知主义"。国外学者将这种传统的认知科学，即以表征主义、计算机主义、功能主义为特征的离身认知科学，称为第一代认知科学。然而，受具身哲学、认知语言学、文化人类学、机器人技术、人工智能等学科的影响，认知心理学正在经历着一场"后认知主义"的变革——具身认知的变革。具身认知认为，认知是包括大脑在内的身体的认知，身体的解剖学结构、身体的活动方式、身体的感觉和运动体验决定了个体怎样认识和看待世界，决定了个体的思维风格，个体的认知是被身体及其活动方式塑造出来的，它不是一个运行在"身体硬件"之上并可以指挥身体的"心理程序软件"。因此，认知是身体的认知，心智是身体的心智，离开了身体，认知和心智根本就不存在。国外学者又将这种把身体与心灵统一化而密不可分的认知科学称为第二代认知科学，即具身认知科学。具身认知的研究者认为，具身认知更能解释现实世界中的认知，比那种在实验室条件下的认知研究对于人类生活有更大的意义和影响。

具身哲学、具身认知思潮对当代西方教育理论与实践都产生了极大的影响，使教育中身体的"在场"、具身性教育提上了日程并日益兴盛。在具身性教育的倡导中，承认"默会知识"（又称"缄默知识""内隐知识"）的存在及其地位，成为其重要基础。"默会知识"的概念由英国物理化学家、哲学家波兰尼在其名著《个体知识》中首先提出，它主要是相对于显性知识、明确知识而言的。波兰尼认为，默会知识是种个体知识，与个体的个性、经验以及所处的情境交织在一起，它深深植根于个体行为本身，与认识主体须臾不可分离，默会知识的获得必须经过"寓居

---

① ［法］莫里斯·梅洛-庞蒂著，姜志辉译：《知觉现象学》，商务印书馆 2001 年版，第 125 页。

于身体"。由此可见，"默会知识"是一种只可意会不可言传的知识，是一种经常使用却又不能通过语言文字符号予以清晰表达或直接传递的知识。"默会知识"的提出，是对传统的实证主义将知识看成是完全客观的、静态的一种挑战和质疑。它镶嵌于实践活动之中，非命题和语言所能尽，只能在行动中展现、被觉察、被意会。因此，默会知识相对于显性知识、明确知识具有逻辑上的在先性与根源性。若能恰当地运用明确的语言及其他符号表征方式来引导和支持学习者的理解，使明确知识的学习根植在默会的理解之中，使默会的知识可以以适当的形式得以表征，从而就可能在协商与交流中拓展理解。正是基于"默会知识"及其获得途径的特点，教育中特别强调依据知识的默会本质，以及默会知识对情境和实践的依赖，设计出能支持内隐学习的真实学习环境，以革新传统的课堂学习环境，并由此激发学生学习的主动性、积极性、探究性。强调学习的组织设计，应考虑到与学习者已经拥有的大量前概念（多数以默会知识的形式隐含在头脑当中）建立联系，新的学习活动应与学习者的生活实践密切相关。因此，教学中不应把儿童完全局限于传统的以教师、课堂、书本为中心的教学环境中，而应当加强实践性教学，促使儿童参与实践、参与各种活动，反对知识传递和文化传承单纯依赖符号化的规范与途径，以凸显人的认知主体性。主张教学中应加强对话、讨论等的互动性教学，认为正是在对话与自由讨论中，个体缄默的认识立场、观点、信念或认识模式，才能伴随着他的见解的发表而"显现"出来。由此提倡教育中注重人际交往互动和学习共同体的作用，突出情感体验的作用；在道德教育中，更加强调让学生在具体的活动中、实践中培养道德品质，养成道德习惯。与此同时，道德教育理论中情感色彩较浓重的体谅关心学派等应运而生，对纯认知性的道德教育理论构成一种补充，如此等等。

（二）以"天人合一"哲学观为基础的"具身性"教育是中国教育的历史传统

教育理论与实践的性质，往往与其哲学思维密切相连，即是说，与其对宇宙、世界、人生、社会等的认知与理解密切相关，在这方面中西方皆如此。中国教育历史传统中的"具身性"，就是以"天人合一"的宇宙人生观作为其深厚根基的（关于"天人合一"的哲学思维，本书在前面的第二章中已阐述得较为详尽，此处不再赘述）。因此，在中国文化语境中，"身体"是心身合一的完整体，既包含智慧的心灵，也包括血肉之躯。诚如学者张再林指出的，中国古代"身体哲学所关注的身体并不是完全常识意义上的身体，而是古代哲学家心目中的一种身体"，"是经过现象学还原的、现象学意义上的身体，所以说它是一种具有本体论意义的一种身体"。①

1. "即身而道在""道不远人"的身道观是"具身性"教育的直接来源

此处的"即身而道在""道不远人"的身道观，是从"天人合一"的人生宇宙观中逻辑性地衍生出来的。既然天地人是相互关联、相互作用的不可分割的统一体，而所有的"存在"都共同遵循着至高至尊的"道"，那么作为统一体中的能动的存在者——人，必然与"道"如影随形，不可两分。而人对"道"的尊奉和追寻应该是理性的活动，是对真理的探求。这种探求，是人的身心两方面共同努力的过程。因此，对身、道不可分离的论述，在中国先哲那里是十分突出的。《中庸》明确说，"子曰：'道不远人。人之为道而远人，不可以为道'"②，"天命之谓性，率性之谓道，修道之谓教。道也者，不可须臾离也，可离非道也"③。孟子说："人之有是四端也，犹其有四体也。"许衡认为，"道"应是"众人之所能知能行者，故道不远于人"，否则"高远难行之事，则便不是道了"④。王夫之认为，"性者道之体，才者道之用，形者性之凝，色者才之撰也。故曰汤、武身之也，谓即身而道在也"⑤。王艮更是明确地说："身也者，天地万物之本也；天地者，末也。身与道原是一件，至尊者此道，至尊者此身，尊身不遵道，不谓之尊身；遵道不遵身，不谓之遵道。"⑥应该说，在"天人合一"的宇宙人生观中衍生出来的"即身而道在""道不远人"的身道观，成为中国教育历史传统中"具身性"教育的直接理论来源。当代学者对中国古代哲学作出了新的诠释，认为较之西方的意识哲学，中国古代哲学特有的属性就是"根深蒂固的'身体性'（the body of subject）。这种'身体性'表现为中国古人一切哲学意味的思考无不与身体有关，无不围绕着身体来进行，还表现为也正是从身体出发而非从意识出发，中国古人才为自己构建了一种自成一体，并有别于西方意识哲学的不无自觉的哲学理论系统。我们看到，这种'身体哲学'不仅是对中国哲学本来面目的真实还原，同时，还使其以一种'准后现代'的气质与特性，与西方后现代主义的后意识范式的哲学殊途同归，并从中体现出一种不无前瞻和

---

①　张再林：《作为身体哲学的中国古代哲学》，中国社会科学出版社 2008 年版，第 256 页。

②　《中庸·第十三章》，王国轩、张燕婴、蓝旭、万丽华译：《四书》，中华书局 2007 年版，第 120 页。

③　《中庸·第一章》，王国轩、张燕婴、蓝旭、万丽华译：《四书》，中华书局 2007 年版，第 118 页。

④　[元]许衡：《〈中庸〉直解》，淮建利、陈朝云点校：《许衡集》，中州古籍出版社 2009 年版，第 113 页。

⑤　《尚书引义卷四·洪范三》，[明末清初]王夫之著，船山全书编辑委员会编：《船山全书》（第 2 册），岳麓书社 2011 年版，第 352 页。

⑥　[明]王艮撰，陈祝生等校点：《王心斋全集》，江苏教育出版社 2001 年版，第 37 页。

具有现实批判眼光的人类新的时代精神"①。"与西方形而上之'理念'不同，古人所谓的'大道'实乃下学上达、显微一体的'身道'。"②可以说，在中国哲学的视域中，天、地、万物及人的存在从来都不是与身体毫无关联的他者存在，而是一种与个体密切相关的意义性存在、经验性存在、主体间性存在。借用当代西方哲学的表述，即这种存在的关系不是"我-他"关系，而是"我-你"关系，甚至是你中有我、我中有你的"我-我"关系。

不可否认，中国古代以儒家为代表的哲学是将"义以为上"的精神追求视为至上的追求，亦即对"道"的追求有一种超凡脱俗的至上性和永恒性，诚如孔子所言："朝闻道，夕死可矣。"但是，正是由于中国古代哲学是一种"即身而道在"的身体哲学，对"道"的追求是以"身体发肤，受之父母，不敢毁伤，孝之始也"③为根基的，所以身体不仅是追求和体现崇高精神价值的本体，而且也是抵御邪恶和克服自身不良习性的本体。因此，中国古代哲学不仅推崇精神，而且也对肉体持有一种乐观主义态度，这与古希腊柏拉图将理念与肉体进行二分、视肉体为灵魂的监狱的观点截然不同。

2. 儒家"修身养性"的德性伦理是以"身体"教育予以落实

作为宇宙人生的最高原理和终极真理，中国古代哲学中的"道"与人本身密不可分，对"道"的追寻就存在于人的日常生活中。无论是儒家积极入世的"仁"，还是道家自然主义的"无为"，尽管它们的路径泾渭分明，甚至是南辕北辙，但两者对"道"的追求都不是脱离肉体的空想或者纯粹理性的冥思，它们都是深植于人的肉身之中的，正所谓"体用不二"。

儒家推崇的以"内圣外王"为基本价值取向的修养成人的"三纲领"（明明德、亲民、止于至善）、"八条目"（格物、致知、诚意、正心、修身、齐家、治国、平天下），莫不与身体有着直接的关系。甚至可以说，"八条目"是以"修身"为中心而铺展开的：格物、致知、诚意、正心是修身的前期阶段，展示出修身的实际内涵；而齐家、治国、平天下则为修身的后期阶段，以"内圣"的修身成果逐渐展开"外王"之抱负和担当。此处的"修身"，既包含精神层面，也包含物质的肉体层面，而以血肉之躯为其坚实的根基。可以说，身体不仅是精神修养的承载者和发源地，而且身体本来就孕育着精神、包含着精神、践行着精

---

① 张再林：《作为身体哲学的中国古代哲学》，中国社会科学出版社 2008 年版，"序"第 3-4 页。

② 蒙培元：《古为今用：走向世界的中国哲学研究——〈评中国古代身道研究〉》，载《陕西日报》2015 年 5 月 8 日，第 5 版。

③ 《孝经·开宗明义》，汪受宽撰：《孝经译注》，上海古籍出版社 2004 年版，第 2 页。

神。从这个角度来说，身与道本来就是二而一的事情。在这一大背景下，无论是培养仁者爱人、"己欲立而立人，己欲达而达人"、"己所不欲，勿施于人"、忧国忧民、传道济世、厚德载物、智仁勇行之者一的君子品格，也无论是"我善养吾浩然之气"、居敬存诚、持志养气、慎独内省的自觉自律精神，抑或是采用从"血脉上感移"的以情感教育为主线的教育方式，以及将知行合一、"体用不二"的教育原则实践于日常生活之中，皆为"具身性"教育的彰显。学者何俊在谈到王阳明的"知行合一说"时这样阐释："人不仅是理性的动物，人同时也是情感的动物。王阳明赋予了人一个丰满的主体——精神主体，在此基础上，他又进一步提出知行合一说。所以，知行合一的提出是王阳明本身思想的自然延伸……阳明通过功夫把知行上升为生命的本体。在阳明之前，知与行只是人的行为思考的两个行为方式。但是，在阳明这里，通过知行合一就变成了本体。这个本体就是生命存在的方式。这个存在的方式中，理性的部分、情感的部分、践行的部分融通为一体，以心、以精神表达出来。"[①]由此可见，学者是把王阳明身心一体的"具身性"思维提到了生命本体的高度来加以阐释的。中国古代的诗词歌赋，以其优美、简洁、深邃、凝练的语言，或激情澎湃，或豪情奔放，或忧切悲悯，或委婉缠绵，表达出了极其丰富的情感，这种情感无不是身心融为一体的切身体验。由此，诗词歌赋形成了中华博大精深文化中的有机组成部分，彰显出中华文化所独具的身心合一的魅力。其中，教育的力量是不容忽视的因素。

　　中国历朝历代的示儿家训中，更是从做人的各个方面对下一代谆谆教诲，尤其从洒扫应对等日常生活中的修身小事、琐事开始，使其形成某种无意识的文化认同和行为习惯，将所示内容融入其血脉之中。因此从这些家训中，更可见其将理论、理念落实于日常生活和活动之中的身道合一之教育传统。如《颜氏家训》论及"父子之严，不可以狎；骨肉之爱，不可以简。简则慈孝不接，狎则怠慢生焉""借人典籍，皆须爱护，先有缺坏，就为补治，此亦士大夫百行之一也""凡与人言，称彼祖父母、世父母；父母及长姑，皆加尊字，自叔父母已下，则加贤字，尊卑之差也""人生幼小，精神专利，长成已后，思虑散逸，故须早教，勿失机也""今不修身而求令名于世者，犹貌甚恶而责妍影于镜也"。[②]又如《朱子家训》中告诫后辈"黎明即起，洒扫庭除""一粥一饭，当思来处不

---

①　何俊：《知行合一的内涵与意义》，载《光明日报》2017年9月10日，第7版。

②　[北齐]颜之推著，程小铭译注：《颜氏家训全译》，贵州人民出版社1993年版，第10、41、54-55、110、185页。

易；半丝半缕，恒念物力维艰""见贫苦亲邻，须多温恤"。[①]如此等等。在中国教育史上，家风、家训是不可忽视的教育内容，其价值在当代愈加彰显。

3. 道家的生命伦理自然地导向"具身性"教育

道家的思路虽与儒家有所不同，但其教育思想中的"具身性"特点则与儒家有异曲同工之意蕴。道家主张"道法自然""无为而治"，认为这是道德的最高境界。因此老子提出，"上善若水。水善利万物而不争，处众人之所恶，故几于道"。老子强调"见素抱朴，少私寡欲"，强调"我无为，而民自化；我好静，而民自正；我无事，而民自富；我无欲，而民自朴"，"五色令人目盲；五音令人耳聋；五味令人口爽；驰骋畋猎，令人心发狂；难得之货，令人行妨。是以圣人为腹不为目，故去彼取此"。这些道德方面的见解与劝诫，无不与身体有着密切的关联，无不彰显教育的"具身性"。学者王泽应指出："道家的生命伦理是迄今为止世界上主要从精神上关心生命价值、注重生命质量的生命伦理，它较之因科学技术和生理病变等因素诱发的当代西方生命伦理要更为适合人对生命关怀的道德心理，也更有益于从心理伦理上去提升生命和充实生命。"[②]

由上可知，中国教育历史中教育的"具身性"是一以贯之的传统，中国教育中饱含着"下学而上达"的知行合一和"原天地之美而达万物之理"的以感性体悟为主的道德教育传统。

（三）中国"具身性"教育历史传统超越时空的永恒魅力与价值

由以上论述可见，中国"即身而道在"的"具身性"教育历史传统具有无可置疑的超越时空的魅力与价值。

1. 为当代教育提供人文精神

中国教育历史传统中的"具身"教育投射出的是一种浓烈的人文气息，构成了完整教育中不可或缺的组成部分。众所周知，教育是一种直面人的事业，其所面对的是活生生的、有血有肉、有情感、有意志、有思维、在社会中生活着、活动着的特殊存在物——人。因此，教育的任务不是发展人的某一部分，而是要成就完整的人、完善的人、完全的人。这样的人就是人文精神与科学精神、身与道、理性与肉体密切结合的人，是身心协调发展的人。爱因斯坦曾说过："用专

---

① ［清］朱柏庐：《朱子家训》，中州古籍出版社 1995 年版，第 1、2 页。
② 王泽应：《自然与道德——道家伦理道德精粹》，湖南大学出版社 1999 年版，第 313 页。

业知识教育人是不够的。通过专业教育，他可以成为一种有用的机器，但是不能成为一个和谐发展的人。要使学生对价值有所理解并且产生热烈的感情，那是最基本的。他必须获得对美和道德上的善有鲜明的辨别力。"①我国著名建筑学家、教育家梁思成强调，教育要"理工与人文结合"，他认为西方物质文明高度发达而人文教育缺乏，形成"半个人的世界"，只懂得工程而缺少人文修养的人只能算半个人，他对"半个人的世界"持反对的态度。国学大师、当代新儒学的著名代表杜维明先生对人文教育和大学灵魂有着明确的论述。他指出："毫无疑问，现在大学是以追求知识为主的。但是，所有的大学，除了追求知识、科学、研究之外，还要追求人文精神。甚至有人认为，真正的科学精神和人文精神是相辅相成的。一个科学家不可能在从事纯粹科学研究的时候不受到人文精神的鼓舞。"②因此，中国教育在积极地向西方学习和借鉴的过程中，在着力发展不可或缺的科学教育和培植科学思维的实际举措中，不能忘记和丢弃自身教育传统中对当代教育发展同样不可或缺的人文精神和道德彰显的价值诉求。

2. 与西方哲学和教育学相互补

前已述及，近年来，西方哲学界、伦理学界、认知心理学界和教育理论界，都在反思西方传统思维方式将灵与肉、心与身、普遍概念与物质实体截然二分而带来的消极、负面的影响及困境。在后现代主义哲学思潮的视域下，哲学家们更强调并日益注重对具身性哲学的研究，强调身体的在场，强调意识与身体、与生活体验不可分离。诚如梅洛-庞蒂所说的："现象学最重要的成就也许是在其世界概念或合理性概念中把极端的主观主义和极端的客观主义结合在一起。"③学者张之沧、林丹认为，西方推崇并论证"具身性"哲学的重要代表人物梅洛-庞蒂"对现象学的独特理解，他在整个西方哲学史中第一次给予'身体'以重要的思想意义"，他的哲学"可能在将来会产生越来越大的影响"。④现在看来确实如此。梅洛-庞蒂所说的"身体"正是经过现象学还原的、具有本体论意义的、身心合一的"身体"。他认为："原本意义上的'身体'就是身与心的含混的合一，是即身即心、亦身亦心的，是物与灵的统一。一切'清晰'化的企图都只能造成世界丧失其神秘的魅力，造成原本的灵性的身体分裂为死的躯体与孤立的

---

① [美]爱因斯坦：《论教育》，许良英等译：《爱因斯坦文集》（第 3 卷），商务印书馆 1979 年版，第 310 页。

② 杜维明：《人文教育与大学灵魂——杜维明教授在浙江大学求是大讲堂的演讲》，载《解放日报》2010 年 8 月 15 日，第 8 版。

③ [法]莫里斯·梅洛-庞蒂著，姜志辉译：《知觉现象学》，商务印书馆 2001 年版，第 16 页。

④ 张之沧、林丹编著：《当代西方哲学》，人民出版社 2007 年版，第 229 页。

'精神'、'灵魂'，最终造成的是人与世界的断裂。而含混、模棱两可则意味着超出二元对立。"[1]

本书在第二章中就已举事实指出，西方传统哲学是一种主体与客体绝对二分的思维框架，它造成灵、肉二分，理性成为与身体相脱离的"纯粹形式"。诚然，近代启蒙运动中推崇的理性在历史上起到了巨大的启迪和唤醒作用，但并未消除传统的灵魂与肉体二分的弊端。因此，现代哲学从产生之初就分裂为科学主义（理性主义）和人本主义（反理性主义）两大思潮，这并不是偶然的现象。在这种灵肉二分、主客二分的思维框架下，再加上西方资本主义本身所固有的矛盾，造成了工具理性与价值理性的割裂、纯粹理性与生活世界的断裂，由此所产生的一系列社会问题，引起有识之士的不断反思。与哲学思维相适应，在教育领域，包括道德教育领域，纯认知的形式主义教育占据了主导地位。20 世纪以来，西方在道德教育领域形成了诸多流派，如科尔伯格的道德发展阶段论、以拉斯思和西蒙等人为代表的价值澄清理论、以谢佛和斯特朗等人为代表的以理性为本的道德教育理论、以威尔逊为代表的道德符号理论、以库姆斯和穆克斯等人为代表的逻辑推理价值观教育理论等，都是侧重于道德认知进行研究的学派。与此同时，西方高校中的道德认知课程的开设也很普遍。当然不可否认，这种侧重于认知进行研究的道德教育传统具有不可忽视的积极意义，它培养了学生的道德判断、推理、分析能力。但是，由于这种教育往往忽视了与情感、意志、行为等的密切关系，所以具有一定的局限性。因此，近年来西方又出现了以马斯洛和罗杰斯为代表的人本主义道德教育理论、以麦克菲尔和诺丁斯为代表的体谅关心道德教育理论等，以此弥补了认知学派的不足。总之，西方传统哲学、心理学、教育学身心、主客决然二分的思维和实践，在现当代造成了极大的负面效应，促使人们不断反思，并将"具身性"的论证和实施提上了日程。

而中国古代教育强调"即身而道在"、身道合一，恰是对灵肉二分、架空理性的二元思维的超越。它的基本内涵和主张，同西方当代在后现代主义视野下寻求的"具身性"教育，从内在精神到外在形式，都具有极大的相似、相通与交融性，可与西方互鉴互补，相互启发与推动。这种看似不谋而合的教育原则，是中国几千年的既有传统，而在西方则是近年来才形成的反思潮流。诚然，中国传统的"具身性"教育植根于道德教育和修身伦理，其德性文化特质十分显著，但其所具有的"具身性"特色对知识的获取、对认知的训练，都有着普遍的价值与意义。况且，中国教育历史传统中，与感性体悟和情感凸显的同时，理性追求也是

---

[1] 张之沧、林丹编著：《当代西方哲学》，人民出版社 2007 年版，第 231 页。

显而易见的，只是认知与情感、理性与感性并不是割裂的，二者紧密相连，融为一体。也正因此，中国古代"即身而道在"、身道合一的教育传统理应在当今时代发挥其积极的、不可轻视的价值和作用。当然应该指出，西方以理性主义和认知为主的教育传统也应当被我们重视和借鉴，只不过，这种重视和借鉴不应走向另一个极端，即走向精神与身体、灵与肉、心与物相脱离的极端。

3. 同当代大众文化和消费文化过度强调肉体感官享受相对抗

大众文化主要是指某一个地区、某一个社团或某一个国家新近涌现出来的，被大众所信奉和接受的一种流行文化。这种大众文化，在西方后现代主义思潮注重"感性知觉""边缘化""平俗化"的时代强音中迅速发展起来，并成为一种与消费文化、肉体享乐文化密切相连的文化。这种状况的出现，实际上是在一定程度上对后现代主义思潮中的积极因素的消解，是后现代主义在批判传统思维方式弊端中暴露出来的自身的负面内涵，这样，文化就走向了另一个极端，即走向了庸俗、低俗、媚俗的极端。可以说，后现代主义具有复杂的内涵。一方面，后现代主义有其必然产生的历史背景，"后现代主义宣称'主体的死亡'、'理性的死亡'和'人的死亡'，并不意味着现实中真正的人已经死了，而是要求取消一切文本、一切客观性对现实中人的束缚，让他们真正享受当下的自由和权利，以达到个人的幸福和自我的发展。这种思想，实际上反映了在新技术革命大大加强劳动过程中的物化劳动部分的条件之下，当今发达资本主义社会的人民群众对于摆脱无往而不在的异化的迫切要求，对于在劳动、闲暇、消费、文娱等各种过程中获得决定自己命运的权力的迫切要求，以及对于把民主扩大到日常生活的每一方面、每一角落的迫切要求"[1]；另一方面，"后现代主义思潮所表现出来的文化虚无、主体死亡、理想破灭、传统丧失、游戏人生等的理论和心态"[2]，"他们高呼要使人成为无中心，无本质，无长远目标和理想，不承担社会、政治和道德责任时，他们要求的则是现实的人应享受当下的、真正绝对的自由"[3]。因此可以说，后现代主义者推向极端的消极观点和言论，成为大众文化过度强调个体感官享乐的温床。

改革开放后，我国的大众文化根植于市场经济，同时受到西方消费文化的影响而迅速发展起来，在短短 40 多年的时间里壮大成为与官方主流文化、学界精

① 赵光武主编：《后现代主义哲学述评》，西苑出版社 2000 年版，第 266 页。
② 赵光武主编：《后现代主义哲学述评》，西苑出版社 2000 年版，第 230 页。
③ 赵光武主编：《后现代主义哲学述评》，西苑出版社 2000 年版，第 263 页。

英文化鼎立并存的社会主干文化。随着城镇化、都市化的快速发展，以及受现代化、全球化、网络化等发展广泛而深入的影响，当代大众文化由消费文化为主导，全面占领社会文化生活空间。在处于消费时代的当代流行大众文化和消费文化中，"身体凸显与呈现了出来，身体成为当代消费文化的主要旋转轴心"，"身体已经与消费、时尚、社交、休闲等融为一体，成为一个意义无穷的能指符号，有意无意地负载了这个时代各种各样的色彩斑斓的文化形态"。①在这一过程中，一味追求享乐主义、娱乐至死、满足欲望、简单快乐，过度强调肉体感官刺激，对身体造成极大的伤害，使身心极不和谐。如今我们面对的历史，"是身体处在消费主义中的历史，是身体被纳入到消费计划和消费目的中的历史，是权力让身体成为消费对象的历史，是身体受到赞美、欣赏和把玩的历史。身体从它的生产主义牢笼中解放出来，但是，今天，它不可自制地陷入了消费主义的陷阱"②。

中国古代"身道合一"的"具身性"教育传统之魅力和价值还在于，它与当代大众文化和消费文化过度强调肉体感官享受的强力对抗。中国古代的这种"具身性"教育，并不排斥肉体感官的享乐和对正当欲望的诉求，只不过它强调的是高尚的精神追求，强调以对自己的自我约束力来克服过度的肉体感官享乐和不正当的利益追求，强调无论富裕或贫穷，都应以平和的心态，正确看待和处理精神与物质的关系，即所谓"先义后利""重义轻利""以义统利"。正如孔子所说，"富与贵，是人之所欲也；不以其道得之，不处也。贫与贱，是人之所恶也；不以其道得之，不去也。君子去仁，恶乎成名？君子无终食之间违仁，造次必于是，颠沛必于是"③，"见利思义"④，"见得思义"⑤。《论语》中孔子和冉有进行对话："子适卫，冉有仆。子曰：'庶矣哉！'冉有曰：'既庶矣，又何加焉？'曰：'富之。'曰：'既富矣，又何加焉？'曰：'教之。'"⑥可见，孔子主张使老百姓"先富后教"，并不排斥对利的追求。孟子也有使百姓"先富后教"的论述："仰不足以事父母，俯不足以畜妻子；乐岁终身苦，凶年不免于死亡。此惟救死而恐不赡，奚暇治礼仪哉？"⑦《国语·晋语》中说"义

① 左伟清：《当代流行文化中身体体现的阐释与批判》，载《华中科技大学学报》（社会科学版）2011 年第 2 期，第 93 页。

② 汪民安、陈永国：《后身体：文化、权力与生命政治学》，吉林人民出版社 2003 年版，第 20 页。

③ 《论语·里仁》，杨伯峻译注：《论语译注》，中华书局 2009 年版，第 35 页。

④ 《论语·宪问》，杨伯峻译注：《论语译注》，中华书局 2009 年版，第 147 页。

⑤ 《论语·季氏》，杨伯峻译注：《论语译注》，中华书局 2009 年版，第 175 页。

⑥ 《论语·子路》，杨伯峻译注：《论语译注》，中华书局 2009 年版，第 134-135 页。

⑦ 《孟子·梁惠王上》，杨伯峻译注：《孟子译注》，中华书局 2010 年版，第 16 页。

以生利，利以丰民"①。荀子说，"好荣恶辱，好利恶害，是君子小人之所同也，若其所以求之之道则异矣"②，"先义而后利者荣，先利而后义者辱"③，"义与利者，人之所两有也。虽尧、舜不能去民之欲利，然而能使其欲利不克其好义也。虽桀、纣亦不能去民之好义，然而能使其好义不胜其欲利也。故义胜利者为治世，利克义者为乱世"④。董仲舒说："天之生人也，使人生义与利。利以养其体，义以养其心。心不得义不能乐，体不得利不能安。义者心之养也，利者体之养也。体莫贵于心，故养莫重于义。义之养生人大于利。"⑤凡此种种，都说明了中国古代"身道合一"的"具身性"教育并不排斥"利"，它强调的是以精神、以"道"统领和规范对利益的追求，"重义轻利"；强调精神修养与身体成长合二为一，使身心和谐发展，尤其对君子的要求更是如此。发掘和弘扬中国"具身性"教育的优秀传统，以此对抗当代世俗化进程中人们对物质和肉体感官享乐的过度追求，无疑是对病态的肌体注入一剂有效的良药，这是作为中华民族的子孙不可推卸的责任。当代学者的撰文恰是对中国"具身性"教育优秀传统所做的诠释："实现身体的真正解放，一方面身体仍然应该牵着灵魂的衣襟，故应修身与正身，对自己身体美的要求和身体的各种消费不应该失度，不应该毫无边界，唯有对身体表面化和置空化的拒绝，对物质化和他者化的拒绝，才能智慧地生活、自由地生存；另一方面灵魂仍然应该寄寓身体的怀抱，故应贵身与赤身，我们的身体既是自然和父母的赐予，同时也成就了独一无二的自己，应该珍惜自己的身体、尊重生命。"⑥

4. 为充满复杂性和风险性的当代社会提供高水平思维

当今社会，科学技术迅猛发展，社会生活急剧变化，不可预测的因素和变数日益增多，其影响也日益扩大和加深。前进的道路上充满复杂性，包含着诸多的风险，致使新的问题不断涌现，迫切需要高水平的思维和解决问题的新的方法。因此，人的综合素质和思维能力显得更加重要。教育如何培养能够更好应对充满复杂性和风险性社会所需要的人才，中国古代"具身性"教育传统的魅力和价值

① 《国语·晋语》，尚学锋、夏德靠译注：《国语》，中华书局 2007 年版，第 100 页。

② 《荀子·荣辱》，[清]王先谦撰，沈啸寰、王星贤点校：《荀子集解》，中华书局 1988 年版，第 61 页。

③ 《荀子·荣辱》，[清]王先谦撰，沈啸寰、王星贤点校：《荀子集解》，中华书局 1988 年版，第 58 页。

④ 《荀子·大略》，[清]王先谦撰，沈啸寰、王星贤点校：《荀子集解》，中华书局 1988 年版，第 502 页。

⑤ 《春秋繁露·身之养重于义》，[汉]董仲舒撰：《春秋繁露》，曾振宇、傅永聚注：《春秋繁露新注》，商务印书馆 2010 年版，第 188 页。

⑥ 左伟清：《当代流行文化中身体体现的阐释与批判》，载《华中科技大学学报》（社会科学版）2011 年第 2 期，第 99 页。

或许能成为我们有益的启迪和智慧之源。

其一，中国古代"具身性"教育讲求"身道合一"的身心修养，培养受教育者具有一种长远、系统、全面思考能力的整体性思维。"天人合一"的思维方式，奠定了中国古代哲学和教育学思考问题的根基。这是一种典型的整体性思维，它追求的是一种至纯至善、至大至刚，以人的道德修养为中心而打通天人之际，把天地宇宙间的所有事物都纳入相互关联、相互作用、相互依存的大系统中，进行通盘考察，而且是以"将心比心""置身体悟"的方式进行考察，天人、主客、物我浑然一体，形成一个和谐、大一统的整体。这种整体性的思维方法，通过教育促使学生对问题进行全方位、准确的把握，发挥出"与天地合其德""为天地立志，为生民立道，为去圣继绝学，为万世开太平"的"舍我其谁"的有为精神、社会责任感和使命感，以及"厚德载物""与天地参"的仁爱之心。因此，这种整体性思维在当代是难能可贵的。

其二，中国古代"具身性"教育中充盈着辩证思维的睿智。前已述及，辩证思维在中国古代哲学中占有主导地位，在这一思维方式中，充溢着丰富的辩证智慧，构建起中国博大精深的哲学体系。其中心是天道阴阳的对立统一辩证法，而以对立面的统一、和谐、相互依存和转化为主导和最后的归宿，以及由此产生的生生不息的发展观。中国古老典籍《易经》就以乾、坤为对立统一、发展变化的根基，在此基础上衍生出一系列的对偶概念相互联结、相互依存。先秦哲学家受《易经》的影响，无不运用对立统一的思维方式考察与分析事物，无不秉持"一阴一阳之谓道"的辩证发展观。此后的汉儒、宋儒及后世的诸多思想家，循此继进，更进一步在其著作中和教育教学实践中阐释或践履了这一思维方式。这种以阴、阳为基础所形成的对立统一辩证发展观，内含着其永恒的魅力。在当今政治多极化、经济全球化、文化多元化、科学技术信息化和网络化，以及社会生活日益复杂化的现代，尤其需要这种辩证思维，来克服那种非此即彼的形而上学思维方式，从而更准确地预测、辨析、考察并最终恰当地解决那些复杂的、带有风险性的各种问题。

其三，中国古代"具身性"教育所秉持的"中庸之道"，是中国古代哲学及教育中重要的思维概念和具体做人处世的重要原则，也是儒家道德的最高境界。可以说，面对当今复杂多变的世界，"中庸之道"是思考和处理问题的极高明、极智慧的方法。这种高明、智慧的方法已经使我国在处理当今的国际事务中，得到了来自多方面的认同和称赞，显示出了良好的前景。也可以说，"中庸之道"是中国传统辩证思维的重要组成部分。

几千年中华文化的精华、几千年中华教育的精髓在当代的熠熠生辉需要我们作为后来者的传承与弘扬。在这一传承与弘扬的过程中，需要一种对自身文化的深刻理解和定力、对自身教育的不懈探求和自信。唯如此，方能在与西方文化和教育的交流中有所创新，从而对推动中华民族伟大复兴有实质性的作为和贡献。可以说，正如当代中国在处理国际政治和经济事务时已从先圣先哲先贤的智慧中吸取了巨大的力量，得到了国际社会的广泛认可和欢迎，那么中国传统文化中的具身哲学、具身教育，也定会带着超越时空的价值与魅力，在世界教育的舞台上同当代西方的具身哲学与教育思潮交相辉映，发挥出其不可忽视的生命力与正向功能。

第五章
人类历史发展中的文明由
各民族优秀文化共同组成

世界上的各个民族，之所以能从远古走向今天，又从今天继续前行而走向更加光明的未来与明天，其中，文化，尤其是文化中的优秀部分起着支撑性的、源动力量的作用。而且自古以来，各民族之间的文化也都不是绝对封闭的，它们恰恰是在长期的相互交流、相互包容、相互融合，甚至有时是在相互之间的战争与厮杀中，使各自文化在汲取他者文化有益成分的基础之上，形成了自己新一阶段的文化。正如习近平主席 2014 年 3 月 27 日在联合国教科文组织总部的演讲中所说："文明是多彩的，人类文明因多样才有交流互鉴的价值。阳光有七种颜色，世界也是多彩的。一个国家和民族的文明是一个国家和民族的集体记忆。人类在漫长的历史长河中，创造和发展了多姿多彩的文明。从茹毛饮血到田园农耕，从工业革命到信息社会，构成了波澜壮阔的文明图谱，书写了激荡人心的文明华章。'一花独放不是春，百花齐放春满园。'如果世界上只有一种花朵，就算这种花朵再美，那也是单调的。不论是中华文明，还是世界上存在的其他文明，都是人类文明创造的成果。我参观过法国卢浮宫，也参观过中国故宫博物院，它们珍藏着千万件艺术珍品，吸引人们眼球的正是其展现的多样文明成果。文明交流互鉴不应该以独尊某一种文明或者贬损某一种文明为前提。中国人在 2000 多年前就认识到了'物之不齐，物之情也'的道理。推动文明交流互鉴，可以丰富人类文明的色彩，让各国人民享受更富内涵的精神生活、开创更有选择的未来。"[①]

以下，试就几种主要文化加以概括性剖析。

一、作为现代西方文化源头的古希腊文化

（一）古希腊文化概述

作为现代西方文化源头的古希腊文化，也展现出其优秀的内涵和多姿多彩的光芒。古希腊文化透射出的是以智慧为上的智性文化，以这一文化为根基形成的智慧、勇敢、节制、正义"四大德"，奠定了其道德教育的基础，对后世西方也产生了久远的影响。尚智的文化，使希腊人将对客观自然规律的研究、对大自然奥妙的探索放在了首要位置。因此，重视逻辑思维、重视分析与推理能力的理性主义精神得到了弘扬和发展，由此也奠基了希腊人追求科学的兴趣、毅力和意志，从而在科学的发展上也取得了人所共知的成就。

---

① 习近平：《2014 年 3 月 27 日在联合国教科文组织总部的演讲》，新华网 http://www.xinhuanet.com/world/2014-03/28/c_119982831.htm，2014-03-27.

　　古希腊哲学家普罗塔哥拉提出的"人是万物的尺度"①的命题，虽具有主观主义和相对主义的倾向，而且在当时的时代，这里所说的"人"也根本不涉及奴隶，有其不可避免的历史局限性，但它毕竟成为西方强调人的主体能动作用的开端，也奠基了西方人追求个体独立、追求自由发展的传统。由这种追求所发展出来的雅典的奴隶主民主政治，在"自由民"（包括上层奴隶主阶级和下层的平民）这一范围内实现了较为广泛的民主和自由。而且，希腊化时期的哲学家伊壁鸠鲁提出的"社会契约"的国家起源论，被马克思认为是最先提出的国家起源于人们相互之间的契约的理论。这实际上成为西方后世重法治精神，建立较为完整、系统的法律制度的思想萌芽。

　　在政治上，公元前 6 世纪到公元前 4 世纪这段时期，被称为古希腊的"民主时代"。以雅典为代表的城邦实行了奴隶主民主政治，使古希腊达到了繁荣和鼎盛时期。雅典的民主政治不仅成为古代希腊的典范，而且也成为整个古代世界的典范，且直接影响了后世西方的政治制度。但是，古希腊的民主制是奴隶主民主制，这种民主是绝不包括奴隶的。另外，由抽签选举的民主制也存在着一些缺陷，往往可能会给一些图谋私利的政客造成摇唇鼓舌的可乘之机。雅典民主制内的党争也确实是相当激烈的，这就削弱了民主制的力量。当代学者任军锋在谈到雅典在伯罗奔尼撒战争中失败及其民主制本身的缺陷时指出："既然把民众的政治激情动员起来，你不能听之任之，民主的有效运转需要良好的秩序做保障，需要有序领导。如果没有强有力的领导，民众只能堕落为广场上的乌合之众，而雅典民主在伯里克利去世之后就走入了一条'死胡同'……伯里克利去世后，雅典政坛危如累卵，政客私斗日趋白热化，而广场群众被深深地卷入政客之间的权力斗争。民主与帝国，从当初的相得益彰到最终的彼此掣肘，雅典帝国事业最终在雅典人曾经引以为豪的民主政治的昏聩中画上了一个悲壮的惊叹号！"②

　　哲学（philosophy）来源于希腊语 philosophos 一词，其含义是"爱智慧"。古希腊哲学具有较强的理性主义精神、批判怀疑精神，不断在思考世界的本原，探讨悖论的逻辑，形成了丰富多彩、学派林立的哲学思维体系，影响后世甚巨。可以说，在古希腊哲学史上是群星璀璨，从"哲学之父"泰勒斯到毕达哥拉斯、赫拉克里特、德谟克利特，到"希腊三哲"苏格拉底、柏拉图、亚里士多德，再到希腊化时期的伊壁鸠鲁，等等，都在西方哲学史上留下了浓墨重彩的一笔，其理论成为以

---

① 北京大学哲学系外国哲学史教研室编：《古希腊罗马哲学》，生活·读书·新知三联书店 1957 年版，第138 页。

② 任军锋：《我们为什么要读修昔底德？——任军锋〈帝国的兴衰〉专访》，搜狐网 https://www.sohu.com/a/212142259_507651，2017-12-22.

后西方哲学发展的源头。诚如恩格斯所言："在希腊哲学的多种多样的形式中，差不多可以找到以后各种观点的胚胎、萌芽。因此，如果理论自然科学想要追溯自己今天的一般原理发生和发展的历史，它也不得不回到希腊人那里去。"[①]

在自然科学方面，可以说古希腊的哲学家往往就是自然科学家。恩格斯指出："最早的希腊哲学家同时也是自然科学家：泰勒斯是几何学家，他确定了一年是 365 天，据说他曾预言过一次日食。阿那克西曼德制造过日晷、一种海陆地图和各种天文仪器。毕达哥拉斯是数学家。"[②]恩格斯在说到古希腊中期原子学派的代表人物德谟克利特时指出，"德谟克利特已经推测到，银河投给我们的是无数小星的联合的光"[③]。亚里士多德是公元前 4 世纪古希腊一位博学多才、百科全书式的人物。他的学术研究范围极其广泛，涉及包括自然科学和人文社会科学在内的多个学科领域，在研究中他创立了逻辑学、动物学、生物解剖学等新学科。后世生物学的发展可以说是以他的发现为基础。马克思在《资本论》中称他为"古代最伟大的思想家"[④]，恩格斯在《反杜林论》中称他为"最博学的人物"[⑤]。希腊化时期的欧几里得总结了几何学上的成就，写成了著名的《欧氏几何原理》。在物理学方面，希腊化时期的阿基米德提出了著名的杠杆原理和阿基米德原理（即物体比重和浮力原理），被后人尊称为静力学的创始人。在天文学方面，亚里斯达克初步提出了太阳中心说。在地理学方面，爱拉托斯尼第一个计算了地球的圆周，与实际的长度相差不远。

古希腊的医学有很高的成就。其医学除吸收埃及、巴比伦和亚述的医学之外，还吸收了小亚细亚西部的米诺亚民族的医学。米诺亚民族曾以蛇作为宗教上的一种符号或表征，而希腊人以蛇作为医学的象征。恩培多克勒是公元前 5 世纪的哲学家、自然科学家，也是著名的医生，据说是希腊医学的创始人。而古希腊在医学方面最为著名的是被称为"医学之父"的希波克拉底（公元前 460—前 377 年）。凭着关于人类疾病的渊博学识，希波克拉底将医学引入一个崭新的、

---

① ［德］恩格斯：《自然辩证法》，中共中央马克思恩格斯列宁斯大林著作编译局译：《马克思恩格斯全集》（第 20 卷），人民出版社 1971 年版，第 386 页。

② ［德］恩格斯：《自然辩证法》，中共中央马克思恩格斯列宁斯大林著作编译局译：《马克思恩格斯全集》（第 20 卷），人民出版社 1971 年版，第 526 页。

③ ［德］恩格斯：《自然辩证法》，中共中央马克思恩格斯列宁斯大林著作编译局译：《马克思恩格斯全集》（第 20 卷），人民出版社 1971 年版，第 530 页。

④ ［德］马克思：《资本论》（第 1 卷），中共中央马克思恩格斯列宁斯大林著作编译局译：《马克思恩格斯全集》（第 23 卷），人民出版社 1972 年版，第 447 页。

⑤ ［德］恩格斯：《反杜林论》，中共中央马克思恩格斯列宁斯大林著作编译局译：《马克思恩格斯全集》（第 20 卷），人民出版社 1971 年版，第 22 页。

有历史决定性的方向——抛弃神的作用，而代之以临床的观察研究。他精诚为病人治病，从不接受额外的报酬。其医学思想留在《希波克拉底文集》（简称《文集》）之中。该著作共 70 余篇，其中既有希波克拉底亲笔所撰，也有他的弟子们所撰。著名的希波克拉底誓言，充分体现了希波克拉底学派的医学道德。在《文集》中，保留着对多种疾病的治疗方法。《文集》中已考虑到患者体质与疾病的关系。而且，《文集》一个明显特点是对疾病发生的经过有简明的记述，这一特点与中国汉代记载的病例相仿。《文集》中还收集了数百种药物。希波克拉底还注意外界因素对疾病的影响，有比较明确的预防思想。希波克拉底的医学思想反映了古希腊思想家自发的辩证观点，倾向于从统一的整体来认识机体的生理过程。同时，古希腊哲学家所推崇的逻辑理性思维方法，对希波克拉底的理性认识方法和态度有着很大的影响。他认为，医学的艺术乃是一切艺术之中最为卓越的艺术。这体现出了理性思维、哲学和美学修养在医学实践中的重要性。他强调医生应对自己的专业领域有近乎完美的追求，同时也认识到医学始终是不完美的科学，客观理性的期待始终是正常医患关系建立的先决条件。《文集》中的《医师之路》一文，描述了一个具有高尚品格、人文精神和人文素养的理想的医者形象。总之，作为研究古希腊医学最重要的典籍，《希波克拉底文集》不仅包含着古老的治疗技术，更蕴含着关于生命的哲学思考和对患者的人文关怀，以及从医者所应具备的职业修养。美国学者西格里斯特说："在各自的专业领域，希波克拉底是和荷马、悲剧作家、哲学家和伯里克利（Pericles）时代的历史学家并列的巨擘。"[①]此外，古希腊著名哲学家亚里士多德与医学有着密切的关系。他虽然未曾进行过人体解剖，但曾检验过不少动物的尸体。可以说，亚里士多德开始了简单的比较解剖学。正是由于亚里士多德在解剖学方面的努力，促使了希腊化时期许多生理学家、医学家开始进行人体解剖，对于人的生理构造和机能有了一些认识。

古希腊在历史学方面也卓有建树。希腊神话反映了古希腊人处于朦胧中的历史意识，成为了西方历史学的萌芽。描写公元前一千年左右古希腊社会状况的《荷马史诗》，不仅是古代希腊一部不朽的文学作品，同时也是一部最早的史书。古风时代的赫西俄德是古希腊第一位纪实主义诗人。他的《工作与时日》（又译《田功农时》）和《神谱》，成为探索希腊古史的重要著作。公元前 6 世

---

① ［美］亨利·E. 西格里斯特著，李虎、张盛钰、柯秋梦译：《最伟大的医生：传记西方医学史》，北京大学出版社 2014 年版，第 12 页。

纪中叶，在小亚细亚的伊奥尼亚地区，出现了伊奥尼亚纪事家，亦称史话家、散文说书家，这就是古希腊早期的历史学家。而古希腊哲学对历史学的起源有着重大意义，"早期历史学家的著作中就体现了这些来自哲学的影响，尤其以希罗多德为代表"①。而古希腊历史学最著名的代表人物是希罗多德和修昔底德。希罗多德是公元前 5 世纪古希腊著名历史学家，被誉为"历史之父"，《历史》（亦称《希腊波斯战争史》）是其创作的一部以记述希波战争为主线的历史著作。这部书视野开阔，内容丰富，取材广泛，规模宏大，史料充实。从今天的角度来看，希罗多德的《历史》实际上是一部把文化史和描述性社会学结合在一起的"百科全书"。《历史》并不满足于对史事和环境的叙述，还努力寻找导致历史事件发生的原因，在分析历史原因时坚持人本主义立场，这就使《历史》具有了前所未有的深意。希罗多德是西方史学史上最早运用历史批判方法的人。他的治史重视道德训诲作用，也对后世产生影响。希罗多德在撰写《历史》一书时所使用的方法，即以历史事件为中心的历史叙述体，为西方历史编纂学开辟了一个新的领域。另外，在当时没有任何标准纪年方法的情况下，他采用统治者执政年代或参照其他地方同时发生的事件来编排年代的方法，也被后来的许多历史学家所接受。希罗多德在史学领域里取得的开创性的历史成就，对西方以后的史学发生了极为深远的影响。另一位著名历史学家修昔底德生活的时代正值雅典的极盛时期，也是古希腊文化的全盛时期，他是雅典十将军之一。《伯罗奔尼撒战争史》是修昔底德在自己亲身感受的基础上，依靠敏锐的观察力，发挥了卓越的写作才能而完成的，它记录了公元前 5 世纪前期至公元前 411 年斯巴达和雅典之间的战争，并对战争爆发、雅典最终战败及其原因进行了思考和分析。这一著作奠定了西方史学中政治叙事史传统的基础和基本模式，对此后西方史学两千多年的发展产生了极大的影响。因此，《伯罗奔尼撒战争史》并非一般意义上的历史著作，它是涵括西方古典政治传统的一部百科全书。修昔底德力图通过战争这一人类政治活动的极端形式考察政治生活的本相，探究政治生活某些不变的性质，揭示人类政治事务的真理。修昔底德被称为"历史科学之父"，是因为他严格的、标准的证据收集工作和客观地分析因果关系；他又被称为"政治现实主义学派之父"，则是因为他在其著作中阐明了国家之间的政治行为与产生的后果建立在恐惧情感与利益基础之上。他在书中提出的"使战争不可避免的真正原因是雅典势力的日益增长由此引起斯巴达人的恐惧"，而被概括为"修昔底德陷阱"。正是因为修昔底德公平、充分地叙述了史实，又以一般原则为标准进行了评判，因而

---

① 史海波：《古希腊爱奥尼亚哲学对于历史学起源的影响》，载《贵州社会科学》2019 年第 7 期，第 63 页。

使得他的著作赢得了很高的信誉，几乎没有人对他的记载表示过疑义。修昔底德在叙述战争过程和分析历史事件的因果关系时，很注意把经济因素放在比较重要的位置上，说明他已经认识到了经济在历史发展以及社会兴衰治乱中的作用。修昔底德把当时希腊哲学（主要是智者派哲学）中追求真理的精神和逻辑方法应用到了历史研究之中，强调历史研究必须坚持求实的原则，研究者必须坚持理智的和批判的态度，这就为后世的历史学家树立了榜样。修昔底德用怀疑批判的眼光去看待他的前辈们，对纪事家们的作品和希罗多德的著作都进行过批评。修昔底德身上表现出来的朴素的唯物主义历史观，达到了他那个时代的最高水平。当然，修昔底德的著作也存在着纪年方法不精确的缺憾，但他仍不失为古希腊杰出的历史学家，他的《伯罗奔尼撒战争史》仍然是西方史学史上的重要里程碑。学者王建娥指出："希腊历史学不仅给后世留下了堪称'千秋瑰宝'的历史著作，而且在历史学的理论与实践上进行了积极的探索。希腊历史学确立了历史研究的人学性质，开辟了通往更大时空范畴的研究道路……希腊历史学的政治军事史和社会文化史方面成为西方历史学的主流。"①

　　古希腊文学表现了古希腊人对宇宙、自然与人生的理解与思考。威力无穷的命运给古希腊人带来了困惑与恐惧，也培养了他们的自我意识和个体精神。古希腊文学中的神和人都具有自由奔放、独立不羁、狂欢取乐、享受人生的个体本位意识，而在困难面前又表现出艰苦卓绝、百折不挠的精神，他们在与命运抗争中激发出了蓬勃的生命活力。可以说，生命意识、人本意识和自由观念是古希腊文学的基本精神，以后也成了西方文学与文化的基本内核。古希腊神话是原始氏族社会的精神产物，是由古希腊人集体创造，也是西方世界最早的文学形式，大约产生于公元前 8 世纪以前。希腊神话是一个广阔浩繁的系统，支脉派系庞杂，传说故事众多，大体可分为神的故事和英雄传说两大部分。希腊神话中的神祇像人一样，有情欲，有善恶，有计谋，都是人格化了的形象。神话中凝结着人们长期与自然斗争中所积累的实践经验，以及对自然界各种事物和现象的认识，体现了人的自信心和对美好未来的憧憬，也体现了对异己力量的反抗、斗争精神。可以说，古希腊神话是整个西方文学的源头，后世几乎所有的作家都曾从古老的神话中汲取养分。最为著名的史诗是《荷马史诗》，相传为古希腊著名盲诗人荷马所作，包括《伊利亚特》和《奥德赛》两部，描写了公元前一千年左右从原始社会向奴隶制社会过渡时期的希腊社会状况，主题是歌颂希腊民族的光荣史迹，赞美

---

① 王建娥：《古代希腊的历史学：范畴、方法和意识——兼论古希腊历史学的现代意义》，载《学习与探索》1998 年第 2 期，第 124 页。

勇敢、正义、无私、勤劳等善良品质，讴歌克服一切困难的乐观精神，肯定人与生活的价值，但其中也有宿命论色彩。它是西方文学史上最早的正式的书面文学作品，写作手法已经出现了现实主义和浪漫主义两种最基本的创作方法的因素，成为欧洲文学的渊源。除《荷马史诗》外，赫西俄德的代表作教谕诗《工作与时日》和《神谱》也很有名。公元前8—前6世纪的文学主要是抒情诗和寓言。抒情诗包括多种题材，主要分为双行体诗、讽刺诗、琴歌和牧歌。其中写双行体诗的古希腊诗人众多，但古希腊抒情诗中成就最高的是琴歌，它是一种伴随着音乐的歌曲类诗体。琴歌可分为两种，一是独唱体，一是合唱体。独唱体琴歌的代表人物是女诗人萨福。除萨福外，阿尔凯奥斯和阿那克里翁也非常擅长写独唱体琴歌。至于合唱体琴歌，成就最高的诗人是品达，他的诗歌对后世影响非常大，弥尔顿、歌德等都曾有意模仿过他的风格。《伊索寓言》相传为公元前6世纪被释放的古希腊奴隶伊索所著的寓言集，后来又被加入印度、阿拉伯及基督教故事，共357篇，内容大多与动物有关。书中讲述的故事简短精练，刻画出来的形象鲜明生动，每则故事都蕴含哲理，或揭露和批判社会矛盾，或抒发对人生的领悟，或总结日常生活经验。《伊索寓言》对后代欧洲寓言的创作产生了重大的影响，不仅是西方寓言文学的典范之作，也是世界上传播最多的经典作品之一。①

　　繁荣于公元前6世纪末至前4世纪初之间的古希腊戏剧，是欧洲，也是全世界范围内戏剧艺术的滥觞。古希腊戏剧起源于民间祈求丰收和感谢神灵的群众性祭祀活动。在祭祀的颂歌中哀叹酒神在尘世所受的苦难，便是悲剧的前身（悲剧的原意是"山羊之歌"）；欢乐的歌舞和滑稽戏，便是喜剧的前身。在古希腊"民主时代"，即古典时代，古希腊文学成就最高的便是戏剧。古希腊戏剧分为悲剧和喜剧，其中悲剧影响最为深远。古希腊悲剧中描写的冲突往往是难以调和的，具有宿命论色彩。悲剧中的主人公往往具有坚强不屈的性格和英雄气概，却总是在与命运抗争的过程中遭遇失败。可以说，古希腊悲剧主要不是写悲，而是在于表现崇高壮烈的英雄主义思想。最早的悲剧作家包括"戏剧之父"忒斯庇斯、最先在戏剧中引入面具的科里洛斯等。但成就最高的悲剧作家则是被誉为"悲剧之父"的埃斯库罗斯、被誉为"戏剧艺术的荷马"的索福克利斯和被誉为"心理戏剧的鼻祖"的欧里庇得斯三人。古希腊悲剧对后世欧洲悲剧具有深远、显著的影响，尤其影响了后世几千年的悲剧思想。古希腊喜剧大半是政治讽刺剧和社会讽刺剧，产生于言论比较自由的民主政治繁荣时期。这一时期的喜剧具有较强的批判性，尤其擅长讽刺当权人物。这时的喜剧被称为"旧喜剧"（相对于

---

① 冯慧娟编：《世界文化常识》，吉林出版集团有限责任公司2015年版，第50-51页。

希腊化时期的"新喜剧"而言）。公元前 5 世纪雅典曾产生过三大喜剧诗人，分别是克拉提诺斯、欧波利斯和阿里斯托芬，但只有阿里斯托芬有作品传世。他的大部分作品都是讽刺激进民主派的政治和文化理想的。阿里斯托芬是整个欧洲的喜剧之父，正是他奠定了西方文学中喜剧以滑稽形式表现严肃主题的传统。

古希腊音乐是欧洲最古老的音乐文化。希腊从神话时代开始，就对音乐与艺术极为重视。人类自埃及、美索不达米亚进入希腊时代后，音乐开始有了科学化的研究。而后，在公元前 776 年，第一届奥林匹克大会召开时，也正是希腊及其领属的小亚细亚（今土耳其）沿岸，音乐特别发达的时期。古希腊音乐文化繁盛期，据堀内敬三《西洋音乐史》一书的记载，是在公元前 650 年至公元前 338 年之间，因此较埃及、美索不达米亚的极盛期为晚。当时的音乐形式种类有歌曲、歌舞和音乐剧。在乐器方面，也大都继承此前的古代乐器。此时，古希腊的音乐体裁极为丰富，有祭祀歌、饮酒歌、婚礼歌、情歌、庆贺歌、对神灵的赞美歌、对英雄的颂歌，很多是载歌载舞的。前述萨福等人的琴歌体抒情诗，就是诗歌与音乐的恰切结合。古希腊的音乐剧很繁荣，如上述著名的悲剧作家与喜剧作家的作品，都有演出。随着叙事诗和音乐剧的兴盛，音乐的地位日益提高，人们开始关注于音乐理论的研究。公元前 4 世纪，在柏拉图的《理想国》和亚里斯多德的《诗学》里，都曾论及音乐对国家社会的重要作用以及有关艺术的一些问题。

古希腊的建筑艺术作为欧洲建筑艺术的源泉与宝库，是古希腊文化的一种物质性外在表现。古希腊建筑的结构属梁柱体系（早期的建筑是木构架结构，以后用石材代替柱子、檐部，从木构过渡到石梁柱结构）。虽然古希腊建筑形式变化较少，内部空间封闭简单，但后世许多流派的建筑师，都从古希腊建筑中得到借鉴。在古希腊，人们知道要恰当设计一个建筑物的维度，就必须遵循一定的数学比例。以数学为基础所建立起来的理性的和谐标准，以及在此基础上所进行的视觉效果上的调整等，都使古希腊建筑成为欧洲传统建筑美学上的典范。现存的建筑物遗址主要就是神殿、剧场、竞技场等公共建筑，其中尤以神殿为一个城邦的重要活动中心，也最能代表那一时期建筑的风貌。希腊神殿建筑总的风格是庄重典雅，具有和谐、壮丽、崇高的美，其柱式是西洋古典建筑的精髓之一。建筑与装饰均雕刻化。希腊的建筑与希腊雕刻是紧紧结合在一起的。可以说，希腊建筑就是用石材雕刻出来的艺术品。是雕刻创造了完美的古希腊建筑艺术，也正是因为雕刻使希腊建筑显得更加神秘、高贵、完美和谐。反映平民的人文主义世界观，建筑和雕刻艺术崇尚人体美与和谐。另外，券拱技术是希腊建筑最大的特色及成就，它对欧洲建筑作出了巨大的贡献。正是这种券拱技术，使希腊建筑具有大跨度的特点。希腊式半圆形的拱券结构深受希腊宇宙观的影响，整个建筑使人感到圆拱形的天空一方面与大地紧密地结合为一体，同时又以向上隆起的形式表现出它与现实大地分离。希腊的几何学、力学、测绘技术，对希腊券拱技术的发展起到了很大的推动作用。希腊建筑内部还拥有大量的喷泉。那些喷泉不是自然形成的，而是希腊人建造的。古代的希腊人利用喷泉为城市和农村提供水，同时喷泉已经由饮用水的喷泉逐渐发展成为装饰性的喷泉和音乐喷泉。因此，古代的希腊被称为喷泉之城。基于自然主义的和谐美，追求与自然环境的协调是古希腊建筑的突出特点。许多城市、建筑群在规划布局上并不单纯强调平面构图的对称工整，而是顺应和利用各种复杂地形，构成活泼多变的建筑群体景观。同时，希腊人也勇于征服大自然，因此古希腊建筑乃至西方古典建筑的艺术风格重在表现人与自然的对抗之美。古希腊建筑以震撼人的外观和尺度展示建筑的永恒与崇高，以体现人之伟力。公元前5—前4世纪古希腊繁荣兴盛时期，创造了很多建筑珍品，主要建筑类型有卫城、神庙、露天剧场、柱廊、广场等。雅典卫城建筑群和该卫城巍峨、庄严、宏伟的帕特农神庙以及伊瑞克提翁神庙、胜利女神神庙是古典时期的著名建筑。古希腊建筑随着时日之进展，由厚重、粗略、生硬而日趋轻巧、精细与生动。可以说，希腊建筑就是一切艺术的研究起点，它包含的并不仅仅是如何建起一座令后人惊叹不已的建筑物，它所包含的还有古希腊人的审美观念、雕刻艺术。其建筑语汇也深深地影响着后人的建筑风格，它几乎贯穿在整个欧洲两千年的建筑活动中。古希腊建筑中蕴含的民主、人文精神，对后世整个欧洲的建筑艺术产生了巨大影响。

与建筑密切相连，古希腊的雕塑艺术也达到了一个相当高的水平。古希腊人从埃及人那里学到了制作青铜铸像、雕刻石像和用石料进行建筑的工艺，从拙劣的模仿到创造出自己独特风格的高超艺术作品，只用了100多年。此后，雕塑成为古希腊人最卓越的成就之一。希腊雕塑的成功建立在他们对人身体结构和动作形态的细致观察与研究的基础上，到公元前6世纪末，他们已经制作出栩栩如生的雕像，比埃及人的作品更加生动而真实。除了建筑物上的雕刻之外，古希腊单体雕塑也有很高的成就，对后世也产生了很大的影响。人体雕刻艺术是古希腊雕刻艺术之冠。希腊艺术的精髓，是忠实于自然，同时善于净化自然，并且在模仿中驰骋想象力，以表现理想。这是理想主义的、简朴的、典雅精致的，用外在的形式表现内在的力量。古希腊造型艺术的特点是高度写实、姿态优雅、容貌端庄，将理想与现实融为一体的人体塑造艺术，为后世树立了典范。古希腊人相信神与人具有同样的形体与性格，因此他们的雕塑参照人的形象来塑造神的形象，赋予其更为理想、更为完美的艺术形式。古希腊雕塑的题材除了有希腊神话诸神外，还有各类人物，包括政治家、运动员、普通人，它们都力图表现

"人"。从古希腊雕塑艺术史来看，公元前 3000 年—前 1100 年的爱琴文明是古希腊艺术的前源，雕塑方面的成就体现在工艺制品上。爱琴文明具有强烈的民族特征，关联着人们的日常生活，具有轻松自然、亲切而和谐的气息。但随着公元前 13 世纪多利亚人的侵略，爱琴文明随之消亡。之后，古希腊进入了荷马时期（公元前 12—前 8 世纪），随着克里特文明和迈锡尼文明的消亡，此时期被称为"黑暗时期"。这个时期的艺术成就主要为《荷马史诗》，其中大量的希腊神话传说为未来的希腊艺术指明了方向，并提供了不少素材，是希腊艺术的本源。这个时期的造型艺术处于萌芽阶段，雕塑为小雕像。而真正属于古希腊雕塑艺术风格的变化和发展的则是古风时期（公元前 750 年—前 480 年）、古典时期（公元前 480—前 334 年）和希腊化时期（公元前 334—前 30 年）三大时期。古风时期是雕刻家的训练阶段。希腊在公元前 7 世纪就产生了大型石刻，早期的大型石雕中的人物造型明显借鉴了埃及和美索不达米亚的艺术成果。此时期，经过雕塑家的长期探索，为后来的雕刻家开辟了道路。从保存下来的属于古风时期的男女人像雕刻中，可以窥见人类幼年时代的文明成就。古典时期，希腊进入了空前繁荣时期，也是希腊雕塑艺术的全盛时期。希腊艺术家经过长期的探索，能够熟练地运用人体结构的全面知识，使这一时期的雕塑艺术在追求"真实的完美"和"客观的真实之美"上达到了登峰造极的境地。此期，产生了具有时代精神的严谨风格：由古风时期的朴素古板变得丰富，具有动感；从静态的姿势转向力求表现运动甚至激烈动作或描绘战争的作品；从过去只表现人物的正面发展到表现人物的多种方面，雕刻的技巧更加熟练。这时期创造的作品更接近现实的完美人体，静态与动感相结合，使艺术成就在这个时期达到了顶峰。其中，最著名的代表作品有《雅典娜神像》、《掷铁饼者》、《束发带的青年》（又名《代阿多美纽斯》）等，著名的雕塑家则有菲狄亚斯、米隆、克勒西拉斯、波利克里托斯等。希腊化时期，古希腊雕塑艺术的中心逐渐从希腊本土移到小亚细亚的西部和爱琴海的部分岛屿上。此期，崇尚文化艺术的亚历山大大帝使希腊艺术广为传播东方，又从古代东方文化中吸收营养，从而使东西方文化开始交流与结合，促进了文明的新发展。随着城邦国家的瓦解，政治、宗教、艺术也逐渐丧失了严肃性和公民性，艺术开始成为满足少数贵族统治者自我炫耀、享乐和粉饰现实的手段。这就使神在艺术中的地位降低，人和人的生活更多地出现于艺术题材中。同古典时期雕塑相比，希腊化时期的艺术风格多样，既有同古典艺术接近的风格，如《米洛岛的维纳斯》等一系列维纳斯雕像，也有体现这一时期生死搏斗和美丑相争的时代精神、掺入悲剧性风格的《拉奥孔》等。作品更趋世俗化却仍保持着大气磅礴的精神，制作裸体的美神像更成为一种时尚，追求美与个性成为潮流，从而为写实雕塑语言淋漓尽致的发挥提供了充分的空间和机会。总之，古代希腊的人体雕像不仅形式完美，而且能充分表达出艺术家的思想感情，它们的作者运用人体作为艺术语言，传达出人类自身的精神力量，肯定了人的生命的价值，表现了健全的灵魂与健美体魄的和谐统一，歌颂了人的智慧和力量，显示了人的高贵和自尊。欧洲文艺复兴时期的艺术家乃至现当代的艺术家们，都从古希腊的雕塑艺术中受到启发，汲取了创作灵感。

在教育方面，古希腊各城邦也形成了较为完整的体系。斯巴达为培养健壮、善战的军人和武士，教育由国家办理（但只招收统治阶层的斯巴达人）；斯巴达重视女子教育（认为女子身体健康才能生出健壮的儿童，且在男子外出征战时可以担负起防卫城邦的任务）。而建立在奴隶主民主政治基础上的雅典，实行智、德、体、美多方面和谐发展教育。这些，都对后世产生了相当大的影响。特别是雅典的智、德、体、美多方面和谐发展教育，成为文艺复兴时期人文主义教育及其后教育的不懈追求。当然，雅典的这种多方面和谐发展教育也有其历史的局限性：一是，这种教育是将奴隶排斥在外的，它对平民（即具有公民身份的下层自由民）是半开放。真正能完整接受智、德、体、美多方面和谐发展教育的，仍是少数奴隶主阶级子弟。二是，这种多方面和谐发展教育是不包括劳动教育的，教育与生产劳动相脱离。

由上述可见，古希腊文化受到了东方文明古国科学文化不小的影响。古希腊的哲学家如德谟克利特、柏拉图等曾亲自到过埃及、印度等国家游历和学习。公元前 850 至前 750 年，希腊人从腓尼基人那里学习了字母文字并加以吸取改造，形成了希腊字母，这是形成希腊文学和哲学的重要前提条件。此外，希腊人还从埃及汲取了几何学、医学、艺术等知识，从包括巴比伦在内的美索不达米亚汲取了天文学、历法等知识，还有文学、艺术等。科学史家乔治·萨顿说："这种希腊科学的基础完全是东方的，不论希腊的天才多么深刻，没有这些基础，它并不一定能够创立任何可与其实际成就相比的东西……我们没有权利无视希腊天才的埃及父亲和美索不达米亚母亲。"[①]当然，希腊吸取东方的知识并不是完全照搬照抄，而是根据自己的实践经验不断地加以发展和提高，形成了自己的科学文化知识，希腊人从古老的东方文化中吸收了丰富的营养以滋润自己。如斯塔夫里阿诺斯所说："古希腊文明不是原始文明。它和其他所有的文明一样，大量借用过去的文明——如中东文明。不过，希腊人所借用的，无论是埃及的艺术形式还是

———————————

① ［美］乔治·萨顿著，陈恒六、刘兵、仲维光译，何成钧校：《科学史和新人文主义》，华夏出版社 1989年版，第 64 页。

美索不达米亚的数学和天文学，都烙上了希腊人所独有的智慧的特征。这些特征归结起来，就是虚心、好奇多思、渴求学习、富有常识。"①

（二）古希腊文化的影响

人们说，古希腊是欧洲文化的摇篮。确实，希腊文化深深影响着、并渗透进西欧各国人民生活、行为语言、精神思想、风俗习惯等方方面面。在世界文明史上，古希腊文明以其特异的风采与卓越的成就享誉后世。也正是希腊文化中所体现出的这种优越性和先进性，所以当亚历山大帝国及稍后的罗马帝国征服了希腊之后，却使希腊文化传遍了帝国的各个地区，形成了"希腊化"的局面。古希腊在其文明进程中的文化成果是近现代西方文化的基础，奠定了西方国家及人民在哲学、文学、史学、艺术、宗教、科学等各个领域的基础，并催生了15世纪的文艺复兴以及18—19世纪的启蒙运动，成为西方近代的民主自由思想和近代科学的萌芽，对西方文化的发展产生了深远的影响。恩格斯曾说："只有奴隶制才使农业和工业之间的更大规模的分工成为可能，从而为古代文化的繁荣，即为希腊文化创造了条件。没有奴隶制，就没有希腊国家，就没有希腊的艺术和科学；没有奴隶制，就没有罗马帝国。没有希腊文化和罗马帝国所奠定的基础，也就没有现代的欧洲。"②马克思曾对古希腊文化给予高度评价，称赞古希腊文化艺术的杰作至今"仍然能够给我们以艺术享受，而且就某方面说还是一种规范和高不可及的范本"③。美国学者海斯、穆恩、韦兰在《全球通史》一书中说："在艺术和文学方面，我们的思想和理想大部分是希腊的。我们的字母是稍稍变更了的希腊字母，我们的许多词语，例如'民主'和'心理学'，都是希腊的词语。我们所学习的几何定理是希腊学者们推演出来的。诗歌、哲学和戏剧有赖于希腊的也很多。甚至我们的体育运动，如'马拉松'和'奥林匹克'竞赛，无不使我们回想到令人惊叹的古代希腊。"④

这里应看到，在古希腊的灿烂文化对后世产生巨大影响的同时，其一开始就包含着的对外殖民的特性，思维方式上心与身二分的思维传统，民主政治中存在

---

① ［美］L·S.斯塔夫里阿诺斯著，吴象婴、梁赤民译：《全球通史——1500年以前的世界》，上海社会科学院出版社1988年版，第212页。

② ［德］恩格斯：《反杜林论》，中共中央马克思恩格斯列宁斯大林著作编译局译：《马克思恩格斯全集》（第20卷），人民出版社1971年版，第196页。

③ ［德］马克思：《〈经济学手稿〉导言》，中共中央马克思恩格斯列宁斯大林著作编译局译：《马克思恩格斯全集》（第46卷·上），人民出版社1979年版，第49页。

④ ［美］海斯、穆恩、韦兰著，吴文藻等译：《全球通史》（上），天津人民出版社2018年版，第47页。

的缺陷导致雅典在伯罗奔尼撒战争中失败从而使整个古希腊走向衰落等的负面因素，也对后世西方产生了不小的影响。

二、影响世界既深且远的基督教文化

（一）基督教文化概述

基督教文化也是对西方诸民族乃至整个世界影响至深的文化。可以说，它是和希腊罗马文化一起融入于西方各民族血液之中的文化。提到西方文化，不能不说古希腊罗马文化，也不能不说基督教文化。而基督教文化本身，也与希腊罗马文化存在着既有差异又有互渗的割不断的联系。作为一种神性文化和救赎文化，其内在的价值精髓也超越了时空，绵延至今而未泯灭。当然，其在历史上发挥的作用也经历了时代的变迁，其对人性的影响也经历了起起伏伏的变化。

在世界三大宗教中，唯独基督教产生于下层人民中间。公元 1 世纪上半叶，基督教产生在被罗马帝国所征服而散居在中亚和西亚地区的下层犹太人民中间，之后迅速在帝国各族下层居民中广泛流传开来，反映了下层民众渴求摆脱罗马统治者的剥削和压制、摆脱苦难，渴求上帝派救世主来到人间对统治者进行末日审判的迫切愿望。因此，早期基督教凸显出下层民众追求平等的意识和一种博爱精神。同时，早期基督教相信末日审判的到来和正义终将获得胜利，反映出对罗马统治者的压迫和剥削进行斗争和复仇的思想，对于暴露罗马统治者的黑暗，反对罗马皇帝的专制统治，起到了相当大的作用。也因此，早期基督教为后来的特别是中世纪农民和城市平民的反封建斗争提供了现成的宗教外衣。但是，早期基督教终究是当时被统治、被剥削阶级无力解放自己的意识形态的表现，其反抗和斗争毕竟是消极的，把复仇、摆脱贫困和奴役、创造人类幸福的希望寄托在相信"救世主"降临人间进行末日审判的奇迹上，这种想象中的斗争不仅不能触动罗马统治者，反而使受苦受难的人民自身在这样的想象中得到陶醉和安慰，导致对现世的苦难失去感觉，对现实的斗争漠不关心、麻木不仁。正是因为如此，基督教后来演变为上层统治者的宗教，最终成为罗马帝国的国教。罗马帝国时期的天主教思想家、教父哲学的重要代表奥古斯丁将原始基督教的教义加以系统化，较详尽论证了"三位一体"说、创世说、原罪说、天国报应说、教权至上说等，成为以后基督教会信奉的基本信条，同时也有为使罗马帝国神圣化并使其与基督教合流的意图。西罗马帝国灭亡后，随着日耳曼人的入侵及其对希腊罗马文化的摧残与破坏，基督教成为西欧中世纪唯一留下的文化形态，基督教文化在中世纪欧洲取得了万流归宗的地位。恩格斯说："中世纪是从粗野的原始状态发展而来的。它把古代文明、古代哲学、政治和法律一扫而光，以便一切都从头做起。它从没落了的古代世界承受下来的唯一事物就是基督教和一些残破不全而且失掉文明的城市……神学在知识活动的整个领域中的这种无上权威，是教会在当时封建制度里万流归宗的地位之必然结果。"①

中世纪的基督教成为承担文化传播的唯一形式。10 世纪以前，教父哲学成为西欧占主导地位的意识形态，要求人们盲目地崇信教义，造成了理性的泯灭。只有在条件较好的僧院、主教教堂及其学校中才保留了一些古代文化。为宗教事务的需要，一些修道院建立了藏书室，设立了专门的抄书室，修道士们也做了许多搜集、保存、抄写书籍的工作，同时也从事一些编著活动，从而保存了希腊、罗马的部分文化。而教会学校几乎成为中世纪唯一的学校类型，神学是其最高的学科，中世纪保留有古希腊创立的"七艺"学科，只不过"七艺"学科渗透了神学的性质。可以说，中世纪早期的西欧社会中，古希腊罗马文化和文明已被几乎丧失殆尽，人们对古代文明已知之甚少。在西欧中世纪，罗马天主教皇凌驾于世俗国家之上，具有政教合一的至高权力。在经济方面，教会也从穷苦人的精神抚慰所变成了富裕的庄园主。在精神生活领域，基督教神学具有无上的权威，上层建筑各个领域如政治、法律、哲学、文学乃至教育等都不过是从属于神学的旁系或分支。10 世纪以后，经院哲学的兴起与发展，促使了理性的回归，而理性主义的发展，使一批思想家、科学家、艺术家从浓郁的宗教氛围中脱颖而出，迎来了文艺复兴、宗教改革的新时代的曙光，同时也促使了经院哲学的解体和中世纪封建制的衰落。

（二）基督教文化的影响

由上述基督教的产生、演变与发展可见，其中所蕴含的伦理精华，如追求上帝面前人与人平等和人与自然的平等，在虔诚而笃实信仰基础上的超越种族、等级、阶层、性别、血缘等广施博爱之心、怜悯之心及宽恕与宽容之心，强调因对上帝无私奉献的崇敬而回之以对上帝之爱的牺牲与奉献精神及承受磨难坚持对上帝的信念与对生活的执着精神，宣扬在神的启示之下自我约束和忏悔的意识，内在信仰的力量（尤其是在 16 世纪欧洲宗教改革运动发起人、基督教新教的创立者、德国著名宗教改革家马丁·路德的新教哲学中，内在信仰被提到了至上的甚

---

① ［德］恩格斯：《德国农民战争》，中共中央马克思恩格斯列宁斯大林著作编译局译：《马克思恩格斯全集》（第 7 卷），人民出版社 1959 年版，第 400 页。

至有些极端的地位，即其所说的"因信得救，不靠事功"）等，赋予人们道德的自觉和精神动力，都具有普适性价值。后世西方所追求的民主与平等、慈善事业和志愿者活动的传统长盛不衰，由律法和诫命的形式来表述道德及"原罪"说（性恶论）而生发出的法律观念与制衡意识，以及理性主义的发达（主要在经院哲学时期理性主义的抬头及回归对后世产生较大影响）和中世纪大学的产生，都与基督教文化不无关系。因此学者从新强指出，在当代，基督教文化参与后现代主义的构建有一种积极的建设性作用："它使我们不仅意识到存在的危机，而且更加意识到面对危机、解决危机所必需的安慰、温情、关切与爱。它同时使我们意识到，在面对怀疑时经验到自己信赖的理性的重要性，而绝不是一味逃遁到非理性中去。"①

然而，基督教文化中所含有的在神性论基础上人的心身二分、禁欲主义的张扬、教义中体现出的人在现世无力自救而只有靠上帝的恩典、十字军东征中所表现出来的对外殖民与侵略倾向、为世人所诟病的宗教裁判所对所谓异端异教的暴虐态度等，则都含有其显著的负面因素。关于基督教文化的对外扩张性，学者李荣静指出，"基督教文化中有一种根深蒂固的非理性文化传统，这种非理性文化传统可以说是西方政治强权和文化霸权的根源。这种传统可以追溯到基督教的前身——犹太教……他们自始至终认为他们是'上帝选择的种族'，被上帝赋予了优越的智慧和力量，他们肩负着拯救世界的神圣使命，即说服或压服全体人类信奉他们的上帝，使基督教世界以外的人民也成为上帝选民。这就难免使基督教文化中滋生出一种救世主观念，这种'救世主'心态和使命感渗透到西方人生活的各个方面，成为西方民族的一种集体无意识和独特的思维方式。它使西方国家，特别是像美国这样的以基督教立国，并在当今世界处于政治经济主导地位的国家习惯性地对世界指手画脚，他们认为自己有责任把自己的价值观念、生活方式、政治制度传输给其他国家，使其人民获得他们认为的自由、美好、幸福的生活"，"基督教文化中具有一种好战传统。为传播基督信仰、征服异教，西方基督教国家曾进行为期近二百多年的对东欧和中东各国的军事远征和侵略扩张。对此美国著名历史学家斯塔夫里阿诺斯认为，基督教的'这种好战性和努力改变异端信仰的精神显然是欧亚其他民族所缺乏的'。他还说道：'与欧洲其他大宗教完全不同，基督教浸透了普济主义、改变异端信仰的热情和好战精神。从一开始，基督教就强调四海一家，宣称自己是世界宗教；从使徒时代到现在，积

---

① 从新强：《基督教文化与中国文学的价值建构》，载《燕山大学学报》（哲学社会科学版）2003 年第 3 期，第 78 页。

极传教一直是基督教会的主要特点。而且，为了使异端和不信教的人皈依基督教，基督教会总是毫不犹豫地使用武力'"。[①]

三、融汇东西方文化的拜占庭文化

（一）拜占庭文化概述

说到基督教文化，不能不提到拜占庭文化。拜占庭（395—1453 年）文化是东西罗马帝国分裂之后，东罗马地区的文化，这一文化以东正教文化为其核心内容。东正教正是基督教的一个重要分支，在斯拉夫民族及巴尔干半岛、小亚细亚、中近东等地各民族的民众中广为流传。由于是基督教的重要分支，其文化内容与基督教有着诸多共同之处，但是东正教乃至整个拜占庭文化却也有着自身独有的特色。地处欧亚非三洲交界处的拜占庭，既以古希腊、罗马古典文化为肥沃的生长土壤，又以基督教信仰为其指导思想，同时还从西亚、北非等地的东方文化中汲取充分的营养，从而融合成兼容并蓄、丰富多彩、独具一格的拜占庭文化，在西方文化史上起到了承上启下、继往开来的作用。

拜占庭以地中海的巴尔干半岛为中心，包括小亚细亚、叙利亚、巴勒斯坦、埃及、美索不达米亚、南高加索地区的一部分等，在查士丁尼时期成为地跨欧亚非三洲的大帝国。在千年帝国发展之中，拜占庭文化的成就是五彩缤纷、多种多样的，涵盖了宗教、哲学、法学、史学、文学、医学、化学（"希腊火"的发明与应用）、建筑艺术、绘画艺术（含镶嵌画、壁画）、音乐艺术（歌剧、舞剧、马戏等）及各种工艺品制作技艺等。虽然拜占庭文化也相信人的原罪，人应受到苦难的惩罚，在其艺术中表现出宗教的抽象性、浓郁的基督教气氛以及东方的神秘主义色彩，但它毕竟直接继承了古典时代希腊罗马文化遗产，为这份珍贵的遗产披上了基督教的外衣。当西罗马帝国在日耳曼人的入侵下成为支离破碎的众多王国时，东罗马却顶住了蛮族入侵的冲击，以拜占庭帝国的形式继续存在了一千年。它以希腊语为其大众语言，而在相当长的时间里，拉丁语仍是拜占庭帝国的官方语言，这就便利了希腊罗马古典文化的留存。同时，与西欧不同，教会在帝国中始终附属于皇帝，没有形成教权高于俗权、教会笼罩一切的局面，由此使教会文化和世俗文化并存共荣，也为希腊文化的继续留存创造了氛围，强大的皇权也促进了拜占庭经济的发展。可以说，西方能够发生文艺复兴，希腊罗马古典文

---

① 李荣静：《浅析基督教文化扩张中的文化帝国主义特征》，载《理论与现代化》2006 年第 3 期，第 118 页。

化能在西南欧重新生根发芽，正是依托于拜占庭这一希腊文化漫长流变征途中的桥梁和纽带。马克思称君士坦丁堡为"东西方的金桥"。迅速崛起的君士坦丁堡，成为拜占庭繁荣的政治、经济和文化中心，5—15 世纪成为世界上最大的商业和航运中心，它吸引着整个地中海世界的知识分子，他们携带着大量古典文献和古典文物前往首都，为推动拜占庭文化的发展提供了丰富的文化物质条件。拜占庭学者特别重视古希腊的哲学、文学和史学，重视古罗马的法律和建筑等工程技术。除君士坦丁堡外，亚历山大、安条克、雅典等城市也都成为当时研究古典学术的重镇。

拜占庭的文学包括小说、故事集、诗歌等形式。其讽刺散文和杂记源自古希腊文学，讽刺散文寓严肃主题于诙谐幽默的叙述风格中，杂记代表作是 6 世纪商人哥利马斯的《基督教国家风土记》，小说则主要翻译古印度故事。诗歌以礼拜仪式所用的宗教诗歌为主，讲求韵律，并从应答对唱的诗歌中发展出了两重唱的音乐形式。基督教赞美诗歌的发展在罗曼努斯（555 年）创作的上千首诗歌中达到顶点，他在创作中大量运用古代诗歌的韵律知识和格式，开创了基督教赞美诗写作的新纪元。基督教传记文学则是在埃及修道隐居运动中兴起的。拜占庭音乐源自古希腊和罗马音乐，在宫廷典礼、重大仪式、节日庆典、民间婚宴等场合都要用音乐营造热烈气氛。但世俗音乐所留下的完整乐谱很少，保留下来的拜占庭音乐主要是东正教的宗教音乐。

拜占庭美术的最大特点是其装饰性、抽象性和宗教寓意。存世的拜占庭美术作品大多是教堂中的镶嵌画、壁画和绘画手卷，题材包括耶稣、圣母与圣子、天使和天使长、历代圣人、历代皇帝和主教，以及天堂和地狱的题材。马赛克镶嵌画多为装饰性的，平面构图公式化，善用光辉耀目的颜色。其圣像艺术对后来俄罗斯、希腊等东正教国家的宗教美术有很大影响。拜占庭艺术家"力图使人忽视对圣像人物的欣赏，而追求画面背后的神学含义……这一变化主要来自于波斯和西亚地区非人格化抽象艺术的影响"[①]。除了宗教主题外，还有一些绘画手卷反映了军队、战役、日常生活、动植物和其他题材。在圣像破坏运动之后，世俗文化得到恢复，使教、俗文化并存发展。

拜占庭建筑可以分为三个阶段，即前期（4—6 世纪）、中期（7—12 世纪）和后期（13—15 世纪）。前期是拜占庭建筑的兴盛期，建筑作品大多仿照古罗马式样，主要的建筑包括君士坦丁堡的城墙、城门、宫殿、广场、拱门、高架水道、公共浴场和蓄水池，以及教堂。基督教成为国教后，拜占庭的教堂建筑越来

① 陈志强：《拜占庭文化的特征》，载《外国问题研究》2016 年第 4 期，第 9 页。

越大，越来越豪华，至公元6世纪，最终出现了空前壮观的圣索非亚大教堂。拜占庭中期建筑反映了这个时期的国家特点，即蛮族外敌相继入侵，国土缩小，国力下降。这一时期的建筑缩小，规模也不如从前。教堂建筑特点是占地少、向空中发展，取消了圣索非亚大教堂那样的中央大穹窿，代之以若干小穹窿，并注重内部装饰。十字军数次入侵之后，拜占庭帝国国力大受损失，无力再兴建大型公共建筑和教堂。这一时期建造的拜占庭建筑数量不多，也没有创新，在土耳其人灭亡拜占庭帝国后大多破损无存。

拜占庭医学是在古希腊医学体系上发展起来的，希波克拉底的体质理论被拜占庭人广泛接受，认为血液、黏液、黄胆汁和黑胆汁是人类体质病理学分类的基础，所有的疾病都出于干、湿、冷、热这四气失调。4世纪时朱利安皇帝的私人医生欧利修巴斯编纂的《诊断学》，7世纪时保罗编纂的《妇科学》《毒物学》《处方》，以及11世纪时西美昂编纂的《食物》《保健手册》都是以希波克拉底理论为基础的。拜占庭的草药学非常发达，放血、推拿、按摩、烧灼等方法也被用于治疗病患。沐浴习惯和对街道的定期冲刷是主要的城市公共卫生手段。

在法律方面，查士丁尼时期的《罗马民法大全》（含《查士丁尼法典》，即历任罗马皇帝颁布的法令；《法学汇纂》，即历代罗马法学家有关法律问题的论文和著作；《法理概要》，即简要阐明法学原理以指导学习法律文献；《新法典》，即查士丁尼执政时期的法令），就是在古典罗马法的基础上制定并颁布的，这是欧洲历史上第一部系统完整的法典，为近代欧洲法律提供了基本的理论依据。法典的内容和立法技术远比其他奴隶制法更为详尽。它所确定的概念和原则具有措辞严格、确切和结论明晰的特点，尤其是它所提出的自由民在"私法"范围内的形式上平等、契约以当事人同意为生效的主要条件和财产无限制私有等重要原则，为后世法律奠定了基础。此外，在拜占庭其他历史时期也出现了一些法学著作，对西方的法律和社会也产生了较大影响。

在教育方面，拜占庭最发达并对后世产生较大影响的是高等教育。当高等教育在中世纪的西欧几乎绝迹的时候，在拜占庭首都君士坦丁堡和其他一些大城市仍继续存在着发达的高等学校，如雅典大学、亚历山大利亚的医学和哲学学校、贝鲁特和君士坦丁堡的法律学校等，都是当时古典文化教育的中心。而在这些学校中存在时间最长、影响最大的是君士坦丁堡大学，其曾一度成为拜占庭和阿拉伯地区乃至西欧各国青年学子们向往求学的圣地。拜占庭强大的世俗政权、发达的城市和频繁的贸易以及长期存在的基督教，使其在教育上形成世俗教育和基督教教育并存的局面。在拜占庭，一直存在比较发达的世俗教育，它的世俗教育直接承继了古典教育的传统。拜占庭的初等教育一直保留着希腊化时期的传统；中等学校主要是文法学校，学习内容主要是文法知识和古典作品。拜占庭的宫廷教育和府邸教育都受到重视，并且学习内容十分丰富。而拜占庭教会教育的显著特征就是集成古希腊文化的传统，用希腊哲学的观点和方法来钻研神学理论，探讨和研究神学问题。拜占庭教会也重视教士应承担的教师职责。7世纪时，君士坦丁堡教会曾两次颁布关于学校教育的通谕。在当时基督教会的主要教育机构——修道院和座堂学校中，尽管它们主要的教育内容为基督教义，但一些古典文化知识都得到较好的保存，使得这些学校也成为保存和传播古希腊文化的重要场所。在拜占庭，老师们要求学生既要学习《圣经》，也要背诵《荷马史诗》。在初级语言、逻辑和哲学教育的基础之上，学生们在大学里接受高级修辞学、哲学以及算术、几何、音乐、天文、法律、物理和神学等课程的学习，这些课程均成为高级教育的组成部分。与筑城相关的土木工程学，与军事相关的冶金学和地理学，以及制作"希腊火"所需的化学知识都得到了高度发展，而这类知识是向在各种实用技术专门学校学习的学生传授的。可以说，拜占庭对古典文化的保存和传承，有其深厚的历史背景、广泛的社会基础和良好的学术条件。

在比较全面、系统学习和接受古代文化的过程中，拜占庭并非全盘照搬、简单模仿，而是注意选择对拜占庭社会生活有用的东西。他们在整理古典作品时，着重了解和体会古典文化的审美观，学习和掌握创作古典杰作的技能和手段，在模仿中采取了"为我所用"的态度，从而将古典文化价值观运用到中世纪的社会生活之中，使古典文化在拜占庭文化的特殊形式中得到保护。与此同时，拜占庭人在积极主动吸取古典文化精华的基础上注意发展创造，将多种不同文化因素融合在自己的创作中，形成自身的特点，由此逐渐发展出具有独立性的、比较完备的、内容丰富的文化体系。在整个中世纪，拜占庭是欧洲文化教育最发达的国家，其发达的文化教育对欧洲各国都产生了重要影响。

（二）拜占庭文化的影响

在近代西方文化兴起之前，拜占庭文化一枝独秀，对当时周边各国各民族产生了强大、广泛的影响，如对斯拉夫各民族、阿拉伯世界，以及西欧文化都产生了持续不断的强烈影响。

在古代斯拉夫世界，拜占庭文化像一团智慧之火，将落后的民族从野蛮状态的黑暗中引导到光明世界中来。正是在拜占庭文化和教会的影响下，才形成了以君士坦丁堡为中心的"东方基督教世界"，从而奠定了现代东正教世界的基础。拜占庭和保加利亚、波兰、基辅罗斯的密切联系促进了斯拉夫地区的发展。东正教深刻地影响了俄罗斯，进而影响了世界。可以说，拜占庭文化直接促进了斯拉夫世界的文明化，加速斯拉夫各民族国家的发展，并形成以东正教为核心的东欧世界。学者杨翠红指出，"罗斯确立拜占庭基督教为国教为拜占庭的先进文化进入罗斯开启了方便之门：先知的传教促进了罗斯文字的完善；基督教的传播推动了教育的发展；宗教典籍的引入丰富了文学形式；教堂的修建使得大批拜占庭建筑师和工匠来到罗斯，促使罗斯建筑和艺术飞速发展"[1]，"拜占庭文明为罗斯社会注入了生机和活力，罗斯广泛吸纳拜占庭文明的营养，创造了基辅罗斯辉煌灿烂的文化"[2]。至于阿拉伯人在入侵拜占庭的过程中，也不断接受包括古典文化在内的拜占庭文化，并对拜占庭文化也作出了自己的贡献，下文中将有专门叙述。

作为中世纪前期基督教文明中最强大的国家，在政治方面，拜占庭帝国长期以来先后担负了对抗萨珊波斯、阿拉伯帝国和奥斯曼帝国的重任，保护了欧洲的小国家。可以说，如果没有拜占庭作为东西方的缓冲，欧洲在中世纪时期可能已经被东方强国侵占，欧洲历史也可能会因此而改写。文化方面，拜占庭文化通过拜占庭帝国在意大利的属地对西欧发生深远影响。中世纪早期拜占庭文化就对意大利南部和东部产生了较大影响。5世纪时，亚历山大利亚城著名的古典女学者海帕提亚与其父修订注释的托勒密的《地理学》和《天文学大全》及多部数学专著就流入意大利；用通俗语言阐述古典文学创作原则的"新亚历山大学派"作家的作品流传于西地中海；被称为"教会史之父"、将教会文学和古代世俗文学成功结合的突出代表尤西比乌斯模仿古希腊历史学家希罗多德文风撰写的、其中大量引用古代作家作品的著作《教会史》和《编年史》，被翻译为拉丁语和亚美尼亚语流传于整个地中海和西亚地区；君士坦丁堡大学语言学教授撰写于526年前后的《文法》，成为中世纪欧洲最权威的语言教材之一。6世纪时，西罗马故地曾一度置于拜占庭帝国版图内，留下了拜占庭文化的踪迹。6—7世纪拜占庭的科学、病理学专著及医疗教科书均对中世纪西欧医学产生重要影响。此后，又有几次传播的高潮。在8—9世纪圣像破坏运动期间，大批有教养的教士和修士逃亡到南意大利，他们对拜占庭文化在西欧的传播起了重要作用。9—10世纪阿拉伯人对西西里的征服和统治，使该地区的希腊移民集中到卡拉布里亚、拉文纳等希腊人积聚地区，形成拜占庭文化传播中心。9世纪以后，该地区出现了拜占庭文化传播的高潮，与西西里出现的阿拉伯人学习古典文化

---

[1] 杨翠红：《拜占庭基督教传入对罗斯文化具有积极影响解析》，载《西伯利亚研究》2006年第4期，第72页。

[2] 杨翠红：《拜占庭基督教传入对罗斯文化具有积极影响解析》，载《西伯利亚研究》2006年第4期，第71页。

的热潮相呼应，促进西欧人对古典文化的了解。12 世纪，东西欧的文化学术交流有新的发展：西欧诸国（如法国和英国）逐渐恢复了研究古典学术和文化的兴趣，热衷于学习希腊文和拉丁文的人愈益增多。古代罗马的散文和诗歌、法学、哲学、历史学重新开始在西欧流行，希腊和阿拉伯式的大学也开始在西方兴起。12 世纪意大利和拜占庭的交往是相当频繁而广泛的。君士坦丁堡经常举行学术讨论会，参加者不仅有东正教的学者，也有西方天主教的学者，他们从欧亚各地来到拜占庭首都进行学术和宗教论争，皇帝也时常亲临现场。这种学术讨论，为拜占庭希腊文化向西方传播打开了方便之门。意大利与拜占庭的贸易关系密切，在君士坦丁堡城区居住着许多威尼斯、比萨和热那亚的居民。热衷希腊文化的意大利学者向西方大量传播希腊文化。在曼努依尔皇帝时期，西方各国（如法、德、比萨等）及教廷连续不断地派使团来拜占庭，拜占庭也有使团去西方。东西方不断的文化交流，为西欧的文艺复兴奠定了一定的社会基础。就拜占庭的建筑艺术来说，其影响无论是对东方还是西方，都贯穿于整个 11、12 世纪。13 世纪初，第四次十字军东征前后，拜占庭文化再次出现西传的高潮。虽然这次战争对拜占庭帝国和中东地区造成极大的破坏，但客观上也使西欧各阶层民众亲身了解和接触到拜占庭文化。这一时期，从君士坦丁堡抢夺来的大批珍宝文物、图书和艺术品在西欧各国广泛流传。拜占庭文化西传的最后高潮期是在 14 世纪以后。这次高潮出现的原因是奥斯曼土耳其人在巴尔干半岛的军事扩张引起地区性动荡，使大批拜占庭学者、工匠移居西欧，直接促进拜占庭文化在西欧地区的传播和意大利崇尚古典文化的热潮的形成。大批报国无望的知识分子因不堪忍受异教的压迫和动乱的形势而纷纷逃到意大利后，以深厚的古典文化功底影响着意大利人文主义者，给深受天主教思想禁锢的西欧精神世界注入了清新的空气，推动文艺复兴运动的展开。同时，拜占庭学者和相关机构所拥有的大量的古代手稿文物和书籍，为意大利文艺复兴时期的人文主义者提供了珍贵的文献资料。可以说，拜占庭文化作为中世纪欧洲文化的集大成者，对意大利文艺复兴所产生的直接与间接的影响，意义极为深远。诚如恩格斯所说："拜占庭灭亡时抢救出来的手抄本，罗马废墟中发掘出来的古代雕像，在惊讶的西方面前展示了一个新的世界——希腊的古代；在它的光辉形象面前，中世纪的幽灵消失了；意大利出现了前所未有的艺术繁荣。"[①]随着 1453 年土耳其人的大炮攻破君士坦丁堡的城墙，经历了一千多年的拜占庭帝国最终灭亡了。然而，拜占庭的语言、文学、教会和精神传统却在奥斯曼帝国得以延续下去。它留下的大笔光辉的遗产，对基督教文化，乃

---

① ［德］恩格斯：《自然辩证法》，中共中央马克思恩格斯列宁斯大林著作编译局译：《马克思恩格斯全集》（第 20 卷），人民出版社 1971 年版，第 360-361 页。

至整个欧洲世界仍然还发挥着持久的影响。在人类文明发展史中，拜占庭文化是一笔不可小视的财富。

值得一提的是，拜占庭很早就与中国有了来往。在中国古代史籍中，罗马帝国，特别是它统治下的东部地区即地中海东岸，被称为"大秦"；由罗马帝国东部疆域演化而来的拜占庭帝国则更多地被称为"拂菻"，但在许多情况下仍继续沿用旧称"大秦"，或"大秦""拂菻"并用。"拂菻"指拜占庭帝国，在隋唐时期的典籍中最为明确，也最为频繁。通过"丝绸之路"，中国的丝绸、茶叶、瓷器等商品运到了拜占庭，尤其是中国的养蚕技术、丝织品加工等技术传到了拜占庭，而拜占庭的琉璃、珊瑚、玛瑙等也运入了中国；拜占庭金币（曾一度成为整个地中海经济圈最具国际信誉的金币，相当于中世纪的美元，甚至比今天的美元有过之而无不及。它曾在欧亚大陆被广为接受，视为标准，甚至被广泛崇拜，强化了拜占庭帝国的商贸地位）也随货物流入了中国；拜占庭幻术的引进成为后世中国杂技的基础，拜占庭基督教中的聂斯脱利教派（当时中国称之为景教）也随之传入中国。

但是，拜占庭清除了古罗马帝国在中央集权制度中保留的民主形式和普通公民参与政治的因素，发展出拜占庭帝国君主专制的官僚制度，使皇帝制度成为其政治生活的核心，并利用东正教强化皇权统治和扩大帝国的影响。此方面，也曾产生了皇帝专权和宫廷腐败的消极作用。再加上入侵帝国的奥斯曼军队力量的强大，这一切都最终导致了拜占庭帝国的灭亡。

四、在东西方文化之间架起桥梁的阿拉伯文化

（一）阿拉伯文化概述

以伊斯兰教为内核的阿拉伯文化，在历史上曾起到过融合东西方文化的桥梁作用。而宗教和政治的融合成为伊斯兰教的基础。伊斯兰教的内涵是广博而丰富的。"伊斯兰"并不专指一种宗教意识、信仰体系，还指称一种社会制度、生活方式、文化形态，甚至时代特性。而凛然贯通于穆斯林生活所有领域并成为其"脊梁"的，是所谓的"伊斯兰精神"。在这一精神指导下，信仰伊斯兰教的各个民族，在吸纳原有遗产的基础上，创造了灿烂的伊斯兰文明。因此，阿拉伯-伊斯兰文化不仅限于阿拉伯民族，而且是信仰伊斯兰教的全世界穆斯林的文化成就。可以说，阿拉伯文化与伊斯兰教是水乳交融的一体。

从历史上看，阿拉伯人是闪米特人中最年轻的一支，其早期文明与欧洲相比更为落后，是一支以游牧为主的民族。但自 18 世纪阿拉伯半岛南也门古代阿拉伯王国，诸如麦因、赛伯伊、哈德拉毛的发现，使阿拉伯古代文化有文字记载的历史上溯至公元前 1000 年。赛伯伊王国于公元前 7 世纪修建的马里卜水坝，被认为是古代水利工程的杰出代表之一。阿拉伯早期文明虽落后于西欧，但 7 世纪崛起之后，十分重视对先进文化的摄取，后来受到拜占庭帝国的影响，商业逐渐繁荣。而商业的发展和繁荣极大地改变了阿拉伯人的文明形态。阿拉伯人崛起之后，曾征服了拜占庭帝国在西亚、北非的大部分领土，从拜占庭获取了大量的古希腊罗马学术著作，这些著作被阿拉伯人引进、翻译并保存下来，到 12—13 世纪以后又传回西方。尤其在 1453 年拜占庭帝国被彻底摧毁之后，阿拉伯人继承了大量的古希腊罗马文化成果和学术遗产，并很好地加以保留。当时的阿拉伯人提出"人最美的装饰品是知识"的格言。伊斯兰教的创建者穆罕默德在"圣训"中说，"求知，从摇篮到坟墓"，"求学，哪怕远在中国"。正是因为如此，穆斯林学者极善于从被他们征服的文化所留下的遗产中汲取有用的东西，而且可以将其综合成一种完全属于他们自己的文化，从而使阿拉伯人从落后的游牧民族，迅速成长为"整个中世纪高举文明火炬的民族"。大马士革、巴格达、开罗和西班牙的科尔多瓦被认为是世界著名的阿拉伯文化城市。阿拉伯在哲学、医学、数学、化学、天文学、语言学、文学、历史学、生物学等诸多领域取得了辉煌的成就，涌现了一大批思想家、科学家、文学家。

在数学方面，阿拉伯人最先引进印度的数字和十进位制，并通过西班牙将印度数字传入欧洲，进而传播到世界各国，逐渐取代了罗马数字，这对近代数学的发展起了重要的推进作用，这就是我们使用的阿拉伯数字。此外，阿拉伯人还翻译并命名了欧几里得的《几何原本》。阿拉伯数学家已知二次方程式有两个根，用二次曲线解三次方程式和四次方程式。他们研究了面积、体积和画出有规则的多边形，并把多边形与代数方程式联系起来，以求得未知数。他们掌握了球面三角形的基本原理，并在三角学中首先使用了正切、余切、正割、余割、正弦、余弦，还发现了其中的函数关系，使三角学成为一门独立学科，并在阿拉伯数学中占有重要地位。阿拉伯人编成了三角函数值表，促进了天文学的发展。大数学家穆罕默德·伊本·穆萨创立了完整的代数学并发明了代数符号。他著的《积分和方程计算法》，是关于代数学的最早的著作。该著作在 12 世纪被译成拉丁文，成为欧洲各大学的主要教材，一直使用到 16 世纪。代数学由此传入欧洲。花拉子密是阿拉伯初期最主要的数学家，他编写了第一本介绍印度数字和记数法的著作。他的另一名著《代数学》系统地讨论了一元二次方程的解法，建立了真正意义上的代数学。他不仅介绍了印度数字，而且深入研究了十进位制，特别研究了"0"及其作用，还发明了小数点，研究了分数理论。20 世纪最具影响力的科学史学家、《科学史导引》的作者乔治·萨顿认为花拉子密是"那个时代最伟大的数学家、迄今所有时代最崇高者之一"。他在赞扬花拉子密的代数学的意义时说："在数学上，从希腊人的静态宇宙概念到伊斯兰的动态宇宙观，第一步是由现代代数学的奠基者——花拉子密迈出的。"[1]希提在《阿拉伯通史》中对花拉子密评价说："他是伊斯兰教最伟大的科学家之一，对于数学思想影响之大，是中世纪时代任何著作家所不能及的。花拉子密不仅编辑了最古的天文表，而且编写了关于算术和代数学的最古老的书籍。"[2]此外，阿尔卡西、阿布·卡米勒、奥玛尔·海亚姆、金迪、塔比特、巴塔尼、瓦法等也都是阿拉伯卓有成就的数学家。可以说，在世界上大多数地方正处于科学上贫瘠的时代，阿拉伯的数学成就格外耀眼，欧洲人主要就是通过阿拉伯数学家的译著才了解古希腊和印度以及中国数学的成就。

在天文学方面，阿拉伯天文学家批判地球中心说，预测了地球自转并绕太阳转，对后来的哥白尼创立日心体系有着直接的影响。他们阐述了黄赤交角、行星的黄经运动、地月距离、交食计算、星占学、行星运行表等。他们还精确地测出了子午线的长度。此外，阿拉伯人在历法研究和制定方面也做出了巨大成就，伊斯兰太阳历一年平均 365 天，每 128 年设 31 闰年，闰年为 366 天。从公元 9 世纪起，阿拉伯人在巴格达、大马士革、开罗、科尔多瓦等地建立了当时世界一流的天文台，并研制了相当精密的天文观测仪器，如象限仪、浑仪、日晷、星盘、地球仪等，形成了许多天文观测和研究中心。诸多天文学家和科学家都作出了重要贡献。如著有《天文学基础》一书的法干尼、著有《星占学巨引》一书的贾法尔·阿布·马舍尔、撰写了《萨比历数书》《天文论著》的阿尔·巴塔尼、撰写了《占星入门解答》《马苏迪之典》的阿尔·毕鲁尼、编制出《哈基姆历表》的伊本·尤努斯、编制出《托莱多天文表》的阿尔·查尔卡利、提出了颤动理论的塔比·伊本·库拉、著有《恒星图像》（或译作《恒星星座》）的苏菲、巴格达天文学派最后一位著名人物瓦法、制定的贾拉利历的精确程度已经十分接近格利高里历的奥玛尔·海亚姆、建立了月球的运动模型并提出"图西力偶"定理的天文学家兼数学家图西等。科学史家乔治·萨里巴在谈及阿拉伯帝国天文学与哥白尼天文学关系的时候说道："当我们想到哥白尼天文学本身给我们带来的所谓

---

① 转引自马来平主编：《通俗科技发展史·综合卷》，山东科学技术出版社 2007 年版，第 59 页。
② ［美］希提著，马坚译：《阿拉伯通史》，商务印书馆 1979 年版，第 447 页。

'哥白尼革命'这样的概念时……我们便不难想象到哥白尼的数学天文学与在他以前用阿拉伯语写作的天文学家们之间的交融了。或者换句话说，就不难理解为什么阿拉伯天文学与哥白尼天文学之间的模糊边界会是这样有趣了。"[1]

在哲学方面，阿拉伯形成了许多流派，如以提倡守贫、苦行和禁欲为其主要内容，以神秘主义为特征的苏菲派；穆尔太齐赖派，是阿拉伯中世纪最早的神学-哲学派别，讨论了有关真主的本质及其属性、真主与世界的关系、人类有否意志自由等问题。9—12世纪，在传播希腊哲学和波斯哲学思想的过程中，在阿拉伯伊斯兰教徒统治下的广大地区出现了为数众多的哲学家。这些哲学家较多地接受古希腊罗马哲学和各种东方传统思想的影响，尤其推崇亚里士多德，并注释其哲学或科学著作。他们根据社会斗争和生活实践的需要，用从亚里士多德和新柏拉图主义那里获得的精神营养，对伊斯兰教的教义进行种种解释。这些哲学家构成了中世纪阿拉伯哲学的主体，西方学者一般称之为阿拉伯亚里士多德学派，他们对伊斯兰世界有着重要的影响，其代表人物有法拉比、伊本·路西德等。伊本·路西德（拉丁名阿威罗伊）的"阿威罗伊哲学"对西方学术界的影响力甚至大大胜过其在伊斯兰世界所享有的威望。恩格斯指出："在罗曼语诸民族那里，一种从阿拉伯人那里吸收过来并从新发现的希腊哲学那里得到营养的明快的自由思想，愈来愈根深蒂固，为十八世纪的唯物主义作了准备。"[2]黑格尔指出："阿拉伯人之获知亚里士多德的哲学，这件事具有这样的历史意义：最初乃是通过这条道路，西方才知悉了亚里士多德。对亚里士多德作品的评注和亚里士多德的章句的汇编，对西方各国，成了哲学的源泉。"[3]

在化学方面，阿拉伯人也有卓越的成就。阿拉伯在炼金术方面名声很大，已有700多年的炼金术史，主要受亚历山大希腊化传统的影响，同时也受到中国和印度炼丹术的影响。在这一过程中，阿拉伯人把炼金术发展为化学，促进了中世纪后期欧洲化学的诞生。阿拉伯科学家们通过自己的成就使得实验性研究受到了学者们的重视和尊敬，并证实了这种研究的价值。阿拉伯的化学家发明并命名了蒸馏器，区别了各种酸和碱，完成对无数物质的化学分析，并且还研究和制造了数百种药品。在反复实验中，阿拉伯人发现了多种化合物与新物质，如碳酸钠、硫酸、硝酸、硝酸钾、硼砂等。他们还掌握了蒸馏、结晶、煅烧、升华、蒸

---

① 王岩主编：《那时的中国看世界——中西上下五千年文明比较》，内蒙古大学出版社2010年版，第225页。

② ［德］恩格斯：《自然辩证法》，中共中央马克思恩格斯列宁斯大林著作编译局译：《马克思恩格斯全集》（第20卷），人民出版社1971年版，第361页。

③ ［德］黑格尔著，贺麟、王太庆译：《哲学史讲演录》（第3卷），商务印书馆2017年版，第286页。

发、过滤以及纯化等方法。化学家哈扬强调，在化学反应过程中，各种参与反应的物质的量是一定的，这或可被看成是"定比定律"的雏形。阿拉伯帝国的一大批学者乃至从业者在许多技术发明创新方面显示了无穷的才能与智慧，他们已经掌握了在当时算是独一无二的化学技术，如氯化汞、五氧化二砷、硫酸盐、明矾和碱等的制备技术。他们还将化学知识应用于生产与制造，例如当时的制革以及玻璃、墨水、油漆、染料、焊料、黏合剂和人造珍珠等的加工和制糖等，其中许多东西与后来的工业具有直接的关联；他们将含糖与淀粉的物质发酵后通过蒸馏的方法制取酒精，比欧洲人早了 300 多年；他们还发明了肥皂的制作方法。在化学家中，哈扬与拉齐兹成就突出，被誉为"化学之父"。亨利·莱斯特评价说："在实用方面，他们发现了卤砂，制出了苛性碱，认识到动物物质的特性和它们在化学上的重要作用……他们对无机物的分类，已成为后世西方世界采用的大多数理论体系的基础。阿拉伯炼金术士在化学方面的功绩，远远超出了人们的通常估计。他们对科学的发展做出了重大贡献。"[①]

在艺术与建筑方面，首先，阿拉伯世界对于艺术美有独特的追求。由于伊斯兰教反对偶像崇拜，排斥具象，因此阿拉伯艺术作品中缺少对人物和动物造型的塑造。艺术家们的才思智慧都集中在书法艺术、几何图案和巧妙别致的构思中，具有明显的抽象法和形式化的特征。其次，伊斯兰建筑别具一格，包括清真寺、伊斯兰学府、哈里发宫殿、陵墓以及各种公共设施、居民住宅等，都是世界建筑艺术和伊斯兰文化的组成部分，它同印度建筑、中国建筑并称东方三大建筑体系。阿拉伯人仿照波斯和罗马式建筑形式，创立了风格独特优美的新样式，其建筑以其宏伟、壮丽著称于世。伊拉克的萨马拉古城有别具风格的螺旋塔，这座名叫"玛勒维亚"的塔是阿拔斯王朝时代建筑艺术的杰作。

在历史学方面，阿拉伯的史学成就超过了同时代的欧洲。14 世纪时，阿拉伯历史学家伊本·赫勒敦最先将历史视为关于诸文明起源和发展的学科，他的著作《历史导论》在史学理论方面不仅对阿拉伯，而且对世界史学研究都有很大的影响。泰伯里和麦斯欧迪是公认的最伟大的阿拉伯历史学家，其成就是后人难以逾越的高峰。麦斯欧迪被称为阿拉伯的希罗多德，他是采用纪事本末体编写历史的第一个阿拉伯人。他除了研究正规的穆斯林的题目外，还研究了印度、波斯、罗马、犹太的历史和宗教；他还是一位博物学家，把关于矿物、植物、动物之间的秩序的见解总结起来，写成一本专论，叫作《提醒和监督》。

---

① [美]亨利·M. 莱斯特著，吴忠译，潘同珑、刘珺珺校：《化学的历史背景》，商务印书馆 1982 年版，第 77-78 页。

在文学方面，可以说文学是阿拉伯伊斯兰文化中最具特色，也是阿拉伯人自己最引以自豪的领域之一。早期阿拉伯文学题材多为谚语、诗歌、故事，语言简洁明快、犀利、朴实，体现了阿拉伯人狂放而直爽的性格。阿拉伯文学作品以诗歌为主，文字优美，音韵或铿锵激昂，或婉转柔美。历代诗坛，耆宿辈出。韵文、散文在阿拔斯帝国时代获得长足发展。阿拉伯人最有名的文学著作是短篇小说集《一千零一夜》（又译《天方夜谭》）。该书内容丰富，叙事生动，包括寓言、童话、民间故事、名人逸事等。学者一般认为，该书是在古代波斯《一千个故事》的基础上，吸取了埃及、伊拉克、印度甚至中国等国的民间故事，经过几百年的修改补充，到 16 世纪最后编定的。《一千零一夜》反映了阿拉伯境内各族人民的社会生活和风俗习惯，显示了阿拉伯人民高度智慧和丰富的想象力，是阿拉伯人民留给世界人民的一份珍贵的文学遗产。除了自身的文学成就以外，在整理、翻译和改编古典著作方面，阿拉伯人也作出了卓越的贡献。

在物理学方面，阿拉伯人也大量吸收了古希腊的科学成就。阿基米德、亚里士多德、托勒密等人的著作被翻译成阿拉伯文。从 10 世纪以后，阿拉伯人在光学和静力学方面成果显著。光学方面，阿拉伯最杰出的物理学家是阿勒·哈增，著有《光学全书》，被称作"光学之父"。他不仅说明光在同一物质中是沿直线传播的，还研究了光的反射和折射，并且通过实验指出，垂直穿透不同介质之间界面的光线是不弯曲的。他在实验中不但研究平面镜、球面镜、柱面镜和抛物面镜，而且研究球面像差和透镜的放大率。在此基础上，他提出了著名的"阿勒·哈增问题"：在发光点和眼睛已定的情况下，寻找球面镜、圆锥面镜和圆柱面镜上的反射点。在光学研究中，哈增善于应用数学方法解决几何光学的问题。暗箱成像实验也是哈增设计的，以此他正确解释了暗箱的成像原理，因此约瑟夫·黑尔甚至在《阿拉伯文明》一书中将哈增评价为"照相摄影"的先驱。哈增认为，所有的光线都来自太阳，人之所以能看到物体，是因为物体反射了太阳光。阿勒·哈增对光学的研究，有力地促进了现代光学的诞生，开普勒直接继承了其光学研究成果。力学方面，阿拉伯物理学家对物理学上的运动与惯性、时间与空间概念的认识，以及对抛物运动及重力作用的研究，为以后经典力学的建立做了必要的铺垫。他们还认为，在世界产生以前，原始状态的物质是由具有空间范围的、分散的"原子"构成的。塔比特（也兼数学家）是静力学的奠基人，他撰写的《杠杆的平衡》一书，成功地证明了杠杆的平衡原理。阿尔·哈兹尼是继塔比特后研究杠杆平衡的最重要的科学家。他还发现空气也有重量，因此他把阿基米德的浮力定律从液体推广到空气中。而且他发现，大气的密度随高度的不断增加越来越小，因此物体在不同高度测量时，重量会有所不同。哈兹尼还发现并证明，越接近地心，水的密度越大，而英国人罗杰·贝肯则是在哈兹尼之后发现同一现象的。哈兹尼还以路程与时间之比给出了速度的概念。阿尔·毕鲁尼研究过流体静力学与物体的瞬间运动与加速度。他不仅发现光的传播速度快于声音，精确地测定了 18 种宝石和金属的比重，并且为所有已知的复合物与物质元素建立了比重表。他也曾经用连通管原理解释地下的天然喷泉。伊本·西拿（西方人亦称之为阿维森纳）不仅是医学家，他还颇富独创性地定义了诸如杠杆、滑轮和滚筒等机械装置，并且把它们作了分类。倾角的概念也是他提出的，借以解释物体的抛物运动，而这正是亚里士多德物理学的薄弱环节。阿拉伯物理学为中世纪的欧洲提供了丰富的资料、实验、理论和方法，有力地推动了欧洲物理学的复兴。

在医学方面，伊斯兰教的医药学以希腊医药学为基础，但帝国地理上的扩展，使得穆斯林们获得了更多新的疾病和新的药物的相关知识。直到 17 世纪以前，拉齐兹和伊本·西拿的医学著作，一直被用作欧洲医学院的教科书。拉齐兹是著名的医生和化学家、巴格达医院院长，被誉为"阿拉伯的盖伦""穆斯林医学之父"。他在外科学、儿科学、传染病及疑难杂症方面具有丰富的临床经验与理论知识。他是外科串线法、丝线止血和内科精神治疗法的发明者，也是首创外科缝合的肠线及用酒精"消毒"的医学家。他著有医学著作 100 多种，《医学集成》是其最重要的著作。《天花和麻疹》是拉齐兹的一篇重要的医学论文，是这方面最早的专门论著。伊本·西拿被誉为阿拉伯的"医学之王"，是代表阿拉伯帝国医学最高境界的里程碑。他与古希腊的希波克拉底、古罗马的盖伦并称医学史上的三位鼻祖。他发现了肺结核是一种由"原体"产生的传染性疾病，他阐述了胸膜炎和多种神经失调症，把心理学应用于医学治疗。他还发现，污染的水和土壤可以传播疾病。他主张外科医生应该在早期阶段治疗恶性肿瘤，以确保对所有病变组织加以切除。他在著作中强调膳食营养的重要意义，提出气候和环境与疾病有关的观点。他研究过心脏瓣膜，发现主动脉有三个瓣膜，瓣膜的张开与关闭配合心脏的收缩与舒张，从而维持血液的流出与流入。他描述和记录了有关心脏病药物的提炼及皮肤病、性病、神经病（如脑膜炎）与精神疾病等病症。他还能够将纵隔炎与胸膜炎相鉴别。他也介绍了用烧灼治疯狗咬伤、针刺放血与竹筒灌肠以及音乐等疗法。他主张在正式推广使用一种新药之前，首先应该进行动物与人体实验，从而保证药物的安全性。他的《医典》长达百万字，内容涉及解剖学、生理学、病理学、治疗学、制药学、卫生学、饮食学等多方面的知识，记载了 760 多种药物的性能和丰富的临床经验，代表了古代阿拉伯医学的最高成就，被欧洲各大学用为医学教科书。此外，享有"外科学之父"赞誉并著有《医学手册》的扎哈拉维、兼为著名哲学家并著有《医学原理》的医学家伊本·路西德、写有多部眼科学专著的侯奈因·伊本·易司哈格（兼翻译家、数学家）、著有《眼科医师手册》的卡哈尔、白内障针吸术的发明者毛斯里、13 世纪提出一种血液小循环（肺循环）理论而纠正了盖伦的血液循环学说的大马士革医学家伊本·纳菲等，都是为医学作出重要贡献的阿拉伯医学家。除了一些医学专论之外，阿拉伯帝国的一些医学家还写了很多关于特殊疾病及相关药物的著作。在药物学方面，阿拉伯帝国的医生与药物学家作出了有益的尝试与大量的创新，其药物学成就对欧洲具有不可或缺的影响。事实上，欧洲人使用的药典一直依赖穆斯林的著作与资料，直至 19 世纪晚期。

在地理学方面，阿拉伯帝国时期的地理学内容极为丰富而翔实，既有绘图学与海上探测的知识，也有旅行家对山川地貌的记录，还包括测地学如对地理学坐标甚为精确的数学测量与定量的地貌研究。学者的地理学知识不仅借鉴古巴比伦、印度、波斯与希腊的成果，而且建树颇多，对之后航海时代的到来具有重要意义。阿拔斯王朝是今天所谓的"科学的地理学"的发端时期，因为自那时以来地理学便真正成为"定量加描述性地理学"。穆斯林学者不仅从印度天文学书籍里学习很多长度计算方法，而且还从希腊与波斯的著作中受益匪浅，进而建立"定量加描述性地理学"。地理学家在大地测量学方面颇有建树，如测定城市的方位、山峰的高度等，甚至在测量地球的半（直）径、周长、经度等方面，也做过有益而富有成果的尝试（假定地球为圆形）。另外，阿拉伯人当初征服北非的时候，到达了大西洋，他们认为到了世界最西方，因此称当地为"马格里布"，我们今天仍然称呼北非诸国为"马格里布"。雅库比所著《列国志》，马苏迪所著《黄金草原》，阿尔·毕鲁尼所著《城市方位坐标的确定》《绘图法》《古代国家编年史》《印度》等，都是有关地理学方面的重要著作。毕鲁尼可谓是中世纪地理学第一巨人，乔治·萨顿则干脆把 11 世纪（上半叶）命名为"毕鲁尼的世纪"。阿拉伯人绘制的地图是继希腊人之后对世界的最重要的认知，并具有质的进步，与中世纪欧洲基督教世界通行采用的以耶路撒冷为中心的"寰宇图"则有天壤之别。历史上一幅著名的世界地图——"迈蒙地图"诞生于公元 9 世纪初阿拔斯王朝的哈里发迈蒙时期。穆卡达西是第一个使用自然色彩绘制地图的地理学家，他的一部具有代表性的地理学著作是《地域知识》。伊本·克达比是《交通与行省》的作者。此书绘制了伊斯兰世界所有贸易线路的地图并给出了文字说明，介绍的贸易线路甚至远达东亚的中国、朝鲜和日本，南亚的雅鲁藏布江、安达曼群岛、马来亚与爪哇。地理学家易德里斯编撰过以赞助人罗杰二世命名的《罗杰之书》（也称《世界地理》），并且绘制了一幅圆形地图——世界地图，还制作了一架银质的地球仪，可谓那个时代的奇迹；内有 70 张分区域地图的《直通天空台》一书也是他的作品。雅古巴·哈马维则写作了内容翔实的《地理辞典》，综合了当时阿拉伯人的地理知识，被誉为古代地理学百科全书。伊本·白图泰是著名的摩洛哥旅行家，进行了长达近 30 年的旅行。除了访问过西亚、北非和西班牙等所有伊斯兰国家和地区之外，他的旅行足迹还远至撒哈拉以南的非洲地区和东部非洲，南亚的印度、孟加拉国、斯里兰卡、马尔代夫，以及拜占庭、南俄和中国等地。在中国的杭州、泉州（刺桐城）以及北京（元大都）等地都留下了这位伟大的旅行家旅行、考察的足迹。伊本·白图泰结束旅行返回摩洛哥之后，口述其旅行见闻，经人记录与整理，而成《伊本·白图泰游记》。这部旅行家笔录，以丰富翔实的资料，成为介绍中世纪地理、历史、民族、宗教、民俗等方面一部价值极高的著作，长期被许多学者研究、引用。指南针是中国人发明的，但是把指南针加工成罗盘用于航海则是穆斯林的创造，这也为海上贸易的发展提供了技术基础。从公元 10—11 世纪开始，伴随海上贸易的发展，海洋地理学揭开了新篇章。穆斯林航海家、水手、商人与传教者扬帆远航，足迹遍布四海重洋。他们在与大海为伍的同时，积累了丰富的海洋地理学知识，熟悉航行的各个不同的海域，认识台风的威力，掌握季风的规律。这些与地理学有关的知识随着他们的足迹传播到东、西方，为后来的航海家提供了宝贵的资料。

在生物学方面，阿拉伯帝国生物学家对生物学的发展作出过杰出贡献。帝国的学者、技术人员乃至劳动者专长于植物学、园艺、农业以及动物学知识或技术，尤其是西班牙的穆斯林把植物学、园艺、农业研究推向了巅峰状态。西班牙穆斯林植物学家采集大量植物标本加以系统性与科学性研究，并亲自对栽培的植物进行分类。迪纳瓦利是穆斯林治理下西班牙的一位伟大的植物学家，他以 6 卷篇幅的《植物之书》，记录与描述了大量关于植物的论述，而且还将植物学与天文学和气象学知识结合起来。12 世纪末的伊本·贝塔尔堪称那个时代最杰出的植物学家（兼药物学家），其足迹遍布西班牙、北非与小亚细亚等地中海地区。他记录与描述的药物达 1400 多条款，著录成《医方汇编》一书，其中首次介绍了此前不为人所知的 200 种新的植物。著名的植物学家伽菲奇也对许多采集于西班牙和非洲的植物标本进行精确的记录与描述，并且用阿拉伯语、拉丁语与柏柏尔语等不同语言命名植物。今天，在西方的语言里许多植物仍然沿用由阿拉伯语衍生的名称，例如红花、苜蓿等。植物学成就的取得，不仅促进了农业水平的提高，而且带动了园艺学的进步。翠绿的植物园与修剪得体的花园遍布巴格达、开罗、非斯（位于摩洛哥）和西班牙的科尔多瓦等地，历史上的田园诗人曾经将它们比作人间的天堂。在农业栽培技术方面，阿拉伯人通过嫁接等栽培技术来改良水果品种，许多农作物与经济作物的生产技术被介绍和传播到欧洲甚至美洲，如小麦、大麦、稻米、椰枣、橄榄等。在水利技术方面，阿拉伯人注重水利建设的计算和测量工作，并在西亚和北非等地区筑坝拦河、兴修水渠、掘井，例如地下暗渠供水系统"坎儿井"，解决干旱地区的供水问题。在西班牙，穆斯林铺设了纵横交错的灌溉网络，从而保证了农业的丰产丰收。在安达卢斯地区，他们创造的这种奇迹使得那里被历史学家称作人间天堂。11 世纪的巴萨尔进行了土壤分类方面的研究，他把土壤划分成 10 种类型，并且分析了土壤活力与季节变化的关系，以及不同土壤与作物对翻耕次数的不同要求。12 世纪奥旺的《农业之书》是介绍农业与畜牧业的著作，可谓代表当时农业水平之集大成者。出生于阿拔斯王朝巴士拉城的贾希兹不仅是世界上第一个记录鸟类迁徙的动物学家，他写的一本介绍动物的书籍——《动物之书》，已经包含有动物心理学与社会行为的内容，尤其是还包含有进化论的萌芽。贾希兹是历史上最早提出"进化论"的生物学家，他在动物学乃至生物学方面的研究，在后来伊斯兰世界以及欧洲的生物学家身上产生了不可磨灭的印记。另外，阿布·乌拜达对马进行了系统的研究，他总共写过 100 多部著作，其中有一半多是关于马的。埃及的达米利是伊斯兰世界最卓越的动物学家之一。他关于动物学的百科全书——《动物生活》，对动物发展史的介绍比法国博物学家布丰早了几百年。

在教育方面，政教合一的阿拉伯帝国建立以后，各种类型及各种水平的教育机构陆续出现。中世纪阿拉伯国家的高等教育颇为发达，9 世纪初哈里发迈蒙在巴格达建立阿拉伯的第一所大学——赫克迈大学，但当时最为著名的是设在西班牙的科尔多瓦大学。这些大学不仅传授伊斯兰教教义，还开设有天文、数学、医学和法律等学科，对后来欧洲的巴黎大学、牛津大学等有着重要的影响；阿拉伯的图书馆在发展文教事业方面曾起到了巨大的作用，俨然成了某种意义上的大学。传递和保留知识的书本被阿拉伯人看成是巨大的财富，人们认为阿拉伯人对书籍的爱好，除了那时的中国人以外，没有其他地方的人可以比得上。阿拉伯的清真寺除了宗教活动之外，也设置昆它布实施初等教育，清真寺通过讲学和论辩也成为实施高等教育的机构；学者们设置的学馆，也传授高深的知识；帝王宫廷设有宫廷学校，贵族大臣在其府邸设有府邸教育。而帝王宫廷还举行高深学术的讨论，邀集学者给哈里发讲学论道，是帝王教育的特殊形式。可以说，与拜占庭不同的是，阿拉伯的文化教育几乎是白手起家的。但是，由于阿拉伯实施开明的文教政策，广泛汲取被占领地区各民族的文化教育遗产，在融合东西方文明的基础上，形成了具有自身特点的伊斯兰文化教育体系。

在谈到阿拉伯文化时，不能不谈到在阿拉伯所兴起的百年翻译运动及其所作出的贡献。百年翻译运动主要发生在约公元 830—930 年，到哈里发迈蒙统治时期达到鼎盛。阿拔斯王朝时期，在巴格达建立了一所规模宏大的翻译和研究机构，称作"智慧宫"。"智慧宫"是一所集图书馆、科学院和翻译局于一体的综合性图书馆及科学研究机构。在政府的主持下，当时一流的专家、学者及一大批专门的翻译人才聚集于此，把包括科学图书在内的大量古埃及、希腊、罗马、波斯和印度的古籍翻译成阿拉伯语。9 世纪初，阿拔斯王朝的哈里发鼓励并组织对希腊古典哲学、科学的大规模翻译活动。同时，也保存和翻译了大量古希腊、罗马医学文献，吸取了当时各族医学上的成就。迈蒙热心于赞助科学文献的翻译工作，据说他曾以与译稿等重的黄金酬谢著名翻译家侯奈因·伊本·易司哈格。毕达哥拉斯、柏拉图、亚里士多德、欧几里得、阿基米德、托勒密、希波克拉底、盖伦等人的哲学、科学和医学名著以及印度的数学、文学、天文学和波斯的历史学、文学与艺术等译本经整理、注释之后，相继问世。这一人类翻译史上的伟大工程，使得人类古典文明的辉煌成果在中世纪得以继承，又为阿拉伯文化的发展奠定了较为坚实的基础。阿拉伯帝国的学者并没有满足于通过翻译所获得的知识，或者说他们的工作绝非简单的翻译与被动的接收，而是校正了很多古籍的错误与不足，并进行深入的考证与细致的诠释和评价，进而创立自己的科学理论。这可谓是帝国科学的显著特点之一。欧洲人就是靠翻译这些阿拉伯文的译本才得以了解先人的思想，继而开始他们的文艺复兴的。可以说，没有阿拉伯人和拜占庭人对于西方古典文化的继承保存，西方文艺复兴运动根本没有基础。翻译运动不仅为东西方文化的交流作出了重要贡献，也为阿拉伯-伊斯兰文化的发展提供了丰富的养料，为阿拉伯文明十一二世纪的繁荣奠定了基础，树立了阿拉伯文明在世界上的重要地位。

可以说，阿拉伯文化是在长期发展中，帝国境内的希腊文化、波斯文化、印度文化和阿拉伯文化的逐渐融合而成的，也是阿拉伯人和境内众多民族共同创造的，阿拉伯文化是各族人民共同劳动和集体智慧的结晶。"在欧洲处于蒙昧时代时，阿拔斯帝国逐步成为文明的保护者，古老的科学和哲学传统保存下来；希腊文、叙利亚文、梵文和波斯文的著作被译成阿拉伯文而不致失传，出现了十进位制和零这类发明。"[①]"古代留传下欧几里得几何学和托勒密太阳系，阿拉伯人留传下十进位制、代数学的发端、现代的数字和炼金术；基督教的中世纪什么也没留下。"[②]因此，"全世界都感谢阿拉伯语在传播中世纪高度发展的阿拉伯科

---

① [美]托马斯·李普曼著，陆文岳、英珊译：《伊斯兰教与穆斯林世界》，新华出版社 1985 年版，第 160 页。

② [德]恩格斯：《自然辩证法》，中共中央马克思恩格斯列宁斯大林著作编译局译：《马克思恩格斯全集》（第 20 卷），人民出版社 1971 年版，第 363 页。

学知识方面所起的媒介作用"[1]。

（二）阿拉伯文化的影响

西欧文明一次次的蜕变或多或少都受到了东方的影响，而阿拉伯人总是以中间商的身份出现在这一过程中。他们贩卖的不仅是东方的商品，还有东方的技术与文化成果。可以说，继亚历山大帝国之后，阿拉伯及其文化促成了又一次的东西方民族与文化融合的高潮。尽管伊斯兰世界不论从宗教角度还是从政治角度来讲，都只统一了很短暂的时间，但伊斯兰教还是给欧、亚、非三大洲的许多民族提供了一种共同的宗教和文化，并以此统一了这些民族。在某些方面，伊斯兰文化和西方的接触与拜占庭文化和西方的接触非常类似，都有战争和外交、宗教竞争、贸易以及保护典籍的活动。不过，伊斯兰文明给西欧带去的远不止这些，而且他们对拜占庭的贡献也不小。除了坚定信仰和强大的军事力量，穆斯林还带来了新的科学技术、新的农作物以及新产品和新思想。当时，阿拉伯商船曾将药物大批运往意大利。其文化教育方面的辉煌成就，如在数学、天文学、化学、医学、文学方面的巨大成就，对西欧中世纪文化教育的发展乃至世界文化教育的发展，作出了独特的文化贡献。与此同时，阿拉伯文化也在东西方文化的交流与传播之间架起了一座桥梁，整个欧洲是通过"阿拉伯的亚里士多德"而了解到希腊文化的。十字军从东方带回了阿拉伯人先进的科学、中国人的四大发明、希腊人的自然哲学文献。阿拉伯文化的昌盛时期，正是中世纪欧洲处于封建割据、战争频繁、文化落后以及基督教神权的黑暗统治时期，古代希腊罗马文化被毁灭殆尽。而阿拉伯-伊斯兰文化却吸收了古代文化丰富的营养，尤其在伟大的"百年翻译运动"中，大量的古代学术著作甚至是在欧洲早已失传的著作有幸被保留和流传下来。12 世纪，欧洲掀起了翻译阿拉伯文献的热潮。希腊原始文献经过叙利亚文，到阿拉伯文，再被译成拉丁文。亚里士多德和柏拉图的哲学著作、欧几里得和托勒密的科学著作，开始为欧洲人所熟悉。阿拉伯的教育，尤其是阿拉伯的大学，其中各种制度、课程、教师的地位、学生的游学等，对欧洲的大学影响很大；阿拉伯的学术、教育对于欧洲的文艺复兴有着明显的影响，作出了不可磨灭的贡献。阿拉伯文化强调对真理的探索与思考，强调实践精神，使西方社会一方面对自然科学和人文科学的研究更加积极和深入；另一方面重新认识真理的力量，追求智慧和真理，反对中世纪教会的愚民政策，使西方社会从中世纪的蒙昧

---

① ［德］赫伯特·戈特沙尔克著，阎瑞松译：《震撼世界的伊斯兰教》，陕西人民出版社 1987 年版，第 139 页。

中摆脱出来，开始了现代化的进程。美国著名的历史学家斯塔夫里阿诺斯说："西欧人对希腊知识已缺乏直接的了解，甚至长期不知道它的存在。因此，穆斯林这一学术成就在西欧准备重新恢复他们的研究之前，起到了保存希腊古典著作的作用。"①英国学者罗伯特·布雷福特说："可以肯定的是，如果没有阿拉伯人，现代的欧洲文明就根本不会出现；如果没有他们，欧洲就不会扮演那么一种超越所有先前进步阶段的角色；如果不是受阿拉伯文明的影响，在十五世纪，真正的文艺复兴就不可能发生。"②美国学者希提在《阿拉伯通史》一书中写道："在八世纪中叶到十三世纪初这一时期，说阿拉伯话的人民，是全世界文化和文明的火炬的主要举起者。古代科学和哲学的重新发现，修订增补，承先启后，这些工作，都要归于他们，有了他们的努力，西欧的文艺复兴才有可能。"③美国前总统尼克松说："当欧洲还处于中世纪的蒙昧状态的时候，伊斯兰文明正经历着它的黄金时代……几乎所有领域里的关键性进展都是穆斯林在这个时期里取得的……当欧洲文艺复兴时期的伟人们把知识的边界往前开拓的时候，他们所以眼光看得更远，是因为他们站在伊斯兰世界巨人们的肩膀上。"④可以说，伊斯兰文明一方面对中世纪欧洲形成挑战，另一方面又极大地丰富了它的文化，成就了它的辉煌。

阿拉伯帝国与中国的科学与文化交流，在帝国建立之前的很长时间就已经存在了。以伊斯兰文明为特征的阿拉伯帝国兴起后，恰逢中国历史上科学技术发达的唐宋时期，因此两种文明的交流与借鉴意义非常重大，况且穆斯林向来有四海为家的传统。公元 5 世纪初，中国的造纸术已经沿丝绸古道西传到西域。大约在公元 7 世纪，造纸术从河西走廊外传到了中亚地区的撒马尔罕。公元 794 年，阿拉伯帝国首都巴格达开办了第一座造纸工场，并在公元 9 世纪末将造纸术传入埃及。到了公元 10 世纪末，埃及生产的纸张已经取代了数千年来一直使用的莎草纸。公元 12 世纪，造纸术由埃及西传摩洛哥，并从那里传入西班牙、意大利等欧洲国家。因此，中国的造纸术在传播到世界各地的过程中，阿拉伯国家起到了"桥梁"的作用。指南针大约最迟在南宋传入阿拉伯，大大便利了阿拉伯人的航

---

① ［美］L·S. 斯塔夫里阿诺斯著，吴象婴、梁赤民译：《全球通史——1500 年以前的世界》，上海社会科学院出版社 1988 年版，第 367 页。

② 转引自冷树青：《从社会基本矛盾观到人类系统观——和平发展思想理论创新论》，江西人民出版社 2017 年版，第 77 页。

③ ［美］希提著，马坚译：《阿拉伯通史》，商务印书馆 1979 年版，第 664 页。

④ ［美］理查德·M. 尼克松著，刘炳章译：《抓住时机：美国在只有一个超级大国的世界上面临的挑战》，新华出版社 1992 年版，第 160-161 页。

海事业，之后于 1180 年被传入欧洲。至于火药，早在唐代，阿拉伯人就使用中国硝（制造火药的原料）来炼金和制造玻璃。他们把硝叫作塞尔朱绥尼，意为"中国雪"。1225—1248 年，火药由商人经印度传到阿拉伯。1258 年，蒙古人伊尔汗国旭烈兀攻陷巴格达，火器随之传入阿拉伯。以后，欧洲人、首先是西班牙人又从阿拉伯人那里学会了火药、火器的制造和使用。恩格斯在《自然辩证法》中指出，15 世纪的欧洲，"由中世纪的市民等级所创立的工业生产和商业获得无限高度的发展"，其表现在于，"一方面，生产更加完备，更加多样化，规模也更大，另一方面，商业交往更加兴盛，航海从萨克森人、弗里西安人和诺曼人时代起更加无比地大胆，再一方面，还有大量的发明以及东方发明的输入，它们不仅使希腊文学的输入和传播、海上探险以及资产阶级宗教改革真正成为可能，并且使它们的活动范围大大扩展，进展大为迅速。此外，它们提供了古代从未想到过的、虽然还未系统化的许多科学事实：磁针、印刷、活字、亚麻纸（十二世纪以来阿拉伯人和西班牙犹太人所使用的；棉纸自十世纪以来就逐渐出现，而在十三和十四世纪已经传布得更广，莎草纸从阿拉伯人占领埃及以后就根本不再使用了）、火药、眼镜、在计时上和力学上是一巨大进步的机械时计"。"蚕在 550 年左右从中国输入希腊"，而"棉纸在七世纪从中国传到阿拉伯人那里，在九世纪输入意大利"，"养蚕业传入意大利，1100 年左右"，"磁针从阿拉伯人传到欧洲人手中，1180 年左右"。[①]中国在唐初时就有接待阿拉伯使节的记录，并一直持续到公元 8 世纪末，见于我国史书记载的大食使节来华次数至少达 37 次之多。安史之乱爆发后，公元 757 年唐朝向大食求援，大食即派遣军兵帮助平定安史之乱，这些人后来也大多留在了中国，成为中国回族人的先人之一。当时，阿拉伯帝国地跨亚、非、欧三大洲，阿拉伯的使者、旅行家和商人的足迹几乎遍及东半球。由于阿拉伯帝国特殊的地理位置以及其境内各种文化成分的融会杂处，使得阿拉伯人在沟通中国和西方文化交流方面扮演了一个十分重要的角色。大量人员的交往、繁忙的经济交流、便利的交通条件，将中西文化交流推进到一个前所未有的程度。阿拉伯帝国与唐朝的经济文化往来，陆路主要通过"丝绸之路"，海路可直达中国的泉州等港口。不少阿拉伯人留居中国，有的还出任中国官吏。中国人也有到阿拉伯居住的，如唐朝的杜环（在怛逻斯战役中被俘）曾留居阿拉伯 10 余年，归来后著有《经行记》，不仅为中国人了解阿拉伯帝国及伊斯兰世界打开了一扇窗口，也为中阿文明交往留下珍贵的资料。可惜杜环的《经

---

① ［德］恩格斯：《自然辩证法》，中共中央马克思恩格斯列宁斯大林著作编译局译：《马克思恩格斯全集》（第 20 卷），人民出版社 1971 年版，第 530-532 页。

行记》原书失传，但是其族叔杜佑在所著《通典》中摘引数段，此外《太平御览》《太平寰宇记》《通志》《文献通考》亦有少量转引。在沿着丝绸之路西去的中国货物中，丝织品占有最重要的地位。自唐朝以后，中国丝绸文化向西方的传播，已更多地表现为丝织技术的传播。唐朝的丝织工匠到达阿拉伯地区，将制作锦和其他高级丝织品的技术传授给当地人。在公元 8 世纪阿拉伯帝国阿拔斯王朝的大城市里，已经出现来自中国的绫绢机杼，并且还有来自中国的技师（金银匠、画匠及纺织技术人员等）在当地工作。文明的交流是互相的，伴随科学与文化交流的发展，不仅伊斯兰教传入了中国，而且阿拉伯帝国先进的数学、天文历算、医药以及航海、地理知识为中国人所了解。例如，他们先进的医药学知识大大丰富了中医药学的内涵，我们今天所能使用的中药，相当一部分就是当年穆斯林商人与医药学家从阿拉伯、波斯与印度等地引进的"海药"（唐代官员已经开始用文字记载这些影响）。而且，帝国来华的穆斯林自唐代以来，已有人开始长期在长安、广州、泉州、杭州、南京、扬州及北京（大都）等重要城市居住，直接参与中华文明发展的进程。正是由于受到这种外来文明的影响，中国人便开始认识、学习伊斯兰科学。例如，13 世纪元代的穆斯林天文学家札马鲁丁引进、设计、制造了世界上罕有的地球仪等 7 种天文仪器，进而明代的郑和船队在 15 世纪甚至开创了七下西洋的壮举。15 世纪初，中国明朝郑和的船队在阿拉伯采购了大量的药材，并交流医学知识。阿拉伯的许多药物曾传入中国，如安息香酸、木香、龙涎香和乳香等。不少流传于世的现代药物名称也都来自阿拉伯，如苏打、糖浆、糖、樟脑等。此外，阿拉伯人沟通了欧亚文化，把希腊医学传入中国，同时也把中国医学如脉学传到欧洲。总之，世界医学得到今日的成就，凝聚了阿拉伯人智慧的结晶。伊本·纳迪姆在《科学书目》中，还记录了阿拉伯帝国著名医学家拉齐兹帮助一位中国医药学家的故事。这位在巴格达学习并且住在拉齐兹家里的中国医药学家，在回国之前请求拉齐兹为他读盖伦医学著作的 16 卷阿拉伯文译本，拉齐兹满足了他的要求，他则以中国的"速写法"（草书）记录全文并将之带回中国。20 世纪英国的科学史学家李约瑟的《中国科学技术史》也采纳了这个故事。海上丝绸之路大约兴起于公元 9 世纪初，这也是维系两种文明交流的纽带。公元 10 世纪，阿拉伯商人苏莱曼与航海家伊本·瓦哈比的商船由巴士拉与西拉夫（古代波斯湾港口）经海路驶进中国的广州港。之后，他们对于中国风土人情的大量的叙述（由阿布·赛义德·哈桑整理出版），使得当时的阿拉伯世界进一步认识了中国。此类故事或许也为阿拉伯名著《一千零一夜》提供了与中国有关的素材。中国和阿拉伯这种文明的交往，堪称人类一切文明交往的典范。

当年是来自欧洲的哲学、来自中国的科技和来自犹太人的宗教思想哺育了后起的阿拉伯文明，是多种民族共存、多种文化交流的力量产生了阿拉伯人民的创造力和民族精神。同时，阿拉伯民族也以宽厚、包容的精神在东西方文化间架起了桥梁，给中世纪黑暗的西欧带去了文化的光明。相信阿拉伯人民在新的时代，在极具包容和宽容精神的伊斯兰文化的鼓舞之下，奋发自强，与世界各国加强交流与沟通，定会走向新的辉煌。

五、影响世界较广泛地域的佛教文化

（一）佛教文化概述

佛教是世界主要宗教之一，与基督教、伊斯兰教并称为世界三大宗教，相传为公元前6—前5世纪古印度的迦毗罗卫国（今尼泊尔境内）王子乔达摩·悉达多（即释迦牟尼）所创。乔达摩·悉达多接受了当时对抗、批评婆罗门教的新宗教思潮，即沙门思潮，创立了一种新的宗教——佛教。佛教吸收原来婆罗门教的生死轮回和因果报应的思想，但是它反对人依照出生种姓等级而认定命运，而是相信人人都可以通过自身的修养来达到成佛——意为觉悟者、达到觉悟的人。与其他世界宗教相比，佛教的一个显著特点就是文化色彩浓重，具体表现之一是典籍浩瀚、教义庞杂。佛教在不同历史时期、不同地区和民族的流传过程中，其经典逐渐增加，其教义不断丰富，许多思想和学说也发生了很大的变化。相对说来，在释迦牟尼创教时就重点弘扬，并且被以后绝大多数佛教派别普遍接受，没有发生太大改变的一些学说，就成为佛教教义的基本内容。释迦牟尼创教时最关心的是解决人生的苦难问题，而不是某些不切实际的抽象理论问题。所以，佛教的基本教义，都是围绕解决现实人生痛苦的主题而展开。这是佛教思想的一个重要特点。从某种意义上，佛教教义的主要内容可分为两大方面：一是关于因果与修行方面的，这是佛教教义的实践方面、宗教方面、道德说教方面。佛教的善恶因果观与修行法门，既与其他一切宗教、道德说教有共通之处，又自有其殊胜之处。二是关于生命和宇宙的真相方面的，这是佛教教义的理论方面、哲学方面、辩证思维方面。佛教关于生命和宇宙的真相的理论，是建立在佛教修行（主要是禅悟）基础上的成果，而这两大方面是不可能截然分割开来的。

在佛教文化中，在各部分内容相互关联的佛教基本教义中，"慈悲为怀""止恶扬善""自度度人""自觉觉他"是其重要内容，其告诫信徒要存仁慈友爱之心和怜悯同情之胸怀，并进一步发展至（主要是大乘佛教）对广大众生的大慈大悲，即对一切生命的爱心和悲悯心，给予一切众生之乐，被除一切众生之苦。佛教的前生后世轮回的因果报应说，即善有善报，恶有恶报，激励信徒多做善事，行善积德，避免作恶。需要指出的是，佛教虽然强调因果法则是普遍的宇宙规律，但并不承认宿命论。佛教在强调业力的同时，也充分肯定心力的作用，认为心能造业，心也能转业，业力与心力是相互作用的。同时，佛教主张在日常生活中加强自我修炼，以敦伦尽分、恪尽职守。释迦牟尼认为，世人的苦皆因贪、嗔、痴而生，由此他便以无我为核心，推崇佛法，为求解除人们心中的枷锁，达到理想的彼岸。

与基督教和伊斯兰教不同，佛教的教义中并没有人格化的神，而是强调因缘和合，从而更强调人人从内在心灵出发苦修苦行皆可拥有智慧，从而成为神（当然佛教中承认有护法之神，但此与至高无上的人格化的神并非一个含义），所谓"人人皆有佛性，人人皆可成佛"。这里，人的自我修炼的主体性、自觉性、自律性的彰显是显而易见的。因此有人认为，"佛教在世界性的各大宗教和思想之中，显得非常特殊。凡是宗教，无不信奉神的创造及神的主宰，佛教却是彻底的无神论者；因此佛教似宗教而又非宗教，类哲学而又非哲学，通科学而又非科学。这是佛教的最大特色"[①]。

佛教不仅深深影响中国文化，而且由于其思想内涵在诸多方面与中国传统文化有着很大的一致性，也由于它的较强的思辨性内涵对中国文化的吸引力，至宋代以后，儒释道三教合流，生成了新的中国文化，从此佛教就成为中国文化不可分割的一部分。诚如河南大学已故宋代思想文化史著名研究专家姚瀛艇先生所说："儒佛道三家融合，已有长久的历史，到宋代已成为不可抗拒的历史潮流，并结出新成果……宋代的重要思想家，几乎都有'出入释老'的经历，因而都精通佛典，而且吸收佛教哲理、命题、概念来塑造自己的理论体系。如周敦颐精通《法华经》，曾说：'一部《法华经》，只消一个艮卦可了。'他的'无欲'、'主静'说渊源于佛教，而《爱莲说》更显示了他与佛学的因缘。王安石精通《楞严经》，并为《楞严》作注；又概括《金刚经》的精义为：'理穷于不可得，性尽于无所住。'他所著的《原性》一文，以性置于五常之上，而以为非善非恶，以古来学者所谓性，仅指为情，正与稍前于他的临济宗禅僧县颖之《性辨》相通。二程哲学体系的最高范畴'理'或'天理'，渊源于佛教的真如佛性；'一物之理即万物之理'的命题，实即华严宗'理事说'的儒家版；朱熹所说的'心包万理'，渊源于佛教的'心生万法'。如此等等，均说明宋代思想家

---

① 《宗教文化：什么是佛教文化》，易德轩网 https://www.yi958.com/ys/Article_1161.html，2019-11-21.

所受佛教的影响，说明佛教思想，是新儒学所赖以形成的必要条件。这正是宋代儒佛关系的重要方面。"①这里应提到，在宋明理学形成的过程中，以张载、二程、朱熹等为代表的思想家们，怀着"为往圣继绝学"舍我其谁的社会责任感和历史使命感，以毕生努力推动儒家学说的重构与发展。他们认识到，儒学之所以会受到来自佛教和道教的挑战，其中最主要的一个原因在于儒学本身在形而上的层面上存在着严重的不足。为了建立儒学形上学，他们一方面借鉴佛教和道教在哲学本体论方面的成果，援佛入儒，援道入儒，促使儒释道合流；另一方面，在传统儒学中寻找能够用来构筑哲学形上学的因素，例如被称为"五经之首"而最具形上学性质的《周易》，以及《孟子》《中庸》中关于"性"与"天"的内容，在此基础上创造性地提出了许多富有特色的儒学形上学本体论概念，并给予系统的哲学论证，像周敦颐的"无极"、邵雍的"太极"、张载的"太虚"、二程和朱熹的"天理"、王安石和二苏的"道"、陆九渊和王阳明的"心"等。传统儒学经由理学家们的改造，道德信条式的理论体系变成由哲学形上学作基础的哲学理论体系。正是宋明理学融入了佛教思辨性的内涵，才使儒家思想进入了一个新的历史阶段，上升到哲学本体论的高度，继续向前发展。当然，理学有其不可避免的局限性，但其在历史上的地位和所发挥的作用是显而易见的，应当给予客观、正确的评价。

由于中华文化的社会环境和人文根性，汉传佛教的主流为菩萨乘佛教（又称大乘佛教），尤其到后代，"汉传佛教"几乎成了大乘佛教的代名词。佛教传入中国后，尤其在隋唐时期，形成了天台宗、三论宗、律宗、净土宗、法相宗、华严宗、禅宗、密宗等新的中国佛教宗派，而尤以禅宗发展最为迅速。主张"我心即佛"、坐禅修行的禅宗是佛教中国化的典型，被称为"中国禅"。可以说，"汉传佛教传入中国后，经过与以儒、道为代表的原有文化融合，形成了具有浓厚中华汉民族文化特征的佛教文化，而中国文化也被打上深深的佛教文化的烙印，以致在汉地中国人中形成'儒可以治国、佛可以治心、道可以治身'的文化共识"②。

因此，佛教既是一种宗教，又是一种文化，它是一种建立在哲学意义上的宗教，是一种讲思想境界、讲对宇宙人生彻悟明了的智慧的文化。宗教对信众有绝对的意义，而文化则对所有大众，包括非宗教信徒，都有普遍价值。佛教文化中

①　姚瀛艇主编：《宋代文化史》，河南大学出版社1992年版，第125-128页。

②　俊才：《佛教文化与中华民族文化的圆融》，佛教导航 http://www.fjdh.cn/wumin/2009/04/20574374015.html，2009-04-20. 俊才法师为中国佛教协会理事、江苏省佛教协会副会长。

的精华部分，已与中华优秀传统文化融为一体，成为其不可分割的重要组成部分。"中国文化之所以具有强大的生命力和凝聚力，最根本的一点在于民族精神的培养和思想道德的建构。这种民族精神，就是以爱国主义为核心，团结统一、爱好和平、勤劳勇敢、自强不息。这种思想道德，就是爱国守法、明礼诚信、团结友善、勤俭自强、敬业奉献。民族精神和思想道德，已经成为中国文化生命力和凝聚力的内核。佛教文化'如梦如幻的生命本质，一切皆苦的人生真谛，亦僧亦俗的人生态度，圆活无滞的思维方法，平等自救的自主意识，忍辱负重的宽广胸怀，与人为善的处世方式'，对增强中国当代文化的凝聚力和生命力有着积极的促进作用。"①关于佛教的辩证思维，恩格斯在《自然辩证法》中曾说："辩证的思维——正因为它是以概念本性的研究为前提——只对于人才是可能的，并且只对于较高发展阶段上的人（佛教徒和希腊人）才是可能的，而其充分的发展还晚得多，在现代哲学中才达到。"②

"佛教给予士大夫的不仅有超逸的处世态度，也有无私无畏的精神境界。突出自性的禅宗激发人自立自强，以佛禅心性论为主导，就会促生不惜牺牲的精神、不畏强权的坚定信念。再加上禅家讲随缘任运、处处是禅，那么又何必逃避社会责任呢？所以宋代大慧宗杲禅师就提倡以'忠义之心'入世，欲激励人们救国家于危难之中，很多士大夫因此与之交游。明末黄端伯是崇祯年进士，平素精修禅学，在清兵破南京城后面对威逼利诱不降被杀，他曾作偈曰：'亲面绝商量，独露金刚王。若问安生处，刀山是道场。'清末戊戌六君子之一的谭嗣同有深厚佛学修养，他也是怀着佛教舍身救世的无畏精神慷慨赴死的。"③可以说，谭嗣同的《仁学》一书，正体现出以佛法求世法、经世致用、积极入世的佛学思想。在他看来，佛教积极入世、普度众生的精神与"孔孟救世之深心"是一致的。"度众生外无佛法。"谭嗣同最终因参加社会革命而慷慨就义——慈禧将光绪帝囚禁于瀛台，并下令搜捕维新派的时候，康有为、梁启超先后逃走。这时有人劝谭嗣同也赶快离开，但他态度十分镇静，回答说："各国变法，无不从流血而成，今日中国未闻有因变法而流血者，此国之不昌也。有之，请自嗣同始。"④诚如梁启超所

① 俊才：《佛教文化与中华民族文化的圆融》，佛教导航 http://www.fjdh.cn/wumin/2009/04/20574374015. html，2009-04-20.

② ［德］恩格斯：《自然辩证法》，中共中央马克思恩格斯列宁斯大林著作编译局译：《马克思恩格斯全集》（第20卷），人民出版社1971年版，第565-566页。

③ 马奔腾：《佛教与古代士大夫的生活》，载《学习时报》2013年9月9日，第9版（文化教育版）。

④ 姜泣群编：《朝野新谭》（丁编·浏阳谭壮飞传），光华编辑社（上海）1914年版，第58页。

说："然真学佛而真能赴以积极精神者，谭嗣同外，殆未易一二见焉。"①20 世纪 30 年代，佛教界的弘一法师（李叔同）面对国家遭受日寇侵略的危难境况，每有开讲，座位后面的墙壁上，都挂起一幅由其亲手书写的中堂："念佛不忘救国，救国必须念佛。"②后有跋语曰："佛者，觉也。觉了真理，乃能誓舍身命，牺牲一切，勇猛精进，救护国家。是故救国必须念佛。"③讲演中，又往往触景生情，感时伤乱，勉励佛教徒们对国家、对民族应有爱护的热忱。还有，佛教界的圆瑛大师面对日寇以残酷刑罚进行的肉体折磨，宁死不屈，为中华民族的抗战拼死相争。1939 年农历九月初一，时逢圆明讲堂莲池念佛会成立纪念之时，正当圆瑛大师在殿堂上供礼佛，日本宪兵突然包围了圆明讲堂，以抗日的罪名逮捕了圆瑛大师等人，押往上海北四川路日本宪兵司令部进行刑讯，企图威逼圆瑛大师承认并声明抗日有罪。圆瑛法师大义凛然，面对侵略者的刑具毫不屈服，高声念佛。随后，日寇又将他押往南京的日本宪兵司令部，由日本的所谓佛学专家进行刑讯。这些专家被圆瑛大师高深的佛理驳得哑口无言。理屈词穷的日寇恼羞成怒，对圆瑛法师进行百般肉体折磨，每天都折磨至深夜不止，几度使其昏厥不省人事，企图迫其就范。但圆瑛大师已进入无我境界，他心系民众，深信自身的痛苦可以减免众生的痛苦。日寇无计可施，又因圆瑛大师名播中外，众望所归，在日本也有很高的声誉，最后只好将他释放。脱离虎口的圆瑛大师，仍然不改初衷，为抗敌救灾而奔走呼号。④可见，佛教，尤其是大乘佛教的修心为善、慈悲为怀的内在修养，已与普度众生、济世安民的外在行善惩恶密切联系在了一起。

作为中国传统文化重要组成部分的佛教文化，对于中国哲学、文学、建筑学、美术、舞蹈、音乐、天文、医药、刻经技术（促进中国印刷术的发展）等各个领域，乃至包括语言在内的人们世俗的社会生活的方方面面，都产生了重大的、久远的甚至日用而不觉的深刻影响。而佛教寺院也发挥着重要的社会功能，在历史上充当着学术机构、教育场所、慈善机构、图书馆藏和文化中心等多重角色，佛教经典得到系统精致的翻译和妥善精心的保存，其思想得到充分的交流和传播，僧侣们成为知识与文化的继承者与传播者。当社会陷入战乱或动荡时，寺

①　[清]梁启超：《清代学术概论》，四川人民出版社 2018 年版，第 131 页。

②　李叔同：《抗日战争时期题承天寺联》，《李叔同集》，东方出版社 2008 年版，第 179 页。

③　陈炎兴：《弘一大师的爱国抗日情怀》，陈锦满主编：《惠安文史资料》（第 29 辑），中国人民政治协商会议福建省惠安县委员会文史资料委员会 2015 年编印，第 38 页。

④　《圆瑛大师被日军逮捕　日本的佛学专家对其进行刑讯》，凤凰网华人佛教综合 https://fo.ifeng.com/special/yuanyingdashi/yuanyingaiguo/detail_2011_11/22/10828975_0.shtml，2011-11-22.

院还为广大民众提供衣食的庇护和信仰的依靠。近代以来，佛教还成为亚洲各国人民实现民族独立和民族自强的重要精神支柱。

学者魏承思指出："佛教文化是一个庞大的思想体系，它反映了人类对生活的体验、理解和愿望。并且佛教是一个历史范畴，从印度原始佛教到中国化的佛教禅宗，它本身经历的演变发展是显而易见的。在这样一个漫长的过程中，佛教必然吸收各个历史时期人类思想文化的精华。因此，在现代社会里，佛教文化仍然可以成为人类文明的重要一环。从某种意义上说，它甚至能够对现代文明的正常发展起到某些特殊的作用。因为，伴随现代文明而来的还有许多不合理的因素，致使人类文明在物质与精神、科学与人文、个体与群体的关系上出现了明显的倾斜状态。佛教则可以为人类矫正这种文明倾斜提供助力。"[1]

（二）佛教文化的传播

佛教产生以后，广泛流传于亚洲的许多国家。在第一次佛教分裂后，原始佛教分成了上座部和大众部。上座部诸派向南传播，盛行于斯里兰卡，遍传缅甸、泰国等东南亚地区，后传入中国云南、广西等地，称为南传佛教。北传的佛教分陆路和海路两条线进行。陆路经西北印度和西域诸国古丝绸之路传入中国（印度大月氏贵霜王朝等时代，其势力范围曾直接覆盖到西域诸地，与中国西部边境接壤），另一路由海路直接传入中国南方，如达摩、真谛等大祖师，均从海路直接来到中国，在广州登陆后北上。公元 67 年，正值中国东汉明帝时期，佛教就已正式传入中国。与印度的文化传统不同，佛教一传入中国即开始的佛典翻译事业，是以皇室官方组织高僧、在严谨制度下的书面系统翻译。随着汉明帝打开官方迎请佛教的大门，随后数百年间，天竺西域与中原两地传经、取经之高僧络绎不绝，如鸠摩罗什、真谛、法显等祖师菩萨。到了唐朝的玄奘法师，遍参天竺数十国取经，并在各部派均取得最高成就圆满归唐后，印度佛教各部派的主要经典之后都渐翻译到了汉地。可以说，佛教自汉魏传入中国，至南北朝时期，中国已成为世界佛教的中心。当时中国作为世界佛教中心的盛大状况，远远超出印度和西域诸国。其时学派林立，高僧如云。且当时中国佛学之发达，反而为印度人、希腊人学习膜拜。至隋唐统一时期，宗派竞起，佛学鼎盛，高僧辈出，证者无数，从教理研释证悟到民间百姓的广泛传弘，大乘佛教在中国的辉煌实践与隋唐盛世交相辉映，中国的佛教中心地位也为印度所承认。中国翻译收藏的佛教典藏

---

① 魏承思：《佛教与现代文明》，载《法音》1990 年第 12 期，第 28 页。

是最全面、系统和完整的。中国的汉文《大藏经》几乎包括了南传巴利文《大藏经》的绝大多数经典。中国的藏文《大藏经》又包罗了印度后期的密教经轨,也翻译了晚期大乘学派的论典。如此,中国汉、藏文《大藏经》具有比较完整的佛教经典内容。所以,从佛教资源上,中国佛教包罗了小乘、大乘、密乘三方面的经典,无论从历史上还是从今天来说,中国掌握了佛教思想文化的所有资源。如前所述,佛教中的哲理部分与儒家、道家学说互相影响,转而发展成中华民族的宗教之一。儒、释、道三足鼎立又同为一体。世界佛教的中心在渐转移到了中国之后,并进而传播影响到日本、韩国、越南、新加坡、爪哇诸国及我国的西藏等地,佛教至此成为世界性宗教。

佛教虽创建于印度,也在印度逐渐发展起来,但并没有真正深入到印度社会的底层和内核,也没有改变印度人的思维模式和文化结构。植根于印度社会的思想文化是达罗毗荼人的土著信仰和雅利安人的吠陀-婆罗门教。或者说,古典时期以来印度的主流文化属于吠陀-婆罗门教文明,印度的基础文化属于达罗毗荼文明。在佛教的冲击下,印度的这两种文明在碰撞、对立中达成妥协,相互融合,形成印度教。佛教在印度社会并没有深厚的根基,其人文主义和理性主义的思想文化与印度根深蒂固的宗教思想文化背道而驰。因此,佛教在印度往往是浮在表层的文化,只在非婆罗门种姓和商人阶层、知识阶层中流行,最终在印度销声匿迹。而佛教在中国的境遇与印度完全不同。由上述可见,中国成为佛教的第二故乡,是佛教的主人,佛教也完全融入中国的社会文化之中,与儒、道共同组成三教合一的传统文化。而且,佛教在融入中国文化之后,通过中国传播并发扬开来。诚如习近平主席在联合国教科文组织总部的讲话指出:"佛教产生于古代印度,但传入中国后,经过长期演化,佛教同中国儒家文化和道家文化融合发展,最终形成了具有中国特色的佛教文化,给中国人的宗教信仰、哲学观念、文学艺术、礼仪习俗等留下了深刻影响……中国人根据中华文化发展了佛教思想,形成了独特的佛教理论,而且使佛教从中国传播到了日本、韩国、东南亚等地。"[①]

除亚洲各国之外,佛教还影响了世界上更为广泛的地区,欧美等国家也受到佛教的很大影响。学者吕建福认为,"佛教在公元前 3 世纪的阿育王时期,冲破印度的羁绊,向西域发展,在中亚与同样具有人文主义和理性主义思想倾向的希

---

① 习近平:《2014 年 3 月 27 日在联合国教科文组织总部的演讲》,新华网 http://www.xinhuanet.com/world/2014-03/28/c_119982831.htm,2014-03-27.

腊人不期而遇。于是，佛教文化与希腊文化相结合，形成了具有哲学思辨和逻辑的有部哲学以及大乘空、有学说。同时，也产生了佛教造像艺术。从此，释迦牟尼佛被塑造成深目卷发的欧罗巴人形象。在希腊艺术所及的地方，佛陀的形象远离其真实的蒙古人种特征"①。学者闫秀荣指出："佛教流传于欧美，至今约有150 年。但欧洲人最初对佛教的了解，则可上溯到公元前 329 年，希腊亚历山大大帝侵入印度河流域时期。公元前 259 年，印度孔雀王朝的阿育王曾派遣佛教布道团去希腊属地传教。在中世纪，佛陀的本生故事通过中亚穆斯林学者的介绍传入欧洲，在西欧和东欧很多地区广泛流行……17—18 世纪，欧洲的一些著名哲学家如斯宾诺莎、康德、黑格尔等人都已谈到了佛教。特别是 18 世纪中叶起，许多亚洲国家沦为英国殖民地。为了便于统治，英国政府鼓励学者对佛教的研究。此后欧洲其他各国学者也投入了这一研究。他们通过研究逐渐对佛教产生兴趣与信仰。也有一些欧洲人因阅读佛教书籍而对佛教发生兴趣，开始信仰佛教……从19 世纪末，特别进入 20 世纪以后，在英国、法国、德国、奥（地利）、比（利时）、瑞典、芬兰、瑞士、意大利、匈牙利等国开始有更多的人信奉佛教，并建立一些佛教社团，举办佛教活动、出版宣传佛教的书籍和刊物。20 世纪 60 年代以前，欧洲人主要信仰南传上座部佛教，因为其思辨的理性和实用的层次迎合他们的心理需求。80 年代以来，承受物质文明、科技文明深沉压抑的欧洲人（尤其西欧人）寄希望于佛教，因此佛教在欧洲又有了进一步的发展……19 世纪末到20 世纪初，中亚细亚，包括中国新疆、甘肃以及西藏地区，引起了西方各国的特殊兴趣，尤其是来自英、俄、法等国，以各种身份出现的学者，络绎不绝。他们在这里发现了大量佛典。随着佛教文献进入西方及对其研究的逐步深入，首先是佛教哲学对于欧洲发生了影响。其中最早、且最显著的是德国叔本华……在近现代，佛教哲学对存在主义的影响也相当明显……此外，像俄国的托尔斯泰，也被认为是受过佛教影响的伟大作家。但是，作为纯信仰对象的佛教在西方流传，更多地受日渐增多的东方移民和侨民的影响……自 18 世纪以来，基督教神学伦理体系受到广泛的冲击，也使一些西方人士的某些观念向佛教倾斜。不过特别值得注意的是，佛教为适应西方社会生活需要，本身所起的变化，或是使它在西方居民中赢得信徒的更本质的原因，其中瑜伽和禅的广泛应用，多种社会服务和心理咨询的开发，是两项最成功的实验……佛教传入美国后，又北传加拿大，南传巴西、秘鲁、阿根廷等国……随着佛教文化在世界范围内的传

---

① 吕建福：《佛教是中国文化自信的三大资源之一》，载《中国民族报》2017 年 5 月 2 日，第 006 版。

播以及当代科学日新月异的发展，有越来越多的西方科学家开始关注并参与佛教与科学的对话。"①

六、作为东方四大文明古国之一的古埃及文化

古埃及文化作为东方文明古国的文化，也曾在历史上熠熠生辉，散发着经久不衰的魅力。虽然其文化已被淹没在历史的长河里，但其内在闪光的精髓不仅影响了古希腊及世界各地的文明，且具有超越时空的价值与意义。

（一）古埃及文化概述

古埃及文明最早形成于约 7450 年前（约公元前 5450 年）下埃及的法尤姆地区，终止于（639 年）阿拉伯帝国将其伊斯兰化。5150 年前（约公元前 3150 年）南北埃及完成统一，并建立了世界上首个大一统国家，其朝代延续并更迭长达三千年之久，有灿烂的文化和科学成就。一般认为，古埃及人是西亚的闪语族部落与北非的含语族部落长期融合、发展而成的。古埃及语，包括由它发展而来的科普特语，都属于闪含语系（也叫亚非语系）。埃及虽然 90%以上的国土面积都是沙漠，但尼罗河在下游形成的绿洲，千万年来滋润着这片神奇的土地，土壤肥沃，物产丰富，即使无须太多的付出亦可丰衣足食。因此，古希腊历史学家希罗多德说"埃及是尼罗河的赠礼"。古埃及的文字（象形文字）、建筑、医学、数学、几何学、天文学、文学、艺术（雕刻与绘画）等都取得了显著的成就。

古埃及人在建筑方面成就辉煌。古埃及建筑在艺术象征、空间设置和功能安排等方面，有着深刻的文化印迹和浓厚的宗教意涵，反映了古埃及独特的人文传统和奇异的精神理念。埃及的金字塔王陵是世界七大奇迹之一，是埃及人对永恒观念的一种崇拜，堪称世界上最神奇、完美的工程，曾被早期的旅行家当成是"埃及的谷仓"。金字塔始建于公元前 2600 年以前的古埃及第三王朝，共计 96 座。它的巍峨壮观，成为人类建筑史乃至人类史上一座不朽的丰碑。它生动地向后世展示，古埃及是怎样在没有火药、没有机械的年代，利用双手及简单工具而创造出这一惊人奇迹的。因此，金字塔不仅作为世界奇观，成为当今闻名世界的旅游资源，而且也成为人们探寻五千年前古埃及文化宝库的重要遗迹和象征。最大的埃及金字塔——胡夫金字塔，历经数千年沧桑，地震摇撼，不倒塌，不变

---

① 闫秀荣：《佛教对欧洲文化的影响》，载《中国–东盟博览》2011 年第 7 期，第 85-86 页。

形，显示了古代不可思议的高度发达的科技水平与精湛的建筑艺术。联合国教科文组织因此把它列为全世界重点保护文物之一。金字塔是古代埃及人民智慧的结晶，也是古代埃及文明的象征。除金字塔外，亚历山大里亚港的法洛士灯塔也是古代世界的奇迹。在底比斯修建的卡尔纳克阿蒙神庙和卢克索尔阿蒙神庙都是古代建筑的典范。这两大神庙均以众多巨大的圆柱著称于世，在神庙的柱子和墙壁上满是雕刻和象形文字的铭文。阿布辛贝勒神庙是埃及石窟神庙的代表作，是在尼罗河岸的一个悬崖上开凿的。还有著名的狮身人面像，伏卧于至今保存得最为完整、规模仅次于胡夫金字塔的哈夫拉金字塔附近，高约 20 米，长约 57 米，加上狮爪全长约 72 米，除 15 米长的狮爪是用石头砌成之外，整个狮身人面像是由一块天然巨石凿成，人们称之为大斯芬克斯像。此也是令人惊叹的世界奇迹之一。

古埃及的象形文字是在公元前 3500 年由图画发展而来，是世界上最早的文字之一，当时是写在莎草纸上或镌刻在神庙的墙壁、石柱上及其他地方。最早的《圣经》，都是抄写在莎草纸上而流传的。而在莎草纸上用特制的颜料作画，就是闻名的纸莎草画了。古埃及的象形文字在其流传的过程中具有较强的生命力，而且还有很大的适应性，它不断地改变自己：象形文字（最初的象形文字是碑铭体，或称圣书体），最初使用起来不甚方便。所以，在古王国末期，由象形文字的圣书体演变出来一种便于书写的行书体，通常称为僧侣体（主要用于宗教写经，其字体的内部结构与圣书体完全一致）。公元前 700 年左右，在僧侣体的基础上又发明了更简便的草书形式，即世俗体（又称大众体、书信体或土俗体，它是僧侣体的简化形式）。这 3 种书写形式不同的文字，都是象形文字的演化。象形文字及其不同的书写体，维持了古埃及文字的固有传统，使得它能把埃及文明承载、传播、流传下来，并影响到腓尼基字母文字的产生。然而，古代埃及象形文字毕竟较为繁难，随着古埃及的灭亡，这种文字逐渐变成死文字，被字母文字所取代，完全被人们遗忘。正是由于罗塞达石碑的发现和被称为"埃及学之父"的法国语言学家商博良对埃及象形文字解读的成功，才使古埃及历史全部展现在我们面前。

古埃及医学和解剖学知识的发达，首先同制作使人死后遗体不腐的木乃伊相关。古埃及人认为，木乃伊是为了让人或动物进入"永恒的世界"。生和死、现世和来世，只是一个序列上的先后位置。人死之后会复活，而复活的灵魂需要原来的身体，因此必须保存身体，以供"死者"来生之需。这种用防腐技术保存尸体的做法，至少在公元前 3700 年就实行了。此外，古埃及人外科医术特别发达，最古老的医学文献《史密斯医学纸草》，其内容就是关于外科方面的医术。发现于底比斯的古墓中的《艾贝尔斯纸草》，是古埃及人的一部医学百科全书，包含有 40 多篇论文，约有 900 多个医治各种疾病和病症的处方。医师们使用的医疗器械有刀、剪刀、钩子等。

古埃及有着较发达的天文学。埃及的太阳历，是早在公元前 3000 年埃及人根据尼罗河的定期泛滥和天狼星的运行周期所制定出的人类历史上最早的历法，亦称科普特历。该历法把一年定为 365 天，分为三季（泛滥季、播种季、收割季），每季四个月，共 12 个月；每月 30 天，余 5 天在岁末为节日，比现在的阳历仅误差 1/4 天。至公元前 1 世纪，古罗马以埃及历法为基础制定出"儒略历"。到 16 世纪又经改革，产生了"格里高利历"，即当今世界上大多数国家所通用的"公历"。埃及的金字塔中就隐含了许多天文学知识，如金字塔的四面正对着东西南北四个方向。著名的大胡夫金字塔的北面有隧道，可以进入金字塔的中心部位，从那儿眺望北方夜空，北极星正好映入眼帘。著名的狮身人面像在春分和秋分这两天，其正面都正对着太阳升起的地方，千年不变。此外，埃及人还发明了圭表、日晷以及观测星象的天文仪器——麦开特。

数学和几何学知识的发达，同设计、测量和建造金字塔密切相关。而且，几何学的发展还与尼罗河水泛滥之后重新丈量土地、兴修水利以及与计算仓廪容积的需要有关。在几何学方面，埃及人已能求得长方形、三角形、梯形和圆的面积，圆周率被定为 3.1605（但当时埃及人并没有圆周率的概念）。数学方面，埃及人计数采用十进位制，并创造了用来表示数字的若干符号。他们已熟悉四则运算，已经知道分数和解一次方程（数学纸草文献中的题涉及最简单的二次方程）。屹立在尼罗河畔的胡夫大金字塔，不仅外观宏大，而且角度、面积、土石压力都经过事先周密的计算。在当时，埃及的数学虽然缺乏概括的演绎推理，没有形成严密的数学理论体系，但是他们在应用数学方面成绩显著，古埃及以其实用而辉煌的数学成就，对人类文明作出了重要贡献。阿布辛贝勒神庙是古埃及第十九王朝的拉美西斯二世法老建造的历经 30 余年完成的大型凿岩神庙，该建筑的令人惊叹之处就是"太阳节"这一凝聚古埃及人无限智慧的奇观（当然遗憾的是，由于计算误差，使得太阳节日期提前了一天，但在当时的时代，这不能不说是科学智慧的一大奇观）。太阳节奇观，是三千多年前的神庙设计者精确地运用天文、星象、地理学、数学、物理学等相关知识，按照拉美西斯二世的要求，把神庙设计成为只有在拉美西斯二世的生日 2 月 22 日和登基日 10 月 22 日两天，旭日的金光才能从神庙大门射入，两次穿过 60 米深的庙廊，依次披散在神庙尽头右边三座雕像的全身上下，长达 20 分钟之久，让神殿熠熠生辉，而最左边的冥界之神却永远躲在黑暗里。

古埃及也有着相当高的文学成就。在神话传说方面，以太阳神拉和冥王奥西里斯为首形成了两大神系。其中奥西里斯的故事最著名。现代埃及学家认为，该传说中王位由兄终弟及转为子承父位，反映了母权制被父权制所取代。短篇小说的题材众多，《辛努海的故事》《船舶遇难记》《一个能言善辩的农夫》《占领尤巴城》等都非常著名。诗歌主要有世俗诗和宗教诗。世俗诗主要是一些民谣，如劳动歌谣、情歌，包括《庄稼人的歌谣》《打谷人的歌谣》《搬谷人的歌谣》等，多表达了奴隶或劳动者对沉重劳役的不满。大部分诗歌是对太阳神、尼罗河和法老的颂诗，如《阿吞颂歌》《尼罗河颂》等。战记作品中最有名的如《图特摩斯三世年代记》，它记述了图特摩斯三世第一次远征西亚时，在作战会议上讨论如何攻打该地美吉多城的战术。这是我们所知最早的有关战术方面的记载。箴言文学或教训文学，其内容也十分丰富，在古代文学史上独具一格。它们通常出自帝王或官僚贵族之手，如美利卡拉王的教训等。但也有普通人的长辈对晚辈的教训流传下来，如《杜阿乌夫之子赫琪给其子拍比的教训》。此类文学涉及伦理道德规范、普遍存在的社会问题或社会风尚等方面的内容，如《阿美涅穆赫特一世的教训》。

古埃及的雕刻和绘画艺术也非常发达。这是一种融庞大与精细为一体的艺术，十分具有感染力，这种艺术几乎没有借鉴多少外来成分，而是凭借千年的灵感，并从劳动的埃及农民那里得到启发所形成。古埃及的绘画，源于受到国王统治者的束缚以及这种艺术的程式化和保守性的影响，有其形式古板、僵化、色彩单调的特点，在长达三千年的历史中一直保持稳定不变。但是，古埃及绘画艺术以独特的视角阐释着古埃及法老王朝政治、社会和生活等方面的场景，有着深厚的历史和文化内涵。作为古埃及文化的重要组成部分，它在世界文化艺术发展史上具有极为珍贵的历史价值和史料价值，为人类文化艺术的发展作出了特殊的贡献。当其承载着数千年历史文化的深厚积淀而伴随法老王朝行将衰亡之际，被誉为西方文明摇篮的古希腊艺术才带着古埃及艺术那古板僵硬的印记，开始蹒跚前行。古埃及的雕刻有浮雕和圆雕，主要刻在木、石、象牙等材料上，其中石雕最多，反映了古埃及社会生活的方方面面，对研究古埃及的历史提供了丰富的形象化资料。

具有自身独特性的宗教是古埃及文明发展的重要根源。古埃及人的精神世界和信仰体系是以神为本的，古埃及是生活在自己神话里的民族，他们崇拜太阳神（太阳神在古王国时期称"拉"，中王国时期称"阿蒙"，新王国时期形成"阿蒙拉"），认为自己的生活是围着太阳，东升西落，生生不息。因此，金字塔永远向着太阳，法老葬后可通过金字塔进入新世界的"复活机"。象征永生之梦的"圣甲虫"（金龟子）具有的崇高地位，也与太阳崇拜有关。古埃及人相信创世说，他们认为世界有始无终，世界原是一片混沌，经创世神的创造和整顿，世界才开始存在。他们坚信，万事万物都循环往复，世界永恒不变。古埃及人的时间观自然偏重未来，因为无尽的世界正等着他们去享受。而且，古埃及是一个特别注重来世的国家，相信来世说，认为现世是短暂的，来世才是永恒的，他们把来世看得比现世重要。古埃及人还认为，人、神与自然和谐共生，神与人之间的活动能相互影响、相互作用，因而自然界的一切力量都被赋予了神圣的色彩，并能传达出永恒的神秘信息。人和神之间的关系，又可概括为：诸神告诫人们该做什么，不该做什么；世上出现罪恶，是因为人们违背了神祇的意愿；造孽的人终将遭报应，行善的人必会获得奖赏。因此，为了获得众神的庇佑，他们修建神庙，举行各种祭祀活动，佩戴并随葬护身符。他们相信，多数的神在冥界仍然能发挥作用，亡灵通过神的审判才能获得重生。古埃及人信奉的神明分为三类：一类是动物神，其形象就是一种动物的外形。古埃及人的信仰属多神教类，且多半都可以动物来作为其象征。古埃及人对动物的崇拜到王朝后期达到鼎盛。学者们认为，古埃及动植物崇拜的主要原因是尼罗河环境下，埃及人的绿洲情节和对沙漠环境中动植物顽强生命力的神秘所产生的吸引与敬佩而形成的，由此使埃及人建立了人与自然、人与动植物的和谐关系。这一点成为埃及文明的重要特征。第二类神的形态是人形。例如，卜塔，为万物的创造者；欧塞里斯，为丰饶之神，文明的赐予者，也是冥界之王，执行人死后是否可得永生的审判；艾西丝，为守护死者的女神，亦为生命与健康之神；奈芙缇丝（艾西丝的妹妹），亦为守护死者的女神。第三类形态的神明，是由抽象的概念拟人化之后所产生的，最主要的就是玛特（Maat），即正义、整理、秩序之神，唯一佩戴羽毛（上刻有其名）的年轻女神。"玛特"成为埃及社会中宗教和伦理道德观念的桥梁。此外，心脏在古埃及人的宗教及来世观中占据非常重要的位置，人死后其心脏是否保存完好决定其能否死而复活。神庙是埃及厚重历史的重要组成部分，展现了法老与神的世界。神庙之于现代人，是建筑，是历史，是艺术，更是对远古信仰的一种遥想和心灵的祭祀，同时也带给我们无尽的沉思。

2500 年前，希腊历史学家希罗多德就曾写道：我将为埃及写下浩繁卷帙，因为没有哪个国家拥有如此之多令人难以置信的伟大奇迹，也没有哪个国家拥有如此之多难以用语言形容的浩大工程。2500 年后，古埃及文明的非凡魅力依然未曾消减，巍峨的金字塔，宏伟的神庙，静静的尼罗河，神秘的象形文字等，仍然见证着古埃及昔日的辉煌。灿烂的古埃及文明背后，折射出古埃及人独特的世界观、人生观以及高超的审美水平。他们令世界惊艳的文化艺术、建筑风格，甚至于宗教信仰都似一颗明珠，闪耀于非洲大地，并为世界文化提供了宝贵的借鉴。

（二）古埃及文化对世界的影响

古埃及灿烂的文化，在多个方面都对当时及后世的世界产生了毋庸置疑的重大影响。

由于种种历史原因，古代埃及的象形文字没能发展成字母文字。但正是有了文字这个载体，埃及的文明长上了翅膀，它不再局限于在尼罗河地区的影响，开始向近东地区和非洲及地中海沿岸传播。古埃及的象形文字，通过西奈铭文，最后影响了腓尼基字母文字的发明。公元前 1500—前 1000 年，地中海东岸崛起的腓尼基人与埃及人进行交易，这时饱学的腓尼基僧侣们把简单的象形文字改写成有秩序的字母，帮助其商贸往来。而腓尼基的字母文字，又是希腊人创立自己字母文字的基础。也正是有了希腊文字，希腊人由此才创造了灿烂的希腊文化。古埃及文化和思想的向外传播，是通过腓尼基人传遍东地中海沿岸各国和岛屿的。

莎草纸的发明，是古埃及文明得以传播的重要媒介。公元前 3000 年左右，古埃及人发明了莎草纸，它与传统材料相比，具有质轻、便宜、易造、耐用、可卷折和便于运输等优点，于是得以大批量生产，作为垄断产品向地中海国家出口。在近 4000 年的时间内，莎草纸是最受欢迎的书写材料。在古代，埃及是生产莎草纸的唯一国家。由于埃及气候干燥，文件不易腐烂，有的至今还能在沙漠里找到。近 100 年来发现的莎草纸中，有公元前 2700—公元 900 年用十几种文字书写的文件，其中有希腊文、阿拉伯文、埃及文、科普特文、拉丁文、阿拉米文和希伯来文等。因此，埃及之所以是我们今天了解的记载最丰富的古代文明，这要归功于莎草纸，它不仅传下来了埃及文明本身，而且保存了其他文明。[①]

古埃及文化对希腊、罗马文化有着毋庸置疑的影响，其艺术被认为是西方艺术的源头。而同时，古埃及文化也吸纳、保存、传播了希腊文化。学者黎海波、宋瑞芝撰文指出："古埃及文化对西方古典文化的形成也具有孕育作用，在保存、传播西方文化遗产以及世界文化遗产方面发挥过重要作用。希腊文字是在腓尼基字母的直接影响下发展起来的，也可以说是在埃及 24 个象形符号的间接影响下发展起来的。希腊的许多伟大哲学家、科学家和史学家都曾到过埃及，有的还在那里学习过，吸收了当地的文化成就，总结出自己的成果。一些著名哲学家和科学家，如毕达哥拉斯、德谟克里特、柏拉图等都到过埃及。泰勒斯认为万物始于水，复归于水，这与古埃及关于宇宙为水神的宗教传统有相似之处。毕达哥拉斯不仅是一位哲学家，而且是一位数学家，他在数学上的成就深受埃及数学影

---

① 黎海波、宋瑞芝：《略论古埃及文化对世界文化的影响》，载《阿拉伯世界》2005 年第 1 期，第 42 页。

响。古埃及几何学吸引他去埃及旅行、考察。公园前 3 世纪亚历山大博物馆内的
图书馆长卡利马利斯记载：'毕达哥拉斯在古埃及住过多年，向祭司学过数学，
他在埃及留学数年后返回希腊，致力于数学研究，第一次使数学超出商业需要的
范围，创立了著名的毕达哥拉斯定理。''历史之父'希罗多德遍游埃及，搜集
了大量史料，写下名著《历史》，最为可贵的是他能不带民族偏见地被埃及文化
的辉煌成就打动，实事求是地分析古埃及文化对希腊文化的影响。他指出，希腊
人的一些宗教崇拜，如对酒神狄奥尼苏斯的崇拜、宗教仪式中用牺牲占卜、节日
集会、游行行列等都是从古埃及人那里学来的。希腊人还从埃及人那里学会了量
地法和几何学。梭伦立法中规定每个公民必须从事一种手艺的条文，也是从埃及
法老阿玛西斯立法中学来的。在文学方面，古埃及的文学不论是在题材上或体裁
上，都长期影响着古希腊文学，也影响了欧洲近现代文学。在古埃及文学的启发
下，希腊人在诗歌和散文方面取得了辉煌成就。由于古埃及文学对《旧约》文学
的影响，而后《旧约》文学又极大地影响了现代西方文学。在艺术方面，早期古
希腊雕刻大都与埃及雕刻一样，是呆板的正面造型，如在提洛岛发现的阿黛密丝女
神像，在萨摩斯出土的赫拉女神像，在特尔非和阿提下发现的阿波罗男雕像等，无
论在造型、动作、表情、发式等方面都与埃及的作品相似。"[1]文明古国埃及一直
都不是封闭的，这也是它的艺术风格延续至今的原因所在。贡布里希在《艺术的
故事》开篇就谈到，之所以没有从法国的原始壁画或者北美的印第安艺术说起，
而是从古埃及以及地中海开始，是因为它们对后世的影响绵延至今，可以用永恒
来形容。在希罗多德看来，几乎所有神的名字都是从埃及传入希腊的。在公元前
3000 年便已形成的埃及的信念与艺术观念，经过数千年的持续发展虽然没有重大
的革新，但持久力却影响到古代西亚、古代希腊与罗马的艺术。"古埃及人不仅
把自己的文化毫无保留地奉献给了人类，也善于吸收外来文化成果，如闪族世界
的多元文化要素、希腊文化等。当古希腊文化趋于衰落时，亚历山大城成了希腊
思想和文化的中心，是它把希腊文化传播给阿拉伯人，阿拉伯人再把它传到西方
世界。如果没有埃及，很难设想希腊文化遗产能够保存下来。在亚历山大时期，
被埃及接纳的文化起着创造者和培育者的双重作用。"[2]

　　从古代埃及文化与基督教的关系来看，其文化传统对基督教产生过相当大的影
响。《圣经·旧约》中，其记述就是从摩西带领以色列人（犹太人）出走埃及开始
的。古埃及的许多神话传说与宗教观念都在基督教中得以保存和发展，构成了基督

---

①　黎海波、宋瑞芝：《略论古埃及文化对世界文化的影响》，载《阿拉伯世界》2005 年第 1 期，第 41-42 页。
②　黎海波、宋瑞芝：《略论古埃及文化对世界文化的影响》，载《阿拉伯世界》2005 年第 1 期，第 42 页。

教神学和习俗的某些重要因素。其中，对基督教有直接影响的主要有欧塞里斯死而复活的观念、对死后审判的叙述和对阴间冥府的描绘等。另外，古埃及传说中还有关于救主降临之说，它曾对犹太教的弥赛亚观念和基督教的基督复临之说准备了原始素材。还有，基督教传说中的圣母玛利亚怀抱圣婴耶稣的原型，便是埃及的艾西丝女神怀抱褓褓中荷鲁斯的形象。黎海波、宋瑞芝指出："基督教出现后，埃及接受了它的一个支派，成为基础稳固的科普特教派的传播地。这一教派把基督教嫁接在古典文化上，从而得以继承希腊和罗马的文明，这是埃及对新生的基督教所做出的最重要贡献。埃及人创立的修道院制度，是对基督教的又一贡献，后来这一套制度在中世纪的欧洲得到进一步发展。伊斯兰教出现后，传入埃及。古埃及文化又接受了新兴的阿拉伯伊斯兰文化，继续发挥着亚历山大学派的传统作用。古埃及人相信'灵魂'不灭，死后永生，将尸体用防腐剂和香料制成'木乃伊'保存，并修建豪华坟墓，留下祭祀基金，创作祈祷文和'死亡书'。'古埃及人的这种来世观念对犹太教和基督教曾产生过重要影响。'"[1]

此外，古埃及文化与西亚、非洲内陆文化等，相互之间也有着较为长久的影响。

关于古埃及文明衰亡的原因，一些学者也作了分析，可归因于以下方面：一是，作为"尼罗河的赠礼"，古埃及人的生死存亡都与这一自然环境密切相关，在相对隔绝的空间内，古埃及人享受着尼罗河带给他们的稳定而又丰富的生命营养。但也正是这过于舒适的生活让他们渐渐失去了危机感和该有的生产能力，最终导致了根源性的落后。而且，在这种相对封闭的空间中，在公元前 12 世纪地中海东部世界开始轰轰烈烈的文明间互动以前，埃及与其他上古文明如苏美尔、巴比伦、赫梯和克里特之间虽然有不少交往，但相对而言，却缺乏更深层次的互动。甚至连马都是入侵的喜克索斯人引入埃及的。这种安逸的环境很容易滋生一种保守的心态。二是，在庞大的统一国度里，法老建立了一个自上而下的完整的以神权支撑王权的专制体系，这种相对稳固的政治模式曾给古埃及带来了长期的稳定与繁荣，但随着"相权"和"州权"势力的不断膨胀，王权被严重削弱。更为致命的是神权的崛起，给王权以沉重的一击。神权体系中的寄生性的祭司阶层集团长期垄断国家文化，致使文明的发展难以延续。三是，古埃及的宗教是整个社会的精神支柱，古埃及人的一生都被"神"这一主题所贯穿，形成了自己的民族特质。随着王权发展的需要和战争的频繁，宗教被赋予各种各样的内涵，但都是为了控制人们的精神世界。所以，在宗教长期发展的过程中，古埃及人的民族性格从最初的自信豁达、乐善好

---

[1] 黎海波、宋瑞芝：《略论古埃及文化对世界文化的影响》，载《阿拉伯世界》2005 年第 1 期，第 42 页。

施，逐渐演变为了忍耐顺从、谦卑沉默，推动一个民族发展的创新精神被逐渐磨灭。四是，中王国以降，埃及更是将大量资源用于对西亚和尼罗河上游的穷兵黩武，这不啻在骆驼的脊梁上添了压倒骆驼的最后一根草。五是，比之中国，埃及既未能参与轴心时代激动人心的文化创造，也没能在保有其文化主体性、同一性的前提下，借地缘之便充分吸收利用爱琴海和西亚地区轴心时代的新文化成果，借以实现文明复兴，而是在一波又一波新文化浪潮中被完全淹没。另外，古埃及最强大的时期应当是公元前 1500—前 1000 年的新王国时期。之后，国家内部经常处于分裂和内战的状态，因此频繁遭受外族的侵略和统治，亚述人、努比亚人、波斯人都曾经征服埃及，直至马其顿人亚历山大大帝征服埃及，他的部将在埃及建立了托勒密王朝。后来，埃及又被罗马所灭。最后，古埃及于公元 639 年终止于阿拉伯帝国将其伊斯兰化。因此，随着古埃及文明自身发展局限性的日益显露，加之外族入侵的洪流源源不断地涌来，最终使古埃及的独立与文明一同消失于历史的长河之中。

然而，尽管如此，埃及仍经历了任何古文明通常应当经历的一个萌芽、生长、开花、结果的全过程，而其他很多文明，如克里特、迈锡尼、赫梯、印加和阿兹特克文明，却在与异质文明的相遇和碰撞中过早结束了这一过程。因此学者阮炜认为，"没有埃及文明，就谈不上希腊罗马文明，而古希腊罗马文明又是欧洲文明的前身。人类文明从埃及文明中受益匪浅，这是没有疑问的"[1]。古埃及文明虽已衰落，但它在历史上的辉煌及其对人类文明所作出的贡献是不应被遗忘的，它极大地丰富了世界文化宝库，其文化传统中的许多成分被之后的文化吸收和传承。古埃及文明中在当代仍闪烁其光芒的一些有价值的元素，更应当受到重视，使其成为构建当代文明的有益组成部分。

七、作为古代东方璀璨明珠的古巴比伦文化

古巴比伦作为世界四大文明古国之一，虽然已经淹没在历史的长河中，而且连其国名也未能保留至后世，但是其所创造的灿烂文化，却源远流长，已经融入世界各民族的不同文化形式之中，为世界各民族文化的发展作出了无可置疑的贡献。美索不达米亚平原，意为"两河之间的地方"（底格里斯河和幼发拉底河），《旧约·圣经》中称其为"伊甸园"，孕育了人类历史上最古老文明之一的两河文明，其中最辉煌的即是巴比伦文明。

---

[1]　阮炜：《古埃及文明何以未能延续至今》，载《光明日报》2019 年 4 月 4 日，第13 版（国际文化版）。

（一）巴比伦文化概述

作为人类古代文明的重要分支，两河文明涵盖苏美尔文明、阿卡德文明、赫梯文明、腓尼基文明、亚述文明和巴比伦文明，有时也被人们统称作古巴比伦文明，它曾与中华文明、古埃及文明以及古印度文明比肩齐辉。及至中古时期，与中国大唐帝国同时代的阿拉伯帝国的盛世文化，又在两河流域发源、繁盛。两河沿岸因河水泛滥而积淀成肥沃土壤，史称"肥沃的新月地带"。考古发掘已经证明，巴比伦文明是距今 6000 年到公元前 500 年两河流域一系列城市文明的总称。在幼发拉底河和底格里斯河两岸，风格类似或迥异的城市如繁星点点，点缀在美索不达米亚平原。在这个历史舞台上，苏美尔人和后来各支闪米特族入侵者像走马灯一般依次扮演着创造文明的主角，共同奏响了美索不达米亚文明辉煌的乐章。在古老的巴比伦这片土地上，曾经出现过人类历史上最早的文字之一——楔形文字，诞生了人类历史上第一部比较完备的成文法典——《汉谟拉比法典》，建造出了被称为古代文明七大奇迹之一的"空中花园"等。

根据大量的考古发现，约在公元前四千年，居住在这一带的苏美尔人已有较为发达的文化，不仅发明了文字，而且发明了用于书写文字的"泥板书"。公元前 3500 年以后，苏美尔人在两河流域南部建立起很多奴隶制小国，其经济主要是以人工灌溉为基础的农业。"从雕刻画和泥版（板）文书中人们发现，当时不仅已经诞生了文字、车、船等这些现代社会的生活必备品，还有史诗文学和药典、农历以及栽植树木的实验，甚至还产生了学校、图书馆和政治议会。这些都说明，苏美尔已处于人类城市文明早期——黄金时代，它的政治和经济都已发展到相当水平。"[①]苏美尔衰落后，古巴比伦城邦兴起。公元前 19 世纪中，阿摩利人灭掉苏美尔人的乌尔第三王朝，建立了以巴比伦城为首都的古巴比伦王国，又称古巴比伦第一王朝。公元前 1792 年，古巴比伦王国的第六代国王汉谟拉比即位，在位 42 年（公元前 1792—前 1750 年）。他十分勤政，兴修水利，奖励商业，并建立了一支常备军。从公元前 1787 年起，古巴比伦王国开始了统一两河流域的征服活动，经过 35 年的征战，征服了苏美尔人和阿卡德人，基本统一了两河流域，统一了美索不达米亚平原，建立起一个从波斯湾至地中海沿岸的强大的中央集权制国家，成为西亚古代奴隶制国家的典型。古巴比伦王国（公元前 1894—前 1595 年）一直延续到公元前 1595 年。但是，汉谟拉比去世之后，帝国就瓦解了，王国受到赫梯人的入侵，约公元前 1595 年被赫梯人所灭。之后，巴

---

① 晋汶：《失落的古巴比伦文明》，载《文物世界》2003 年第 3 期，第 77 页。

比伦又受到加喜特人、埃兰人、阿拉美尼亚人、亚述人的入侵，最后终于在公元前 729 年被亚述帝国所吞并。亚述人把古代东方许多民族的科学文化成就汇集在这里。亚述帝国征服古巴比伦王国并统治了两河流域南部，迦勒底人（为闪米特人的一支，于公元前 1000 年代初来到两河流域南部定居）曾多次起义反抗亚述的统治。公元前 612 年，居住在巴比伦的迦勒底人联合东边的米堤亚人进攻亚述，亚述帝国灭亡，西亚的历史进入了由迦勒底人建立的新巴比伦王国的时代。新巴比伦王国（公元前 626—前 538 年）包含了两河流域南部、叙利亚、巴勒斯坦及腓尼基，也叫迦勒底王国。新巴比伦王国在尼布甲尼撒二世（公元前 604—前 562）统治的公元前 6 世纪前半期，国势达到顶峰。但在尼布甲尼撒二世去世后不久，国内阶级矛盾及民族矛盾加剧。公元前 539 年，波斯人崛起，居鲁士二世率军入侵新巴比伦王国，新巴比伦王国灭亡。公元前 331 年，随着波斯帝国被马其顿希腊的亚历山大所征服，巴比伦也随之处于希腊化时期的亚历山大帝国的统治之下。

早在公元前 4000 年左右，两河流域的苏美尔人就创造了类似古埃及象形文字的图形文字，并逐渐演化成了西亚一带广泛使用的楔形文字。这种文字用芦管刻在泥板上，晒干后成为长久保存的文书。芦管刻成的笔画如同楔形，因此被称为楔形文字。在古代两河流域，考古发掘了大量泥板书。这些泥板书标明的最早日期是大约公元前 3000 年，是用苏美尔人的图画文字（象形文字）书写的。在此后的 1000 年间，图画文字（象形文字）发展成为楔形文字，广泛流行于中东地区，巴比伦人、亚述人、赫梯人和波斯人均使用它。因此，人们也将巴比伦文化称为"刻在泥板上的不朽文化"。这些考古发现的资料大多是宗教方面的文章或是与实际生活有关的文献，如契约、记录、文职人员的报告、法律、条例、公告等。还有一些资料是关于数学的。

古巴比伦时代的科学以数学和天文知识最为发达。在天文学方面，古巴比伦盛行星宿崇拜，观测天象以预测吉凶的习俗促进了占星术的发展，天文学以及由此引领的其他学科也逐步建立和繁荣。由于两河不像尼罗河一样是定期泛滥的，所以确定时间就必须靠观测天象。巴比伦人先是星象学家然后才是天文学家。当时，人们已经能区分恒星和五大行星，还将已知的星体命名。在公元前 2000 年，巴比伦人就注意到金星运动的周期性。公元前 7 世纪起，他们对行星、恒星、彗星、流星、日食和月食等天文现象做了系统的记录，积累了大量天文知识。巴比伦人观测出黄道（即地球绕太阳公转的轨道），以后又区分出黄道上的 12 个星座，绘制出黄道 12 宫的图形。巴比伦人观察并研究了行星的逆行运动：当行星围绕着黄道行进时，它会周期性地减速、停止并逆转其方向，从东向西而不是从西向东移动。巴比伦人将黄道划分为 360°，0° 是春分时太阳黄道上的明显位置。行星在黄道上的位置被称为经度。使用天文仪器，早期巴比伦天文学家可以测量一颗行星的经度，从而追踪并记录它在黄道周围是如何运动的。巴比伦人通过仔细观察行星在固定时间内的运动模式，发现了行星围绕恒星的转动，每个朔望周期的时间是相同的。据此，巴比伦人观察火星并测算火星围绕太阳旋转一周的时间在两年左右。当时的历法为太阴历，以月亮的阴晴圆缺作为计时标准，将一年分为 12 个月，一昼夜分为 12 时，一年分为 354 日。巴比伦人实行七日一周制，每日用五大行星和太阳、月亮的名字命名。七日一周制一直沿用到今天。为适应地球公转的差数，巴比伦人已经知道设置闰月。巴比伦天文学中应用的时间和运动的基本单位之一是朔望月，一个朔望月等于 29.530 594 13 天（现代的测量手段的估计是 29.530 590 27 天），与现代测量手段的测量数据相比已精确到了小数点后五位。古巴比伦人在天象观测方面的长期积累，使后来的新巴比伦人能预测日月食和行星会冲现象，并进一步推算出一年是 365 日 6 时 15 分 41 秒，比近代的计算只多了 26 分 55 秒。除了在对太阳和月亮的运行周期上有准确的研究之外，古巴比伦人还能够很好地掌握月亮运行的时间误差，他们甚至对五大行星的会和周期有非常精确的测量。现在看来，这些测量所得的数据比后来希腊人的测量数据要精确得多。因此令人惊叹的是，古巴比伦在天文学上的研究成果已经很接近于近代的研究成果。在对宇宙的认识方面，古巴比伦人认为宇宙是个箱子，大地是它的底板。底板中央有冰雪覆盖的高山，幼发拉底河就发源在这里。大地四周有水，水外有天山支撑天穹。当时也有些古巴比伦人已经认识到大地是个球体。学者孙晶说："在文明的早期，人们在超自然的神创造了宇宙万物的神话之下，展开了自然哲学的研究，开始探讨世界各种事物的组成元素。这种探讨是处于早期文明阶段不同地区不同种族的人们普遍思维的一种反映，也显示出人们思维水平和能力同步发展历程……苏美尔的神话尽管讲述的是宇宙神创造了一切，他们的宇宙创造论纯属于宗教神学的说法；但是苏美尔人也提出了天、地、气、水这是四种宇宙的组成要素。"[①]

在数学方面，古巴比伦除采用十进位计算法外，公元前 2100 年左右，还发明了六十进位计算法，两种进位制结合使用。六十进位法应用于计算周天的度数和计时，至今为全世界所沿袭。古巴比伦人已经掌握四则运算、平方、立方和求立方根、平方根的法则。其泥板书上已有乘法表。尽管古巴比伦人将圆周率计算为 3，不及古埃及人准确，但已知应用勾股弦定理，并能计算不规则多边形的面

---

① 孙晶：《古代东方哲学的宇宙创世说》，载《社会科学战线》2008 年第 6 期，第 30 页。

积及截头方锥体的体积。在代数领域，古巴比伦人可解含有三个未知数的方程式。苏美尔人对于数字的运用已经达到了令人惊叹的地步：在金字塔附近找到的一块泥板上，列出了一道由两个数字相乘的计算题，其最终乘积如果用阿拉伯数字来表示，结果竟是一个十五位的数字 195 955 200 000 000。然而，公元前 500年左右的希腊人，还认为 10 000 这个五位数字，简直是一个"大得无法计算的值"，凡是超过了 10 000 的，就被称为"无穷大"。多位数字对于欧洲人来说，一直到公元 1600 年以后，才由笛卡儿、莱布尼茨等数学家兼哲学家最先用于计算，而在西方一般人的概念之中，只是在进入 19 世纪之后，才开始对多位数有所认识，以至于百万富翁这个称呼，成为拥有不计其数的财富的最大富翁的代名词。虽然当时两河流域的数学比古埃及的数学水平高得多，但这些数学问题和古埃及一样，涉及的都是一些实际问题。在晚些时期的数学记载中（即波斯和塞琉西时代），就有了一些天文图表以及关于日历和占星术的计算步骤了。

在文学方面，古巴比伦人已经能写漂亮的文章，阅读顺序是由右向左。读音已经产生，但没有变成字母。文字主要用于打借条、写祷告词，逐渐地发展为写故事、传奇、诗歌。《吉尔伽美什史诗》是目前已知的世界上最古老的英雄史诗，早在四千多年前就已在苏美尔人中流传，经过千百年的加工提炼，终于在古巴比伦王国时期用文字形式流传下来。这是一部关于统治着苏美尔王朝的都市国家乌鲁克英雄吉尔伽美什的赞歌。公元前 2000 年，苏美尔人中间已经出现历史学家。

古巴比伦的艺术特点在于更多地注重人们现世生活的表现，这不仅反映在各类工艺制品的功用与造型上，也在大量的装饰纹样内容中得以充分体现（如现实中的征战、狩猎、劳作等情节的表现）。另外一个特征就是，古巴比伦的艺术作品受其多神教的宗教的影响，表现形式丰富多样，且带有很强的世俗性，这也是一种原始的现实主义风格。

至公元前 18 世纪，古巴比伦王朝的汉谟拉比国王在其统治时期（前 1792—前1750）编纂了一部法典，史称《汉谟拉比法典》。这部被认为是人类社会有史以来的第一部比较系统、完备的成文法典（但不是最早的，最早的法典叫《乌尔纳木法典》），以楔形文字浮雕刻在一个 2.25 米高的黑色玄武岩石柱上。这部法典详细规范了国王、奴隶主与自由民、奴隶之间的阶级关系，还规定保护孤寡，将债奴期缩短为三年等。《汉谟拉比法典》建立在两个最著名的原则基础上，即"以眼还眼、以牙还牙"和"让买方小心提防"。《汉谟拉比法典》的颁布，不仅具有进步性的历史意义，而且堪称人类社会法典领域的开先河之作。作为一部公开的成文法，《汉谟拉比法典》"废止了执法者可以根据自己的愿望、利害关系，根据形势的需要、上司的需要，随机量刑执法；摒弃或从重从快，或法外开恩的陋习；开创了人类法治管理的先河"①。

古巴比伦的建筑也令人称奇。从公元前 19 世纪古巴比伦王国统一两河流域到公元前 6 世纪前后，巴比伦一直是西亚最繁华、最壮观的都市。特别是在新巴比伦王国尼布甲尼撒二世的治理下，新巴比伦城进入鼎盛时期。尼布甲尼撒二世对巴比伦城进行大规模建设，使巴比伦城成为当时世上最繁华的城市，也是中东最重要的工商业城市。当时，史无前例的扩建工程使巴比伦以宏伟的市容和豪华的宫殿闻名天下。城内的主要建筑埃萨吉纳大庙及所属的埃特梅兰基塔庙，其塔顶有一座用釉砖建成、供奉马都克神金像的神庙，这就是人们所称的巴别通天塔。国王的宫殿奢华至极，宫墙都用彩色瓷砖和精美的狮像装饰，宫中还以"空中花园"装点，古称"悬苑"，被列为世界七大奇迹之一。直到 100 多年后，希腊历史学家、被称为"历史之父"的希罗多德来到巴比伦城时，仍称它为世界上最壮丽的城市。在尼布甲尼撒统治的几十年里，巴比伦城的人口达到 10 多万，还有来自亚洲各地的商人，奴隶制经济有了很大发展。

在这一时期，口述和笔录的神话传说，成了宗教神话的衍生物，并为世界其他宗教的创立和立论奠定了基础。巴比伦文化多继承苏美尔-阿卡德文化，神话则更是如此。由于两河流域国家的统一，宗教信仰也逐步趋于一致。很久以来，古巴比伦各邦国就是神权国家，他们的统治者在成为国王之前曾担任最高祭司——"帕特西"（Patesi），一直到最后，他们仍是神明的代言人与儿子。在这些城邦中，尼普与埃利度都是宗教与文化中心，不同的种族在这里交流融合。在无数个世纪里，无论种族或人们所信仰的地方神有何差异，尼普与埃利度的神明都被古巴比伦人奉为最高神明。除了这两大宗教文化中心之外，各城邦也有各自崇拜的神明。但是，这些带有地方性质的守护神明的命运通常由城邦的命运决定。城邦的崛起意味着该城邦的守护神明将成为最高神祇，而城邦的衰落也意味着该城邦的守护神明将被遗弃。臣服的城邦的守护神明成为统治公国守护神明的仆从。一旦某位神明占据了最高神明的地位，就很难将它从这一位置罢黜。曾经是至高无上的神明很难重回低位，因此在新的神明崛起的同时，必须为旧的神明找到合适的一席之地。这样，在古巴比伦正统宗教的最顶端，供奉着好几位最高神明，每位神明都有清楚固定的头衔与权力，在王国的某个城邦接受信徒的膜拜。由于巴比伦王国统一两河流域，巴比伦城成为王国首都，为表现王国的统一，这时出现了许多表现巴比伦保护神马都克和反映帝王业绩的颂歌。神明的神庙是每座古巴比伦城邦的中心与荣耀所在。巴比伦城邦围绕神庙而创建，众人围绕神庙而聚集，

---

① 王凯：《汉谟拉比法典——古巴比伦文明的唯一记录》，载《科学与文化》2007 年第 3 期，第 51 页。

无数能工巧匠为神庙的建设添砖加瓦。古巴比伦文化始于神庙，始于对神明或精灵的崇拜，始于与这一宗教有关的祭祀。在宗教观方面，美索不达米亚人注重现世的祈福和享乐，建造神庙是为了祭祀诸神，保持和神的良好关系，以保佑风调雨顺、国泰民安。所以，一国之中，庙宇往往是仅次于王宫的最好建筑。据统计，考古学家仅在苏美尔遗址就发掘出了 3500 座庙宇。而祭司是神庙的侍奉人员，负责主持祭祀活动、节庆典礼、念咒祈祷、占卜等。他们是古代美索不达米亚国家一个最特殊的阶层。他们不仅人数众多，而且权势显赫。古巴比伦的政体是神权政治，这一体制从王朝的兴起一直延续到王朝的覆灭。神权政治使巴比伦城邦成为神圣的城邦，同中世纪的教皇一样，祭司拥有赐予统治者政治权力的至高特权。在美索不达米亚，国家的王权受到法律、贵族和祭司三种限制，其中以祭司最有势力。在这种神权政治下，祭司拥有极大的特权。而且，祭司是国家一支重要的经济力量，他们控制和管理着神庙里的财富。由于宗教在国家生活中的地位，美索不达米亚的神庙聚敛的财富无以计数。国王一般划拨一部分土地作为庙产，并指定区域缴租纳税。对外战争如果获胜，战俘和战利品优先送达的地方就是神庙。加上国民竞相敬献的各类供品，神庙里不仅充满了食品、蔬菜、水果，而且拥有大量的金银财宝。祭司作为财富的管理者，他们出租土地、经营钱庄、参与商业活动，使神庙的财产不断增值。因此，祭司因神得财，因财得势，成为社会的特权阶级。祭司多出于名门望族，职业是世袭的，其称号也代代相传。他们还往往是国家少数垄断了文化知识的人。在神庙开设的学校中，祭司既是校董，又是教师，通过教育对学生灌输宗教思想，因而也是垄断思想的阶层。

在教育方面，巴比伦建立了世界上最早的学校。20 世纪 30 年代，考古学家在幼发拉底河畔南部的马里城（Mari）挖掘出一所约公元前 2100 年的学校遗址，被认为是根据考古发掘所知的最古老的学校。这所房舍靠近皇宫，不靠近寺庙。刚好别处发掘的泥板书的储存场所也是近宫而不邻寺的。有人推断这是古时的学校。两河流域的学校以培养文士为目的，文士分为高级文士和低级文士。前者充任官员，后者则从事各种职业，如公证人、掌印员、土地测量及登记员、军情记录员、缮写员、计算人员、秘书等。很明显，两河流域学校存在的目的是给不同类型的未来官员提供高级教学。约公元前 2000 年的一篇苏美尔文描述了当时学校的生活。该文后来被多次抄写，所以可以推断出它的描述是具有一定代表性的。从此文多次使用阿卡德语来看，可判断是由一名阿卡德族的学生所写的，但全文还是用苏美尔文写成，因为当时苏美尔文是学术语言，其地位相当于后来欧洲的拉丁文。另外，公元前 2000 年的智慧之家（the House of Wisdom）是两河流域实施高水平教学的场所，入学者是已毕业的文士，这里从事的研究也是高水平的。然而，两河流域的学校不同于后来古希腊的学校，其所谓高深知识也是侧重应用价值，而不是面向理论探索。以数学为例，理论推测并没有获得充分发展，大批巴比伦数学论文涉及的是具体问题。可以说，巴比伦创造了人类最早的文明，其教育也是早于其他国家的。著名教育史家滕大春先生曾指出："甚至可以说，它早于埃及，至少是与埃及约在同时而有了学校。这是人类最初的学校教育摇篮，也是人类正式教育的起点。"①当然，其高等教育还是相当模糊的。

两河流域土地肥沃，水源丰富，很适宜于农业生产。早在公元前 3000 年，那里的人们就开始引渠灌溉，早期的农业就这样产生和发展起来了。虽然在公元前 3500 年左右时，苏美尔人在狩猎的同时已经有了比较发达的农业，但是由于幼发拉底河和底格里斯河上游的降雨量大，汛期长，严重影响了农业生产的发展。苏美尔人在泥板上留下诗句："奔腾咆哮的洪水没有人能跟它相斗，它们摇动了天上的一切，同时使大地发抖，冲走了收获物，当它们刚刚成熟的时候。"因此，古巴比伦人想办法治理洪水，使农田得到灌溉。与古埃及人在尼罗河上建筑大堤坝和水库不同的是，古巴比伦在洪水治理上采用疏导的方式。当然，在巴比伦遗迹中也发现有许多修建水平极高的水坝。公元前 30 世纪中期，阿卡德王国建立之后，立即展开了大规模的洪水治理工程。他们主要靠大规模挖沟修渠、疏导洪水的流向以分散其流量，给洪水留下出路。这样不仅治理了洪水，而且为农业灌溉提供了便利条件。古巴比伦王国是古代两河流域经济繁荣的时期，当时的统治者就以国家法律的形式保障水利设施的合理利用。

在古巴比伦王国时期，铸造技术和冶金技术已同时高度发达，巴比伦在这个时期进入了铁器时代，铁犁、货车及战车被先后发明。各种铁制农具的出现，对于巴比伦的农业有着举足轻重的影响。最早的铁器是用天然陨铁制成的。公元前 2000 年前后在西亚一些富有铁矿的地区，人们发现有些砌炉灶的石头经过木炭长期焙烧，可以炼出铁来，经过多次实验改进，发明了炼铁的方法。公元前 12 世纪，铁在腓尼基和美索不达米亚的北部已经普遍使用。铁矿比铜矿丰富、普遍得多，铁器比铜器便宜得多。亚述的山岳地带有铁、铜、铅、银等丰富矿藏，公元前 9 世纪，亚述已经把铁和铜同样地使用了。亚述人擅长制造金属武器，其军队装备优良。在公元前 8 世纪的亚述宫殿中，曾经发现藏有大量铁器（锤、锹、犁、链子、钩子等）的仓库。铁器逐渐取代了铜器。丰富的铁矿以及又早又广泛

---

① 滕大春：《关于两河流域古代学校的考古发掘》，载《河北大学学报》（哲学社会科学版）1984 年第 4 期，第 70 页。

地使用铁器，是亚述王国在公元前 8 世纪崛起的重要因素之一，也是两河流域和埃及的显著区别之一。另外，由于发明了轮子和转盘，后人演绎出了各种轮子和齿轮，为生产与生活提供了极大便利。

（二）巴比伦文化对后世的影响

两河文明的文化，对人类的贡献是难以估量的。尼罗河文明和印度河文明的发展也都受到它的深刻影响和促进。希腊人从那里学到了数学、物理学、法律和哲学；犹太人从那里学到了神学，并将它传播于世；阿拉伯人从那里学到了建筑学，并以此影响了整个中世纪欧洲。学者晋汶说，"一些史学家坚信，被湮没的两河流域文明先于并带动了古埃及文明文化，现代西方文化的许多脉络虽然来自希腊、罗马，但后者的源头还是古代西亚这一文明的摇篮"[①]。

以古巴比伦为代表的美索不达米亚文化对后世的影响首先是关于《圣经》的，毕竟这里是《旧约》故事发生的地方。可以说，有关巴比伦的内容，贯穿整部《希伯来圣经》，创世纪、大洪水、伊甸园、巴别塔（又译巴贝尔塔）、诺亚方舟等都可以在巴比伦找到相似的故事和神话传说，包括历史上真实发生过的巴比伦之囚。苏美尔人神话中的三联神：安努、恩利尔和伊亚，月神辛、日神沙玛什、金星女神伊丝达，这个阵容应当说和基督教神话中的三位一体非常相似。而且，苏美尔人神话中，神也是用了 6 天创造世界，第 7 天休息；人的祖先因受了诱惑而犯罪；还有大洪水等，这些都直接影响了后期闪米特人的宗教信仰。而犹太人的祖先亚伯拉罕就是闪米特人，他们从乌尔经过巴比伦，再经过马利和哈兰，迁徙到了巴勒斯坦，最后定居到了别是巴。巴比伦在旧约的几部预言书里占有突出位置。后来，在巴比伦失去政治中心地位许多个世纪后，《新约启示录》中也提到了它。一些学者认为，天启文献用巴比伦来指代罗马帝国。

西方人除了通过《圣经·旧约》作为了解巴比伦文明的一个窗口之外，还通过古希腊历史学家希罗多德等人的著述，尤其是贝洛索斯的作品了解巴比伦。作为地地道道的巴比伦人，贝洛索斯在希腊用希腊语撰写的《巴比伦尼亚志》，被许多后来的作家引用，他们对这片"日出之地"的东方产生了浓厚的兴趣。西方古典时代对古代东方文明的认识在贝洛索斯时期达到了最高峰。学者王凯指出，《汉谟拉比法典》的制定和颁布，"对后世有深远的影响，以理性和民主著称的雅典最早的成文法便是模仿古巴比伦刻石制定的。汉谟拉比所坚持的'能被普遍

---

① 晋汶：《失落的古巴比伦文明》，载《文物世界》2003 年第 3 期，第 76 页。

接受'和'具有永久性'的立法原则已经成为后来诸多法律的基本出发点"①。而第一个让欧洲知道楔形文字的是一个叫德拉·瓦莱的意大利人，他也是第一个对巴比伦遗址进行"发掘"的人。另外，巴比伦的冶铁术很快从西亚传播到地中海沿岸的国家。铁是人类历史上起过革命作用的、最重要的原料之一。广泛使用铁器，极大地推动了生产力的发展，使人类从青铜时代进入了铁器时代，并且给希腊文化高潮的到来准备了物质基础。

关于巴比伦灭亡的原因，人们总结出了几个方面。其一，最直接的原因是战争导致了巴比伦的灭亡。当时，在城市与城市之间、国与国之间、民族与民族之间进行着连绵不断的相互征战。而且，巴比伦的地理位置处于三大洲交界处，该地区多次崛起地区性的超级大国，如亚述、波斯、马其顿、罗马、拜占庭（东罗马帝国）、阿拉伯帝国、奥斯曼土耳其等，可以说是群雄逐鹿，文明比较易被打断。按照斯塔夫里阿诺斯在《全球通史》中的说法，美索不达米亚的历史，在很大程度上是印欧入侵者与闪米特入侵者为争夺这块肥沃的大河流域地区而进行数千年斗争的历史，这种连续入侵的模式一直延续到近代。在这片古老而神奇的土地上，与文明相生相伴，战争也从来没有休止过。这块非常适合人类居住的土地据说就是《圣经》中伊甸园的原型地。然而，也许正是因为优越的地理位置，使它也不断成为政治和战争的舞台。就地缘来说，巴比伦所处的小亚细亚以沙漠为主，无险可守，又缺乏纵深的防御工事，导致古巴比伦缺乏持久的抗打击力，因此在强大的军事打击下，比较难以防御。其二，国内的族群、阶级矛盾十分尖锐。由于古巴比伦的人口并非由单一族群构成，分崩离析的族群生存状态以及多信仰的状态，常常造成古巴比伦内部的极度虚弱，不利于抵御外来族群的侵扰。因此，早期的王朝必须依靠武力才能统治整个国家，而单纯依靠武力的政治实体并不能维持长久的统治。直到许多世纪之后，古巴比伦的政体才逐渐演变为中央集权制。古巴比伦时期，高利贷业甚为活跃，神庙和酒店同时经营高利贷业。高利贷业的活跃促进债务奴役制的发展。在家庭和婚姻关系方面，还保存父权和夫权的家长制残余。父家长可将其妻或子女卖为奴隶或使之变为债奴，子女须为其父家长杀害的他人子女抵命。债务奴役制的发展导致债务人的反抗。汉谟拉比之后即爆发了反债务奴役的斗争，导致国王发表解负令。这也是古巴比伦灭亡的重要原因之一。在新巴比伦时期，繁盛的背后也隐藏着危机。被征服的外族人对巴比伦奴隶主的仇恨和反抗不断发生，本族的贫民和农民因破产沦为奴隶，加剧了国内的阶级矛盾，奴隶主阶级内部争权夺利的矛盾也越来越激烈。尼布甲尼撒二

---

① 王凯：《汉谟拉比法典——古巴比伦文明的唯一记录》，载《科学与文化》2007 年第 3 期，第 51 页。

世去世后，国内政局立即动荡起来，6 年中 8 个国王被废，其中两个被杀。在东面，力量越来越强大的波斯帝国征服了巴比伦的盟邦米堤亚，对巴比伦形成了大军压境的局面。而巴比伦的奴隶主们却忙于争权夺利，纵情享乐，他们以为他们的城墙是那样高大而坚固，谁也攻不破。他们万万没有想到，敌人会利用穿过城墙的幼发拉底河打进来，未经交战就占领了巴比伦。其三，人为因素造成生态环境恶化、国力衰退。古巴比伦由于城市的发展、人口的增加，导致对耕地和木材的需求增大，于是无休止地开荒伐林，改森林、草原为农田。没有森林、草原起到固定水土的作用，因此沙化、水土流失现象一年比一年严重，终于使沃土破坏殆尽，良田沦为荒漠。而农田不足又造成了粮食不足，粮食不足便又造成了国家的内乱，国家内乱致使国力衰退，给了周边蛮族以可乘之机。学者白木、子萌指出，古巴比伦人只灌不排的农业耕作方式，形成了人造盐碱地的恶劣后果[①]。其四，文化缺少包容性。虽然苏美尔人乃至巴比伦人具有高度发达的文化，但是文化的包容性并不强，这样受到外族入侵即是灭顶之灾。一个文明能否延续，包容性很重要。中国也经过外族统治和入侵，但这些外族最终都被汉文化同化了。而且，汉文化不仅能同化异族文化，也善于吸收外来先进文化，将其融入于自身文化而生成新的汉文化，从而不断向前发展。其五，巴比伦人的性泛滥也是导致其亡国的重要原因。性泛滥导致了各种性病的泛滥，而科学不够发达的他们，对此种疾病也没法抗拒，这是最终导致古巴比伦灭亡的重要原因之一。关于此方面，也有不止一位学者论及，并在论述的基础上得出结论说，"巴比伦应该毁于自己的'性'风俗"[②]。"这场由人类自身无伦理、无节制的追求'性自由'与'性乐趣'所酿成的恶果只能由人们自身来承受……曾经强悍与繁荣并创造了古巴比伦文明的民族，仿佛走到魔鬼为他们设置的末日，谁也无法遏制和挽回这场灾难。性泛滥终于导致了巴比伦的覆灭。"[③]

　　不管是由于什么原因，巴比伦作为一个文明古国已经被淹没在历史的烟尘之中。但是，作为在历史上熠熠闪光的古巴比伦文明，它却不会消失。它不但影响了后世的文明，而且至今仍有其不可忽视的研究与借鉴价值。

　　除以上所概述的人类古老的几大文明之外，还有不少如古印度文明、美洲玛雅文明及前已提及的印加文明、阿兹特克文明等，都是不容忽视的人类历史上曾

---

① 　白木、子萌：《毁于生态灾难的古文明》，载《河南林业》2003 年第 3 期，第 28 页。
② 　秋雨：《巴比伦是如何消失的》，载《科学大观园》2013 年第 20 期，第 46 页。
③ 　解义勇：《性泛滥毁灭了古巴比伦文明》，载《中国保健营养》2003 年第 5 期，第 35 页。

经存在的重要文明，都在人类文明发展史上作出了应有的贡献，只是本书篇幅所限，不能一一加以叙述。总之，不同文明之间融会贯通、互通有无、彼此借鉴，共同促进了人类文明的发展（当然，也不否认历史上通过战争和征服而促进了文明和文化交流的史实）。每一种文化中的精髓都是世界文明的重要组成部分，这已被历史事实所无可辩驳地、有力地予以证明。诚如学者徐坚所说："西方文明演化的一个基本特征，是自始至终都处于几个不同核心区的相互激烈碰撞和深度交融的过程中。从这个意义上看，我们通常所说的狭义的欧洲文明并非原生型文明，而是一种继发型文明，很大程度上是从两河流域、尼罗河流域等其他文明核心区移植而来，同时也将欧洲文明传入其他核心区。"①

---

① 徐坚：《文明的再造与复兴——东西方文明兴衰的启示》，载《国际问题研究》2016 年第 4 期，第 4 页。

第六章
文化的自信与定力是其
传承与创新的根基

在传承、弘扬与创新优秀传统文化的过程中，在以优秀传统文化为重要背景使"学以成人"取得显著成效的事业中，文化的自信与定力是绝不可缺少的。它既是推动事业发展的动力，也是催生事业结出丰硕果实的根基。而坚定、深沉的文化自信与定力，则是来自对文化本身的深刻理解和透彻把握。

一、对近年来国内有关中华传统文化一些观点的批判性反思

近年来，人们提得较多的是关于文化的"普适价值"或"普世价值"的问题。"普适价值"（universal value），最初英文指由德国基督教神学家孔汉思（HansKüng，又译"汉斯·昆"）提出的"全球伦理"，此后，关于建立"全球伦理"的讨论在世界范围内展开，"普适伦理""普遍价值""普世价值"等新名词随之出现。最初，这些名词仅仅是在伦理学领域使用，并且是作为"全球伦理"的别称出现的，因为在英语中它们是同一个词。而随着讨论的深入，一些人已不再满足于伦理学领域，而是进一步在政治、经济、文化等领域寻求"普世价值"。普适价值，顾名思义，为普遍适用的价值。此处强调"普适"一词，是区别于西方以"普世"概念完全与西方文化画等号的偏狭意识与做法。由前章的阐释已清晰可见，在人类历史上的文明发展过程中，是由各民族的优秀文化共同组成了世界文明。而中华文明，则是世界文明大花园中的一朵璀璨的明珠，直至当代仍发出耀眼的光芒，显示出其强大的生命力。当然，中华文明是在与其他文明相碰撞、相交融之中，而与其他文明比肩齐辉，从而发出更加夺目、更加灿烂的光芒。

文化的自信是建立在对自身文化坚实认同的基础之上，而这种认同又是与对自身文化的充分理解与深刻阐释密切相连。

（一）关于中华文化缺乏当代的解释力

一些学者认为，中国文化缺乏一种当代的解释力。因为中国虽然经济得到了较快发展，但是拿不出属于自己的有分量的文化产品，因此得不到广泛的文化认同。这有其一定的道理，也内含着一种忧国忧民的心情。这应是我们在发展文化中特别注意的问题。但笔者认为，文化有没有解释力，不仅要看它的外在产品，更要看它影响人性的内在品性，看到它超越时空的精神价值。从这个角度看，这种超越时空的精神价值恰恰是多年来为我们自己所忽视了而未能使其得到应有的

张扬，但这并不能说明文化本身缺乏解释力。因此，文化的解释力存在于对自身文化的自信之中，存在于其超越时空的精神价值之中。而我们所缺乏的，正是一种对文化解释力的解释力。

由此可见，解释力一方面建基于由对文化促进中华民族发展的历史价值与贡献的认知而形成的文化自觉与自信，只有对自身文化的尊重，方能得到别人的尊重；另一方面则建基于文化的当代价值与贡献的事实，以及对其所进行的理论性阐述与分析。

所谓对自身文化的自觉、自信与尊重，当然首先是对悠悠五千年源远流长的中华文化助推中华民族从一个阶段向另一个阶段不断发展、助推中华民族在历史上取得一个又一个辉煌成就的深度理解与认同。每一位对中华文化在历史上的辉煌和作用能够理解和认同的人，胸中自然会升腾起一种文化的自信与自豪感，即令面对中国近代以来的落后和遭受列强欺凌，也不会丧失对自身文化的信心，而是会艰难地但执着地寻找文化传承与创新之路，使其在新的时代助推民族迈上新的发展征程。因此，这种人应当有能力结合历史与当代民族的发展，对自身文化进行合乎逻辑的、客观的、高水平的解析，从而将这种文化软实力展现于世。否则的话，文化的自信、自觉与尊重就只会是飘浮于表层的空洞词句与口号，而不是生发于内在心灵的东西。当然，这种在理解和认同基础上的自觉与自信，绝不是盲目自负、傲慢自大。一个对自身文化缺乏理解、缺乏认同的人，要他提起文化的自觉与自信，并进而对文化的当代价值加以高水平的、合乎逻辑的阐释，那就太难了。一味跟在西方的话语体系后面去鹦鹉学舌，只会得出有利于西方而不利于自己的结论。这跟向包括西方先进文化在内的国外优秀文化的学习与借鉴，是性质根本不同的两个问题。国学大师南怀瑾先生曾说："一个国家，一个民族，亡国都不怕，最可怕的是一个国家和民族的根本文化亡掉了，这就会沦为万劫不复，永远不会翻身。"①著名学者、当代新儒学的代表杜维明教授也指出："一个民族的自信心彻底丧失，它是无力的、无气的、无理的，一个失去自信的民族，要精神团聚起来，向西方学习真正有意义的东西，可能性太小了。在对传统文化进行强烈批判的同时，一定要真正了解它的精华，把它的优质部分好好的保护……在现代化的过程中，我们曾经以为要把传统彻底消除，才能进入现代文明。其实，传统文化是塑造现代文明的基石，是背景，是零，它加在任何数字后面，都是十倍百倍的增加。"②习近平总书记在 2016 年 5 月举行的全国哲学社会

---

① 韦雨选编：《四书五经精选本》，新世界出版社 2004 年版，第 4 页。

② 腾讯大讲堂供稿：《杜维明 VS 袁伟时——究竟怎样对待中国传统文化》，载《南方周末》2010 年 12 月 2 日，第 F31 版。

科学工作座谈会的讲话中说："站立在 960 万平方公里的广袤土地上，吸吮着中华民族漫长奋斗积累的文化养分，拥有 13 亿中国人民聚合的磅礴之力，我们走自己的路，具有无比广阔的舞台，具有无比深厚的历史底蕴，具有无比强大的前进定力，中国人民应该有这个信心，每一个中国人都应该有这个信心。我们说要坚定中国特色社会主义道路自信、理论自信、制度自信，说到底是要坚定文化自信。文化自信是更基本、更深沉、更持久的力量。历史和现实都表明，一个抛弃了或者背叛了自己历史文化的民族，不仅不可能发展起来，而且很可能上演一场历史悲剧。"[①]

其次，就当前来看，我国从优秀传统文化中汲取智慧所奉行的"一带一路""合作共赢""构建人类命运共同体"等发展理念，正在实践中产生越来越好、越来越广泛的效果和影响，得到了越来越多国家和国际组织的积极响应，受到国际社会广泛关注，这是世人所有目共睹的事实。"构建人类命运共同体"的思想还被写进了联合国的多种文件之中。由此可以说，"一带一路"等发展理念的提出和实施，不仅仅推动经济的发展，也使其背后的文化软实力得以充分展现，并彰显出中华优秀传统文化的当代价值和生命力，乃至解释力。正如《共建"一带一路"倡议：进展、贡献与展望》报告中所说："共建'一带一路'倡议源自中国，更属于世界；根植于历史，更面向未来；重点面向亚欧非大陆，更向所有伙伴开放。共建'一带一路'跨越不同国家地域、不同发展阶段、不同历史传统、不同文化宗教、不同风俗习惯，是和平发展、经济合作倡议，不是搞地缘政治联盟或军事同盟；是开放包容、共同发展进程，不是要关起门来搞小圈子或者'中国俱乐部'；不以意识形态划界，不搞零和游戏，只要各国有意愿，都欢迎参与。共建'一带一路'倡议以共商共建共享为原则，以和平合作、开放包容、互学互鉴、互利共赢的丝绸之路精神为指引，以政策沟通、设施联通、贸易畅通、资金融通、民心相通为重点，已经从理念转化为行动，从愿景转化为现实，从倡议转化为全球广受欢迎的公共产品"[②]。2019 年 3 月 27 日，在博鳌亚洲论坛2019 年年会现场，菲律宾众议长、博鳌亚洲论坛理事阿罗约接受了人民日报海外版、海外网记者专访。谈及"新中国的发展对亚洲和世界的意义"时，阿罗约说："中国的发展给我们带来启发，即'世界上并非只有一条发展道路'。在受到中国启发之前，我认为，西方模式是唯一的发展模式。然而，过去 70 年，尤其是中国实行改革开放以来，中国向世界证明，各国可以根据本国的发展经验，

---

① 习近平：《在哲学社会科学工作座谈会上的讲话》，载《人民日报》2016 年 5 月 19 日，第 2 版。

② 推进"一带一路"建设工作领导小组办公室：《共建"一带一路"倡议：进展、贡献与展望》，中国政府网 http://www.gov.cn/xinwen/2019-04/22/content_5385144.htm，2019-04-22.

探索适合本国国情的发展模式。新中国成立 70 年来，特别是改革开放 40 年来，中国取得了举世瞩目的发展成就，中国不仅成长为世界第二大经济体，更让超 7 亿人摆脱了贫困。习近平主席正在领导中国进入新时代，新时代的中国，将发展成为繁荣昌盛的社会主义现代化国家。新时代的中国正致力于创建互利共赢、共同发展的美好未来，这对全世界都有益处。在我担任菲律宾贸易和工业部副部长的时候，就一直关注着中国这条'东方巨龙'在亚洲的腾飞。我们曾质疑，中国是否会成为菲律宾在世界市场的竞争对手。不过出人意料的是，中国是一个独特的存在。在习近平主席的领导下，中国已成为菲律宾的发展伙伴。对发展中国家而言，中国是市场、是帮手、是资金和技术的输出者。"[1]阿罗约的这番话，是对中华优秀传统文化在当代解释力的最好注脚。

（二）关于当前国学热中张扬的许多内容并非文化精华，故中华文化精华难寻觅

应当看到，在当前的国学热中，确实存在着张扬的并非全是文化的精华，其中也存在着许多消极的甚至糟粕性的东西。但是，如若我们仅仅只看到了国学热中这种表层性的东西，而并未能真正理解中华文化的实质，那么消极情绪就会滋长，从而影响文化自信的形成。可以说，正是我们在早些年对自己的传统文化没有给予足够的重视，甚至在某个时段如"文革"中，对传统文化采取了不应有的一概否定乃至彻底批判、摧残的态度，才导致了当今时代在国学的弘扬中往往出现优劣不辨、良莠不分的状况。当然，几千年形成和发展的中华文化博大精深，本身就是一个系统完整、庞大而复杂的文化体系，其中是鱼龙混杂、泥沙俱下，优劣共在、良莠兼有，需要我们下大气力，认真谨慎地加以分析和鉴别，才能真正做到去粗取精、去伪存真，从而去其糟粕、取其精华。因此，在当前的文化复兴中，一些人难免会对文化的理解有所偏颇，但这并非文化本身缺失了精华（当然，精华往往是和糟粕纠缠在一起的），而是我们对文化的认知力、判断力与辨别力还有待提高。否则的话，悠悠五千年的中华文化推动了中华民族不间断地向前发展，直至当代昂首挺胸屹立于世界民族之林，该作何解释呢？实际上，中华文化的精华像金子般地撒满了我们文化的方方面面，就看我们该如何沙里淘金。笔者撰写本书的目的，就在于做这种沙里淘金的工作，探寻中华文化中精神层

---

① 《菲律宾众议长阿罗约：中国向世界证明 西方模式不是唯一发展途径》，环球网 https://world.huanqiu.com/article/9CaKrnKjmLb，2019-03-28.

面、制度层面、教育层面等的精华之所在，并促使这些精华在青少年一代的"成人"过程中能够扎下根来，使他们能继往开来，在原有基础上去创造能够推动新时代发展的新文化。

国学大家庞朴先生曾说："经过了一个多世纪的代价巨大的社会实践，中国人终于懂得了一个道理：未来的陷阱原来不是过去，倒是对过去的不屑一顾。就是说，为了走向未来，需要的不是同过去的一切彻底决裂，甚至将过去彻底砸烂；而应该妥善地利用过去，在过去这块既定的地基上构筑未来大厦。如果眼高于顶，只愿在白纸上描绘未来，那么，所走向的绝不会是真正的未来，而只能是过去的某些最糟糕的角落。"①我国现代著名史学家、思想家、教育家钱穆先生指出，"中国传统文化，彻头彻尾，乃是一种'人道'精神、'德性'精神"②。他还指出："我们要讲述中国文化史，首先应该注意两事。第一是中国文化乃由中国民族所独创，换言之，亦可说是由中国国家所独创，民族与国家，在中国史上，是早已融凝为一的。第二事由第一事引申而来，正因中国文化乃由一民族或一国家所独创，故其文化演进，四五千年来，常见为一线相承，传统不辍。只见展扩的分数多，而转变的分数少。由第一点上，人们往往误会中国文化为单纯，由第二点上人们又往往误会中国文化为保守。其实中国文化，一样有他丰富的内容与动进的步伐。"③在钱穆先生看来，中国民族就像一个较大的水系，其中有许多支流汇入。"其实中国民族常在不断吸收，不断融合，和不断的扩大与更新中。但同时他的主干大流，永远存在，而且极明显的存在，并不为他继续不断地所容纳的新流所吞灭或冲散。我们可以说，中国民族是禀有坚强的持续性，而同时又具有伟大的同化力的，这大半要归功于其民族之德性与其文化之内涵。"④

由此可知，中华文化的精华是显而易见、不难寻觅的。当前我国所倡导的社会主义核心价值观，其重要组成部分不就是中华文化的精华吗？有了对文化的正确认知与深刻理解，就会秉持对文化的自信，这种自信是不会轻易被某种现象或表象所迷惑的。

---

① 庞朴：《文化传统与传统文化》，载《新华文摘》2003 年第 9 期，第 3 页。
② 钱穆：《民族与文化》，《钱宾四先生全集》（第 37 册），联经出版事业股份有限公司 1998 年版，第 50 页。
③ 钱穆：《中国文化史导论》，上海三联书店 1988 年影印本，第 18 页。
④ 钱穆：《中国文化史导论》，上海三联书店 1988 年影印本，第 19 页。

（三）关于文化有其历史性、阶级性，古典文化在当代失去了现实价值

这一观点与上述的两种观点有着密切关联，而且结论也过于武断和简单化。是的不错，产生于不同历史时代的文化，即令是同一个民族或国家的文化，都不可避免地具有其历史性和阶级性。因此，在对自身文化进行传承和弘扬的时候，需认真进行剖析，分清其中哪些内容随着时代的发展已变为陈旧、落后、保守的东西，成为阻碍新时代民族前进的绊脚石，从而在当代须加以摒弃；哪些内容具有超越时空的价值与意义，至当代仍熠熠闪光，经过创新性发展与改造，能够成为推动国家和民族不断向前发展的积极力量。这确实不是一项简单而容易的工作，但又是一项必须做的工作。

这其中，我们应认清两点：一是，作为一个民族系统、完整而又融入于血脉之中的文化，不可能不含有支撑民族不断向前的一以贯之的精华在其中，这精华并不会随着岁月的流逝和世事的变迁而黯然淡去。它就像被包裹在整体文化核心的闪光的金子，需要我们去辨别、去发掘，最终使其成为广大国民（包括精英阶层和一般民众）的一种不假思索的无意识的文化认同，成为他们日用而不知的文化底蕴。我们说，历史性、阶级性与连续性、继承性是辩证的对立统一关系，简单化地抛弃或忽视任何一个方面，都是对文化理解的一种片面性的态度，都会对文化的发展乃至民族的发展造成相当大的伤害。二是，文化作为融入于民族血脉中的东西，若只想一味主观地不加分析地全面抛弃，那么事与愿违，所抛弃的恰恰是民族文化中精华的东西，而留下的又恰恰是其中糟粕性的东西。这是有着深刻的历史教训的，"文革"就是明显的例证。"文革"在"破四旧、立四新"的口号下，对传统文化从外在形式到内在思想都"砸了个稀巴烂"，然而在这一过程中，真正的新东西并未能立起来，倒使传统文化中的负面的东西张扬了起来。诚如学者曹锡仁所指出："文化大革命以'破四旧、立四新'的反传统姿态登台，却以文化传统中的腐朽方面之极端恶性发展而走向反面，从而宣告了自己使命的完结。"[①]"文革"虽已过去了几十年，但现在我国经济、政治、社会发展中反映出来的一些道德问题、人格发展问题、社会问题等，除了我们都已看到的从计划经济向市场经济转型过程中出现的矛盾、国外不良价值观与腐朽生活方式的渗透等原因之外，"文革"留下的创伤与负面影响也不能不考虑在内。

可以说，世界上的任何一个国家——无论发达国家还是发展中国家，都不敢

---

① 曹锡仁：《中西文化比较导论——关于中国文化选择的再检讨》，中国青年出版社 1992 年版，第 493 页。

忽视甚至丢弃自己的传统文化，都强调在自身传统文化的基础之上来建构现代化国家。任何国家、任何民族都不可能完全割断传统，也不应当完全割断传统。目前我们的偏颇之处在于，当我们强调文化的历史性和阶级性时，往往忽视了文化精华所具有的巨大价值和超时空性。

（四）关于宗教文化统领下的西方文化具有普世价值

一些人认为，宗教文化统领下强调民主、自由、法制的西方文化才具有普世价值，是世界各国应共同遵循的；中华文化只具包容性，称不上具有普世或普适价值。这是一种盲目媚外的偏颇性认识，只看到了西方科技与经济发达的一个方面，而对西方文化中已经并正在呈现的负面因素却视而不见，使这些成为了认知中的盲点。

笔者认为，走向民主、自由、法制的社会是世界发展的潮流，是时代的潮流，是人类不可逆转的发展方向。而且正如本书前文所述，基督教在其产生、演变与发展过程中，蕴含着伦理精华。基督教中所蕴含的这些积极因素，在文艺复兴后随着人性与人的价值的凸显、理性的高扬，成为西方资本主义世界经济腾飞、科技迅猛发展的动力，使西方各国日益强盛。但是，民主、自由、法制并不等同于西化。西方的民主、自由的社会模式并非唯一的社会发展模式，它本身就存在着一些缺陷。学者申国立指出："从西方民主体制实践看，基本难以同时满足适合多党民主体制的条件，问题层出不穷，就连民主程度相对较高的美国也存在民主体制上的弊病。主要表现在：一是短期行为。为了竞争拉选票，执政党从执政利益出发，只做对自己选举有利的事，必然缺乏决策的全局性和政策的一贯性。二是效率低下。为了争取执政，一方执政另一方拆台，甚至只论党派，不论是非，互相攻讦扯皮，难于就重大问题及时作出决策。三是社会分裂。为了选举，各政党相互攻击，引起选民对立，扩大了社会矛盾，甚至导致族群和国家民族的分裂。四是黑金政治。为了选举的胜出，一些政党采取作弊和违法手段。"[1]杜维明教授也指出："美国内部的民主制度比较完善，但国际间的政治民主制度根本没有建立，基本美欧说了算……西方文化人对自己文明的反思，在很多方面，比东方文化人更深刻，反思力更强大。"[2]与此同时，基督教文化中所含有的一些负面因素，如在神性论基础上人的心身二分、十字军东征中所表现出来的对外殖民与侵略倾向、为世人所诟病的宗教裁判所对所谓异端异教的暴虐态度等，则都对后世产生

---

[1] 申国立：《从中国实践看民主》，载《光明日报》2012年5月8日，第11版（理论·政治版）。

[2] 腾讯大讲堂供稿：《杜维明VS袁伟时——究竟怎样对待中国传统文化》，载《南方周末》2010年12月2日，第F31版。

了不可忽视的消极影响。西方资本主义在自身日益强盛的过程中却走上了霸权主义和对外掠夺与殖民的强权道路，而无视世界其他地区民族和人民的生存需求与平等权利。而且，西方人硬把其自身价值观视为全世界必须共同遵守的普世价值而灌输给其他民族，在世界一体的国际化口号下，以超然凌驾于一切的傲慢态势，置其他民族于自己的控制之下，而对自身由于文化的偏颇性所暴露出来的种种弊端却避而不谈。例如，2008 年由美国开始，继而引发的世界性金融危机乃至经济危机的蔓延，虽使他们受到重创，但并未能改变其傲慢的姿态，以及为自身利益而向别国进行文化渗透、经济渗透，乃至武力渗透的恶劣本性。又如，美国自身的人权问题，诸如日益严重的种族歧视问题、难以控制的枪击案问题等，已使其国内民众苦不堪言。但是，其政客们对此却避而不谈，专门针对其他国家的人权问题指手画脚、说三道四。再如，美国作为当今世界在经济上、政治上的超级大国，看不得其他国家经济上的发展和政治上的改革。它并不以"一花独放不是春，百花齐放春满园"的心态看待别国的发展，而是看到别国的发展总感到心里不舒服，总害怕别人会超过它。这样，它就往往对别国的发展特别是采用与它并不完全是同一种模式的别国的发展，大肆指责，冠之以种种大帽子，甚至采取种种卑劣的手段，力图使别国趴下来，俯首称臣。这与当年基督教的宗教裁判所对所谓异端、异教的打压、摧残与迫害，有什么性质上的区别呢？这一切，让世界人民对其本质看得越来越清晰、越来越透彻。

而中华文化，其所追求的是一种大同世界的理想境界，追求的是天、地、人合一的恢宏、整体效应，其所指涉的宽阔领域，其所怀有的开放心胸，与西方文化相比，毫不逊色。自远古时代以来，几千年的风风雨雨，已经证明了中华民族的生命活力一旦迸发出来，不仅具有无比的热情，而且拥有无比的智慧和能力，"可上九天揽月，可下五洋捉鳖"，从而创造出人间奇迹。而且，中华民族对已经取得的成就并不会居功自傲，而是怀着"有朋自远方来，不亦乐乎""海内存知己，天涯若比邻"的开阔胸怀。在当代，这种精神、这种心态，在实现中华民族伟大复兴的中国梦的进程中，在"一带一路""合作共赢""构建人类命运共同体"的实践行动中，已得到了很好的彰显和有力的证明。因此，笔者以为，在世界人民需要和平、和谐、共融发展的今天，中华优秀传统文化有一种后发优势：这一文化不仅以其正能量促进各民族、各国协调发展和共享共荣，而且对国强必霸的"零和思维""修昔底德陷阱"也是一种有力的对抗。

因此在今天的中国，当我们强调弘扬人的主体性，建立民主与法治社会的时候，不应以丢弃民族文化中的精华为代价，而照搬照抄西方的模式。各国在建立民主社会的道路上，应和自身的优秀文化密切结合，凸显出自身的特色。民主化并非意味着要同化于西方民主的社会模式之中，甚而至于沦为西方"民主"的附庸。也因此，我们可以说，西方文化中有其非常积极的内涵，有其十分有价值的因素，但就其整体而言，它决不能同普世价值完全画等号，普世价值是由各民族文化中的优秀和精华部分共同构成的。因此笔者认为，将"普世"二字改为"普适"更为恰切。"普世"含有居高临下强势推行的含义，而"普适"则强调普遍适用，具有多元文化"和而不同"、协同并进之意。

所以，若能理性地分析宗教文化统领下的西方文化，同时也理性地分析自身的中华传统文化，那么对自身文化的自信也会油然而生。

二、对国外有关以儒家文化为基础的东方文化的偏颇性认知的剖析

（一）西方中世纪末和近代早期以来对中国文化由褒到贬评价的转变

1. 西方中世纪末和近代早期对中国文化的推崇

实际上，在中世纪末期，来到中国的旅行家或传教士们，对中国的评价往往是正面的。像 13 世纪末来到中国的意大利旅行家马可·波罗在其《马可·波罗游记》中，就盛赞了中国的繁盛昌明：发达的工商业、繁华热闹的市集、华美廉价的丝绸锦缎、宏伟壮观的都城、完善方便的驿道交通、普遍流通的纸币等，使每一个读过这本书的人都无限神往。从中国回到威尼斯后，他的见闻引起了人们的极大兴趣（当然，有不少学者认为，马可·波罗并没有亲自来到中国，他的游记只是二手故事或者道听途说。但即令如此，也并不影响《马可·波罗游记》中的描述引起欧洲人极大关注的事实）。《马可·波罗游记》中所描述的当时富饶中国的景象，激起了欧洲人对东方的热烈向往，对以后新航路的开辟产生了巨大影响。它打开了欧洲的地理和心灵视野，掀起了一股东方热、中国流，激发了欧洲人此后几个世纪的东方情结。许多人开始涌向东方，学习东方，以致欧洲经历了翻天覆地的变革。众多的航海家、旅行家、探险家读了《马可·波罗游记》以后，纷纷东来，寻访中国，打破了中世纪西方神权统治的禁锢，大大促进了中西交通和文化交流。因此可以说，马可·波罗和他的《马可·波罗游记》给欧洲开辟了一个新时代。它第一次较全面地向欧洲人介绍了发达的中国物质文明和精神文明，将地大物博、文教昌明的中国形象展示在世人面前。西方研究马可·波罗的学者莫里斯·科利思（Maurice Collis）认为，马可·波罗的游记不是一部单纯

的游记，而是启蒙式作品，对于闭塞的欧洲人来说，无异于振聋发聩，为欧洲人展示了全新的知识领域和视野。这本书的意义，在于它导致了欧洲人文的广泛复兴。从此，中西方之间直接的政治、经济、文化交流的新时代开始了。马可·波罗是一个时代的象征。

前文中，笔者也提到了16—17世纪，欧洲来华的传教士通过游记形式将中国的科举制度介绍到了欧洲。16世纪的门多萨认为，中国是世界各国中治理得最好的一个，科举制度通过竞争开放一切官职，从而利用了所有中国人的聪明才智。18世纪的启蒙运动中，不少英、法思想家都推崇中国的这种公平和公正的制度。即使中国在鸦片战争中失败，欧美学者仍对科举制度称道不已。前文也已引用了张晋藩先生论述欧美人对中国文官制度赞美式评价的话，此处不再赘述。可见，在中世纪末和近代早期，甚至到19世纪，西方仍有不少人对包括文官制度在内的中国文化持推崇和赞赏的态度。但从整体上看，自18世纪中叶，尤其是19世纪以来，西方对中国文化的认知与评价发生了质的转变，几乎来了个180度的转弯。

2. 18世纪中叶尤其19世纪以来西方对中国文化评价质的转变

关于西方人自中世纪末和近代早期以来，直至当代，对中国文化由褒到贬的认知与评价的转变及其原因，有多位学者进行了较深刻的分析与阐释。

法国华裔汉学家、作家程艾兰女士于2015年3月在复旦大学法国研究中心成立之际举行的"文明对话"国际研讨会上，以《欧洲的中国想象：从"哲学王国"到"东方专制国家"》为题目的主旨演讲中，对西方人由褒到贬地认知与评价中国文化的过程作了较明确的阐释。她说道："第一次从中国到欧洲的重大'知识迁移'是从16世纪晚期开始由耶稣会教士们完成的，这是众所周知并经常谈到的历史……但有几个重要的事实值得大家注意。耶稣会士在16世纪80年代开始来到中国（最著名的是利玛窦），此后便着手将大量的儒家经典文献翻译成拉丁文。欧洲人将中国思想传统看作是哲学，尤其是将孔子视为哲学家，大抵肇始于兹。事实上，1687年出版的第一部由耶稣会士译成拉丁文的儒家文献汇编就被命名为Confucius Sinarum Philosophus（《中国的哲学家孔子》）……很自然，这个富有理性的'哲学家孔子'，甚至如有些人所言的不可知论者孔子，大受17世纪和18世纪的欧洲启蒙精英们欢迎，尤其是在法国。包括伏尔泰在内的哲人们热衷于中国是一种非常古老的甚至比圣经还要古老的文明这样一个想法，中华文明无须借助蒙昧的且会使人变得愚昧的宗教就能够达到道德崇高、政通人和的境界。在反宗教改革的天主教国家，如法国，民众无不为中国的宗教宽容性和从未经历过宗教战争这一事实而惊叹不已。因此，正是在欧洲关于'理性'战胜宗教的大辩论的背景之下，孔子的教诲才得以传播和理解的。事实上，耶稣会士把中国道家的'道（通向智慧之路）'字翻译成拉丁文的'ratio'（理性）。欧洲人（尤其是法国人）将孔子视为一位'道德哲学家'和理性伦理学的奠基人，这样一个孔子形象成为启蒙思想家们隐隐中的模范，并被德国路德宗（Lutheran）哲学家们，如莱布尼茨所接受。莱布尼茨认为，中国'哲学'是理性的普遍性的完美阐释。从这一点来看，由耶稣会士构造的对中国的这种看法大概是'哲学中国'这一神话的起源，这一神话至今仍有一定的影响。""基督教欧洲对'宗教'普世性的宣称，随着 17 和 18 世纪对'中国'的发现变得颇为令人生疑。""然而，这个神话很快就被另一个神话所抵消，即'中国或东方专制主义'这一神话。这种由'哲学中国'的神话到'东方专制国家'的神话的过渡，在很大程度上解释了一个相当惊人的态度转变：由 17 世纪和 18 世纪欧洲的亲华热演变成了自 18 世纪中叶以降开始盛行并在整个 19 世纪甚嚣尘上的排华热。17 世纪末和18 世纪初的亲华热在 1750 年前后急剧降温，并开始朝着排华热的方向逆转，整个 19 世纪都是排华热甚嚣尘上的时代。再加上许多其他因素，'中国'在 18 世纪和 19 世纪欧洲思想界的位置终于产生了重大的转变。""对于 18 世纪欧洲启蒙运动来说，中国是一个能够不借助宗教而成功地建立起一个道德文明社会的极为古老的文明典范。在 19 世纪初，欧洲人把一切都完全颠倒了：中国被贬低为'宗教'（甚至是'原始宗教'）国家，与此相对立的是建立起了独特（并很快成为独一无二）的欧洲'哲学'范畴。""首先，当'哲学家'们（首先便是法国的哲学家）追随孟德斯鸠的《论法的精神》（1748 年首次出版）而开始关注政治理论时，对中国的祛魅便逐渐成形。大家知道，《论法的精神》将中华帝国描绘成一个'专制国家'。""从精神层面来说，哲学是最能决定并重申欧洲身份（乃至优越性）的领域之一。中国位于伏尔泰这样地位的人所运用的论证的中心，挑战了基督教的普世性，从而也挑战了以宗教定义的欧洲的普世性；同样地，中国现在受到了一个由'理性'而非'宗教'来定义的欧洲的冷落。理性成了一个新的专业学科的对象，这门学科就是哲学。它是在一个专门为本学科研究而新建立的机构里讲授的，这个机构就是哲学系。人们有理由好奇，为何在短短几十年内，'中国的哲学'从得到莱布尼茨、伏尔泰等人的广泛青睐，变得被哲学领域的专家们，亦即哲学教授们避而远之，康德是他们中的典型。早在 1756年，在他科尼斯堡所做的自然地理学演讲中提及亚洲的时候，康德就宣称孔子对道德哲学一无所知。""两个标准将哲学的萌生和希腊联系在了一起，并用来证明'东方的衰落'的观点。第一个标准是政治自由，这个标准伴随着正在兴起的关于希腊公共空间和雅典民主的神话而出现。第二个标准是理性话语的创立，这种话语能使自身从宗教（无论天启宗教还是迷信）的束缚中解放出来，并以反思的方式进行自我建构的。哲学活动与反思以及科学主义密切相关，而两者均被认为在'东方智慧'中是不存在的。""这一过程表现得最明显的是 19 世纪初兴盛于德国并流行于法国的一种新的学术类型'哲学史'。我们在最典型的并主导了 19 世纪前半叶的哲学家黑格尔所著的《哲学史讲演录》中可以看到这一点。在一个专门论述'东方哲学'的章节里，黑格尔排斥了东方哲学，认定其为宗教，并通过对比强调了希腊以及德国本性的独特性，他甚至在每场讲演的开头都要声明道：'有两种哲学：一是希腊哲学，二是日耳曼哲学。'顺理成章地，'一切东方的东西必然地要被排除在哲学史之外'。黑格尔的法国弟子维克多·库赞走得更远，他提出了一个我们至今还难以摆脱的二元对立：'地中海地区和希腊是自由和运动的土壤，而印中世界（即印度和中国）的高地是停滞和专制的领地。'"在叙述史实的基础上，程艾兰分析道："需要指出的是，东方专制主义理论在英国，尤其是苏格兰的启蒙运动中也得到了响应。耶稣会士的理想化观点在 18 世纪中叶便遭到了反驳。反驳他们的不光是他们的诋毁者和政治思想家，还包括英国人对中国现实社会各个方面的不那么美妙的描述。这么做至少可以从英国的利益角度得到解释，他们在 18 世纪中叶起便开始殖民印度，而从那时起就需要为印度和中国树立两种截然不同的形象。"总之，"我们可以清晰地看到中国是如何从一个理想化的模式突然变成了被毁损的陪衬，但一直都被赋予完全的'他者'这一角色，而且不过是一颗在现代欧洲地理棋盘上被任意放置的棋子罢了"。①这些话，非常清晰地使听众（或读者）了解到，中世纪末期至 18 世纪中叶以来西方对中国的认知和评价从褒到贬的发展过程及其背后的真实原因。

复旦大学中国研究院院长张维为教授也指出："作为比较，我们也可以说《马可·波罗行纪》在欧洲出版的时候，给 14 世纪的欧洲人带来震撼。这种震撼，可能会大于《海国图志》给亚洲人带来的震撼。《马可·波罗行纪》出版后，翻译出了无数版本，欧洲人突然意识到，原来在东方还有这么发达、这么了不起的文明和国家。从此，欧洲人开始了各种各样的探险，想到中国来追求财富，也有些人想追求思想。17、18 世纪，欧洲启蒙运动的一大批思想家，对中国文化和思想充满了敬意。他们对中国文化和思想的研究和传播，对欧洲的启蒙运动，对欧洲方方面面的发展都产生了相当大的影响。大家一定知道，法国最伟大

---

① ［法］程艾兰：《欧洲的中国想象：从"哲学王国"到"东方专制国家"》，澎湃网 https://www.thepaper.cn/newsDetail_forward_1315350，2015-03-27.

的启蒙思想家之一是伏尔泰，他……说过很多赞美中国文化的话。他曾经这样写道：'中国是举世最优美、最古老、最广大、人口最多，而治理最好的国家。'……德国最伟大的诗人之一歌德也赞美中国和东方。他说在那可爱的东方，我感到月的光辉，树枝飘动的湖面上的幽光，在夏日中带来沁人肺腑的清凉。中国古代月光的意境就这样传到了欧洲。伏尔泰当时也说过这么一句话，可以看作是对歌德诗句的注解，他说欧洲的君主和商人在东方发现的仅仅是财富，而我们哲学家在那里发现了一个新的道德，一个新的物质的世界。可以说整个 16 世纪到 18 世纪期间，我们看到的是'中学西渐'，也就是中国的哲学、文学、艺术等，随着中国的物质文明不断涌入欧洲，影响了欧洲人的物质和精神生活……德国哲学家莱布尼茨，他就非常渴望得到关于中国的各种信息和知识。他在给朋友的信中写道，他准备在自己的房门上贴一个牌子，上面写着'中国知识中心'，所有关于中国的信息都汇总到这儿。他认为中国有着令人赞叹的道德，有着自然神论的哲学。这种极富权威的哲学的创立，在希腊人的哲学以前就形成了。莱布尼茨还认为，中国在实践哲学方面是占有明显优势，但他也觉得欧洲在思辨哲学方面还是领先的，所以他觉得可以双方优势互补，组成一种世界文化。莱布尼茨的著作《中国近事——为了照亮我们这个时代的历史》提到：'中国人以观察见长，而我们以思考领先，正宜两好合一，互相取长补短，用一盏灯点燃另一盏灯。'这句话也被李克强总理在 2015 年在布鲁塞尔出席中欧工商峰会时所引用。政治方面，启蒙运动提倡理性主义和人本主义，而启蒙思想家理性主义和人本主义的偶像，往往就是孔子。中国学者楼宇烈这样概括，他说从某种角度来讲，现在西方的人文主义或者人本主义，正是吸收了中国传统的人文精神而发展起来的。它促使西方社会，从中世纪的神本主义，转向以人为本。在伏尔泰眼里，理性使中国摆脱了战乱。与频繁战乱的欧洲相比，中国当时的社会安定，令人羡慕，令人崇拜。所以他认为，中国是由哲人进行统治。哲人王的统治，实际上是古希腊大哲学家柏拉图的理想，他觉得理想的国家应该哲人来统治。中国学者朱谦之经过考证也认为，从 16 世纪到 17 世纪，欧洲来华许多传教士，特别是耶稣会士，把中国的宋儒理学传入欧洲，影响了一大批欧洲启蒙思想家，为他们反对宗教，主张理性提供了强大的武器。从欧洲启蒙思想家的角度来看，中国的大一统与战乱频繁的欧洲形成鲜明对比。所以他们把中国的理性，把中国的大一统看作是中国和平强大的根本原因……大家可能比较熟悉法国思想家托克维尔的名著《旧制度与大革命》。书中提到，18 世纪欧洲启蒙思想家普遍向往中国。他有这么一个描述，说在整个漫长的 18 世纪，对于法国启蒙思想家而言，没有一个人在他们著作中的某一部分不对中国倍加赞扬，只要读他们的书就一定会看到对中国的赞美。他们心中的中国政府，好比是后来全体法国人民心目中的英国和美国。中国的专制君主不持偏见，一年一度举行亲耕礼，一切官职均通过科举考试获得，将哲学作为宗教，把文人奉为贵族。看到这样的国家，这些法国启蒙思想家，叹为观止，心往神驰。"张维为也指出："当然，18 世纪欧洲思想家中也有少数对中国持否定态度的，主要是法国哲学家孟德斯鸠和德国哲学家黑格尔。他们把中国政体定义为'专制政体'，这一观点随着欧洲经济地位的上升，以及中国和亚洲经济地位的下降，逐步变成了西方的主流观点，影响至今。但今天我们回头看一看孟德斯鸠和黑格尔对中国的批评，你就会发现这个话语逐渐成为主流的过程，正好是欧洲国家崛起的过程，也正好是种族主义理论在欧洲兴起的过程……对于孟德斯鸠和黑格尔的观点，很多人都提出过质疑。比如严复，早在1906 年就写过文章，指出黑格尔哲学在本质上是反自由的，是以进步和历史规律的名义，对落后民族进行征服的借口。我国另外一位思想家章太炎也对黑格尔提出批评，指出中国的庄子哲学才具有真正的自由精神。这些观点与第一次世界大战之后美国哲学家杜威反思德国古典哲学；与第二世界大战之后，英国哲学家罗素反思德国古典哲学，大致是一致的。中国还有位学者刘梦溪，有一本专著，专门考证中国历史上的'狂'。他说'狂'实际上就是一种自由，在中国文化中源远流长。他说中国很早就有武侠文化，这是一种超然的自由。我们还有自由文人的传统，'采菊东篱下，悠然见南山'。我们还有绘画中的大写意，书法中的狂草。我们的道家崇尚自然，佛家崇尚顿悟。这些都是真正崇尚自由的表现，是真正的知识和精神的自由，而这种传统在欧洲是很少的……回头看，无论是黑格尔也好，孟德斯鸠也好，应该说他们对中国的了解是非常有限的。英国学者李约瑟也曾经说，如果古代中国真像有些人宣传的那样，是一个绝对专制、毫无自由的社会，那就无法解释几千年来中国会产生这么多的创造与发明，也无法解释为什么在那么漫长的岁月里，中国总是处于相对欧洲领先的地位。真实情况确实这样，在过去 2000 多年历史的大部分时间内，中国在政治、经济、社会、科技等方面几乎是全面领先当时的欧洲。今天我与大家一起回望历史上这场声势浩大的'东学西渐'或者'中学西渐'运动，一方面是有感于今天西方人出于种种原因，很少主动提及欧洲启蒙运动中的中国作用；另一方面也有感于不少学者，包括中国学者、外国学者，还是陷在西方中心主义里难以自拔。"[①]

学者周宁也说："西方美化中国形象的传统在'中国潮'世纪达到高峰，

---

① 张维为做客东方卫视政论节目《这就是中国》的演讲：《西方文明，东方专制？看看中国如何影响启蒙运动》，搜狐网 http://www.sohu.com/a/311791870_115479，2019-05-05.

'中国潮'开始于 1650 年前后，结束于 1750 年前后。一个世纪间，中国潮表现在社会物质文化生活的各个方面，从高深玄妙的哲学、严肃沉重的政治到轻松愉快的艺术与娱乐。孔夫子的道德哲学、中国的悠久历史、汉语的普世意义，中国的瓷器、丝织品、茶叶、漆器，中国工艺的装饰风格、园林艺术、诗与戏剧，一时都进入西方人的生活，成为他们谈论的话题、模仿的对象与创造的灵感，在欧洲社会面前，中国形象为他们展示了'梦寐以求的幸福生活的前景'……没有比中国更遥远的地方，也没有比中国更神秘更有吸引力的地方，包括他们的思想观念、人与物产、生活方式。'中国潮'的发起人起初是商人与传教士，后来是启蒙哲学家，尤其是法国的哲学家。他们在中国形象中发现批判现实的武器。在推翻神坛的时候，他们歌颂中国的道德哲学与宗教宽容；在批判欧洲暴政的时候，他们运用传教士们提供的中国道德政治与开明君主专制的典范；在他们对君主政治感到失望的时候，他们又在经济思想中开发中国形象的利用价值，中国又成为重农主义政治经济学的楷模。中国形象不断被西方启蒙文化利用，从宗教上的自然神论到无神论、宽容主义，从政治上的开明君主专制、哲人治国到东方专制主义，中国形象已经经历了宗教之争、哲学与宗教之争、哲学与政治之争、政治之争。值得注意的是，每一场争论的结果，似乎都对西方的中国形象不利，宗教之争最后证明中国人不是无神论者，而是更为原始的多神论者；政治之争证明中国不是开明的君主专制，而是依靠棍棒进行恐怖统治的东方专制主义暴政的典型；经济之争最后证明中国不是富裕，而是贫困，不是社会靠农业发展，而是社会停滞于农业。"[1] "西方构筑的停滞专制的中华帝国形象，是西方帝国主义意识形态的一部分。塑造一个被否定的、邪恶的中国形象，不仅为鸦片战争与殖民统治掩盖了毒品贸易与战争的罪恶根源，而且为掠夺与入侵提供了所谓'正义的理由'；不仅赋予西方帝国主义者以某种历史与文明的'神圣权力'，而且无意识间竟可能让西方霸权秩序中的受害者感到某种'理所当然'。这种定型化或类型化的中国形象，与西方帝国主义在中国的殖民扩张同时出现，不仅说明现实权力结构在创造文本，文本构筑的他者形象也在创造现实，巩固这种秩序。这是话语的权力层面。"[2]

由此可以清晰地看出，西方对中国的看法与评价，无论是早期启蒙思想家借助中国作为论据来反对教会的专横统治，把中国视为"一个能够不借助宗教而成

---

① 周宁：《西方的中国形象史：问题与领域》，载《东南学术》2005 年第 1 期，第 102-103 页。
② 周宁：《西方的中国形象史：问题与领域》，载《东南学术》2005 年第 1 期，第 107 页。

功地建立起一个道德文明社会的极为古老的文明典范"；还是后来通过所谓"理性"的贬斥，将中国视为"'宗教'（甚至是'原始宗教'）国家""东方专制国家"，都是出于其利益和目的所需要。可以说，随着西方资本主义的迅速崛起和经济的快速发展，并且打通了通向东方的航线之后，西方各国也加速了向东方殖民的步伐。西方急于把中国作为其囊中猎物加以索取，一方面动用坚船利炮向中国进行大规模的武装侵略，另一方面则又在文化方面诋毁、贬斥中国，甚至污名化、妖魔化中国，使其侵略行径在文化的外罩下涂上了一层"合理化"色彩。当然，这样说并非无视近代中国的落后和中国自身存在的诸多问题和消极因素，而是力图促使国人看清西方侵略的丑恶本质和行径，以提起对自身文化的自信，避免跟在西方后面对自身文化不假思索和分析地彻底否定。只有在自信的基础上，方能客观地、实事求是地分析自身文化的利弊优缺，从而扬长避短，并积极吸纳世界上一切优秀的、先进的文化，在伟大的复兴之路上与世界各民族比肩并重。

（二）马克斯·韦伯对西方资本主义文化和东方文化的阐述

1. 新教伦理对现代资本主义精神形成的巨大影响

德国著名政治经济学家、社会学家、历史学家马克斯·韦伯（1864—1920）在其名著《新教伦理与资本主义精神》中，较为深刻地从历史的角度剖析了西方在宗教改革过程中所形成的新教伦理对现代资本主义精神的孕育和生成，以及对现代资本主义的理性经济主义运作机制形成和建立的强力助推作用。正如中国社会科学院社会学研究所苏国勋研究员所说："在《新教伦理》中，韦伯论述了新教中加尔文宗的理性化程度和理性化过程，阐明了加尔文宗的伦理观念与资本主义精神之间的一种选择性亲和关系，指出加尔文宗的教义学和神学实践中包含了促进资本主义精神发展的因素，并客观上推动了资本主义以及整个西方文明的发展过程，建立起一套宗教观念与特定的经济伦理、社会结构之间的相关性。"[①]这是从非经济因素探讨西方资本主义经济之所以迅速发展，并创造出巨额财富的背后原因，其论述有着较强的现实意义，给人以深刻的启示，并在社会上产生了深远的影响。

韦伯在《新教伦理与资本主义精神》一书的开头就说："一个受现代欧洲文明熏陶成长起来的人，在研究任何与世界历史相关的问题时，常常会扪心自问：

---

① 转引自[德]马克斯·韦伯著，马奇炎、陈婧译：《新教伦理与资本主义精神》，北京大学出版社2012年版，"名师点评"第4页。

到底是哪些环境因素的联合效应，使得西方文明中（并且只有在西方文明中）那些具有普适意义和普适价值观的文化现象存在于一系列的发展进程中？"①在这一宗旨之下，他详细探讨了新教伦理中的哪些内容成为促进西方现代资本主义精神形成并推动资本主义经济发展的强大动力。经过韦伯的探讨和分析，这些内容即"智力和精神特质"，包括全力以赴的精神和积极进取的精神②，赚钱即工作和劳动是"履行天职的责任"而非为了生活享乐③，劳动中的克己自律、组织性和理性化的制度④，厉行节约的节俭精神⑤，敏锐洞察和行动力、深谋远虑又精明能干、勇敢无畏并节制有度⑥，谦虚谨慎、不事炫耀、诚实守信⑦，珍惜时光、不虚度光阴⑧，如此等等。总之，"不论在任何情况下，就清教徒的立场所影响的范围而言，比起仅仅鼓励资本积累的作用，更为重要的意义在于，它有助于培养一种理性的资产阶级经济生活；在这种生活的发展过程中，清教徒的立场是最为重要的，并且始终发挥着重要的作用。正是它哺育和培养了现代的经济人"⑨。由此，韦伯确认，新教伦理即入世禁欲主义精神是人们在现世自觉自律地、最大限度地做好本职工作之根基。"因此，只有当财富成为使人游手好闲、罪恶地沉溺于人生享乐的诱惑时，它在伦理上才是有害的；只有当获取财富的是为了日后可以惬意生活而且高枕无忧时，它的获取才是不正当的。然而，当获取财富是天职中一项需要履行的责任时，那么它不仅在道德上是被允许的，而且事实上是必须践行的……特别是那些虽有劳动能力却以乞讨为生的人，他们不仅犯下了懒惰的罪孽，而且根据使徒的说法，他们亵渎了胞爱的责任。"⑩由此，"清教天职

①　[德]马克斯·韦伯著，马奇炎、陈婧译：《新教伦理与资本主义精神》，北京大学出版社2012年版，第3页。
②　[德]马克斯·韦伯著，马奇炎、陈婧译：《新教伦理与资本主义精神》，北京大学出版社2012年版，第37页。
③　[德]马克斯·韦伯著，马奇炎、陈婧译：《新教伦理与资本主义精神》，北京大学出版社2012年版，第48、49、64、66、71、75、76、77、161、182页。
④　[德]马克斯·韦伯著，马奇炎、陈婧译：《新教伦理与资本主义精神》，北京大学出版社2012年版，第52、56、69、152、166-167、175页。
⑤　[德]马克斯·韦伯著，马奇炎、陈婧译：《新教伦理与资本主义精神》，北京大学出版社2012年版，第57、62、171-172、174页。
⑥　[德]马克斯·韦伯著，马奇炎、陈婧译：《新教伦理与资本主义精神》，北京大学出版社2012年版，第63-64、168页。
⑦　[德]马克斯·韦伯著，马奇炎、陈婧译：《新教伦理与资本主义精神》，北京大学出版社2012年版，第65、150页。
⑧　[德]马克斯·韦伯著，马奇炎、陈婧译：《新教伦理与资本主义精神》，北京大学出版社2012年版，第160页。
⑨　[德]马克斯·韦伯著，马奇炎、陈婧译：《新教伦理与资本主义精神》，北京大学出版社2012年版，第175页。
⑩　[德]马克斯·韦伯著，马奇炎、陈婧译：《新教伦理与资本主义精神》，北京大学出版社2012年版，第164-165页。

观及其对禁欲主义行为的倡导直接影响了资本主义生活方式的发展"①，"那种将生活整齐划一的强大倾向，在今天极大地加强了资本主义对于生产标准化的兴趣，而这一倾向正是从清教徒针对所有肉身崇拜的摒弃中找到了其理想的精神基础"②。

可见，新教的这种入世禁欲主义不同于中世纪的隐修禁欲主义。韦伯一再明确指出，"对于这种入世的新教禁欲主义，我们可以进行这样的概括，一方面，它强烈地反对任意享用财富并且对消费进行限制，尤其是奢侈消费品。另一方面，它又具有将财富的获取从传统伦理观的羁绊中解放出来的心理影响。在打碎禁锢获利冲动的镣铐的过程中，入世禁欲主义不仅使这种冲动合法化，更（就我们所讨论的意义而言）将其视作是上帝的直接意志。这场抵御肉体诱惑和贬斥依赖身外财物的运动，正如清教徒和贵格会的杰出辩护者巴克利所表述的那样，并不是针对理性获利的斗争，而是反对非理性使用财富的斗争"，"他们并不想把禁欲苦修强加给富有的人，而是要求他们出于必需而务实的目的来使用自己的财富"。③"禁欲主义强烈谴责把追求财富作为其行为的目的本身；但是，如果这种财富的获得是在履行天职的劳动中结出的果实，那么它就成为上帝赐福的象征。更为重要的是：在一项世俗天职中不辞劳苦、锲而不舍地系统劳动，会赢得这样的宗教评价——它是践行禁欲主义最高级别的方法，同时也是获得新生和笃信天主最为确凿而显著的证明；对于我们称之为资本主义精神的生活态度而言，这种宗教评论对它的发展壮大必定起到了无与伦比的杠杆作用。"④

与此同时，韦伯也指出，宗教改革中的新教伦理虽是促使现代资本主义精神产生的非常重要的原因，但并非唯一的原因。他指出："无论如何我们无意坚持一种愚蠢而教条的观点，即资本主义精神只可能是宗教改革引发的某些效应的产物，或者资本主义作为一种经济制度是宗教改革创造出来的。众所周知的是，某些重要的资本主义商业组织形式比起宗教改革来有着更为悠久的历史，这一事实本身就足以反驳那种观点。与之相反，我们只是希望能够查明宗教力量在资本主

---

① [德]马克斯·韦伯著，马奇炎、陈婧译：《新教伦理与资本主义精神》，北京大学出版社 2012 年版，第 168 页。

② [德]马克斯·韦伯著，马奇炎、陈婧译：《新教伦理与资本主义精神》，北京大学出版社 2012 年版，第 171 页。

③ [德]马克斯·韦伯著，马奇炎、陈婧译：《新教伦理与资本主义精神》，北京大学出版社 2012 年版，第 172-173 页。

④ [德]马克斯·韦伯著，马奇炎、陈婧译：《新教伦理与资本主义精神》，北京大学出版社 2012 年版，第 173-174 页。

义精神的性质确定以及其在全世界范围内扩散传播的过程中，是否起到了作用、起到了多大的作用。此外，还希望可以明确的是资本主义文化中的哪些具体方面可以追溯到宗教力量的影响。"①

2. 对当今入世禁欲主义精神逐渐丢弃的忧虑

这里的"当今"一词，是指韦伯生活的年代（1864—1920）。应当说，韦伯从历史的角度在对新教各教派的活动及其所信奉的教义与伦理观进行较为系统、详细考察的基础上，对入世禁欲主义的新教伦理在现代资本主义精神形成、资本主义理性经济主义迅速发展中所起的巨大影响和推动作用，进行了相当深刻的剖析。这使人们深受启发。就只以其论证的"天职观"这一个方面来看，就使人们深深意识到，这一伦理观对积极进取、刻苦自律、勤勉守时等良好品质的形成，对资本主义经济的快速发展，是一种无形的内在根源性的动力，这一动力具有毋庸讳言的持久性。更不用说，其他伦理品质的促进和推动作用了。这些在西方资本主义产生和初创过程中所形成的品质和精神，是直到今天无论哪个国家或社会中从事各种劳动和工作的人们所仍然应当继续恪守的。而且，当人们大多都往往从经济本身的原因去探讨资本主义经济快速发展的情况下，韦伯却从伦理观、价值观的角度进行了较为深入的探源，这使他的论证更具新意，更具启发性。

与此同时，韦伯也理性地分析道，新教伦理中的入世禁欲主义，一方面促进了经济的快速发展和财富的迅速积累，即促进了资本主义的繁荣；但另一方面，随着经济的发展、财富的积累、物质的丰富，功利主义的享乐心理可能会随之而来，因而也可能会使这种入世禁欲主义的宗教伦理观逐渐衰退。他说："诚然，清教徒们非常清楚，这些清教理想在面对财富诱惑招致的过度压力时，也会倾向于做出让步。这里有一个重要的规律，那就是最为虔诚的清教信徒大都来自从底层奋斗起家的阶级，即小资产阶级和农民，而反观那些蒙受天恩的人，甚至是一些贵格会信徒，他们却经常被发现有违背固有理想的倾向。同样的命运一遍又一遍地降临在入世禁欲主义的前身——中世纪的隐修禁欲主义身上。"②韦伯引用约翰·卫斯理（1703—1791，循道宗创始人、英国神学家）的话，说明"这些禁欲主义运动的领导人，在当时就非常准确地理解了我们现在分析的这些看似充满悖论的关系"。卫斯理写道："我所担心的是，不论哪里的财富有所增长，那里

---

① ［德］马克斯·韦伯著，马奇炎、陈婧译：《新教伦理与资本主义精神》，北京大学出版社 2012 年版，第 87 页。

② ［德］马克斯·韦伯著，马奇炎、陈婧译：《新教伦理与资本主义精神》，北京大学出版社 2012 年版，第 175-176 页。

的宗教精髓就会以同样的比例减少。因此，就事物的本质而言，我看不出真正的宗教可以有任何持续长久的复兴。因为宗教必定产生勤勉和节俭，而这些又不可能不产生财富。但是随着财富的增长，自傲、愤怒和对现世的眷恋也会四散蔓延……我们不应该阻止人们勤勉和节俭；我们必须敦促所有的基督徒尽其所能去获取他们能获取的一切，并且节省他们能节省的一切；实际上，也就是敦促他们致富。"①韦伯接着卫斯理的话说："随后是这样的忠告：那些获取了能获取的一切，并且节省了能省的一切的人，也应该奉献他能奉献的一切，以便获得更多的恩典，并在天堂储备一份财富。很显然，此处卫斯理所表达的，哪怕是其中的细节，都恰恰是我们一直力图想要指出的。"②"最终，'对现世和彼岸世界等量齐观'的原则占据了统治地位，正像道登指出的那样，'问心无愧'只不过成了人们可以享受舒适的资产阶级生活的方法而已……然而，17 世纪伟大的宗教时代留给其后继的功利主义的遗产，却首先是一种在获取钱财（只要这种获取是合法的）时令人吃惊的问心无愧……所有与'你们很难取悦上帝'这一教理相关的踪迹都已经化为乌有了。"③韦伯指出，在这一发展过程中，入世禁欲主义不仅为工人不计报酬的勤勉劳动提供了一种宗教性的心理认可，而且也为商人获取利益的活动提供了以"天职"为根基的宗教性的心理认可。

在现实中，韦伯所分析并担忧的入世禁欲主义伦理精神逐渐黯淡乃至消失，功利主义和追求享乐的恣情纵欲日益强劲的状况，已经摆在了世人的面前。他指出："如果中产阶级生活试图想成为一种生活方式，而不是仅仅忽视某些东西的话，那么它骨子里的禁欲主义特质就正是歌德在他处于智慧巅峰时期想要教导人们的，而这些教导写在他的《威廉·麦斯特的漫游时代》中，也体现在他为自己笔下的浮士德设计的结局中。对歌德来说，获得即意味着放弃，意味着告别追求完美人性的时代，而这样的时代已经不可能在我们的文化发展进程中再次重现了，如同古代雅典的文化之花不可能再次绽放一样。"因为，现实已经发生了非常显著的变化，"清教徒愿意在天职中劳作；而我们现代人只是被迫如此。因为当禁欲主义从修道院的密室中被引入到日常生活中，并且开始主宰世俗的道德观时，它便在庞大的现代经济秩序的体系建构过程中扮演了应有的角色。而这种秩

---

① 转引自〔德〕马克斯·韦伯著，马奇炎、陈婧译：《新教伦理与资本主义精神》，北京大学出版社 2012 年版，第 176-177 页。

② 〔德〕马克斯·韦伯著，马奇炎、陈婧译：《新教伦理与资本主义精神》，北京大学出版社 2012 年版，第 177 页。

③ 〔德〕马克斯·韦伯著，马奇炎、陈婧译：《新教伦理与资本主义精神》，北京大学出版社 2012 年版，第 177-178 页。

序如今深受机器生产的技术条件和经济条件的制约，这些制约条件以无法抗拒的力量决定着降生于这一秩序机制中的每个人的生活方式，而不仅仅是那些与经济活力直接相关的人。或许，这种决定权会一直延续到人类烧光最后一吨煤的那一刻。在巴克斯特的观点中，对于身外财富的关注，只应如同是'披在圣徒肩膀上的一件轻薄斗篷一样，随时可以弃之一旁'。但是命运却注定了这个斗篷将成为一座铁的牢笼"。"自从禁欲主义开始改造现世，并且在现世中贯彻它的理念，物质财富便获得了一种控制人生的力量，这是一种前所未见的力量，并且不断增强直至无法抗拒。今天，宗教禁欲主义的精神已经逃离了这一铁笼，但有谁知道这是否最终的结局呢？然而获得全胜的资本主义不再需要禁欲主义的支持了，因为它已经为自己找到了新的根基——机器。而作为禁欲主义那喜笑颜开的接替者，启蒙运动脸上泛着的红晕似乎也无可挽回地黯淡下去，履行天职的责任观念如同幻灭的宗教信仰的幽灵一般，徘徊在我们的生活中。一旦天职的履行不能直接与最崇高的精神和文化价值观相联系，或者从另一方面讲，当它不再需要被感知，而仅仅变成了一种经济强制力时，那么在一般情况下，个人也就根本不会再去费力为其辩护了。""没人知道下一个住进这个铁笼的会是谁，或者在这种巨大发展的尽头是否会出现一个全新的先知，抑或那些老旧的理想和观念是否会有一个伟大的新生，而如果这两者都不可能，那么是否会在骚动的妄自尊大中渲染出来一种机械式的麻木，我们同样不得而知。因为对于这种文化发展的终点，我们完全可以这样描述：'专家们失却了灵魂，纵情声色者失掉了心肝；而这种空壳人还浮想着自己已经达到了一种史无前例的文明高度。'"①

应当说，韦伯对现代资本主义在发展过程中对入世禁欲主义的丢弃、对财富的失却灵魂追逐的揭示，是相当深刻的。在某些方面的批判性思维，甚至可以说与马克思主义的创始人之一卡尔·马克思对资本主义制度的批判有异曲同工之妙。不过，笔者以为，韦伯的批判更多地着眼于因生产发展、财富积累以及享乐欲望的膨胀所导致的入世禁欲主义伦理的丢失，而马克思则是在分析资本的本性和资本主义制度内在矛盾的基础上所展开的对资本主义的批判，这就揭示出了导致现象发生的更深层的原因。还有，韦伯在分析入世禁欲主义对资本积累的积极影响时，似乎忽略了资本主义原始积累过程中的血淋淋的历史：英国驱使成千上万农民背离家园而流离失所的"羊吃人"的"圈地运动"，欧美资本主义起家时发生的海盗活动、贩卖黑奴活动、屠戮土著居民行为、工厂中残酷剥削包括女工

---

① ［德］马克斯·韦伯著，马奇炎、陈婧译：《新教伦理与资本主义精神》，北京大学出版社 2012 年版，第182-184 页。

和童工在内的广大工人的行为，以及在美洲、非洲、亚洲的殖民掠夺行为等，这些不都是资本主义原始积累的行径吗？所以马克思指出，"资本来到世间，从头到脚，每个毛孔都滴着血和肮脏的东西"[①]，还指出"这种剥夺的历史是用血和火的文字载入人类编年史的"[②]。实际上，前文曾摘引了韦伯对加尔文教徒的一种认识，即："另一方面，我们应当预见到的是，加尔文主义的影响更多的是解放了人们获取私有财产的活力。因为即使存在众多有关上帝选民的繁文缛节，但实际上歌德的言辞往往已经足够适用于加尔文教徒，那便是：'行动的人从来都是无情的；除了旁观者，没有任何人有良知。'"只是，他未能展开进一步加以分析与论述。最终，根据新教伦理对资本主义精神形成的巨大影响，却得出了如下结论："对获利的欲求、对金钱和利润最大化的追逐，它们本身和资本主义并没有什么关系……可以说世间所有时期、所有国家的所有人，不管他追求的目的是什么，都无一例外地具有这种欲求。因此，在文化史的入门课中就应该告诉人们，一定要彻底抛弃那种认为资本主义本性贪婪的幼稚想法。对利润永无止境的贪婪和资本主义完全不是一回事儿，也有悖于资本主义精神。对于这种非理性的欲求，资本主义甚至完全是一种抑制力量或者至少是一种理性的缓解力量。但是，资本主义旨在通过可持续的、理性的、资本主义的企业运作追求利益并且永久性地再生利益。在一个具有完全资本主义秩序的社会中，任何一个资本主义企业如果不能抓住机会获取利益，那么它注定要破产。"[③]

3. 对中国文化乃至东方文化的偏颇认知

在阐释新教伦理对推动西方现代资本主义精神形成和资本主义经济快速发展所起巨大作用时，韦伯断定，其只可能在西方而不可能在东方发生。

在《新教伦理与资本主义精神》一书中，韦伯从历史的角度分析了古代中国、印度、巴比伦、埃及虽创造出了世人皆知的古代文明，但其文明与西方相比，最大的缺憾就在于缺乏像西方古希腊一开始就显现出来的理性主义精神，而且这一特点表现在科学、艺术、建筑、印刷、教育乃至于训练有素的公职人员培养等各个方面。他说："只有西方的科学真正达到了可以被当代公众认可的发展程度……简而言之，别的地方也已经出现了具有高度精确性的知识和观测，尤其

---

① ［德］马克思：《资本论》（第 1 卷），中共中央马克思恩格斯列宁斯大林著作编译局译：《马克思恩格斯全集》（第 23 卷），人民出版社 1972 年版，第 829 页。

② ［德］马克思：《资本论》（第 1 卷），中共中央马克思恩格斯列宁斯大林著作编译局译：《马克思恩格斯全集》（第 23 卷），人民出版社 1972 年版，第 783 页。

③ ［德］马克斯·韦伯著，马奇炎、陈婧译：《新教伦理与资本主义精神》，北京大学出版社 2012 年版，第 7-8 页。

是在印度、中国、巴比伦和埃及。但是，巴比伦及其他地方的天文学缺乏数学基础（虽然这种缺失使得他们的天文学发展更令人惊叹），而数学最早是由希腊人运用到天文学中去的。印度人的几何学也没有任何理性证明，这也是希腊人智慧的又一产物；不仅如此，希腊人还创造了力学和物理学。印度的自然科学虽然在观测方面比较发达，但缺乏实验的研究方法。实验的研究方法尽管发端于古代，但它和现代实验室一样，基本上是文艺复兴时期的产物。因此这些地方（尤其在印度）的医学尽管在经验技术方面高度发达，但缺乏生物学特别是生物化学的基础。同样地，西方以外的其他任何地方的文明中都不存在理性的化学。""中国的历史学虽然高度发达，却没有修昔底德的研究方法。印度虽有马基雅弗利的先驱，但所有印度政治思想中都没有可与亚里士多德的体系性方法相媲美的类似成就，同样也没有各种理性的概念。不论是印度（弥曼差派）的所有预言，还是尤以近东地区为盛的大规模修典活动，或是印度和别国的所有法律书籍，都没有系统严密的思想形式。而这对于罗马法及受其影响的西方法这类理性法学而言是必不可少的。譬如教会法规这种系统结构只存在于西方。""艺术方面的情况也与之类似。""在建筑方面……我们建筑学的技术基础虽然源自东方，但东方却对圆顶的问题束手无策，并且也缺少那种对所有艺术都具有经典意义的理性化类型（如在绘画中合理利用线条和立体透视），而这正是文艺复兴为我们创造的。中国虽然自古就有印刷术，但是那种专门为印刷出版而设计，并且只能通过印刷才能得以出版的印刷制品，特别是报纸和期刊这类印刷品，则只是在西欧诸国才得以问世。中国和伊斯兰世界有着各种形式的高等教育机构，这其中的一些机构甚至在表面上与我们的大学，至少是学院很是相似。但是理性的、系统化的、专业化的科学以及与之配套的训练有素的专业科研人员只有西方具备，从而使科学在西方文化中占据了统治地位。这尤其体现在训练有素的公职人员身上，他们正是西方现代国家和现代经济生活的顶梁柱。由公职人员所形成的这种对社会秩序至关重要的群体，在此之前仅仅是被提及过而远未被如此重视。诚然，公职人员，进而那些训练有素的公职人员，自古以来一直是各种社会结构中的组成部分。然而除了现代西方，没有哪个国家和哪个时代经历过这种整个国家机器的运转，如政治、技术和经济状况，都完全依赖于经过专业训练的公职人员组织的情况。社会日常生活中那些最重要的功能部门已经完全掌控在受过技术、商业和法律训练的公职人员手中。"[1]"在印度，计算甚至是十进位制的计算和代数早已有之，

---

[1] ［德］马克斯·韦伯著，马奇炎、陈婧译：《新教伦理与资本主义精神》，北京大学出版社 2012 年版，第 3-6 页。

而且十进位制就是在印度发明的。然而，只有在西方资本主义发展的过程中它才被很好地使用，而在印度它却没有发展成为现代算术和簿记法。"①

与上述相连，韦伯认为，在中国以及其他东方国家，不可能发展出理性的资本主义，甚至不可能发展理性的社会主义。他说："正如，或者说正是因为除了在现代西方，世人从未听说过劳动的理性组织形式，所以他们也不清楚什么是理性的社会主义。当然，在这些地方同样也存在着城市经济、城市食品供给政策、封建领主们的重商主义和福利政策、定量供应、经济生活的调整、保护主义以及自由放任理论（比如中国）。世人也知道各式各样的社会主义和共产主义的实践，如家庭的、宗教的或者军事的共产主义，埃及的国家社会主义，垄断卡特尔，还有消费者组织。但是，虽然城市和乡村之间在公民的市场特权、公司、行业协会等的法律规定上有所不同，但'公民'这一概念在除西方之外的地方绝无仅有，'资产阶级'这一概念也是如此。与之类似的是，无产者作为一个阶级在西方之外的地方也不可能存在，因为那里没有常规化的行为准则用以约束自由劳动的理性组织形式……发生在大型工业企业和自由劳动者之间的现代斗争则完全与那些地方无缘。因此，除了西方之外的其他地方不可能出现如西方那样的社会主义问题。"②"那么为什么资本主义利益在中国和印度不能发挥同样的作用呢？为什么科学发展、艺术发展、政治发展或是经济发展在中国和印度不能同样地走上西方所独有的理性化道路呢？""以上所有的案例都归于一个问题，那就是西方文化独特的理性主义……例如，神秘的冥思（contemplation），从生活的其他侧面来看他是非常不理性的，但是正如有理性化的经济生活、理性化的技术、理性化的科学研究、理性化的军事训练抑或是理性化的法律和行政机关一样，这里同样有理性化的神秘冥思。而且所有这些领域都可以依据完全不同的终极价值和目标进行理性化。"③

对于为何在西方以外的其他国家和地区未能发展出理性主义的资本主义，韦伯企图从遗传学或人种学的角度去寻找依据。他说，"我们的首要关注点应该是找出并且借助遗传学来解释西方理性主义的独到之处，然后通过它找出并解释现代西方形态的独到之处。基于认识到经济因素所具有的根本性的重要意义，我们

---

① ［德］马克斯·韦伯著，马奇炎、陈婧译：《新教伦理与资本主义精神》，北京大学出版社 2012 年版，第14 页。

② ［德］马克斯·韦伯著，马奇炎、陈婧译：《新教伦理与资本主义精神》，北京大学出版社 2012 年版，第13 页。

③ ［德］马克斯·韦伯著，马奇炎、陈婧译：《新教伦理与资本主义精神》，北京大学出版社 2012 年版，第15-16 页。

在尝试进行这些解释时，都必须首要考虑到各种经济环境。但是与此同时，与之相关的一些关联性不能被忽视掉。因为虽然经济理性主义的发展要部分地依赖于理性的技术和法律，但它又同时受限于采取一些实用理性行为方式的人的能力和性格。当这些理性行为方式受到精神障碍的阻挠时，理性经济行为的发展就同样会遭遇到内部的阻力。那些神秘的和宗教的力量，以及在此之上的关于职责义务的伦理观念，在过去一直对人们如何行事起着重要的影响作用"[1]。"我们一次又一次地发现，即使是在互相独立的地域生活，特定形式的理性化在西方，并且仅仅在西方得到发展，这种情况很自然地会使我们怀疑其重要原因存在于不同的遗传基因中。作者承认自己倾向于认为生物遗传学十分重要。"[2]"由于人种学的资料从未在这里得到应用，而这种资料所具有的贡献价值其实对于任何真正彻底的研究都是非常需要的，特别是对于亚洲宗教的研究，所以这里我们要做一些适当的解释。这种研究的局限性并不是因为受到了人类研究能力的限制。同样，这种研究的遗漏可以被允许，那是因为我们在这里所讨论的是那些在各自国家中充当文化载体的各个阶层的宗教伦理观念。而我们的关注点则是这些伦理观念的指导意义所带来的影响。毫无疑问，这种影响只有在与人种学和民俗学所掌握的事实进行比较之后，它的所有细节才可以被充分理解。"[3]

这种观点，就往往会使韦伯等对相关问题研究的学者陷入遗传决定论或人种决定论的偏见和误区，从而不可避免地在文化优越感的基础上，对西方资本主义的殖民、侵略行径加以掩饰、辩护甚至美化。更何况，韦伯对中国文化乃至东方文化并不真正深刻了解呢！他自己就已经意识到了这一点。他在书中说道："显然，如果一个人在使用和评价各种巨著、文献或著作时，被迫只能依靠经过翻译的文本，那么他就不得不使自己依赖于一本经常会引起争议的专著，以至于他就很难把握这一著作的真正成就之所在。因此，这样的作者就必须对自己工作的价值保持谦逊的态度。特别是可以使用的真正资源（即碑文和古文书）的翻译文本，特别是有关中国的资料，其数量与存世的重要资料相比还是少之又少的。这些因素就导致了我们的研究肯定具有一种暂时性，特别是那些涉及亚洲的研究更是如此。只有专家才有资格做出最后的评判。而正是因为到目前为止还没有专家

---

① ［德］马克斯·韦伯著，马奇炎、陈婧译：《新教伦理与资本主义精神》，北京大学出版社 2012 年版，第16-17 页。

② ［德］马克斯·韦伯著，马奇炎、陈婧译：《新教伦理与资本主义精神》，北京大学出版社 2012 年版，第20 页。

③ ［德］马克斯·韦伯著，马奇炎、陈婧译：《新教伦理与资本主义精神》，北京大学出版社 2012 年版，第19-20 页。

从这一视角出发研究过这一论题，我们现在才得以写出这些论述。"①韦伯这里所说的话又是很有道理的。中国在改革开放以来科技和经济方面突飞猛进的发展，中国人民所焕发出来的极大的智慧和能量，是他所未曾意料到的。而与此同时，西方资本主义于 2008 年所爆发的波及全球的金融与经济危机，也是他所未曾预料到的。

（三）弗朗西斯·福山的"历史的终结"论及其剖析

弗朗西斯·福山是当代日裔美籍学者，哈佛大学政治学博士，现任美国斯坦福大学弗里曼·斯伯格里国际问题研究所奥利弗·诺梅里尼高级研究员。曾任美国国务院政策企划局副局长、兰德公司研究员。在他所著的多部著作中，其中《历史的终结与最后的人》一书，较为系统地阐释了以选举为基础的西方自由民主的政治体制，是历史发展的大方向，是造就"历史的终结"根本原因。也就是说，历史发展到当代西方资本主义自由民主制社会，已经发展到人类社会的巅峰，不可能再有比这种体制更进步、更符合人类理性的社会制度出现并对现有的自由民主体制取而代之。这是一种完全站在西方立场上来看待世界历史发展进程的一种社会政治观。

1. 福山的"历史的终结"论概观

所谓"历史的终结"，福山认为，"我所谓走向终结的，指的并不是发生的事件，甚至也不是重大的事件，而是大写的'历史'：即把全人类在一切时代的经验都纳入解释范围，并将之理解为一个唯一的、连续的、不断进化的过程的历史"②。福山关于"历史的终结"的论点，可从其著作《历史的终结与最后的人》一书中，总结为以下几个方面加以概观。

其一，断定历史终结于西方的自由民主制。福山在该书的"代序"中开篇就说："本书源于我为《国家利益》杂志 1989 年夏季号撰写的一篇题为'历史的终结？'的文章。在那篇文章中，我论述了作为一种政体的自由民主制，随着它在近几十年内战胜与之竞争的各种意识形态，如世袭君主制、法西斯主义以及最近的共产主义，关于其合法性的突出共识，已经在全世界范围内出现。不仅如

---

① [德]马克斯·韦伯著，马奇炎、陈婧译：《新教伦理与资本主义精神》，北京大学出版社 2012 年版，第18 页。

② [美]弗朗西斯·福山著，陈高华译，孟凡礼校译：《历史的终结与最后的人》，广西师范大学出版社2014 年版，第10 页。

此，我在文中还表明，自由民主也许是'人类意识形态演化的终点'和'人类政体的最后形式'，并因此构成'历史的终结'。"①之后，福山剖析了右翼极权主义即法西斯主义、左翼极权主义即斯大林领导的苏联共产主义在 20 世纪给本国和世界人民带来的灾难，以及其本身不可避免地最终归于消亡的历史史实，同时又以冷战结束以后，欧、亚、非、拉美的许多国家纷纷摆脱极权主义的控制，而建立了以民选为基础的自由民主制的实例，论述了自由民主制虽然历经曲折（由于内外等多方面产生的一些问题而导致自由民主制下人们的悲观主义情绪），但在 20 世纪末 21 世纪初，由于其内在本质的决定性，仍然显示出其无法超越的"历史的终结"的力量。所以他最后断然总结："随着人类来到千禧年末，威权主义与社会主义中央计划经济的双重危机，使意识形态竞争圈内只留下了唯一一种潜在地具有普遍有效性的意识形态：那就是自由民主主义，关于个人自由和人民主权的学说。在法国大革命和美国革命最初赋予它们生命两百年后，自由和平等原则已经表明自身不仅是持久的，而且已然复兴。"②"大写的历史不是发生之事的盲目堆砌，而是一个有意义的整体，在其中，人类发展出了关于正义的政治和社会秩序的观念，并把它们贯彻到底。如果我们现在无力想象一个与我们自己身处其中的世界本质上不同的世界，也找不到明确的或显然的方式，来表明未来世界会对我们的当前秩序有一个根本的改善，那我们也就必须来考虑历史本身可能走到了尽头这样的可能性了。"③

其二，西方体制下的问题皆是非本质性的、可以调整与克服的正常问题。福山说："毫无疑问，当代民主国家面临着大量的严重问题，从毒品泛滥、无家可归、犯罪，到环境破坏和消费主义甚嚣尘上。但是，这些问题显然不是根据自由原则所不可解决的，也不像 1980 年代共产主义的境况那样，已严重到势必导致社会整体崩溃的地步。"④"此前的政体形式因其严重缺陷和不合理最终会招致崩溃，与此相反，如我所表明的那样，自由民主则不存在这些基本的内在矛盾。这并不是说，今天那些稳定的民主国家，如美国、法国或瑞士，就没有不公正和严重的社会问题。但是，这些问题是作为现代民主的两大基础原则——自由和平等——未

① ［美］弗朗西斯·福山著，陈高华译，孟凡礼校译：《历史的终结与最后的人》，广西师范大学出版社 2014 年版，"代序"第 9 页。

② ［美］弗朗西斯·福山著，陈高华译，孟凡礼校译：《历史的终结与最后的人》，广西师范大学出版社 2014 年版，第 63 页。

③ ［美］弗朗西斯·福山著，陈高华译，孟凡礼校译：《历史的终结与最后的人》，广西师范大学出版社 2014 年版，第 72 页。

④ ［美］弗朗西斯·福山著，陈高华译，孟凡礼校译：《历史的终结与最后的人》，广西师范大学出版社 2014 年版，第 19 页。

能完全贯彻的结果，而不是这些原则本身的缺陷。尽管今天的一些国家可能没有形成稳定的自由民主，甚至还有一些国家倒退为其他更为原始的统治形态，比如神权政治或军事独裁，但是，自由民主的理想则已尽善尽美。"[①]即使过了二十多年，在经过了 2008 年由美国开始的世界性金融危机之后的 2014 年，福山为该书撰写《新版序——民主依然挺立在"历史的终结"处》时，他仍写道，"在过去十年里，美国和欧盟都遭受了严重的金融危机，这意味着增长乏力和高失业率，尤其是年轻人的失业。尽管美国经济现在重又开始发展，但是利益没有得到共享，而且，美国派性明显的两极化政治体制也很难说是其他民主国家的卓越典范"，"那么，我们的历史终结论因此就被证明是错了吗？或者退一步说，即使不是错的，也需要进行重大修正吗？我认为，我的根本思想仍然是基本正确的"。[②]

其三，以人性中"寻求承认的欲望"等为理由鼓吹以强凌弱战争的必要性。在福山看来，人性中自古以来即具有的"寻求承认的欲望"，是刺激"自由民主"国家实施"强权政治"、征服弱小或欠发达国家的正当理由。他说，"寻求承认的欲望"并不是一个新奇的概念，它与西方政治哲学传统一样古老，柏拉图在《理想国》中已经对它作了最初的描述。他以柏拉图关于灵魂中有三个组成部分——欲望、理性、激情，尤其是"寻求别人对自己价值的承认"倾向的激情为基点，指出这种倾向就是今天我们所说的"自尊"，而"这种自尊的倾向……它就像人天生的正义感。人认为自己有一定的价值，一旦他人以低于这一价值的方式来对待他，他就会产生愤怒的情绪。相反，人若未能实现自己的价值，就会感到羞耻，而一旦被他人恰如其分地正确评价自己的价值，他就会感到自豪。寻求承认的欲望，以及伴随而来的愤怒、羞耻和自豪情绪，都是人格的组成部分，它们对于政治生活而言至为关键。根据黑格尔的说法，正是它们驱动着整个历史进程"。[③]而正是这种"寻求承认的欲望"，即所谓"人天生的正义感"，不仅驱动着个体的政治行为，也同样驱动着国家的政治行为，包括战争与侵略。所以他说，"寻求承认的斗争，还可以帮助我们洞察国际政治的本质。最初刺激两个战士为名誉而展开血腥搏斗的这种寻求承认的欲望，在逻辑上必然会导致帝国主义和世界帝国。国内层面的主奴关系必然会复制到国际层面上去，作为整体的国家

---

① 〔美〕弗朗西斯·福山著，陈高华译，孟凡礼校译：《历史的终结与最后的人》，广西师范大学出版社 2014 年版，"代序"第 9 页。

② 〔美〕弗朗西斯·福山著，陈高华译，孟凡礼校译：《历史的终结与最后的人》，广西师范大学出版社 2014 年版，"新版序·民主依然挺立在'历史的终结'处"第 2 页。

③ 〔美〕弗朗西斯·福山著，陈高华译，孟凡礼校译：《历史的终结与最后的人》，广西师范大学出版社 2014 年版，第 15 页。

也会为寻求承认乃至霸权而进行血战。民族主义是一种现代承认形式，但并非完全合理，它是过去百年来为求得承认而斗争的动力，也是这个世纪最激烈的冲突的根源"，"但是，如果战争根本上是由寻求承认的欲望驱动的，那我们完全有理由认为，废除主奴关系的自由革命（通过使奴隶成为自己的主人），对国家间关系应该也有相似的作用……事实上，大量的经验证据表明，过去两百年间，自由民主国家完全可以对那些没有采取民主而且不认可它们的基本价值的国家发动战争，但是，在自由民主国家之间则没有爆发任何帝国主义行为"。①与此同时福山认为，"战争的威胁迫使各个国家重组自己的社会体系，以便尽可能地利于技术的开发和运用……所有这些发展都可能因其他原因——比如经济原因——而产生，但是战争以其特有的敏锐方式表明了社会现代化的需要，并且为现代化成功与否提供了一个明确的检验"②。上述福山的话语，实际上是一种赤裸裸的侵略有功、侵略有理的论调。

其四，追溯历代思想家对普世史的探究以断定西方现行体制的普世价值。福山指出："人类的普世史（universal history）与世界史（history of the universe）不是一回事。也就是说，它并不是一部关于我们所知的人类之事的百科全书式目录，而是力图在一般的人类社会的整个发展过程中，找出一个有意义的模式。"③之后，他历数了自古希腊至 20 世纪，思想家们对普世史的探讨：古希腊柏拉图和亚里士多德探讨的政体的循环发展历史，"最先确然推出普世史"的基督教，贝尔纳·勒博维耶·德·丰特内勒基于文艺复兴至启蒙时代的伽利略、培根、笛卡儿等人的科学思想提出的"进步就是对知识的永无止境的逐步获得"，"社会进步这一现代观念的奠基人"马基雅维利主张"政治应摆脱古典哲学的道德枷锁，以及人要战胜命运的安排"，孔多塞《人类精神进步史表纲要》中的人类普世史的十个阶段，伊曼努尔·康德在《世界公民观点下的普世史观念》中首次提出了普世史概念并对其进行了"为后来所有普世史的撰写奠定了一个基本框架"的阐释，黑格尔"撰写一部基于对经验历史的把握并具有严肃哲学气质的普世史"，马克思在黑格尔基础上研究"人类社会随着时间的推移会完成从原始社会结构向更复杂、更高级的社会结构的进化"的普世史，20 世纪的亚历山大·科耶夫"创

---

① ［美］弗朗西斯·福山著，陈高华译，孟凡礼校译：《历史的终结与最后的人》，广西师范大学出版社 2014 年版，第 17-18 页。

② ［美］弗朗西斯·福山著，陈高华译，孟凡礼校译：《历史的终结与最后的人》，广西师范大学出版社 2014 年版，第 93-94 页。

③ ［美］弗朗西斯·福山著，陈高华译，孟凡礼校译：《历史的终结与最后的人》，广西师范大学出版社 2014 年版，第 75 页。

造性地用黑格尔的思想来构建自己对于现代性的理解"并提出"世界历史实际上在 1806 年已经终结"的主张，19 世纪下半叶对于"进步的社会演进"持乐观主义态度的实证主义者奥古斯都·孔德及社会达尔文主义者赫伯特·斯宾塞的理论，20 世纪以悲观主义特征撰写普世史的著作——奥斯瓦尔德·斯宾格勒的《西方的没落》（Decline of the West）、阿诺德·汤因比的《历史研究》（The Study of History）等，以及"以美国人为主体的一批社会科学家在第二次世界大战后共同努力"写成的、"其总标题为'现代化理论'"的著作是"二十世纪所撰写的最后一种重要的普世史"，接下来是这种"现代化理论最终却遭遇到种族中心主义的指责"从而"敲响了现代化理论的丧钟"。①通过一系列的总结性梳理，福山最后得出一段结论："然而，尽管我们的悲观主义是可以理解的，但从实证角度看，它与二十世纪下半叶出现的一连串事件恰相矛盾。我们有必要问一问，我们的悲观主义是否正在成为一种姿态，像十九世纪的乐观主义一样轻易地被接纳？因为天真的乐观主义者以期望作为掩饰，显现的只是愚蠢，而悲观主义者即使证明是错误的，也仍维持一种深邃、严肃的姿态。因此，采取第二种态度更为保险。然而，民主力量出现在从未期待其出现的世界某些地方，威权政治动荡不安，以及完全见不到可取代自由民主的自圆其说的理论方案，迫使我们重提康德的老问题：从比康德时代更具世界主义的观点来看，真有人类的普世史这样的东西吗？"②这种以反问结束的论断，没有人会怀疑福山所指的普世价值，即是他所坚持的西方现行自由民主制。

其五，现代自然科学巨大的为善或作恶力量使其自身及其所及不可逆转。福山说，"现代自然科学对人类生活的支配在任何可预设的情形下，哪怕是最极端的情形下，都不大可能被倒转"③，因此自然科学知识的累积是决定方向性的历史发展的关键。现代自然科学的发明虽源于欧洲，但科学的发展和科学方法的运用对人类具有普世性价值。他说："然而，科学方法一旦发明出来，就会为理性的人普遍掌握，潜在地可以为一切人所获得，无论其文化或民族差异。科学方法的发现令历史有了之前和之后时期这样一个基本的、非循环的区分。而且它一旦被发现，现代自然科学的进步和不断展开，就为解释后来历史发展的诸多方面提

① ［美］弗朗西斯·福山著，陈高华译，孟凡礼校译：《历史的终结与最后的人》，广西师范大学出版社 2014 年版，第 75-90 页。

② ［美］弗朗西斯·福山著，陈高华译，孟凡礼校译：《历史的终结与最后的人》，广西师范大学出版社 2014 年版，第 90 页。

③ ［美］弗朗西斯·福山著，陈高华译，孟凡礼校译：《历史的终结与最后的人》，广西师范大学出版社 2014 年版，第 92 页。

供了一个方向性机制。"①对于这种自然科学发展所提供的"方向性机制"，亦即科学发展所必然带来的"进步性趋向"，福山将其归结为两大方面：一是，"军备竞赛"和"战争"。此处福山列举了"历史上有许多所谓'国防现代化'的例子，这些国家因受到军事威胁而被迫改革"。所以他说："即便战争会导致毁灭，它另一方面也迫使国家接受现代技术文明和支撑它的社会结构。无论人是否在意，现代自然科学都把自身强加于人：绝大多数国家若想保持民族自治，就无法拒斥现代性的技术理性主义。在这里，我们看到了康德关于历史变化是人的'反社会的社会性'的结果这一论断的一个例证：是冲突而非协作令人们首先生活在社会中，然后更充分地发展社会的潜能。"②这里，可以说自然科学已被福山所"绑架"。我们不禁要问，自然科学本身的发展必然会导向"军备竞赛"和强者向弱者进行的掠夺"战争"吗？弱国奋起学习先进技术、改革社会结构一定要由武力来胁迫吗？二是，从经济方面来说，"合理的劳动组织"的出现及其所带来的"必然要求对社会结构进行某种协调一致的大规模变革"。他说，"第二种方法是我们可以称之为经济发展的方案，为了满足人的欲望，现代自然科学逐渐征服自然，由此被认为产生了具有方向性的历史变化。工业化不仅仅是把技术密集地应用于生产过程和新机器的创造，它也把人类理性运用于社会组织问题和创造合理的劳动分工。理性既被用于新机器的创造，又被用于生产过程的组织，这完全超出了科学方法的早期提倡者的预料……在所有社会，经济增长都产生了某种统一的社会转型，无论它们先前的社会结构是什么"，而"合理的劳动组织，必然要求对社会结构进行某种协调一致的大规模变革"，它催生了社会关系的更加平等。③最终他得出的结论是："现代自然科学无论为善还是作恶的力量都如此巨大，人们有理由怀疑它是否能够被完全遗忘或'不被发现'，除非在肉体上把整个人类消灭。如果进步的现代自然科学的支配是不可逆转的，那么一种方向性的历史，以及所有其他随之而来的多种多样的经济、社会和政治后果，从根本上来说也是不可逆转的。"④

其六，民主社会的宽容原则使其不宜再涉及道德问题。福山认为，在一个自

---

① ［美］弗朗西斯·福山著，陈高华译，孟凡礼校译：《历史的终结与最后的人》，广西师范大学出版社2014年版，第 93 页。

② ［美］弗朗西斯·福山著，陈高华译，孟凡礼校译：《历史的终结与最后的人》，广西师范大学出版社2014年版，第 96 页。

③［美］弗朗西斯·福山著，陈高华译，孟凡礼校译：《历史的终结与最后的人》，广西师范大学出版社2014年版，第 96-97 页。

④ ［美］弗朗西斯·福山著，陈高华译，孟凡礼校译：《历史的终结与最后的人》，广西师范大学出版社2014年版，第 108 页。

由平等的民主社会，"则有利于促进一切生活方式和价值平等的信念。它们不会对它们的公民说应该如何生活，什么会使他们幸福、正直和伟大。相反，它们培养宽容，并使之成为民主社会中的主要德性。而且，既然人们无法肯定何种具体的生活方式要优于其他生活方式，那么，他们就会退回到生命本身，即身体及其需要和恐惧。尽管并非所有灵魂都具有同样的德性或天赋，但所有身体都经受痛苦；因此，民主社会倾向于同情，并把使身体免于痛苦作为首要的关注问题。民主社会中的人们首要关注的是物质所得，为此，生活在一个旨在满足身体的无数需要的经济世界中，也就不是什么偶然之事了"，"在民主社会中，人们要严肃对待公共生活中涉及真正道德内容的问题，变得特别困难。道德关系到好坏善恶之分，而这似乎违背了民主的宽容原则。正因为此，最后的人首要关注的是个人健康和安全，因为这是毫无争议的。在今天的美国，我们有资格批评别人的抽烟习惯，但没有权利批评他或她的宗教信仰或道德行为。在美国人看来，他们的身体健康——吃什么喝什么、从事什么锻炼、保持什么样的体型——比先辈们为之费心的道德问题更重要"。①

2. 对福山"历史的终结"论之剖析

由上述可知，福山通过多个方位述说了以美国为代表的西方自由民主制度和模式在当代日益显现出其无法超越的优势，并断言说这一制度和模式已经成为人类"历史的终结"，生活在这一制度下的人成为了人类历史上"最后的人"。但是，其中的诸多论点及其论证确实值得我们作进一步的辨析和推敲。我们也不禁要问：历史真的终结了吗？根据福山的论点，笔者在此也对几个相关问题稍加剖析。

（1）西方社会出现的问题是否可以不从体制本身去寻找根源

按照福山的说法，在西方自由民主制下也会出现诸多问题，但所有这些问题都是非本质性、非原则性的，是可以根据最根本的平等与民主原则进行调整、克服的正常出现的问题。若真是如此的话，那么，2008 年在从美国起始而蔓延至全球的金融风暴中，华尔街的游行队伍打出了"马克思说对了"的巨幅标语、马克思揭露资本主义内在矛盾的巨著《资本论》的销量甚至能与《圣经》相媲美、西方多个国家的高校青年知识分子中组织了不少马克思主义学习小组和研讨会，又该作何解释呢？关于美国一再自我称颂的两党选举制，就连西方人士也能看出，

---

① ［美］弗朗西斯·福山著，陈高华译，孟凡礼校译：《历史的终结与最后的人》，广西师范大学出版社2014 年版，第 314 页。

这种选举背后的利益追求更大于对国计民生的关注，为选举而选举已经成为西方国家选举制中存在的难以克服的选举弊端。

正如《光明日报》记者李曾骙在 2018 年 1 月 25 日所写《政治极化的基因在于西方制度设计》一文在说明了美国共和、民主两党有关政府预算法案与"童年抵美者暂缓遣返"的立法是否捆绑在一起投票的问题上形成了截然不同的意见而始终不能达成一致，致使联邦政府"关门歇业"的事件发生之后，文中指出："探究此次美国政府关门背后的深层原因，最终依然会回到美国的政治极化问题。尤其是特朗普执政以来，美国的政治极化愈演愈烈。华盛顿政治圈两极分化加剧，民主共和两党政策趋向两极，不要说两党妥协，就是党内协调都成为奢望。本意是以国会制衡政府、防止政府过度开支的制度安排，自 1976 年实施以来却已让美国政府停摆 19 次，这一结果偏离了制度设计者的初衷，其频频发生显得难以控制。在三权分立的制度安排下，联邦政府预算也好，其他法案也好，由国会予以审议和通过，是立法权制衡行政权的重要方式。然而，在两极化的美国政治场中，审议和通过法案，却被两党演化为竞争乃至为争而争的抓手，双方甚至可以置政府可能关门于不顾，胁迫对方做出政治妥协让步……美国福克斯新闻网发表文章反思说，我们之所以不得不忍受这种看起来无穷无尽的一连串短期危机和权宜之计，其原因不在政治，而在结构。文章说，为什么国会不能就适当的长期预算达成一致？因为每个人都在为自己那块蛋糕争夺，蛋糕越大，争夺越激烈。看来，美国的政治制度的确出现了结构性问题。""实际上，近年来，不仅是在美国，在很多西方国家，政治极化现象都呈蔓延之势。过去一两年来，在西方多个国家举行的大选中，人们往往可以看到，竞选各方比拼的，常常不是治国理政的能力、有效的政策主张、可行的改革举措，而是参选政党为争夺选票的夸张承诺、非理性的相互攻讦和为反对而反对的下意识冲动。其实，西方政治极化并非始于今日，只不过在经济低迷、恐怖主义威胁上升、难民潮带来诸多社会问题的形势下，政治极化现象迅速加剧。西方社会有识之士一方面对西方政治极化现象有很多分析与批评，另一方面也徒唤奈何。因为人们清楚，西方政治极化的根子，仍在其制度设计本身。"[①]

学者任鹏指出："西方政治模式的肇始和运行是对民主的反动而非彰显。三权分立、多党制和竞争性选举是当今西方世界用以实现'民主'的三驾马车，但纵观这几项制度在主要资本主义国家的确立过程，却并非民主化的结果。以确立

---

① 李曾骙：《政治极化的基因在于西方制度设计》，载《光明日报》2018 年 1 月 25 日，第 12 版。

美国三权分立等立国之本的'1787 年宪法'来看，无论从内容还是制定过程，都不是民主的样板，而是反民主的奇迹，在'谢司起义'引起有产者恐慌背景下召开的制宪会议，实际成为对民主的声讨会。以实际运行来看，金钱主导下的'选举民主'，是对民主意蕴的严重背离。如卢梭所言，'议员一旦选出之后，选民就是奴隶，就等于零了'。而金钱的介入，使得这种形式上的民主也几乎丧失殆尽。西方政治模式的治理实效是对其有效性的反讽而非颂扬。辩证唯物主义告诉我们，经济出问题，往往离不了政治的深层反作用。西方世界在金融风暴中的治理危机戳破了它的民主神话和政治泡沫。危机后占领华尔街运动、政府关门风波、总统选举'互黑'与'被黑'、黑夜站立、脱欧公投等政治颓势，更放大了以相互掣肘、党派分化、利益集团为特征的'否决政治'的严重通病以及底层民众的强烈不满。简单移植一人一票、多党竞选的其他国家和地区，不仅没有解决战乱、贪腐、贫困等老问题，反而造成了'肌无力'政府下的社会对立和政局动荡。"[①]

学者李传柱写道："在美国价值观的影响下，政府决策效率让人难以恭维。在政治生活领域，主张个性自由的价值观过于崇拜自己追求利益的正当性甚至唯一性，把国家看作是一种不可避免的恶而尽可能限制政府权力，尽可能减少政府干预。但同时，受到多重制约的政府越来越监管乏力、效率低下。例如，在旧金山，1989 年大地震中受损不能再用的旧金山海湾大桥东段，因为各方意见达不成一致，在等候了 24 年后，直到 2013 年 9 月才建成通车。又如美国的高铁建设，大多数国民和有识之士赞成美国大力发展高铁，可高铁资金需求庞大、工期又长，需要联邦政府全盘计划、协调资金，需要各州积极参与。奥巴马上任伊始就提出雄心勃勃的高铁计划，可多年过去仍未实现。究其原因，'一切都是因为政治'。"[②]

关于西方的选举，我们还能回顾到，20 世纪 30 年代德国希特勒法西斯纳粹党的上台，不就是以"德意志民族社会主义工人党"即纳粹党的名义，经过在民众中的鼓噪宣传，并用声势浩大的演讲、集会和游行唤起人们的热情，蒙蔽了民众，被民众投票选举出来的吗？德国工人运动著名领导人蔡特金当时指出，贫困化的小资产阶级、小农和知识分子有投向法西斯阵营的趋势。成千上万名群众拥向法西斯阵营，使它成为政治上无家可归者的收容所。很显然，按照法西斯大军的社会成分，他们是社会上丧失立足之地的人、丧失生存能力的人和失望的人，其中也包括使资本主义社会极不舒服、对它相当危险的人。在当时的德国，参加

① 任鹏：《绝不照搬西方政治制度模式的三重意蕴》，载《光明日报》2018 年 1 月 8 日，第 11 版。
② 李传柱：《美国价值观并不是"普世价值观"》，载《红旗文稿》2016 年第 8 期，第 39 页。

希特勒运动的小资产阶级分子如此之多，与德国城乡小资产阶级的数量很大有关。而且，希特勒法西斯纳粹党上台的背景，正是西方资本主义世界遭受 1929—1933 年经济危机的关键时刻，人民群众迫切期望走出经济危机的心态，才使以希特勒为党首的纳粹党有了可乘之机（当然，另外也有《凡尔赛和约》在德国引发民族主义思潮等原因）。而一旦它被民众选举出来，它的所作所为就很难被民众所控制，就如卢梭所说，"议员一旦选出之后，选民就是奴隶，就等于零了"，由此灾难也就随之而来了。因此可分析出，资本主义经济发展的内在矛盾，导致了周期性经济危机的爆发，而经济危机的爆发又导致了政治危机的产生，从而给了希特勒法西斯纳粹党上台的可乘之机。这一切，从资本主义制度之外去寻找根源，恐怕是不可能找到的。

另外，就美国而言，还有一个众所周知但往往容易被人们忽略的问题，那就是，美国的发家仅仅靠的是其民选政治的优越性吗？恐怕并非如此。我们知道，美国是一个善于在战争中做生意、发战争财的国家。在两次世界大战中，它都靠卖军火而赚得盆满钵满，从而在相当大的程度上奠定了它日后在经济上、军事上强大的基础。通过这种形式迅速得到资本的积累，跟其宣扬的制度的优越恐怕没有多大的关系。

（2）西方经济和军事强国对弱小国家发动的战争性质何为

按照福山的说法，人生而有一种"寻求承认的欲望"，即所谓"人天生的正义感"，这种欲望不仅驱动着个体的政治行为，也同样驱动着国家的政治行为，包括战争与侵略。前文对其相应观点已有所引述。

我们且对福山的这种观点从两个方面稍加分析。

一是，人类战争发生的根源仅仅是一种"寻求承认的欲望"吗？而且，这种"寻求承认的欲望"是一种"自尊"的表现，是一种所谓的"正义感"的爆发吗？我们都知道一个简单的道理，那就是"寻求承认的欲望"只有在弱者身上、在受压迫的奴隶身上发生的时候，它才是"自尊"的表现，是"正义感"的迸发。而对于强者来说，以"寻求承认的欲望"为借口而发动战争，则只能是一种将自己的尊严凌驾于他者之上的"霸凌"或"欺凌"的蛮横行为，而他者的尊严在其眼中根本就是视而不见的盲点。历史史实已经充分证明，强者所发动的殖民、侵略战争，没有不是以寻求利益为其出发点的。而在口头上，战争的发动者却往往将其发动战争的原因冠之以各种借口：或者以各种名义美化战争的动因，或者直接把原因推到发动战争的对象——弱小者的身上。

二是，福山把近代以来的"过去两百年间"，西方列强对包括中国在内的亚非拉第三世界国家所进行的殖民战争和侵略战争，美化为是"自由民主国家完全可以对那些没有采取民主而且不认可它们的基本价值的国家发动战争"，这更进一步清晰地说明了福山为西方列强欺辱、压榨弱小民族，而从其中攫取大量利益的侵略行径进行辩护的内心企图。中国人民自近代以来，已经饱受了西方列强的侵略之苦，已经被西方列强瓜分得几乎是"皮包骨头"，而"华人与狗不得入内"的侮辱性行径难道是中国人民应得的惩罚性结果吗？此时，作为西方"自由民主国家"对弱小民族和国家的自由、民主又在哪里？按照福山的理论，那么二战时期日本对中国发动的法西斯侵略战争、仅南京的一次大屠杀就使中国 30 万人遭受屠戮（更不要说整个抗日战争期间遭受死难的中国人）的反人类的残酷罪行，则是"自由民主国家完全可以对那些没有采取民主而且不认可它们的基本价值的国家发动战争"的行为了？这种逻辑，恐怕福山本人也难以自圆其说。况且，福山把被西方侵略的国家或民族统统归之为"没有采取民主而且不认可它们的基本价值的国家"，又是否过于武断呢？我们说，即令这些国家存在着一些不民主的问题，那么，为什么就不能允许其在把握自身命运、在独立自主的基础上，进行有益的改革探索，借鉴包括西方卓有成效的经验在内的人类先进文化，而逐步创新性地走上自由、民主化的道路呢？难道非要西方列强对这些国家运用武力进行侵略，甚至加以毁灭吗？可以说，一个国家走向"自由、民主"的过程，是一个长期探索、改革的过程，西方不同国家，特别是欧洲各国，在走向自由、民主化的过程中，不是也进行了长期的探索与阵痛吗？而且，各国所探索的自由民主模式也并非是完全相同的。因此笔者认为，"国强必霸"的"零和思维"，对于西方来说，是应该进行深刻反思了。还有，福山把所谓"在自由民主国家之间则没有爆发任何帝国主义行为"，作为他为帝国主义侵略欠发达国家、弱小民族的正当性进行辩护的论证，同样是站不住脚的。一来，像以美国为代表的西方强国的政客们，往往把追随自己、俯首听命于自己的国家称之为和自己一样的"自由民主"国家，以此来划线的双重标准，就失去了基本的评判底线。二来，西方强国之间所存在着的明争暗斗的利益纠纷，不也是人所共知的吗？正如学者徐崇温所指出的，"'民主和平论'鼓吹国家政治结构同国与国之间的和平存在因果关系，认为同属民主制度的国家之间通常不会打仗，因而美国就把输出和推广西方民主制度当作维护世界和平的前提和保证"，"民主能解决一切问题只是神话，民主国家之间不打仗是因为有共同利益，而不是因为有类似政治体制。美国《国家利益》网络周刊曾发表文章说，共同的民主制度并不足以成为集

体行动的基础，认为民主能解决一切问题只会导致灾难"。^①

（3）冷战结束后一些国家的"颜色革命"究竟产生了怎样的结果

所谓"颜色革命"（多以花朵命名），起初是指 21 世纪初在苏联范围内发生的旨在推翻苏联解体后建立的由苏联权力人物领导的政权，同时建立摆脱传统俄罗斯影响、基于西方价值观、更加亲西方政权的"革命"。例如，2003 年格鲁吉亚发生的"玫瑰革命"、2004 年乌克兰发生的"栗子花革命"（即"橙色革命"）、2005 年吉尔吉斯斯坦发生的"郁金香革命"（即"黄色革命"）等。继而，扩展到更大范围，泛指美欧国家渗透、支持旨在推翻某国传统政权，以西方价值观为旗帜建立亲美欧政权的"政权更迭"。例如，2010 年末至 2011 年初在突尼斯发生的"茉莉花革命"，以及由此在北非、中东多国包括埃及、约旦、阿曼、毛里塔尼亚、摩洛哥、也门、利比亚、苏丹、阿尔及利亚等引起的一系列连锁反应——举行反对现政权的游行示威活动，造成了多国政权的更迭，形成了以所谓民主选举制为特征的政治制度，这就是所谓的"阿拉伯之春"。

之所以会形成"颜色革命"的连锁效应，一方面，是由于这些国家或地区本身存在着诸如经济发展缓慢、失业率高、人民生活长期得不到改善、国内民主生活不充分、官员贪污腐败严重、内部矛盾比较尖锐，执政者与反对派沟通不足等问题，给反对派利用经济社会问题发动游行示威等提供了可乘之机。但是另一方面，正如徐崇温所说，"这些国家发生'颜色革命'都有一个不可忽视的、重要的外部因素，就是西方国家特别是美国的输出民主战略"，"美国首先利用媒体为发动'颜色革命'制造舆论氛围，搜集现政权的错误、弊端，尽量夸大，以激起群众的不满和反抗情绪；同时，向民众灌输美国价值观，使人们认同美国的经济政治制度；培植大量非政府组织，全方位培训反对派领导人，抓住政府换届选举或突发事件的时机，通过各种街头政治活动，达到推翻现政权的目标"，但"强行输出民主改造世界，是一种具有野蛮性的行为。英国历史学家霍布斯鲍姆发表文章说，20 世纪的发展历程证明，一个国家是无法改造世界或简化历史进程的，也不可能通过越境向国外输出制度和文化，轻而易举地实现他国的社会变革"，而且"从政治法律的角度来看，输出民主、颠覆别国政权的'颜色革命'更违反了《联合国宪章》和现行国际法关于国家主权和不干涉别国内政的一系列明确规定，与维护世界和平、促进共同发展的时代潮流背道而驰"。^②学者寒竹

---

① 徐崇温：《民主制度不能强制移植》，载《人民日报》2015 年 6 月 14 日，第 5 版。
② 徐崇温：《民主制度不能强制移植》，载《人民日报》2015 年 6 月 14 日，第 5 版。

指出，"一个国家发生街头抗争和动乱固然有内部的矛盾和根源，但这种街头抗争不是为了争取民众利益，而是为了推翻现政权并实现西方的政治制度和战略利益"，"尽管西方国家把'颜色革命'界定为'第三波民主化浪潮'的一种形式，但西方国家的政治利益决定了'颜色革命'往往与民主理念相冲突。在'颜色革命'中，民主化被简化和歪曲为'亲西方'，民主原则本身却被抛弃。一些国家发生抗争的起因是，亲西方的反对派在选举失利后拒不接受选举结果，走上街头，以街头抗争来推翻选举结果。从这点看，'颜色革命'跟它所打的民主旗号并不一致"，"'颜色革命'这一概念本身充满内在矛盾和似是而非的说辞，是美国等国家实现其全球战略的一个工具性概念，并不是要解决某个国家具体存在的问题与矛盾。如果发展中国家不小心掉入'颜色革命'的陷阱，整个社会将会为此付出巨大代价"。①

时间已过去了十几年，有的已达二十年，那些发生了"颜色革命"的国家究竟现状如何？如学者金灿荣所说："对于那些曾激愤上街、憧憬民主的民众来说，革命激情退去之后，留给他们的尽是难以吞咽之苦果、难以承受之痛苦：政局陷入动荡冲突。几乎所有爆发'颜色革命'的国家，不仅政治混乱，社会失序，国家主权更是严重割裂，政局呈现碎片化趋势。这场所谓的革命非但没有带来稳定，反而加剧了政治斗争。事实证明，'颜色革命'不仅不是解决国内问题的良药，反而是加重问题的毒药，毒害的是广大民众，留下的是更迭—动荡—再更迭的恶性循环。经济面临滑坡坍塌。综览那些爆发过'颜色革命'的国家，经济持续凋敝，市场一片狼藉，整个经济系统运行紊乱，财政赤字不堪重负，腐败等问题也并没有因革命而解决。人道主义危机加剧。'颜色革命'带来的不是民主，而是民不聊生、生灵涂炭。在乱局中，大量无辜平民死亡，人道主义危机严重。此时，西方所宣称的人权早已没了踪影。事实证明，对比人权状况，革命后比革命前更糟糕。"②

我们以突尼斯"茉莉花革命"之后的国情为例证，通过《光明日报》驻开罗记者于杰飞于 2018 年 1 月 22 日所发文章《我们不要"有毒的民主"——突尼斯"茉莉花革命"七周年回顾》，来看一看"颜色革命"带来的严重后果。文中写道："过去 7 年里，突尼斯通胀率、政府负债率和货币贬值呈'滚雪球式'恶化，形成恶性循环。""一方面是物价飞涨，另一方面是年轻人找不到工作，两

---

① 寒竹：《不能掉入"颜色革命"陷阱》，载《人民日报》2015 年 6 月 14 日，第 5 版。

② 金灿荣：《安全之敌、动乱之源、人民之祸　"颜色革命"危害深重》，载《人民日报》2015 年 6 月 14 日，第 5 版。

个因素叠加在一起，造成突尼斯社会动荡加剧。据突社会观察机构统计，去年 7 月，突尼斯全国发生了 630 起抗议活动，9 月则发生了 423 起，大部分与社会经济问题有关。抗议活动组织者海因姆·盖斯米表示：'我们赢得了自由，但我们仍然在寻找工作和尊严。'""'自由、工作、尊严'，这是七年前突尼斯民众最迫切的诉求。那年 1 月，他们赶走了执政 23 年的前总统阿里，迎来了西方推崇的所谓'民主化转型'，但是随后的转型进程中却充斥着纷纷杂杂的乱象。""政治上的乱象丛生严重阻碍了突尼斯的经济复苏和发展。'颜色革命'以来，突尼斯共经历了 3 任总统，换了 7 任总理，每一届政府在解决国家深层次经济问题上都显得力不从心。2011 年以前，突尼斯经济发展迅速，被誉为'突尼斯奇迹'。据 2009—2010 年度世界经济竞争力论坛年报显示，在经济竞争力、抵御金融危机、通信和信息技术促进和生活质量改善等方面，突尼斯在 133 个国家排名中名列非洲第 1 位、世界第 40 位。无论是政府廉洁程度，还是从民生状况来看，突尼斯都是发展中国家的样板之一。但是，'突尼斯奇迹'在所谓的民主化转型过程中完全丧失。2017—2018 年度世界竞争力排名显示，突尼斯仅排到第 95 位。""观察人士指出，突尼斯经济近年来过于依靠国际金融贷款，经济政策受制于人，主导权逐步丧失，因此可能面临更大风险。政治乱象和经济乏力最终传导到普通民众身上，造成了民生凋敝。此次游行示威几乎同一时间爆发在泰布勒拜、卡塞林、西迪布济德和加夫萨等地区，这些地区主要位于突尼斯内陆，长期处于发展的边缘位置……长期的贫富差距严重蛀蚀了突尼斯社会稳定的根基，并使医疗和卫生状况也出现不同程度的退化……此外，转型不彻底还给寻租和腐败留下了滋生的空间。据 2016 年 12 月的民意调查数据，78%的突尼斯人认为腐败状况比 2011 年前严重。另一项 2016 年年底的统计数据显示，对腐败的痛恨主要来自本地企业，49%的本地企业认为腐败正在恶化。突尼斯总统埃塞卜西 1 月 14 日宣布设立'尊严基金'，用于改善贫困家庭状况，并承诺重点解决年轻人的发展问题。多位政府部长宣布，要出台一系列改善民生的措施，例如把社会福利预算提高 4000 万美元，让失业人口也享受医保，增加贫困家庭补助，补贴收入过低群体退休金等。但是，在财政预算捉襟见肘和国际货币基金组织的掣肘之下，这项民心工程能持续多久、能落实多少，还是一个未知数。""从突尼斯'茉莉花革命'开始的中东地区'阿拉伯之春'的七年转型表明，西方推崇的所谓'民主化'并没有给阿拉伯国家带来繁荣稳定，反而导致更严重的政治腐朽和经济恶化。有阿拉伯学者感叹，当前的中东民主化是'有毒的民主'，将使更多的阿拉伯国家沦为'失败国家'。"因此，于杰飞在文中说："我们不难得出一个结论：一国的政治制度必须符合国情和民情，发展模式必须符合自身发展阶段和水平，这样才能国家平稳、发展顺利、给普通百姓带来获得感。"①

"阿拉伯之春"在给西亚北非国家造成腐败现象加剧、经济上衰退、民不聊生等后果的同时，还有一个众所周知的灾难性后果，那就是造成了大批的难民潮。大批中东难民像潮水般地涌向欧洲，产生了那些支持"阿拉伯之春"的西方国家所料想不到的搬起石头砸自己脚的后果。

（4）以利益优先原则随意退出多项国际公约是否自由民主国家应有行为

这方面，美国可以说是做得最任性的国家，自特朗普担任总统以来，美国接连退出了八九个国际协议、公约、组织或联盟，退出行为似乎成了家常便饭。例如，《巴黎气候协定》《伊朗核协议》《苏联和美国消除两国中程和中短程导弹条约》《跨太平洋伙伴关系协定》《维也纳外交关系公约》，以及联合国教科文组织、联合国人权理事会、联合国国际法院的部分管辖权、万国邮政联盟等。

像《巴黎气候协定》，是 2015 年 12 月 12 日在巴黎气候变化大会上通过，并于 2016 年 11 月 4 日正式生效，成为史上首个具有法律约束力的全球气候条约，由 195 个国家代表共同达成，承诺将全球平均气温升高控制在 2℃内。该协定曾被美国前总统奥巴马形容为"拯救地球的最好机会"。但特朗普上台之后，以"美国优先"的原则，声称气候变化是一个骗局，批评协议对美国形成了"不公平的经济负担"，削弱了美国的竞争力，并在 2017 年 6 月首次宣布，将退出该协议。2019 年 11 月 4 日，美国正式通知联合国，美国将正式启动退出《巴黎气候协定》进程，成为至今唯一一个要退出这项协议的国家。特朗普声称，巴黎协定将使美国国内生产总值减少 3 万亿美元，并使工作岗位减少 650 万个。美国媒体表示，这一举动向世界传达了一个重要信息，随着气候变化的破坏性影响越来越明显，美国将不会负起国际责任，这将引起国际社会广泛批评。有专家表示，美国利用其经济和技术垄断等优势，试图破坏国际秩序。当然，在此问题上美国共和与民主两党的意见并不一致，2021 年 1 月 20 日，拜登就任总统首日即签署行政令，宣布美国将重新加入应对气候变化的《巴黎协定》；2 月 19 日，其国务卿即表示，美国已于当天正式重新加入《巴黎协定》。但笔者以为，不论哪一个党派，美国一些政客为其利益而任性行事的作风则是相同的（美国众议院前议长佩洛西无视中国的强烈反对，一意孤行地窜访台湾，就是很好的例证）。

像《苏联和美国消除两国中程和中短程导弹条约》（简称《中导条约》），

---

① 于杰飞：《我们不要"有毒的民主"——突尼斯"茉莉花革命"七周年回顾》，载《光明日报》2018 年 1 月 22 日，第 12 版。

是 1987 年美国与苏联签订，规定美苏两国必须销毁所有中程导弹及相关装置，并停止生产及试验有关导弹，是冷战时期的一项标志性军控条约。2019 年 8 月 2 日，美国正式宣布启动退出条约程序（美国指责俄罗斯长期违反《中导条约》，两国官员此前一直就此谈判，但进展不大）。对于美国此举，俄罗斯外交部回应称，美国宣布退出《中导条约》证明了美国会销毁所有不合其意的国际条约，美国此举将导致现有的军备控制系统开始真正瓦解①。据美国有线电视新闻网（CNN）报道，联合国秘书长古特雷斯当地时间 8 月 1 日表示，该条约的消亡"非常危险"，这或将"加剧而不是减少弹道导弹所构成的威胁……条约失效后，世界将失去一个重要的核战争制约"。此外，CNN 称，就在美国将正式退出《中导条约》的关键时期，美国国防部官员表示，美方近期将测试一项新的非核弹巡航导弹，以应对俄罗斯威胁。分析人士担忧，美方此举或将标志着美俄新一轮军备竞赛的开始。②

再像《伊朗核协议》，该协议是 2015 年美国前总统奥巴马执政期间，伊朗与英国、中国、法国、德国、俄罗斯、美国六国以及欧盟达成的一项协议，对此后长达 25 年时间里伊朗核活动提出了各种约束，作为交换，美国和欧盟将逐渐取消对伊朗的制裁。2018 年 5 月 8 日，特朗普宣布退出伊核协议，并恢复对伊朗政权实施经济制裁。对此，奥巴马发表声明批评特朗普的决定是个严重错误，并表示如果没有伊核协议，美国也许最终只能在两个失败的选项中做出选择：被核武器武装的伊朗和中东的又一场战争。他同时声称，美国不断藐视签署的各项协议可能会"侵蚀美国的信誉，让我们和世界大国之间出现矛盾"。③美国政府的这一基于"美国优先"政策所采取的举动，将为已经深陷动荡的中东局势带来更多的不确定性，并有可能引发更为激烈的地区冲突。

总之，从美国对诸多国际协议、公约和组织的退出上，均暴露出了美国只顾自身利益，而无视国际规则、秩序的唯我独尊的霸权行径。也许美国的措施在短时间可以给美国经济添彩，但是从长远角度看，美国必将走下大国神坛宝座。而且，在对多项国际协议、公约和组织的退出与否上，也可见美国共和与民主两党的政治对立与极化。

（5）以无端理由污名化和打压他国及其企业发展是否基于平等竞争

以无端理由污名化和打压他国及其企业发展的这种不容人的狭隘心胸，与自

---

①　中国中央电视台第 4 套节目《今日关注》2019 年 8 月 3 日报道。

②　《美国正式退出〈中导条约〉　美俄军备竞赛开始了？》，新浪网 https://news.sina.com.cn/c/2019-08-02/doc-ihytcerm8070573.shtml，2019-08-02.

③　罗孝如：《伊核问题的爱恨情仇》，载《军事文摘》2018 年第 15 期，第 7-11 页。

由民主的原则是不可能联系在一起的。而在这方面，美国对正在和平崛起的中国及其高科技企业华为公司的打压就是一个典型的例子。中国在 1949 年新中国成立后，特别是在改革开放后的四十余年来，一方面积极借鉴、学习世界各民族优秀文化，尤其是西方发达国家在经济、科技、政治、社会治理等方面的先进经验，另一方面又植根于自己民族优秀传统文化的深厚土壤，创造性地走出了一条具有中国特色的社会主义道路。正是如此，它焕发出了中国人民建成社会主义现代化强国、实现中华民族伟大复兴的极大的热情和智慧；同时，中国在国际上所奉行的"一带一路""合作共赢""构建人类命运共同体"等发展理念也得到了国际社会的广泛认可、较高评价，乃至积极参与。但是，在这一过程中，美国认为这是对美国霸权地位的威胁，不惜采用诋毁、丑化、中伤等手段来打压中国，并用一些单边主义的贸易限制等经济措施来遏制中国及其相关高科技企业如华为公司等的发展，真是用尽了各种能用的招数。一方面，美国利用所谓"人权问题"，在"涉藏""涉疆"等问题上诋毁、中伤中国，并在背后（其中的一些政客已经跳至前台）支持"港独""台独"分子，制造事端，甚至制造恶性暴力事件，以达其遏制中国大陆之目的。另一方面，在贸易保护主义、"美国优先"的思维框架之下，以及基于对中国的战略遏制，与中国打贸易战（实际上，这种贸易战它早就对别国使用过，凡是感到对方的经济发展威胁到了它，它就会打这种贸易战）。自中国加入世界贸易组织以来，中美贸易争端一直不断。美国成为与中国发生贸易摩擦最多、最激烈的国家。中美贸易摩擦作为中美经贸关系的一部分，随中美政治关系的发展和国际局势的变幻而发生变化。在中美贸易战中，美国对中国的高科技企业华为公司所采取的制裁与打压手段，已被世人看得非常清楚，连一些外国网友也看不下去。

2020 年 2 月 15 日，中国外交部部长王毅在第 56 届慕尼黑安全大会上发表演讲时指出，"中方的看法是，人类社会已进入全球化时代，我们有必要摆脱东西方的划分，超越南北方的差异，真正把这个赖以生存的星球看作是一个生命共同体。我们有必要迈过意识形态的鸿沟，包容历史文化的不同，真正把我们这个国际社会看作是一个世界大家庭"，"我们尊重西方国家的选择，愿意借鉴发达国家的有益经验，与各国实现共同繁荣。西方也应摒弃笃信自身文明优越的潜意识，放弃对中国的偏见和焦虑，尊重中国人民的选择，接受和欢迎一个与西方制度不同的东方大国的发展振兴，因为这一历史进程已经构成人类整体进步的重要组成部分，也呈现出多边主义给我们这个世界带来的丰富多彩"，"希望美方能以更开放包容心态看待中国的发展，本着平等和相互尊重精神，管控彼此之间的矛盾分歧，坚持协调、合作、稳定的总基调，推动中美关系沿着正确轨道向前发展"。①

　　美国对中国及其高科技企业的无端打压，其实也对美国自身的许多企业造成了负面影响，正如网友所说，贸易战没有赢家，只会造成双输的结果。只是，在贸易战中，让世界各国都进一步看清了美国为维护自身利益而不择手段的行径，也进一步看清了美国无视自由、民主原则而追求一国独大的用心。

　　（6）在一个自由民主的社会中道德问题是否可以被忽略

　　关于这一问题，我们可以从理论和实践两个方面来解析。

　　理论上看，首先笔者认为，"自由、民主"本身就包含着伦理道德的内涵。因为，真正的"自由、民主"，既非是使人成为唯唯诺诺、低声下气的奴隶，亦非是使人成为目空一切、恣意妄为、颐指气使的主宰。它恰恰是建立在理性和情感基础上的自尊与尊人、自主与自控、尽享欢乐与自觉付出的有机结合。而这其中，就包含着深沉的伦理和道德意蕴。这样的"自由、民主"，和中华传统文化中提倡的"仁者爱人""己欲立而立人，己欲达而达人""己所不欲，勿施于人"，和基督教《圣经新约》中的《马太福音》所告诫人们的"无论何事，你们愿意人怎样待你们，你们也要怎样待人，因为这就是律法和先知的道理"，和佛教中所说的"自觉觉人""自度度人"等，都有着人性中的一脉相通性，而这些则都是包含浓厚道德和伦理意味在其中的警世醒言。其次，先不论福山所说的在一个自由、民主的社会中"人们首要关注的是物质所得"这一观点是否在理，是否人人皆如此，我们先来看一看，纵然是"人们首要关注的是物质所得"的情况下，难道就不必再关注甚至就不再有道德问题了吗？答案当然是否定的。我们说，作为一个完整的人，它应当是肉体与灵魂合一、追求物质所得与追求精神富足融而为一的人。无论在发展的任何阶段上，人之为人与动物的区别就在于，人不仅仅追求生存的物质需要和生理上的欲望满足，更重要的是人还要追求精神生活的富足和灵魂的安逸。这是人之为人的最基本的特征。如果这一追求的天平倾斜——所关注的只是或首要的是物质所得，那么即令在福山所标榜的"自由、民主"社会中，令人担忧的道德衰败、人性失落、"他人是地狱"等种种伦理缺失的弊端，都会一再地显现出来。这并不是什么高深的道理，而是人性中最基本的问题。只要是生活在社会中的人，那么就不应该也不可能完全摆脱精神层面的追求，不可能远离道德方面的问题。更何况，在福山所说的现代"自由、民主"社会中，也并不都是"首要关注的是物质所得"的人。

这里，笔者举一个美国人——丁大卫的例子，概括加以说明。可以说，丁大卫的所作所为让以道德立国的中国人都感到震撼。据报道，丁大卫于 1968 年出生于美国一个中产家庭，就读于美国名校威廉玛莉学院。读大学时，他选择中文作为第二外语，之后逐渐被中文迷住了，并来到中国学习中文，在北京大学进修中国古典文学，回国后在肯塔基州的艾斯伯里学院获得了古典文学硕士学位。1994 年，他从美国来到广东珠海，在一所名为恩溢国际的私立学校当英文外教。刚就职不久，他认为学校给他开 3000 元的工资过高，希望工资可以减半！又说，他不需要住在带空调、家电齐全的房间，他要和其他老师一样，住在普通的简单的宿舍里。后来，他申请去了较为边远的西北民族学院。他的想法很简单："当老师，就应该到最需要的地方去。"面对很多人的嘲笑，他说："我觉得每个人的生活都必须是有意义的，我现在做的是我喜欢的事情，这是一种自我满足，如果每个人都向往富裕的生活，而没有人愿意付出，那么世界上绝大部分人都不能过上优越的生活。留在发达国家，我做的只能算锦上添花，中国的西部教育需要我，我就来了。"到了西北民族学院，他又觉得学校给他定的工资每月1200 元人民币太高，就主动要求工资降到 900 元，学校一再坚持，决定给他1000 元，可他还是觉得 4 位数太高，最后学校给他降到每月 950 元。对于很多人来说，这确实是有点颠覆认知。没想到，抵达兰州的丁大卫依然觉得条件不够艰苦。于是，他又申请来到了穷困偏僻、教育落后的东乡县任教。他用自己不多的积蓄，过着简陋的生活：住的屋子仅仅 13 平方米，没有暖气、电视，没有洗衣机、抽水马桶，平时吃饭以不饿死为标准。身高 1 米 93 的他，睡在小小的床上；大脚的他，买不到 48 码的袜子和鞋子；冬天，海拔 2600 米的东乡非常寒冷，被子盖不住脚，他只能盖两条被子。当采访者问他在中国感觉苦不苦时，他说：很好的，比如这次你们中央电视台就让我这样一个平凡的人来做嘉宾，而且还让我坐飞机，吃很好的饭菜。这样的回答让人不得不惊叹，教育真是关乎灵魂的。他从小就接受了良好的教育，分得清什么是需要，什么是私欲，这是一种品格，不仅体现在为人态度和小事上，更体现在人生的选择上。当采访者说："我觉得你挺像中国的一个人——雷锋！"他说："也许吧，雷锋挺平常的，他只是一个凭良心做事的人，这样的人不应该只有一个，每个人都应该做得到的！"丁大卫在个人吃穿用度上很简单随意，但在教书上他可一点不简单和马虎。他热爱这里的孩子，在课堂上想方设法提高学生的学习能力，如英语口语交流和会话能力。他认为当老师必须有思想，知道自己所教的值不值得学生学习。而且学生们交的每篇作业，他都做到了逐字逐句修改。他对学生说："如果你们交上来的作业，我没有认真批改，只是打了个钩就还给你们，那你下次就不用写作业了，因为我没有尽到我的责任。"还有，他上课从不点名，因为他认识所有学生，上课他只要看一眼，就知道哪个学生没来。他会询问和缺课学生要好的同学，为什么没来，是否生病了。这么做一两次学生就有压力了，也就不会缺课了。由此，他让我们看到了教育的本质，是用生命影响生命，这便是他对"教书育人"的见解。在教书之余，他做得最多的事就是"巡查"，他不是教育局官员，但他特别喜欢"巡查"，每次一走进学校，他就开始趴在窗子上数人数，"今年只有32个，去年是43，人数降了"，于是他开始挨家挨户走访。一次说不动，就两次，两次说不动，就三次，很多家长抵不住他的软磨硬泡，最后只好让孩子上学了。他始终没有停下为东乡的教育事业四处奔走的脚步——穿着一双破旧的烂鞋，为学校不合理的电价去和电力局理论，为一个语言功能有障碍的孩子联系聋哑学校和赞助人，义务为双语教学项目培训老师、翻译资料，等等。36岁时，他在中国遇到了真爱，来自美国的中文名叫韩诗蝶的女孩，是青海民族学院的外教，他们在教堂做礼拜时认识，她愿意为他放弃事业到东乡生活，于是2005年他们举行了中式婚礼。可贵的灵魂吸引同样可贵的灵魂。韩诗蝶没有工作，就是每天跟着丁大卫为东乡奔走，两个人领一份工资，起初500元，后来涨到了700多，韩诗蝶还说：多了200多，都不知道该怎么花了。当丁大卫接受采访时，他给现场观众展示了他所有的家当：一顶来自他家乡棒球队的队帽、一本相册（全是他家人、朋友以及他教过的学生的照片）、一个用精致相框镶好的一家人温馨的合影（但相框玻璃被压碎了，他掏出后心痛地连呼了几声可惜。节目尾声，节目组的人把一个赶着去买来的相框送给了他）、几件生活必需品（口杯、牙刷、剃须刀等）、两套换洗衣服（其中一件是军装，那是他爸爸40年前当兵穿过的）、一双未洗的运动鞋、一本中国铁路列车时刻表以及甘肃省外国专家敦煌奖的奖状、一面鲜艳的五星红旗（他对中国的爱可见一斑，愿意把自己的人生选择献给中国）。他最珍视的不是物质，而是人，是人与人的关系；他最宝贝的是家人、朋友的照片；他最看重的是他的学生是不是被教育所滋养。如今，穷困的东乡县经过他的努力，终于慢慢通水通电，还相继新建了11所学校，他还出版了东乡语和普通话双语字典，让越来越多的孩子能说普通话。当地教师在他的组织下，还能每年都到北京、广东接受培训（费用都是经媒体报道后，很多人捐赠给他的，他全部将其投入东乡的教育事业。他把每一分钱都记录在账本上，账目总是一式三份：自留一份，捐款人一份，还会拷贝一份给东乡族自治县教育局。没有人要求他这么做，可他必须要给捐款的人一个交代）。他的生命就这样跟东乡有了很深的连接，东乡小学生们都喜欢他，他也将学生们视为珍宝，就连口头禅都是："你们不知道，我们东乡的孩子有多可爱。"他还表示，也许会在中国再选择一个更贫困的地方去当老师。或许大部分人都有一个美国梦，而美国人丁大卫，却放弃在美国优越的生活，选择来中国贫困偏乡，献出了自己的青春年华，做了很多人应该做却没有勇气做的事。或许他比我们更早思考了什么是人生，什么是值得追寻的事，人要有使命地活着，才不会在花花世界中迷失；人要真知道自己是谁，才不会努力向世人证明自己是谁；灵魂足够丰盈的人，才不用追求生活外在的体面。由此可见，在现代的"自由、民主"国家，也并非像福山所说，"人们首要关注的是物质所得"，而"要严肃对待公共生活中涉及真正道德内容的问题，变得特别困难"。

从实践上看，福山所说的现代"自由、民主"国家，在科技发达、经济繁荣、物质丰富的情况之下，暴露出的深层的伦理道德问题，已经受到各界人士的关注。2008 年从美国开始爆发的全球性金融危机，若不从商业伦理、经济伦理方面去寻找根源，而仅仅从科技方面或其他什么方面去寻找原因，恐怕很难寻找准确。而若不能找准其真正的、根本性的原因，那么要想避免类似的金融危机再次爆发，也就很难做到。学者李艳艳从文化价值观的视角分析 2008 年的金融危机，指出："从文化视角反思国际金融危机，首先得从解析西方的先验形而上学哲学世界观开始。先验形而上学始终致力于探寻某种永恒不变的实体作为本体，并以此为据进行世界的二元划分。先验形而上学逻辑框架下的本质主义、基础主义作为西方思想传统的基础，导致了普世主义、本位主义、唯我主义的世界观和方法论。以'自我'为中心和本原的认识路径，必然要求从'我'生发出来的普世之光照耀世界万物。在这种二元对立的逻辑框架下，普遍性的'我'与特殊性的'他'之间始终存在张力，'我'只能通过强力意志要求'他'臣服于自身，以实现二者的统一。""自由主义学说自身的理论困境直接导致了资本主义经济社会政策的困局，资本主义经济社会政策的困局与失效致使西方社会形成了一个具有诸多弊端和缺陷的发展模式，这进一步成为国际金融危机爆发的直接原因。该发展模式的弊端突出表现在，过分强调个人利益，忽视社会整体利益，致使实行资本主义的各国不平等现象日益严重。自 20 世纪 70 年代以来，始终致力于处理理性与自由之间的矛盾、始终致力于为自由划分边界的先验形而上学哲学范式和思维方式，严重束缚了资本主义社会的自我调控能力，并使得资本主义的发展具有不断探求自由边界的内在冲动，在政策上越来越倾向于市场化、去监管的自由放任状态，导致了国际金融危机的爆发与蔓延。""实质上，资本主义文化矛盾是普世价值外衣与特殊利益本质之间的矛盾……从辩证唯物主义世界观来看，国际金融危机是对于普遍价值与特殊价值进行主观割裂认识的结果。"①目前，西方发达国家的诸多社会问题、伦理道德问题等，往往困扰着这些国家的发展，考验着这些国家解决问题的思考能力、决策魄力与治理能力。像美国这样爱拿"人权"说事，去指责其他国家人权问题的国家，其自身的一些人权问题如枪击案问题、种族歧视问题等，都还没有摆平。这其中难道不牵涉道德问题吗？近些年来，美国每年都有不止一次的枪击案发生，而每次枪击案之后都会有少则几人、多则几十人丧失生命。允许所有人自由地买卖和持有枪支，而没有任何控制措施，那么对于那些无辜丧失生命的人来说，自由和民主又在哪里呢？种族歧视问题，尤其是对黑人的歧视问题，在美国也是一个严重的问题。这个问题近年来也已经引起包括白人在内的有识之士的忧虑，并不断思考解决问题的对策。另外，在娱乐文化、消费文化、感官文化等的影响之下，社会中尤其是青少年中出现了一系列问题，并导致了青少年犯罪率上升，这些不都是属于道德范畴的问题吗？当然，这些问题在当代所有的国家都会存在，因为互联网的发达使信息快速传播到世界各处，而全球化的到来又使各种文化跨越国界流传开来。但是，这种情况正说明西方发达国家不可能排除道德问题来单纯发展"自由、民主"，反而是若只强调"物质所得"，那么将使道德问题会越来越严重，进而"自由、民主"也不可能得到完善发展。可以说，在消费文化、感官文化、享乐文化的助推下，娱乐超越了自身的界限，全方位地渗透到社会生活各个领域，形成了"泛娱乐化"态势。在以电视为代表的媒体时代，西方世界就显现出"泛娱乐化"的倾向，引起波兹曼等学者的担忧。波兹曼曾提出了著名的"娱乐至死"的观点。在当今时代，新媒体技术已经逐渐取代以电视、广播等为主体的传统媒介，成为"泛娱乐化"幻象的推广和传播者。在新媒体技术的助推下，娱乐有演变为"愚乐"的倾向。人们在"无意识"的不自知之中，卷入了新媒体制造的"泛娱乐化"幻象之中，营造了全社会贫瘠、碎片化的"泛娱乐化"文化态势，构造了大众狂欢的景观世界。这种以明星绯闻炒作、低俗感官刺激、"戏说"、"调侃"为主的"泛娱乐化"议题设置，带来人们放纵狂欢之后精神的虚无、理性思维的"迟钝"、人生意义的迷失。当然，新媒体技术推广娱乐本身并不是一个社会问题，但是一切话语都以娱乐的方式展开就成为媒介的"原罪"。本源意义上的娱乐是人们缓解紧张、愉悦身心的调剂品，是一种特定领域丰富生活的物质和精神文化娱乐活动。而在资本逻辑驱动下，娱乐突破原有领域界限，扩张到政治、经济、网络等各领域，演变为"塑造政治、伦理和日常生活的一个强大的、充满

---

① 李艳艳：《国际金融危机的文化价值观维度反思》，载《光明日报》2019 年 2 月 26 日，第 16 版。

诱惑力的手段"[①]。一方面，市场化的运作方式渗透到社会生活各个领域，以娱乐的方式为外壳、商业化的形式为包装，注重感官刺激、欲望的直观呈现，实现最大限度刺激大众消费，导致文化产品的庸俗性、贫瘠性和低俗性，文化生产的复制性、批量化和浅薄化。另一方面，资本逻辑的肆意运行，无孔不入，娱乐的功能被"过度"异化，片面突出娱乐的属性，遮蔽了事物本身的意义表达。资本的加速助推，使得泛娱乐的形式成为社会大众，尤其是青少年的文化生活核心。伴随商业化、市场化的过度膨胀，泛娱乐化甚至不惜僭越道德良心、法律，不惜用低俗、暴力、色情等元素吸引受众。这种泛娱乐化鼓吹享乐主义，主张功利至上，刺激人"本我"人格的冲动和欲望，将拜金主义、物质主义、消费主义等价值观念渗透到文化产品之中，影响受众的思想观念、价值选择、行为方式、人格塑造以及道德的养成。进而，产生了一系列的社会问题。这是有许多事实可以证明的。

学者沈大力对当代西方娱乐庸俗化现象进行反思，指出："法国 20 世纪有影响的作家兼文化活动家安德烈·马尔罗生前曾经预言：'21 世纪将是精神的纪元，或者恰恰相反。'马尔罗指望靠精神因素使人类摆脱物质主义束缚，获得生命的新鲜气息。另一位法国现代作家罗曼·罗兰——《欣悦的灵魂》和《内心旅程》作者——跟弗洛伊德交谈时，提出'生存的海洋感情'，主张克服对大自然的役使，恢复'自然的和谐'，达到心灵愉悦。然而，西方社会进化至今，精神似乎在'退化'，或曰'蜕化'。庸俗无所不在，看看西方国家的电视，为追求收视率，无所不用其极，竭尽庸俗之能事，在欧洲尤以巴黎、罗马等大都会为甚。"在列举了西方诸多娱乐庸俗化的怪现象之后，他还指出："苏格兰作家伊赫文·威尔士新近发表了以迈阿密为背景的小说《暹罗姊妹》。他在接受法国《非摇滚》杂志采访、谈及'毒瘾'问题时表示：'我写的每一本书都谈到现时我们这个世界的过渡现象。世界正从一个劳动社会转化为一个消闲社会，从一个创造财富的社会变为一个产生概念客体的社会。随着机器占据地位，留给我们做的事情越来越少。许多人处于无所事事的状态，感到自己过时，已经无用。为填充空虚感，他们陷入种种依赖。依赖正是对我们生活虚空的反应。'伊赫文·威尔士谈的是人们对不同'毒品'的依赖，而其中的顽症恰是'庸俗'。庸俗经济学家们声称'庸俗'是一种'进化'。持有这类'进化论'的世俗之辈，忽视精神与物质的矛盾，否认物质丰盈里存在着精神贫困，企图通过娱乐休闲，以无思无虑

---

① [美]斯蒂芬·贝斯特、道格拉斯·凯尔纳著，陈刚译：《后现代转向》，南京大学出版社 2002 版，第110 页。

来抵消精神空虚带来的社会异化。从某种意义上看，极端庸俗化的'纯娱乐'是造成'依赖'的重要因素，等同于形成'毒瘾'的鸦片，在超消费的物化社会里很难甚至不可能戒除。然而，早在十七世纪，法国贤哲布莱兹·帕斯卡已发表《思想录》，提出'信仰高于一切'的见解。在论述社会需要'娱乐'的现象时，他强调了'娱乐'产生的异化，告诫后世：'贫困中，我们唯一的安慰是娱乐。然而，娱乐却成了我们最大的贫困。'昔人忠言，今当慎思之。"[①]

由以上剖析可见，福山言之凿凿地确认的西方所谓的自由民主制已然成为"历史的终结"的论断，不仅存在着许多漏洞，而且十分脆弱，很难经得起理论的推敲，与此同时也已被当代的历史发展实践与事实得出了否定性的结论。

3. 福山对中国文化的偏颇认知

在福山眼中，中国虽有一定的治理和统治能力，但并不是他所谓的民主、自由国家，而是一个威权国家，因此中国在发展中有着不可克服的内在矛盾，终究要走上与西方发展模式完全相同的道路。其实可以看出，福山对中国文化并不十分了解。

（1）对福山并不真正了解、熟知中国文化的分析

据福山在《历史的终结》一书中列表所述的至 1990 年的 61 个"自由民主国家"中，中国并不在其列，中国被他称之为是威权国家；而亚洲的日本、印度、斯里兰卡、新加坡、韩国、泰国、菲律宾等国被列入其中。这大概以是否进行民选投票为标准而划分的吧。但是，当他拿印度的一些情况和中国相比较的时候，他不得不说，"与威权体制的中国相比，印度也因类似的差距（此处"类似的差距"，指该书前文所说乌克兰在"橙色革命"后，未能使一个"有效的民主政府掌权"，而导致了旧政权的复辟和"最近几个月紧张的、流血的僵局"——笔者注）而受阻。印度在 1947 年建国之际，就团结在一起确立了民主制度，这一点令人印象深刻。但是，印度的民主就像香肠的制作，只可远观，不可近赏。在这个体制里，腐败和寻租盛行；根据印度民主改革协会的统计，印度近来选举 34%的胜选者，有针对着他们的刑事起诉，其中还包括一些严重的指控，比如谋杀、绑架和性侵犯"，"印度也有法制，但是非常迟缓和低效，甚至许多情形是被告都死了，案件还没有开庭。根据《印度斯坦时报》的报道，印度最高法院积压了 6 万多个案件。与威权的中国相比，这个世界上最大的民主国家在提供现代基础设施或基本服务方面，显得完全无能为力，比如为居民提供干净用水、电或基本

[①]　沈大力：《反思西方社会的娱乐庸俗化》，载《光明日报》2017 年 11 月 22 日，第 13 版。

教育"，"根据经济学家和社会活动家让·德雷兹（Jean Dreze）统计，在印度的一些邦，有 50% 的教师不会上班。纳伦德拉·莫迪（Narendra Modi）是一位印度民族主义者，它过去曾因纵容反穆斯林暴力而麻烦缠身，却以绝大多数的选票当选为总理，人们希望他会一扫印度政治中充斥着的废话，做些实事"。① 他还说，在冷战结束以后，"唯一确实可以与自由民主制度进行竞争的体制是所谓的'中国模式'，它是威权政府、不完全市场经济以及高水平技术官僚和科技能力的混合体"。但即令如此，他仍然强调中国作为威权国家，自身有难以克服的内在矛盾，只能向欧美国家看齐。所以他说："可是，如果要我猜测一下，五十年后，是美国和欧洲在政治上更像中国，还是中国在政治上更像美国和欧洲，我会毫不犹豫地选择后者。有很多理由表明，中国模式是难以持续的。它依赖于经济的持续高速增长，然而，随着中国设法从中等收入国家向高收入国家转型，这样一种高速增长不会再出现。中国因土地污染和空气污染而积累了大量的隐性负担，虽然政府仍比绝大多数威权体制更具有回应性，但是，一旦日子变得艰难，中国日益增多的中产阶级不可能会接受现行的家长主义体制。"②

福山的上述观点，说明他并不真正了解、熟知中国文化。首先，实际上中国从来都没有否认过自身所存在的这样或那样的问题，也从不否认革除积习和弊病的必要性，更不否认向世界各国，尤其是西方发达国家学习先进的治理经验的必要性。中国四十多年来的改革开放进程，正是向世人证明、展示了这一改革的波澜壮阔的画卷。福山也论及中国的改革，只不过他把这一过程看作是中国抛弃了社会主义制度、共产主义理想、马克思主义理论，而向西方自由民主模式靠拢的进程。其次，中国的改革开放虽然大力借鉴西方发达国家的先进经验，但并未跟在西方后面亦步亦趋，完全套用西方的发展模式。因为中国作为一个具有五千年文明发展史的国家，其文化的精髓和智慧警示我们，中国当代的发展只有深植于自身文化的土壤，对文化进行创造性转化和创新性发展，在此基础上去借鉴和吸纳外来优秀文化，才能走出一条适合自身发展的民族复兴之路和自由民主发展之路。事实证明，中国人民所走的这条具有中国特色的社会主义道路是成功的，是得到了绝大多数中国人民所理解和支持的，也得到了国际社会的广泛认同。

---

① ［美］弗朗西斯·福山著，陈高华译，孟凡礼校译：《历史的终结与最后的人》，广西师范大学出版社 2014 年版，"新版序·民主依然挺立在'历史的终结'处"第 5 页。

② ［美］弗朗西斯·福山著，陈高华译，孟凡礼校译：《历史的终结与最后的人》，广西师范大学出版社 2014 年版，"新版序·民主依然挺立在'历史的终结'处"第 4 页。

俄文版《跨文化视野：中国特色和谐社会的探索》①一书的"序"中写道："我想，我们的历史经验让我们能够更好地理解决定本书作者进行思考的原因。他们一遍一遍地发问，中国是怎样落后于西方的，落后于西方的原因是什么？怎样做才能摆脱落后状况？什么需要向西方引进、什么可以向西方引进？怎样将引进西方文化同保留以及加强本国文化独特性、加深文化自我认同结合起来？可以推测，本书作者在阐述西方历史成就，包括科学精神、民主、法制、保护个人权利和自由等内容时，能够在俄罗斯读者中引起共鸣。但是在批判西方文化（其在某些地方触动了本是亲属的俄罗斯人的心）的同时又有我们可学习的地方。我们的中国同行十分公正地揭示了人类文明进化中的一些冒险行为，这些冒险行为同科学作用的独立存在、肯定'民主没有边界'、同道德价值观的相对主义、个人主义、自我中心主义密不可分。这些在很多方面来自古罗马的西方文化的'遗毒'引爆了当代的全球问题，从生态危机和自然资源枯竭的威胁，到世界核灾难。""可以看出来，甚至很多西方思想家都看懂了通常所认为的全球化这一剧本的悲剧性。这足以让我们想起塞缪尔·亨廷顿的《文明的冲突》。而《跨文化视野：中国特色和谐社会的探索》这本书的作者显然比号召建立一个保证不彼此对立、各种文明并存的世界秩序的亨廷顿研究得更加深刻。本书作者提出了自己的文化发展的建设性模式，而正是由于能够主动、目标明确地将跨文化冲突中出现的矛盾以及社会的矛盾消除的和谐社会，才能够保证各种利益的平衡。的确如此，作者将本国的文化发展模式限定在'中国特色'，也就是限定在中国国内。但是本书所介绍的中国历史不同发展阶段的社会和谐化的经验能够让我们得出一个结论，那就是和谐社会的想法能够被其他国家、民族和文化所接纳。""我们设想，和谐社会的思想退到公元前六世纪，也就是人类社会最伟大的思想家之一孔子提出的和谐社会思想，他在康德之前的两千四百年里提出了名言'己所不欲，勿施于人'，正是以道德为主导的儒学成为独特的中国文化的核心。与此同时，孔子的主要思想并不只是有权威的思辨，而且也进入了国家的政治文化中。可以说，这也促进了中国现代化的成功，因为转型进入 1970 年末开始的市场经济没有导致社会矛盾尖锐化和社会分裂，正相反，加强了国家的社会政治。"

---

① 该书是由笔者为主持人完成的国家社科基金中华学术外译项目——由俄罗斯"逻各斯"出版集团有限责任公司出版的俄文版专著«Межкультурный диалог:исследование гармоничного общества с китайской спецификой»（笔者为该专著第一作者，由社会科学文献出版社出版的《跨文化视野：中国特色和谐社会的探索》翻译而成）。在该书中，俄罗斯教育科学院院士、著名学者、历史学博士阿·弗·基谢列夫（А.Ф.Киселев）教授为该书撰写了以"ПОСТИЖЕНИЕ КИТАЯ"（"认知中国"）为题目的"序"，对该书内容，进而对中国的改革开放、和谐发展思想等，都作了较高评价。后该"序"内容又在俄罗斯国内具有较大影响的杂志«Высшее образование сегодня»（《今日高等教育》）2009 年第 2 期作为书评发表。

"换言之，中国当前经济高速发展的秘密，按照我们的观点，在于，由于循序渐进地实施了社会公平原则，阻拦了资本经济所具有的各种矛盾。我们认为，政治与国家领导者及当前阶段知识分子的历史使命即在于此。可以推断，拥有儒学精神和伦理学的一系列先进的政治和经济思想更能够表达具有中国特色社会和谐的思想。儒学几千年来的传统首先为传播社会观念、重构中国社会和国家奠定了前提条件。""请允许我说出个人的观点。俄罗斯国家的发展都是由于盲目引进了西方管理经济、社会、国家的自由主义模式。1990 年代的休克疗法抑制了居民的劳动积极性，引起了大部分居民对俄罗斯政权的不信任，引发了犯罪的猖狂，恐怖主义和暴力行为，这也是引发了大规模的顶级专家学者移民的原因。在面临民族和领土分裂这样一个国家瓦解的现实危险下俄罗斯进入了 21 世纪。""随着市场改革经验的积累，我国需要认真修正经济和政治方针变得越来越明显。按照马克斯·韦伯的观点，即在将基督教伦理作为确认和传播资本主义精神的精神道德条件的层面，这未必能实施。首先，必须要回归自我，思考和实现具有俄罗斯特色的市场经济的独特模式；其次，深入地、全方位思考史无前例的与振兴民族文化传统相一致的中国经济改革经验，因此，《跨文化视野……》这本书的出版非常适时。这本书让我们在认知中国、思考同样具有我们的社会和国家所面临的这些问题的中国伟大文化时不断向前推进。"[①]应当说，基谢列夫的思考是较为深刻的，他对中国改革开放以来所走的具有中国特色的社会主义道路也有着较深的理解。此外，不少国家的许多学者也都对中国所走的成功的改革开放之路表示理解和认同。因篇幅所限，此处不再赘述。

既然提到了文化问题、体制问题，以及社会治理问题，那么笔者不得不提及一个对中国人民的生活和生命健康影响巨大的事件——新冠疫情的暴发。就在本书初稿即将完稿之际的 2020 年年初，当中国人民沉浸在喜迎一年一度的传统最重要的节日——春节到来的时刻，却始料未及地遭受了一场由新型冠状病毒感染的肺炎从武汉迅速蔓延至全国的重大疫情。这场疫情蔓延的速度之快、情势之猛，是前所未见的，已经超过了 2003 年的"非典"，这对全国人民的健康和生命造成了严重的威胁，也对中国政府的治理和管控能力是一种严峻的考验。面对这场疫情，"我们党团结带领全国各族人民，进行了一场惊心动魄的抗疫大战，经受了一场艰苦卓绝的历史大考，付出巨大努力，取得抗击新冠肺炎疫情斗争重大战略成果，创造了人类同疾病斗争史上又一个英勇壮举"。在这场战疫斗争

① А.Ф.Киселев: «ПОСТИЖЕНИЕ КИТАЯ», «Межкультурный диалог:исследование гармоничного общества с китайской спецификой», ООО Издательская группа «Логос», 2018: стр11、12、12-13、13、13-14、14-15.

中，中国人民在中国共产党的坚强领导下，以"壮士断腕"的决心和毅力，上下一心、同舟共济、众志成城，构筑起疫情防控的坚固防线。"'天使白'、'橄榄绿'、'守护蓝'、'志愿红'迅速集结……14 亿中国人民同呼吸、共命运、肩并肩、心连心，绘就了团结就是力量的时代画卷！""各条战线的抗疫勇士临危不惧、视死如归，困难面前豁得出、关键时刻冲得上，以生命赴使命，用大爱护众生。他们中间，有把生的希望留给他人而自己错过救治的医院院长，有永远无法向妻子兑现婚礼承诺的丈夫，也有牺牲在救治岗位留下幼小孩子的妈妈……面对疫情，中国人民没有被吓倒，而是用明知山有虎、偏向虎山行的壮举，书写下可歌可泣、荡气回肠的壮丽篇章！中华民族能够经历无数灾厄仍不断发展壮大，从来都不是因为有救世主，而是因为在大灾大难前有千千万万个普通人挺身而出、慷慨前行！"由于坚持人民至上、生命至上的最高价值追求，以及全国上下顽强英勇、科学精准的抗疫，在当时疫情肆虐、病毒的毒性与致病性非常高的情况下，我们使感染率和病亡率迅速控制在了尽可能小的范围内，从而也为其他国家的抗疫争取到了宝贵的时间。当然与此同时，中国人民的抗疫斗争也获得了多国友好人士给予我们的宝贵的精神支持和物质援助，以及海外华人华侨的积极有力的甚至是令人感动的支援。并且，中国在自己国内的疫情稍有缓和时，又应邀派出了多支医疗队驰援疫情较重的国家，并向多国支援和提供了防疫物资。与此同时，"我们本着公开、透明、负责任的态度，积极履行国际义务，第一时间向世界卫生组织、有关国家和地区组织主动通报疫情信息，第一时间发布新冠病毒基因序列等信息，第一时间公布诊疗方案和防控方案，同许多国家、国际和地区组织开展疫情防控交流活动 70 多次，开设疫情防控网上知识中心并向所有国家开放，毫无保留同各方分享防控和救治经验"，"我们发起了新中国成立以来援助时间最集中、涉及范围最广的紧急人道主义行动，为全球疫情防控注入源源不断的动力，充分展示了讲信义、重情义、扬正义、守道义的大国形象，生动诠释了为世界谋大同、推动构建人类命运共同体的大国担当"。[①]

由此，中国人民的抗疫斗争也受到了世界卫生组织、联合国秘书长和各国人士的高度评价与称赞。据媒体报道，多位国际社会各领域人士表示，中国为控制疫情所做出的努力为世界作出巨大贡献。外交部部长王毅 2020 年 2 月 15 日在第 56 届慕尼黑安全大会上所作的演讲中，也讲述了中国人民的这场顽强的、做出了巨大自我牺牲的抗疫斗争，并指出："正如许多国家领导人所说，中国人民战胜疫情的决心令人惊叹，中方行动速度之快、规模之大，世所罕见，

① 习近平：《在全国抗击新冠肺炎疫情表彰大会上的讲话》，载《人民日报》2020 年 9 月 9 日，第 02 版。

展示出的中国速度、中国规模、中国效率显示了中国制度的优势……中华民族是懂得感恩的民族，大家给予的每一份宝贵支持，我们都会铭记于心。在此，我谨代表中国政府，向所有支持中国抗击疫情的国家、国际组织和各国人民表示衷心的感谢！"①

至今，抗击新冠疫情已经三年有余。对于三年多的抗疫斗争，李克强总理2023年在十四届全国人大一次会议上所作的《政府工作报告》中指出，"新冠疫情发生三年多来，以习近平同志为核心的党中央始终坚持人民至上、生命至上，强化医疗资源和物资保障，全力救治新冠患者，有效保护人民群众生命安全和身体健康，因时因势优化调整防控政策措施，全国人民坚忍不拔，取得重大决定性胜利。在极不平凡的抗疫历程中，各地区各部门各单位做了大量工作，各行各业共克时艰，广大医务人员不畏艰辛，特别是亿万人民克服多重困难，付出和奉献，都十分不易，大家共同抵御疫情重大挑战，面对尚未结束的疫情，仍在不断巩固统筹疫情防控和经济社会发展成果"，"当前我国新冠疫情防控已进入'乙类乙管'常态化防控阶段，要在对疫情防控工作进行全面科学总结的基础上，更加科学、精准、高效做好防控工作，围绕保健康、防重症，重点做好老年人、儿童、患基础性疾病群体的疫情防控和医疗救治，提升疫情监测水平，推进疫苗迭代升级和新药研制，切实保障群众就医用药需求，守护好人民生命安全和身体健康"。②在十四届全国人大一次会议记者会上，新任总理李强在回答记者提问时说道，"疫情三年，中国人民在中国共产党的坚强领导下，同心抗疫，现在已经取得重大决定性胜利。三年多来，我们始终坚持人民至上、生命至上，坚持科学精准防控，因时因势优化调整防控措施。在病毒致病力较强的阶段，我们果断实施'乙类甲管'，有效保护了人民生命安全和身体健康，也为疫苗和药物研制、疫苗接种普及等争取了宝贵时间。随着病毒致病力减弱和我国防治能力提高，我们对防控措施作了一系列优化调整，适时进行了转段，实施了'乙类甲管'。中国这样一个人口众多、发展不平衡的大国，用不到两个月的时间实现了疫情防控平稳转段，较快恢复了经济社会正常秩序，是很了不起的。实践证明，我国疫情防控的各项策略措施是完全正确的，防控成效是巨大的。人类与病毒的斗争是一个长期历史过程。当前新冠疫情传播的风险仍然存在，我们将及时研判，做好预测预警，并制定完善不同情景下的疫情应对预案，不断加强医疗卫生服务体系建

---

① 王毅：《跨越东西差异，践行多边主义——在第56届慕尼黑安全会议上的演讲》，中国日报网 http://china.chinadaily.com.cn/a/202002/16/WS5e490b7ea3107bb6b579ff62.html?from=groupmessage，2020-02-16.

② 李克强：《政府工作报告——2023年3月5日在第十四届全国人民代表大会第一次会议上》，中国政府网 http://www.gov.cn/gongbao/content/2023/content_5747260.htm，2023-03-05.

设，加快疫苗和药物的研发，加强与国际社会的合作和协调，共同维护人类健康福祉"。①这些话，应该说是对中国三年多的抗疫斗争的概括性总结。

在这次抗击新冠疫情的斗争中，中国人民所展现出来的精神被总结为"伟大的抗疫精神"，这一精神显示出中国政府在面对突发事件中的较强应急处理能力、领导能力和管控能力，显示出中华民族强烈的民族向心力和凝聚力；也显示出广大医务人员及各行各业的人民群众自觉的、义无反顾的献身精神和牺牲精神以及深沉的家国情怀；由此也显示出社会主义核心价值观、中华优秀传统文化所具有的强大的精神力量。正如习近平总书记所说的，"在这场同严重疫情的殊死较量中，中国人民和中华民族以敢于斗争、敢于胜利的大无畏气概，铸就了生命至上、举国同心、舍生忘死、尊重科学、命运与共的伟大抗疫精神"，"生命至上，集中体现了中国人民深厚的仁爱传统和中国共产党人以人民为中心的价值追求"，"举国同心，集中体现了中国人民万众一心、同甘共苦的团结伟力"，"舍生忘死，集中体现了中国人民敢于压倒一切困难而不被任何困难所压倒的顽强意志"，"尊重科学，集中体现了中国人民求真务实、开拓创新的实践品格"，"命运与共，集中体现了中国人民和衷共济、爱好和平的道义担当"。总之，"伟大抗疫精神，同中华民族长期形成的特质禀赋和文化基因一脉相承，是爱国主义、集体主义、社会主义精神的传承和发展，是中国精神的生动诠释，丰富了民族精神和时代精神的内涵"。②

在伟大抗疫精神支撑和感召之下的这场波澜壮阔的抗疫斗争中，我们积累了重要经验，收获了深刻启示。这就是：其一，"抗疫斗争伟大实践再次证明，中国共产党所具有的无比坚强的领导力，是风雨来袭时中国人民最可靠的主心骨"。其二，"抗疫斗争伟大实践再次证明，中国人民所具有的不屈不挠的意志力，是战胜前进道路上一切艰难险阻的力量源泉"。其三，"抗疫斗争伟大实践再次证明，中国特色社会主义制度所具有的显著优势，是抵御风险挑战、提高国家治理效能的根本保证"。其四，"抗疫斗争伟大实践再次证明，新中国成立以来所积累的坚实国力，是从容应对惊涛骇浪的深厚底气"。其五，"抗疫斗争伟大实践再次证明，社会主义核心价值观、中华优秀传统文化所具有的强大精神动力，是凝聚人心、汇聚民力的强大力量"。其六，"抗疫斗争伟大实践再次证明，构建人类命运共同体所具有的广泛感召力，是应对人类共同挑战、建设更加

---

① 《李强总理出席记者会并回答中外记者提问》，中国政府网 http://www.gov.cn/xinwen/2023-03/13/content_5746555.htm#allContent，2023-03-13.

② 习近平：《在全国抗击新冠肺炎疫情表彰大会上的讲话》，载《人民日报》2020年9月9日，第02版。

繁荣美好世界的人间正道"。① 可以说，中国人民的这次抗疫斗争及其所形成的伟大抗疫精神，将永载史册。诚如美国库恩基金会主席罗伯特·劳伦斯·库恩在中国抗疫初期时所说的："习近平主席的重要讲话让整个中国社会都感受到了战胜疫情的决心，中国政府展现出的组织动员能力是全球卫生史上前所未见的，其他国家很难做到。未来，历史学家很可能会把中国抗击疫情的过程视为世界范围内遏制新疾病传播的典范。"②

（2）在青少年中加强社会主义核心价值观培育是一项重大战略任务

福山认为，中国完全接受西方价值观，走上奉行西方自由民主制模式的道路，其真正实现在于中国对西方价值观熟悉并崇信的年轻一代身上。福山的观点确实值得我们深思。中国若想要其后继者继续坚定地走中国特色社会主义道路，那么在青少年一代中加强社会主义核心价值观的培育、加强中华优秀传统文化的传承与弘扬，就成为一项时不我待的重大战略任务。笔者以为，当代包括留学国外的中青年学者（或者说中青年精英阶层）中的一些人，与老一代留学国外的前辈如陶行知、钱学森、邓稼先、郭永怀、杨叔子（杨叔子为国外访学）等相比较而言，其明显的差距或许并不在专业知识、专业造就方面，而主要在于缺乏一种中华优秀文化的自信与定力。当他们走出国门，放眼世界，与异域文化，尤其是科技、经济、军事发达国家的文化相遇的时候，往往易于倒向异域文化，完全接受并力图套用在中国的现实政治、经济、社会、教育等的环境中。因此，提升文化自信和培育价值观方面的定力，是迫切需要补上的一课。近年来，在党和政府的大力倡导和推动下，这方面确实取得了一些明显的成就，但要真正培养青年一代，使其形成能经受风吹雨打的文化定力，还需要下更大的功夫和气力。

实际上，美国等西方国家不仅非常重视在其青少年一代中进行价值观教育，而且极力向国外输出其价值观，这方面真可谓是不遗余力，费尽心思。例如，美国作为目前世界上的头号大国，丝毫不放松对青少年乃至全体国民的意识形态教育和价值观教育。学者李传柱指出："美国等西方国家十分重视自己的价值观教育。美国高校把美国的历史、政治、文化等列为大学生的必修课，美国的文化产品也渗透着美国的价值观。在美国，处处可见飘扬着的星条旗，时时能看到与美国历史有关的纪念馆、纪念碑、纪念人物雕像等，让人感到美国价值观的无处不在。各类博物馆、纪念馆不仅免票，而且政府根据参观人数的多少给予不同程度的支持，鼓励更多的人前去参观。这样，年复一年，久而久之，美国价值观和美

---

① 习近平：《在全国抗击新冠肺炎疫情表彰大会上的讲话》，载《人民日报》2020 年 9 月 9 日，第 02 版。

② 中国中央电视台第 1 套节目《新闻联播》2020 年 2 月 25 日报道。

国精神就深深刻印在美国人的头脑中，外化在他们的行为上。由此观之，我们不仅要大力培育和践行社会主义核心价值观，而且要使核心价值观的影响像空气一样无所不在、无时不有，达到'百姓日用而不知'的程度。"① 美国不仅在国内十分重视青少年的价值观教育，还积极地甚至强势地将自己的价值观输出国外。笔者注意到，美国在 2017 年以来发布的系列"中美富布赖特研究学者项目遴选通知"的申请必读中，均明确地表述："申请人应是在美国研究领域中具有副教授及以上职称的大学教师；项目将优先考虑那些在大学和研究机构专门从事美国研究方面的教学和研究人员，例如美国生活方式、美国机构、美国历史等。项目更欢迎来自建有美国研究中心和开设美国研究专业的中方院校的学者提出申请；从未获得富布赖特学者项目资助的或没有在美国长期学习或工作过的申请人将给予优先考虑；申请人的研究领域应为宽泛意义上的美国研究。富布赖特访问学者项目申请人必须是从事社会科学和人文科学的专业人员，这样他们才能够就美国研究领域的某一具体方面开展研究工作，比如美国历史、美国政府与政治、美国外交政策、美国文学、美国音乐、哲学、教育、公共管理、公共政策、社会工作、公共卫生、艺术史、社会学与文化、戏剧、城市规划、新闻、法律、环境研究、信息科学等；需要着重指出的是，申请人必须能够表明他们有在美国进行某项研究的必要性和可行性，同时能够阐明他们回国后如何能够将其所学运用到本国的课堂教学之中；申请人必须能够说明他们的研究怎样能够增进中美双方的相互理解。另外，需重点强调的是，并不是所有的社会科学和人文科学学科都适合得到富布赖特的资助，因为所研究的课题必须包含美国研究的成分。有些领域，比如美国文学和美国历史，几乎所有的研究课题从定义上都包含美国研究的成分；但是在另外一些领域，比如语言学、经济学、哲学和信息科学等，只有那些能够加深对美国了解的研究课题才符合富布赖特项目的资助。在这些领域里进行的与美国无关的一般性理论研究或具体的学科调查，评审委员会将不予太多支持。"② 可见，美国将其价值观极力在中国高层次人才中加以推行和传播的意向。美国一方面积极向中国输出其价值观，另一方面在实践中又关闭了两所孔子学院（2014 年 9 月 25 日，美国芝加哥大学宣布停止与孔子学院合作之后，宾夕法尼亚州立大学于 10 月 1 日宣布，于 2014 年年底终止与中国孔子学院已达 5 年的合作，不再续约，这是一个星期以来第二所与中国孔子学院停止合作的美国大

---

① 李传柱：《美国价值观并不是"普世价值观"》，载《红旗文稿》2016 年第 8 期，第 39 页。

② 详见国家留学网相关年份的通知，如《2021—2022 年中美富布赖特研究学者项目申请必读》，载《关于 2021—2022 年度中美富布赖特研究学者项目遴选通知》（附件 4），国家留学网 https://www.csc.edu.cn/chuguo/s/1829，2020-04-23.

学），这一输出一关闭，正有力说明了美国的意图。

因此，无论从哪个角度来说，都要求"我们不仅要大力培育和践行社会主义核心价值观，而且要使核心价值观的影响像空气一样无所不在、无时不有，达到'百姓日用而不知'的程度"。这是一项绝不可轻视的神圣的战略性任务。在中国特色社会主义建设和中华民族伟大复兴的征程中，青年可期，而如何对其加以培养，则是需要我们深刻思考的。

三、中华优秀传统文化传承与弘扬中几个问题的思辨

可以说，当前，一场在党和政府的倡导下复兴民族文化、弘扬民族精神、加强社会主义核心价值观的热潮，正在中国大地日益兴盛。这对于曾经面临着文化苍白甚至断流的我们来说，确实令人感到欣慰。严酷的事实迫使我们终于醒悟，终于将文化的传承与传扬、加强民族文化"软实力"的事业提上了日程。毕竟，那种由别的国家抢注我国的文化遗产而将其作为他们的世界非物质文化遗产的闹剧，着实不能再重演了。然而，正如民族文化的形成并不是一朝一夕的功夫，而是在经年累月的甚至几千年的风雨岁月中形成的一样，文化的传承与弘扬也应该是一种自然而然的事情。只有这样，文化才能触及到人们的内在心灵，才能真正融入国民的血脉之中。当前的这场文化复兴运动，一方面令人感到欣慰；但另一方面从现实状况来看，也存在着需要正视的一些问题。

（一）在文化的自我认同方面应有一种危机意识

文化的自我认同意识，即一个民族、一个国家，及其绝大多数民众，对自身文化的一种自觉、自信、热爱、满含情感的心理状态。这是一个民族和国家在其发展中须臾不可或缺的内在因素。文化是像血脉一样联系民族成员的纽带，是民族赖以生存和发展的根基。其中的优秀和精华部分更是民族共有的精神家园，是民族生生不息、繁荣发展的永恒动力。因此，在国际化和全球化的浪潮日益汹涌澎湃的今天，具有五千年悠悠历史的中华民族如何保存自己的文化、弘扬自己的文化、创新与发展自己的文化，并在世界面前展示和推广自己的文化，这是与民族休戚相关的问题。而现在的问题是，从整体上看，当前我国民众，尤其是年轻一代的文化自我认同意识有待进一步加强。五千年华夏厚重的文化，其精神层面的高尚追求还有待于在社会上进一步得以流传与张扬。有些人现在所做的，往往是形式上的措施如追宗拜祖的仪式或大典之类的活动等多于内在精神层面的陶

治。当然，我们并不否认这些活动和举措的凝聚力、向心力和对炎黄子孙的召唤力，形式上的活动也不失为是一种有益之举，这些活动会通过一种仪式感和庄严感对心灵产生触动，但笔者认为它对人们内在心灵的触动和精神的提升可能是有限的。另外，当今的各种国学培训班，以及国学经典的出版，在传承文化方面也确实起到了不小的作用，但毕竟力量和范围有限，且各种培训班中所讲授的内容也多多少少会存在着一些问题。实际上，欲彻底摒弃和消除自己的文化是根本不可能的。如前所述，在这一过程中摒弃和消除的恰恰是文化中的精华，而文化中的糟粕部分反而泛滥和张扬起来。历史的教训是不应忘记的。因此，我们今天大力提倡复兴民族文化，是十分正确、十分必要的决策与举措。但是，在这一过程中，事情并非那么简单，我们往往会遇到意想不到的困难和障碍，也会遇到程度不同的麻烦与尴尬，我们的面前任重而道远。

而且，要增强民众对文化的信服和认同感，竭尽努力营造和谐、安定、公平、公正的良好社会环境很重要。这样，才会更好、更有效地提升民众对文化的自信心，增强对社会的依存感和信赖感。生活背景对人的认知有着直接的影响。笔者曾读到《南方周末》刊登的一篇文章《杜维明 VS 袁伟时——究竟该怎样对待中国传统文化》，很有一番感触。两位教授都是中国文化功底相当深厚的学者，但他们看待传统文化的角度有所不同。现把他们对话的几段内容摘录如下：

杜维明："五四"知识精英对儒家的创造转化有极大贡献。但对一种源远流长的文明全盘否定，把一个民族的没落，全归结在儒家文化头上，有些粗鲁。不能平心静气地判断传统核心价值的优质部分，就像倒洗澡水把孩子一起倒掉一样残酷。当时的精英认为激烈批评传统文化，既能为学习西方创造条件，还认为西化了，就充分现代化了。今天，最普通的知识人也知道，这种极端心态必须超越。

袁伟时：新文化运动……对传统文化不是全盘否定，只批判、否定传统文化中的"三纲"（君为臣纲、父为子纲、夫为妇纲）……五常的道德规范应建立在自由、平等、民主、法治的基础上。否则，它只能为宗法专制服务。

杜维明：三纲五常是双轨形式，父子有亲，君臣有义，夫妇有别，长幼有叙，朋友有信……《白虎通义》里，君为臣纲，并不只是说君是重要的，大半都是臣对君的不合理、不合情的行为做批判；父为子纲，也多半是子对父的批判；夫为妇纲，多半是妇对夫的批判，有很多要进一步考虑。五伦、五常也是普适价值，西方的自由、平等、博爱、法治所代表的人文精神，和儒家的仁、义、礼、智、信所代表的人文精神，可以平等对话。儒学要对一些糟粕，特别是从三纲引发的不合现代精神的东西，创造性转化。

袁伟时：民国以来，很多知识分子想对三纲重新解释，有人把君为臣纲，解释为职业的忠贞精神，对上级的尊敬、尊重。非常勉强。现代社会的这种关系，人格、法律地位平等，与三纲格格不入……现在的危险，是对传统文化过度美化。每个古文明都有自己的贡献，17世纪后，汇合成为现代文明，它的代表者是西欧、北美。现代西方文明吸收了东方文明很多东西，包括……中华文明的精华。吸收了这些，它就缔造了一个文化高峰，就是"现代文化"……传统文化在历史上的贡献应该肯定，但不能否定它有天生弱点……这样，当东方社会转化为现代社会时，面临抉择：要不要接受现代文化？知识阶层的一些人还在制造各种借口，来抵抗现代文明……但是，现代文明是无法遮蔽的一面镜子。为什么两个不同体系的传统文明，一个自行转化为现代文明，一个却至今仍在蹒跚学步？

杜维明：确实不能把西化、现代化、全球化分裂，它们没有明显的疆界，不可能独立存在。现代文明是主流，但不是独一无二的。1948年，文化哲学家卡尔·雅斯贝尔斯提出影响世界的四个典范人物，有苏格拉底（包括柏拉图和亚里斯多德），释迦牟尼，耶稣基督与孔子……人们常以中国文化中糟粕的糟粕与西方文化中的精华相比……这样比较，对中华民族的自信有非常大的摧残。一个民族要发展，尤其在危难中自救，除了政治、经济、制度建构方面的改变，还需非常深刻的文化乃至文化心理的建设……一个民族自信心彻底丧失，它是无力的、无气的、无理的，一个失去自信的民族，要向西方学习真正有意义的东西，可能性太小了……我们曾以为要把传统彻底消除，才能进入现代文明。其实，传统文化是塑造现代文明的基石，是背景，是"零"，它加在任何数字后面，都是十倍百倍地增加……中国现在对西方现代性的理解，多半是过去五十年西方发展之前的现代性，要注意最近的发展。

袁伟时：但我想，各个民族的现代化，应该大同小异。基本方面大同，比如制度上不能不要市场经济，不能不要个人的自由、独立，民主、法治，但各个国家没有完全相同的具体形式。现在，盲目的民族自大还非常厉害。有些解释太过勉强。比如碰到环保问题，就说天人合一是最好的解决环境问题的哲学基础。但现在最好的环保对策是在东方还是西方？环保观念也来自西方……中国有民本思想，人人都承认。但它没有发展成比较系统的，有制度性的东西。杜先生讲，中国的宰相有相权，知识分子有批判精神，是接受了西方观念的人回过头去看，有夸大、美化。宰相只是棋子，皇帝要处理你，一句话就够了。

杜维明：现在西学的影响已经很大，传统文化的声音非常薄弱。语言就很明显。政治、经济、社会、哲学、宗教这些名词都是外来的……但如果一天到晚在传统文化中找现代因素，也危险，我也不赞成。西方文化、中国文化发展的过程，有很多值得比较……自由、民主、人权、法治这些观念都是现代不可或缺的，同时现代性面对 21 世纪的生态环保、精神的没落等问题，还要把很多的其他文明的价值带进来。在自由之外要带进什么呢？公正。在理性之外，要带进同情、慈悲。在法治之外还有礼让。个人尊严以外，还有社会和谐。就是说，现代西方所代表的基本核心价值，是扎根在西方的普适价值，但同样有一些可以是扎根在中国、在东方的普适价值。①

由上述对话笔者以为，哈佛大学的杜维明教授更多地看到了以美国为代表的西方文明的缺陷，因而更深刻地认识到东方文化，尤其是中国文化的当代价值和普适价值，以及树立文化自信心的必要性。而中山大学的袁伟时教授，则更多地看到了或者说是亲身体验到了"文革"及之后，中国传统文化的负面因素对人性和社会的不良影响，因此更多地表现出对民主、自由、独立、法制的殷切追求。实际上，两位教授的对话并无孰对孰错之分，他们的分析也都揭示出了文化中所蕴含的本质性内容，只是他们长期生活的环境所形成的亲身体验使他们在分析传统文化时有不同的侧重。由此我们可以确切地说，要提升国民对文化的自我认同意识，建立一个良好的社会环境，其意义是多么重大。在文化的传承方面我们已经付出了沉重的代价，可以说这代价时至今日还深深地影响着我们的社会，那么我们不能让这代价白白付出，要以最大的努力和真诚加以挽救，加以弥补。在这方面，我们不能有任何犹豫和彷徨，因为我们已经输不起了。当前的时代，是中华民族走向伟大复兴的大好时代，历史为每一位中华民族国民提供了充分发挥能量的机遇。我们应当抓住这大好的历史机遇，以优秀传统文化的极大弘扬和创新性发展为基础，推动民族事业一步步走向新的辉煌。

在文化的自我认同意识方面，俄罗斯人给笔者留下了深刻的印象。2003—2004 年，笔者获批国家留学基金资助赴俄罗斯国立赫尔岑师范大学（该校位于圣彼得堡市）做高级访问学者。其间，我感受到了俄罗斯人强烈的文化自我认同意识。圣彼得堡市的街头巷尾坐落着各种文化名人的雕像，包括政治家、思想家、作家、艺术家等的大大小小的雕像不下二三百座；许多楼房外的墙壁上都可见钉有介绍这座楼房传统或某位名人曾在此居住过的标牌；城市内有保护完好的宫殿、名人住宅、教堂，以及历史上一些大公的宅邸与花园等。漫步于圣彼得堡街头，不容你不置身于那种浓厚的文化氛围之中。除此之外，我不止一次碰到圣彼得堡人问

---

① 腾讯大讲堂供稿：《杜维明 VS 袁伟时——究竟怎样对待中国传统文化》，载《南方周末》2010 年 12 月 2 日，第 F31 版。

我对圣彼得堡的印象，说话间流露出对他们所居住的这座城市的自豪和热爱。还有，访学期间我经历了圣彼得堡1月27日的解除封锁日（二战期间，德国法西斯对这座城市封锁了近900天，有60万人被饿死，但这里的人民宁死不屈）和5月9日的卫国战争胜利日，那种浓郁的纪念气氛，至今仍令我难忘。从中我感受到俄罗斯人的一种精神，这精神就是一种民族精神，一种爱国精神。

一个民族、一个国家，只要有了内在的凝聚力、向心力和强烈的文化自我认同意识，是任何外力都不可能打垮的。

（二）文化的活力来自对文化的准确理解和批判性思维

强烈的文化自我认同意识是文化传承的根基，在此基础上，还应当以高度的责任感和辨别能力传承、传播、传扬民族文化中的精华和优秀部分，这同样是十分重要并须认真对待的。准确地讲，文化的自我认同就是对民族文化中的精华和优秀部分的认同；文化的解释力就是对民族文化中的精华和优秀部分所具价值的充分阐发，这就是一种批判性思维的能力。以中华文化而言，上下五千年，是非常系统而又非常复杂的体系。其中，精华与糟粕杂陈、优秀部分与腐朽部分兼具，如果我们不能将精华和优秀部分加以传承，而使其中糟粕和腐朽的东西泛滥与张扬起来，那么，就只能给民族带来灾难。同时，也就很难提起人们对文化的自信心。我们说，文化是民族生生不息发展的内在动力，是民族共有的精神家园，这主要是指民族文化的精华和优秀部分。只有这一部分文化，才具有超越时空的永恒魅力，才在当代继续放射出其熠熠的光彩。但是，准确分辨文化中的精华与糟粕，并最大限度地将其中的精华即优秀部分传承与传扬开来，这看似简单的事情却并不简单。这需要有高水平的专家学者来引导民众，需要政府部门的政策引领，也需要全社会共同合力的舆论导向。

在当前轰轰烈烈的文化教育和传播活动中，在热热闹闹的国学弘扬的热潮中，所传播的并非都是中华文化的精华，而其中往往夹杂着一些糟粕性的东西，因此才使一些人发出中华文化难以寻觅的慨叹，从而影响了文化自信心的树立。因此可以说，对文化的批判性思维是必不可少的，须下大气力进行培养。没有批判性思维，就找不到文化的真正精华之所在，从而也就无法使文化在当代鲜活起来，焕发出其生命力。而这种对文化的批判性思维，并非单纯的批判，它是一种理解、分析、辨别、取舍的能力，对应该批判的糟粕进行深入批判，并分析其产生的原因，而对应该坚持的精华则加以极力弘扬，并进行创造性转化和创新性发展。

　　笔者在本书中，分多个章节从精神层面、思维方式层面、政治和为官之道层面，以及教育和学术层面等加以分析和阐释，就是力图对中华传统文化中熠熠闪光的精华部分进行较深入的探索和挖掘，并对文化中的糟粕部分也进行较为深刻的剖析，从而最大限度地使民族文化的精华得以传承和传扬。

（三）在中外文化的交流与碰撞中修炼出一种文化的定力

　　一直以来，笔者都坚定地认为，具有中国特色的和谐社会的构建、中华优秀文化的传承与传扬，应当是在一种开阔的视野下，即在中外文化的比较与碰撞中进行。在人类历史的发展长河中，各民族都创造了独具特色的灿烂的文化，对世界作出了应有的贡献，所以在古今中西文化的碰撞中，方能发出闪亮的火花；进行中西方文化的深层比较与辨析，方能洞察中西方文化的利弊优缺，择其良善而继承之、借鉴之、吸纳融合之，察其莠弊而摒弃之。因此，在大力弘扬传统优秀文化的当代中国，若能以深邃的、厚重的历史感和宽泛的、开阔的视野将自身文化与西方文化加以比较与碰撞，不仅能明察中国文化的缺憾和弱点，同样更能彰显中国文化的优势和所长，增强国人的自信和自尊。同时，当今国际化的时代潮流也不容一国的文化独独游离于世界之外，文化的发展是一定要在时代的大背景下进行的。事实上，在现时代，西方强势文化的潮流已经不以人们意志为转移地汹涌澎湃滚滚而来，不论人们的主观意愿如何，它对我们社会生活的方方面面都产生了不可忽视的影响。因此，以国际化的视野研究和探索问题，不仅必要，而且必须。正如杜维明教授所言："西方文化、中国文化发展的过程，有很多值得比较。我认为，现在的时机已经成熟了，文明之间的对话，已经有了气氛与基础。"[①] 这种以比较的眼光进行研究确实有相当大的难度，需要有一种学贯中西的气度与底蕴。但这又是一种有效的研究路径，而且是不能绕过去的有效路径。

　　一方面，通过比较，我们会看到自身的不足与缺憾，从而在保存自身传统的精华、吸纳与借鉴域外优秀文化的基础上，创造与生成新的文化。同时另一方面，通过比较，我们也会更清楚地看到自身的优势和所长，从而自觉、主动地对本民族的优秀文化加以传承、传播和传扬；也会在比较的基础上，将中外文化的精华相交织、相融合，从而创造性地生成我们的新文化。这是进行文化碰撞与比较的最重要的意图。当代新儒家的代表余英时指出："中国人从'人与天地万物一体'的看法出发，在开发自然以求生存的时候强调的是'尽物之性'，顺物之

---

　　① 腾讯大讲堂供稿：《杜维明 VS 袁伟时——究竟怎样对待中国传统文化》，载《南方周末》2010 年 12 月 2 日，第 F31 版。

情，尽量地和天地万物协理共存而不是征服，因而面对'科技'不但征服了世界，而且征服了人、宰制了人，使人成为'科技'的'后备队'的西方世界来说，'人与天地万物一体'的态度诚然不是'现代的'，然而却可能具有超现代的新启示。"①

现在的问题在于，以国际化的视野在中外文化，尤其是中西文化的比较与碰撞中对问题进行探讨时，一些人往往迷失自我，缺乏一种知己知彼、中外观照的文化定力。他们往往把西方文化作为评判一切、解释一切的唯一标准，这就不能不有失偏颇和公允了。在他们那里，对本国国情的理解只是在注释他国的理论和话语，对本国策略的思考也只是照搬西方的既有现成措施。本土文化成了诠释西方思想、理论和话语合理性、普世性的资料。总之，西方文化在他们眼里就是一种普世的真理，而本国文化则是不屑一顾的。这种做法，并不能使西方一些先进的理念和思想真正被我们所借鉴和采用，而只能流于华丽的辞藻和新鲜的概念而已。因为它并没有被落实的深厚土壤，并没有与我们本国的文化发生碰撞与交流。同时，这种做法也没有深刻理解西方文化产生的背景和土壤，没有深刻理解西方文化的真正内涵，所搬用过来的往往不过是一些断章取义的名词和概念而已。即令是西方人，对这种盲目照搬西方的东西亦是不以为然。学者李朝全指出："少数中国人对于西方采取奴颜婢膝、崇洋媚外或全盘西化的态度，固然会博得西人之好奇或好感，终究却还是要被西人所看低看贱，认为中国人缺乏个性，适于被人奴役，要由西方人引导才能被带入世界文明主流之中。"②

当然，也有一些人由于不同的原因：或者是文化的守成主义者，或者是为了维护自己的既得利益，也或者是为了对抗日益蔓延的西方强势文化，不论出于何种目的，往往过分地美化了传统文化，甚至走向抵制西方文明的极端。如前引袁伟时教授所说，"现在，盲目的民族自大还非常厉害。有些解释太过勉强"，"传统文化在历史上的贡献应该肯定，但不能否认它有天生弱点。例如，虽有一些抗议精神，但制度上没有形成权力制约；没有形成法制精神，对经济自由也是压制的"。因此，狭隘地囿于民族文化的框架之中，抱残守缺，走向另一个极端的表现，同盲目崇拜西方文化，一切以西方文化为标准来套解中国国情的极端，其性质是一样的，都显示出缺乏文化的定力。不过，笔者以为，盲目美化、夸大传统文化的极端，就目前的状况来看，远不及对西方文化的崇拜和追随更严重。

---

① 辛华、任菁：《内在超越之路——余英时新儒学论著辑要》，中国广播电视出版社 1992 年版，第 17 页。
② 李朝全：《西方妖魔化中国的历史》，央视网 http://news.cctv.com/china/20080505/106278_1.shtml.

因此，在中外文化，尤其是中西方文化的交流中，修炼出一种文化的定力是十分必要的。这定力来自对中西文化的深刻理解和学贯中西的文化辨析力，来自对文化的高度的责任感。而这种文化定力的修炼，绝非一朝一夕一蹴而就的，它是一种长期辛劳和自甘吃苦的过程，是思维的不断升华的过程。有责任感的学者，面对困难应知难而上，不断地进取和修炼，追求学术的卓越和一种更高的精神境界。

英国著名比较教育学家迈考尔·萨德勒曾说："我们不能随意地漫步在世界教育制度之林，就像小孩逛花园一样从一堆灌木丛中摘一朵花，再从另一堆中采一些叶子，然后指望将这些采集的东西移植到家里的土壤中便会拥有一个有生命的植物。"[①]美国著名哲学家和教育家杜威在"五四"时期来中国演讲时也曾向中国学者指出："一国的教育绝不可胡乱模仿别国。为什么呢？因为一切模仿都只能学到别国的表面种种形式编制，决不能得到内部的特殊精神。况且现在各国都在逐渐改良教育，等到你们完全模仿成功时，他们早已暗中把旧制度逐渐变换过了，你们还是落后赶不上。所以，我希望中国的教育家一方面实地研究本国本地的社会需要，一方面用西洋的教育学说作为一种参考材料，如此做去，方可以造成一种中国现代的新教育。"[②]这话应当对我们有所启发。中外文化的交流绝不是将别国文化在中国的杂乱堆砌，而是经过我们的辨别、分析、消化，使其有机地融化于我们的本土文化之中。

时代已经把文化问题推向了各国发展的前台，这是一个关乎到民族生死存亡的绝对绕不开的问题。如何对待这一问题，各国、各民族都在经受考验。具有悠悠五千年文化的中华民族，面对着不可回避的日益强大的国际化浪潮，面对着西方强势文化的扑面而来和日益渗透，如何智慧地、高水平地加以应对，这是需要我们深沉思考的。

四、知识分子在中华优秀传统文化传承与弘扬中的使命与担当

在中国传统的士、农、工、商四类民众中，"士"是唯一以精神认知、道德规范的探索为主业者。（当然，这里的"士"也应包括通过科举考试而获得官位

---

① ［英］迈考尔·萨德勒：《我国从对外国教育制度的研究中究竟能学到多少有实际价值的东西》，赵中健、顾建民编：《比较教育的理论与方法——国外比较教育文选》，人民教育出版社 1994 年版，第 115 页。

② ［美］杜威著，赵祥麟、王承绪编译：《杜威教育论著选》，华东师范大学出版社 1981 年版，第 433 页。

的士大夫。因为在中国古代，"士"和"士大夫"的人格品质具有趋同性，二者皆由自身所具备的传统文化内涵和从"士"到"士大夫"的政治路径密切联系起来。）因此可以说，中国知识分子与中华传统文化有一种天然的联系：在中华传统文化精神浸育下形成了中国知识分子独具特色的精神本性和人格特质，而知识分子又成为民族文化精神不可替代的主要塑造者与传承者，在与其他各阶层民众一起共同推动民族文化发展的历程中，起着引领者、主导者、启智者的重要作用。

（一）传统文化精神浸育下的中国知识分子特质辨析

实际上，前文对中华优秀传统文化在"成人"中的意蕴的剖析中，已经清晰地投射出中国传统士人（含"士"与"士大夫"）的诸多品质与特质。此处为凸显知识分子在中华优秀传统文化传承与弘扬中的使命与担当，对这些品质作一简要的概括性总结。

1. "尊道而贵德"是共同的根基性特质

"路漫漫其修远兮，吾将上下而求索"，道出了中国知识分子自古就有的求知探索精神。在求知探索中，逐渐形成了独特的对"道"（真理）的认识。虽然他们对"道"的认知存在着不少差异，但都以对真理的探求和维护，以及对道德的规范、教化、匡正为己任。"大学之道，在明明德，在亲民，在止于至善"[1]，道出了中国"士人"乃至历代知识分子本真的追求。笔者在另文中曾写道："知识分子在追求真理、探寻科学的过程中可以产生一种自觉的献身精神，这种精神可以使他们超越其自身，甘愿抛弃优厚的待遇和舒适优雅的生活条件，以及家庭的显赫地位，而走上一条充满荆棘乃至生命危险的道路。这在中国革命史上是不乏其人的。"[2] 因此可以说，在大多数中国传统知识分子身上，对理性、理想和真理的执着追求，往往超过了对名与利的功利性追求。

2. 自强不息的奋发精神和严于律己的自责品格是显著的特质

前已述及，中国传统精神文化是以荟萃先民智慧的《易经》为源头，以交融互补的儒、道两家文化为主干，兼取墨、法以及佛教等诸家思想融汇于一炉的多成分、多层次的有机复合体。"天行健，君子以自强不息"曾激励了一代又一代

---

① 《大学·第一章》，王国轩、张燕婴、兰旭、万丽华译：《四书》，中华书局 2007 年版，第 106 页。

② 李申申：《中国知识分子群体特质辨析》，杨孔炽主编：《百年跨越——教育史学科的中国历程》，鹭江出版社 2005 年版，第 449 页。

知识分子去进取、去奋斗。难能可贵的是，这种生生不息的奋斗精神是一种自觉、自为的精神，而非外力所强求，所谓"马不扬鞭自奋蹄"正是这种精神的写照。这是一种典型的"君子人格"。

与此相关联，注重于向内下功夫，注重于"修身"和自我完善的严于律己的自责品格，也成为中国知识分子的优良传统，体现出一种自律自省的主体意识。孔子的"见贤思齐焉，见不贤而内自省也"，曾参的"吾日三省吾身"，孟子的"爱人不亲，反其仁；治人不治，反其智；礼人不答，反其敬——行有不得者皆反求诸己"等，都是"内省""克己"方法的体现（前文已作更详细阐释）。它使知识分子在这种内功的陶冶中形成纯净、高洁的人格和智慧的思维方法，与此同时也进一步强化了社会中和谐、友善的人际关系。

3. 忧国忧民的情操、强烈的使命感和责任感是撼人心魄的特质

民族所面临的兴衰危亡，始终是中华民族无可回避的重大问题，近代以来，尤其如此。知识分子由于掌握了知识，不断追求真理，觉悟较早，更成为挽救民族危亡的先锋队，开启民智的先行者。此方面，中国传统知识分子催人泪下、撼人心魄的事例不胜枚举。我们从谭嗣同的"各国变法，无不从流血而成，今中国未闻有因变法而流血者，此国之所以不昌也。有之，请自嗣同始"的话语中，即可见此一斑。儒家的内圣外王、经世致用之道，以及修身、齐家、治国、平天下的人生规划，支配着众多知识分子的思想言行，塑造了知识分子积极承担社会责任和历史使命的特质。孟子的"穷则独善其身，达则兼善天下"，宋初张载的"为天地立志，为生民立道，为去圣继绝学，为万世开太平"等，都是知识分子责任感和使命感的典型表达。建基于责任感之上的自强不息精神，已经深深地熔铸在中华民族的生命力、创造力和凝聚力之中，成为中华文明得以绵延千载、生生不息的精神动力。而建基于责任感之上的爱国奉献精神，更使中华民族在重重磨难中屡次劫后重生，依然昂首挺立。总之，华夏之土、之根，使中国知识分子与民族有一种天然的联系，这种联系又使知识分子的民族之情不含任何杂质，其纯粹、透明的程度，具有震撼心魄的魅力。

然而，中国知识分子自身也存在着弱点和缺憾。例如，其一，缺乏整体上的聚合力。长期以来，"文人相轻"的痼疾与知识分子劳动的个体性、竞争性、自我独创性的特点以及宗法制和"官本位"的影响交织在一起，使中国的知识分子缺乏整体上的聚合力。其二，近些年来，由于种种因素的影响，在知识分子中君子人格的缺失、责任感和使命感的弱化、利己主义与个人主义的滋长、学术

腐败现象的屡禁不止，都是令人担忧、须引起重视的问题。

（二）知识分子在中华优秀传统文化传承中的使命与担当

1. 优秀文化的传承是当代知识分子不可推卸的重大使命

中华民族悠悠五千年，走过风风雨雨，历经世事沧桑，命运多舛，危难频繁。但是，中华民族在任何艰难困苦的情况下都没有屈服，今天以新的姿态屹立在世界的东方，挺拔于世界民族之林，文化在其中起着至关重要的作用。中华优秀传统文化是“中华民族生生不息、团结奋进的不竭动力”，是中华民族共有的精神家园，也是中华民族进行文化认同的基质。在全球化、信息化时代，中华优秀传统文化的精华仍放射出熠熠的光辉，对民族、对国家、对世界将会作出新的贡献。事实也证明了这一点。然而从另一方面看，如前所述，中华五千年沉积下来的文化，是一个相当完整的体系，这一体系是复杂的、多方面的，其中也包含着糟粕的、负面的、消极的部分。这些，也使我们的民族背负了数千年的沉重载荷，它是我们在迈向民主化、法治化、科学化道路上的一种无形障碍，是须全力克服、摒弃的东西。也如前述，由于历史的原因，我们曾经在某个特殊的历史阶段，无暇、也无力甚至无意识对自身文化进行客观的、实事求是的梳理与评价，如此做的结果，造成文化在整整一代人身上的断层。而且，此种影响还不止一代人，它影响到数代人，直至当代。这样简单化地、幼稚化地欲彻底批判、丢弃自身文化的结果，则使我们所批判、所丢弃的往往恰恰是文化中优秀的、精华的部分，而文化中负面的、消极的东西不仅没有丢弃掉，反而在简单化、幼稚化的批判过程中泛滥和张扬起来。一种文化，摧毁起来十分简单，但要重新恢复，并继续加以建设与创造性地改造，那就要付出十倍、二十倍，甚至更多的精力，且效果并不一定十分理想。因此如前所说，当我们今天着力复兴、弘扬传统优秀文化的时候，事情并非那样简单。我们的工作往往是十分艰辛的，甚至还会面临着尴尬和麻烦。

但是，优秀传统文化的复兴、弘扬又是一件必须做的、不可或缺的工作。知识分子作为文化人，作为被称为“社会的良心”的人，在这一工作中承担着重要角色。面对西方强势文化的滚滚潮流，我们需要的是一种文化的定力，需要认真思考这样一些问题：应该以什么样的思维来理解并借鉴西方文化？我们悠悠几千年的文化应该发挥什么样的作用？我们曾经卓有成效地规范了国人的言行举止的主流价值观、曾经振奋了一代代人民心灵的民族精神该如何呼唤？在此情况下，就需要有更高精神境界的学者引领民众对自身文化进行去粗取精、去伪存真、由表及里、由浅入深地解剖和批判性地分析，来提升民众的基本素养，使传统文化中优秀的、精华的部分扎根于民众的心田。只有当全体国民的素养得到了显著提升，传统优秀文化真正受到社会的重视并得以发扬光大，而且与"当代社会相适应，与现代文明相协调的时候"，一个和谐、进步的，使其成员自由发展并能充分展示其才华的社会才有可能构建起来。这是当代真正知识分子所面临的重大课题，所应担负的继往开来、传承创新的光荣使命，也是不可推卸的社会责任。

2. 当前文化传承中存在的问题、缺憾及其着力克服

然而，不无遗憾的是，在现实的文化宣讲和传承中，我们的一些学者自身并没有对文化加以认真、严肃的解剖和批判性的分析，他们在向民众津津乐道地讲述传统文化的过程中，很可能就无意地渲染了最应该克服和摒弃的传统文化中的阴暗面。这种消极因素在民众中所造成的负面影响，民众可能并不察觉，但这一影响是无形的，并且是实实在在的。这种津津乐道于文化的浅层表述，正如人们所批评的："当今文化热，热的只是故事和厚黑。"例如，在一些学者的各类讲学或讲座中，在一些传统题材的影视剧中，往往是仰视而不能以广角平视帝王将相，以致无意中产生了某些不良影响。在这些讲座或影视剧中，人们常听到或看到以帝王将相为中心的各种政治权位争夺、宫廷阴谋残杀和奴性应世之道。虽然主讲人或影视剧的本意并非宣扬传统文化中负面的东西，但由于仅限于表层的描述，无形之中使讲述或剧情中的内容缺乏有实效的分析和批判，从而在某种程度上彰显了中国传统文化中的阴暗面和劣根性。有责任感的学者，应通过历史着重展示人心、人性中的光明面及光明与邪恶的斗争，展示客观的社会规律，给人以生存智慧的启迪，使优秀的民族文化得以弘扬，而不是无意中让传统文化中的糟粕、民族的劣根性在现代社会继续流传。可以说，正是精神层面的文化，更具有超越时空的价值与意义，也更能体现出中国传统文化俯仰于天地之间，"原天地之美而达万物之理"的精髓和豪迈气度，以及强烈的社会责任感和"厚德载物"的人生境界。由此，这就需要有更高精神境界的学者来启迪民众，引导民众在追求民主、法制、自由和科学的过程中，保持并光大民族的优秀文化。

在当今这个一方面科学技术日新月异、经济飞速发展，另一方面又同步出现道德的失落、信仰的迷失、物欲的膨胀、拜金主义和极端利己主义泛滥与张扬的时代，作为有所作为的中国的真正知识分子，首先要能摆脱过分功利主义的纠缠，树立起强烈的历史使命感和社会责任感，把中华优秀文化的传承、弘扬和传播作为自己生命旅程中的重要组成部分，作为一种天然的义务，从态度上把它提升至民族存亡、国家兴衰的高度进行认知、反思和审视。中国历史上知识分子的

那种撼人心魄的使命感和责任感，应被当代知识分子所继承和发扬。在此基础上，进行自我真诚修炼，提升自身的思维水平，在古今中外的文化碰撞、交汇中正视传统与现代、中学与西学，切实地、卓有成效地担当起文化传承的使命，从而以优秀的文化匡正现代社会发展的弊病，促进中华民族与世界文化精神的共同进步与发展。

第七章
中华优秀传统文化在高校
传承与弘扬之思考

中华优秀传统文化在"成人"中发挥出的巨大作用，应当是从"人之初"就开始。笔者以为，在儿童幼小的心灵中打下优秀文化的深厚根基至关重要，这将无形中促使他日后能较为坚定地保持一种文化的自信和定力。首先，在记忆力发展的黄金时代——儿童时代，不要吝啬或害怕让儿童背诵、记诵能奠定其人格、日后对其做人做事方面极为有用的中华优秀传统文化的内容。笔者相信中国的一句古语："书读百遍，其义自见。"道理会在他阅读或实践的过程中被逐渐理解。其次，就是让儿童去做，及早实践，使"黎明即起，洒扫庭除"等一类的从小事做起的实践成为融入他身心的不假思索的习惯和习性，从而使良好品质成为他的天性，真正融入其血脉之中。由此，我们方能进一步谈中华优秀传统文化的传承与弘扬。这就是一种春风化雨、润物无声的过程。泉水在其源头之处最易导向适合的方向，大树在其幼苗之时最易修剪成所需的材质，人的成长也是这一道理。

不过，限于本书研究的侧重点——本书是国家社科基金教育学重大招标项目"高校培育和践行社会主义核心价值观长效机制研究"的最终成果之一，因此本章思考和探讨的中华优秀传统文化的传承与弘扬，主要侧重于我国高等教育领域之内。

一、高校文化育人重在"化"的功夫

（一）文化的力量是融入血脉、沁人肺腑的力量

《关于实施中华优秀传统文化传承发展工程的意见》指出，"文化是民族的血脉，是人民的精神家园。文化自信是更基本、更深层、更持久的力量。中华文化独一无二的理念、智慧、气度、神韵，增添了中国人民和中华民族内心深处的自信和自豪"，"在5000多年文明发展中孕育的中华优秀传统文化，积淀着中华民族最深沉的精神追求，代表着中华民族独特的精神标识，是中华民族生生不息、发展壮大的丰厚滋养，是中国特色社会主义植根的文化沃土，是当代中国发展的突出优势，对延续和发展中华文明、促进人类文明进步，发挥着重要作用"。[①] 这一切，都应当在高校立德树人的过程中，使青年人发自内心地加以理解和认同。因为，青年人，尤其是高校有知识并具有理性思维的青年人，是创造性转化、创新性发展中华优秀传统文化的生力军。毕竟，中国作为一个负责任的大国，不是光靠卖产品给世界就可以的，它还必须以自己的原创性思想贡献于这

---

① 中共中央办公厅 国务院办公厅印发《关于实施中华优秀传统文化传承发展工程的意见》，中国政府网 http://www.gov.cn/zhengce/2017-01/25/content_5163472.htm，2017-01-25.

个世界。诚如习近平总书记所说，"我们不仅要让世界知道'舌尖上的中国'，还要让世界知道'学术中的中国'、'理论中的中国'、'哲学社会科学中的中国'，让世界知道'发展中的中国'、'开放中的中国'、'为人类文明作贡献的中国'"①。

而中华优秀传统文化，尤其是"理念、智慧、气度、神韵"等精神层面的文化，其力量不仅仅在于表层，更在于其"化"的深层意蕴。这种力量是融入血脉、沁人肺腑的无形力量。中国有句老话，叫作"以文化成"——"观乎人文，以化成天下"②，指的就是此意。因此，才有了前已提到的国学大师南怀瑾先生对民族文化极端重要性的强调，也有了习近平总书记在全国哲学社会科学工作座谈会讲话中对民族文化的深刻论述。

文化的力量之于高校学生和教师而言，更具有一种独特的、不可替代的作用。因为其一，高校是集聚了具有相当理解能力和知识基础的从事人文社会科学、自然科学的学习或研究的文化人和学者，对文化的涉猎和求取有着较厚实的知识底蕴、较宽泛的兴趣和较强的判断与领悟能力，一旦优秀文化渗透于心，在做人和做事上都会具有更高的自觉性和自律性，其中的动力来自于内而非外力所强求。其二，高校学生与中小学生相比，具有更强的理性思维和价值判断，他们更易于接受经过思考理解的东西和渗透进内心的东西，而较为反感简单、硬性的说教和形式化的照本宣科。当然，与此同时也不可否认，在高校充分弘扬优秀文化的力量，扎实推进社会主义核心价值观教育的过程中，也存在着其他组织和个体不曾面对的特殊困难。这种特殊困难，是由当代大学生的年龄特点、所处的时代特征及其思维特点等因素所决定的。譬如，虽然与中小学生相比，大学生有了更强的理性思考能力，但他们的思维水平尚处于正在走向成熟而并不完全成熟的阶段，对问题的认知尚缺乏深刻性，往往容易形成一些偏激的看法。又如，大学生正处于价值观形成的关键时期，而当代社会文化及价值观的发展日益呈现出多元化的趋势，这些对当代大学生自然会产生多重影响，这就要求我们进行高水平的、有效的引导。高校教师承担着教书育人的神圣使命，应该成为大学生价值观形成的领路人。而高校教师本身也处于当代功利化倾向愈益浓烈的社会氛围之中，能否抵御得住功利化的诱惑，这对高校教师来说也是一种极大的考验。而且，高校教师享有较高的学术思考的自由度和灵活度，如何把教师的这种独立学术追求和价值判断，在教学、科研和社会服务中与优秀文化的传承与弘扬、与社

---

① 习近平：《在哲学社会科学工作座谈会上的讲话》，载《人民日报》2016年5月19日，第2版。
② 《易·上经·贲卦》，黄寿祺、张善文撰：《周易译注》，上海古籍出版社2004年版，第174页。

会主义核心价值观的培育有机地结合起来，使其从心理上形成内在的认同，也是需要认真地研究和思考的问题。

由此可知，文化之于高校的师生作为一种内在的影响力量、渗透力量、凝聚力量，可以说有一种"大音希声，大象无形"的意味，它的力量是强大、无与伦比的，但又是自然而然形成的。因此，文化陶冶如何"化"入学生的内心，这需要高校全方位的思考，需要各种方法和教育形式协同创新，共同发挥作用。

（二）无意识的文化认同是有意识陶冶和滋养的结果

所谓无意识的文化认同，即是指一种不假思索的、已经融入其血脉中的对文化认同的思维惯性和自觉践行的生活品性。这种思维惯性和生活品性，对于主体来说，完全是一种自然而然的习性，如前所述，这是一种内生的力量，一种身心与文化融为一体的力量，一种自觉精神与不自觉惯性合而为一的力量。

但是，这种无意识的文化认同不是凭空出现的，也不是与生俱来的。文化，尤其是通过中华优秀传统文化体现出来的精神文化，是人们在长期的生产劳动、社会交往、精神活动过程中产生的、创造性地生成的。因此，它需要传承，需要发扬光大。而这，是需要有意识地陶冶和滋养的。通过这种有意识的陶冶和滋养，才能最终形成无意识的文化认同。而且，就我国所面临的现实情况来看，也急需在广大青少年中，包括高校的青年学子中普及、传承、弘扬中华优秀传统文化，从而更加有效地培育社会主义核心价值观。如前所述，我国曾经经历过对自己的传统文化丧失了应有尊重的历史阶段。这种状况对青少年产生了相当大的负面影响。这是不能忽视、也不应该忽视的现实。就笔者当前所接触到的高校青年学生（包括本科生、硕士研究生，乃至博士研究生）来看，我深切的感触是，他们中的不少人对中西方文化的理解往往限于浅表层面，在此基础上又较为盲目地倾向于西方，并理想化地希图以西方的思维和理论观点解决中国的问题。不可否认，符合时代精神的西方文化也是应加以吸纳和借鉴的，但是要有一种批判性的思维来吸纳和借鉴。由此看来，文化复兴是一个长期的、艰巨的任务，我们在传承和弘扬优秀传统文化的过程中会面临着诸多问题和困难，因此在中华优秀传统文化的传承与弘扬中就需要下更大的气力和付出更多的努力。

当然，有意识的文化熏陶和滋养不是生硬的、僵化的，而是在润物细无声的、春风化雨的过程中完成的。对于高校学生来说，更是如此，生硬的说教难于使他们对传授的内容信服和内化。高校文化陶冶和滋养的形式可以是多种多样的：在教师娓娓道来的讲课中（包括专业课、通识教育课、思想政治教育课等各类课程），在校园显性和隐性文化的熏染中，在各种有益活动的参与中，在对各种优秀书籍的阅读中，在充分利用互联网、多媒体等手段与路径中，使中华优秀传统文化、使社会主义核心价值观自然地融入学生的思想深处、血脉之中，从而形成无意识的文化认同。

这里，笔者作为有着几十年高校教龄的教师，想说的一点是，这种对学生的润物细无声、春风化雨的"化"的过程，要通过一种适度的教育手段和方式方法予以达成。这就是，对于正在成长中或者说正在"成人"中的青年人来说，一方面要竭尽全力、通过各种途径使文化的精华融入他的内心中、血脉中去，以深刻的伦理启发人，以雄辩的事实说服人；另一方面也要督促青年人养成自觉自律的好习惯，善于以较强的自控能力控制自己不成熟的偏激的情绪，以及意识到自己对问题的简单化甚至幼稚化的思维并加以自我提升。这也就是说，一方面我们既不能压抑学生，压抑学生就很可能摧毁了他们的创造性、积极性和朝气蓬勃的活力，从而也就不可能使他们真正理解中华优秀传统文化的精髓；另一方面我们也不能放纵和娇惯学生，放纵和娇惯学生就会摧毁青年人在社会中做人的基本底线，这就更无从说起他们对中华优秀传统文化的理解与把握了。由此，中国传统文化中主张行为适度的"中庸之道"——儒家做人的极高境界，应当成为我们信奉并恪守的极高明的教育教学方法。笔者近年来就不断表达并宣扬"寻找契合点"的观点，这既是对自身几十年来教育教学实践经验的总结，也是对"中庸之道"这一做人乃至教育教学方法的深刻理解。国外一些著名教育家对此也有精到的论述。例如，极力提倡"儿童中心论"的杜威，其实是看问题非常辩证的一位教育家。他明确指出，"我相信，兴趣显示着最初出现的能力。因此，经常而细心地观察儿童的兴趣，对于教育者是最重要的"，但"这些兴趣不应予以放任，也不应予以压制。压抑兴趣等于以成年人代替儿童，这就减弱了心智的好奇性和灵敏性，压抑了创造性，并使兴趣僵化。放任兴趣等于以暂时的东西代替永久的东西……它的必然结果是以任性和好奇代替了真正的兴趣"。[①]他批评那种两极对立的做法："有那么一些人，在这两者之间，或者从外面强迫儿童，或者让他完全自流，看不到有第三种的可能。因为看不到第三种的可能，有些选择这种形式，有些选择另一种形式。两者都陷于同样的根本性的错误。"[②]17世纪英国教育家洛克也指出："倘若谁能寻觅到一种方法，既使得儿童的精神保持舒畅、活泼、自由，又使他能抑制自己对于诸多事物的欲望，而去接近那些对他来说并非

---

① 赵祥麟、王承绪编：《杜威教育论著选》，华东师范大学出版社1981年版，第10页。
② 赵祥麟、王承绪编：《杜威教育论著选》，华东师范大学出版社1981年版，第85页。

安易的事物，那么，我要说，依据本人的意见，此君便能调和这些表面的矛盾，并懂得了教育的真正秘诀。"①两位教育家的论述虽偏重基础教育，但所论的道理对于高校的学生而言，也是适用的。可以说，"教育改革，毋宁说是在探寻看似矛盾、对立事物双方的最佳契合点中前进，而且这种探寻注定要永远进行下去。因为，教育事业既是伟大的，又是艰巨的；既能获得耀人的成就，也会出现令人痛心的失误。任何时候都不应忘记，教育面对的是活生生的、有血有肉、有情感、有意志、在社会中活动着的特殊存在物——人"②。

二、以"内化"为根，在"外铄"与"内化"之间寻找契合点

毫无疑问，如前所述，对于高校青年学生而言，优秀文化的传承应该重在"化"的功夫，使文化的精髓融入于血脉、沁入于肺腑之中。否则的话，其传承与弘扬的效果就会大打折扣。然而，强调"内化"，强调"以文化人"，并不否认一些卓有成效的"外铄"的各种活动形式，正是通过种种"外铄"的形式，使教育内容"内化"于学生身心。

下面的论述将要用到我们课题组的调研数据和访谈资料，在此将调研情况予以说明。我们课题组于 2015 年 12 月获批了国家社科基金教育学重大招标项目"高校培育和践行社会主义核心价值观长效机制研究"（VEA150005），我们的宗旨是将深刻的理论研究与广泛的实证调研密切结合，以期推出高质量的研究成果。在实证调研方面，我们主要采用问卷调查法和实地访谈法，由此获得第一手的调研资料。同时，借助相关的理论研究成果和实证研究的技术方法，对获得的调研资料进行统计与分析，力图较系统、翔实，并具有一定特色地反映高校培育和践行社会主义核心价值观以及进行思想政治教育的基本情况。在前期具有一定研究积累的基础上，课题组举行了多次研讨会，并在积极磋商和达成共识的同时，于 2016 年 3 月至 2017 年 8 月，共历时一年半，编制了面向高校学生和相关教师群体的系列调查问卷（在此期间，我们还对其中一份问卷《大学生社会主义核心价值观认同感量表》先进行了试测版的试测调研过程）。系列调查问卷（正式版）共分为两大类、六套问卷。两大类问卷分别是高校培育和践行社会主义核心价值

---

① ［英］约翰·洛克著，杨汉麟译：《教育漫话》，人民教育出版社 2006 年版，第 39 页。
② 李申申：《寻找契合点：新课改不可忽视的思维方式》，载《教育研究与实验》2010 年第 4 期，第 51 页。

观专题调查问卷和高校思想政治教育工作专题调查问卷。其中，高校培育和践行社会主义核心价值观专题调查问卷共包括五套分问卷，分别是《大学生社会主义核心价值观认同感量表》《高校培育和践行社会主义核心价值观调查问卷（学生版）》《大学生中华优秀传统文化测验问卷》《高校培育和践行社会主义核心价值观调查问卷（专业教师版）》《高校培育和践行社会主义核心价值观调查问卷（思政人员版）》；高校思想政治教育工作专题调查问卷为一套问卷，即《高校思想政治教育调查问卷》，该问卷主要面向河南省内的大学生群体进行调研。从2017年8月正式开始，课题组全面展开调查问卷的发放工作，至2018年3月，问卷发放全部结束，共计发放以上六套问卷23 317份。其中：回收问卷21 252份，回收率为91.14%；在回收的问卷中，有效统计问卷19 216份，有效率为90.42%。问卷调研涉及全国65所高校（其中河南省26所），涵盖文、史、哲、经、管、法、教育、理工、农林、医、军事、体育、艺术等几乎全部学科门类各种专业的学生，以及有关专业的专业课任课教师和思想政治教育工作管理队伍。调研的65所高校中，从学校性质上看，含综合性大学14所、师范类大学21所、理工科类大学11所、财经类大学5所、农林类大学2所、邮电类大学1所、政法类大学1所、石油类大学1所、职业技术类院校9所；从问卷发放的地域来看，基本上涵盖了华北、东北、西北、西南、华中、华东、华南等区域的高校。此外，为更好地获得第一手资料，我们选择了河南省5所高校的共计16位教师作为访谈对象，包括思政课教师和专业课任课教师，而以思政课教师和思政工作人员居多。访谈中，我们拟定了两道较宏观、开放的题目，请老师们进行畅谈。一道题是：您在思政课教学、专业课教学及思想政治教育工作中，感到思想政治教育工作目前存在的主要问题有哪些？另一道题是：您对思政课教学及思想政治教育工作的改进有哪些意见和建议？访谈中，我们就培育和践行社会主义核心价值观的问题也进行了一定的提问和探讨。在上述实证调研的基础上，课题组对实证调研数据和访谈资料进行了准确统计与科学分析，较全面地掌握了高校培育和践行社会主义核心价值观及思想政治教育工作的相关情况。

笔者之所以对课题组的以上实证调研情况进行较清晰的叙述和交代，主要在于本书在以下分析和阐释如何在高校有效地进行中华优秀传统文化的传承与弘扬的过程中，要采用到不少我们实证调研中的数据和访谈资料，以此来加强对问题的说服力。这里应强调的一点是，我们的问卷调研和访谈主要是侧重于思想政治教育和社会主义核心价值观的培育与践行的内容（当然，其中有一套问卷是直接面向高校学生进行的中华优秀传统文化知识测验问卷），但是毫无疑问，中华优秀传统文化的传承与弘扬是思想政治教育和社会主义核心价值观的培育与践行的极其重要的、不可或缺的组成部分，因此调研问卷的数据和资料，是可以被运用到阐释中华优秀传统文化的传承与弘扬这一问题中去的。

（一）以课堂为主渠道，使课堂具有生命的灵动

文化的陶冶和滋养及其深入人心，首先在教师娓娓道来的讲课（包括专业课、通识教育课、思想政治教育课等各类课程）中进行。课堂教学作为对学生进行自然的文化陶冶和滋养的主渠道和主要形式，应当将社会主义核心价值观、中华优秀传统文化渗透进高校所开设的所有课程，包括人文社科、理工医农及体育、艺术等各门学科，因为所有专业和学科的学生都应当被培养成顶天立地、素质较高的"中国人"。

在《高校思想政治教育调查问卷》中，学生在对调研问卷的第 21 题"你所在学校进行思想政治教育的主要途径有哪些"进行选择时，选择"思政课程"的达 76.60%，高居第一位。其次，分别是年级或班会（63.05%）、党团活动（60.47%）、讲座（50.10%）、社会实践活动（46.03%）、网络（31.81%）、其他（1.25%）。在《高校培育和践行社会主义核心价值观调查问卷（学生版）》中，学生在对调研问卷的第 7 题"你所在学校宣传社会主义核心价值观的主要方式有（哪些）"时，选择"思政课程"的达 82.14%，同样高居第一位。其余依次是："党团教育"（79.35%）、"学生手册和各类评优活动"（51.07%）、"课外实践活动"（39.89%）、"网络互动"（28.14%）、"读书评论活动"（22.08%）、"不清楚"（2.18%）、"其他"（1.22%）。可见，高校进行思想政治教育和社会主义核心价值观培育与践行的主渠道是思政课的课堂教学。在问卷的设计问题上，此处未能涉及其他的专业性课程，但实际上，担任所有课程的所有教师都有进行思想政治教育的责任和义务，即我们现在所强调的课程思政。

1. 关于课堂教学生动性、趣味性与思想性、理论性的结合

通过分析《高校思想政治教育调查问卷》的调查结果可知，学生对思想政治教育课程内容丰富、兼顾趣味性，以及任课教师语言具有艺术性、课堂不枯燥是最为期盼的。在该调研问卷的第 15 题"你认为，激发思想政治课学习积极性的因素有哪些"的选择中，选择"思政课程内容丰富，兼顾趣味性"的高达 80.58%，居第一位；选择"任课教师语言具有艺术性，课堂不枯燥"的达到

71.02%，居第二位；此外，选择"课堂环境宽松，与学生灵活互动"的达57.64%，选择"任课教师个人魅力"的达53.19%，选择"教育手段多样化"的达43.49%，而选择"老师考前会划重点、给高分"的仅占23.44%。可见，上述绝大部分有效因素的选择都指向了教师。教师是课堂的主导者、引领者和智慧的组织者，如何把课堂这一进行思政教育的主渠道讲得活起来，使其更有色彩、更有吸引力，是要下大功夫进行研究并加以改进的。

而现实中的思政课堂情况并不尽如人意。例如，学生在对《高校思想政治教育调查问卷》第30题"你认为，当前高校思想政治教育存在问题的原因有哪些"进行回答时，选择最多的是"思想政治教育的吸引力不足"，选择比例达53.51%，居第一位；选择"思想政治教育不能内化于心"的占48.53%，选择比例居第3位。同样，对于该问卷的第35题"你对当前高校的思想政治教育工作有什么建议"，这是一项主观开放题，我们对参加作答者的回答内容进行筛选分析，提炼其中的关键信息，并对这些关键信息进行汇总、统计，结果显示呼声很高的建议内容依次主要有"多组织实践活动""增加学生参与度""教育方式要多样化""注重创新""加强思政教育的趣味性""注重理论与现实结合""营造良好氛围"。另外，在《高校培育和践行社会主义核心价值观调查问卷（学生版）》的调查结果统计中，学生对该问卷的第8题"你对当前学校进行的社会主义核心价值观的培育和践行的看法是"进行选择时，选择"高效且有趣"的占16.78%，选择"尚可接受"的占49.63%，选择"无用且浪费时间"的占6.14%，选择"过于形式化"的占24.61%，选择"无所谓，不关心"的占2.84%。这说明，包括思政教育课堂和社会主义核心价值观培育与践行在内的整体的思想政治教育工作的质量和吸引力有待于进一步提高。

在《高校培育和践行社会主义核心价值观调查问卷（专业教师版）》中，专业教师对第6题"您认为，当前社会主义核心价值观培育过程中存在的问题有（哪些）"进行选择时，其顺序依次为："缺乏创新，难以引起学生兴趣"（67.96%）、"过于形式化，流于表面"（61.31%）、"不注重理论与实践相结合"（58.70%）、"不注重因材施教，太压抑学生个性"（30.87%）、"过于频繁，引起学生反感"（19.26%）、"间隔时间太长，没有效果"（9.92%）、"其他"（1.18%）。可见，专业教师对包括教师课堂教学方面的种种问题是有着清醒的认识的。对于该问卷的第8题"您是否会根据时事热点和科研进展适当调整您的讲课内容"，绝大部分专业教师的选择为"会，能够吸引学生学习兴趣"，这一回答的比例高达85.62%。其余的选择依次为："不会，因为对授课影响不大"（8.24%）、"不会，重新备课太麻烦"（3.45%）、"无所谓，想起来就提一下"（2.69%）。另外，对于第 9 题"当您的学生在课堂上提出与您的观点不符的看法时，您会怎么做"的选择，绝大部分教师选择"不论正误，鼓励学生独立思考"，这一回答的比例高达 82.84%。其余的选择依次为："不予考虑，学生的看法简单且片面"（4.71%）、"为了维护尊严，表面不接受，而实际接受"（4.46%）、"表面赞许，实际上并不赞同"（4.29%）、"无所谓，听听就行了"（3.70%）。由后两题选项可见，绝大部分专业教师都在努力提升课堂教学质量，鼓励学生积极独立思考问题，以提高学生的理论思维水平。这方面，教师们是下了功夫的，但还有待于进一步改进与提高。

在《高校培育和践行社会主义核心价值观调查问卷（思政人员版）》中，思政人员对第 3 题"您认为，当前社会主义核心价值观培育过程中存在的问题有（哪些）"进行选择时，其顺序依次为："缺乏创新，难以引起学生兴趣"（72.79%）、"不注重理论与实践相结合"（55.54%）、"过于形式化，流于表面"（55.45%）、"不注重因材施教，太压抑学生个性"（30.90%）、"过于频繁，引起学生反感"（20.86%）、"间隔时间太长，没有效果"（10.21%）、"其他"（1.37%）。可见，思政人员对包括教师课堂教学在内的整个学校层面在培育与践行社会主义核心价值观方面的种种问题，也是有着清醒的认识的。

笔者 2017 年从《中国青年报》上看到一则报道，是说武汉高校的大学生自动组织起了一个"大学生蹭课联盟"，各校学生互通有无，将优质、高水平的讲座、讲课资源通报给联盟中的各校学生，以便学生们择机跨校听讲。同时，这个联盟还成立了读书沙龙，交流读书和听讲心得。该蹭课联盟平稳运行着两个几乎涵盖武汉所有高校、流动人员突破 7000 人的 QQ 群，以及一个官方微信和线下启林青年坊。在联盟创始人刘灿看来，大学生应该走出寝室、走出课堂、走出校门、走出专业的限制，感受不同领域学者的思想和魅力，与各种不同类型的人进行交流碰撞，与一批有思想的朋友践行理念，同时坚持人文社科的阅读与分享，这些才是比 90 分的成绩更重要的东西。他认为大学生需要培养主动学习的精神，蹭课联盟营造的正是一个热爱读书、敢于争鸣的读书氛围①。这一信息使人感到振奋和欣慰，这说明高校的青年学子有着较高的寻求知识的热情，以及他们竭力寻求优质教育资源的主动性。

我们课题组在对河南省高校的思想政治课教师的访谈中，关于如何使思政课的生动性、趣味性和思想性、理论性有机结合的问题，也听到了一些老师的很有

---

① 王浠凤、陈红艳、雷宇：《跨越 50 所高校的人文课堂：武汉高校蹭课联盟打破校际、学科专业界限》，载《中国青年报》2017 年 2 月 21 日，第 1 版。

见地、很有启发性的见解。

A 大学的 J 老师谈到：老师为了把思政理论的重要性灌输给学生，在课堂上不得不采用讲故事、放视频等一些所谓生动的教学方法或形式，但是，这往往失去了应有的理论高度。下一步须集体攻关，讨论如何生动而又有水平地告诉学生理论的重要性、理论与政治及社会现实的密切相连。我去年调到学校宣传部工作，看到意识形态方面形势严重，青年人受到国外意识形态势力较强的冲击。因此，要一本正经地给青年人讲意识形态，不能只追求形式上的生动。我在讲时事政治时，于讲具体事实、实例的同时，重点分析事态发生的原因、实质及对其的评价，即教给学生思维的方法，让学生离开课堂后，能自己用方法去判断、理解事情。如讲朝鲜半岛的问题时，我并不是只给学生罗列事实，而是分析其背后为何牵涉到如此之多的问题？我原来认为，给学生传授知识是最重要的，现在认为教给学生思想方法是最重要的，要能解释事实。互联网时代，影响学生的因素太多，甚至比老师还多，因此老师不能只复述事实，而要教给学生思维的方法。

E 大学的 W 老师说：思政课教育教学一是进行有关知识的教育，如社会主义核心价值观等知识性的内容解读和学习，二则不纯粹是知识的教育和学习，这一部分是属于思想品德的教育，也就是高大上的人生、价值、意义等方面的教育。思政课教材内容的特点主要以宣传教育为主，这方面在教学中若不注意，讲授上就往往会以灌输为主了，而不是启发、诱导，学生听多了就烦。如 24 字社会主义核心价值观，教师若只是告诉学生 24 字的词汇，只是面上粗浅地讲，学生学到的也是表面含义，要深入人心才行。目前来看，思政课老师上课，普遍只注重形式，理论上不够深入。有些大学的老师穿皇帝服、学生扮大臣，穿上戏服演情景剧，这样形式上新颖，吸引人，问题来了，有多少人能去买戏服？且这种形式也花费不少时间，必然压缩其他内容的课时，这种做法就是特别注重了形式，要知道形式对内容有反作用，但内容决定形式，若讲课成了表演，虽有好的方面，但太形式化。重要的是要讲透理论，用理论吸引人，用思想和教导吸引人，不要多年后学生只记住当时老师组织了一次活动，自己扮演了什么角色，有什么有意思的地方，至于老师的教导、思想、理论，则没有记住。因此，提升学生思想和品质是更重要的。

E 大学的 Z 老师强调：思政课的教学主题很鲜明，是铸魂工程，是信仰争夺的战场、无硝烟的较量，目的就是转变学生思想观念，让他们形成正确的世界观、方法论。这些方面看起来是软指标，但实际上是硬标准，形软实硬。我们在教学中强调要确立信念，转变观念，力图通过联系实际，进行多样化的、科学的讲解，使理论内化于心、外化于行。作为思政课教师，上课要擦亮牌子、演好角色，不高高在上，要抓住学生的思想，通过自己学科、学术的内在魅力，赢得学生、感染学生，不要说必须怎么怎么之类的话，你是挡不住学生想什么的。上课在讲课本上内容的同时，还要配以现代化的动态资料，通过看视频资料，进行引导，看有哪些问题，并进行点评，从而让视频资料活起来，使视频资料成为课本真正的延伸。本人所讲的"马克思主义哲学原理"是一门方法论的课程，是教给学生世界观的理论性的课程。授课时，我将课题回顾（即将每一原理、每一主题的研究现状和学术史进行梳理）、历史追踪（即讲明原理成为正确、科学的世界观，它的发展历史如何，并进行历史比较）、精讲原理（即原理内容要精讲，这是重点，要精确、准确，观点亮明，立场态度端正）、归结意义（即联系现实，联系国家、社会发展，印证原理的科学性，上升到学术理论高度，让学生系统把握）四个环节联系起来。马克思主义哲学原理中学也学，但大学要更进一步，让学生系统把握理论，有所提升。这门课主要是理论上要服人。同时，学生世界观形成了，内在于心、上升了高度，理论化、系统化加强了，但这仅是学生学识的提高，还不够，要考虑如何"转识成智"，把学生学到的、掌握的学识（理论、理性认识等）转化为方法、技术、德行，让学生形成一种特定的境界、道德自觉，这非常重要，这就是理论理性向实践理性的转变。实践理性是工具、价值，是可操作、可运行的，这样理论与实践才能结合起来，才能使理论指导实践，实践上升为理论，把学术水平转化为能力素质水平，从而真正促进学生发展。

D 大学的 L 老师也说：思政课上课最大的问题不光是知识性，更重要是"育"，引导好学生。作为思政课教师，对现实问题、思政教育问题，要寻根找因，寻求真实性，让学生明明白白，做明白人，对待网络信息事件更是如此。让学生有独立思维这很关键，更重要的是要引导好学生。学生对社会的关注和思考，一直是有一定看法、困惑的，作为老师，要善于引导学生，让他们实地、亲自看看自己身边、家乡、父母等变化，了解生活环境，在社会现实和熟悉环境中亲身体验所讲内容是否属实、科学，要使他们能看到变化，认识到意义，或者能够反向推论。社会现实中当然会存在不好的东西（腐败、矛盾等），但要运用哲学思维，一分为二分析问题，联系我国社会发展变化去进行反思，就会更好接受和理解思政课老师所讲内容。总之，要让学生在学知识的同时，也要促进其世界观、人生观、思想的发展。

C 大学的 Z 老师说：无论何种方法，最终要引导学生。思政课的知识性与趣味性的结合很重要。

C 大学的另一位老师 L 老师是一位教学效果非常好、很受学生欢迎、拥有教授职称的 50 多岁的老教师，她说：不能把思政课教成娱乐课。思政课是最难讲的课，学生认为思政课不是专业课，重视程度不够，而要转变学生的看法，教师就要下更大的功夫。我有次备课到凌晨 4:00 还未睡觉，后一看天亮了。有些私立学校用网络视频课取代课堂教学修学分，这是教育部不允许的。

在《高校培育和践行社会主义核心价值观调查问卷（学生版）》的第 19 题"面对多种文化，你往往会采取以下哪种态度"的选择中，学生选择最多的是"有自己的思考，但受教师或同学影响"，这一比例达 51.40%；其余依次的选择为"经过自己独立思考来取舍"（43.55%）、"以大多数人的选择为主"（4.08%）、"不假思索全盘接受"（0.97%）。可见，绝大部分学生是有自己的思考的，其中接近一半的相当一部分学生能经过独立思考来加以取舍、判断，但有一半的学生也受到教师或其他同学的较大影响。这一方面说明我们的思政课堂对学生的引导是有成效的，另一方面也说明教师身上肩负着立德树人的义不容辞的重任。

2. 关于课堂上灵活运用手机等多媒体工具及综合采用教学方法

关于充分发挥手机等多媒体工具在思政课堂的积极的正向功能，C 大学的 L 老师做得较为突出。她是一位有多年教龄、资深的思政课老师，曾经获得河南省优秀教学成果奖二等奖、河南省教育厅思想政治理论课优秀教师荣誉称号。但是，她仍然继续钻研如何提高课堂效果。她以 50 多岁的年龄，比年轻人都更早早地娴熟掌握和运用了"雨课堂"这项现代教育工具（这是清华大学和学堂在线共同开发出来的一项新型课堂教学工具，目的是全面提升课堂教学体验，让师生互动更多、教学更为便捷）。

她说：运用"雨课堂"技术，使手机派上了正当的用场。学生进入课堂扫码（即签到）后，我的 PPT 即输入他们手机。通过手机进行课堂互动，不仅可以通过手机来点名，掌握学生的出勤情况，而且向学生所提的问题可让学生用手机当场回答，并可及时掌握每人回答的对错，由此对回答问题进行反馈，这样就使课堂进一步活跃起来。而且，以前教师讲完课即走人，现在师生在课外也可随时联系。这一软件在 2016 年刚开发出来时，我即已使用，待学校在此方面进行改革，在全校推广运用时，我已使用一年。师生之间互动、沟通加强之后，学生对老师很亲，甚至比对专业课老师还亲。

和 L 老师同校的 J 老师说：L 老师是我校教改的引领者。她对微信、雨课堂已运用到相对成熟的地步。教育部专家听过 L 老师的课，本校校长、书记都听过

L 老师的课。对于学生玩手机，只能疏导，不能卡压。教师上课即使不利用手机这一工具和手段，学生也用手机听歌、看剧，现在我们老师是引导学生正向利用手机。

B 大学的老师也讲到，他们利用手机 APP 点名，以掌握学生的出勤情况，并利用手机 APP 让学生参与、动起来。一位 L 老师说：前不久在我校举办了"豫西高校思想政治教育论坛"，主题是"让思政课活起来"，其中就提出引导学生利用手机APP。

另一位 H 老师说：得考虑让学生动起来。有些案例得让学生通过手机看，他若不看手机，也是睡觉。

关于思政课教学方法的运用，老师们也谈到，不能为方法而方法，不能把某种方法推向极端，包括现代多媒体技术的运用。教师要有驾驭课堂的能力，教学要多方法、多手段综合运用，要根据学生年龄、专业等不同的特点，采用不同的方式方法。要允许教师对教学过程和方法进行探讨，不能用条条框框进行约束。但无论运用何种方法，最终是要引导学生。

C 大学的 L 老师所提观点，很有启发意义。她说：我在网上看到"对分教学模式"，其中既有时间、内容的对分，也有师生、过程的对分。该教学模式的主旨为精讲，留一部分时间给学生，即留白。关键问题是如何留白，应当慎重考虑。有些教师采用翻转课堂，但效果并不好，只用了方法的皮毛，而不达精髓。

与C大学L老师同校的Z老师插话说道：新方法实际对教师要求更高。L 老师表示同意，她说：教学中若对方法已事先预定，带有表演性质，那就起不到任何作用。

3. 关于课程的考试形式

关于思政课的考试形式，老师们说，现在强调过程性评价，平时占 50%，考试占 50%，这种过程性评价的方向还是正确的。出考试题也应有水平，要能够促使学生运用所学理论思考现实问题，要提升他们的思维水平。

此方面，C 大学的 L 老师所说的思路发人深思：一次考前，我看学生在背题，就问教研室领导：今年考试是这些题吗？回答说不是，可能是往年的考题。看来，学生只背代代相传的考题，这是不行的。去年（2017 年）我出的考题是"由共享单车使用过程中出现问题解决的思考"，这道题也押中了当年国家的高考题。这就是考试改革起到了作用。促使学生思考现状，就是思政课的目的。我出的考题看起来不难，但从宏观上、理论上分析还是有一定难度，如有一题的题目是"纪念马克思诞辰二百周年想到的"。我研究教学是为了实用——对提升学生的思维水平有用、有好处。

（二）使优秀文化的外在形式传承、实践活动体验与理论认知同步进行

中华优秀传统文化涵盖、体现于物质文化、制度文化、精神文化等各个领域和层面，它是外在形式和内在思想的统一、实践活动和理论观念的统一。因此，在传承与弘扬中，二者需密切相连，缺一不可。而且，对于高校青年学生而言，正由于他们的年龄特点、所处的时代特征及其思维特点等诸种因素，使得在高校中进行中华优秀传统文化的传承与弘扬，就必须兼顾使优秀文化的外在形式传承、实践活动体验与理论认知同步进行，并使这些教育活动都要触及到学生的内在心灵。

1. 优秀传统文化外在形式的传承和实践活动的体验不可或缺

优秀传统文化外在形式的展现往往包括：影视、戏曲、歌舞的演绎，大大小小的对先祖的祭祀和祭拜活动，对传统节日如春节、清明节、端午节、中秋节等的愈益重视，对传统文化如剪纸、烹饪、中医药、绘画、建筑、园林、武术等的继承与发扬，等等。这些外在形式的展现对于优秀传统文化的弘扬是不可或缺的，它是整体优秀文化的不可分割的有机组成部分。而且，我们对优秀传统文化的认知与把握，往往首先是从其外在形式入手的。这是一种更直观、更易于操作的传承与弘扬的路径与手段。如前所述，那种由别的国家抢注我国的文化遗产而将其作为他们的世界非物质文化遗产的闹剧，着实不能再重演了。国际化背景下，我国高校的青年学生可以去了解西方的圣诞节、万圣节、复活节、情人节、愚人节、感恩节等及其文化，但是更应当熟知我们自身的传统节日及其背后所蕴含的思想意蕴。

近些年来，我们愈益重视利用这些外在形式，组织了诸多实践活动进行参观和体验，提高了青年学生乃至全体国民对中华优秀传统文化的认知与理解，这方面的成效是显而易见的。而且，问卷调研也证明，实践活动是青年学生最为推崇的。从我们对全国大学生的问卷调研中发现，学生对通过实践活动进行思想政治教育和社会主义核心价值观的培育与践行较为推崇。

在《高校思想政治教育调查问卷》的第22题"你更愿意接受的思想政治教育途径是什么"的选项上，学生认为"社会实践活动"是更愿意接受的思想政治

教育途径的比例高达 69.77%，居第一位。可见，学生对参加社会实践活动的兴趣与渴求。在问卷的第 31 题"你认为，目前大学生群体普遍存在的不足有（哪些）"的选项上，学生选择最多的选项是"社会经验不足"，达到 68.23%，居第一位。在问卷的第 35 题"你对当前高校的思想政治教育工作有什么建议"的主观开放题回答中，前面已经提及，其中呼声最高的建议内容是"多组织实践活动"，其次是"增加学生参与度"，由此也可见学生对参与社会实践活动的迫切心情。因此，如何更有效地引导、组织学生参加有意义的、能激励他们情感的社会实践活动，也是需要下功夫研究和探讨的问题。

另外，在《高校培育和践行社会主义核心价值观调查问卷（学生版）》中，学生对问卷的第 10 题"你愿意通过哪种途径来学习社会主义核心价值观"进行选择时，选择"实践活动"的高达 65.16%，居第一位，其余选择依次为："学校教育"（58.38%）、"电视广播"（46.58%）、"网络学习"（44.67%）、"家庭教育"（34.95%）、"社区宣传"（26.81%）、"其他"（1.26%）。第 18 题"你认为，在高校宣讲和传播中华优秀传统文化的最好方式"的选择中，选择"通过学校或院系组织的各种文化活动"的比例高达 58.95%，居第一位，其余的选项依次是："通过课堂主渠道"（15.47%）、"通过相关学术讲座或在线交流"（12.99%）、"通过推荐读书活动"（12.59%）。可见，这套有关社会主义核心价值观培育与践行的问卷也印证了学生最愿意接受的途径是实践活动。

在对几所学校的教师访谈中，教师们也都认为学生对思政课的实践活动是很感兴趣的，而且有些活动的效果也很好。

B 大学的 L 老师说：我校学生入校时成绩较低（属高职高专院校），听课的专注力不是很高，同本科学生相比有差异。但我校开展思政实践活动效果还是不错的。例如，戏剧、微电影表演效果很好，像医护学院的表演《因为爱》，还是不错的；我校的志愿者活动——"天鹅使者"（三门峡是天鹅栖息地），还获得了全国银奖；宣传党的十九大的知识竞赛活动，效果也不错，对学生起到了指引作用；我们带学生去函谷关、三门峡大坝参观体验也很有效果，有的学生会背诵《道德经》（《道德经》由先圣老子在函谷关写成）；让学生讲时政播报时，有学生讲的专题很好，如三门峡黄河旅游文化带、体育新闻、马航失联、环保、两会等，讲得都很好；另外，让学生在校体育馆摆放"中国心"、摆放中国地图，也起到了教育的效果。

D 大学的 L 老师说：思政课教学中，进行分组调研活动，实地察看、调查身边的、家乡的变化，了解小人物大历史，学生很积极，效果也好。另外，还可以挖掘地方文化资源，作为思政课的重要补充。

而关于思想政治教育课的实践领域如何达到更好的效果，A 大学的 J 老师的谈话也发人深省：在思政课的实践领域，参观博物馆、福利院等都是不错的形式，但效果如何，值得研究。我发现，现在有些学生写实践课作业是在应付。例如，有一位学生写参观二七纪念塔，从他写的内容看，我怀疑他是否真的去参观了二七纪念塔。还有，现在许多高校都在让学生自己选择题目进行调研，有的学生就选择了对学校的学生作息时间进行调研，这能否达到实践课的目的？据我的了解，这方面的实践调研课程效果并不好。下一步工作应考虑，如何通过实践使学生真正有体验，受到熏陶，这比学习思想政治理论更加重要。我们要研究，现在孩子看到国旗有无庄严感，在人民英雄纪念碑前回忆先烈时有无崇敬感。在此方面若想有重大突破，应当在思政课的实践方面设立国家级重大课题。越教课，越感到思想政治教育工作的重要，与此同时也更感到全面从严治党的重要。

2018 年 5 月份人民日报上刊登的一篇文章《崇尚英雄才会诞生英雄》，笔者看后很有感慨，感觉和上面这位老师表达的思想是一致的。文章写道："'朋友，你是否意识到你是在幸福之中呢？……请你们意识到这是一种幸福吧，因为只有你意识到这一点，你才能更深刻了解我们的战士在朝鲜奋不顾身的原因。'1951 年，魏巍发表《谁是最可爱的人》一文，讲述了幸福生活靠血肉之躯铸就的朴素道理，把志愿军浴血奋战保家卫国的英勇事迹传遍全国。同时也启迪我们：越是国泰民安、幸福易得，越不要忘记那些曾经奋不顾身殉国家之急的英雄和烈士。英雄者，国之干，族之魂。'同英雄伟大动机相伴随的，往往是伟大的社会效果。'英雄烈士不仅以其顽强抗争推动了历史进步，更以其坚定信念、无畏气概和高尚人格，充实了民族的精神殿堂。透过长征将士，人们惊叹于'人类的精神一旦唤起，其威力是无穷无尽的'；走近抗战军民，人们感佩于'一寸山河一寸血'；品读革命故事，人们更深刻理解，为什么中国'一定有一个可赞美的光明前途'。回望历史的天空，正是无数先贤英烈，挺立起民族精神的万里河山。对于'谁是最可爱的人'这样的历史之问，无论任何时候，我们的回答不应有改变。"①

但是从总体上看，对于具有理性思维，但其思维并不成熟的高校青年学生来说，优秀传统文化外在形式的传承和实践活动的体验，这只是传承与弘扬优秀传统文化的一个方面，尽管是不可或缺的一个方面——在激发学生情感方面有其独特的作用，可它毕竟是直观的、流于表层的。因此，另一方面着力加强青年学生

① 李斌：《崇尚英雄才会诞生英雄》，载《人民日报》2018 年 5 月 4 日，第 4 版。

对中华优秀传统文化的理论认知，且这一认知要深入进他们的内在心灵而非流于浅表层面，就显得格外重要。

2. 注重青年学生的理论认知以凸显优秀传统文化的内在精髓

蕴藏在优秀传统文化外在形式背后的内在思想博大精深、源远流长，其精髓诚如本书在前文中所剖析和阐述的，是中华民族先圣先哲先贤所倡导和从理论上论证的、同时也融入于民众实践生活中的厚德载物、崇德向善、礼义廉耻、爱国齐家、民本尚公等伦理美德思想，以及革故鼎新、求同存异、中庸泰和、内省自强、道法自然、天人合一等饱含智慧的思维方式和高尚的人文精神。因此，传承与弘扬中华优秀传统文化，一定要使不容忽视的外在形式与蕴藏在其背后的伦理美德思想、思维方式、人文精神等密切联系起来，使优秀传统文化外在形式的展现与内在思想的彰显同步进行。如果仅仅有对外在形式、对实践活动的重视而没有使内在思想渗透进青年人的心中，那么传承和弘扬就只停留于表层，触及不到内在的灵魂，由此要想提升青年人对文化的自信，其力度就会大打折扣。这样，青年在"成人"的过程中就会有所缺憾。前已提及，中国作为一个负责任的大国，不是光靠卖产品给世界就可以的，它还必须以自己的原创性思想贡献给这个世界。而青年人，尤其是高校有知识并具有理性思维的青年人，是创造性转化、创新性发展中华优秀传统文化的生力军。因此，一定要在对优秀文化的外在形式传承、实践活动体验加以重视的同时，强化青年的理论认知，使"生力军"的作用真正发挥出来。

早在 2009 年学者林华就撰文提出："众所周知，在近代五四运动猛烈地批判传统文化中的旧礼教旧道德之后，以儒学为核心的传统文化就因其封建性而日益'走出历史'并边缘化，而'文化大革命'更是彻底否定了孔子和儒学，造成了传统文化的严重断裂……尽管政府与媒介正在尝试通过多种途径对传统文化进行修复，然而，除了存在于少数知识精英的学术研究之外，传统文化更多地依靠戏曲、祭祀、春节、清明节、端午节等文化碎片来维系和传承，它已不再是一套完性的安顿人心的意义系统和纪纲世界的价值体系。"[①]可见，学者已看到了当时文化的传承与弘扬主要涉及了漂浮在生活表层上的显性文化形式，而未能深入进流淌在我们民族心灵深处并左右着我们日常行为举止的隐性文化实质。

十余年后的今天，由于党和国家的重视、大力提倡和积极推进，优秀传统文化的传承与弘扬有了相当大的改观，但上述学者所提出的问题并未彻底消除，还是有所存在。这需要引起我们的关注和重视。这里须再次强调的是，与中小学生

---

① 林华：《中国传统文化研究：现状、定位与发展取向》，载《江西社会科学》2009 年第 5 期，第 227 页。

不同，高校青年具有更强的思维能力，虽然这种能力并不十分成熟，尚需进一步提升，但高校的青年群体是我们寄予厚望的、在对优秀传统文化进行创造性转化和创新性发展方面的最强有力的群体，因此从内、外两方面下功夫，使其理解并把握优秀传统文化的精髓，提升其文化自信，是高校教育不可忽视的战略性任务。青年一代能否承担起这一神圣而光荣的使命，能否成为继往开来的一代新人，关键就在于我们如何进行教育。

由前已述及的对多位思政课老师的访谈中可知，在谈话中大家几乎一致的认识是，在高校的思政课堂上，应当关注到学生的年龄和兴趣，采取多种方法提高教学效果，但不能放弃对学生的理论引导，也不能放弃对学生思维的启发，不能只求形式上的生动。引用他们的话来说，关键在于，"我们要集体攻关，讨论如何既生动而又有水平地告诉学生理论的重要性、理论与政治及社会现实的密切相连"；要"让学生离开课堂后，能自己用方法去判断、理解事情"；"重要的是要讲透理论，用理论吸引人，用思想和教导吸引人，不要多年后学生只记住当时老师组织了一次活动，自己扮演了什么角色，有什么有意思的地方，至于老师的教导、思想、理论，则没有记住"；"思政课的教学主题很鲜明，是铸魂工程，是信仰争夺的战场、无硝烟的较量，目的就是转变学生思想观念，让他们形成正确的世界观、方法论。这些方面看起来是软指标，但实际上是硬标准，形软实硬。我们在教学中强调要确立信念，转变观念，力图通过联系实际，进行多样化的、科学的讲解，使理论内化于心、外化于行"；"思政课上课最大的问题不光是知识性，更重要是'育'，引导好学生。作为思政课教师，对现实问题、思政教育问题，要寻根找因，寻求真实性，让学生明明白白，做明白人，对待网络信息事件更是如此。让学生有独立思维，这很关键；更重要的是要引导好学生。学生对社会的关注和思考，一直是有一定看法、困惑的，作为老师，要善于引导学生"；"无论何种方法，最终要引导学生。思政课的知识性与趣味性的结合很重要"；"不能把思政课教成娱乐课。思政课是最难讲的课，学生认为思政课不是专业课，重视程度不够，而要转变学生的看法，教师就要下更大的功夫"。

（三）对传统文化的准确、高水平阐释是提升高校青年文化自信的根基

促使高校青年学生提高对中华优秀传统文化内在思想的理解和把握，离不开

教育者、传播与弘扬者对传统文化所进行的准确的、高水平的阐释。这是非常重要的一点，容不得有丝毫马虎。几千年形成和发展的中华文化博大精深，是一个系统完整的文化体系，不免鱼龙混杂、泥沙俱下，需要我们去粗取精、去伪存真，真正做到去其糟粕、取其精华。这看似容易的事情，其实做起来并非易事。如果高校教育者不能首先提升自身的水平，那么在对文化的阐释中往往可能会误导了青年学生，也就难以提升青年学生对优秀传统文化的自觉和自信。

这里，笔者举例加以说明。例如，关于"学而优则仕"①，应当如何准确理解其思想精髓及其价值？这是应当清晰地向青年人加以认真解析的。"学而优则仕"所产生的时代背景及其所具有的深刻内涵，并不是像当代某些功利主义者所理解的那样，是"官本位"的源头、人们追求功名利禄的渊源。孔子提出这一理念是在我国"礼崩乐坏"的春秋时期，它反映了当时各诸侯国为达强国之目的选贤举能的需要，也反映了儒、墨、道、法等各学派彰显其学说救治社会的需要。这种通过"学而优"而"出仕"的士人身上所体现的社会责任感、担当意识及弘道济世精神是显而易见的。

其一，"学而优则仕"体现出"君子之仕也，行其义也"的积极入世精神和担当情怀。孔子的学生子路道出了"出仕"的目的："不仕无义。长幼之节，不可废也；君臣之义，如之何其废之？欲洁其身，而乱大伦。君子之仕也，行其义也。道之不行，已知之矣。"②此话凸显"出仕"即为了行道，拯救混乱的社会，"博施于民而能济众"，也即儒家所说的"治国平天下"。子路的"不仕无义"，相对于孔子的"邦有道，则仕；邦无道，则可卷而怀之"③，更有一种"入仕"的决绝和义无反顾。以孔子为代表的儒家所提倡的担当意识具有高度的自觉性，它要求一个人不断地完善道德人格，不断地提升人生境界，进而承担起社会责任。曾子的"士不可以不弘毅，任重而道远。仁以为己任，不亦重乎？死而后已，不亦远乎"④，孟子的"穷则独善其身，达则兼善天下"，都是在延续孔子"学而优则仕"的现实担当情怀。对于"君子之仕也，行其义也"，钱穆先生的解释是："人之为群，不可无家庭父子，亦不可无邦国君臣。果使无父子，无君臣，则人群之道大乱。君子不愿于其自身乱大群之道，故曰'君子之仕，以

① 《论语·子张》，杨伯峻译注：《论语译注》，中华书局 2009 年版，第 199 页。
② 《论语·微子》，杨伯峻译注：《论语译注》，中华书局 2009 年版，第 194 页。
③ 《论语·卫灵公》，杨伯峻译注：《论语译注》，中华书局 2009 年版，第 161 页。
④ 《论语·泰伯》，杨伯峻译注：《论语译注》，中华书局 2009 年版，第 79 页。

行其义'。不能使君子不义而仕，然君子亦必不认仕为不义。"①"不仕无义"，君子学成德才兼具而不出仕弘扬道义、匡扶正义，那就是不讲道义；尽管早就知道"道"行不通，君子还是应该履行义务，出仕以弘扬道义。正是在这种观念的引导下，"学而优则仕"才体现了更加积极进取的人生观、价值观，也成为了深受儒学影响的中国传统知识分子的人生信仰和追求，使知识分子个体的人生价值、终极关怀被导入"救世济民""民胞物与"的轨道。

其二，"学而优则仕"内含着深沉的伦理追求："君子无终食之间违仁。"孔子认为，士君子须臾离不开"仁"，"君子去仁，恶乎成名？君子无终食之间违仁，造次必于是，颠沛必于是"，"志士仁人，无求生以害仁，有杀身以成仁"。因此，孔子之道，从道德范畴来看，就是"仁"。他有时说士君子要"志于道"②，有时说士君子要"志于仁"③，"道"与"仁"在此相通，其要义是"爱人"。"仁"是"仕"所不可缺少的品质。同时前已述及，儒家将"仁"运用于社会政治领域，强调"为政以德"。此方面孔子和孟子都有精辟的论述。可见，"仕"若不"仁"，则不能为"仕"。这即是"学而优则仕"这一价值观的核心。

其三，"学而优则仕"对君子提出了能力要求："君子病无能焉。"孔子提倡和培养的人才是德才兼备、文质彬彬的君子类人物，是修身齐家治国平天下的人才。"君子病无能焉，不病人之不己知也"④，体现了"学而优则仕"对"仕"之能力要求。从政至少要有知、言、察、辩的基本素质。与此同时，还要有将广博的知识运用于实践的能力。"知"即指智。孔子把知作为"知人"的能力。樊迟问"知"，子曰："知人。"孔子还说："不患人之不己知，患不知人也。"知人是一门高深的学问，能知人则达到了很高的境界。如何知人？孔子提出"视""观""察"的途径。他说，"视其所以，观其所由，察其所安"⑤，"君子远使之而观其忠，近使之而观其敬，烦使之而观其能，猝然问焉而观其知，急与之期而观其信，委之以财而观其仁，告之以危而观其节，醉之以酒而观其则，杂之以处而观其色。九征至，不肖人得矣"⑥。可见，孔子知人的智慧是由小见

---

① 钱穆：《孔子传》，九州出版社 2011 年版，第 59 页。
② 《论语·述而》，杨伯峻译注：《论语译注》，中华书局 2009 年版，第 66 页。
③ 《论语·里仁》，杨伯峻译注：《论语译注》，中华书局 2009 年版，第 35 页。
④ 《论语·卫灵公》，杨伯峻译注：《论语译注》，中华书局 2009 年版，第 164 页。
⑤ 《论语·为政》，杨伯峻译注：《论语译注》，中华书局 2009 年版，第 16 页。
⑥ 《庄子·杂篇·列御寇》，陈鼓应注译：《庄子今注今译·下》（最新修订重排本），中华书局 2009 年版，第 896 页。

大，见微知著，从日常生活的一枝一节中由外而内地进行观察。只有真正地
"知人"，才能择机"事人""举人"，也才能善于用人。言，是指语言表达能
力。孔子提出，要注意语言表达的方式方法。首先，要"慎言"。即说话要谨
慎，不能言过其实，不能违礼，要"敏于事而慎于言"①，"君子欲讷于言而敏
于行"②，"君子一言以为知，一言以为不知，言不可不慎也"③。因此，孔子
反对花言巧语。他说，"巧言令色，鲜矣仁"④，"巧言乱德"⑤，主张"辞达
而已矣"⑥。其次，要讲究说话的对象与场合："孔子于乡党，恂恂如也，似不
能言者。其在宗庙朝廷，便便言，唯谨而。"⑦孔子认为，"可与言而不与之
言，失人；不可与言而与之言，失言"⑧。另外，孔子还提出："不知言，无以
知人也。"⑨此处知言的意义是善于分析别人的语言，辨其是非善恶。而如何更
好地表达语言？孔子强调："不学诗，无以言。"⑩在孔子看来，学习《诗经》
是提高语言表达能力的基础，因为："《诗》三百，一言以蔽之，曰：'思无
邪。'"《诗经》之言，无论是怨怒之情，还是壮美之志，都是至情流露，直抒
心意，毫无虚假之词。"诗，可以兴，可以观，可以群，可以怨。迩之事父，远
之事君；多识于鸟兽草木之名。"⑪辩，是指思维辩论的能力。孔子说，"学而
不思则罔，思而不学则殆"，"君子有九思：视思明，听思聪，色思温，貌思
恭，言思忠，事思敬，疑思问，忿思难，见得思义"⑫。可见，孔子对思维品质
非常重视，且思的内容与伦理道德密切相连。孔子认为，思维最重要的方式即是
中庸。他说，"中庸之为德也，其至矣乎！民鲜久矣"，"君子中庸，小人反中
庸。君子之中庸也，君子而时中；小人之中庸也，小人而无忌惮也"⑬。中庸之
道体现了君子修身从政、恰当处理事务的准则与智慧，成为君子修养的最高境

---

① 《论语·学而》，杨伯峻译注：《论语译注》，中华书局 2009 年版，第 9 页。
② 《论语·里仁》，杨伯峻译注：《论语译注》，中华书局 2009 年版，第 40 页。
③ 《论语·子张》，杨伯峻译注：《论语译注》，中华书局 2009 年版，第 203 页。
④ 《论语·学而》，杨伯峻译注：《论语译注》，中华书局 2009 年版，第 3 页。
⑤ 《论语·卫灵公》，杨伯峻译注：《论语译注》，中华书局 2009 年版，第 165 页。
⑥ 《论语·卫灵公》，杨伯峻译注：《论语译注》，中华书局 2009 年版，第 168 页。
⑦ 《论语·乡党》，杨伯峻译注：《论语译注》，中华书局 2009 年版，第 96 页。
⑧ 《论语·卫灵公》，杨伯峻译注：《论语译注》，中华书局 2009 年版，第 161 页。
⑨ 《论语·尧曰》，杨伯峻译注：《论语译注》，中华书局 2009 年版，第 209 页。
⑩ 《论语·季氏》，杨伯峻译注：《论语译注》，中华书局 2009 年版，第 176 页。
⑪ 《论语·阳货》，杨伯峻译注：《论语译注》，中华书局 2009 年版，第 183 页。
⑫ 《论语·季氏》，杨伯峻译注：《论语译注》，中华书局 2009 年版，第 175 页。
⑬ 《中庸·第二章》，王国轩、张燕婴、蓝旭、万丽华译：《四书》，中华书局 2007 年版，第 118 页。

界。荀子也说："先虑之，早谋之，斯须之言而足听，文而致实，博而党正，是士君子之辩者也。"① 察，是指观察、分析能力。孔子"在教育活动中十分重视观察的重要性，甚至可以说，观察是他所有教育活动的第一起点"，"孔子一生开办私学，学生众多，并且情况复杂，而他之所以能成功地进行因材施教，显然与他耐心细致的观察分不开的"。② 孔子曰："始吾于人也，听其言而信其行，今吾于人也，听其言而观其行，于予与改是。"如上，在"知人"的能力中，孔子就提出其重要的途径之一即在于"察"。以丰富的知识为基础，君子还要具备将知识转化为实践的能力，这也是作为从政君子的必备条件。因此孔子认为，"诵诗三百，授之以政，不达；使于四方，不能专对；虽多，亦奚以为？"③ "君子不可小知而可大受也，小人不可大受而可小知也。"④ 一个人就算饱读诗书，却没有工作能力，也是无用之才。君子只有具备了"可以大受"的能力，才能有所担当和作为，才能担负起国家的重任。《论语》中更说："贤贤易色；事父母，能竭其力；事君，能致其身；与朋友交，言而有信。虽曰未学，吾必谓之学矣。"⑤ 可见，儒家对君子已经提出了较高的、全面的能力要求，这也正是君子从政所必须具备的重要素养。

其四，"学而优则仕"体现出"人皆可以为尧舜"的平等观。孔子认为，"有国有家者，不患寡而患不均，不患贫而患不安。盖均无贫，和无寡，安无倾"⑥。孟子提出，"圣人，与我同类者"，"尧舜与人同耳"，"人皆可以为尧舜"。这里的平等思想也是"学而优则仕"的应有之义。而儒家之所以会提出平等观念，其根源即在于"性相近"的人性论理论，以及在此基础上的"有教无类"的教育机会平等观和"因材施教"的发展观。关于孔子提出的"性相近也，习相远也"的命题，从认知层面论证"学而优则仕"中"学"的平等，奠定了孔子的私学教育不拘于门第、身份和地域的基本原则。它强调后天习染的作用，承认教育改造人性的重要作用，反对"亲亲相隐"的世袭制，主张运用教育的手段来改变人，提高人的道德素质和知识水平。因此，"性相近也，习相远也"的人性平等观有力地支撑了"学而优则仕"中教育对象"有教无类"的原则。此外，"有教无类"的教育机会平等观从实践层面助推"学而优则仕"中"学"的平

---

① 《荀子·非相》，[清]王先谦撰，沈啸寰、王星贤点校：《荀子集解》，中华书局 1988 年版，第 88 页。
② 南钢：《论孔子教育思维的形式及特征》，载《山西师大学报》（社会科学版）2012 年第 6 期，第 143 页。
③ 《论语·子路》，杨伯峻译注：《论语译注》，中华书局 2009 年版，第 133 页。
④ 《论语·卫灵公》，杨伯峻译注：《论语译注》，中华书局 2009 年版，第 167 页。
⑤ 《论语·学而》，杨伯峻译注：《论语译注》，中华书局 2009 年版，第 5 页。
⑥ 《论语·季氏》，杨伯峻译注：《论语译注》，中华书局 2009 年版，第 170 页。

等。"有教无类"是孔子教育思想中非常重要的组成部分，它是"性相近"人性平等的理念在教育实践中的运用，彰显了孔子教育公平的出发点。所以，"自行束脩以上，吾未尝无诲焉"，"人洁己以进，与其洁也，不保其往也"。由此，"夫子之门何其杂也"。荀子也认为，"虽庶人之子孙也，积文学，正身行，能属于礼义，则归之卿相士大夫"。"有教无类"的提出，打破了"学在官府"的旧教育传统和制度，使"学在官府"转为"学在四夷"，由"贵胄子弟独占"的学校变为"庶鄙之人私学之门"，使文化教育得以"博施于民而能济众"。又及，"因材施教"的教育发展观促使出仕之人各有其才能和特长。朱熹说，"孔子教人各因其材"，是指孔子善于根据每个学生不同的情况，如资质、性格、能力、心理特点、兴趣、思维状况等，进行有针对性的教育。"因材施教"既体现了孔子在教学过程中对学生的尊重，也是其实现教育公平的有效手段、重要方式和基本教学原则。一部《论语》，多处记述了孔子采用因材施教的原则与方法。总之，"性相近"隐含了孔子的人性平等思想取向，这是实现教育公平的认识前提；"有教无类"彰显了孔子教育公平的出发点；"因材施教"体现了孔子实现教育公平的有效手段和重要方式。而这些，又均体现于"学而优则仕"的价值理念之中，人皆可以通过"学"而为尧舜。

　　当然，从历史的角度看，"学而优则仕"不能不有其局限性，这可以从两个方面加以考察。一是，学的范围主要局限于伦理道德本身。毋庸讳言，这种以伦理道德为根基的思想体系在中国历史上乃至世界历史上作出了独特的、巨大的贡献，构成了中华民族的性格与灵魂，助推国民，尤其是士人君子生成融入于血脉之中的"传道济民""厚德载物"的责任感和担当精神。但是，这种以伦理道德为根本，乃至在孔子编订"六经"之后的若干朝代使其成为一般官、私学中唯一的学习内容，就不能不有其局限性。当然，孔子的教学也注重考习实际活动，其弟子或习礼、或鼓瑟、或学舞、或问仁孝、或谈商兵政事，含有一定的实学性质，但这些也都是围绕着伦理道德而展开的。尤其在孔子编订"六经"之后，"六经"的学习内容对后世影响深远，在彰显出巨大价值的同时，也使教育教学内容长期局限于伦理道德的范围之内。到了宋代，理学家们纷纷借重书院，大力阐扬儒学的伦理思想且把它上升至本体论高度，进行严密的学理论证。他们共同的办学目的就在于接续道统、扶持纲常以再倡儒家"为己之学"，以及"由己及人"的圣贤人格。因此，儒家原典四书五经以及历代史学成为各书院的主要教学内容。这其中的积极意义不言而喻，理学家们以厚重的历史使命感援佛入儒、援道入儒，在儒释道合流的基础上把儒学推向一个新的历史阶段——理学阶段，使儒学在佛、道（尤其是佛教）的猛烈冲击下得以继续向前发展。但是，理学家们尤重经史之学，甚至把道统传授和伦理本位当作了某种永恒不变的教条。黄宗羲在评价朱熹和陆九渊相互之间的学术争鸣时说："二先生同植纲常，同扶名教，同宗孔孟。即使意见终于不合，亦不过仁者见仁，知者见知，所谓'学焉而得其性之所近'，原无有悖于圣人，矧夫晚年又志同道合乎！"①但也应看到，孔子就伦理道德这个范畴所涉及的知识而言，还是比较广泛的，"六经"涉及中国古代文化中的主要经典及人文社科范围。因此有学者认为，中国古代的知识学习是在人文主义这一大框架下所实施的通识教育。关于这一点，本书前文中已引用唐君毅先生的话有所说明。因此，中国传统文化中的教育内容在人格的培养方面，即令在当今仍有其不可忽视的现实价值与意义。但不可否认的是，这一教育内容中缺少的、被忽略的往往是"草木艺能之学"，即科学技术方面的知识和技能，这就不能不产生历史的局限性。在中国教育史上，不少朝代的专门学校设置了一些实用性的课程，一些思想家如北宋的胡瑗和王安石、南宋的陈亮和叶适、清朝初年的颜元等论证了"经世致用"的实学的重要性等，但是从总体上看，实用性的思想和学科在历朝历代的学校教育中均处于非主流的地位，远不能与经学同日而语。不过，需明确的是，中国传统教学内容强调以伦理道德为宗旨的经世之学，本身并无错误，而只是一种局限性，如前所述，其巨大的价值毋庸置疑。因此在当代，学校教育在注重科学技术等学科和课程的同时，绝不可从另一个极端有意或无意忽视了最不应该忽视的伦理道德教育。

二是，由于历史的原因，"学而优则仕"对政治的过分强调导致士人对权力的某种身份依赖。关于这方面，仍要从"学而优则仕"产生的时代背景说起。这应从两个角度来分析。一方面，在当时的时代，士人即知识分子"济世救世"的道路没有其他的选择，甚至其唯一的路径就是政治之路，即游说及劝说各国诸侯或卿大夫接纳自己的主张，以更合理地、更好地治理天下。因此，春秋战国时期的士人，包括孔子，多在列国之间舍生忘死地纵横捭阖，期望将自己的治国之论"货与帝王家"。他们自觉地从为政者的立场和视角出发，目的是为其提供更好的"治民之术"，而且这个立场甚至被上升到了"义"的高度。所以，"学而优则仕"讲的是"为学"与"为政"两个方面，通过"为学"获得"为政"的资格，从而方能实现其政治理想和抱负。由此，充分体现出了当时知识分子所拥有的社会责任感、担当意识及弘道济世精神。政治在孔子的思想世界中，是一项严肃而高尚的事业，值得终生为之努力践行。政治的本性是道德的，直接关乎人的

---

① 《宋元学案卷五十八·象山学案》，[明末清初]黄宗羲撰，沈善洪主编、吴光执行主编：《黄宗羲全集》（第五册），浙江古籍出版社2005年版，第280页。

天命，抛弃道德的政治已经不再是政治。"学而优则仕"就是这种政治思想的体现。但另一方面，这也几乎成了历代知识分子与政治关系的真实写照。可以说，恰恰是在寻求与政治的结合中，在力争"出仕"而实现其抱负的过程中，知识分子与为政者形成了某种较强的身份依赖，其在身份意识上是不独立的。这方面，对后世产生了深远的影响。如果我们从正面来理解孔子及春秋战国时期的士人追寻政治、积极出仕的抱负和品格，那么同时也要看到，在这一过程中所自然伴随的传统士人缺乏独立性、对政治具有较强依赖性的负面因素。这并不是孔子本身有意要如此，而是历史时代所使然。学者郑永年等也指出："儒家是为人的需要而创，从字面就可以看出'儒'是由'亻'（人）和'需'（需要）组合而成。这是一种依附关系，儒生也是一个依附性的阶层……从这个角度讲，中国古代到近代的中国知识分子不是一个独立的知识群体，而是一个依附性的公共知识分子群体，这个群体基本上是为政治服务的。"[1] 刘中建等认为，在古代中国，专制王权对政治、经济、文化等各方面都具有高度的统摄力，任何参与政治的社会力量都必须以王权的依附者的身份及形象出现，儒士亦然。而事实上，思想文化资源又是王权无法完全垄断的，它为现实政治提供了合法性论证，提高专制王权的政治统治和行政管理水平。因为这些资源是被以儒士为主体的知识阶层掌握的，所以儒士与专制王权之间存在这种相互"需要"。儒士在经济、政治资源方面的缺乏决定了他们必须依赖王权而存生，其政治理想亦必须依靠王权才能实现；拥有王权者又必须依靠儒士所掌握的知识来实现自身政权的合法性论证及庞大帝国的有效管理。教化是王权对社会实现有效统治的一个重要手段，而教化的工作主要由儒士来完成[2]。正是士人对权力的某种身份依赖，缺乏独立性，使传统知识分子对有权阶层抱有较大幻想，把实现其理想抱负的期望往往寄托在他们身上，这就往往免不了会造成使理想变成了幻想的结局。孔子率弟子周游列国，向各国诸侯宣传自己的主张，却失败而归，正是有力的说明。再者，这种较强的身份依赖，也往往易导致后世对"学而优则仕"本真含义的摒弃或曲解，使"为官而官""官本位"的恶劣风气肆意滋长，给社会、民族、国家带来相当大的危害。这是应当予以重视并加以克服的。但从另一个角度分析，中国知识分子关心国家前途命运、百姓生活冷暖的情怀是不应被泯灭的，它在新时代、新制度下则应当

---

① 郑永年、徐海娜：《中国当代知识分子生成的历史因素》，载《学习时报》2011 年 10 月 31 日，第 9 版。

② 刘中建、薛玉华：《专制王权的依附型合作者——论儒士政治角色的自我体认》，载《聊城大学学报》（社会科学版）2009 年第 3 期，第 70-71 页。

予以发扬光大。

综上，"学而优则仕"是春秋时期社会大变动的产物，是合乎历史潮流、重视知识价值、任人唯贤和否定世卿世禄与任人唯亲的进步主张，也凸显出了学有所成的知识分子"济世弘道""厚德载物""心系天下"的入世精神和担当情怀。当然，孔子和历史上任何杰出的政治家、思想家、教育家一样，都不可能不受到自己时代和阶级条件的限制。但孔子的杰出之处在于，他能够顺应历史潮流，打破千年以来世袭罔替的亲亲、尊尊、贵贵的世卿世禄制度，提出并推行了从有真才实学的人才中选拔官僚的主张，创导了我国历史上"任人唯贤"的思想传统。"学而优则仕"的思想对我国古代教育制度、选官制度的改革和发展产生了深远而积极的影响，也使忧国忧民、济世弘道、匡扶天下的情怀与担当精神成为中国知识分子群体固有的人格特征。因此，"学而优则仕"的贡献是历史的客观存在，因而是不容忽视的，也是需要正确认识和评价的①。

另外，本书前文还论及，应当对以孔子为代表的先秦儒家所提出的"君君，臣臣，父父，子子"这一对等性、关系性的概念内涵与价值进行准确理解，不能将这一概念与汉代以后的"三纲"等同起来，要搞清楚从"君君，臣臣，父父，子子"到"君为臣纲，父为子纲，夫为妻纲"的历史演变过程。还有，"中庸之道"是儒家做人的极高境界，讲的是人的行为的适度，是一种高明的哲理思维，而非一些人所理解的畏首畏尾、不思进取、和稀泥等含义。如此等等，还有许多需要准确、深刻理解的传统文化内涵，所有这些都需要高水平的教师以高水平的方式向学生加以阐释。唯如此，方能进一步使学生发自内心地提升文化自信。

（四）以优秀传统文化助推当代社会发展的事实增强青年文化自信

中华优秀传统文化不仅从理论上看，具有超越时空的历史和现实价值，而且从实践上看，在当代业已显现出了其推动社会政治、经济、文化、教育等各方面发展的巨大意义和价值。这方面，也同样要向青年人讲述清楚，如下所示。

1. "东方企业精神"即"以儒术饬商事"的儒商精神助推经济发展

儒家以"仁"为核心的思想体系，其要义即是"爱人"。这里的"仁"扎根

---

① 本书关于"学而优则仕"的评析，参考了李申申、李小妮发表于《中州学刊》2018 年第 8 期论文《"学而优则仕"再解读》的内容。

于但又不局限于宗法血缘关系，相反，它是主张要超越这种"亲亲"之爱的。由此，就有了"天人合一""厚德载物""民胞物与""友善诚信"的思想表述，也有了人与人之间敦亲、睦邻、敬长、尊师、父慈、子孝、兄友、弟恭、朋信等的相互关系。在物质生活愈益丰富、科学技术飞速发展的现时代，人们对社会中的此类因素却愈益重视，希望通过对它的唤起和提倡来克服由于片面追求科学技术和经济的发展而造成的人性的失落和道德的衰败。面对中国的崛起与迅速发展，人们开始探讨一种"东方企业精神"，而这种"东方企业精神"的精髓，恐怕就是以"情"和"诚信"为核心的人与人的交往传统。

我们先来看一看百年老字号中医药业的同仁堂和绸缎业的瑞蚨祥以仁德和诚信立业的格言。同仁堂经营的宗旨是"但愿世间人无病，哪怕架上药生尘"，一个"仁"字，写在同仁堂的牌匾上，也刻在了人们的心里。"以义为先，义利共生"，这是同仁堂的古训；"炮制虽繁必不敢省人工，品味虽贵必不敢减物力"，这是同仁堂的承诺；"修合无人见，存心有天知"，这是同仁堂的良心；"同修仁德，济世养生"，这是同仁堂的情怀①。瑞蚨祥——新中国开国大典时升起的第一面五星红旗面料的提供者。它的祖训是"至诚至上，货真价实，言不二价，童叟无欺"，其创始人孟洛川——孟子的第 69 代孙提出的经营原则是"以礼待客，才能以名得利；以德盛金，方能雄踞天下"②。瑞蚨祥的尺子比标准尺子多了一寸，被称为"良心尺"。尺子的两端刻着"天""地"两字，中间刻着"孝悌忠信、礼义廉耻"八个字，意为天地之间有八德。晚年时，人们向孟洛川请教他成功的秘诀，他慷慨地留下了十六个字：财自道生，利缘义取，大商无算，至诚至上。他的五世长孙孟庆钢对记者说，"吃亏"是福，"施"比"受"更为有福，瑞蚨祥卖的是口碑，这是一种经商的大智慧。

另据资料显示，中国香港、台湾地区和新加坡企业发展、经济起飞，走的是一条与西方不尽相同的道路。这就是，一方面靠科学管理和唤起人们坚忍不拔、开拓进取的精神；另一方面则是发挥儒家伦理所内含的情感因素和群体意识，调动一切手段激起员工的积极性、主动性、创造性和以企业为家的群体精神。中国港台地区和新加坡许多有名望的企业家，胸怀宽阔，平易近人，礼贤下士，和蔼可亲，使人有一见如故的亲切感。与人交谈，彬彬有礼；听别人讲话，全神贯注；回答问题，认真明确；熟悉企业员工状况，亲自过问员工生活，不搞唯我独尊；以其勤劳、高效的工作带动全体员工。台湾统一企业公司创始人、第一任总

---

① 白剑锋：《百年中华老字号 把仁义刻进人心》，载《人民日报》2015 年 4 月 5 日，第 2 版。
② 李木：《一代儒商孟洛川》，载《东方企业文化》2011 年第 21 期，第 55 页。

经理高清愿说："股东投入的是资本，员工投入的是青春、智慧和生命。经营者不但要保全股东利益，更重要的是照顾员工。资本可以收回来，而员工的青春一去不复返。因此，照顾员工是经营者最大的责任。"[1] 美国《新闻周刊》在介绍香港"世界船王"包玉刚的文章中说，包玉刚"每天从上午 9 点到晚上 9 点，一年 51 个星期，以高度效率结合东方的情感主义处理繁忙的业务"[2]。

西方有学者认为，"在后工业化的时代，在一个企业内部重视和谐，重视集体的作用和人际关系，就能加强一个企业的外部竞争力，而这种重视内部和谐的精神正是东方的思想，特别是儒家思想的特点"[3]。这种以儒家伦理为基础的"东方企业精神"，或者有人把它称之为"以儒术饬商事"的"儒商"精神，甚至也体现于日本和韩国知名企业的运行之中。注重情感投资和群体意识的培植，使企业员工有一种"劳资一体"的亲切感，这是推动企业发展、经济腾飞的重要因素之一。人非草木，孰能无情？凡是需要人去工作、去献身的地方，不考虑人的情感因素，把人当作机器、工具一样的被动物，久而久之肯定是会出问题的。

2. "一带一路"等发展理念的提出与实施来自优秀传统文化的智慧

当前，中国在国际事务中所奉行的"一带一路""合作共赢""构建人类命运共同体"等发展理念，正在实践中产生越来越好、越来越广泛的效果和影响，得到了越来越多国家和国际组织的积极响应，受到国际社会广泛关注，这是世人所有目共睹的事实。"构建人类命运共同体"的思想还被写进了联合国的多种文件之中。关于此方面，前文已引述国家推进"一带一路"建设工作领导小组办公室所写《共建"一带一路"倡议：进展、贡献与展望》一文中的内容作了进一步说明。

而这种卓有成效的"一带一路""合作共赢""构建人类命运共同体" 理念的提出、推行与实施，正是来自中华优秀传统文化中蕴涵的智慧。在中华文化中，崇尚和合中道、和而不同、求同存异、中庸泰和、天人合一等思维方式是一以贯之的思想，这一思想也深深镶嵌于中国人对问题的思考和实际处理之中。本书前文对"和而不同"的概念已有所分析。这一概念从字面上来讲，可概括为"君子善于协调不同的意见而不盲从附和"。这一概念不仅是中国哲学中的重要命题，而且体现了中华民族待人接物的大智慧，以及宽厚的包容精神和豁达的胸襟。"和而不同"并非指一团和气，也非指追求完全等同，而是在

---

① 周楚等编：《台湾赢家秘籍》，中国发展出版社 1994 年版，第 143 页。

② 张军等编：《香港赢家秘籍》，中国发展出版社 1994 年版，第 15 页。

③ 汤一介：《中国传统文化中的儒道释》，中国和平出版社 1988 年版，第 261 页。

承认矛盾和差异的前提下，善于进行协调、调整、调节，从而使矛盾各方达到平衡、互补、和谐状态，即达到多样性的统一。因此，"和而不同"的思想在当今政治多极化、经济全球化、文化多元化的时代，具有不容忽视的现实意义和价值。也因此，这一思想自然也就成为我国所奉行的"一带一路""合作共赢""构建人类命运共同体"发展理念的思想基础。这一思想与西方所奉行的"零和思维""霸权思维""'修昔底德陷阱'思维"，从而造成世界许多地方动荡不安的局面形成了鲜明的对比。避免陷入"修昔底德陷阱"这一思想所体现出的背后的文化底蕴，也是世界上越来越多的人和民族对中国文化愈益产生兴趣的重要原因之一。

（五）利用互联网和多媒体提升优秀传统文化传承与弘扬的有效性

前述高校的思政课堂上，一些老师已积极利用互联网和多媒体手段，努力推动思政课堂质量的提升，使课堂活起来。本部分则更强调在整个学校层面，紧紧围绕加强中华优秀传统文化的传承与弘扬、加强社会主义核心价值观的培育与践行这一重大战略任务，充分利用互联网和多媒体等现代化的技术手段，使"立德树人"的培养目标得以顺利实现。

可以说，在"互联网+"的时代，"互联网+"为中华优秀传统文化的现代传播插上了有力的翅膀。"互联网+"是互联网、信息化与工业、农业、商业、法律、金融、医疗卫生业乃至教育等传统行业的深度、全面融合，从而形成了新的业态。这种融合不是简单的叠加，不是一加一等于二，一定是大于二。例如，传统的广告加上互联网成就了百度，传统集市加上互联网成就了淘宝，传统百货卖场加上互联网成就了京东，传统银行加上互联网成就了支付宝，传统的安保服务加上互联网成就了360，而传统的交通加上互联网出现了滴滴打车，等等。因此，有了"互联网+"，中华文化走进年轻一代就主动得多，中华文化走出国门就便捷得多。

若把"互联网+中华优秀传统文化传承与弘扬"纳入到高校的规范工作中，可考虑从以下方面入手：利用微信、QQ 在高校的普及化，加强平台建设，弥补碎片化的知识获取；校园网（学校官网）设立"中华优秀传统文化教育"专栏；建立校内专家咨询、解答的网络平台；多媒体融合沟通，强化优秀传统文化的传承与弘扬等。高校实施"互联网+中华优秀传统文化传承与弘扬"，在于高校面对日益现代化的环境，充分利用互联网这一信息传播的新形式，以更有效、更深刻地传承与弘扬中华优秀传统文化的本真精神。

1. 利用自媒体在高校的普及化，加强平台建设，弥补碎片化的知识获取

时代已进入到了自媒体时代，微信、微博、QQ 等自媒体形式在社会中，尤其是在青少年中广为流行。大学生群体在这一潮流中应该说是运用自媒体形式更为普遍、更为成熟的群体。微信、QQ 等相比传统媒体自上而下的被动灌输和宣传，具有更加趣味化、生动化、感染力强的显著特点，且作为自媒体信息传播的一种重要形式，其具有便捷性、平等性和互动性的传播优势。微信、QQ 等的传播优势，深刻地影响着青年一代的世界观、人生观、审美观、价值观等。但是，各种"微产品"又是一柄双刃剑。在微信、QQ 等传媒中迅速传播的信息鱼龙混杂、泥沙俱下，其影响力非常之大但又十分复杂。因此，网络、微信、QQ 等在给我们带来大量便捷信息套餐的同时，也往往带来了碎片化的世界观，这是一种比较肤浅、浮躁的观念。在这种碎片化阅读的氛围中，中华优秀传统文化可能会逐渐黯然褪色，并失去了对青年人的吸引力和控制力，而他们恰恰是传承中华优秀传统文化、实现中华民族伟大复兴的生力军。有鉴于此，笔者以为，各高校已经开通、建设的微信、QQ 等平台在中华优秀传统文化的传承与弘扬、在社会主义核心价值观的培育与践行方面要发挥出更有影响力、更深入人心的传播力量，通过喜闻乐见的形式将优秀传统文化的内容自然而然地融入于高校学子的内心。譬如，学校的微信、QQ 平台定期（一个学期中最好不少于三次）发布有关中华优秀传统文化的知识内容、历史典故、圣贤思想、名人事迹等信息，供青年人欣赏、阅读和学习。在此基础上，可举办全校性的或下属各院系的知识考核、知识竞赛、文化讨论、思想交流等活动，以使优秀传统文化落地生根，并激发青年人对优秀传统文化的当代创新与践行。由此，做到线上线下相交互、理论实践相融合。学者胡伯项指出："创新、发展是科技文化的重要特色，现代科学技术的迅速发展正在深刻地改变着人们的生产方式、生活方式、思维方式，特别是随着互联网、多媒体等现代化传媒的发展，信息覆盖的范围更广、传播速度更快，人类进入了大数据、微传播、微文化的时代，传播方式、传播环境产生了革命性变革。大量涌入的各种信息，既扩大了人们的知识视野，也增加了人们鉴别是非的复杂性和难度。由于西方发达国家拥有网络霸权和信息优势，国际互联网上的'文化霸权主义'问题非常突出，新时代意识形态工作的环境、对象和内容都发生了巨大变化。开放复杂的网络舆论加剧了意识形态引导的难度，是意识形态工作面临的新问题、新考验。在信息时代，网络舆论新形态使我们的工作理念和方式方法不断发生变化，要树立正确的网络安全观，正确处理安全和发展的关系，加强创新意识，尽快在核心技术上取得突破。习近平总书记强调，网络空间是亿万民众共同的精神家园。网络不仅是信息的聚集地与思想观点的交汇处，更是一种话语空间和权力空间，承载着各种类型的文化价值观念、意识形态与政治倾向等。根据形势发展需要，要把网上舆论工作作为宣传思想工作的重中之重来抓。这些清楚地表明，互联网已经成为舆论斗争的主战场，要高度重视网络新媒体时代的意识形态传播，特别是舆论引导和控制的相关问题。"①

习近平总书记有关互联网治理思想的一个重要内容，就是高度重视中华优秀传统文化对网络空间的深度滋养与引领，注重古今历史传承，融汇周边中外，饮水思源，慎终追远。习近平总书记在第二届世界互联网大会开幕式上强调，"要加强网络伦理、网络文明建设，发挥道德教化引导作用，用人类文明优秀成果滋养网络空间、修复网络生态"②；在网络安全和信息化工作座谈会上，习近平总书记再次强调，"依法加强网络空间治理，加强网络内容建设，做强网上正面宣传，培育积极健康、向上向善的网络文化，用社会主义核心价值观和人类优秀文明成果滋养人心、滋养社会，做到正能量充沛、主旋律高昂，为广大网民特别是青少年营造一个风清气正的网络空间"③。

2. 校园网（学校官网）设立"中华优秀传统文化教育"专栏

各高校的校园网（学校官网）是一个学校具有权威性的网络信息发布平台。对于这样一个在学校师生心目中具有高度权威性和信任性的信息平台，除了学校通知公告、学术信息、新闻热点的发布以外，可以而且也有必要在中华优秀传统文化的传承和弘扬方面、在社会主义核心价值观的培育和践行方面、在一些历史悠久的高校继承和光大学校精神方面做文章。首先，校园网可与微信、QQ 平台相互配合，定期发布有关优秀传统文化方面的基本知识，以学校官方的形式体现对优秀传统文化的重视。这一形式的传播不仅对学生，也对教师；不仅对学校一般教职工，也对学校的管理者和领导者。尤其要明确的一点是，这种建立校园网专栏的举措不仅在综合性大学，而且在以理工科为主的院校，包括高等职业技术院校都应该实施，甚至更应该加强，因为理工科院校的性质使中华优秀传统文化传播的氛围相对较弱。其次，学校可依据专栏的宣传内容，以及在微信、QQ 平台上发布的相关知识，定期组织全校性的各类学生的知识竞赛或知识考核，为优胜者颁发相应的荣誉证书，这种证书与其他赛事的获奖证书应当具有同等的效

---

① 胡伯项：《增强新时代意识形态工作的文化底蕴》，载《光明日报》2018 年 2 月 6 日，第 6 版。
② 习近平：《在第二届世界互联网大会开幕式上的讲话》，新华网 http://www.xinhuanet.com//politics/2015-12/16/ c_1117481089.htm，2015-12-16.
③ 习近平：《在网络安全和信息化工作座谈会上的讲话》，载《人民日报》2016 年 4 月 26 日，第 2 版。

力。而且，学校也可以鼓励和督促各院系举办相关的活动，并不断在院系之间进行评比、交流、互鉴等活动。学校层面的力量对"互联网+中华优秀传统文化传承与弘扬"的重视，是其他散在的力量所无法企及的。

在《高校思想政治教育调查问卷》的第 24 题"你所在学校开设的网络平台对于思想政治教育的宣传频次"的选择中，学生选择"非常多"和"较少"两个选项的都很少，而选择"较多"的占 41.33%，选择"一般"的占 42.56%，这反映了高校对网络媒体这种思政教育形式都较为重视，取得了一定的成效，但力度还需加大，还需作进一步努力。

在《高校培育和践行社会主义核心价值观调查问卷（学生版）》的第 5 题"你认为，你校网站关于社会主义核心价值观内容的更新情况"的选择中，学生的选择依次是："更新及时"（51.74%）、"不清楚"（36.50%）、"更新滞后"（10.53%）、"从不更新"（1.23%）。第 16 题"你所在学校开设的微信平台对于中华优秀传统文化的宣传"的选择依次是："频次一般"（42.43%）、"频次较多"（30.58%）、"偶尔有涉及"（21.35%）、"尚未涉及"（5.64%）。由上述选题可见，高校在利用多媒体、互联网宣讲和传播社会主义核心价值观及中华优秀传统文化方面，仍需充分利用已有条件，并要创造新的条件，加强宣讲和传播的力度。

3. 建立校内专家咨询、解答的网络平台

在高校实施"互联网+中华优秀传统文化的传承与弘扬"方面，考虑建立专家咨询、解答的网络平台非常有必要。中华优秀传统文化虽然是与我们的日常生活密切相连的文化，但它在经典的表述中又具有精深的内涵，其古文字的表述言简意赅，且往往含有令人深思的历史典故在其中。因此，除了通过微信、QQ、校园网等普及优秀传统文化知识之外，还需要有精通、谙熟传统文化的专家对青年人指导和点拨，以使青年人对传统文化有准确的把握。

学生对《高校培育和践行社会主义核心价值观调查问卷（学生版）》的第 17 题"你所在学校关于中华优秀传统文化的宣传有无专家的在线辅导"的选择依次是："没有开通专家在线辅导"（41.81%）、"有，不定期辅导"（28.72%）、"有，每学期 1 到 2 次"（18.38%）、"有且经常辅导"（11.09%）。可见，总体上看，高校在开通专家在线辅导中华优秀传统文化方面，还较为薄弱，因此有必要进一步加强。

有鉴于此，高校"互联网+中华优秀传统文化传承与弘扬"的行动中，有必要加强专家咨询、解答的网络平台建设。这种平台，可以是视频对话，也可以是

在线文字交流。平台可以每月开通一到两次，聘请专家坐镇，与青年人进行交流，对他们进行指导、启发和帮助。青年人就对中华优秀传统文化相关知识内容的理解、自己的思考等问题同专家进行敞开心扉、无拘束的交流。这方面，综合性大学在本校聘请专家，难度应该不会太大，但对于一些理工科院校，尤其是高等职业技术院校来说，可能会有难度。这种情况下，可以跨校聘请相关专家，达到优质专家资源共享之目的。

2015 年 12 月 17 日在中国乌镇举行的第二届世界互联网大会之"中国文化网络传播"议题中，由中国文化网络传播研究会和现场主讲嘉宾共同发布了《互联网传承优秀文化倡议书》，其中明确提出："我们愿全世界人民，在互联网时代，以良好的心意、阳光的心态，展示健康的文化，以优美的文字、动听的语言，加强文化交流，化文明冲突为文明对话。中国文化源远流长，饱含智慧，充满浩然正气。中国将以五千年文明积累，以古圣先贤的经验和智慧，奉献给当代与未来，奉献给人类和自然。我们将以不懈的努力，将正确的中国文化传达，让世界真正读懂中国，读懂真正的中国。中国的发展、中国的经验，中国的思想、中国的价值，是中华优秀传统文化创造性转化、创新性发展的写照。中华文明，是一种'中和式文明'，我们的国家，叫'中华人民共和国'。它热爱自然，祈福和平，重视仁爱，不走极端。仁义、道德、慈悲，已经成为中华文化儒道释三家的语言符号。中国文化网络传播研究会的同仁，我们有责任和义务向全世界推介优秀的中国文化，我们深知'以其昏昏，不能使人昭昭'，我们努力在互联网世界向各国展示真实的中国文化，我们不希望有人带着偏见，用一知半解的认识、道听途说的观点审视中国文化，我们也不用这样的心理去认识世界文明，'我见青山多妩媚，料青山见我亦如是'。我们努力把精英层面独有的思想智慧，转化为人类共享的文化力量，实现中国先贤梦想的'为天地立心，为生民立命，为往圣继绝学，为万世开太平'的宏愿。网络世界，是心灵世界的展现，让我们自觉承担起维护网络文化安全、传承网络优秀文化的责任，还心灵一片纯净的天空，给网络世界一个健康的精神家园。"① 这段话，以发自肺腑的语言表达了中国人民向世界推介中华优秀传统文化真正内涵的责任、决心和信心。而在高校校园内，由学校和专家对青年学生进行中华优秀传统文化精髓的讲解、辅导、传播和弘扬，则为青年人真正理解传统文化内涵并在日后向世界有力地宣传和推介中华优秀传统文化奠定了坚实的基础。

---

① 中国文化网络传播研究会：《互联网传承优秀文化倡议书》，http://www.cac.gov.cn/2015-12/17/c_1117498344.htm，2015-12-17.

4. 多媒体融合沟通，强化优秀传统文化的传承与弘扬

此外，应当注重多媒体融合沟通，以强化优秀传统文化的传承与弘扬。多媒体融合沟通，意味着互联网与传统媒体的相互融合，多管齐下，形成在高校传承与弘扬中华优秀传统文化、培育和践行社会主义核心价值观的浓郁氛围。传统媒体如报纸、广播、电影、电视等仍应发挥出其巨大的作用。例如，学校在校内广场边、主干道十字路口处等学生较易于集中之处建立大型屏幕，定时播放有关优秀传统文化的内容；在教室中安放闭路电视，每天早晨上课前或午间播放一定时段的优秀传统文化内容；校史馆除以文字和图片形式介绍学校的历史发展、学校精神的形成之外，还应配有动漫、音频、视频等形式，使其教育形式更加立体化、生动化、鲜活化；还有，让大学生集体或个体诵读《论语》《孟子》等元典作品，在诵读中理解，在诵读中感悟其中的精髓。如此，使这些教育形式同微博、微信、QQ、校园网及专家在线交流等形式融为一体，使学生的大脑得到强化，逐渐形成对中华优秀传统文化的高度认同和深刻理解。

可以说，充分利用网络、媒体加强对中华优秀传统文化的传播、传承与弘扬，无形之中就提升了其传承与弘扬的有效性。在当代，互联网、多媒体既然已经全方位地走进了人们的生活，因此就应当竭力从方方面面让其发挥对人的正向影响，而最大限度地弱化其负面影响。2015 年 12 月 17 日下午，在中国的千年古镇——乌镇，进行着一场世界性的互联网大会，而与此同时，在中国改革开放的前沿阵地——广州，由广东灵机文化主办的第一届互联网+传统文化产业融合高峰论坛也成功举办。在这次广州会议上，香港浸会大学教授、历史专家和文化学者、国学大家宋韶光作了《国学文化在互联网时代变与不变》的主题演讲。其中他说道："文化就是从社会的生活环境中培养出来的，可以说，脱离了生活环境的文化，都无法生长，传统文化想更好地传播，就必须生活化，利用互联网这样的载体实现传统文化的生活化，所以传统文化与互联网就是从不变来求变，在改变载体（从书本到互联网）中，我们一定不能改变的是传统文化本来的精神。"[①]宋韶光教授认为，"互联网与传统文化之间没有冲突，互联网时代之下，应当让文化变得深入浅出，更适应当前的时代环境，也更贴近人们的生活。但前提是保证传统文化的灵魂、核心和本质不变，这是'不易'，在'不易'这个根本性的前提之下，再去寻求传统文化与互联网的结合，就是一种顺时顺势的值得提倡的应变，

---

① 《灵机文化首届互联网+传统文化高峰论坛呼应世界互联网大会》，科技讯网 http://www.kejixun.com/article/201512/145242.html，2015-12-18.

也就是'易'"①。总之，高校实施"互联网+中华优秀传统文化传承与弘扬"，就是高校在面对日益现代化的环境下，充分利用互联网这一信息传播的新形式，更有效、更深刻地传承与弘扬中华优秀传统文化的本真精神。

三、编写中华优秀传统文化的统编教材应提上日程

近年来，党和国家对于中华优秀传统文化的传承与弘扬，对于社会主义核心价值观的培育和践行，对于爱国主义精神的大力提倡和具体落实，加大了宣传的力度，出台了不少政策，也颁布了许多具体措施，由此产生了明显的效果，这是不争的事实。但是，高校在此方面也存在一些需引起重视的问题。

（一）有关中华优秀传统文化的调研问卷映射出情况并不乐观

我们课题组专门有一套面向高校学生的《大学生中华优秀传统文化知识测验问卷》，以此作为工具，以期了解大学生们对中华优秀传统文化方面的知识掌握情况。该问卷调研与向大学生进行社会主义核心价值观认同感调研、社会主义核心价值观培育与践行情况调研同步进行。该三套问卷的发放在全国54所各类高校同时同步展开，共计发放问卷14 730份，回收问卷13 392份，其中有效问卷11 904份，有效率为88.89%。问卷的内容是经过认真讨论并精心选择的、具有一定代表性的中华优秀传统文化知识点，难易程度为中等偏易，共有22道题。从回答问卷的正确率来看，大部分题（17道题）的正确率在60%以上，一半多题（1—13题）的正确率在80%以上。正确率很高（达90%以上）的试题仅有5道，分别是1—5题；正确率较低（不足40%）的试题有4道，分别是19—22题。若以每道题正确获1分、错误获0分计算，则11 904份试卷平均得分为16.18分，得分率是74.32%，这一比例并不很高。这在一定程度上反映出大学生对中华优秀传统文化知识掌握得并不十分扎实，还有较大的提升空间。

与此同时，课题组面向全国48所高校专业教师共计发放问卷1478份，回收1251份，回收率为84.64%；其中有效问卷1189份，有效率为95.04%。在向专业教师提供的《高校培育和践行社会主义核心价值观调查问卷（专业教师版）》中，第14题"作为新时代知识分子，您认为我国传统士人的情怀与担当在当

---

① 《互联网+传统文化产业融合国际高峰论坛圆满结束，颠覆式传承新思路》，灵机文化网 http://linghit. com/news/post-203.html，2016-02-24.

今"，教师们的选项依次是："有所淡薄，应加强传承"（39.61%）、"根据时代要求，有选择地继承发扬"（38.02%）、"很好地传承与发扬"（21.11%）、"新的时代，旧东西已过时"（1.26%）。前两个选项相加，已超过75%，说明教师们对我国传统士人的情怀与担当有所认知，而且对其在当代的有所淡薄显示出一种忧患意识。第15题"您认为，哪些文化类型或理论体系将主要影响学生的价值观念"，教师们的选项依次是："中国社会主义核心价值体系"（37.68%）、"大众流行文化"（31.46%）、"西方外来文化"（15.90%）、"中国传统文化"（14.97%）。从上述选项可见，教师们在影响学生价值观的文化类型和理论体系的选择中，给予"中国社会主义核心价值体系"以重要地位，表达出一种文化自信和理论自信。但是，直接选择"中国传统文化"选项的最少，可见中华优秀传统文化对学生价值观的直接影响比较薄弱。而实际上，"中国社会主义核心价值体系"中已经最大限度地包含着中华优秀传统文化的内容，只是根据回答的选项可知，在学校的教育教学中，未能将此方面的内容予以充分展现。此外，"选择大众流行文化"的不在少数，选择"西方外来文化"的也有一定数量，这些都警示我们要在提升自身水平的同时，需加强对学生的引导。

另外，课题组面向全国46所高校思政人员共计发放问卷1423份，回收1219份，回收率为85.66%；其中有效问卷1165份，有效率为95.57%。在向思政人员提供的《高校培育和践行社会主义核心价值观调查问卷（思政人员版）》中，第12题"作为新时代知识分子，您认为我国传统士人的情怀与担当在当今"，思政人员的选项依次是："根据时代要求，有选择地继承发扬"（40.60%）、"有所淡薄，应加强传承"（35.88%）、"很好地传承与发扬"（22.49%）、"新的时代，旧东西已过时"（1.03%）。第13题"您认为，哪些文化类型或理论体系将主要影响学生的价值观念"，思政人员的选项依次是："中国社会主义核心价值体系"（41.29%）、"大众流行文化"（31.85%）、"中国传统文化"（15.02%）、"西方外来文化"（11.85%）。在上述2题有关中华优秀文化的选择中，思政人员的选项顺序与专业教师基本上一致，可见高校思政人员也有着对优秀传统文化在当今较为淡薄的忧患意识［只是第12题，思政人员对前两个选项的顺序"根据时代要求，有选择地继承发扬"（40.60%）、"有所淡薄，应加强传承"（35.88%）；第13题，思政人员对后两个选项的顺序"中国传统文化"（15.02%）、"西方外来文化"（11.85%）有所颠倒而已］。

实际上，两院院士、时任华中科技大学校长的杨叔子教授早就谈到，1982年他到美国的大学访问时，有几位华人教授不无忧虑地告诉他，中国去美国留学的学生，ABC很好，说明外语很好；XYZ很好，说明数理化也很好；也懂得美元和英镑；只是对中国自己的文化知之甚少。他们不太了解长城、黄河，不太了解文天祥、史可法，一点也不知道《史记》《资治通鉴》。这也就是说，他们不了解祖国的历史、地理、传统文化等，怎么可能让他对国家和民族怀有情感？毕业后怎么让他为国家和民族服务？[①]这确实是近年来我国教育中包括高层次人才培养中存在的一大问题。因此，杨叔子教授在任华中科技大学校长时，为提高学生的中国语文水平，从 1995 年起对新入校的研究生、本科生和专科生进行中国语文水平达标考试。考试不及格者要补考，毕业前补考不及格者，研究生和本科生不发学位证，专科生不发毕业证。1997 年，改为学生入校一年后再进行考试[②]。这是一种很好的提升学生中国语文水平的方法和措施，坚持下去并发扬开来，必能有效提升学生的中国语文水平及其综合素养，促使学生成为有着较为深厚民族文化积淀的国际化人才。但遗憾的是，这一有效措施并未能在全国各类高校实质性地、卓有成效地推广开来。相反，在国际化的浪潮一浪高过一浪的急功近利的形势下，整体上看高校对民族优秀文化的传承与弘扬所取得的成就并不令人满意。

（二）人文社科类理论研究（含硕、博士研究生的研究）存在不少仅以国外理论作为研究基础的现象

人文社科类理论研究（含硕、博士研究生的研究，包括学位论文的撰写），其所涉及的问题往往与本国社会、经济的发展密切相关。但据了解，近年来这类学科如经济学、法学、教育学等，其理论研究（含硕、博士研究生的研究，包括学位论文的撰写），存在不少仅以国外理论作为研究基础的现象。笔者对教育学研究中的这一现象深有了解，并深有感触，也曾指出这种思维的偏颇和局限性。这里需强调的是，不是说国外的理论一概不能作为研究的基础，正相反，国外毕竟在诸多研究方面已走在了前列，对此我们可以学习、借鉴。笔者也并不赞同一些人囿于自身文化的圈子，眼光狭隘，夜郎自大，食古不化，拒斥借鉴一切外来的好东西。而问题在于，借鉴不等于照搬，受启发不等于一概签收，尤其在研究中国的问题时视西方理论为唯一研究基础，唯西方马首是瞻，问题就更大了。这样的话就使人怀疑，由此得出的结论、提出的对策，以及所发表的铺天盖地的论文，对中国的政治、经济、社会、教育等的发展和提升到底有多大用处？这种情

---

① 杨叔子：《高等教育的五"重"五"轻"》，载《中华读书报》2002 年 10 月 9 日，第 9 版。
② 杨叔子、刘献君、李光玉等：《在理工科大学中加强文化素质教育的研究与实践》，载《高等工程教育研究》1998 年第 1 期，第 3 页。

况表明，许多学者（含硕、博士研究生）对自身文化的了解远不如对国外文化的了解。实际上，近些年来，经济学、法学、教育学等学科中，学者们对此类问题已经有所反思。

在教育学方面，2008 年，学者于忠海就尖锐地指出，"连篇累牍的文章、著作充斥着新术语、新概念、新体系"，然而其"思辨的目的不是研究教育，而是研究西方的话语，以本土的教育论证他人理论思想的合理性。在这里，由于西方话语脱离本土，语言由交流的工具变成了书写的工具，失去了真实生活的意义。研究者用陌生的术语冒充原初的教育思想，以体现依赖于新术语的思想深刻性，结果只能是思想贫乏、淡而无味的饶舌而已……以外在的语言代替教育的存在，以对外在语言的感悟、体验代替对教育的研究"，这种对"西方哲学社会科学术语的机械嫁接，缺乏学科融合与本土基础，生硬的套用反而削弱了这些术语固有的思想价值和实践使命"。[1]笔者于 2010 年也在论文中指出，一些人"在讨论或论证教育问题时，往往以西方哲学界或教育理论界惯常使用的概念和话语作根基，将其直接地、简单地套用到中国的教育改革实践中和教育理论的构建中。实际上，简单地套用西方学界的话语和深刻理解西方思想家探索问题的智慧和方法，这两者原本就不在一个层面。以至于，在'教育学研究中实际上奉行着一种"西方标准"，用西方话语来"套解"中国教育似乎成了一种时尚，导致一些研究者在尊奉他者的同时也失去了学术自我'"，"在论证与争鸣中，一些研究者表现出对本国历史和西方历史缺乏基本的了解，而仅就字面本身的含义加以辨析，这样绕来绕去，实际上仍无法去解读中国教育的真情实况。我们不仅摆脱不掉，反而恰恰使历史积淀下来的负面因素得以泛滥与张扬"。[2]"改革开放以前，我国教育理论的研究长期处于封闭的状态，对外来的东西尤其是对西方的东西基本上持排斥和否定的态度。例如对赫尔巴特、杜威等一些西方近现代著名的教育家及其教育思想，简单化地冠之以'反动的资产阶级思想家'或'帝国主义的思想家'的帽子，对其一批了之，并不作深入的判断和分析。由此造成的后果，是众所周知的：它导致了教育理论研究政治口号化、表层化甚至幼稚化。面对活生生的、有情感、有意志、有血有肉的人却使用了这种极端的做法，这是教育学科最忌讳的。拨乱反正后我们在改革开放中也确实意识到了这一点。由此，30 余年来我们敞开国门与国外同行交流，我们放眼世界对异域的优秀思想与文化

① 于忠海：《思辨的危机与思想的贫乏——方法论视野中的教育研究现状透视》，载《教育学术月刊》2008 年第 10 期，第 6-7 页。

② 李申申、吕旭峰：《近年来我国教育理论争鸣的考察与省思》，载《深圳大学学报》（人文社会科学版）2010 年第 6 期，第 159 页。

加以借鉴与吸纳，促进了教育理论研究的繁荣、思维水平的提升，开阔了探究问题的视野。然而，近年来的教育理论研究面对滚滚而来的西方哲学理论与教育理论的大潮，似乎又偏向了另一个极端——对西方哲学和教育理论思维方式与话语唯命是从，似乎不使用西方思辨性推理与结论，不使用西方哲学和教育理论界惯常的话语，就构不成对教育理论的真正研究，也就不能真正解决中国教育的实际问题。至于中国教育的现实状况、中国教育的历史传统与西方有何差异，如何在基于教育实践的基础上使外来教育理论中国化，似乎是不屑于考虑的问题。"①时隔已十年有余，上述状况似乎并未得到缓解，且又流传到硕、博士生中去，这是令人忧虑的事情。

陶行知先生对于近代以来中国教育急于追赶西方文明的过程中曾有过的此类教训予以深刻的剖析："以前的教育，都是像拉东洋车一样。自各国回来的留学生，都把他们在外国学来的教育制度拉到中国来，不问适合国情与否，只以为这是文明国里的时髦物品，都装在东洋车里拉过来，再硬灌在天真烂漫的儿童的心坎里，这样儿童都给他弄得不死不活了，中国亦就给他做得奄奄一息了……我们现在要在中国实际生活上面找问题，在此问题上，一面实行工作，一面极力谋改进和解决……我们认定必须这样，将来中国的新教育才能产生呢！"②钱穆先生也曾说，"今天，我们东方人的教育，第一大错误，是在一意模仿西方，抄袭西方。不知道每一国家每一民族的教育，必该有自己的一套"，而"教育的第一任务，便是要这一国家这一民族里面的每一分子，都能来认识他们自己的传统。正像教一个人都要认识他自己"。③前文所引著名教育家杜威在五四运动前后来我国作演讲时说的一段话，也对我们有着相当大的启发。可以说，这些话直至今天对我们都有着振聋发聩的作用。

北京大学历史系钱乘旦教授在《中国学术要构筑自己的话语》一文中指出："从 19 世纪下半叶起，中国人大规模引进西学，开始了中国学术的彻底转型。这一方面打破了中国学术封闭的状态，让国人接触西方思想和文化，对改变国人观念、推动中国转型作出了贡献；另一方面，也助长了一种新的思想定见的形成，即凡是西方的都是'进步'的，凡是中国的都是'落后'的。这种判断固化之后，就成为一种观念崇拜，如宗教一般进入中国人的思想。现在，中国人头脑里装满了'进步'、'发展'、'先进'、'落后'、'规律'、

---

① 李申申、吕旭峰：《当前教育学学科理论研究中方法论层面的反思》，载《河南大学学报》（社会科学版）2010 年第 4 期，第 129-130 页。

② 华中师范学院教育科学研究所编：《陶行知全集》（第 2 卷），湖南教育出版社 1985 年版，第 17-18 页。

③ 钱穆：《国史新论》，生活・读书・新知三联书店 2001 年版，第 203 页。

'必然性'这一类西方文化特有的概念，为了不'落后'，因袭照搬西方话语，也就成了中国学术'进步'的标志。20世纪以来，中国学术越来越'欧化'、'美化'，其原因就在这里。这不是说，中国学者不在做中国学术，而是说，有更多的中国学术变成了西方学术的传声器：套用西方方法、论证西方结论、用西方语言说话，甚至直接重复西方话语。""但问题出在缺乏思考，从一个极端走向另一个极端，现在的危机是迷信盲从，而不是封闭无知。无疑，我们对西方学术仍需要关注，抱虚心学习的态度，紧追学术前沿，舍此就不能进行学术交流、不可开展学术对话。但无论是学习借鉴还是交流对话，都意味着'先了解、再吃透、有思考、做分析'。其实，西方学术中最值得赞赏的是它的独立思考与批评精神，有了批评才有创新，也才有活力。西方人在不断批判自己：康德批判、黑格尔批判、'科学理性批判'、'工业资本主义批判'，等等；通过批判前人，后人成就出新的理论和新的体系，如亚当·斯密批判重商主义，凯恩斯批判国家放任主义，新的'主义'在批评中产生，西方经济学就是这样发展的。设想哪一天，中国学术界出现了例如'哈贝马斯批判'、'新自由主义批判'这样的作品，即便它显得幼稚，也是逐渐走向成熟的表现。到那时，中国就出现'大师'了。学术要求思考，思考是批评的第一步。中国学术不能再人云亦云，不能再唯'外'是从了。现在缺少的正是思考，是在思考基础上的分析与批判，这是当前中国学术最大的障碍。现在的中国学术不是无知，而是没有自信，中国学术应当构筑自己的话语了！""构筑自己的学术话语，中国学术有丰富的资源。我们有几千年的文明积淀，也有一百多年学习西方的经验，中国文明和西方文明在许多方面可以互补，其理论和方法各有所长。比如，西方的逻辑是非此即彼，中国的思路是相生相克；西方倡导人胜自然，中国相信天人合一；西方主斗、以力克人，中国主和、以柔克刚；西方言'必然'，中国言'或然'；西方重'法'，中国尚'德'；西方趋'利'，中国劝'义'……这些都是差异，但现代社会走到今天却已说明：若将东西方文明联系起来、取长补短，则能更加赐福于人类。"①这些精辟的阐释，对我们当今的学术及其发展，同样具有警醒和启迪的作用。

（三）编写统编教材"中华优秀传统文化读本·高校版"应提上日程

青年人是创造性转化和创新性发展中华优秀传统文化的生力军，这决不能仅停留在口头上说说而已。实际上，它是关乎到文化的生死存亡、民族能否在世界

---

① 钱乘旦：《中国学术要构筑自己的话语》，载《中国社会科学报》2013年2月4日，第B01版。

上挺立并继续发展的问题。既然对青年抱有殷切的期望，那么就要对他们进行扎扎实实的、下大气力进行的教育。由以上所述状况可见，这并非一件轻而易举的事情，但又是一件必须要做而非做不可的事情。只有将优秀文化的精髓融入他们的内心和血脉之中，使其具有能抗击风雨的文化的定力、文化的自信，从而文化的传承、文化的创新与发展才有可能。正如北京大学叶朗教授所强调的，"传承中华优秀传统文化是大学的重要使命"。他说："习近平总书记在党的十九大报告中指出：'没有高度的文化自信，没有文化的繁荣兴盛，就没有中华民族伟大复兴。'中国文化历史悠久，中华优秀传统文化的理论内核、精神价值、道德规范、审美特色，需要我们下功夫深入研究和阐释。由于大学特别是著名大学聚集了一大批知名学者，并且这些学者往往从事各文化领域的重大课题研究，因此，在这方面大学有独特的使命。""我们要引导大学生接近中华文化的经典，使他们熟悉经典，阅读经典，欣赏经典，热爱经典，深化他们的中国文化的根基意识。传承发展中华优秀传统文化，也要坚持创造性转化和创新性发展。用冯友兰先生的说法，对中外优秀传统文化，我们不仅要'照着讲'，而且要'接着讲'。'接着讲'就是创造性地转化和创新性地发展，'接着讲'就是在继承前人基础上，实现对前人的超越。就美学和艺术学领域来说，我们着重思考的是，在吸收和融合西方学术成果的同时，如何体现中国精神和中国特色。在这方面，我们做了一些尝试。我们的美学、艺术学基本理论要想体现中国眼光，体现中国立场、中国精神、中国特色，最重要的是我们在美学、艺术学理论的核心区域要有新的理论创造，要从大量的历史资料中提炼出具有强大包孕性的概念和命题，形成一个稳定的理论核心。这又要求我们对中国传统的美学和艺术学进行深入、系统的研究，并在此基础上实现创造性的转化。"[①]

　　有鉴于此，笔者以为，组织相关专家编写一套高质量的、适合高校学生学习的"中华优秀传统文化读本·高校版"，是一件不可缺少的事情，也是一件刻不容缓的事情，应当提上日程。据了解，目前高校所进行的中华优秀传统文化教育，尚没有一套统编教材，这会影响教育的效果，应当抓紧时间来做。

　　既然厚重而丰富的中华优秀传统文化，应当系统而较为深刻地使高校学生理解并掌握，那么教材的编写应从以下几个方面来加以考虑。

　　首先，注意文化介绍的全面性与系统性。由于中华历史悠久的灿烂文化彰显

[①] 晋浩天：《叶朗：传承中华优秀传统文化是大学的重要使命》，载《光明日报》2017 年 11 月 23 日，第1 版。

于多朝代的历史及思想、政治、文学、语言学、历史学、医学、科技等方面面面，并不囿于某一单个方面，因此教材的编写应当对各方面有所兼顾（当然应详略得当）。只有这样，才能让学生较全面、系统地了解中华文化，提起深沉的文化自信和文化自觉。

其次，注意教材编写的学术性与可读性。编写优秀传统文化教材，一定要建立在严肃的学术性基础上。任何文化的介绍、阐释和评价都首先必须恪守其真，来不得半点儿含糊，这是不能逾越的红线、底线。与此同时，在恪守其真的基础上，要面向我国所有不同类型高校、不同类型专业、不同学历层次等的各类学生的理解和接受能力，注意把握教材内容深、浅的"度"，既不能写成只有专业人士才能看懂的学术专著，也不能写成"史话""演义""小说"等之类的通俗读物。这就是说，要使教材既体现一定的理论深度，并能激发青年大学生的理性思维，同时又能够透过可读性较强的、学生易于并乐于接受的语言表达和叙述方式将理论深度体现出来。这是看起来容易，而实则相当难把握的"度"，没有高度的责任感、较深厚的知识底蕴及文字功力，难以达到最佳的效果。

最后，注意整个华夏文化与区域文化、与域外文化的融合、交流与沟通。中华文化的产生、发展及其放射出来的灿烂光芒，并非孤芳自赏、闭门造车，并非与我国各地区的区域文化、民族文化乃至域外文化毫不相干、局限于一隅。相反，它是与区域文化、各民族文化乃至域外文化相互吸收、相互启发、互鉴互补的（关于此方面，本书前文已有所阐述）。

四、打造一支人数众多而又超凡脱俗的优秀教师队伍

由上述可知，在青年学生"成人"的过程中，要使中华优秀传统文化的精髓渗透其血脉之中，教师的作用是至关重要的。因此，打造一支人数众多而又超凡脱俗的优秀教师队伍，应当提上日程。这里所说的不仅是高校中的通识课、思政课教师，也包括所有专业课的任课教师；不仅是面向学生直接授课的一线教师，也包括高校中党、政、工、团等各部门的所有人员乃至各级领导干部。只有大家形成合力，才会获得良好的教育效果。当然不可否认，一线教师是更直接通过知识传授影响学生的教育工作者，其一言一行、一举一动都会对学生产生相当大的影响。19世纪俄国著名教育家乌申斯基曾说，无论有什么样的规程和教学大纲，无论学校设有什么样的机构，无论它有考虑得多么周密的方法，也不能替代教师在教育工作中的个人作用。他指出，教师的人格就是教育工作的一切。19世纪德

国著名教育家第斯多惠也曾说过，教师自身所没有的东西是很难教给学生的。

（一）高校需要更多"经师"与"人师"集于一身的超凡脱俗的教师

17世纪捷克著名教育家夸美纽斯曾高度评价教师职业说，太阳底下没有比教师的职务更崇高、更优越的了。他把教师称为高明的塑像家，能塑造出完美的形象来，称颂教师是以燃烧的火炬驱散知识中的暧昧。20世纪德国著名哲学家雅斯贝尔斯曾说，教育是人的灵魂的教育，而非理智知识和认识的堆积。由此可以说，学生素养的生长往往与教他们知识的教师本身的素养具有相当大的关联度。因此，形成一支人数越来越多的高素质的、令学生信服并在学生中享有较高威望的教师队伍，是十分必要的。我们需要更多集"经师"与"人师"于一身的具有超凡脱俗气质的优秀教师。这样的表述并非说目前我国高校没有优秀教师，其实我国高校中不乏热爱学生、热爱教育事业的优秀教师，也不乏在各专业的科学研究中取得优异成果的优秀学者。本书这里所强调的"具有超凡脱俗气质的教师"，是指在一般优秀教师的基础上，具有更高境界、更完美的人格修养、更深厚的学术功底、更执着的学术追求，在学生中具有人格和学识的双重魅力，令学生发自内心尊重与信服的教师。这种教师内心有着坚定的操守，无论任何情况下都不会失去教师应有的担当和责任意识；这种教师不仅乐意面向学生任教，而且谙熟各种高明的教育艺术和方法，在促使学生全面而又富于个性的发展中游刃有余，其教育家的风范熠熠闪光；同时，这种教师面对当前具有较强功利性的、以量化为主的科研评价环境，具有正确的心态，一方面以真诚的学术态度不回避量化，另一方面又不囿于量化，而是使学术研究同育人的使命密切相连，追求一种学术的本真、育人的本真。这种教师并非不食人间烟火，他们也有七情六欲，但又确实有一种超凡脱俗的气质而令人敬重。当前，高校中这样的教师数量仍显得偏少，在从精神层面对学生有着难以磨灭的深沉影响的角度来看，高校十分需要越来越多的这样的教师。具有超凡脱俗气质的优秀教师，又与我国历史上著名教育家、思想家的人格有着相似、相同之处。在这些教师身上，有着孔子的"循循然善诱人，博我以文，约我以礼，欲罢不能"的因材施教艺术，胡瑗的"为人师，言行而身化之，使诚明者达，昏愚者励，而顽傲者革。故其为法严而信，为道久而尊"①的言传身教法，孔子的"爱之，能勿劳乎？忠焉，能勿诲乎？"和朱熹的"讲论经典，商略古今，率至夜半。虽疾病支

---

① [宋]欧阳修：《胡先生墓表》，[宋]欧阳修著，李逸安点校：《欧阳修全集》（卷二十五），中华书局2001年版，第389页。

离，至诸生问辨，则脱然沈疴之去体。一日不讲学，则惕然常以为忧"的诲人不倦精神，等等。

在 2018 年 6 月 21 日召开的"新时代全国高等学校本科教育工作会议"上，教育部部长陈宝生发表了题为"坚持以本为本 推进四个回归 建设中国特色、世界水平的一流本科教育"的讲话。其中的"回归本分"，是面向教师的要求。他在讲话中强调："回归本分，就是教师要潜心教书育人。教师的天职就是教书育人，教授就得教书授课，离开了教书授课就不是教授。必须明确，高校教师不管名气多大、荣誉多高，老师是第一身份，教书是第一工作，上课是第一责任。要引导教师热爱教学、倾心教学、研究教学。高校教师要做到'德高'，以德立身、以德立学、以德施教；做到'学高'，下苦功夫、求真学问，以扎实学识支撑高水平教学；做到'艺高'，提升教学艺术，善于运用现代信息技术，提升改造学习、改造课堂的能力。说到底，回归本分，就是要按照总书记对教师提出的政治素质过硬、业务能力精湛、育人水平高超、方法技术娴熟的要求，让教师潜心教书育人，更好担当起学生健康成长的指导者和引路人。"[①]这也是对"经师"和"人师"完满结合、具有超凡脱俗气质教师的一个很好的诠释。

（二）教师在自身修养中应将科学素养与人文素养综合提升

重要的是，应激励教师提升自身的综合素养，在深入钻研并娴熟掌握专业知识和技能的基础上，拓宽自己的知识视野，将科学精神、科学素养与人文精神、人文素养结合于一身，以适应时代所赋予的使命。笔者这里所提的人文精神、人文素养，其中毫无疑问包含着中华优秀传统文化的内涵。能将科学精神、科学素养与人文精神、人文素养结合起来的教师，肯定会是深受学生喜爱和尊敬的老师，学生进而"亲其师"而"信其道"，信服教师所讲的道理，并使之成为其践行的动力。因为，这样的教师不仅能以生动而富有感染力的语言将专业知识精辟而透彻地教授给学生，而且能激起学生关切国内外大事、关切人类和民族命运的人文情怀，同时也能公正而又智慧地处理教学中遇到的各种问题。马克思早在 19 世纪就已提出："自然科学往后将包括关于人的科学，正像关于人的科学包括自然科学一样：这将是一门科学。"[②]前文也提到了爱因斯坦、梁思成、杜维明等大家有关科学教育和

---

① 陈宝生：《在新时代全国高等学校本科教育工作会议上的讲话》，载《中国高等教育》2018 年第 Z3 期，第 7 页。

② [德]马克思：《1844 年经济学哲学手稿》，中共中央马克思恩格斯列宁斯大林著作编译局译：《马克思恩格斯全集》（第 42 卷），人民出版社 1979 年版，第 128 页。

人文教育关系的论述。此处再分别举出爱因斯坦和杜维明的另段论述。1931 年，爱因斯坦在给加利福尼亚理工学院的学生作演讲时说："如果你们想使你们一生的工作对人类有益，那么你们只了解应用科学本身还是不够的，关心人本身必须始终成为一切技术努力的目标，要关心如何组织人的劳动和商品分配，从而以这样的方式保证我们科学思维的结果可以造福于人类，而不致成为诅咒的祸害。当你们沉思你们的图表和方程式时，永远不要忘记这一点！"[①]2010 年，杜维明在浙江大学的演讲中指出："什么是一流大学？大家都很关注，我想至少可以用两种标准来评判。一种是大家都熟悉的标准，就是量化标准。另外一种是'影响'，这个'影响'是没法量化的……还有一个'影响'的标准，很多人不注重，但是我认为很重要。例如，马来亚大学对于马来西亚，东京大学、京都大学对于日本，首尔大学、高丽大学对于韩国，新加坡国立大学对于新加坡，这些大学对于本国的影响力，远远比美国常青藤所有大学加起来对美国的影响力都要大。但是这种影响力不能量化。我们从中了解到，这些大学有着相同的特质，那就是，人文学的力量毫无疑问地都非常强。它对其所在社会的影响力是不可动摇的。"[②]可见，人文素养和科学素养之于人的成长与社会发展具有同等的重要性与不可或缺性。而我们要培养科学素养和人文素养相结合的全面发展的人，教师本身就必须首先具有这种素养。教师所具有的这种综合素养，是需要自身不断积累、不断学习充实自己、不断将所从事的专业同对社会、对人的关切紧密相连，而不断增长起来的。问题正如前已述及的，在目前的高校教师队伍中，这样的具有全面素质的人才仍显偏少，应当通过多种渠道使更多的教师丰满起来，由此方能更加有效地影响和教育学生。

笔者曾在《"双一流"建设更唤大师》一文中说道："当今大学仍需呼唤大师——呼唤能在世界面前彰显中国风格、中国精神、中国气派的思想之师，能以厚重的自然科学或社会科学研究成果开启新的研究领域和研究道路的理论之师，并以自己人格所达到的境界令后世敬仰甚至追随的人格之师。""大师的学术与人格双重魅力在学生中具有天然的感召力、亲和力，是对学生进行良好的专业教育和人格熏陶的不可替代的力量，也是引领和感召青年教师形成师之为师境界的无形力量。"[③]

---

① ［美］O. 内森、H. 诺登编，李醒民译：《巨人箴言录：爱因斯坦论和平》（上），湖南出版社 1992 年版，第 171 页。

② 杜维明：《人文教育与大学灵魂——杜维明教授在浙江大学求是大讲堂的演讲》，载《解放日报》2010 年 8 月 15 日，第 8 版。

③ 李申申：《"双一流"建设更唤大师》，载《中国教育报》2017 年 12 月 28 日，第 7 版。

2018 年 5 月 2 日习近平总书记在北京大学师生座谈会上的讲话强调，"人才培养，关键在教师。教师队伍素质直接决定着大学办学能力和水平"，"建设政治素质过硬、业务能力精湛、育人水平高超的高素质教师队伍是大学建设的基础性工作。要从培养社会主义建设者和接班人的高度，考虑大学师资队伍的素质要求、人员构成、培训体系等。高素质教师队伍是由一个一个好老师组成的，也是由一个一个好老师带出来的。2014 年教师节时我同北京师范大学的师生代表座谈时就如何做一名好老师提出了 4 点要求，即：要有理想信念、有道德情操、有扎实学识、有仁爱之心。我今天再强调一下。古人说：'师者，人之模范也。'在学生眼里，老师是'吐辞为经、举足为法'，一言一行都给学生以极大影响。教师思想政治状况具有很强的示范性。要坚持教育者先受教育，让教师更好担当起学生健康成长指导者和引路人的责任。评价教师队伍素质的第一标准应该是师德师风。师德师风建设应该是每一所学校常抓不懈的工作，既要有严格制度规定，也要有日常教育督导。我们的教师队伍师德师风总体是好的，绝大多数老师都敬重学问、关爱学生、严于律己、为人师表，受到学生尊敬和爱戴。同时，也要看到教师队伍中存在的一些问题。对出现的问题，我们要高度重视，认真解决。要引导教师把教书育人和自我修养结合起来，做到以德立身、以德立学、以德施教"。①习近平总书记的这些话语，应当成为高校提升教育工作水平的重要指导。

还有，教师提升自身的综合素养，同时也应包括智慧地处理问题，即寓教育机智于其中。无论各科教师，要想使教育工作深入学生的内心，教育智慧都是不可或缺的。19 世纪德国教育家赫尔巴特曾指出，教师所具有的爱和权威这两样东西缺一不可。"爱"是一种情感的交流与和谐。一个性格孤僻、脾气古怪、语调生硬、对人冷漠的人不可能得到儿童的爱，但对儿童过分亲热，毫无尊严、权威的人也得不到爱。因此，在"爱"和"权威"之间要寻找一个平衡点，或者说契合点，亦即要把握"度"。教育机智、教育智慧是教师面对学生的高超的教育艺术。可以说，教育既是一门科学，也是一门艺术，而且是一门十分复杂的艺术。所谓教育智慧，不是不要有批评，也不是不要有惩罚，而是在纷繁复杂的境况中，对每位学生在一视同仁的基础上将问题处理得恰到好处、无过无不及，在润物细无声中激发心灵深处的美。本书前已述及，我们的教育事业，毋宁说是在永远寻找促使人健康成长的教育过程中的最佳平衡点或契合点，在新与旧、中与外、在看似各种对立或矛盾的

---

① 习近平：《在北京大学师生座谈会上的讲话》，中国政府网 http://www.gov.cn/gongbao/content/2018/content_5294413.htm，2018-05-02.

方法中寻找最佳平衡点或契合点，少走弯路，培养学生在健康人格的基础上各尽其才。由此，我国传统文化中的"中庸之道"——"君子尊德性而道问学，致广大而尽精微，极高明而道中庸"，是一种极高的思想境界和做人的艺术。作为一名当代高校教师，为寻求最佳的教育教学效果，应当竭毕生精力去探索这一思想境界和做人的艺术，并在实践中加以运用。

五、以抗疫为契机引导高校青年提升文化自信

有感于中国人民在党和政府的坚强领导下，经过数月艰苦卓绝的抗疫斗争，取得了阶段性重大胜利，并彰显出中华民族伟大的抗疫精神，而这正是引导高校青年学生提升文化自信的有利契机，笔者在 2020 年 9 月 17 日的《中国教育报》上发表了一篇题为《伟大抗疫精神坚定青年学生文化自信》的文章，力求揭示出应当不失时机地提升对青年学生进行教育的感染力、实效性和生动性的道理。在此，将文中的内容再次予以展现，以进一步凸显和强调伟大抗疫精神所蕴含的中华文化核心价值取向的巨大正向功能，及其所产生的不容忽视的教育力量。文章内容如下：

全国抗击新冠肺炎疫情表彰大会近日召开，习近平总书记在重要讲话中指出，抗疫斗争伟大实践再次证明，社会主义核心价值观、中华优秀传统文化所具有的强大精神动力，是凝聚人心、汇聚民力的强大力量。文化自信是一个国家、一个民族发展中最基本、最深沉、最持久的力量。

可以说，伟大抗疫精神背后所透射出的正是中华优秀传统文化的精髓与价值内涵。因此，以此次战"疫"为契机，认真挖掘伟大抗疫精神中的中华优秀传统文化精髓与价值内涵，从而引导高校青年提升文化自信、增强文化定力，成为我国高校教育教学无法回避的神圣使命。

全民齐心战"疫"，彰显中华优秀传统文化巨大正向功能。

2020 年年初，整个世界都面临着一场罕见的抗击新冠肺炎疫情的斗争。这场斗争不仅是对各国抗疫能力的考验，更是对各国社会治理能力和各民族文化及其价值观的一种无声比较。可以说，中国人民在这次抗疫斗争中，上下一心、同舟共济、共克时艰，以"壮士断腕"的意志和决心，在短短两个多月之内迅速抑制住了疫情，为其他国家赢得了宝贵时间，并又尽己之力支援其他国家抗疫，赢得了包括世界卫生组织在内的很多国家和国际组织的赞誉，也让世人见证了中华文化核心价值取向的巨大正向功能。

其一，以"苟利国家生死以，岂因祸福避趋之"为表征的强烈家国情怀。中国儒家文化中，以"修齐治平"为基座的文化传统与价值追求，已经成为传统士人和国民"日用而不知"的追求。因此，一代一代中国人往往把家国利益看得比个体利益更为重要，尤其是在国家遭遇到大灾大难的关键时刻，这一价值取向就更显现出来。在这次抗击新冠肺炎疫情的斗争中，各行各业的人，无论身份、性别、年龄、职业，中国人的这种家国情怀，展现得淋漓尽致。

其二，以"与人不求备，检身若不及"为动力的、内在超越的、自觉自律的主体性。在中国奉行的天、地、人"三才共治"的"天人合一"的整个宇宙人生观大系统中，各个方面相互关联、相互影响、相互作用，且"一损俱损，一荣俱荣"。人是这一大系统中的有机组成部分，而且是能发挥能动作用的有机组成部分。这种主体性，是以"厚德载物"和"仁者爱人"为基座的主体性，体现的是一种反求诸己的向内下功夫的内在超越，其超越时空的魅力是不言而喻的。像持志养气、居敬存诚、慎独内省等，都是古人进行自我修炼的重要方式。所以，中国人同样是强调人的主体性发挥的，而且认为"人皆可以为尧舜"。只是，这种主体性重在向内下功夫，而非一味强调外在的张扬罢了。在这次抗击疫情的斗争中，中国人积极配合国家出台的各项措施、自觉约束自己日常行为，这种自律精神，是促使国家较短时间内控制疫情、快速扭转局势的重要原因之一。

其三，以"老吾老以及人之老，幼吾幼以及人之幼"为情感依托的仁者风范。中国传统文化视域中的人是一种关系性的存在，人的发展和完善脱离不了与周围人和物之间的关系，眼中有"他者"是中国文化的重要特征。因此，尊老爱幼、尊师爱生、君明臣忠、父慈子孝、兄友弟恭、朋诚友信等，成为情感抒发的重要内涵。在这次抗疫斗争中，中国人对自己同胞的深厚情感也展露无遗。在"应收尽收""应治尽治"①方针之下，中国决不放弃任何一个患有新冠肺炎的同胞。与目前整个世界的疫情相比，中国把病亡率控制在了尽可能小的范围之内。

其四，以"贤者不悲其身之死，而忧其国之衰"为壮怀的牺牲奉献精神。那种"人生自古谁无死，留取丹心照汗青""封侯非我意，但愿海波平"等的豪言壮语及其人生实践，至今令后人感怀和深深敬仰。在这次战"疫"中，最能体现牺牲奉献精神的，首先是那些"最美逆行者"——从祖国四面八方义无反顾地驰

---

① 抗疫三年多来，我国始终坚持人民至上、生命至上，坚持科学精准防控，因时因势优化调整防控措施。"应收尽收""应治尽治"是我国抗疫的重要方针，特别在抗疫初期病毒致病力较强的阶段，我们最大限度执行了这一方针。随着病毒致病力减弱和我国防治能力提高，我们对防控措施作了一系列优化调整，适时进行了转段，由"乙类甲管"转为"乙类乙管"。我们中国这样一个人口众多、发展不平衡的大国，用不到两个月的时间实现了疫情防控平稳转段，较快恢复了经济社会正常秩序。

援武汉战"疫"最前线的几万名医护人员。他们同武汉的医护人员一起，以高度的职业素养，夜以继日奋斗在救治一线，冒着被感染的危险拯救病人的生命，透支自己的健康以守护他人的安宁。还有那些因劳累过度或感染新冠肺炎而牺牲在一线岗位上的烈士们——医护人员、公安干警、志愿者、城乡社区工作者等，也都值得我们崇敬，让我们无法忘怀。有人曾总结说："这个民族之所以强大，正是因为总有人在苦难发生时，把别人看得比自己更重要。"这正是中华民族在危难之中的真实写照。

其五，以"千人同心，则得千人力；万人异心，则无一人之用"为警训的集中力量、齐心协力办大事的价值取向。中国人相信，"兄弟同心，其利断金"，因此在办大事时强调众志成城。这种价值取向，成为中国集中力量、齐心协力办大事的文化根基。这次战"疫"，充分显示出全国一盘棋、集中力量办大事的优越性。无论是包括解放军在内的全国200多支医疗队 4 万多名医护人员奔赴武汉，还是数千名工程人员通宵达旦，在武汉迅速建起了雷神山和火神山两座医院以及 30 余座方舱医院，都是集中力量、齐心协力办大事的有力证明。

其六，以"投我以桃，报之以李"为准则的援困助人精神。中国人历来尊奉"投我以桃，报之以李""滴水之恩，当涌泉相报"的古训，对别人的帮助会加倍回报。这次战"疫"，又见证了中国人的这一品格。鉴于国外疫情的蔓延，对于疫情袭来时曾经帮助我们、现在也正遭受着疫情侵袭的国家，一方面给他们送去了抗疫物资，另一方面又派出多支医疗专家队伍，赶赴疫情严重肆虐的国家进行援助。这一胸怀正实践了中国所倡导的"人类命运共同体"的理念。

其七，以整体观下的"固本培元，扶正祛邪"为机理的中医药治疗在战"疫"中发挥了独特作用。我国之所以能在较短时间内快速遏制住疫情的蔓延，中医药治疗与西医携手作出了独特的贡献。中医药有与西医不同的治疗理念，它在对人体的整体关照下，强调辨证施治、固本培元、扶正祛邪的治疗机理，通过调理五脏六腑提升人身体机能来治病。这一治疗机理与中华文化理念密切相连。数据显示，全国新冠肺炎确诊病例中有74 187人使用了中医药，占 91.5%，其中湖北省有 61 449 人使用了中医药，占 90.6%。社会各界认为，中医药发挥了重要作用，成为这次疫情防控的一大亮点。

以战"疫"为契机，引导高校青年深刻认知民族文化精髓，以提升文化自信。

近年来，在西方文化冲击下，中华传统文化对高校青年学生影响式微，但这次疫情让我们切身体会到中华传统文化仍然是我们民族的价值根基，它仍在有力地建构着我们的文化身份。它在促使全民齐心控制疫情恶性蔓延的同时，也为我们引导高校青年学生重新审视自身文化身份和中华优秀传统文化的现代价值提供了一个绝好契机。高校青年是乐于思维并具有较强思维能力的青年族群，但由于年龄关系，他们激情有余而理性思维相对不够成熟。因此，要通过无可辩驳、令人信服的事实，引导青年在比较之中辨析其中的优劣长短，使他们无形之中提升思维水平，从而增强文化的自信与定力。由此，应从以下三个方面着力：

其一，各科教学都应结合专业特点将战"疫"中的生动事实与中华文化的核心价值观融为一体加以弘扬。当我们在赞颂战"疫"中的英雄、讲述感人的抗疫故事时，一定不要忘记同时讲述社会主义核心价值观和中华优秀传统文化的巨大正能量；同时，也要引导青年对中西方在这场抗疫斗争中的不同态度、做法和结果进行积极比较和思辨，克服思维的表面性、肤浅性、盲目性，以提升其思维水平，进而提升对自身文化的自信。文化的认同和自信，是面对风浪袭击的定力与柱石。这里所说的各科教学，不仅仅限于文科专业，也不仅仅限于通识课程或思想政治教育课程，而应当包括文、理、工、医、农、军、警、体、艺等各专业领域的教学在内。对于所有的青年学子来讲，这是一种文化上的抗毒素，能够保护他们健康成长。

其二，组织学生就这次战"疫"进行各种形式的讨论并加以引导。在讲述道理的同时，学校可多组织学生进行各种形式的讨论，如课堂内的讨论、党团组织或辅导员组织的班级或小组讨论等，就战"疫"中的具体事实以及由此牵涉的文化问题，展开踊跃、平等的讨论，允许个人发表不同的观点和意见，甚至可以进行热烈的辩论。在此基础上，针对讨论中出现的不同观点、反映出的一些问题，再切实地、高水平地积极加以引导。

其三，以战"疫"为契机在大学校园掀起研习中华优秀传统文化的热潮。这里所说的热潮，并非一哄而上的短期的、表面的效应，而是以这次战"疫"为契机，激起高校广大青年学生研习中华优秀传统文化的内在愿望和需求，并使这种愿望和需求长久地保持下去。应该使优秀传统文化的精髓融入青年一代的血脉，成为他们"日用而不知"的文化定力。有鉴于此，我们呼吁，由教育部牵头组织相关专家编写中华优秀传统文化读本高校版本。青年一代是民族大业的继往开来者，是推进中国特色社会主义现代化建设的希望，也是传承与创新中华优秀传统文化的生力军，因此我们决不能输掉年轻一代，更不能输掉国家的未来。①

教育，应当是渗透进青少年内在心灵之中的一门艺术，而且应当是一门高超

---

① 李申申：《伟大抗疫精神坚定青年学生文化自信》，载《中国教育报》2020年9月17日，第7版（理论周刊·思想前沿版）。

的艺术。它不仅传授给人知识，更形塑人的灵魂；不仅培育人的生存能力和创新精神，更陶冶人之为人的内在品性和精神境界。它应当以"润物细无声"的方式"以文化人""以文育人"，助力青少年成为"大写的中国人"，成为继往开来中国式现代化宏伟大业中的国之栋梁和各种各样的人才。在这一过程中，中华优秀传统文化所具有的"成人"意蕴及其巨大的价值，是绝不可忽视的，而应当使之愈益彰显，并不断放射出熠熠的光彩。

◀ 术 语 索 引

K